Droit et pratique de l'Union européenne

6e édition

Jean-Marc Favret

est docteur en droit et Premier conseiller à la Cour administrative d'appel de Nancy. Ancien Maître de conférences de droit public, il est chargé d'enseignement à la Faculté de droit de Bayonne.

Du même auteur

- Mémento – Droit communautaire du marché intérieur (collection Fac-Universités)
- L'essentiel de l'Union européenne et du droit communautaire (collection Carrés Rouge) – 8e édition
- L'essentiel du contentieux communautaire (collection Carrés Rouge)

ISBN 978 - 2 - 297 - 00247 - 9

Jean-Marc Favret

Droit et pratique de l'Union européenne

6e édition

Gualino

lextenso éditions

MASTER PRO

La collection de référence pour :

- les étudiants des masters de Droit, d'Économie et de Gestion ;
- les étudiants des filières professionnelles de la discipline traitée par chaque livre et les candidats aux examens professionnels correspondants ;
- les professionnels en activité de ces disciplines.

Sommaire

Avant-propos
à la 6e édition

Ceux de mes lecteurs qui ont eu l'occasion de consulter les éditions antérieures du présent ouvrage ne manqueront pas de constater qu'il a sensiblement évolué depuis 1996, date de la 1re édition, tant sur le fond (notamment avec l'entrée en vigueur du Traité d'Amsterdam du 2 octobre 1997, du Traité de Nice du 26 février 2001 et avec la signature du Traité de Lisbonne le 13 décembre 2007) que sur la forme (nouvelles articulations). À l'époque de la 1re édition, j'exerçais les fonctions d'adjoint au chef du secteur juridique du SGCI[1] et ma « vision » du droit de la Communauté et de l'Union européennes était donc, d'abord, celle d'un praticien, ce dont le titre de l'ouvrage rend compte explicitement. Si, depuis 1996, j'ai beaucoup enseigné – et continue d'enseigner – le droit communautaire, notamment à l'Université, j'ai voulu rester fidèle à l'esprit qui animait les précédentes éditions : proposer au lecteur en général et aux étudiants en particulier, un outil de travail rigoureux s'efforçant de proposer des explications aussi complètes et limpides que possible au service de la vérité juridique, mais aussi de la vérité pratique. Je me suis également efforcé de réserver une place importante, d'une part à l'étude de l'organisation française en matière européenne, d'autre part à l'analyse de la jurisprudence des juridictions françaises – et en particulier du Conseil d'État français – juridictions de droit commun de l'application du droit communautaire en France.

Ce manuel aurait pu tout aussi bien s'intituler : *Droit général de l'Union européenne*. En effet, et pour paraphraser le professeur R. Chapus qui écrit dans son manuel de référence que « *le droit administratif général est la partie centrale du droit administratif* »[2], le présent manuel traite bien de la partie centrale du droit de la Communauté et de l'Union européennes : présentation des développements de la construction européenne, du système institutionnel et décisionnel de l'Union européenne, de la théorie des compétences et des nombreuses politiques ou

1. Secrétariat général du Comité interministériel pour les questions de coopération économique européenne (SGCI / Services du Premier ministre) à Paris. Depuis le 18 octobre 2005, le SGCI a changé de dénomination et est devenu le SGAE ou Secrétariat général des affaires européennes.
2. R. Chapus, *Droit administratif général*, tome 1, Paris, Montchrestien, 14e édition, p. 9.

actions conduites au niveau de l'Union, des mécanismes de financement de ces politiques, de l'ordre juridique et du système judiciaire communautaires. Par opposition à ce droit *général*, le droit communautaire *spécial* correspond, pour l'essentiel, au droit applicable au marché intérieur (règles relatives à la libre circulation des produits et des facteurs de production[3] et règles de concurrence).

Les articles des traités mentionnés dans le corps du présent manuel sont les articles pertinents, avant entrée en vigueur du Traité de Lisbonne.

Des contraintes éditoriales indépendantes de ma volonté, m'ont conduit à alléger sensiblement les rubriques « pour en savoir plus » et à ne plus retenir que quatre ou cinq références bibliographiques par rubrique, pour orienter les recherches complémentaires du lecteur.

Cet ouvrage s'adresse en priorité aux étudiants des facultés de droit, à ceux des instituts d'études politiques ainsi qu'à tous ceux qui souhaitent préparer les concours de catégorie A, y compris le concours de l'ENA ou les concours des Communautés européennes. L'auteur espère qu'il pourra également être lu avec profit par les fonctionnaires ou les collaborateurs d'entreprise qui exercent des fonctions exigeant une connaissance solide du droit général et de la pratique de l'Union européenne.

L'auteur
octobre 2008.

3. Pour user d'un vocabulaire passablement démodé, mais encore pertinent, les facteurs de production étant le capital et le travail.

Liste des abréviations

ELE	Association Européenne de Libre-Echange
AFDI	Annuaire français de droit international
aff.	affaire
aff. Jtes	affaires jointes
AJDA	Actualité juridique, Droit administratif
Ann. eur. adm. publ.	Annuaire européen d'administration publique
Bull. civ.	Bulletin civil de la Cour de cassation
Bull. crim.	Bulletin criminel de la Cour de cassation
Bull. UE	Bulletin de l'Union européenne (depuis le 01.01.1994)
C	Affaire soumise à la Cour de justice
CAA	Cour administrative d'appel
Cass.	Cour de cassation (arrêt de l'assemblée plénière)
CDE	Cahiers de droit européen
CE	Communauté européenne (CEE jusqu'au 01.11.1993) ou Conseil d'État (selon contexte)
CE Ass.	Conseil d'État, Assemblée
CECA	Communauté européenne du charbon et de l'acier
CEE	Communauté économique européenne (CE après le 01.11.1993)
CEEA	Communauté européenne de l'énergie atomique (ou Euratom)
CJCE	Cour de justice des Communautés européennes
D ou D.S.	Recueil Dalloz-Sirey
EDCE	Etudes et documents du Conseil d'État
FIDE	Fédération internationale pour le droit européen
IEAP	Institut européen d'administration publique de Maastricht
JAI	Coopération en matière de justice et d'affaires intérieures (3e pilier)

JCP	Juris-Classeur périodique (La Semaine juridique)
J. Cl. Europe	Juris-Classeur Europe
JDI	Journal du Droit international (Clunet)
JOCE	Journal officiel des Communautés européennes (jusqu'au 1er février 2003)
JORF	Journal officiel de la République française
JOUE	Journal officiel de l'Union européenne (depuis le 1er février 2003)
JT	Journal des tribunaux
nep	non encore publié
ord.	ordonnance
P	arrêt sur pourvoi
Réf.	Référé
Rec.	Recueil des arrêts de la Cour de justice des Communautés européennes
Rec. Lebon	Recueil Lebon des arrêts du Conseil d'État
Req.	Requête
RAE	Revue des affaires européennes
RDP	Revue du droit public et des sciences politiques en France et à l'étranger
RDUE	Revue du droit de l'Union européenne (depuis le 1er janvier 2000, nouveau nom de l'ex-RMUE)
RFDA	Revue française de droit administratif
RFDC	Revue française de droit constitutionnel
Rev. Marché commun	Revue du Marché commun (et de l'Union européenne depuis janvier 1991)
Rev. Marché unique eur.	Revue du Marché unique européen (jusqu'au 31 décembre 1999)
RJF	Revue de jurisprudence fiscale
RTD eur.	Revue trimestrielle de droit européen
T	affaire soumise au Tribunal de première instance
TA	Tribunal administratif
TPI	Tribunal de première instance des Communautés européennes
TUE	Traité sur l'Union européenne
ULB	Université Libre de Bruxelles

Titre 1

Le développement de la construction européenne

1. Si **la volonté de bâtir une Europe unie est très ancienne** (ses premières manifestations remontent à l'Antiquité), on peut considérer que c'est beaucoup plus récemment, entre les deux guerres mondiales, qu'ont été prises les initiatives destinées à donner corps au projet européen.

Jusqu'à la signature des trois traités communautaires (CECA, CEE, Euratom) dans les années 1950, toutes les tentatives de construction d'une Europe unie ont avorté, principalement en raison de **l'opposition irréductible entre les partisans d'une Europe fédérale et les nationalistes** (on parle aujourd'hui de *« souverainistes »*), farouchement opposés au « modèle » fédéral. Cette succession d'échecs a conduit les partisans de l'Europe unie à s'interroger sur la méthode la plus efficace pour favoriser la construction européenne. Cette méthode, qui aboutira à la création des Communautés européennes, consistera pour l'essentiel à **créer un processus irréversible d'intégration par l'instauration de *« solidarités de faits »*.**

NB : Dans un texte intitulé *L'Europe comme mission*, V. Havel souligne que l'Europe doit son nom au mot akkadien *erebu*, qui signifie « crépuscule du soir » ou « coucher du soleil » (*in Les écrivains de la conscience européenne*, revue *Légendes*, cahier hors série, mai 1997, p. 185). On sait aussi que, dans la mythologie grecque, *Europe* est la fille d'Agénor, roi de Phénicie et fils du dieu Poséidon. Zeus se métamorphosera en taureau blanc pour l'enlever et la transporter jusqu'en Crète.

On étudiera successivement :

– les tentatives d'unification européenne antérieures à la signature des traités communautaires (chapitre 1) ;

– la création des Communautés européennes (chapitre 2) ;
– la création de l'Union européenne (chapitre 3) ;
– le « modèle » européen d'intégration (chapitre 4) ;
– la problématique de l'élargissement (chapitre 5).

Chapitre 1

Les tentatives d'unification européenne antérieures à la signature des traités communautaires

Plan du chapitre

Section 1
Les initiatives de l'entre-deux guerres

2. Dès 1814, **Saint-Simon** avait prophétisé, dans un ouvrage rédigé en collaboration avec l'historien Augustin Thierry, l'avènement d'une Communauté européenne disposant d'un Parlement supranational, après une période de guerres et de révolutions. On sait aussi que **Victor Hugo** avait lancé en 1849, à l'occasion d'un congrès de la Paix, un appel à l'unité du continent européen qui annonçait les États-Unis d'Europe pour le XXe siècle.

Mais c'est dans l'entre-deux guerres que le projet d'une Europe unie a pris forme, pour la première fois, à l'initiative d'un diplomate autrichien, le comte **Coudenhove-Kalergi** (1894-1972). Celui-ci avait créé en 1926 un mouvement baptisé *« L'Union pan-européenne »*, qui rassemblait des partisans d'une Europe de type fédéral (sur le modèle des États-Unis d'Amérique), inspirés par les idées défendues par le comte dans un ouvrage publié en 1923, intitulé *« Pan-Europe »*. L'auteur y écrivait notamment qu'*« entre le Scylla de la dictature militaire russe et le Charybde de la dictature financière américaine, le chemin de l'Europe s'appelle Pan Europe et signifie que l'Europe doit s'aider elle-même en constituant, dans un but pratique, une union politico-économique »*.

Les idées défendues par ce mouvement pan-européen ont inspiré quelques hommes politiques, et en particulier **Aristide Briand** (avocat, fondateur avec Jaurès du Parti socialiste français, prix Nobel de la paix en 1926) qui prononça, avec le soutien de son homologue allemand **Gustav Stresemann**, un *discours* resté célèbre *devant la Société des Nations* le 5 septembre 1929. A. Briand, alors ministre des Affaires étrangères, y recommandait aux gouvernements européens la création d'une Union européenne dans le cadre de la *Société des Nations (SDN)*. Il s'agissait de promouvoir une étroite collaboration entre les États européens au sein de la *SDN*, dans le respect de la souveraineté des États.

En 1930, **Alexis Léger**, alors Secrétaire général du ministère français des Affaires étrangères (et plus connu sous son nom de plume : Saint John Perse), avait élaboré pour le gouvernement français un « *mémorandum sur l'organisation d'un régime d'union fédérale européenne* ».

Dès cette époque, les mots tels que « ***Communauté*** » et « ***marché commun*** » sont employés dans les discours, et l'entente franco-allemande (qui est une constante de la problématique européenne) est considérée comme une condition préalable de l'unification européenne.

Malheureusement, la crise économique de 1929 et l'installation de régimes nationalistes en Italie et en Allemagne ont remis en cause tous les projets de construction d'une Europe unie ; il faudra attendre la fin de la seconde guerre mondiale pour voir ces projets réapparaître, stimulés par le désir de garantir la paix en Europe (il fallait donner une consistance au mot d'ordre « *Plus jamais la guerre !* »).

Section 2
Les initiatives de l'après-guerre

3. Deux initiatives méritent une mention particulière : d'une part celle qui a abouti en 1949 à la création d'une organisation de coopération très classique : le Conseil de l'Europe ; d'autre part celle qui aurait dû conduire à la création d'une Communauté européenne de défense (à caractère supranational), si elle n'avait avorté en 1954.

§1. La création d'une organisation de coopération : le Conseil de l'Europe

4. Un *Congrès de l'Europe* s'était réuni **à la Haye en mai 1948** à l'initiative de l'Union européenne des fédéralistes. Plusieurs personnalités y étaient présentes : Winston Churchill, qui assurait la présidence d'honneur du Congrès, mais aussi, pour ne citer qu'eux, Paul Raynaud, Edgar Faure, Jacques Chaban-Delmas et François Mitterrand. Ce Congrès n'avait pas débouché sur des propositions concrètes, mais c'est au cours de sa séance de clôture que **Denis de Rougemont** (écrivain et essayiste suisse, qui a participé notamment à la création de la revue *Esprit*) avait lu son célèbre ***Message aux Européens***, publié dans tous les grands journaux de l'époque :

« L'Europe est menacée, l'Europe est divisée, et la plus grande menace vient de ses divisions.

Appauvrie, encombrée de barrières qui empêchent ses biens de circuler, mais qui ne sauraient plus la protéger, notre Europe désunie marche à sa fin. Aucun de nos pays ne peut prétendre, seul, à une défense sérieuse de son indépendance. Aucun de nos pays ne peut résoudre seul les problèmes que lui pose l'économie moderne. A défaut d'une union librement consentie, notre anarchie présente nous exposera demain à l'unification forcée, soit par l'intervention d'un empire du dehors, soit par l'usurpation d'un parti du dedans.

(...) La vocation de l'Europe (...) est d'unir ses peuples selon leur vrai génie, qui est celui de la diversité, et dans les conditions du vingtième siècle, qui sont celles de la communauté, afin d'ouvrir au monde la voie qu'il cherche, la voie des libertés organisées. Elle est de ranimer ses pouvoirs d'invention, pour la défense et pour l'illustration des droits et des devoirs de la personne humaine, dont, malgré toutes ses infidélités, l'Europe demeure aux yeux du monde le grand témoin.

(...) C'est pour sauver nos libertés acquises, mais aussi pour en élargir le bénéfice à tous les hommes, que nous voulons l'union de notre continent.

Sur cette union l'Europe joue son destin et celui de la paix du monde.

(...) Nous, Européens, (...) déclarons solennellement notre commune volonté dans les cinq articles suivants (...) :

ENGAGEMENT

1) Nous voulons une Europe unie, rendue dans toutes ses étendues à la libre circulation des hommes, des idées et des biens.
2) Nous voulons une Charte des Droits de l'Homme...
3) Nous voulons une Cour de Justice capable d'appliquer les sanctions nécessaires pour que soit respectée la Charte.
4) Nous voulons une Assemblée européenne, où soient représentées les forces vives de toutes les nations.
5) Et nous prenons de bonne foi l'engagement d'appuyer de tous nos efforts (...) les hommes et les gouvernements qui travaillent à cette œuvre de salut public, suprême chance de paix et gage d'un grand avenir pour cette génération et celles qui la suivront ».

5. En janvier 1949, la France, le Royaume-Uni et les trois pays du Bénélux décideront de créer un Conseil de l'Europe, fondé sur une assemblée consultative, doublée par un Conseil des ministres chargé de représenter les gouvernements. **Le traité instituant le Conseil de l'Europe sera signé à Strasbourg le 5 mai 1949** par dix pays européens (l'Italie, le Danemark, la Norvège, la Suède et l'Irlande ayant été invités à se joindre aux Cinq).

Le but du Conseil de l'Europe est « *de réaliser une union plus étroite entre ses membres* ». Sa compétence s'étend à tous les secteurs, à l'exception notable des questions relatives à la défense nationale. En fait, le Conseil de l'Europe est un vaste forum, **un cadre de discussions et de rédaction de conventions** (ex. : **la *Convention européenne des Droits de l'Homme* signée à Rome le 4 novembre 1950**, dont l'avant-projet avait été rédigé par Pierre-Henri Teitgen). Il s'agit donc d'une organisation internationale très classique qui favorise la coopération entre ses membres et qui n'exige de ceux-ci aucun abandon ou transfert de compétences (les Anglais ont veillé à ce que le Conseil de l'Europe ne dispose d'aucun pouvoir de décision, excepté en matière de protection des droits de l'Homme). Le Conseil de l'Europe a néanmoins apporté une contribution à l'unification européenne et au développement d'un sentiment d'appartenance à l'Europe. **Quarante-trois pays** en sont **membres** aujourd'hui.

§2. 1950-1954 – L'échec de la Communauté européenne de défense (CED)

6. Le projet de CED est né sous la pression des Américains, désireux de voir se constituer en Europe occidentale un bloc soudé et puissant susceptible d'équilibrer les forces soviétiques. La constitution de ce bloc supposait le réarmement de l'Allemagne (RFA) au sein des forces du Pacte Atlantique. C'est **René Pleven**, alors chef du gouvernement français, qui **a présenté le projet de CED en octobre 1950**, sur une suggestion de Jean Monnet.

Le traité instituant la CED a été signé en mai 1952 par six pays : la France, la RFA, l'Italie, et les trois pays du Bénélux. La CED aurait eu pour vocation de gérer une armée européenne multinationale, en liaison étroite avec le Pacte Atlantique. Les États membres de la CED n'auraient pu conserver que des forces limitées à leur disposition. L'essentiel de la politique de défense aurait été transféré à la Communauté, qui aurait donc eu un caractère *supranational* (le terme figurait *expressis verbis* dans le Traité). Le projet de CED était **accompagné par un projet de communauté politique** qui prévoyait la constitution d'une « *Communauté européenne de caractère supranational* », laquelle supposait de la part des États membres un abandon de souveraineté dans le domaine très sensible de la politique extérieure, et des abandons ultérieurs de souveraineté dans d'autres matières.

Finalement, le traité instituant la CED a été **rapidement « enterré », faute d'avoir été ratifié par la France**, en raison d'une modification de la composition politique de l'Assemblée nationale en juin 1951 (le Rassemblement du Peuple Français des gaullistes et le Parti communiste étaient vivement opposés au traité CED, le premier parce qu'il était hostile à toute approche *supranationale* ou fédérale de la construction européenne, le second parce qu'il refusait la remilitarisation de l'Allemagne). C'est le 30 août 1954 que l'Assemblée nationale a refusé d'autoriser la ratification du traité CED. Et comme le traité ne pouvait entrer en vigueur que s'il était ratifié par tous les États signataires, la CED n'a jamais vu le jour. L'échec de la CED a conduit à l'abandon du projet de communauté politique (les deux projets étaient liés).

Le général de Gaulle n'avait pas caché son opposition au projet de CED : « *Voici,* dira-t-il, *que le projet artificieux d'armée dite «européenne» menace d'en finir* de jure *avec la souveraineté française. Il s'agirait en effet que notre armée disparût dans une création hybride, placée pour donner le change sous le vocable de l'Europe. Mais comme l'Europe en tant qu'entité responsable et souveraine n'existe absolument pas, (...) c'est au « grand chef « américain que cette force serait remise* » (cité par Jean Monnet dans ses *Mémoires*).

NB : **La conception gaullienne de la construction européenne** a été clairement exprimée à l'occasion d'une conférence de presse tenue le 5 septembre 1960 par le Général de Gaulle :

« [...] *Se figurer qu'on peut bâtir quelque chose qui soit efficace pour l'action et qui soit approuvé par les peuples en dehors et au-dessus des États, c'est une chimère. Assurément, en attendant qu'on ait pris corps à corps et dans son ensemble le problème de l'Europe, il est vrai qu'on a pu instituer certains organismes plus ou moins extra-nationaux. Ces organismes ont leur valeur technique, mais ils n'ont pas, ils ne peuvent pas avoir d'autorité et, par conséquent, d'efficacité politique... Encore une fois, il est tout naturel que les États de l'Europe aient à leur disposition des organismes spécialisés pour des problèmes qui leur sont communs, pour préparer et au besoin pour suivre leurs décisions, mais ces décisions leur appartiennent. Elles ne peuvent appartenir qu'à eux et ils ne peuvent les prendre que par coopération. Assurer la coopération régulière de l'Europe occidentale, c'est ce que la France considère comme étant souhaitable, comme étant possible et comme étant pratique, dans le domaine politique, dans le domaine économique, dans le domaine culturel et dans celui de la défense* ».

De son côté, Maurice Duverger avait écrit dans *Le Monde* en novembre 1950 : « *L'erreur n'est pas de concevoir une armée commune à tous les peuples de l'Europe, Allemagne comprise ; car une fédération doit posséder évidemment une armée fédérale. L'erreur est de créer l'armée avant d'avoir créé la fédération, au risque de fausser complètement le sens de celle-ci* ». Autrement dit, on aurait mis la charrue avant les bœufs (les adversaires de la monnaie unique ont usé souvent du même argument pour justifier leur opposition à l'euro).

Il est évident que l'échec de la CED, qui correspond à la première crise d'importance de la construction européenne, est responsable de l'abandon jusqu'ici de tout projet d'intégration dans le domaine de la politique étrangère et de sécurité.

Chapitre 2

La création des Communautés européennes

Plan du chapitre

---

7. C'est l'échec des projets globaux de construction d'une Europe unie qui a conduit **Jean Monnet** à imaginer une méthode nouvelle d'intégration qui sera à l'origine de la création de la Communauté européenne du charbon et de l'acier (CECA), puis de la Communauté économique européenne (CEE) et de la Communauté européenne de l'énergie atomique (Euratom), sur une base géographique très restreinte, puisque ces trois Communautés n'ont d'abord concerné que six États : la France, la RFA, l'Italie et les trois pays du Bénélux.

NB : Jean Monnet est né à Cognac en 1888. Après avoir été représentant en cognac (il a quitté l'école à 16 ans pour rejoindre l'entreprise familiale), il sera chargé pendant la Première Guerre mondiale de renforcer la coopération économique entre les Alliés, puis nommé en 1920 Secrétaire général adjoint de la SDN, qu'il quittera quelques années plus tard pour rejoindre une société financière américaine. Après s'être à nouveau impliqué dans la coopération économique entre Paris, Bonn et Washington, il se voit confier le Commissariat général au Plan après la Seconde Guerre mondiale. De 1950 à 1979 (année de sa mort), il consacrera une grande part de son énergie à la construction européenne.

Les États membres n'étaient pas animés par les mêmes motivations en participant à l'unification européenne. La **France** espérait par exemple que sa participation à la CEE stimulerait le développement de son industrie et permettrait à ses produits agricoles de trouver de nouveaux débouchés à l'extérieur. Il s'agissait en même temps d'« institutionnaliser » la volonté française de réconciliation à l'égard de l'Allemagne. De son côté, la **République Fédérale d'Allemagne** avait conscience de pouvoir tirer un bénéfice politique de sa participation à l'œuvre d'unification, qui équivalait à une réintégration dans la Communauté des nations. De plus, son rattachement à un vaste espace économique européen devait lui permettre de favoriser ses exportations en direction de cet espace. L'**Italie** espérait surtout que la création d'un marché intérieur européen favoriserait la croissance de son industrie et qu'une part des crédits communautaires permettrait de financer le développement de ses régions défavorisées. Le **Royaume-Uni** a vu plutôt dans son adhésion à la Communauté le moyen d'éviter son isolement politique en Europe et d'offrir à ses entreprises de nouveaux débouchés.

Mais, au-delà de ces motivations particulières, **les motivations profondes étaient et demeurent, pour la plupart des États membres, largement politiques**, le marché commun n'étant pour eux qu'un détour par l'économie, après l'échec de la CED.

Section 1
1950-51 : la création de la CECA

8. La CECA est née de la nécessité de **réinsérer l'Allemagne dans l'Europe, en lui permettant de reconstituer sa capacité économique** (notamment en lui rendant la Ruhr). Cette réinsertion était voulue par les États-Unis qui estimaient qu'elle était indispensable pour compenser l'extension considérable de la zone d'influence de l'Union soviétique en Europe. On reprenait ainsi une suggestion formulée par **Winston Churchill dans son célèbre discours de Zurich du 19 septembre 1946,** dans lequel il **appelait de ses vœux la création des *États-Unis d'Europe*** et estimait qu'il fallait organiser d'urgence un rapprochement entre la France et l'Allemagne. Churchill avait cependant pris la précaution de préciser que le Royaume-Uni n'avait pas vocation à devenir un membre actif de ces *États-Unis d'Europe*.

9. La philosophie qui sous-tend la création de la CECA est parfaitement résumée par **la célèbre *déclaration Schuman*** (rédigée par Jean Monnet et ses collaborateurs, notamment Paul Reuter), prononcée **le 9 mai 1950,** avec l'accord du chancelier Adenauer, dans le Salon de l'Horloge du Quai d'Orsay :

« *L'Europe ne se fera pas d'un coup, ni dans une construction d'ensemble : elle se fera par des réalisations concrètes créant d'abord une solidarité de fait. Le rassemblement des nations européennes exige que l'opposition séculaire de la France et de l'Allemagne soit éliminée ; l'action entreprise doit toucher au premier chef la France et l'Allemagne* [...] *le Gouvernement français propose de placer l'ensemble de la production franco-allemande de charbon et d'acier, sous une Haute Autorité commune, dans une organisation ouverte à la participation des autres pays d'Europe* [...].

La solidarité de production qui sera ainsi nouée manifestera que toute guerre entre la France et l'Allemagne devient non seulement impensable, mais matériellement impossible. L'établissement de cette unité puissante de production, ouverte à tous les pays qui voudront y participer, aboutissant à fournir à tous les pays qu'elle rassemblera les éléments fondamentaux de la production industrielle aux mêmes conditions, jettera les fondements réels de leur unification économique [...].

Par la mise en commun de productions de base et l'institution d'une Haute Autorité nouvelle, dont les décisions lieront la France, l'Allemagne et les pays qui y adhèreront, cette proposition réalisera les premières assises concrètes d'une fédération européenne indispensable à la préservation de la paix ».

Cette déclaration définit à la fois le caractère très spécialisé de la CECA et montre que les États membres délégueront à l'organe principal de la nouvelle organisation (la Haute Autorité) une capacité autonome de décision et de gestion. La *déclaration Schuman* met aussi en évidence la nouvelle méthode retenue pour favoriser la construction d'une Europe unie : on tourne le dos aux projets globaux et on favorise les réalisations concrètes qui créent des « *solidarités de fait* ». La CECA est également présentée comme ***« la première étape de la fédération européenne ».*** Ainsi, dès l'origine, les *pères fondateurs* de l'Europe avaient pour ambition de faire prévaloir une conception fédérale de l'Europe.

10. Le **traité** instituant la CECA (rédigé pour l'essentiel par Maurice Lagrange, qui deviendra plus tard premier avocat général de la Cour de justice de Luxembourg) a été **signé par les Six le 18 avril 1951 à Paris**. Il entrera en vigueur le 23 juillet 1952. Ce traité CECA ayant été conclu **pour une durée de 50 ans,** la CECA devait disparaître en 2001. Un protocole annexé au traité de Nice du 26 février 2001 prévoit que tous les éléments du patrimoine actif et passif de la CECA, tels qu'ils existent au 23 juillet 2002, sont transférés à la Communauté européenne **à compter du 24 juillet 2002**.

La CECA reposait sur **une structure institutionnelle tout à fait nouvelle** :

– un organe indépendant, la Haute Autorité (qui deviendra plus tard la Commission ; Jean Monnet en sera le premier président), doté des principaux pouvoirs de décision. Les décisions de la Haute Autorité s'imposaient à tous et étaient « *directement applicables* » sur le territoire des États membres ;

– un organe intergouvernemental, le Conseil spécial des ministres ;

– une Assemblée commune (premier président : Paul-Henri Spaak) ;

– une Cour de justice.

La CECA avait très vite souffert de son caractère trop spécialisé et du déclin relatif du poids économique du charbon et de l'acier, au profit du pétrole.

Section 2
La création de la CEE et de l'Euratom

11. Après l'échec de la CED en 1954, la création de la CEE et de l'Euratom a permis de relancer la construction européenne. Cette création a été stimulée par la volonté de **réaliser un grand espace économique** auquel les trois pays du Bénélux étaient très attachés, de ne pas limiter la construction européenne à quelques actions sectorielles du type CECA. Les projets ayant donné naissance à la CEE et à Euratom ont été examinés à la conférence de Messine en juin 1955. Un comité d'experts, présidé par **Paul Henri Spaak** (1899-1972), diplomate belge, sera chargé de préparer un rapport qui sera examiné à la Conférence de Venise en mai 1956. Ce rapport constituera le document de travail de la Conférence intergouvernementale chargée de rédiger les traités.

Les négociations ont été difficiles, parce que **les positions des États étaient très divergentes au départ**. Ces divergences ont été bien résumées par R. Toulemon, dans l'ouvrage qu'il a consacré à la construction européenne (*La construction européenne*, Le Livre de Poche, 1999). « *Les Français*, écrit notamment M. Toulemon, *n'acceptent qu'avec réticences l'idée d'une libre concurrence totale au sein d'un marché commun général. Ils souhaitent une longue transition et de solides clauses de sauvegarde. Ils exigent que le marché commun s'étende à l'agriculture, ce que les Allemands (...) acceptent mal. (...) Les Allemands obtiennent l'insertion de règles destinées à lutter contre les cartels et les monopoles, ainsi que contre les distorsions de concurrence résultant des aides des États aux entreprises. Les Français font inscrire dans le traité le principe de l'égalité des salaires masculins et féminins et la création d'un fonds social destiné à promouvoir la formation professionnelle des travailleurs. L'Italie partage les craintes de la France quant à la puissance industrielle de l'Allemagne. Elle met l'accent sur la libre circulation des travailleurs et sur le développement de son Mezzogiorno. Elle obtient la création d'une banque européenne d'investissement destinée à financer l'équipement et le développement des régions en retard* ».

Finalement, **les deux traités instituant la CEE et Euratom seront signés à Rome le 25 mars 1957 et entreront en vigueur, pour une durée illimitée, le 1er janvier 1958** (le Préambule du traité CEE a été rédigé par Jean-François Deniau, seulement quelques jours avant la signature du traité).

Le Traité de Maastricht du 7 février 1992 a substitué l'expression « Communauté européenne » à l'expression « Communauté économique européenne ». Ce changement de vocabulaire laisse entendre que l'Europe communautaire n'est pas seulement une « Europe des marchands », que l'aventure communautaire est beaucoup plus qu'un projet économique et que la construction d'une Europe pour le citoyen se fait aussi sur les terrains de la politique, de la culture et du social.

Le Traité Euratom n'a été que très partiellement appliqué jusqu'ici, principalement en raison de son caractère trop spécialisé et de la méfiance de la France à son égard. C'est donc la CE (ex-CEE) qui constitue la source principale du droit communautaire.

12. L'**article 281 TCE** prévoit que la Communauté européenne a la personnalité juridique. Comme il en va de même pour l'Euratom (et il en allait de même pour la CECA avant sa disparition), les **deux Communautés** qui composent le premier « pilier » (voir *infra*) de l'Union européenne constituent **deux personnalités juridiques distinctes**, malgré la fusion des institutions intervenue en 1965, et il en demeurera ainsi aussi longtemps que les deux Communautés n'auront pas fusionné (voir par exemple, pour la CEE : CJCE, 31 mars 1971, *AETR*, aff. 22/70, 263 – voir A. von Bogdandy, *La fusion des Communautés dans l'UE*, *RDUE* 2001, p. 617). Les Communautés sont **des personnes morales de droit public** (CJCE, 15 juillet 1960, *Lachmüller*, aff. jtes 43-48/59 ; 16 décembre 1960, *Fiddelaar*, aff. 44/59, 1077).

Si les Communautés disposent de la personnalité juridique et de ses « attributs » (capacité civile, droit d'ester en justice, droit d'acquérir et d'aliéner des biens mobiliers et immobiliers...), leurs institutions ne l'ont pas (CJCE, 12 juillet 1957, *Algera*, aff. jtes 7/56 et 3 à 7/57, 81). Pour des raisons pratiques évidentes, les traités de Rome ont donné à la Commission un monopole de représentation des Communautés devant les juridictions nationales.

NB : Si la Communauté a la capacité d'ester en justice, elle ne peut pas ester ou être attraite devant la Cour internationale de justice (CIJ), compte tenu du statut de la juridiction internationale, pas plus qu'elle ne peut relever de la juridiction de la Cour européenne des droits de l'homme (CEDH) de Strasbourg, n'étant pas partie à la Convention créant cette juridiction. Que ce soit devant la CIJ ou devant la CEDH, la Communauté n'a donc pas de capacité processuelle propre, de sorte que la Communauté ne pourrait être représentée que par ses États membres devant ces juridictions. La Communauté a en revanche une capacité processuelle propre lorsqu'elle s'engage dans une convention internationale.

Le *Traité établissant une Constitution pour l'Europe* du 29 octobre 2004 avait prévu que l'Union se substituerait aux actuelles « Communauté européenne » et « Union européenne », tandis que le *Traité constitutionnel* se serait substitué aux traités CE et UE, ainsi qu'à tous les traités les ayant modifiés ou complétés.

Avec le Traité de Lisbonne de décembre 2007, le traité instituant la Communauté européenne deviendrait le « Traité sur le fonctionnement de l'UE ».

Section 3
Les missions et les moyens de la Communauté européenne

§1. Les missions de la Communauté

A. L'article 2 CEE, version Traité de Rome (1957)

13. C'est l'article 2 du traité CEE qui expose les missions de la Communauté économique européenne en identifiant cinq objectifs :

– **promouvoir un développement harmonieux des activités économiques dans la Communauté** : c'est cette ambition qui a justifié la mise en œuvre d'une politique régionale (dont les instruments financiers sont les fonds structurels) destinée à réduire les écarts de développement entre les diverses régions de la Communauté ;

– **garantir une expansion continue et équilibrée** : on se situe dans la période de croissance économique qui a accompagné l'effort de reconstruction après la Seconde Guerre mondiale (période dite des *Trente glorieuses*) ;

– **assurer une stabilité accrue** : la stabilité est entendue ici dans toutes ses composantes : économique, sociale et politique ;

– **un relèvement accéléré du niveau de vie**. C'est l'idée que les peuples qui ont souffert de la guerre doivent récolter les fruits de la croissance à laquelle ils ont contribué ; c'est aussi l'idée que la stabilité (sociale et politique : 3e objectif) ne peut pas être garantie si le niveau de vie des populations demeure insuffisant ;

– **des relations plus étroites entre les États membres**. C'était déjà le but qui avait présidé à la création du Conseil de l'Europe. Ici, cet objectif prend une autre dimension parce que la Communauté est une organisation d'intégration et non une organisation de simple coopération comme le Conseil de l'Europe.

B. L'article 2 TCE après Maastricht (1992)

14. Le nouvel article 2 TCE redéfinit les objectifs de la Communauté pour tenir compte des nouvelles préoccupations des États membres au début des années 1990. Il s'agit désormais :

– de promouvoir un développement harmonieux et équilibré (le Traité d'Amsterdam ajoute « *et durable* ») des activités économiques dans l'ensemble de la Communauté : on retrouve ici les objectifs 1 et 2 version Traité de Rome ;

– **une croissance durable et non inflationniste respectant l'environnement** ;

– **un haut degré de convergence des performances économiques** (et « *de compétitivité* » ajoute le Traité d'Amsterdam), condition préalable à l'instauration de l'Union économique et monétaire programmée par le Traité de Maastricht ;

– **un niveau d'emploi et de protection sociale élevée** ;

– le relèvement du niveau et de la **qualité de la vie** : on retrouve un peu l'objectif 4 de la version Traité de Rome, qui ne faisait référence qu'au niveau de vie, et non à la qualité de la vie ;

– **la cohésion économique et sociale**. Cet objectif constitue un peu la synthèse des objectifs 1, 2 et 3 version Traité de Rome ;

– **la solidarité entre les États membres**, c'est-à-dire, en pratique, celle que les plus riches doivent manifester en direction des plus pauvres.

Le Traité d'Amsterdam du 2 octobre 1997 a ajouté un objectif de plus : **l'égalité entre les hommes et les femmes**. Et si le Traité constitutionnel de 2004 avait pu entrer en vigueur, la **stabilité monétaire** aurait figuré parmi les objectifs de l'Union, en regard d'une « *économie de marché hautement compétitive, qui tend au plein emploi et au progrès social* ».

§2. Les moyens de la Communauté

15. Dans sa version initiale issue du Traité de Rome, l'article 2 CEE prévoyait deux moyens au service des objectifs qu'il avait définis : l'établissement **d'un marché commun et le rapprochement progressif des politiques économiques des États membres**.

L'article 2 TCE, dans sa rédaction issue du Traité de Maastricht, redéfinit les moyens de la Communauté qui sont toujours au nombre de deux :

– l'établissement d'un marché commun et d'**une Union économique et monétaire** (UEM). C'est bien sûr l'UEM qui constitue ici la nouveauté ;

– la mise en œuvre des politiques ou des actions communes visées aux articles 3 et 3A (3 et 4 dans la nouvelle numérotation) : l'élimination des droits de douane et des restrictions quantitatives aux échanges, un marché intérieur, une politique agricole commune, une politique commune dans les domaines de la pêche, des transports, une politique commerciale commune, un régime assurant que la concurrence n'est pas faussée dans le marché commun, le rapprochement des législations nationales, une politique dans le domaine social et dans le domaine de l'environnement, le renforcement de la cohésion économique et sociale, le renforcement de la compétitivité de l'industrie de la Communauté, la promotion de la recherche et du développement technologique, des réseaux transeuropéens, un niveau élevé de protection de la santé, etc.

Chapitre 3
La création de l'Union européenne

16. Dès le 2 novembre **1961**, un comité présidé par le Français Christian Fouchet avait présenté, à la demande des États membres des Communautés, un projet de **« *statut de l'Union politique européenne* »**. Ce projet refusant très clairement l'option fédérale, les cinq partenaires de la France avaient présenté le 20 janvier 1962 un contre-projet d'« *Union européenne* » beaucoup plus ambitieux. Partisans et adversaires du fédéralisme n'ayant pu trouver un terrain d'entente, ces deux projets n'avaient pas abouti.

Près de vingt ans plus tard, le très audacieux **projet Spinelli de juin 1980** allait prévoir la création d'une « *Union européenne* » dotée de compétences très étendues et un renforcement très sensible des pouvoirs du Parlement européen. Ce projet de traité, qui s'apparentait à une Constitution, avait été adopté à une forte majorité par le Parlement européen le 14 février 1984, mais il n'avait pas abouti. Pourtant, il constitue encore aujourd'hui une source d'inspiration pour les membres de l'Assemblée de Strasbourg.

NB : Altiero Spinelli était membre du Parlement européen. Partisan d'une Europe de type fédéral, il était le leader d'un groupe de parlementaires européens acquis à ses thèses, qui se réunissaient souvent au restaurant strasbourgeois. *Le Crocodile* (aussi parle-t-on parfois du ***groupe du Crocodile*** pour le désigner).

17. C'est le **Conseil européen de Stuttgart de juin 1983** qui relancera l'idée d'une *Union européenne*, sans toutefois la définir, et c'est le **traité sur l'Union européenne** signé à **Maastricht** le 7 février 1992 (en vigueur depuis le 1er novembre 1993) qui va la créer.

L'Union européenne est **à la fois une Union économique et monétaire et une union politique**. L'union politique (relancée par la chute du Mur de Berlin et l'implosion de l'URSS) repose sur trois éléments principaux : la citoyenneté européenne, la politique étrangère et de sécurité commune (ou PESC) et la coopération dans les domaines de la justice et des affaires intérieures (ou JAI).

Les auteurs du Traité de Maastricht n'ont pas souhaité reconnaître la personnalité juridique à l'Union, parce qu'ils ont craint que cette reconnaissance ne favorise une fusion des Communautés et de l'Union et la remise en cause de la structuration de l'Union en piliers. L' Union européenne n'a donc pas d'existence juridique propre, mais il est admis que son activité peut s'exercer à travers la personnalité juridique des Communautés. Elle désigne en fait l'ensemble constitué par les **trois *piliers* :**

– le premier pilier est lui-même constitué par les deux Communautés (**CE** et **Euratom**), depuis la disparition de la CECA. C'est le pilier originel, le pilier communautaire ;

– le deuxième pilier est constitué par la politique étrangère et de sécurité commune (**PESC**) ;

– le troisième pilier concerne la justice et les affaires intérieures (**JAI**).

Ces deux derniers piliers fonctionnent sur une base intergouvernementale, et non sur une base communautaire. Cela signifie que les États membres se contentent de coopérer entre eux sur les matières couvertes par ces deux piliers, et qu'ils n'ont pas transféré leur pouvoir autonome de décision aux institutions communes dans ces matières. Dans le cadre intergouvernemental, les États membres décident pour l'essentiel à l'unanimité au sein du Conseil, tandis que dans le cadre communautaire, ils prennent le plus souvent leurs décisions à la majorité. Le Traité d'Amsterdam du 2 octobre 1997 a prévu une communautarisation progressive (sur 5 ans) et partielle du 3e pilier (voir *infra*), tandis que **le Traité constitutionnel de 2004 avait prévu, d'une part que les trois « piliers » de l'Union seraient fusionnés, d'autre part que l'Union serait dotée de la personnalité juridique**.

18. L'Union européenne comprend **actuellement 27 États** :

– la France, l'Allemagne, l'Italie, la Belgique, les Pays-Bas et le Luxembourg depuis le 25 mars 1957 ;

– le Royaume-Uni, l'Irlande et le Danemark depuis le 1er janvier 1973 ;

– la Grèce depuis le 1er janvier 1981 ;

– l'Espagne et le Portugal depuis le 1er janvier 1986 ;

– l'Autriche, la Suède et la Finlande depuis le 1er janvier 1995 ;

– Chypre, la Hongrie, Malte, la Pologne, la République tchèque, la Slovaquie, la Slovénie et les trois pays baltes (Estonie, Lituanie, Lettonie) depuis le 1er mai 2004.

– Roumanie, Bulgarie depuis le 1er janvier 2007.

Chapitre 4

Le « modèle » européen d'intégration

Plan du chapitre

19. La construction européenne est profondément originale. Son originalité tient essentiellement au fait que **la Communauté européenne est une organisation d'intégration, par opposition aux** organisations internationales classiques (OCDE, ONU, OTAN, OMS, OIT...) qui sont des **organisations de simple coopération interétatique**. La Cour de justice des Communautés européennes (CJCE) parle encore d'une « *organisation interétatique autonome* » pour qualifier la Communauté européenne.

L'**intégration** européenne s'est principalement réalisée **par le droit**. Le processus d'intégration est en effet largement commandé par les caractères spécifiques du droit communautaire, qui prévaut sur le droit national et qui peut être invoqué directement par les particuliers à l'appui d'un recours devant le juge interne.

L'intégration communautaire ne peut en outre se réaliser que progressivement, **par étapes**. L'Acte unique européen de 1986, le Traité de Maastricht de 1992, le Traité d'Amsterdam de 1997 et le Traité de Nice de 2001 ont pris leur part dans ce processus d'intégration. Il existe par ailleurs **une dynamique de l'intégration**, illustrée par l'effet d'engrenage (ou effet de *spill-over*) et l'effet de cliquet.

Si la **vocation – fédérale ou confédérale – de l'Europe** communautaire fait l'objet d'un débat, l'enjeu est moins de reproduire un modèle existant que d'inventer un nouveau système d'intégration qui permette à la fois de dépasser la notion d'État-nation et de respecter les identités nationales.

Enfin, compte tenu à la fois des **élargissements** successifs de la Communauté, puis de l'Union, à de nouveaux membres, et de l'extension continue des domaines de compétence de ces deux entités, le développement de **l'intégration se fait désormais de manière plus *différenciée***, les États membres n'ayant pas tous la volonté ou la capacité de progresser au même rythme sur la voie de l'intégration.

Section 1
La Communauté européenne, organisation d'intégration

20. Il convient d'abord de définir la notion d'intégration, qui permet de distinguer la Communauté européenne des organisations internationales classiques de coopération. Il conviendra ensuite de montrer en quoi l'intégration s'est réalisée essentiellement par le droit, avant d'insister sur le fait que l'intégration n'est pas exclusive de diverses formes de coopération, que l'on pourrait qualifier d' « intégrative », qui complètent et favorisent la méthode communautaire.

§1. La notion d'intégration et ses implications

21. Dans un arrêt célèbre rendu le 5 février **1963** (affaire ***Van Gend en Loos***, aff. 26/62, 3), la Cour de justice de Luxembourg a indiqué que la Communauté européenne est « ***une organisation inter-étatique autonome*** ». Cela signifie que l'ordre juridique communautaire (c'est-à-dire l'ensemble des règles qui régissent la structure, les compétences et l'activité de la Communauté) est distinct à la fois de l'ordre juridique international et des ordres juridiques nationaux, et que le Traité de Rome n'a pas institué un système de simple coordination conventionnelle entre les États signataires, comme le font la généralité des traités internationaux.

La CJCE a défini l'originalité de l'ordre juridique communautaire dans sa jurisprudence ***Costa c/ ENEL*** du 15 juillet **1964** (aff. 6/64, 1141). Le principal *attendu* de cet arrêt de la Cour fournit les précisions suivantes : « *Attendu qu'à la différence des traités internationaux ordinaires, le Traité de la CEE a institué un* *ordre juridique propre intégré au système juridique des États membres lors de l'entrée en vigueur du traité et qui s'impose à leurs juridictions ; qu'en effet, en instituant une communauté de durée illimitée, dotée d'attributions propres, de la personnalité, de la capacité juridique, d'une capacité de représentation internationale et plus précisément de pouvoirs réels issus d'une limitation de compétence ou d'un* ***transfert d'attributions des États à la Communauté****, ceux-ci ont limité, bien que dans des domaines restreints, leurs droits souverains et créé ainsi un corps de droit applicable à leurs ressortissants et à eux-mêmes* ».

Le juge de Luxembourg définit donc l'ordre juridique communautaire comme un ensemble de règles contraignantes pour les États membres et leurs ressortissants (particuliers ou entreprises), autonome par rapport au droit national. Il indique que la Communauté est dotée d'organes propres, auxquels sont attribués des droits souverains, mais aussi de procédures spécifiques, juridictionnelles ou non juridictionnelles, propres à assurer le respect et l'application du droit communautaire.

Ainsi, en signant le Traité de Rome, les États membres de la Communauté ont renoncé – même si ce n'est au départ que dans des domaines limités – à leur souveraineté au profit des institutions de la Communauté. Cela signifie que, dans ces domaines particuliers, **les États membres n'ont plus un pouvoir autonome de décision**. Ils doivent désormais partager le pouvoir de décision avec les institutions communautaires et, dans certains domaines (politique commerciale commune, politique agricole commune, politique commune de préservation des ressources de la pêche, politique monétaire), seule la Communauté détient aujourd'hui le pouvoir de décision, parce que ce pouvoir lui a été transféré en totalité par les États membres. Ces transferts de souveraineté au profit des institutions communautaires ont été évidemment librement consentis par les signataires du Traité de Rome, puisqu'un État est toujours libre de signer ou de ne pas signer un traité international (voir J.-M. Favret, « L'intégration européenne et la France : quelques réflexions sur la divisibilité de la souveraineté », *RDP* 1999, p. 1741).

Affirmer que la Communauté est une organisation d'intégration, par opposition aux organisations de simple coopération, c'est indiquer que les signataires des traités de Paris et de Rome ont voulu intégrer les États européens dans un ensemble ayant une existence propre et une identité non réductible à la somme des identités nationales. L'idée d'intégration fait référence à une situation dans laquelle les États ne se contentent pas de coopérer ou de coordonner leurs actions, mais choisissent de mettre en commun certaines de leurs compétences et laissent à des institutions indépendantes le soin de gérer les intérêts ainsi mis en commun. Car, comme l'écrivait Jean Monnet dans ses *Mémoires*, « *la coordination (...) est une méthode qui favorise la discussion, mais elle ne débouche pas sur la décision. (...) Elle est l'expression du pouvoir national, tel qu'il est ; elle ne peut pas le changer, elle ne créera jamais l'unité* ».

22. L'intégration implique que soit reconnue l'existence d'un **intérêt général communautaire**, d'un **intérêt commun** (CJCE, 26 juin 1958, *Chambre syndicale de la sidérurgie française*, aff. 9/57, 365 ; 10 juillet 1980, *Commission c/ Royaume-Uni*, aff. 32/79, 2403) **prévalant sur les intérêts nationaux, catégoriels et particuliers**, étant entendu que le sacrifice éventuel (car intérêts communautaire et nationaux ne s'opposent pas nécessairement) d'un intérêt national est *a priori* compensé par les avantages généraux que chaque État membre tire d'une participation au système communautaire (voir F. Kauff-Gazin, *La notion d'intérêt général en droit communautaire*, thèse Strasbourg, janvier 2001). En tout état de cause, la Cour de justice de Luxembourg considère que les États membres ont l'obligation de « *prendre pleinement en compte l'intérêt communautaire* » (CJCE, 20 septembre 1990, *Commission c/ Allemagne*, aff. C-5/89, I.3437) et qu'ils doivent s'interdire d'adopter toute mesure « *contraire à l'intérêt commun* » (CJCE, 24 février 1987, *Deufil*, aff. 310/85, 901).

§2. Une intégration par le droit

23. On ne peut pas nier que l'intégration européenne a été stimulée par l'ouverture des frontières et l'instauration des politiques communes. L'économie a été – et demeure encore dans une large mesure – un moteur de l'intégration. Mais **le droit** a joué selon nous un rôle plus déterminant, parce qu'il **a « verrouillé » les acquis** et consacré l'irréversibilité de la construction européenne. L'habilité des *Pères fondateurs* (Monnet, Schuman, Adenauer, Gasperi...) a été précisément de faire de l'Europe **une *Communauté de droit*,** couronnée par une Cour de justice décidée à être la gardienne zélée du droit communautaire.

C'est ainsi par exemple que le juge de Luxembourg a affirmé très tôt, en 1964 (arrêt précité *Costa c/ ENEL*), le principe fondamental de la **primauté** du droit communautaire sur le droit national, alors que ce principe ne figure pas dans les traités constitutifs. La Cour estime pourtant que ce principe de primauté doit être respecté, parce qu'il constitue une exigence « existentielle » de la Communauté, selon la formule évocatrice du juge Pescatore.

La Cour de justice a également consacré un autre principe fondamental dans un arrêt de 1963 (*Van Gend en Loos* précité) : le principe de **l'effet direct** (ou applicabilité directe) du droit communautaire, qui signifie que les particuliers peuvent se prévaloir directement du droit communautaire devant les juridictions nationales, dès lors que les dispositions qu'ils invoquent à l'appui de leurs recours leur confèrent expressément des droits et imposent aux États membres des obligations claires, précises et inconditionnelles.

C'est en utilisant **une méthode d'interprétation *téléologique* des traités** communautaires que la Cour de justice parvient à imposer le respect de principes qui ne figurent pas *expressis verbis* dans les traités. Cette méthode téléologique permet donc de conférer au texte le maximum d'efficacité pour atteindre les objectifs fixés par les traités (les juridictions constitutionnelles de certains États, notamment en Allemagne et aux États-Unis, mettent en œuvre la méthode d'interprétation téléologique).

La méthode téléologique est une méthode finaliste ; c'est donc moins la lettre que la finalité des traités qui importe pour la Cour. Elle conduit notamment le juge de Luxembourg, en cas de contradiction entre les différentes versions linguistiques d'un texte communautaire, à privilégier systématiquement celle qui est compatible avec l'économie générale et la finalité de la réglementation en cause (CJCE, 2 octobre 1997, *Parlement européen c/ Conseil*, aff. C-259/95, I-5303). D'une manière générale, la Cour de justice privilégie l'interprétation susceptible de **garantir l'*effet utile* de la norme interprétée** et du droit communautaire (voir par ex. CJCE, 10 novembre 1998, *Arnhem et Rheden*, aff. C-360/96, I.6821, points 34 et 62).

La méthode téléologique est vivement critiquée par les adversaires de l'intégration et de la supranationalité qui y voient un instrument de « *putsch* » juridique.

§3. Les formes de « coopération intégrative »

24. Les notions de coopération et d'intégration peuvent paraître *a priori* antinomiques, mais la réalité est plus complexe, notamment parce que les traités instituant les Communautés et l'Union européennes reconnaissent diverses formes de coopération. À cet égard, en disposant que « *l'Union est fondée sur les Communautés européennes complétées par des politiques et formes de* coopération *instaurées par le présent traité* », l'article 1er du Traité de Maastricht de 1992 fait de la coopération un mode d'intégration à part entière. On peut donc affirmer que parallèlement à la méthode communautaire, il existe une forme de « coopération intégrative », interinstitutionnelle (ou horizontale) ou interétatique, qui implique la collaboration des divers acteurs institutionnels et vise à garantir l'efficacité du droit communautaire et de l'Union européenne. Il peut s'agir aussi d'une coopération entre les institutions de l'Union et les États membres (coopération verticale).

A. La coopération interinstitutionnelle

Régies par le principe de l'équilibre institutionnel (voir *infra*, n° 410), les coopérations interinstitutionnelles visent à corriger le déséquilibre entre les pouvoirs en renforçant en particulier la position du Parlement européen. Elles permettent ainsi, soit de trouver des solutions aux conflits qui naissent dans le cadre du processus décisionnel ou des procédures budgétaires, soit d'améliorer la transparence et le contrôle du système institutionnel et décisionnel au sein de la Communauté et de l'Union. En effet, s'il se caractérise par une séparation organique entre les institutions (lesquelles sont effectivement autonomes), le système juridique et institutionnel communautaire se caractérise également par un partage des compétences fonctionnelles (les fonctions législative, exécutive, budgétaire, de contrôle et internationale sont distribuées entre les organes formant le « triangle institutionnel » : Commission, Conseil de l'Union et Parlement européen), de sorte que l'intégration suppose à l'évidence une coopération entre les institutions.

Qu'elles consistent dans la fixation de lignes de conduite ou dans des aménagements procéduraux, les coopérations interinstitutionnelles reposent d'abord sur plusieurs dispositions expresses des traités constitutifs. On peut mentionner plus particulièrement les articles 193 alinéa 3 TCE, 195 alinéa 4 TCE, 218 alinéa 1 TCE, 3 alinéa 2 TUE, 21 alinéa 1 TUE, 27 TUE, 36 §2 TUE et 39 §2 TUE. Il convient d'ajouter que l'article 10 TCE (ex-art. 5), qui pose l'obligation de coopération loyale entre les États membres et les institutions de la Communauté (voir *infra*, n° 467 et 468), a été transposé par le juge communautaire dans les relations interinstitutionnelles (CJCE, 11 mai 1983, *Klöeckner*, aff. 244/81, 1451).

Rappel : Les articles des traités mentionnés ci-dessus et ci-après (dans tout le corps du présent manuel) sont les articles pertinents, avant entrée en vigueur du Traité de Lisbonne, hypothéquée par le refus irlandais.

Les coopérations interinstitutionnelles se développent aussi *via* des accords bilatéraux, des déclarations communes, des codes de conduite, des échanges de lettres, des *modus vivendi* et, surtout, par le biais des **accords interinstitutionnels** formalisés, signés par les présidents des trois institutions et publiés (voir *infra*, n° 373 et 373*bis*). Contrairement aux coopérations interinstitutionnelles fondées sur des dispositions expresses des traités, celles qui résultent d'accords interinstitutionnels s'organisent pour l'essentiel en marge de la règle juridique officielle et supposent le bon-vouloir des institutions concernées.

B. La coopération entre les institutions de l'Union et les États membres

Fondée sur les articles 10 TCE (obligation de coopération loyale) et 11 §2 TUE[1] et orientée vers plus de décentralisation, la coopération entre les institutions de l'Union et les États membres repose sur diverses dispositions du Traité CE, notamment les articles 165 TCE (coopération en matière de recherche et de développement technologique), 180 TCE (coopération au développement), 274 alinéa 1 et 278 alinéa 2 TCE (coopération en matière budgétaire) et 280 alinéa 3 TCE (coopération pour garantir la protection des intérêts financiers contre la fraude). Cette coopération verticale se développe en matière juridictionnelle (coopération entre le juge communautaire et les juges nationaux), en matière administrative (coopération entre les administrations communautaire et nationales) et dans le domaine des relations extérieures (accords « mixtes » de coopération, d'association, de pré-adhésion...).

1. Cette disposition renvoie à l'esprit de « *solidarité mutuelle* » qui doit animer les États membres.

C. La coopération interétatique

Également fondée sur les articles 10 TCE et 11 TUE, la coopération interétatique permet aux États membres de coordonner leurs interventions, de s'assister mutuellement ou de conduire des actions collectives dans les hypothèses où les institutions communes ne peuvent pas agir. Elle prend des formes diverses : coopérations intergouvernementales (PESC et JAI), coopérations renforcées (voir *infra*, section 4), coopérations extérieures (avec des pays tiers). L'article 293 TCE permet ainsi aux États membres de conclure, en faveur de leurs ressortissants, des conventions internationales destinées à faciliter la réalisation de certains objectifs du traité.

Section 2
Les étapes de l'intégration européenne

25. L'intégration européenne ne peut être que progressive. Elle ne peut pas ressembler à la fondation des États-Unis ou à l'unification italienne, parce que l'Europe regroupe des États et des sociétés humaines qui ont leurs traditions propres. Il y a par ailleurs différents degrés d'intégration. Une organisation interétatique peut être faiblement ou fortement intégrée. Plus on progresse sur la voie de l'intégration, plus les liens qui unissent les États membres ou leurs ressortissants se resserrent. On distingue traditionnellement cinq niveaux d'intégration.

§1. Le premier degré de l'intégration : la Zone de libre-échange (ZLE)

26. Une *ZLE* est une **zone à l'intérieur de laquelle les droits de douane et les restrictions quantitatives aux échanges (contingentements) ont été supprimés** (exemples : L'*AELE* créée en 1960 ; L'*ALENA* entre les États-Unis, le Canada et le Mexique, créée en 1994). Les produits originaires de la zone peuvent circuler librement et sans restrictions quantitatives à l'intérieur de la zone, sans supporter des droits de douane au passage des frontières intérieures de la zone. Ainsi, un produit fabriqué en France sera exporté en Italie et ne fera l'objet d'aucune taxation au passage de la frontière franco-italienne. On dit encore que les produits circulent en franchise.

Dans la Communauté, les droits de douane ont été supprimés progressivement entre 1957 et 1968.

La *ZLE* fonctionne de manière peu satisfaisante, car elle engendre des détournements de trafic des marchandises. En effet, les pays qui appartiennent à la *ZLE* ont supprimé les droits de douane entre eux, mais ils appliquent toujours des droits de douane aux produits en provenance de pays tiers, et chaque pays membre de la zone applique ses propres droits de douane aux produits non originaires de la zone. Que se passe-t-il alors si un pays tiers souhaite exporter ses produits vers un pays membre de la zone pratiquant des droits de douane élevés ? Le pays tiers va d'abord exporter ses produits vers le pays de la zone qui pratique de faibles droits de douane ; ces produits ayant été introduits régulièrement dans la zone après avoir acquitté les droits de douane, ils répondent désormais à la définition du produit « *en libre pratique* » (art. 24 TCE, ex-art. 10) dans la Communauté. Cela signifie que les produits en question sont désormais considérés et traités comme des produits originaires de la zone. Il est donc très facile de les réexporter ensuite, en franchise, vers le pays de la zone qui pratique des droits de douane élevés. Il y a alors détournement de trafic de marchandises, puisque certains produits originaires de pays tiers ne font que transiter par les pays de la zone qui pratiquent de faibles droits de douane, pour profiter du régime de taxation à la frontière le plus favorable. C'est précisément pour éviter ces détournements de trafic qu'il est utile de passer au stade suivant de l'intégration : l'union douanière.

NB : Le Traité de Rome n'a pas eu pour objectif la création d'une *ZLE*, mais directement d'une union douanière et d'un marché commun.

§2. Le deuxième degré de l'intégration : l'union douanière

27. On parle d'union douanière lorsque les États concernés ont non seulement éliminé entre eux les droits de douane et les contingentements, mais ont aussi mis en place **un tarif douanier (ou tarif extérieur) commun et une politique commerciale commune**. C'est la mise en œuvre du tarif extérieur commun (*TEC*) qui permet d'éliminer les détournements de trafic, puisque, quel que soit le point d'entrée dans la zone, les marchandises se voient appliquer un tarif unique au passage de la frontière extérieure de la zone. Les pays tiers ne peuvent donc plus profiter de la disparité des tarifs douaniers appliqués par les pays membres de la zone pour écouler leurs produits dans les meilleures conditions.

Le tarif douanier commun comprend deux volets :

– des « **positions tarifaires** » et « **sous-positions tarifaires** », correspondant à **environ 3000 taux** ;

– une « **nomenclature combinée** » (NC), qui consiste en un catalogue de produits auxquels sont affectées les positions tarifaires (classement tarifaire des produits).

Les droits du *TDC* sont fixés par le Conseil à la majorité qualifiée. **Le premier *TDC* a été établi en 1968**. Il est révisé périodiquement. Le *TDC* n'est pas uniforme, puisqu'il varie en fonction des pays d'origine et des objectifs de l'importation des produits.

Dans une union douanière, **les obstacles tarifaires aux échanges ont été éliminés. Mais il subsiste d'autres obstacles, non tarifaires, aux échanges**, liés notamment à la disparité des régimes fiscaux applicables aux marchandises qui circulent à l'intérieur de la zone, et à la diversité des normes techniques auxquelles les produits doivent se conformer pour être vendus régulièrement sur le territoire de certains États membres. Il ne suffit donc pas d'éliminer les droits de douane et d'interdire les contingentements pour garantir la libre circulation des produits et des facteurs de production (capitaux, travailleurs). Seul le passage à la troisième étape de l'intégration permet de supprimer les derniers obstacles aux échanges. Cette troisième étape est le marché commun.

§3. Le troisième degré de l'intégration : le marché commun

28. On parle de marché commun lorsque les marchandises, les personnes, les services (transports, banques, assurances, bourses...) et les capitaux peuvent circuler librement sur ledit marché (on évoque encore les **quatre libertés fondamentales** du marché commun). Le marché commun est plus ambitieux que l'union douanière, puisqu'il suppose notamment la mise en œuvre de règles et de législations communes, en matière fiscale ou dans le domaine de la concurrence par exemple ; il suppose aussi l'existence de **politiques ou d'actions sectorielles** communes, par exemple en matière agricole ou dans le domaine des transports.

Cette notion de marché commun, qui figure déjà dans le Traité de Rome en 1957 (article 2), a été parfois remplacée par d'autres notions voisines telles que *marché intérieur*, *marché unique*, *grand marché*. Ces différentes notions ont été reconnues par la jurisprudence de la CJCE, puisque l'arrêt *Schul* du 5 mai 1982 prévoit que « *la notion de marché commun... vise à l'élimination de toutes les entraves aux échanges intra-communautaires en vue de la fusion des marchés nationaux dans un marché unique réalisant des conditions aussi proches que possible de celles d'un véritable marché intérieur* » (CJCE, 5 mai 1982, *Schul*, aff. 15/81, 1409).

NB : La notion de *marché commun* renvoie à une situation comportant la suppression des barrières tarifaires aux échanges, l'interdiction des restrictions quantitatives aux échanges, la libre circulation des travailleurs, des services et des capitaux, l'existence de règles communes en matière de concurrence et de fiscalité, un début de rapprochement des politiques économiques nationales et, enfin, la mise en œuvre de politiques communes. La notion de *marché intérieur* renvoie à un degré supérieur d'intégration économique : élimination complète des entraves techniques et fiscales aux échanges, renforcement de la coordination des politiques économiques des États membres, harmonisation accrue des législations et réglementations nationales.

L'Acte unique européen de 1986 visait précisément à « consommer » cette troisième étape de l'intégration européenne, puisque ses auteurs s'étaient fixé pour objectif l'achèvement du grand marcé intérieur au plus tard au 31 décembre 1992, grâce à l'adoption des quelques 300 propositions de directive prévues par **le Livre**

Blanc de lord Cockfield de 1985 (élaboré sous la responsabilité du vice-président Lord Cockfield).

Aujourd'hui, l'Union européenne représente **un marché de 459 millions de consommateurs**.

29. La **libre concurrence** est le *credo* du marché commun depuis l'origine. Elle doit permettre au consommateur d'obtenir au meilleur prix les produits et les services offerts par les entreprises de tous les États membres de la Communauté. Le Traité de Rome et certains actes communautaires prévoient ainsi : l'interdiction des ententes anticoncurrentielles, l'interdiction d'abuser d'une position dominante, le contrôle des aides d'État (les projets d'aides doivent être en principe notifiés à la Commission), le contrôle des systèmes de distribution sélective, le contrôle du respect des exigences du droit communautaire par les entreprises publiques ou celles qui bénéficient de droits spéciaux ou exclusifs, un régime de contrôle des concentrations d'entreprises.

La Commission européenne est, conjointement avec les autorités nationales, le garant du respect des règles communautaires de concurrence par les entreprises et les États membres. Elle agit dans ce domaine, soit de sa propre initiative, soit à la suite de plaintes d'États membres, d'entreprises ou de particuliers. Elle dispose alors de pouvoirs d'investigation très étendus. Les entreprises et les particuliers qui estiment être victimes d'infractions aux règles de concurrence peuvent saisir directement les tribunaux nationaux.

30. **L'Espace économique européen (EEE)**

Le 2 mai 1992 a été signé à Porto, entre la Communauté européenne et ses États membres d'une part, les États membres de l'AELE d'autre part, le traité créant l'« *Espace économique européen* », destiné à renforcer les liens entre ces pays et à permettre aux membres de l'AELE, non encore membres de la Communauté mais ayant vocation à le devenir, de bénéficier plus largement des avantages du marché intérieur. Néanmoins, l'adhésion au 1er janvier 1995 de l'Autriche, de la Suède et de la Finlande d'une part, et le refus de la Suisse de ratifier le traité de Porto d'autre part, ont fait perdre à l'accord EEE l'essentiel de son intérêt, puisqu'il ne concerne plus aujourd'hui que la Norvège, l'Islande et le Lichtenstein. En juin 2003 a été adopté à Bruxelles l'accord relatif à l'adhésion des dix futurs États membres de l'UE à l'EEE.

§4. Le quatrième degré de l'intégration : l'Union économique et monétaire (UEM)

31. La dimension monétaire de l'Europe communautaire était quasiment absente du Traité de Rome, qui se bornait à énoncer quelques principes relatifs à la coordination des politiques monétaires nationales et des politiques de change (fixation des parités entre les monnaies des États membres). C'est la désintégration progressive du Système monétaire international (**SMI**) et le flottement généralisé des monnaies dans les années 1970 qui ont contraint les Européens à se soucier de la dimension monétaire de la construction européenne et à créer un Système monétaire européen (**SME**) en 1979, à l'initiative du président Valéry Giscard d'Estaing et du chancelier allemand Helmut Schmidt.

Le Traité de Maastricht sera beaucoup plus ambitieux, puisqu'il **va prévoir l'instauration** d'une Union économique et monétaire et la création **d'une monnaie unique gérée par une Banque centrale européenne au plus tard le 1er janvier 1999**. Il s'agit tout à la fois de réduire les aléas dus à la multiplicité des devises et de limiter la dépendance de l'Europe vis-à-vis du dollar ; d'éliminer les coûts liés à la gestion du risque de change et de simplifier la gestion des entreprises ; de favoriser la libre circulation des citoyens de l'Union qui pourront utiliser une seule monnaie sur l'ensemble du territoire de l'Union ; d'accroître les performances économiques de l'Union européenne, grâce à une convergence des politiques économiques de ses membres.

§5. Le dernier degré de l'intégration : l'Union politique

32. Les quatre premières phases de l'intégration européenne concernent essentiellement l'économie. Le stade ultime de l'intégration, c'est l'union politique. En effet, comme l'a écrit Robert Schuman, « *l'intégration économique (...) ne se conçoit pas, à la longue, sans un minimum d'intégration politique. C'est un complément logique, nécessaire* », car il faut que l'Europe « *ait un soubassement démocratique ; que les conseils, les comités et autres organes soient placés sous le contrôle de l'opinion publique...* » (*Pour l'Europe*, éd. Nagel, Paris, coll. Ecrits politiques, 1990).

On notera qu'à défaut d'avoir réussi à promouvoir l'union politique avant la signature du **Traité de Maastricht**, les pays membres de la Communauté ont mis en œuvre une coopération politique européenne dès le début des années 1970. Cette coopération politique s'est fondée principalement sur **le rapport Davignon adopté en octobre 1970** à la demande des chefs d'État et de gouvernement réunis à La Haye en décembre 1969. Dans l'ensemble, elle a bien fonctionné et elle est devenue un élément important des rapports entre les États membres de la Communauté.

Section 3
Dynamique et avenir de l'intégration européenne

§1. La dynamique de l'intégration

33. L'intégration est par nature un phénomène dynamique, parce que les transferts du pouvoir de décision des États membres au profit des institutions communes se fait progressivement, comme cela a été montré plus haut. Cette dynamique de l'intégration est illustrée par l'effet de *spill over* (ou effet d'engrenage) et l'effet de cliquet.

A. L'effet de *spill over*

34. L'effet de *spill over* est l'effet d'entraînement qui résulte de **la logique interne de l'intégration**. Cela signifie que l'on passe en principe quasi automatiquement d'un stade à un autre de l'intégration, **l'intégration sectorielle poussant à l'intégration générale.** La réalisation d'une *ZLE* rend progressivement nécessaire la mise en œuvre d'une union douanière, parce qu'il faut éviter les détournements de trafic de marchandises ; l'union douanière favorise elle-même la réalisation du marché commun, parce que la libre circulation des produits et des facteurs de production (capital, travail), stimulée par l'élimination des obstacles tarifaires aux échanges, suppose l'établissement de règles communes, l'harmonisation des législations nationales, la coordination des politiques économiques etc. **La volonté politique intervient peu** ici ; c'est la logique interne de l'intégration qui permet de dépasser progressivement chacun des stades qui conduisent au terme ultime, l'union politique.

La progression sur la voie de l'intégration s'effectue toutefois **contre les différentes manifestations du nationalisme et la tentation du protectionnisme économique**. De plus, la construction européenne bouscule trop de traditions nationales pour que l'effet d'engrenage puisse jouer pleinement. Il est évident aussi que, plus on se rapproche du dernier degré de l'intégration, plus on se rapproche du *noyau dur* de la souveraineté nationale, et les États sont donc de moins en moins disposés à transférer une part supplémentaire de leur souveraineté aux institutions communautaires. **Il arrive donc un moment où la volonté politique doit prendre le relais des automatismes, « grippés » par les résistances nationales**. Cette volonté politique peut faire défaut. Dans ce cas, c'est le *statu quo*. Quand elle existe, en revanche, cette volonté politique permet de relancer la construction européenne, de lui donner un nouveau souffle. Concrètement, cela se traduit par la **convocation d'une conférence intergouvernementale (CIG) chargée de rédiger un nouveau traité, qui modifiera ou complétera les précédents**.

I – L'ACTE UNIQUE EUROPÉEN DU 28 FÉVRIER 1986

35. L'Acte unique européen, signé le 28 février 1986 et **entré en vigueur le 1er juillet 1987**, a constitué la première révision d'ensemble du Traité de Rome depuis la création des Communautés. Il a permis de relancer la construction européenne à une époque où elle risquait de s'enliser. C'est Jacques Delors qui a été à l'initiative de l'Acte unique (lancé dès **1983** par le **Plan Genscher-Colombo**). L'apport essentiel de ce traité a consisté :

– à fixer l'objectif d'achèvement du *Grand Marché Intérieur* pour le 31 décembre 1992 au plus tard (il faut dire que le thème du *Grand Marché*

Intérieur était le seul thème possible de consensus entre les gouvernements socialistes de Paris et de Madrid et le gouvernement ultra-libéral de Margaret Thatcher) ;

– à donner une base juridique formelle au Conseil européen ;

– à étendre le champ d'application de la procédure de vote à la majorité qualifiée au sein du Conseil ;

– à introduire une procédure de coopération (extension des compétences du Parlement européen) ;

– à étendre le champ d'application de la procédure d'avis conforme du Parlement européen ;

– à fournir une base conventionnelle à la coopération en matière de politique étrangère.

De plus, pour la première fois, un traité mentionne expressément l'objectif de création d'une *Union européenne.*

NB : Dans ses *Mémoires*, J. Delors écrit : « *Pourquoi (...) ce titre abscons d'Acte unique ? Parce que la Commission avait la hantise que l'on coupe en deux l'organisation européenne, d'un côté l'économie sur la base du Traité de Rome et de l'autre, une nouvelle architecture traitant de la politique étrangère et de la sécurité* » (J. Delors, *Mémoires*, Plon, 2004, spécial. p. 217). Et d'ajouter : « *si j'ai dit souvent (...) que l'Acte unique est mon traité préféré, c'est (...) parce que ce traité n'a pas un pouce de graisse, un peu comme le traité CECA. (...) C'est un traité court, qui dit bien ce qu'il veut dire et se prête peu à des controverses sur sa portée ou son interprétation* » (*op. cit.*, p. 227).

II – Le Traité de Maastricht du 7 février 1992

36. Le Traité de Maastricht (porté par les volontés de François Mitterrand et du chancelier allemand Helmut Kohl), signé le 7 février 1992 et **entré en vigueur le 1er novembre 1993**, a constitué la deuxième révision d'ensemble des traités communautaires. Il a permis notamment d'introduire les innovations suivantes :

– création de l'*Union européenne*, formée par l'adjonction de deux piliers intergouvernementaux (PESC et JAI) au pilier communautaire (les trois Communautés) ;

– reconnaissance d'une citoyenneté européenne ;

– introduction du principe de subsidiarité ;

– extension du champ d'application de la procédure de vote à la majorité qualifiée au sein du Conseil ;

– introduction d'une procédure de codécision (extension des compétences du Parlement européen) ;

– extension du champ d'application des procédures de coopération et d'avis conforme du Parlement européen ;

– introduction de mécanismes d' *intégration différenciée* (UEM, défense, politique sociale).

III – Le Traité d'Amsterdam le 2 octobre 1997

37. La conférence intergouvernementale (CIG) de 1996/1997, prévue par le Traité de Maastricht (article N § 2 - *clause* dite *de rendez-vous*), devait notamment réexaminer le système institutionnel et décisionnel de l'Union européenne, compte tenu de la dynamique de l'élargissement et du bilan de l'application du traité sur l'Union européenne. Ses travaux, lancés à Turin le 29 mars 1996, ont abouti à la signature du Traité d'Amsterdam le 2 octobre 1997. Ce traité est **entré en vigueur le 1er mai 1999**. C'est la troisième révision d'ensemble des traités précédents.

NB : Le Conseil européen de Corfou de juin 1994 avait confié à un groupe de réflexion présidé par Carlos Westendorp (Secrétaire d'État espagnol aux affaires européennes) la mission de défricher le terrain pour la CIG de 1996/1997. Le rapport Westendorp avait été présenté au Conseil européen de Madrid en décembre 1995. Il s'était prononcé en faveur du maintien d'une intégration et d'une coopération européenne fortes (maintien et développement de l'acquis communautaire dans son intégralité, consolidation du *cadre institutionnel unique*). Le groupe Westendorp avait également estimé qu'il fallait rejeter toute formule qui puisse conduire à une *Europe à la carte* et que la CIG devait concentrer son énergie sur trois objectifs principaux : rapprocher l'Europe de ses citoyens, permettre à l'Union de mieux fonctionner dans la perspective d'un prochain élargissement et doter l'Union d'une meilleure capacité d'action extérieure.

Le Traité d'Amsterdam n'a pas, loin s'en faut, apporté des réponses satisfaisantes à toutes les questions qui figuraient à l'ordre du jour de la Conférence intergouvernementale. **Les principales innovations qu'il introduit sont** :

– la communautarisation progressive (sur 5 ans) et partielle du 3e pilier (JAI) ;

– le renforcement de la politique sociale ;

– la création d'une politique de l'emploi ;

– des pouvoirs accrus pour le Parlement européen (extension de la codécision notamment) et le président de la Commission européenne ;

– une extension des compétences de la Cour de justice de Luxembourg dans le cadre de la JAI ;

– la possibilité de mettre en œuvre des « coopérations renforcées » dans certains domaines et à certaines conditions ;

– un mécanisme permettant de suspendre certains droits (y compris le droit de vote) de l'État membre qui aurait gravement violé les principes fondamentaux (droits de l'Homme notamment) que doivent respecter les membres de l'UE.

Comme l'a bien noté M. Dehousse (qui fut le négociateur belge au sein de la CIG), le Traité d'Amsterdam a marqué « *l'essoufflement* » du processus d'approfondissement, dans la mesure où il « *se distingue de ses prédécesseurs par l'absence d'un nouveau projet politique. Il n'a pas défini un objectif spécifique, comme le marché unique ou la monnaie unique naguère (...). À la vérité, le traité se soucie moins de préparer l'avenir que de gérer les réalisations du passé* » (F. Dehousse, «Le Traité d'Amsterdam, reflet de la nouvelle Europc», *CDE* 1997, éditorial, p. 265). Et M. Dehousse de poursuivre : « *...on paie maintenant le prix d'élargissements successifs sans prêter une attention suffisante à leurs conséquences pour les finalités, les institutions et le processus de révision de la construction européenne* » (*op. cit.*, p. 272).

IV – LE TRAITÉ SIGNÉ À NICE LE 26 FÉVRIER 2001

38. Compte tenu des faiblesses du Traité d'Amsterdam concernant la question institutionnelle, **l'Allemagne, la France et d'autres États membres avaient estimé qu'il faudrait impérativement que l'élargissement de l'Union européenne aux pays d'Europe centrale et orientale soit précédé d'une véritable réforme institutionnelle** (procédures de vote au Conseil, pondération des voix...). Une CIG avait été lancée en décembre 1999 à Helsinki à cette fin.

Le 18 octobre 1999, un **groupe de réflexion** présidé par l'ex-Premier ministre belge Jean-Luc **Dehaene** avait remis à M. Prodi un rapport sur cette réforme des institutions de l'Union. Ce rapport proposait de réformer d'une manière *globale* le système institutionnel et suggérait plus particulièrement : de délimiter clairement la responsabilité individuelle des commissaires et de renforcer l'autorité du Président de la Commission ; de rééquilibrer le mécanisme de pondération des voix au sein du Conseil, pour mieux tenir compte de l'importance de chaque État ; de faire du vote à la majorité qualifiée « *la règle* », y compris dans le cadre des 2e et 3e piliers ; d'élargir le pouvoir de codécision du Parlement européen. Le groupe Dehaene proposait également de regrouper dans un traité de base, les objectifs, les principes, les orientations générales, les droits des citoyens et le cadre institutionnel. Cette *constitution européenne* ne pourrait être modifiée qu'à l'unanimité.

Le traité signé à Nice le 26 février 2001 et entré en vigueur le 1er février 2003 se présente avant tout comme **le règlement du « reliquat » institutionnel (ou *left-overs*) d'Amsterdam**, même si ses auteurs ont réussi à se mettre d'accord sur un certain nombre de mesures complémentaires d'importance variable et s'ils ont eu le mérite de faire un pas vers la « constitutionnalisation » de l'Union européenne, à travers la proclamation d'une *Charte des droits fondamentaux* dépourvue pour l'instant de valeur juridique.

Les principales innovations introduites par le Traité de Nice sont les suivantes :

– un mécanisme de surveillance et d'alerte pour prévenir les violations des principes fondamentaux est instauré ;

– le Conseil doit fixer un statut pour les partis politiques au niveau européen ;

– la France, l'Allemagne, le Royaume-Uni, l'Italie et l'Espagne renonceront à leur deuxième commissaire en 2005. Après l'élargissement de l'Union, une décision sera prise pour fixer le nombre définitif des membres de la Commission, qui devra en tout état de cause être inférieur à 27 ;

– les pouvoirs du président de la Commission sont renforcés ;

– le vote à la majorité qualifiée au sein du Conseil est étendu à de nouvelles matières ;

– la pondération des voix au sein du Conseil sera modifiée à compter du 1er janvier 2005 ;

– les effectifs du Parlement européen sont plafonnés à 732 et la répartition des sièges sera modifiée à compter du 1er janvier 2004 ;

– le mécanisme des coopérations renforcées est amélioré ;

– il devient possible d'adjoindre au TPI des chambres juridictionnelles, chargées d'exercer des compétences juridictionnelles en première instance dans certains domaines spécifiques ;

– le TPI peut connaître des questions préjudicielles dans des matières spécifiques déterminées par son statut.

V – Le Traité Constitutionnel du 29 octobre 2004

***39.* Le texte adopté à Nice n'était pas de nature à permettre à l'Union européenne de préparer dans des conditions satisfaisantes l'élargissement aux pays candidats prévu pour mai 2004**. En effet, le « reliquat » institutionnel d'Amsterdam n'avait fait l'objet que d'un règlement partiel et insatisfaisant (en particulier en ce qui concerne l'extension, encore très insuffisante, du vote à la majorité qualifiée) et, comme à Amsterdam en 1997, les Quinze avaient renvoyé à plus tard les points sur lesquels ils n'étaient pas parvenus à s'entendre à Nice (voir déclaration n° 23 annexée au Traité de Nice). Il avait donc été prévu d'organiser une nouvelle conférence des États membres sur l'avenir des institutions européennes, portant notamment sur la clarification des compétences entre l'Union européenne et les États membres, sur le statut juridique de la Charte des droits fondamentaux (2000/C-364/01, *JOCE* n° C-364, 18 décembre 2000), sur la simplification des traités (« *sans en changer le sens* » souligne la déclaration n° 23) et sur le rôle des Parlements nationaux dans l'architecture européenne.

M. Valéry Giscard d'Estaing avait été choisi pour conduire une *Convention sur l'avenir de l'UE*, à l'occasion du sommet de Laeken du 15 décembre 2001. Cette Convention, qui avait siégé à Bruxelles de mars 2002 à juin 2003, était composée d'une centaine de membres, dont les représentants des gouvernements et des parlements nationaux (y compris ceux des candidats à l'adhésion), du Parlement européen et de la Commission européenne. Elle devait notamment s'interroger sur l'opportunité d'adopter une constitution européenne ou d'élire le président de la Commission au suffrage universel direct. Elle avait associé à ses débats les représentants de la société civile.

M. Giscard d'Estaing avait présenté officiellement le « projet de Traité constitutionnel » le 20 juin 2003 au Conseil européen de Thessalonique, lequel avait estimé qu'il s'agissait d'une « *bonne base de départ* » pour la CIG chargée de rédiger un nouveau traité (**Projet de traité instituant une Constitution pour l'Europe du 18 juillet 2003**, *JOUE* n° C-169, 18 juillet 2003). Cette **Conférence**, qui s'était **ouverte à Rome le 4 octobre**, s'était toutefois achevé par **un échec**, les chefs d'État et de gouvernements n'ayant pas été capable de parvenir à un accord à l'occasion du sommet de Bruxelles de décembre 2003. Il avait donc été décidé que les négociations se poursuivraient en 2004 sous la présidence irlandaise.

Le Traité constitutionnel a été finalement adopté le 18 juin 2004 par le Conseil européen de Bruxelles, et signé le 29 octobre 2004 à Rome. Mais il est peu probable qu'il entre jamais en vigueur, dès lors que plusieurs État, dont la France et les Pays-Bas, ne l'ont pas ratifié (le 29 mai 2005, 54,68 % des Français ayant voté au référendum ont dit « non » au Traité constitutionnel). Les principaux apports du Traité constitutionnel concernaient :

a) Le système institutionnel et décisionnel

– L'Union européenne aurait été dotée d'une personnalité juridique et se serait substituée aux actuelles « Communautés européennes » et « Union européenne », tandis que le « *traité établissant une Constitution pour l'Europe* », incluant la Charte des droits fondamentaux, se serait substitué aux traités CE et UE, ainsi qu'à tous les traités les ayant modifiés ou complétés. Les trois « piliers » de l'Union auraient été fusionnés, même si des procédures particulières auraient été maintenues dans le domaine de la PESC. On pouvait y voir une accentuation de la dimension fédérale de l'Union.

– Un président du Conseil européen, élu à la majorité qualifiée pour une durée de deux ans et demi, renouvelable une fois, aurait eu pour mission d'en animer les travaux, de faciliter en son sein la cohésion et le consensus, de préparer et conduire les sommets européens, d'assurer la représentation extérieure de l'Union.

– Un ministre des Affaires étrangères de l'Union, nommé par le Conseil européen à la majorité qualifiée avec l'accord du Président de la Commission, aurait siégé en tant que vice-président à la Commission européenne, aurait présidé le Conseil des affaires étrangères et aurait cumulé les fonctions de l'actuel Haut Représentant et du Commissaire des Relations extérieures.

– La présidence tournante, tous les six mois, du Conseil de l'Union aurait été maintenue, mais se serait inscrite dans le cadre d'une « team-presidency » de trois pays.

– Après 2014, le nombre de commissaires européens aurait été équivalent aux 2/3 du nombre des États membres, soit 18 commissaires dans une Europe à 27 (système de rotation égalitaire).

– Le Parlement européen aurait élu le Président de la Commission européenne, sur proposition du Conseil européen.

– Le nombre de députés européen aurait été limité à 750, avec un minimum de 6 sièges par État et un maximum de 96 (le nombre précis de sièges attribués à chaque État aurait été décidé ultérieurement).

– Un référendum d'initiative populaire aurait permis à un million de citoyens européens de demander à la Commission de proposer au législateur de l'Union de légiférer sur un sujet d'intérêt général.

– À partir du 1er novembre 2009, la majorité qualifiée aurait supposé le vote favorable d'au moins 55 % des États membres comprenant au moins 15 États membres et représentant 65 % de la population de l'Union. Quatre États membres au minimum auraient pu constituer une éventuelle minorité de blocage (35 % de la population *a priori*). Lorsque le Conseil n'aurait pas décidé sur proposition de la Commission, ou lorsqu'une décision n'aurait pas été adoptée sur l'initiative du ministre des Affaires étrangères, la majorité qualifiée aurait dû rassembler 72 % des États membres représentant au moins 65 % de la population de l'Union.

– Un nombre d'États membres représentant au moins 3/4 d'une minorité de blocage, que ce soit au niveau des États membres ou de la population, auraient pu demander qu'un vote soit différé et que, pendant un délai raisonnable, les discussions se poursuivent, pour aboutir à une base d'accord plus large au sein du Conseil.

– Le vote à la majorité qualifiée au sein du Conseil de l'Union aurait été étendu à de nouvelles matières, à l'exception notable, notamment, des affaires sociales, de la fiscalité, du budget européen (lois fixant les ressources propres et les perspectives financières) et d'une partie du commerce extérieur (culture et audiovisuel). Lorsque l'unanimité aurait été la règle, le Conseil européen aurait pu décider que la majorité qualifiée s'applique (« clause passerelle »).

– Quasi-généralisation de la codécision, désormais appelée procédure législative (95 % des lois européennes seront adoptées conjointement par le Parlement et le Conseil).

– Les parlement nationaux auraient été informés sans délai, par la Commission, de toutes les propositions de lois européennes. Si un tiers d'entre eux avait estimé qu'une proposition violait le principe de subsidiarité, la Commission aurait dû réexaminer sa proposition.

– La compétence de la Cour de justice aurait été étendue à l'espace de liberté, sécurité et justice et à certains aspects de la politique étrangère.

b) Le système des compétences et les instruments juridiques

– Les lois et les lois-cadre européennes se seraient substituées aux règlements et aux directives communautaires. Elles auraient été adoptées en codécision par le Conseil, statuant à la majorité qualifiée, et le Parlement européen (procédure dite « procédure législative ordinaire »). Certaines lois auraient dû être ratifiées par les États membres selon leurs règles constitutionnelles respectives (par exemple pour créer de nouveaux impôts).

– Le règlement européen serait devenu un acte réglementaire au sens propre du terme.

– La décision serait devenue un acte non législatif obligatoire présentant les caractéristiques, tantôt d'un acte individuel classique, tantôt d'un acte d'organisation interne.

– Les pays qui l'auraient souhaité auraient pu constituer des « *coopérations structurées* » en matière de défense.

c) Les politiques

– La JAI aurait relevé de la méthode communautaire et, très largement, du champ de la majorité qualifiée.

– Les compétences des ministres de l'Économie de la zone euro auraient été renforcées.

– Un nouveau volet aurait complété la politique de recherche et développement technologique : la politique spatiale européenne.

d) La révision

– Le recours à la méthode de la Convention était prévu pour les futures révisions constitutionnelles, et une procédure « simplifiée » de révision était prévue en ce qui concerne les modifications des « politiques internes », pour autant qu'elles n'impliquaient pas une augmentation des compétences de l'Union.

e) Divers

– Un droit de retrait de l'Union européenne était reconnu aux États membres.

– Le Traité constitutionnel permettait l'adhésion de l'Union européenne à la Convention européenne des droit de l'homme et des libertés fondamentales.

– La distinction entre dépenses obligatoires et dépenses obligatoires était supprimée ; le Parlement européen aurait eu le dernier mot sur l'ensemble du budget.

VI – LE TRAITÉ DE LISBONNE DU 13 décembre 2007

39 bis. C'est au cours du Conseil européen des 21 et 22 juin 2007 que les Vingt-sept ont convoqué une Conférence intergouvernementale (CIG) pour rédiger un nouveau traité modificatif, dit « simplifié» (bien qu'on ne puisse guère parler de simplification), **afin de sortir de la crise institutionnelle de l'Union européenne**. En réalité, la CIG s'est bornée à formaliser les compromis arrêtés au Conseil européen. Le texte, qui évite soigneusement les symboles et formulations manifestant la dimension « constitutionnelle » de l'Union, a été approuvé par les chefs d'État et de gouvernement lors du sommet informel des 18 et 19 octobre 2007, et signé à Lisbonne, sous présidence portugaise, le 13 décembre 2007. Il devait entrer en vigueur le 1er janvier 2009, mais cette entrée en vigueur est désormais remise en cause par le refus irlandais.

Le Traité de Lisbonne, qui reprend les principales dispositions institutionnelles du projet de Constitution européenne, comporte **7 articles, 13 protocoles et 59 déclarations**. Il amende à la fois le Traité CE et le Traité UE. Ses principales innovations sont les suivantes :

a) Le système institutionnel et décisionnel

– L'Union européenne est dotée de la personnalité juridique.

– Le Traité instituant la Communauté européenne devient le « Traité sur le fonctionnement de l'UE ».

– La structure de l'Union en trois piliers disparaît.

– Un président du Conseil européen sera élu à la majorité qualifiée pour une durée de deux ans et demi, renouvelable une fois.

– Un haut représentant de la politique étrangère européenne sera membre du Conseil de l'UE et de la Commission européenne, dont il sera l'un des vice-présidents, en charge de l'action extérieure. Il présidera le Conseil des affaires étrangères et conduira la PESC.

– La Commission européenne sera composée, à partir du 1er novembre 2014, d'un nombre de commissaires correspondant aux deux tiers du nombre d'États membres, soit 18 commissaires (pour une Union à 27). Les membres de la Commission seront choisis selon un système strictement égalitaire de rotation entre États membres.

– Le nombre de députés européens ne pourra pas dépasser 750. Le nombre de députés par pays sera fixé par un système proportionnel dégressif, avec un maximum de 96 et un minimum de 6 pour chaque État.

– La Banque centrale européenne devient une véritable institution de l'Union.

– Les droits d'information des parlements nationaux sont renforcés.

– Le respect du principe de subsidiarité sera plus étroitement contrôlé. Les Parlements nationaux pourront faire échouer des propositions de la Commission contraires à ce principe.

– À partir du 1er novembre 2014, la majorité qualifiée sera égale à au moins 55 % des membres du Conseil, comprenant au moins 15 d'entre eux et représentant des États membres réunissant au moins 65 % de la population de l'Union. La minorité de blocage devra inclure au moins 4 État membres.

– Jusqu'au 31 mars 2017, un État membre pourra invoquer le compromis de Ioannina.

– La majorité qualifiée deviendra la règle pour 51 domaines supplémentaires, dont la coopération judiciaire et policière, l'éducation ou la politique économique. L'unanimité restera la règle pour la politique étrangère, la sécurité sociale, la fiscalité et la culture. Le Royaume-Uni a obtenu une dérogation sur la coopération judiciaire et policière.

– Un million de citoyens de l'Union, ressortissants d'un nombre significatif d'États membres, pourront demander à la Commission européenne de soumettre une proposition au Parlement européen et au Conseil de l'Union européenne, à condition que l'acte demandé soit « nécessaire aux fins de l'application des traités ».

– La procédure de codécision est étendue à de nouveaux domaines et devient la procédure législative ordinaire.

– Des possibilités d'adaptation des traités sont prévues dans certains cas, pour éviter la lourdeur de la procédure de révision : des « clauses passerelles », exclues en matière de défense, permettent ainsi au Conseil européen de décider, à l'unanimité, le passage au vote à la majorité qualifiée dans telle ou telle matière ; des « clauses de flexibilité » pour étendre les compétences de l'Union.

b) Le système des compétences et les instruments juridiques

– Le nouveau texte énumère la liste des domaines relevant des compétences exclusives, des compétences partagées et des compétences d'appui.

– Suppression de la concurrence libre et non faussée des objectifs de l'Union.

– Retrait de la partie III sur les politiques de l'Union (les modifications prévues dans cette partie seront apportées au TCE).

– La Charte des droits fondamentaux acquiert une force juridique contraignante pour les États membres, le Royaume-Uni et la Pologne bénéficiant toutefois d'une dérogation en la matière. Le nouvel article 6 §1 TUE dispose en effet que

« *L'Union reconnaît les droits, les libertés et les principes énoncés par la Charte des droits fondamentaux du 7 décembre 2000 telle qu'adaptée le 12 décembre 2007, laquelle a la même valeur juridique que les traités* ».

c) Les politiques

– Dans le domaine de la coopération judiciaire et policière, la plupart des décisions seront prises à la majorité, et non plus à l'unanimité.

– La lutte contre le changement climatique devient prioritaire.

d) Divers

– L'Union pourra adhérer à la Convention européenne de sauvegarde des droits de l'homme et des libertés fondamentales, mais cette adhésion exigera l'unanimité et la ratification par les États membres selon leurs règles constitutionnelles respectives.

– Un droit de retrait de l'Union européenne est reconnu aux États membres.

– Les symboles « constitutionnels » de l'Union (drapeau, hymne, devise, termes de « Constitution », de « lois européennes »...) ne figurent plus dans le nouveau texte.

B. L'effet de cliquet

40. L'effet de cliquet illustre un autre aspect de la dynamique de l'intégration. Il signifie que **le processus d'intégration est, en principe, irréversible**, qu'un retour en arrière est peu probable parce que le coût économique et politique du retour en arrière est beaucoup plus élevé que celui qui résulterait d'une « marche en avant » (voir **rapport Cecchini de 1988** de la Commission sur le coût de la non-Europe ; voir également **rapport Catherwood** du Parlement européen, publié la même année).

L'effet de cliquet signifie qu'à défaut de progresser sur la voie de l'intégration, les États membres garantissent le *statu quo*, la préservation de l'acquis communautaire. On aborde ici une question délicate : celle de l'irréversibilité de la construction européenne. Les États eux-mêmes – y compris ceux qui s'opposent à l'intégration – ont conscience de cette quasi-irréversibilité de la construction européenne. C'est la raison pour laquelle ils ne s'engagent un peu plus loin sur la voie de l'intégration qu'après mûre réflexion, et non sans réticence pour certains d'entre eux.

L'irréversibilité de la construction européenne a été en quelque sorte « préméditée » par les Pères fondateurs, puisque **la méthode conçue par J. Monnet et R. Schuman consistait précisément à enclencher un processus d'intégration *irréversible*** à partir de « *réalisations concrètes créant d'abord une solidarité de fait* » entre les États membres. Elle a été consacrée en droit, plus ou moins explicitement dans le Traité de Rome (la CEE est créée pour une durée illimitée) et très clairement par la jurisprudence de la Cour de justice de Luxembourg (arrêts *Van Gend en Loos* et *Costa c/ ENEL* déjà cités).

§2. L'avenir de l'intégration : la « vocation » fédérale de l'Union européenne

41. Que s'agit-il de construire exactement ? L'Europe fédérale rêvée par les *Pères fondateurs*, l'Europe des patries voulue par le Général de Gaulle (l'Europe de l'Atlantique à l'Oural), l'Europe de type confédéral que le président Mitterrand a parfois évoquée, ou existe-t-il une autre voie possible en dehors des systèmes d'organisation politique déjà connus ? La question est assez théorique, et elle s'est reposée à chaque étape de la construction européenne depuis les origines. Au cours des négociations qui ont précédé l'adoption du Traité de Maastricht, plusieurs pays (dont la France et l'Allemagne) avaient demandé que la vocation fédérale de l'Europe soit inscrite dans le nouveau traité. Ils ont dû y renoncer, devant l'opposition de certains États (dont le Royaume-Uni). Pourtant, **dès l'origine, la vocation fédérale de l'Europe figure implicitement dans les traités**, puisque les *Pères fondateurs* avaient clairement cet objectif à l'esprit. Doit-il s'agir pour autant d'une fédération de type classique comme celles que nous voyons fonctionner notamment en Allemagne ou aux États-Unis ? La reproduction d'un modèle existant ne paraît ni possible, ni souhaitable. Il s'agit plutôt d'**inventer un nouveau système d'intégration qui permette à la fois de dépasser la notion d'État-nation et de respecter les identités nationales**. Toute tentative d'intégration européenne qui nierait les réalités nationales serait inévitablement vouée à l'échec.

A. Une voie sans issue : la reproduction d'un modèle existant

I – La Communauté européenne n'est pas une fédération

42. La Communauté européenne n'est pas une fédération à laquelle les États membres seraient subordonnés dans les domaines de sa compétence. La Commission européenne n'est pas un gouvernement fédéral, le Conseil n'est pas assimilable à une Chambre des États (*Bundesrat* allemand par ex.), le Parlement européen n'a pas les pouvoirs d'une chambre des peuples (*Bundestag* allemand par ex.), et la Cour de justice de Luxembourg n'est pas une Cour Suprême (elle n'a pas le pouvoir de *casser* les décisions rendues par les juridictions des États membres). De plus – et c'est peut-être le point essentiel – les traités communautaires ne forment pas la *Constitution* de l'Europe des Vingt-Sept. **À la différence d'un État fédéral qui constitue une union de droit constitutionnel, l'Union européenne demeure fondamentalement une union de droit international**. Un État fédéral possède un ordonnancement constitutionnel propre, fixé dans une Constitution fédérale, élaborée par un pouvoir constituant, et il est doté de la plénitude de la souveraineté. L'Union européenne est encore très éloignée de ce schéma.

Pourtant, certains auteurs n'hésitent pas – et ils ne sont pas dépourvus d'arguments solides – à parler du « ***système constitutionnel communautaire*** » (voir par exemple D. Simon, *Le système juridique communautaire*, Paris, PUF, 1997, spécial. pp. 33 à 181) et à insister sur l'idée qu' « *indépendamment de leur forme juridique, les traités de Paris et de Rome, en tant qu'ils organisent les rapports entre institutions et répartissent l'exercice du pouvoir dans un système politique déterminé, ont un contenu substantiellement constitutionnel* » (D. Simon, *ibid*, p. 33). On sait aussi que la Cour de justice elle-même n'hésite pas à qualifier les traités constitutifs de « ***charte constitutionnelle de base*** » (voir par ex. : CJCE, 23 avril 1986, *Parti écologique Les Verts,* aff. 294/83, 1339 ; ou encore CJCE, avis du 14 décembre 1991, *Espace économique européen*, avis 1/91, I.6079). On pourrait également, pour appuyer la thèse de la « constitutionnalisation » de l'ordre juridique communautaire, évoquer les transferts de compétences des États membres au profit des institutions communes, la compétence territoriale de la Communauté, la reconnaissance d'une citoyenneté européenne ou encore le dispositif de protection des droits fondamentaux.

En fait, comme l'admet d'ailleurs le professeur D. Simon, il vaudrait mieux parler d'un « *processus de constitutionnalisation en cours* », ou d'un « *statut constitutionnel inachevé* », car il faut « *tenir compte du fait que l'essence d'une véritable constitution, dans un système démocratique, suppose l'adoption par les citoyens, détenteurs du pouvoir constituant originaire, du texte constitutionnel* » (D. Simon, *ibid*, p. 34).

II – LA COMMUNAUTÉ EUROPÉENNE A DÉPASSÉ LE STADE DE LA CONFÉDÉRATION

43. **La Communauté européenne ne constitue pas non plus une confédération**. Une confédération est une union durable d'États qui décident à l'unanimité, dans le cadre d'une *diète* (congrès de chefs d'États ou d'ambassadeurs). Or, **le vote à l'unanimité, qui est la règle dans une confédération, est beaucoup plus marginal dans la Communauté**, puisque le Conseil statue le plus souvent à la majorité. Par ailleurs, la Communauté ne fonctionne pas sur le modèle de la *diète* ; les normes communautaires sont adoptées selon des procédures complexes qui mettent face à face des institutions originales (Conseil, Commission, Parlement européen) qui ne se réduisent pas à un congrès de chefs d'États ou d'ambassadeurs. Sans compter que le modèle confédéral appartient au passé. Les confédérations ont cessé d'exister, parce qu'elles ont donné naissance à des États fédéraux.

On fera observer à cet égard que lorsque le président Mitterrand évoquait parfois une Europe de type confédéral, il visait en réalité celle du Conseil de l'Europe, à l'intérieur de laquelle devait se situer une union plus restreinte à vocation fédérale.

III – L'ÉTAT-NATION N'EST PAS L'HORIZON INDÉPASSABLE DE LA COMMUNAUTÉ EUROPÉENNE

44. On ne peut pas mesurer le progrès de l'intégration à l'aune du degré de rapprochement de la structure institutionnelle communautaire avec celle d'un État-nation, fût-il fédéral ou confédéral. Car les États fédéraux et confédéraux ont été, comme les États unitaires, conçus comme des États-nations. C'est dans ce cadre qu'ils se sont développés et ils ne peuvent pas se développer hors de ce cadre. Si l'Allemagne s'est dotée d'une structure étatique fédérale, c'est parce que l'unité de la nation allemande le rendait possible. Mais l'Europe est formée d'États et de peuples divers, sans unité historique ou culturelle. **Il est utopique de vouloir bâtir une fédération de type classique sur une base aussi composite.**

Comme l'a écrit R. Schuman, « *les frontières politiques sont nées d'une évolution historique et ethnique respectable, d'un long effort d'unification nationale ; on ne saurait songer à les effacer* ». (*Pour l'Europe*, éd. Nagel, Paris, coll. Écrits politiques, 1990). Il s'agit plutôt d'« *édifier un étage nouveau* », étant entendu que « *le supranational reposera sur des assises nationales* ». R. Schuman ajoute encore : « *il ne s'agit pas de fusionner des États, de créer un super État* », car « *nos États européens sont une réalité historique* » et « *il serait psychologiquement impossible de les faire disparaître* ». En tout état de cause, il ne saurait être question de transposer purement et simplement le modèle fédéral classique à l'Union européenne, sans tenir compte de la spécificité de celle-ci. Il ne nous paraît pas souhaitable notamment d'imposer à l'Union une stricte séparation des pouvoirs, ainsi qu'une application rigide du principe majoritaire.

B. Une voie d'avenir : inventer un fédéralisme pluri-national

I – VERS UNE « FÉDÉRATION D'ÉTATS-NATIONS » RESPECTUEUSE DES IDENTITÉS NATIONALES

45. L'Union européenne est aujourd'hui **une construction hybride** (J. Delors a parlé d'un « ***objet politique non identifié*** »). Certains de ces chapitres sont fortement intégrés (agriculture, monnaie) ; d'autres chapitres sont très peu intégrés (PESC, JAI) et n'impliquent donc aucune « limitation de souveraineté » (ou des transferts de compétences encore très limités, dans le cas de la JAI) au profit d'un quelconque pouvoir central européen.

Selon nous, le processus d'intégration européenne n'a pas pour vocation d'aboutir à la création d'un État-nation élargi, fût-il de nature fédérale ou confédérale. Il s'agit plutôt de dépasser la notion d'État-nation, tout en respectant les identités nationales. **L'article 6 du Traité de Maastricht précise d'ailleurs que l'Union doit respecter l'identité nationale de ses États membres** (ex-art. F), en aménageant la souveraineté des États membres et en l'encadrant dans un ensemble solide et intégré.

Dans son rapport de 1999 établi pour le Commissariat général du Plan et intitulé *L'Union européenne en quête d'institutions légitimes et efficaces*, le groupe de réflexion présidé par le Professeur Jean-Louis Quermonne fait le constat suivant : le *modèle intergouvernemental* ne peut pas servir de prototype à l'Union européenne, parce que le degré d'intégration auquel la Communauté est parvenue a déjà dépassé ce stade. L'*approche supranationale*, qui vise à opérer une fusion des États membres dans un ensemble unifié supposerait l'émergence d'un « espace public » ou d'une nation européenne, et ce n'est pas la vocation de l'Union. C'est la raison pour laquelle **l'*approche fédéraliste* semble la plus appropriée, à condition de lever l'ambiguïté qui pèse sur la signification de ce terme**, notamment en France où le fédéralisme est identifié à l'État fédéral de type américain. En effet, il ne s'agit pas d'effacer les frontières politiques, « *de corriger l'histoire,* (ou) *d'inventer une géographie rationalisée et dirigée* » comme l'écrit Robert Schuman. Il s'agit seulement d' « *enlever aux frontières leurs rigidités* », alors qu'il est évident qu'« *elles ne peuvent plus prétendre à l'inviolabilité, ni garantir notre sécurité, notre indépendance* ». Il s'agit seulement « *de les dévaluer* », pour qu'elles soient « *de moins en moins une barrière dans l'échange des idées, des personnes et des biens* ». Il s'agit de réaliser « *au point de vue politique, l'entente durable, organique, instituée entre les différents pays* » de l'Europe, dans le respect des identités nationales, dont la « *diversité est (...) heureuse* ». Schuman écrit encore : « *Il y a des milliers d'années, les premières communautés humaines se sont formées au-delà de la famille, et en se basant sur elle, dans les tribus primitives. Plus tard sont venues s'ajouter les communes (...) ; personne ne songerait à accuser cette évolution d'avoir contrarié le rôle de la famille. Il en est de même pour toute organisation supranationale qui dépasse la nation, non pour la diminuer et l'absorber, mais pour lui conférer un champ d'action plus large et plus élevé* » (*Pour l'Europe*, *op. cit.*).

46. C'est sans doute le souci du respect des identités nationales qui a conduit M. J. Delors à proposer la création à terme d'une « **fédération d'États-nations** », qui pourrait éventuellement emprunter quelques uns de ses traits à l'expérience des États fédéraux, mais qui possèderait sa dynamique propre. Dans un entretien accordé au *Monde* le 19 janvier 2000, l'ancien président de la Commission affirme encore : « *Ce que je retiens de la méthode fédérale, c'est qu'elle permet de savoir qui fait quoi, et donc aux citoyens de sanctionner ce qui leur paraît non conforme au mandat qu'ils ont donné à leurs dirigeants. Et ce que je retiens de l'Histoire, c'est que les États-nations doivent demeurer. La méthode communautaire, qui est actuellement en recul, permet de concilier les deux* ». Il s'agit donc d'inventer un fédéralisme pluri-national, différent des systèmes fédéraux existants, qui laisserait aux États membres de l'Union leur identité nationale, ainsi qu'une part au gouvernement de la « Fédération », de sorte que leur statut serait sans commune mesure avec celui des *Länder* allemands ou des États fédérés américains. Ce fédéralisme pluri-national permettrait de mettre en œuvre **la devise officielle de l'Union européenne depuis mai 2000, à savoir : « *Unie dans la diversité* »** (voir : J.-M. Favret, « L'Union européenne : l'unité dans la diversité – Signification et pertinence d'une devise », *RTD eur.* 2003, p. 657).

II – LES PROPOSITIONS ET POSITIONS DES ÉTATS MEMBRES EN CE QUI CONCERNE L'AVENIR DE L'UNION

47. L'Allemagne a formulé des propositions élaborées en ce qui concerne l'avenir de la construction européenne. Ces propositions émanent de la Démocratie chrétienne et sont présentées dans **le *document Lamers-Schauble* de septembre 1994**, ainsi que dans **deux contributions de juin 1995 des mêmes auteurs, membres du groupe CDU-CSU au Bundestag.** Ces documents se prononcent sans ambiguïté en faveur de la création d'un ensemble fédéral, doté d'une Constitution garantissant aux citoyens une protection de leurs droits fondamentaux et prévoyant une répartition claire des compétences entre l'Union européenne et les États membres, sur la base du principe de subsidiarité. Les prérogatives de l'Union se limiteraient pour l'essentiel à la régulation du Marché unique, à la conduite de la politique économique, monétaire et commerciale, ainsi qu'à la politique étrangère et de sécurité commune et à la politique de sécurité intérieure et de justice. Les États membres conserveraient des compétences importantes dans les autres domaines. Le pouvoir de légiférer serait partagé par le Parlement européen (chambre des peuples) et le Conseil de l'Union (chambre des États), tandis que le pouvoir exécutif serait exercé principalement par la Commission.

Plus récemment, le ministre allemand des Affaires étrangères, **M. Joschka Fischer**, a prononcé un discours à l'Université d'Humboldt le 12 mai 2000, dans lequel il appelle de ses vœux une Europe de type fédéral, néanmoins respectueuse des États-nations.

On notera toutefois que **la position allemande n'est pas dépourvue d'ambiguïté**, dans la mesure où l'Allemagne souhaite à la fois une Europe de type fédéral, c'est à dire une entité politique forte, qui ne peut se concevoir qu'entre États relativement homogènes, et l'organisation d'une « grande Europe », laquelle serait trop hétérogène pour avoir quelques chances de progresser sur la voie de l'intégration politique. Comme l'a souligné l'ancien président français Giscard d'Estaing, **on ne peut réaliser en même temps « *l'Europe-puissance* » et « *l'Europe-espace* »** (in « Manifeste pour une nouvelle Europe fédérative », *RAE* n° 1/95).

À la vision *intégrationniste* allemande de la construction européenne, le Royaume-Uni oppose une vision *souverainiste* et minimaliste qui privilégie l'intergouvernementalisme et suppose une renationalisation des politiques communautaires (Mme Thatcher a longtemps incarné cette vision souverainiste, dans ce qu'elle a de plus radical).

De son côté, **la France souhaite renforcer l'efficacité du processus décisionnel communautaire, mais privilégie plutôt la démarche intergouvernementale et manifeste beaucoup de méfiance à l'égard des propositions de la Démocratie chrétienne allemande**, soupçonnée de vouloir imposer le modèle fédéral qui a fait ses preuves outre-Rhin à l'ensemble des États membres de l'Union. Comme le note M. Cohen-Tanugi, « *la France (...) retrouve (...) la grande contradiction du gaullisme (...) : le désir d'une Europe forte dotée d'institutions faibles* » (L. Cohen-Tanugi, *Le choix de l'Europe*, Fayard, 1996, pages 122 et suivantes).

Pour en savoir plus...

– V. CONSTANTINESCO, *Europe fédérale, Confédération européenne, Fédération d'États-nations ?*, in Cahiers Français, L'Europe en perspective, La Documentation française, n° 298, sept-oct. 2000, p. 80 ;

– J.-M. FAVRET, « L'intégration européenne et la France : quelques réflexions sur la divisibilité de la souveraineté », *RDP* 1999, p. 1741 ;

– G. ISAAC, *Le « pilier » communautaire de l'Union européenne, un « pilier » pas comme les autres*, CDE 2001, p. 45 ;

– P. MAGNETTE (dir.), *La Constitution de l'Europe*, Bruxelles, ULB, 2000 ;

– P. MOREAU DEFARGES, *L'Union européenne : la fédération-nébuleuse*, Les notes de l'IFRI, n° 3, IFRI 1997 ;

– J.-L. QUERMONNE, *Le système politique de l'Union européenne*, Paris, Montchrestien, 2001, p. 160.

Section 4
Le développement de l'« intégration différenciée »

48. **Plus l'Europe s'élargit, plus elle devient hétérogène et plus elle a besoin de flexibilité, de différenciation**, parce que dans une Union à quinze, et *a fortiori* à vingt-cinq ou davantage, il n'est plus possible de conserver des cadences uniformes d'intégration. Il faut alors veiller à ce que les pays qui ne peuvent pas (ou ne veulent pas) s'intégrer aussi rapidement que les autres ne bloquent pas ceux qui souhaitent aller de l'avant. En effet, *mutatis mutandis*, la construction européenne est un peu dans la situation d'une bicyclette qui avance aussi longtemps que le cycliste pédale, mais qui tombe et entraîne le cycliste dans sa chute si l'on cesse de pédaler, parce que l'engin trouve son équilibre dans le mouvement. On prête d'ailleurs à l'ancien chancelier allemand Helmut Kohl la formule suivante :

« cela avance tant que l'on pédale ; si on arrête de pédaler, on se casse la figure ».

§1. Plusieurs formules d'« intégration différenciée » sont concevables

49. On utilise souvent les termes génériques et neutres d'« *intégration différenciée* » ou d'Europe à « géométrie variable » pour qualifier les mécanismes de différenciation. Plusieurs formules d'« *intégration différenciée* » sont en effet concevables :

– l'**Europe « à plusieurs vitesses »** traduit l'idée d'une différenciation au niveau des *rythmes* d'intégration. Certains États membres décident de progresser plus vite que d'autres sur la voie de l'intégration, dans certaines matières. Les États membres poursuivent tous le même objectif, mais l'« arrière garde » ne rejoindra l'« avant garde » que lorsqu'elle sera prête ;

– le système de l'**« Europe à la carte »**, présenté par l'ancien Premier ministre britannique J. Major, a une autre signification. Il implique que chaque État membre peut retirer du « menu » européen les « plats » qui l'indisposent : la monnaie unique et la politique sociale pour l'un, la monnaie unique et la défense pour l'autre. Dans ce schéma, les États membres ne partagent plus les mêmes objectifs ;

– l'ancien Premier ministre E. Balladur avait évoqué de son côté le système des ***« cercles concentriques »***, dans lequel l'Europe serait constituée de sous-ensembles d'États qui auraient atteint différents degrés d'intégration. Ce système a été perçu par les pays candidats à l'adhésion comme une volonté de leur proposer une adhésion au rabais. On peut aussi penser, à l'instar de M. Giscard d'Estaing, que cette formule risquerait de déboucher « *sur un système inextricable d'alliances multiples qui ferait perdre toute lisibilité, et aussi beaucoup de son efficacité, à l'Union européenne* » (Valéry Giscard d'Estaing, in « Manifeste pour une nouvelle Europe fédérative », *RAE* n° 1/95).

Un document du groupe *CDU/CSU* du Bundestag a proposé en septembre 1994 une autre formule : celle du ***« noyau dur »***, qui désigne un groupe restreint d'États membres qui auraient la volonté et la capacité d'approfondir la construction européenne. Elle a été perçue par les pays du Sud de la Communauté comme une manière de les mettre à l'écart. Elle est aussi ambiguë, parce qu'elle laisse entendre que les États qui ne participent pas au noyau dur sont ceux qui auraient une attitude « molle » à l'égard de l'intégration européenne. Or, si la capacité d'intégration peut être « molle » pour certains d'entre eux, la volonté d'intégration peut rester « dure ».

Enfin, le Traité d'Amsterdam de 1997 prévoit la possibilité de mettre en œuvre des « ***coopérations renforcées*** ». Cette notion renvoie à la possibilité, pour une partie des États membres, de réaliser ensemble un approfondissement de la construction européenne dans certains domaines. En fait, le thème des coopérations renforcées apparaît à chaque fois que la règle de l'unanimité est un obstacle à l'action.

§2. La reconnaissance progressive de la différenciation

A. La différenciation était en germe avant Maastricht

50. Dès le premier élargissement de la Communauté en 1973, les accords d'adhésion avaient prévu des périodes transitoires, qui permettaient aux nouveaux États membres de déroger aux règles générales des traités pendant un certain nombre d'années.

En 1975, un rapport du Premier ministre belge Léo Tindemans avait déjà envisagé la possibilité d'échelonner dans le temps la participation des États membres à une coopération plus approfondie dans un domaine déterminé.

En 1986, l'Acte unique avait prévu des dérogations dans le cadre du rapprochement des législations nationales et la possibilité pour les États membres qui le souhaiteraient d'établir entre eux des programmes complémentaires en matière de recherche-développement technologique, à certaines conditions.

L'« intégration différenciée » avait été aussi développée et organisée depuis longtemps, en dehors des traités, pour certaines réalisations industrielles (Ariane, Airbus), pour le soutien à la recherche appliquée (*Eurêka*) et pour la libre circulation des personnes (accords de Schengen).

B. La différenciation est plus marquée depuis l'entrée en vigueur du Traité de Maastricht

51. C'est d'abord le cas dans le domaine de l'Union économique et monétaire, où elle est en partie réglementée par les traités, puisque la participation des États membres à la 3e phase de l'UEM dépend du respect des *critères de convergence* définis à Maastricht. Dans d'autres cas, l'« intégration différenciée » n'est pas réglementée par les traités, et les États membres qui bénéficient de dérogations ont donc la possibilité d'y mettre fin à leur gré. Deux protocoles annexés au Traité de Maastricht accordent par exemple la possibilité d'une dérogation permanente au Royaume-Uni et au Danemark dans le domaine de l'UEM, à partir du moment où ces pays ont notifié leur volonté de ne pas participer à sa 3e phase.

Les négociateurs du Traité de Maastricht avaient été aussi contraints d'accorder une dérogation sans limitation de durée au Royaume-Uni, en élaborant un protocole social à onze. C'était la seule solution pour contourner l'opposition britannique.

Dans le cadre du 2e pilier, le Traité de Maastricht autorisait le développement d'une coopération plus étroite entre deux ou plusieurs États membres, dans le cadre de l'UEO et de l'Alliance atlantique, à certaines conditions. Le Conseil européen d'Edimbourg de décembre 1992 avait aussi accordé une dérogation permanente au Danemark pour les questions de défense.

Enfin, dans le cadre du 3e pilier, le Traité de Maastricht autorisait deux ou plusieurs États membres à instituer et à développer entre eux des coopérations plus étroites, à certaines conditions. Il prévoyait aussi une procédure dite de « la passerelle », permettant de communautariser certaines matières, mais ces deux possibilités sont restées lettre morte.

C. Le Traité d'Amsterdam reconnaît et « constitutionnalise » la différenciation, tout en l'encadrant strictement

52. Les États membres qui le souhaiteront pourront instaurer entre eux une coopération plus étroite, une « coopération renforcée », dans des domaines d'intérêt général et sous certaines conditions. Des clauses générales de flexibilité sont ainsi insérées en tant que nouveau titre (titre VII du TUE) dans les dispositions communes du traité sur l'Union européenne, auxquelles s'ajoutent des clauses spécifiques au Traité CE et au 3e pilier.

I – Les clauses générales de flexibilité

Comme plusieurs États membres étaient (et demeurent) hostiles à la flexibilité (Royaume-Uni, Irlande, Espagne, Portugal, Danemark, Grèce et Suède), sa mise en œuvre a été soumise à des conditions très strictes. Le texte approuvé à Amsterdam fixe ainsi **plusieurs conditions générales à l'instauration d'une coopération plus étroite entre certains États membres.** La coopération renforcée envisagée n'est possible qu'à condition notamment qu'elle :

– tende à favoriser la réalisation des objectifs de l'Union et à préserver et à servir ses intérêts ;

– respecte les principes des traités et le cadre institutionnel unique de l'Union ;

– ne soit utilisée qu'en dernier ressort, lorsque les objectifs des traités ne pourraient être atteints en appliquant les procédures pertinentes qui y sont prévues ;

– concerne au moins une majorité d'États membres ;

– n'affecte ni l'acquis communautaire, ni les mesures prises au titre des autres dispositions des traités ;

– n'affecte pas les compétences, les droits, les obligations et les intérêts des États membres qui n'y participent pas ;

– soit ouverte à tous les États membres et leur permette de se joindre à tout moment à une telle coopération, sous réserve de respecter la décision initiale ainsi que les décisions prises dans ce cadre.

Les États membres qui ne participent pas à la coopération renforcée ne doivent pas entraver la mise en œuvre de cette coopération par les États qui y participent. Bien entendu, seuls les États participant à la coopération renforcée prennent part à l'adoption des décisions destinées à sa mise en œuvre. Les autres États peuvent toutefois participer aux délibérations.

Très logiquement, il est prévu que les dépenses qui résulteront de la mise en œuvre de la coopération plus étroite (à l'exception des coûts administratifs occasionnés pour les institutions) seront à la charge des États membres qui y participent, à moins que le Conseil, statuant à l'unanimité, n'en décide autrement.

II – Les clauses spécifiques de flexibilité

a) Les conditions spécifiques au Traité CE

53. Aux conditions générales évoquées plus haut s'ajoutent des conditions spécifiques au Traité CE. Il est prévu en particulier que la coopération envisagée ne doit pas concerner des domaines de compétence exclusive de la Communauté et qu'elle ne doit pas concerner la citoyenneté de l'Union, ni créer de discriminations entre les ressortissants des États membres. Cette exigence laisse dubitatif, parce qu'elle est démentie en matière de libre circulation des personnes, puisque le Traité d'Amsterdam reconnaît dans ce domaine une situation d'exception au profit du Danemark, du Royaume-Uni et de l'Irlande.

L'autorisation de mise en œuvre de la coopération renforcée est accordée par le Conseil à la majorité qualifiée, sur proposition de la Commission, et après consultation du Parlement européen. C'est la procédure normale. Mais il existe aussi une procédure plus contraignante, dans l'hypothèse où un membre du Conseil invoque « *des raisons de politique nationale importantes* ». Dans ce cas, on ne procède pas au vote et le Conseil peut demander à la majorité qualifiée que le Conseil réuni au niveau des chefs d'État et de gouvernement soit saisi de la question, pour une décision à l'unanimité. On peut noter au passage que cette disposition « constitutionnalise », dans le cadre communautaire, la notion de « *raisons de politique nationale importantes* », qui n'est pas sans rappeler la notion d'« *intérêts très importants* » contenue dans le Communiqué de Luxembourg de 1966.

b) Les conditions spécifiques à la JAI

54. Des conditions spécifiques à la JAI ont été également prévues. La coopération renforcée doit respecter les compétences de la Communauté européenne et les objectifs particuliers de la coopération policière et judiciaire ; elle doit aussi avoir pour but de permettre à l'Union de devenir plus rapidement un espace de liberté, de sécurité et de justice.

L'autorisation de mettre en œuvre la coopération renforcée est en principe accordée par le Conseil à la majorité qualifiée, après avis de la Commission. La demande est également transmise au Parlement européen. Mais il existe également une procédure plus contraignante, sur le modèle de celle qui s'applique dans le cadre du Traité CE, à une nuance près : ce n'est plus le « *Conseil, réuni au niveau des chefs d'État et de gouvernement* », mais le « *Conseil européen* » que l'on saisit de la question, ce qui a pour conséquence de donner une voix délibérative au président de la Commission.

En application de l'article 46 du traité sur l'Union européenne, la Cour de justice est compétente pour contrôler la légalité de la décision de recourir aux coopérations renforcées et des actes adoptés dans le cadre du 1er pilier. Elle a aussi vocation à intervenir dans le cadre du 3e pilier en vertu de l'article 40 § 4 alinéa 2 TUE.

55. NB : la coopération renforcée n'est pas prévue dans le cadre de la PESC. En revanche, le traité prévoit un système dit d'« abstention constructive », parce qu'il consiste à ne pas exiger de décision positive de la part des États qui, sans vouloir participer eux-mêmes à une action commune, peuvent au moins laisser d'autres États la mettre en œuvre et accepter que la décision prise sans leur participation engage l'Union.

§3. Le Traité de Nice étend et améliore le mécanisme des coopérations renforcées

56. On le voit, les coopérations renforcées reposaient sur un dispositif complexe, difficile à manier, et à moins d'être très optimiste, on ne pouvait pas voir dans ce dispositif une solution satisfaisante à la contradiction entre élargissement et approfondissement. Il était donc nécessaire d'aménager le dispositif prévu par le Traité d'Amsterdam. Le traité signé à Nice le 26 février 2001 s'efforce d'améliorer le mécanisme des coopérations renforcées :

– les coopérations renforcées sont désormais possibles dans le cadre de la PESC. Elles visent alors à « *sauvegarder les valeurs et servir les intérêts de l'Union dans son ensemble en affirmant son identité en tant que force cohérente sur la scène internationale* ». Elles doivent respecter les principes, les objectifs et les orientations générales et la cohérence de la PESC, ainsi que les décisions prises dans le cadre de cette politique. En outre, elles doivent respecter les compétences de la Communauté européenne et la cohérence entre l'ensemble des politiques de l'Union et son action extérieure. Les coopérations renforcées ne sont toutefois possibles que pour la mise en œuvre d'une action commune ou d'une position commune, et à l'exclusion des questions ayant des implications militaires ou dans le domaine de la défense.

Les États membres qui souhaitent instaurer entre eux une coopération renforcée dans le cadre du 2e pilier adressent une demande en ce sens au Conseil. Cette demande est transmise pour avis à la Commission et pour information, au Parlement européen. L'autorisation est accordée par le Conseil dans le respect des principes généraux applicables aux coopérations renforcées prévus au titre VII du TUE ;

– en dépit de quelques aménagements rédactionnels, les conditions générales de mise en œuvre des coopérations renforcées sont globalement maintenues. Sous le régime prévu par le Traité d'Amsterdam, la coopération renforcée devait concerner « *au moins une majorité d'États membres* ». Le Traité de Nice modifie cette condition et dispose que la coopération renforcée doit concerner « *au moins huit États membres* ». Dans le cadre de l'Union à Quinze, huit États membres représentent précisément la majorité des États membres, mais dès que l'Union sera élargie à de nouveaux États, huit États membres ne représenteront plus la majorité des États membres. Les conditions spécifiques au Traité CE et à la JAI sont supprimées ;

– dans les cadres des 1er et 3e piliers, il n'est plus possible de recourir à l'unanimité lorsqu'un État membre invoquera des « *raisons de politique nationale importantes* ». Les procédures contraignantes sont donc supprimées. Il est seulement prévu qu'« *un membre du Conseil peut demander que le Conseil européen soit saisi* ». Après cette évocation, le Conseil de l'Union peut néanmoins statuer conformément à la procédure normale ;

– dans les cadres du 1er pilier, l'avis conforme du Parlement européen est requis pour la mise en œuvre d'une coopération renforcée, lorsque celle-ci concerne un domaine relevant de la procédure de codécision ;

– dans le cadre des trois piliers, la Commission européenne et les États membres présents dans une coopération renforcée doivent veiller « *à encourager la participation du plus grand nombre d'États membres* ».

NB : Le **Traité constitutionnel de 2004 avait prévu** que les coopérations renforcées devraient réunir au moins un tiers des États membres. Elles auraient pu concerner la politique de défense. L'autorisation d'y recourir aurait été donnée en principe par le Conseil, statuant à la majorité qualifiée, sur proposition de la Commission et après approbation du Parlement européen. Mais en matière de PESC, il aurait fallu une décision du Conseil à l'unanimité, un avis du ministre des Affaires étrangères et de la Commission, le Parlement européen n'étant qu'informé. Les États membres restés en dehors des coopérations renforcées auraient participé aux délibérations du Conseil, même s'ils n'auraient pas pris part à la prise de décision. Une disposition « passerelle » aurait permis aux États participant à une coopération renforcée de passer au vote à la majorité qualifiée ou à la procédure législative ordinaire, moyennant une décision prise à l'unanimité par ces États, sauf dans le domaine de la défense.

§4. Incertitudes et dangers liés aux coopérations renforcées

57. Les incertitudes portent essentiellement sur les domaines d'application des coopérations renforcées. Ont-elles vocation à concerner un grand nombre de domaines du 1er pilier ? On peut en douter. Un document officieux de la présidence néerlandaise de mars 1997 avait mentionné notamment deux matières : la santé et la sécurité des travailleurs et l'environnement. Mais dans ces matières, le traité permet déjà au Conseil de décider à la majorité qualifiée. Le blocage du processus décisionnel est donc exclu *a priori*, et on a donc du mal à voir l'utilité d'une coopération renforcée dans ces domaines.

Il existe aussi des matières dans lesquelles les coopérations renforcées ne sont pas souhaitables, parce qu'elles pourraient entraver le bon fonctionnement du marché unique. On songe à la libre circulation des marchandises, des services et des capitaux, mais aussi à la politique commerciale commune, à la politique agricole commune, à la politique de la concurrence et à la politique régionale.

Certes, il reste d'autres matières, comme la santé publique, l'éducation, la formation professionnelle, la culture, les réseaux transeuropéens, l'industrie. Mais dans ces domaines, la Communauté se borne essentiellement à cofinancer un certain nombre d'actions, et on peut donc se demander s'il n'est pas souhaitable que ces mesures concernent l'ensemble des États membres.

Dans le cadre du 3e pilier, le vrai progrès consiste à communautariser progressivement son contenu, comme cela a été décidé à Amsterdam.

Il convient en outre d'insister sur le risque d'apparition d'un clivage entre deux groupes d'États : d'un côté, ceux qui participeraient à toutes les activités de l'Union et qui s'imposeraient rapidement comme les seuls membres à part entière de l'Union ; de l'autre côté, les États qui resteraient à l'écart de certains approfondissements et qui apparaîtraient très vite comme des membres de seconde zone.

Pour en savoir plus...

– H. Bribosia, « Différenciation et avant-gardes au sein de l'Union européenne », *CDE* 2000, p. 57 ;

– J.-M. Favret, « Les coopérations renforcées », in Auvret-Finck (dir.), *L'Union européenne, carrefour des coopérations*, LGDJ 2002, spécial. p. 321 à 356 ;

– C. Guillard, *L'intégration différenciée dans l'Union européenne*, Bruylant, Droit de l'Union européenne, Thèses, 2007, 619 p.

Chapitre 5
La problématique de l'élargissement

Plan du chapitre

58. La construction européenne hésite en permanence entre deux logiques : celle de l'approfondissement (une Europe toujours plus intégrée) et celle de l'élargissement (le problème des adhésions). On a souvent dit ou écrit que ces deux logiques étaient inconciliables, qu'on ne pouvait pas être à la fois partisan de l'approfondissement et favorable à l'élargissement, qu'on ne pouvait pas réaliser en même temps « *l'Europe-puissance* » et « *l'Europe-espace* », pour reprendre les formules déjà évoquées de l'ancien président Giscard d'Estaing. Il s'agit d'un vieux débat qui renvoie à des questions capitales pour l'avenir de l'Europe. Avant de poser les termes de ce débat, il convient toutefois d'évoquer : les conditions à remplir par les candidats à l'adhésion, la procédure d'adhésion et les particularités du dernier élargissement de l'Union aux pays d'Europe centrale et orientale (PECO).

Depuis l'adhésion le 1er janvier 2007 de la Roumanie et de la Bulgarie, demeurent candidats à l'adhésion : la Croatie, l'Ancienne république yougoslave de Macédoine (ARYM) et la Turquie.

Section 1
Les conditions à remplir par les candidats à l'adhésion

59. Ces conditions ont été précisées par **la Commission dans un rapport de 1992 intitulé *L'Europe et le défi de son élargissement*** (Bull. CE, supplément 3/92), confirmées solennellement par le **Conseil européen de Copenhague de juin 1993**, puis explicitées par la Commission dans sa communication intitulée *Agenda 2000* du 16 juillet 1997. Elles concernent : l'identité européenne, le statut démocratique, l'acceptation de l'acquis communautaire, l'aptitude à appliquer le système communautaire et la participation aux deux Communautés (trois, avant la disparition de la CECA).

§1. L'identité européenne

60. Seul un État peut adhérer à la Communauté (article 49 TUE, ex-article O). Par conséquent, une organisation internationale ne peut pas adhérer à la Communauté.

L'État candidat à l'adhésion doit être européen. Cette exigence est normale, compte tenu de la nature de l'entreprise communautaire. Le terme « *européen* » n'a pas reçu de définition officielle, mais il est évident qu'il associe des éléments géographiques, historiques et culturels qui contribuent à forger l'identité européenne. Il semblerait que le territoire de l'État candidat doive se trouver, au moins en partie, sur le continent européen. C'est sur cette base, en effet, qu'a été incluse, dans l'accord d'association avec la Turquie, une clause relative à l'adhésion possible de cet État. Il faut dire que les Américains ont incité l'Union européenne à accepter la candidature turque, parce qu'ils souhaitent que l'Union soit le « calque » de l'OTAN.

Il est intéressant de noter que le Préambule du Traité constitutionnel du 29 octobre 2004 fait référence aux « *héritages culturels, religieux et humanistes de l'Europe, à partir desquels se sont développées les valeurs universelles que constituent les droits inviolables et inaliénables de la personne humaine, ainsi que la liberté, la démocratie, l'égalité et l'État de droit* ». Ce faisant, le Traité constitutionnel contribue à affirmer une identité européenne.

§2. Le statut démocratique

A. Avant Nice, un statut démocratique affirmé

61. Dans sa déclaration du 8 avril **1978**, le **Conseil européen de Copenhague** avait fait du respect et du maintien de la démocratie représentative et des droits de l'Homme des éléments essentiels de l'appartenance aux Communautés. Cette déclaration, qui n'a pas de valeur juridique, a été confirmée par une déclaration solennelle du **Conseil européen de Stuttgart** du 19 juin **1983** (dont la portée politique ne peut pas être négligée) et par le Préambule de l'Acte unique européen de 1986.

Le pays candidat doit avoir des institutions stables garantissant la démocratie (respect des libertés, pluralisme politique, institutions démocratiques, pouvoirs judiciaires et constitutionnels indépendants, élections libres et équitables...), la primauté du droit, les droits de l'Homme (en particulier ceux inscrits dans la *Convention européenne des droits de l'Homme* du 4 novembre 1950) et le respect des minorités (dont la bonne intégration dans la société est une condition de la stabilité démocratique).

On sait également que **l'article 6 du Traité de Maastricht** (ex-article F) dispose que l'Union « *respecte les droits fondamentaux, tels qu'ils sont garantis par la CEDH (...) et tels qu'ils résultent des traditions constitutionnelles communes aux États membres...* ». Quant au Préambule de ce traité, il prévoit que les Parties contractantes sont attachées « *aux principes de la liberté, de la démocratie et du respect des droits de l'homme et des libertés fondamentales et de l'État de droit* ».

De son côté, le juge communautaire a fait valoir depuis longtemps que « *le respect des droits fondamentaux fait partie intégrante des principes généraux du droit dont la Cour assure le respect* », et que ces droits s'inspirent « *des traditions constitutionnelles communes aux États membres* ».

62. **Le Traité d'Amsterdam** a confirmé que l'Union « *est fondée sur les principes de liberté, de la démocratie, du respect des droits de l'homme et des libertés fondamentales, ainsi que de l'État de droit* ». En outre, il prévoit que le Conseil pourra prendre à l'unanimité, sur proposition de la Commission et après consultation du Parlement européen, « *les mesures nécessaires en vue de combattre toute discrimination fondée sur le sexe, la race ou l'origine ethnique, la religion ou les convictions, un handicap, l'âge ou l'orientation sexuelle* » (**art. 13 TCE : clause générale de non-discrimination**, dépourvue d'effet direct). Le Traité de Nice prévoit que la majorité qualifiée suffira quand il s'agira pour le Conseil d'adopter des mesures d'encouragement communautaires, destinées uniquement à appuyer les actions des États.

On relèvera enfin qu'un article 7 nouveau (nouvel article F.1 avant renumérotation) inséré dans le traité sur l'Union européenne par **le Traité d'Amsterdam prévoit des mesures à prendre en cas de « *violation grave et persistante* » par un État membre des principes sur lesquels est fondée l'Union**. Cette violation est constatée par le Conseil, réuni au niveau des chefs d'État et de gouvernement, statuant à l'unanimité, sur proposition d'un tiers des États membres ou de la Commission, et après avis conforme du Parlement européen. Lorsque cette constatation a été faite, le Conseil peut décider, à la majorité qualifiée, de « ***suspendre certains droits*** *découlant de l'application du* (TUE et du Traité CE) *à l'État en question, y compris les droits de vote du représentant du gouvernement de cet État membre au sein du Conseil* ».

Les mesures ainsi adoptées peuvent être modifiées ou annulées par le Conseil, statuant à la majorité qualifiée, si un changement de situation le justifie. Dans tous les cas, les abstentions des membres présents ou représentés ne font pas obstacle à l'adoption des mesures en cause. Il résulte par ailleurs d'un ajout à la première phrase de l'article 49 du TUE, que le respect des principes énoncés à l'article 6 § 1er est une condition nécessaire pour adhérer à l'Union.

B. Après Nice, un statut démocratique renforcé

I – LA CHARTE EUROPÉENNE DES DROITS FONDAMENTAUX

63. En juin 1999, le Conseil européen de Cologne s'était déclaré favorable à la rédaction d'une charte européenne des droits fondamentaux. Une *Convention* rassemblant un représentant de la Commission, un représentant par État membre, des membres du Parlement européen et des parlements nationaux avait été créée, avec pour objectif de rédiger un projet de charte en vue du Conseil européen de Nice de décembre 2000. Le Conseil européen informel de Biarritz des 13 et 14 octobre 2000 avait unanimement approuvé le contenu de la Charte, **formellement proclamée par le Conseil européen de Nice** (2000/C-364/01, *JOCE* n° C-364, 18 décembre 2000 – voir F. Benoît-Rohmer, *La charte des droits fondamentaux de l'Union européenne*, *D.* 2001, p. 1483 ; G. Braibant, *La charte des droits fondamentaux de l'Union européenne*, Paris, Le Seuil, coll. Points, 2001, p. 329 ; J. Dutheil de la Rochère, « La charte des droits fondamentaux de l'Union européenne : quelle valeur ajoutée, quel avenir ? », *Rev. Marché commun* 2000, p. 674 ; J. Dutheil de la Rochère, « Les droits fondamentaux dans le projet de traité établissant une Constitution pour l'Europe », *in Mélanges J.-C. Gautron*, Paris, Pédone, 2004, p. 57 ; F.-C. Mayer, « La charte européenne des droits fondamentaux et la Constitution européenne », *RTD eur.* 2003, p. 175 ; J.-D. Mouton, « Vers la reconnaissance de droits fondamentaux aux États dans le système communautaire ? », *in Mélanges J.-C. Gautron*, Paris, Pédone, 2004, p. 463 ; A. Vitorino, « La charte des droits fondamentaux de l'Union européenne », *RDUE* 2000/3, p. 499 ; M. Wathelet, *La charte des droits fondamentaux : un bon pas dans une course qui reste longue*, CDE 2000, p. 585).

Avec la Charte, l'Union se dote d'un catalogue explicite de droits de l'homme qu'elle devra elle-même respecter dans la mise en œuvre de ses politiques tant internes qu'externes. Ce catalogue a été réalisé à partir de la Convention européenne des droits de l'homme, de la Charte sociale européenne du Conseil de l'Europe, de la Charte communautaire des droits sociaux fondamentaux des travailleurs, de la jurisprudence de la Cour de justice et de la Cour européenne des droits de l'homme, du droit communautaire primaire et dérivé, des traditions constitutionnelles communes et de diverses conventions internationales.

À côté des droits civils et politiques classiques et des droits des citoyens résultant des traités, la Charte intègre des droits économiques et sociaux fondamentaux. Elle consacre certains droits qui répondent aux défis posés par les nouvelles technologies (protection des données à caractère personnel, principes de bioéthique, droit à une bonne administration...) et, en explicitant les normes en matière de droits fondamentaux, dépasse le système actuel de protection des droits fondamentaux par simple voie prétorienne (décision du juge), en apportant ainsi une sécurité juridique renforcée aux citoyens de l'Union.

La Charte comprend un préambule et regroupe ses 54 articles autour de six valeurs fondamentales : la dignité, les libertés, l'égalité, la solidarité, la citoyenneté et la justice.

NB : Le Traité constitutionnel de 2004 intégrait la Charte des droits fondamentaux et prévoyait l'adhésion de l'Union européenne à la CEDH. Le Traité de Lisbonne lui donne une force juridique contraignante pour les États membres (avec *opting out* pour le Royaume-Uni et la Pologne), *via* le nouvel article 6 §1 TUE qui prévoit que « *l'Union reconnaît les droits, les libertés et les principes énoncés par la Charte des droits fondamentaux du 7 décembre 2000 telle qu'adaptée le 12 décembre 2007, laquelle a la même valeur juridique que les traités* ».

Une **Agence des droits fondamentaux de l'Union européenne**, dont le siège est fixé à Vienne, a été créée par le Conseil de l'Union en février **2007**.

II – UN MÉCANISME DESTINÉ À PRÉVENIR LES VIOLATIONS DES PRINCIPES FONDAMENTAUX

64. Le Traité de Nice de 2001 prévoit la création d'**un mécanisme de surveillance et d'alerte**, pour prévenir les violations des principes fondamentaux. Il complète l'article 7 TUE par un paragraphe précisant que « *sur proposition motivée d'un tiers des États membres, du Parlement européen ou de la Commission, le Conseil, statuant à la majorité de quatre cinquièmes de ses membres après avis conforme du Parlement européen, peut constater qu'il existe un risque clair de violation grave par un État membre des principes énoncées à l'article 6 §1, et lui adresser des recommandations appropriées* ». Toutefois, le Conseil doit entendre l'État membre concerné avant de procéder à cette constatation, et il « *peut, statuant selon la même procédure, demander à des personnalités indépendantes de présenter dans un délai raisonnable un rapport sur la situation dans l'État membre en question* ». Le Conseil vérifiera « *régulièrement si les motifs conduisant à une telle situation restent valables* ».

En outre, l'article 46 TUE est complété par un point f précisant que la Cour de justice de Luxembourg n'est compétente qu'à l'égard des « *seules prescriptions de procédure contenues dans l'article 7, la Cour statuant à la demande de l'État membre concerné et dans un délai d'un mois à compter de la date de la constatation du Conseil prévue par ledit article* ».

§3. L'acceptation de l'acquis communautaire

65. Adhérer à la Communauté, ce n'est pas seulement participer à des traités multilatéraux ; c'est d'abord s'intégrer dans un ordre juridique original constitué par les dispositions issues des traités originaires et de leurs modifications successives, mais aussi par le droit dérivé de ces traités, c'est-à-dire par l'ensemble des actes communautaires en vigueur (règlements, directives, décisions). Dans son rapport de 1992, la Commission rappelle que « *l'adhésion implique l'acceptation des droits et des obligations réelles et potentielles du système communautaire et de son cadre institutionnel – ce que l'on appelle l'acquis communautaire* ». L'acceptation de ces droits et obligations par le nouveau membre peut cependant donner lieu à des adaptations techniques, à des dérogations temporaires ou à des arrangements transitoires.

§4. L'aptitude à appliquer le système communautaire

66. Le pays candidat doit avoir, non seulement la volonté, mais aussi la possibilité de remplir ses obligations communautaires, ce qui suppose une économie de marché efficace et concurrentielle, ainsi qu'un cadre administratif et juridique adapté.

L'adhésion requiert de la part du pays candidat l'existence d'une économie de marché viable (libre jeu de la concurrence, prix libérés, secteur financier suffisamment développé...) et la capacité de faire face à la pression concurrentielle et aux forces du marché à l'intérieur de l'Union (volume suffisant, et à un coût approprié, des ressources humaines et matérielles, y compris les infrastructures, l'enseignement et la recherche).

Dans son rapport de 1992, la Commission indique encore que « *Les États-candidats devraient également accepter et être capables de mettre en œuvre la politique étrangère et de sécurité commune qui sera élaborée au cours des prochaines années. Un pays candidat que ses dispositions constitutionnelles ou sa position dans les relations internationales empêcheraient de poursuivre le projet dans lequel les autres membres sont engagés, ne saurait être intégré dans l'union de façon satisfaisante* ». Cela signifie que l'appartenance à la Communauté est incompatible avec le statut de neutralité, en raison de l'impossibilité de reconnaître à un État membre l'autonomie de décision en matière de politique étrangère qu'implique la neutralité.

§5. La participation aux deux Communautés

67. Le nouvel adhérent doit participer aux deux Communautés (CE, Euratom), depuis la disparition de la CECA. Il ne peut pas refuser de participer à l'une d'entre elles. C'est ce qui résulte implicitement de l'article 49 TUE (ex-article O).

Section 2
La procédure d'adhésion

§1. Une procédure impliquant l'État candidat et les États membres

68. L'adhésion se réalise par un processus qui implique l'État candidat et les États membres. Il n'y a pas d'accord conclu entre la Communauté elle-même et l'État candidat.

L'article 49 TUE (ex-article O) distingue deux phases dans la procédure d'adhésion : l'une est communautaire (1er alinéa), l'autre est inter-étatique (2e alinéa). En pratique, ces deux phases sont concomitantes. L'article 49 (ex-article O) dispose que :

« *Tout État européen qui respecte les principes énoncés à l'article 6 §1er peut demander à devenir membre de l'Union. Il adresse sa demande au Conseil, lequel se prononce à l'unanimité après avoir consulté la Commission et après avis conforme du Parlement européen qui se prononce à la majorité absolue des membres qui le composent.*

Les conditions de l'admission et les adaptations que cette admission entraîne en ce qui concerne les traités font l'objet d'un accord entre les États membres et l'État demandeur. Ledit accord est soumis à la ratification par tous les États contractants, conformément à leurs règles constitutionnelles respectives ».

NB : Le **Traité de Lisbonne de 2007** prévoit que l'État candidat adresse sa demande au Conseil, mais qu'il doit aussi en informer le Parlement européen et les parlements nationaux.

La Commission joue un rôle important dans la procédure d'adhésion, et ce rôle excède largement l'avis qu'elle rend en application de l'article 49 alinéa 1er. Elle entretient de nombreux contacts avec les pays candidats, pour leur expliquer par exemple certains aspects de la réglementation communautaire ou pour déterminer avec eux les adaptations techniques qu'il faudra y apporter. La Commission collabore aussi avec les États membres, en leur faisant des suggestions ou en étudiant les propositions de certaines délégations. Elle intervient également comme *honnête courtier* entre les États candidats et les États membres. Les négociations sont menées séparément avec chacun des pays concernés, en fonction de leurs caractéristiques propres.

Depuis l'entrée en vigueur de l'Acte unique, **le Parlement européen dispose d'un droit de veto**, puisqu'il émet un avis conforme en matière d'adhésion.

Quant au **Conseil**, il **se prononce à l'unanimité**. Chaque État membre dispose donc d'un droit de veto (ce droit de veto, que J. Monnet avait défini dans ses *Mémoires* comme « *le symbole de l'impuissance à dépasser les égoïsmes nationaux* », a permis au Général de Gaulle de s'opposer à deux reprises à l'adhésion du Royaume-Uni, parce qu'il craignait que l'adhésion de Britanniques sous influence américaine ne fasse dévier la Communauté vers l'atlantisme).

Le Traité constitutionnel de 2004 avait prévu que l'accord d'adhésion devrait être adopté par le Conseil à la majorité qualifiée, après approbation du Parlement européen.

§2. Les traités sont muets sur le droit de retrait et la possibilité d'une exclusion

69. Si le Traité de Rome a prévu une procédure d'adhésion, il est effectivement resté muet sur le droit de retrait et sur la possibilité d'une exclusion.

La question du **retrait** fait l'objet d'analyses divergentes de la doctrine. En ce qui nous concerne, nous pensons, à l'instar du professeur Manin, que le droit de retrait est implicite (voir P. Manin, *Les Communautés européennes. L'Union européenne*, Paris, Pedone, 1999, 5e éd.), pour au moins deux raisons : d'abord parce que ce droit constitue la « *sauvegarde ultime* » dont peut user l'État membre qui estimerait que les développements de l'Union portent atteinte à son identité nationale ; ensuite parce que le retrait volontaire vaut mieux que le maintien au sein de l'Union d'un État qui en contesterait les fondements. (v. A. Vahlas, « Souveraineté et droit de retrait au sein de l'Union européenne », *RDP* n° 6/2005, p. 1565 – v. aussi : J.-V. Louis, « Le droit de retrait de l'Union européenne », *CDE* 2006, p. 293).

Le Traité constitutionnel de 2004 reconnaissait aux États membres un droit de retrait de l'Union européenne. Le **Traité de Lisbonne de 2007** concrétise cette reconnaissance : un accord fixant les modalités du retrait est négocié avec l'État demandeur. Le Conseil statue alors à la majorité qualifiée après approbation du Parlement européen.

L'**exclusion** d'un État membre de l'Union européenne étant à l'évidence une mesure défavorable pour l'État concerné, elle ne serait possible que si elle était expressément prévue par les traité. Or ce n'est pas le cas. En outre, le dispositif de sanction prévu par l'article 7 TUE ne peut pas être interprété comme ayant introduit dans la *charte constitutionnelle* une sorte de droit d'exclusion, même temporaire, de l'Union (*via* une exclusion provisoire du processus de décision et une neutralisation des droits attachés à l'appartenance aux Communautés), puisque l'État qui fait l'objet des mesures en cause reste membre à part entière de l'Union. Il se voit seulement interdire d'exercer certains des droits attachés à l'appartenance à l'Union. De plus, juridiquement, une suspension n'est pas une exclusion.

Section 3
L'élargissement aux pays d'Europe centrale et orientale (PECO)

70. L'élargissement intervenu le **1er mai 2004** a constitué un temps fort et un moment unique dans l'histoire de la construction européenne, dans la mesure où il a concerné dix États présentant une grande hétérogénéité, non seulement entre eux, mais surtout par rapport au développement des actuels États membres. Il a constitué par ailleurs le couronnement du retour, dans le giron démocratique, de pays ayant appartenu à l'ex-Pacte de Varsovie.

Le Conseil européen d'Essen de décembre 1994 avait arrêté une stratégie globale de pré-adhésion au profit des PECO, consistant :

– à favoriser la mise en œuvre effective des accords d'association conclus avec ces pays ;

– à soutenir le processus de transition démocratique et de restructuration de l'économie sous la forme d'aides non remboursables et d'une assistance technique (programme PHARE). Au total, 11 Mds d'écus sur la période 1989-1999 ;

– à favoriser l'intégration dans ces pays de la législation communautaire sur le marché intérieur. Le *Livre Blanc* de la Commission de mai 1995 « *sur la préparation des États associés de l'Europe centrale et orientale à leur intégration dans le marché intérieur de l'Union* » avait notamment abouti à la création du TAIEX, un bureau d'information et d'assistance technique (guichet unique) à la disposition des PECO ;

– à promouvoir un « *dialogue structuré* » avec ces pays, qui a pris la forme de réunions des chefs d'État et de gouvernement (en général une fois par an), ainsi que des ministres responsables (une à deux fois par an).

Dans son ***Agenda 2000* du 16 juillet 1997**, la Commission avait recommandé d'ouvrir les négociations début 1998 avec la Hongrie, la Pologne, l'Estonie, la République tchèque, la Slovénie et Chypre. Les autres candidats ne remplissaient pas encore les conditions pour entamer les négociations d'adhésion. La décision formelle d'ouvrir les négociations en avril 1998 avec les six pays candidats les mieux préparés avait été prise par **le Conseil européen de Luxembourg de décembre 1997**. Le 13 octobre 1999, la Commission avait proposé d'ouvrir les négociations, courant 2000, avec six nouveaux candidats : Lettonie, Lituanie, Malte, Slovaquie, Bulgarie et Roumanie (sous certaines conditions pour ces deux derniers États). Le **Conseil européen d'Helsinki de décembre 1999** avait « validé » cette proposition, en décidant que les négociations en vue de l'adhésion débuteraient en février 2000 avec les six États concernés.

En **mars 1999**, le **Conseil européen de Berlin** avait approuvé une enveloppe globale d'aide financière aux PECO de **près de 22 Mds d'euros pour la période 2000-2006**, à travers trois instruments :

– le programme **PHARE** (10,9 Mds d'euros), qui se concentre notamment sur le développement régional et social, la restructuration industrielle et le développement des PME ;

– l'instrument structurel de pré-adhésion (**ISPA**) (7,3 Mds d'euros), qui préfigure la participation des PECO aux politiques régionales de l'Union, en particulier en ce qui concerne le développement des infrastructures des transports et l'environnement ;

– le programme d'adhésion spécial pour l'agriculture et le développement rural (**SAPARD**) (3,6 Mds d'euros), qui appuie la modernisation de l'agriculture et le développement rural des pays candidats.

Le **Conseil européen de Copenhague des 12 et 13 décembre 2002** avait marqué l'aboutissement des négociations d'adhésion avec les dix pays suivants : Chypre, la Hongrie, Malte, la Pologne, la République tchèque, la Slovaquie, la Slovénie, les trois pays baltes (Estonie, Lituanie, Lettonie). Pour ceux-là, l'adhésion a pris effet le 1er mai 2004. L'objectif est d'accueillir la Bulgarie et la Roumanie en 2007. Le 6 octobre 2004, la Commission européenne a recommandé aux chefs d'État et de gouvernement de l'Union l'ouverture de négociations d'adhésion avec la Turquie, négociations qui devraient se poursuivre jusqu'en 2014.

NB : L'adhésion de **la Turquie** pose des difficultés particulières, et des motifs d'ordre à la fois culturel, politique et budgétaire pourraient justifier un refus d'accepter ce pays au sein de la *Maison commune*, quitte à lui proposer un régime d'association renforcé :

– sur le plan culturel : le territoire de la Turquie se situe, à 90 %, en Asie ; la culture ottomane n'est pas la culture européenne ; il s'agirait d'intégrer 70 millions de musulmans dans une Union européenne qui s'est, historiquement, bâtie sur un socle de valeurs judéo-chrétiennes ;

– sur le plan politique et institutionnel : l'Union européenne élargie à la Turquie aurait des frontières communes avec l'Irak, l'Iran et la Syrie, qui sont sources de grandes tensions ; les Turcs pourraient avoir des difficultés à aligner leurs politiques sur celles de l' Union, s'ils étaient exposés à des demandes divergentes des États-Unis ; le sort des femmes en Turquie peut être interprété comme un signe d'islamisation (le gouvernement a déposé en 2004 un projet de loi qui pénalise l'adultère) ; la Turquie représenterait à elle seule 13 % des sièges au Parlement européen, soit plus que l'Allemagne ou la France, co-fondateurs des Communautés dans les années 1950 ; la réforme institutionnelle décidée à Amsterdam et à Nice (et par les auteurs du Traité constitutionnel de 2004) est déjà insuffisante pour « digérer » l'élargissement de l'Union intervenu en 2004 ; le refus des autorités turques de reconnaître le génocide arménien (1,5 M de morts en 1905) témoigne de ce que la Turquie n'a pas encore atteint la maturité politique suffisante, lui permettant regarder avec sérénité et lucidité son passé ;

– sur le plan budgétaire : les actuels membres de l'Union souhaitent plafonner les dépenses du budget commun. À budget constant ou peu évolutif, l'adhésion des PECO n'est déjà pas sans poser de réels problèmes de financement des actions communes et pourrait aboutir à brader l'acquis communautaire. L'adhésion de la Turquie aggraverait sensiblement ces difficultés.

71. Le Conseil européen de Luxembourg de décembre 1997 avait décidé la **mise en place d'une Conférence européenne**, rassemblant les États membres de l'Union et les États européens ayant vocation à y adhérer, et partageant ses valeurs et objectifs internes et externes (voir conclusions de la Présidence, in *Agence Europe* du 14 décembre 1997, n° 7121, édition spéciale). Cette Conférence se réunit une fois par an au niveau des chefs d'État et de gouvernement (avec la participation du président de la Commission), et une fois par an au niveau des ministres des affaires étrangères. Sa présidence est assurée par l'État membre présidant le Conseil de l'Union européenne. C'est une enceinte multilatérale de consultations politiques destinée à permettre à ses participants de traiter des questions d'intérêt général dans le but de renforcer leur coopération, tant dans les domaines de la PESC et de la JAI, que dans d'autres domaines d'intérêt commun.

Section 4
Approfondissement ou élargissement : faut-il choisir ?

72. Cette question est essentielle, et les États membres ne lui apportent pas tous la même réponse. Les uns et les autres ne manquent pas d'arguments, mais leurs positions sur ce sujet ne sont pas toujours dénuées d'arrière-pensées. En tout état de cause, leurs positions sur la question ne sont pas toujours celles qu'ils affichent officiellement.

Compte tenu en particulier de la difficulté de procéder aux réformes institutionnelles rendues indispensables par la perspective de nouvelles adhésions, on aurait pu estimer opportun de marquer une pause dans le processus d'élargissement, le temps de mettre en œuvre les réformes nécessaires (nous pensons en effet que la réforme institutionnelle décidée à Nice est insuffisante à cet égard). Mais il faut reconnaître que certains arguments militaient au contraire en faveur d'une adhésion rapide des PECO à l'Union européenne.

§1. Un débat chargé d'arrière-pensées

73. Même si, finalement, les États membres ont tous donné leur accord à l'adhésion des PECO, ils se sont opposé - et, dans une certaine mesure, continuent de s'opposer - sur la question de l'élargissement. Leurs stratégies obéissent en réalité, dans ce domaine, à des préoccupations variées.

La **France** et les **pays de l'Europe du Sud** ont été plutôt réticents à l'égard de l'élargissement de l'Union européenne aux PECO, mais pour des raisons différentes. La France redoutait cet élargissement parce qu'elle craignait de perdre sa position centrale dans une Communauté élargie à une zone politiquement et géographiquement sous influence allemande. Les États du Sud n'étaient pas favorables à l'adhésion des PECO, parce qu'ils craignaient que ces pays ne viennent les concurrencer dans l'attribution des crédits communautaires, dont ils bénéficiaient jusqu'ici en priorité.

L'**Allemagne** a été longtemps très favorable à un élargissement rapide de l'Union européenne aux PECO, pour des raisons inverses de celles qui expliquaient les réticences françaises (elle espérait étendre sa zone d'influence au sein de l'Union européenne). Mais le chancelier G. Schroeder avait fait savoir, à l'occasion du sommet de Pörtschach du 24 octobre 1998, qu'il convenait de ne pas se précipiter. L'Allemagne avait en effet pris conscience du coût budgétaire de l'élargissement et redoutait par ailleurs l'arrivée massive de travailleurs polonais ou tchèques, attirés par des salaires élevés.

L'**Angleterre** a toujours été favorable à l'élargissement, parce qu'elle considère – non sans raison – que c'est le meilleur moyen d'éviter que l'Union européenne n'évolue vers un État fédéral. Le Royaume-Uni a parfaitement compris que, plus on élargit la Communauté, plus on risque de la vider de sa substance, de la diluer dans une vaste zone de libre échange, « *comme un morceau de sucre dans une tasse de thé anglais* ». D'autres l'ont compris aussi : dans les États membres, certains hommes politiques ne sont favorables à l'élargissement que parce qu'ils sont opposés à l'intégration. Ils savent que l'élargissement de l'Union européenne est un facteur de désintégration (au sens juridique du terme).

§2. Pour ou contre l'élargissement aux PECO : les arguments s'équilibraient

A. Les arguments « pour »

74. **Il paraissait difficile d'écarter *a priori* le principe d'une adhésion à terme des PECO à l'Union européenne**. Après avoir été pendant plus de quarante ans « *kidnappée* » (selon l'expression de Milan Kundera) par le « *Grand frère* » soviétique, **la partie centrale et orientale de l'Europe aspirait légitimement à rejoindre les Quinze,** à opérer ce qu'elle présentait souvent comme un « *retour* *à l'Europe* ». Vaclav Havel estimait par exemple qu' « *on ne peut (...) imaginer longtemps une Europe qui, pour n'être pas divisée par un rideau de fer, serait cependant divisée entre, d'une part, une Europe stable, prospère et en voie d'unification, et, d'autre part, une Europe moins stable, moins prospère et tournant le dos à l'unification* » (V. Havel, *L'Europe comme mission*, in «Les écrivains de la conscience européenne», revue *Légendes*, cahier hors série, mai 1997, pp. 185 à 196, spécial. pp. 190-191). Et d'ajouter : « *Les démons attendent leur heure, qui ont si tristement marqué l'histoire européenne jusqu'ici – et, au vingtième siècle, de la pire façon ! Les oublier à cause de fonds, de quotas et autres tarifs serait une erreur tragique* ». De son côté, Jean-Louis Bourlanges avait raison d'écrire que « *nous avons un devoir d'élargissement pour ne pas pérenniser l'héritage de Staline, car* ***nous maintiendrions cette frontière artificielle léguée par la guerre froide et la dictature soviétique*** » (in *L'Europe peut-elle s'élargir sans s'affaiblir ?*, L'Agenda 2000, Les études du Mouvement Européen, *La Lettre des Européens*, hors série n° 5, février 1998, p. 5). Le 25 septembre 2002, M. Verheugen, commissaire européen chargé de l'élargissement, avait déclaré devant la commission des affaires étrangères de l'Assemblée nationale française qu'il s'agissait de « ***transposer dans les PECO notre expérience du maintien de la paix et de la stabilité par l'intégration*** ». « *Il ne s'agit pas*, disait-il encore, *de populations exotiques lointaines, mais de nations de vieille culture européenne que nous ne pouvons exclure des avantages de l'intégration européenne au seul motif qu'elles n'ont pas pu en faire partie dès le début. L'espace de paix que nous sommes en mesure d'étendre à dix États situés entre la Baltique et la mer Noire est un espace européen. Il nous rend politiquement plus forts et garantit la stabilité en deçà de notre frontière orientale actuelle* » (*7 jours Europe*, n° 485, 30 septembre 2002, p. 1).

En outre, **les risques économiques encourus par l'Union européenne dans l'hypothèse d'un élargissement rapide de celle-ci aux PECO étaient *a priori* limités**, puisque, comme l'avait fait valoir un auteur, les Quinze étaient « *déjà très largement dans une situation de libre-échange* » avec ces pays, et que l'on constate que « *ce sont les exportations de l'Union européenne qui prédominent vers cette région d'Europe sur les exportations des pays candidats à l'adhésion vers l'Union européenne* » (J.-L. Delpeuch, *Où en est l'unité de l'Europe ?,* in «L'Europe à l'épreuve de la Conférence intergouvernementale», Documents, *Revue des questions allemandes*, spécial 1996, p. 23 à 30, spécial. p. 24). Il semblait donc qu'il n'y avait pas de raison sérieuse de craindre une « *déstabilisation massive* (du) *tissu industriel* » des États membres de l'Union, résultant du différentiel de coût de la main d'œuvre entre les Quinze et les PECO.

Par ailleurs, le même auteur avait raison de faire observer qu'**on ne pouvait pas prendre au sérieux « *le risque de voir déferler (...) sur l'Union européenne, des populations des* (PECO)** *à la recherche d'un bien-être et d'un niveau de vie qu'ils n'ont pas encore actuellement* » (J.-L. Delpeuch, *op. cit.*, p. 24). On pouvait en effet penser que « *s'il devait y avoir une forte vague d'immigration, (...) elle aurait déjà commencé* ». Or, rien de tel ne s'est produit depuis l'ouverture du « Rideau de fer ».

Même l'« argument budgétaire » ne semblait pas *a priori* déterminant pour justifier le report *sine die* des adhésions programmées. Certes, les pays candidats seraient tous des débiteurs nets du budget de l'Union, et l'on était tenté d'en conclure que leur adhésion rapide à l'UE nécessiterait une augmentation sensible du budget de l'Union, à moins de brader l'acquis communautaire (alors que les principaux pays créditeurs nets du budget de l'Union européenne, et notamment l'Allemagne, refusent de voir augmenter le niveau de leurs « contributions » à ce budget). Mais, dans son *Rapport général d'activité 1997*, la Commission avait fait valoir que les coûts additionnels liés à l'élargissement pouvaient être pris en charge « *dans le respect du plafond des ressources propres qui sera atteint en 1999, soit 1,27 % du PNB de l'Union* ». Elle avait indiqué notamment que, s'agissant de la politique régionale de la Communauté, il sera possible de satisfaire les nouvelles solidarités qu'imposera l'élargissement, à condition toutefois de concentrer davantage les aides structurelles (en limitant à moins de 40 % la part de la population de l'Union bénéficiant de ces aides) et de passer de 7 à 3 objectifs. En ce qui concerne l'agriculture, la Commission avait estimé que l'élargissement de l'Union aux PECO ne devrait pas entraîner un dépassement de la *ligne directrice agricole* (cf. *infra*, Titre V), à condition cependant de procéder à de nouvelles réductions sensibles des prix communs, qui ne seraient d'ailleurs pas intégralement compensées par des aides directes au revenu des agriculteurs, lesquelles seraient au surplus plafonnées. En tout état de cause, le Conseil européen de Bruxelles des 24 et 25 novembre 2002 avait trouvé un accord sur le financement de l'élargissement, consistant en l'introduction de paiements directs par paliers pour les nouveaux États membres : de 25 % en 2004 à 40 % en 2007. L'augmentation se fera ensuite par paliers de 10 % avant d'atteindre 100 % en 2013.

B. Les arguments « contre »

75. Pour autant, **l'adhésion des PECO a incontestablement pour effet d'aggraver l'hétérogénéité de l'Union**, tant sur le plan économique et politique que sur le plan culturel. On sait par exemple que le niveau de vie dans les PECO est très inférieur à celui constaté dans les États membres de l'Union. Plusieurs décennies de communisme ont retardé le développement économique et sclérosé les structures de l'appareil d'État des pays d'Europe centrale et orientale. M. Bourlanges soulignait en 1995 qu'« *avec le grand élargissement de demain, ce ne sont point seulement d'anciennes dictatures, mais des sociétés déstructurées par quarante ans de totalitarisme qui prendront place sous le même toit ; point seulement des neutres, mais d'anciens membres du pacte de Varsovie ; point seulement des économies attardées, mais des systèmes différents, inassimilables aux nôtres sans une profonde remise en cause ; point seulement des États légitimes, mais des minorités activistes qui, ardentes et humiliées, n'en finissent pas* *de saper l'autorité fragile et brutale des premiers ; point seulement des nations qui, petites ou grandes, seraient solidement installées sur leur pré carré, mais des nationalismes diffus, multiformes, innombrables, d'autant plus déstabilisateurs que ces peuples n'ont jamais eu le privilège de faire leur histoire eux-mêmes et que leurs frontières ne sont que les cicatrices mal fermées d'un passé mal aimé* » (J.-L. Bourlanges, *L'Europe à trente : un objet virtuel*, Notes de la Fondation Saint-Simon, mars-avril 1995).

En outre, **tout élargissement compromet l'efficacité de la Communauté s'il n'est pas accompagné des réformes institutionnelles** qui permettent d'éviter que le *plus* quantitatif ne se traduise par un *moins* qualitatif, par une paralysie du système décisionnel. En effet, les équilibres du système institutionnel européen « *deviennent impossibles dans une Union européenne de 27 membres, composée d'une grande majorité de petits États. D'une part, la tension entre la représentation démographique et la représentation unitaire des États membres devient nettement plus forte. D'autre part, la règle de l'unanimité devient pratiquement impossible à mettre en œuvre* » (F. Dehousse, *Le Traité de Nice et la déclaration de Laeken ou l'Europe bloquée face à l'élargissement*, CRISP, courrier hebdomadaire n° 1735/2001, p. 7). Mais les réformes indispensables sont difficiles à négocier et leurs résultats sont assez aléatoires, de sorte que l'on n'est jamais certain que la réforme sera à la mesure de l'enjeu (le Traité d'Amsterdam et le Traité de Nice nous semblent le démontrer de façon éclatante). De plus, la création des deuxième et troisième piliers de l'Union ayant remis en cause l'équilibre – déjà fragile – de la construction européenne au niveau institutionnel, il pouvait paraître plus urgent de renforcer les fondations de l'Union européenne que d'élargir celle-ci, au risque de fragiliser ou d'ébranler ces fondations.

Il n'était même pas certain qu'un ralentissement du processus d'élargissement aurait porté préjudice aux États candidats, dans la mesure où l'adhésion ne correspondait pas à leurs besoins immédiats. L'ouverture des marchés, l'aide financière, l'assistance technique, la coopération politique pouvaient être mises en œuvre, indépendamment de l'adhésion à l'Union européenne, dans le cadre d'un régime d'association renforcé.

Pour en savoir plus…

Plus spécialement sur l'histoire de la construction européenne et ses perspectives de développement

– P. Gerbet, *La construction de l'Europe*, Paris, Imprimerie nationale, 1999 ;

– J. Molinier (dir.), *Les principes fondateurs de l'Union européenne*, Paris, PUF, coll. « Droit et Justice », 2005, p. 280 ;

– R. Schuman, *Pour l'Europe*, éd. Nagel, coll. Écrits politiques, Genève, 1990, 2e éd. ;

– B. TOULEMON, *La Construction européenne. Histoire, acquis, perspectives*, Le Livre de Poche, 1999 ;

On lira aussi avec intérêt : *Les écrivains de la conscience européenne*, revue *Légendes*, cahier hors série, mai 1997 ; A. GROSSER (dir.), *Les pays de l'Union européenne*, La Documentation française, 2003, 206 pages.

Plus spécialement sur l'Acte unique européen :

– Institut d'Études européennes, *L'Acte unique européen*, Journée d'études, Bruxelles, mars 1986 ;

Plus spécialement sur le Traité de Maastricht :

– Institut d'Études européennes, *L'Union européenne après Maastricht, Journée d'études du 21 février 1992*, Bruxelles, Université ;

– J.-L. QUERMONNE, *Trois lectures du Traité de Maastricht. Essai d'analyse comparative*, Rev. fr. sc. pol. 1992, p. 802 ;

– J. RIDEAU, *Traité sur l'Union européenne*, ann. eur. adm. publ. 1991, Paris-Aix-en-Provence, 1992, p. 775 ;

Plus spécialement sur le Traité d'Amsterdam et la CIG de 1996/1997

– J.-M. FAVRET, *Le Traité d'Amsterdam : une révision a mimima de la « Charte constitutionnelle » de l'Union européenne – De l'intégration à l'incantation ?, CDE* 1997, p. 555 ;

– J.-V. LOUIS, « Le Traité d'Amsterdam, une occasion perdue ? », *Rev. Marché unique eur.* n° 2/1997, p. 5 ;

Plus spécialement sur le Traité de Nice et la CIG 2000

– J.-M. FAVRET, « Le Traité de Nice du 26 février 2001 : vers un affaiblissement irréversible de la capacité d'action de l'Union ? », *RTD eur.* 2001, p. 271 ;

– J. RIDEAU (dir.), *Union européenne, Commentaire des traités modifiés par le Traité de Nice du 26 février 2001*, Paris, LGDJ, 2001 ;

– F. LAMOUREUX, « la Constitution "Pénélope" : une refondation pour en finir avec les replâtrages », *RDUE* 2003, p. 13.

– K. LENAERTS, P. VAN NUFFEL, « La Constitution pour l'Europe et l'Union comme entité politique et ordre juridique », *CDE* 2005, p. 13.

– J.-V. LOUIS, *Le projet de Constitution : continuité ou rupture ?, CDE* 2003, p. 215.

– *RTD eur.* n° 2/2005, « Une constitution pour l'Europe ? », numéro spécial.

Plus spécialement sur le Traité de Lisbonne

– P. LEQUILLER, *Le Traité de Lisbonne : un traité indispensable et urgent*, Assemblée nationale, Délégation pour l'Union européenne, Rapport d'information n° 562, tome 2, janvier 2008 ;

– A. PONIATOWSKI, *Le Traité de Lisbonne – Version consolidée du traité sur l'Union européenne et du traité sur le fonctionnement de l'Union européenne*, Assemblée nationale, Commission des affaires étrangères, rapport d'information n° 439, décembre 2007 ;

– P. PONZANO, « Le Traité de Lisbonne : l'Europe sort de sa crise institutionnelle », *RDUE* 2007, p. 569 ;

Plus spécialement sur la question de l'élargissement

– J. ANDRIANTSIMBAZOVINA, C. GESLOT, *Les Communautés et l'Union européennes face à l'élargissement*, Paris, La Documentation française, 2005, p. 620 ;

– C. LEQUESNE, « Adhérer à l'Union européenne : réflexion sur les critères », *in Mélanges J-C. Gautron*, Paris, Pédone, 2004, p. 745.

Titre 2

Le système institutionnel et décisionnel de l'Union européenne

76. En créant l'Union européenne, le Traité de Maastricht a prévu pour elle un « ***cadre institutionnel unique*** » (art. 3, ex-art. C). Cela signifie que les organes de l'Union européenne (Commission, Conseil, Parlement...) se retrouvent et interviennent en tant que tels dans les trois *piliers*, c'est-à-dire à la fois dans le cadre strictement communautaire (1er pilier) et dans le cadre intergouvernemental (2e et 3e piliers). **Les mécanismes décisionnels et la répartition des pouvoirs entre les organes restent toutefois fondamentalement différents selon que l'on se trouve dans le cadre communautaire ou dans le cadre intergouvernemental**.

NB : Le Traité constitutionnel de 2004 avait prévu la fusion des trois « piliers » de l'Union, et le Traité de Lisbonne la réalisera.

Le système institutionnel de l'Union européenne obéit à trois logiques : **la logique « supranationale »** représentée par la Commission en tant qu'organe indépendant des États membres et représentant des intérêts « supérieurs » aux intérêts nationaux ; **la logique intergouvernementale**, représentée par le Conseil européen et le Conseil de l'Union, en tant qu'organes représentant les États, et donc des intérêts nationaux ; **la logique démocratique**, représentée principalement par le Parlement européen (démocratie politique), mais aussi, plus accessoirement, par le Comité économique et social (démocratie économique) et le Comité des régions (démocratie régionale). Cette logique démocratique conduit à valoriser le rôle des organes élus (Parlement européen) ou composés de membres représentatifs de la société civile (CES) ou des collectivités régionales et locales (Comité des régions). Les organes représentant la logique démocratique sont, pour l'essentiel, des organes de contrôle de l'activité de la Commission et du Conseil de l'Union.

Il convient aussi d'évoquer l'existence d'autres organes de contrôle qui composent le système institutionnel de l'Union européenne : la Cour de justice des Communautés européennes (CJCE) et le Tribunal de première instance des Communautés européennes (contrôle juridictionnel) d'une part, la Cour des comptes des Communautés européennes (contrôle financier) d'autre part. La CJCE et le TPI feront l'objet d'une étude spécifique dans le cadre du titre VII relatif au système judiciaire communautaire. La Cour des comptes sera étudiée dans le cadre du titre V relatif au budget de l'Union européenne.

Les organes de la politique monétaire seront étudiés dans le cadre du titre IV consacré aux compétences de l'Union européenne (voir paragraphe relatif à la politique économique et monétaire).

On étudiera successivement :

– la composition, l'organisation et le fonctionnement des principales institutions et organes de l'Union européenne (chapitre 1) ;

– les attributions des principales institutions de l'Union européenne (chapitre 2).

Pour en savoir plus...

– D. HELLY, F. PETITE-VILLE (dir.), *L'Union européenne, acteur international*, L'Harmattan, Logiques Politiques, 2005 ;

– R. MEHDI, *Institutions européennes*, Paris, Hachette, coll. HU Droit, 2007 ;

– A. PLIAKOS, « La souveraineté internationale de l'Union européenne : de la puissance étatique à la liberté collective », *RDUE* 2005, p. 11.

Les réformes institutionnelles suggérées par l'auteur lui ont été notamment inspirées par :

– Commissariat général du Plan, *L'Union européenne en quête d'institutions légitimes et efficaces*, Rapport du groupe présidé par J.-L. Quermonne, La Documentation française, 1999 ;

– Document de réflexion du groupe parlementaire du P.S.E. en vue de la conférence intergouvernementale de 1996 *(Document Guigou)* ;

– *Rapport Bourlanges* – Document de travail de la Commission institutionnelle du Parlement européen sur le fonctionnement du Traité sur l'Union européenne dans la perspective de la conférence intergouvernementale de 1996 ;

– *Rapport Weidenfeld* – Rapport du groupe de réflexion sur les structures de l'Europe : *Europe 96, pour une réforme de l'Union européenne*, Ed. Fondation Bertelsmann, Gütersloh, 1994.

Chapitre 1

Composition, organisation et fonctionnement des institutions et organes de l'Union européenne

Plan du chapitre

Section 1
La Commission

77. La composition, l'organisation et le fonctionnement de la Commission sont fixés par les articles 211 à 219 TCE (ex-articles 155 à 163), ainsi que par son règlement intérieur C-(2000) 3614 (*JOCE*, n° L. 308, 8 déc. 2000, p. 26 – modifié par : déc. 2001/844/CE, CECA, Euratom du 29 novembre 2001, *JOCE*, n° L. 317, 3 déc. 2001 ; déc. 2001/937/CE, CECA, Euratom du 5 décembre 2001, *JOCE*, n° L. 345, 29 déc. 2001 ; déc. 2002/47/CE, CECA, Euratom du 23 janvier 2002, *JOCE*, n° L. 21, 24 janvier 2002 ; déc. 2005/9607/CE, Euratom du 15 novembre 2005, *JOUE*, n° L. 347, 30 décembre 2005 ; déc. 2006/25/CE, Euratom du 23 décembre 2005, *JOUE*, n° L. 19, 24 janvier 2006).

On évoquera successivement :

– la désignation, le mandat et le statut des membres de la Commission ;
– la présidence de la Commission ;
– le principe de collégialité et ;
– les services de la Commission.

§1. Désignation, mandat et statut des membres de la Commission

A. La désignation des membres du collège

78. La Commission, qui a son **siège principal à Bruxelles** (certains de ses services sont installés à Luxembourg), se compose de vingt-sept membres qualifiés de « commissaires ».

Jusqu'ici, les membres de la Commission avaient été **désignés** d'un commun accord par les gouvernements des États membres. Le Traité de Nice du 26 février 2001 prévoit la désignation du président et des autres membres de la Commission **à la majorité qualifiée, par le Conseil de l'Union siégeant au niveau des chefs d'État ou de gouvernement**. Le passage à la règle de la majorité qualifié a été décidé pour éviter que ne se reproduise à l'avenir la crise du Conseil européen de Corfou de 1994, dans le cadre duquel les Britanniques avaient empêché la désignation en tant que président de la Commission du Premier ministre belge de l'époque, M. Jean-Luc Dehaene, jugé trop fédéraliste. On notera cependant que le vote à la majorité qualifiée s'effectuant en dehors d'une proposition de la Commission, il exigera le vote favorable d'au moins deux tiers des États membres (voir *infra,* n° 108), de sorte que la légitimité des commissaires s'en trouvera renforcée.

Le Traité de Maastricht avait prévu une désignation du Président de la Commission par les gouvernements des États membres, après consultation du Parlement européen, puis des autres membres de la Commission en consultation avec le président désigné, suivie d'un **vote d'approbation par le Parlement européen**. Depuis l'entrée en vigueur du Traité d'Amsterdam de 1997, la désignation du président de la Commission doit être également approuvée par le Parlement européen (on notera avec intérêt que dans la version consolidée de son règlement intérieur datée du 2 août 1999, le Parlement européen considère qu'il « *élit* » le Président de la Commission et le collège) et **les autres membres du collège doivent être désignés « *d'un commun accord avec le président* »**, et non plus seulement en consultation avec lui. Le Traité constitutionnel de 2004 avait prévu que le Parlement européen élirait le président de la Commission européenne sur proposition du Conseil européen (adoptée à la majorité qualifiée), lequel devait tenir compte du résultat des élections. **Le Traité de Lisbonne de 2007 prévoit que le Parlement européen investit le président de la Commission sur proposition du Conseil européen, « *en tenant compte des élections du Parlement européen* ».**

L'Assemblée de Strasbourg doit se prononcer sur la composition de la Commission *en tant que collège*, ce qui exclut en principe que le Parlement se prononce sur la nomination d'un commissaire *ut singuli* (ce qui n'a pas empêché l'Assemblée de procéder à des auditions individuelles poussées des commissaires à l'occasion des renouvellements du collège de janvier 1995, septembre 1999 et novembre 2004). C'est seulement si le Parlement européen a donné son approbation à la composition de la Commission, que le Président et les membres du collège pourront être nommés d'un commun accord par les gouvernements des États membres.

En pratique, et depuis l'origine, les sièges de commissaires avaient fait l'objet d'une répartition nationale, **chacun des cinq « grands » États (France, Allemagne, Italie, Royaume-Uni, Espagne) disposant pour l'instant de deux sièges, les autres d'un seul**. Ce système de répartition des sièges de commissaires a été modifié à compter du 1er novembre 2004, en application du Traité de Nice du 26 février 2001 (voir *infra*, n° 79).

Chaque gouvernement fait librement des propositions pour le (ou les) sièges à pourvoir par son national (ou ses nationaux). En principe, ses partenaires peuvent exercer un droit de veto, mais il s'agit d'un droit très théorique.

B. La maîtrise de l'évolution des effectifs du collège

79. La collégialité est de plus en plus difficile à mettre en œuvre avec **l'augmentation du nombre des commissaires**, parce que chaque commissaire a tendance à considérer que son secteur de compétence relève de sa seule responsabilité, et non d'une responsabilité collégiale. L'augmentation du nombre des commissaires conduit également à un éparpillement des responsabilités, nuisible à la cohérence des activités de la Commission. Depuis 1995 et l'installation de la Commission Santer, il a fallu en effet éclater les portefeuilles à l'extrême pour occuper tous les commissaires. Ainsi, par exemple, les relations extérieurs sont prises en charge par pas moins de quatre commissaires. Les futurs élargissements aggraveront ces difficultés.

Une solution aurait pu consister à mettre en place une Commission resserrée, d'une dizaine de membres, et dont le président aurait reçu des pouvoirs accrus. Mais cette solution, satisfaisante dans son principe, aurait été très difficile à mettre en œuvre, les États membres, et notamment les « petits » États, refusant de renoncer à leur pouvoir de nommer chacun un commissaire. Dans ces conditions, la solution la plus réaliste consistait pour les « grands » États à accepter de ne nommer qu'un seul commissaire. Cette solution n'est pas choquante dans son principe, car la Commission représente et défend l'intérêt général de la Communauté, et non les intérêts nationaux. Il n'y a donc aucune raison de sur-représenter les grands États au sein du collège.

Le Conseil européen d'Amsterdam de juin 1997 avait opté pour le *statu quo*, au moins dans un premier temps, puisqu'il avait indiqué qu'avant le prochain élargissement de l'Union, la Commission ne comporterait plus qu'un seul commissaire par État membre, « *à condition toutefois qu'à cette date la pondéra-*

tion des voix au sein du Conseil ait été modifiée (...) d'une manière acceptable pour tous les États membres compte tenu (...) notamment d'une compensation pour les États membres qui renoncent à la possibilité de nommer un deuxième membre de la Commission ». Autrement dit, les « grands » États ne renonceraient à nommer un deuxième commissaire que si la pondération des voix au sein du Conseil était modifiée à leur profit.

Le Traité de Nice de 2001 retient le système suivant : la France, l'Allemagne, le Royaume-Uni, l'Italie et l'Espagne renonceront à leur deuxième commissaire à compter du 1er novembre 2004. À cette date, la Commission européenne comprendra donc vingt-cinq commissaires. Chaque pays sera privé de commissaire à son tour.

Le Traité constitutionnel de 2004 avait prévu qu'après 2014, le nombre de commissaires européens aureait été équivalent aux 2/3 du nombre des États membres, soit 18 commissaires dans une Europe à 27 (système de rotation égalitaire).

Le **Traité de Lisbonne de 2007** prévoit que la Commission européenne sera composée, à partir du 1er novembre 2014, d'un nombre de commissaires correspondant aux deux tiers du nombre d'États membres, soit 18 commissaires (pour une Union à 27). Les membres de la Commission seront choisis selon un système strictement égalitaire de rotation entre États membres.

C. La durée du mandat des membres du collège

80. La **durée du mandat** des commissaires a été portée à **5 ans** (au lieu de 4) par le Traité de Maastricht. L'objectif des signataires de ce traité était de renforcer le lien entre la Commission et le Parlement européen en alignant la durée du mandat des commissaires sur la durée du mandat des parlementaires européens. Le mandat des membres de la Commission est **renouvelable**.

81. L'article 215 TCE (ex-art. 159) prévoit qu'« *en dehors des renouvellements réguliers et des décès,* ***les fonctions de membre de la Commission prennent fin individuellement par démission volontaire ou d'office*** ». L'intéressé est alors remplacé pour la durée du mandat restant à courir par un nouveau membre nommé à la majorité qualifiée par le Conseil de l'Union siégeant au niveau des chefs d'État et de gouvernements, à moins que le Conseil ne décide qu'il n'y a pas lieu à remplacement. L'article 216 TCE (ex-art. 160) ajoute que « *tout membre de la Commission, s'il ne remplit plus les conditions nécessaires à l'exercice de ses fonctions ou s'il a commis une faute grave, peut être déclaré démissionnaire par la Cour de justice, à la requête du Conseil et de la Commission* ». Sauf en cas de démission d'office, les membres de la Commission restent en fonction jusqu'à ce qu'il soit pourvu à leur remplacement.

On se souvient que le 16 mars 1999, les membres de la Commission Santer ont décidé de démissionner collectivement, suite à la publication, le 15 mars 1999, du rapport du Comité d'experts indépendants « *sur les allégations de fraude, de mauvaise gestion et de népotisme à la Commission européenne* ».

D. L'indépendance des commissaires

82. Les commissaires doivent être choisis parmi les nationaux des États membres et *« en raison de leur compétence générale »*. Ils doivent offrir toutes les garanties d'**indépendance**. Cette indépendance consiste en ce que les commissaires ne doivent pas solliciter ou accepter d'instructions d'un gouvernement ou d'un quelconque organisme dans l'exercice de leurs fonctions (ils prêtent serment devant la Cour de justice en ce sens). Par ailleurs, les États membres s'engagent à respecter l'indépendance des commissaires, et donc à ne pas chercher à les influencer.

Toutefois, en pratique, tous les gouvernements entretiennent des relations plus ou moins étroites avec les commissaires de leur nationalité et ils n'hésitent pas à les « sensibiliser » à leurs préoccupations lorsqu'ils l'estiment nécessaire. Cette action de « sensibilisation » ne remet pas en cause l'indépendance des commissaires quand elle est mesurée, mais il faut bien reconnaître que, dans certains cas, les notes que les autorités nationales transmettent à « leur(s) » commissaire(s) en vue de les sensibiliser à telle ou telle difficulté qu'elles rencontrent (par exemple dans le cadre d'une négociation ou d'un dossier pouvant aboutir à l'ouverture d'une procédure d'infraction) peuvent être aussi précises que de véritables instructions, en dépit des précautions de langage qui président à ce type d'échanges. Il n'est pas rare en effet que ces fiches développent des argumentaires que le commissaire destinataire reprendra à son compte à l'occasion d'une réunion du collège. Dans certains cas, c'est le commissaire lui-même qui a pris contact avec les autorités nationales pour obtenir d'elles des notes développant les idées qu'il exprimera ensuite à Bruxelles au sein du collège. Dans ses *Mémoires*, J. Delors écrit que « *dans certains pays, les commissaires sont (...) convoqués dans leur capitale à des réunions ministérielles* » (J. Delors, *Mémoires*, Plon, 2004, spécial. p. 248).

Pour garantir l'indépendance des commissaires, le Traité CE prévoit encore que : « *Les membres de la Commission ne peuvent, pendant la durée de leurs fonctions, exercer aucune autre activité professionnelle, rémunérée ou non. Ils prennent, lors de leur installation, l'engagement solennel de respecter, pendant la durée de leurs fonctions et après la cessation de celles-ci, les obligations découlant de leur charge, notamment les devoirs d'honnêteté et de délicatesse quant à l'acceptation, après cette cessation, de certaines fonctions ou de certains avantages. En cas de violation de ces obligations, la Cour de justice, saisie par le Conseil ou par la Commission, peut, selon le cas, prononcer la démission d'office dans les conditions de l'article 216 ou la déchéance du droit à pension de l'intéressé ou d'autres avantages en tenant lieu* ».

§2. La présidence de la Commission

83. Si le rôle du président de la Commission était à l'origine essentiellement d'ordre administratif (convocation et présidence des réunions), il a acquis au fil des ans une dimension politique indéniable, notamment en raison des fortes personnalités qui ont marqué la fonction (ex. : W. Hallstein et J. Delors).

Le Traité d'Amsterdam a renforcé les pouvoirs du président de la Commission :

– les autres membres du collège doivent être désignés « *d'un commun accord avec le président* », et non plus seulement « *en consultation avec le président* » ;

– en outre, un premier alinéa nouveau est inséré à l'article 163 TCE (219 après renumérotation), qui dispose que « *la Commission remplit sa mission dans le respect des orientations politiques définies par son président* » ;

– une déclaration sur l'organisation et le fonctionnement de la Commission, insérée dans l'Acte final, insiste enfin sur le fait que « *le président de la Commission doit jouir d'un large pouvoir discrétionnaire dans l'attribution des tâches au sein du collège, ainsi que dans tout remaniement de ces tâches en cours de mandat* ».

Le président de la Commission peut également « discipliner » les commissaires. M. Jean-Luc Sauron rapporte que M. Santer avait été contraint en 1995 d'interdire à Mme Bjerregaard, commissaire danois, de publier un ouvrage dans lequel elle décrivait M. J. Chirac comme n'étant pas à la hauteur, M. H. Kohl comme étant distrait et M. F. Gonzalez comme étant machiste (J.-L. Sauron, *Cours d'institutions européennes – Le puzzle européen*, Paris, Gualino, 2000, spécialement p. 162).

Le Traité de Nice du 26 février 2001 prévoit un nouveau renforcement des pouvoirs du président de la Commission. Il complète notamment l'article 217 TCE, pour préciser que le président de la Commission « *décide de son organisation interne afin d'assurer la cohérence, l'efficacité et la collégialité de son action* ». En outre, les tâches qui incombent à la Commission « *sont structurées et distribuées entre ses membres par le Président* », lequel a la possibilité de remanier la distribution de ces responsabilités en cours de mandat. Le paragraphe 2 de l'article 217 précise encore que « *les membres de la Commission exercent les fonctions qui leur sont dévolues par le Président sous l'autorité de celui-ci* ». Enfin, « *un membre de la Commission présente sa démission si le Président, après approbation du collège, le lui demande* ».

Avec le Traité constitutionnel de 2004, le rôle politique du président de la Commission, élu par le Parlement européen, aurait été encore renforcé : il aurait désigné les commissaires, réparti les portefeuilles et aurait pu demander la démission d'un commissaire.

NB : Le 5 novembre 2004, M. José Manuel Barroso (Portug.) a succédé, à la tête de la Commission, à M. Romano Prodi (Ital.), lui même nommé en 1999. MM. Barroso et Prodi ont eu notamment pour prédécesseurs à la présidence de la Commission : M. Walter Hallstein (All.) de 1958 à 1967, M. Sicco Mansholt (Holl.) de 1972 à 1973, M. François Xavier Ortoli (Fr.) de 1973 à 1977, M. Roy Jenkins (GB) de 1977 à 1981, M. Gaston Thorn (Lux.) de 1981 à 1985, M. Jacques Delors (Fr.) de 1985 à 1995, M. Jacques Santer (Lux.) de 1995 à 1999.

84. Actuellement, deux **vice-présidents** sont nommés par la Commission elle-même et choisis en son sein. Le Traité de Nice prévoit qu'après approbation du collège, le président nomme *des* vice-présidents parmi les membres de la Commission, ce qui signifie que la Commission pourra compter plus de deux vice-présidents.

§3. Le principe de collégialité

85. **La Commission agit en collège**. Toutes les compétences que le Traité lui attribue sont exercées sous forme de décisions, soit délibérées et adoptées collectivement par le collège des commissaires.

Certes, chaque membre de la Commission est responsable d'un ou de plusieurs domaines de compétence et il lui incombe, dans ces domaines, d'instruire les projets de propositions de la Commission, de les défendre devant le Conseil et de veiller ensuite à leur application, avec l'aide des services (voir *infra*, § 4). Mais les commissaires n'ont pas un pouvoir autonome de décision et ils doivent convaincre une majorité de leurs collègues pour faire adopter par le collège les décisions qu'ils estiment nécessaires.

La Cour de justice de Luxembourg a précisé que le principe de collégialité implique « *que tous les membres du collège (*sont*) collectivement responsables, sur le plan politique, de l'ensemble des décisions arrêtées* » (CJCE, 23 septembre **1986, *Akzo Chemie***, aff. 5/85, 2614).

Le principe de collégialité est appliqué avec la souplesse nécessaire, puisque le règlement intérieur de la Commission prévoit que **le collège peut « *habiliter* » ses membres et ses fonctionnaires à prendre, en son nom et sous son contrôle, des « *mesures de gestion ou d'administration clairement définies* », « *dans les limites et conditions* » fixées dans la décision d'habilitation**. La Cour de justice considère que la capacité d'auto-organisation de la Commission implique ce type d'habilitations, dès lors que ces habilitations ne vont pas au-delà de « *simples mesures de gestion* » (CJCE, aff. *Akzo* précitée).

Dans un arrêt de 1998, la Cour de justice a indiqué que l'émission d'un avis motivé et *a fortiori* la décision de saisir la Cour ne pouvaient pas être considérées comme de « *simples mesures de gestion* », et qu'elles ne pouvaient donc pas faire l'objet d'une délégation (CJCE, 29 septembre **1998, *Commission c/ Allemagne***, aff. C-191/95, I.5449) ; elles doivent être délibérées en commun par le collège. Toutefois, comme l'avis motivé est dépourvu de tout effet contraignant, « *il n'est pas nécessaire que le collège arrête lui-même la rédaction des actes qui entérinent cette décision et leur mise en forme définitive* ».

Les compétences déléguées par le collège à certains de ses membres peuvent faire l'objet de **subdélégations** aux directeurs généraux et chefs de services, « *sauf interdiction expresse figurant dans la décision d'habilitation* ».

86. **La Commission peut créer des organes subsidiaires** pour leur confier des pouvoirs d'exécution de ses décisions, à condition que ces pouvoirs d'exécution soient « *nettement délimités* » et que les organes en cause ne disposent pas d'un pouvoir discrétionnaire impliquant une large liberté d'appréciation (CJCE, 13 juin 1958, *Méroni*, aff. 9/56, 11).

§4. Les services de la Commission

87. 23 820 agents travaillent à la Commission (chiffres du budget 2005). Ils se répartissent entre les **24 directions générales ou *DG*** (à vocation « horizontale » ou « verticale ») et autres services de la Commission. Le site *Internet* de la Commission présente ces directions et services comme suit :

Services généraux :

Secrétariat général – Eurostat – Office des publications – Office européen de lutte anti-fraude – Presse et communication.

Politiques :

DG Affaires économiques et financières
DG Agriculture
DG Concurrence
DG Éducation et culture
DG Emploi et affaires sociales
DG Énergie
DG Transports
DG Entreprises
DG Environnement
DG Fiscalité et union douanière
DG Justice et affaires intérieures
DG Marché intérieur
DG Pêche
DG Politique régionale
DG Recherche – Centre commun de recherche
DG Santé et protection des consommateurs
DG Société de l'information

Relations extérieures :

DG Commerce
DG Développement
DG Élargissement
EuropeAid – Office de coopération
Office d'aide humanitaire – ECHO
DG Relations extérieures

Services internes :

DG Budget
DG Contrôle financier
DG Personnel et administration
Service commun Interprétation-conférences
Service de traduction
Service juridique

Section 2
Le Conseil européen

§1. La création et le fonctionnement du Conseil européen

88. Le Conseil européen n'a pas été prévu par les traités qui ont institué les Communautés européennes. C'est la pratique qui a consacré ces **réunions des chefs d'État et de gouvernement des États membres**.

Pendant longtemps, le Conseil européen ne s'est réuni qu'épisodiquement, lorsque des sujets particulièrement sensibles sur le plan politique exigeaient que les États se consultent au plus haut niveau. Il y a eu ainsi **sept sommets européens, de 1961 à 1974,** qui ont correspondu à des tournants de l'activité communautaire (c'est par exemple au sommet de La Haye de décembre 1969 qu'il a été décidé de doter la Communauté de ressources propres).

En décembre 1974, sur proposition du président français Valéry Giscard d'Estaing, les chefs d'État et de gouvernement ont pris la décision de se réunir désormais régulièrement en Conseil européen, avec leurs ministres des Affaires étrangères et le président de la Commission, pour débattre des questions les plus importantes qui intéressent la Communauté. Depuis cette date, le Conseil européen a fixé des orientations et donné des impulsions politiques sur des sujets de première importance : l'élection du Parlement européen au suffrage universel direct, l'adhésion de la Grèce, celle de l'Espagne et du Portugal, la création du SME, la réforme de la PAC, l'Union économique et monétaire, l'adhésion de la Suède, de la Finlande et de l'Autriche, puis celle des PECO.

89. Jusqu'en 1986, le rôle du Conseil européen n'était cependant pas reconnu expressément par les traités. C'est **l'Acte unique européen de 1986** qui **a consacré solennellement l'existence du Conseil européen**. Son article 2 dispose que « *le Conseil européen réunit les chefs d'État ou de gouvernement des États membres ainsi que le président de la Commission des Communautés européennes. Ceux-ci sont assistés par les ministres des Affaires Étrangères et par un membre de la Commission. Le Conseil européen se réunit au moins deux fois par an* ».

L'Acte unique européen n'a toutefois défini, ni le rôle, ni les compétences du Conseil européen. Il s'est contenté d'institutionnaliser la coopération politique au plus haut niveau.

Le rôle du Conseil européen ne sera clairement précisé qu'en 1992 par le Traité de Maastricht qui dispose dans son article D (art. 4 après renumérotation) que le Conseil européen « *donne à l'Union les impulsions nécessaires à son développement et en définit les orientations politiques générales* ». Le Conseil européen est donc reconnu comme étant la clef de voûte politique du système institutionnel de l'Union européenne.

Le Conseil européen de Nice de décembre 2000 a pris la décision de modifier l'organisation des Sommets et de les tenir progressivement tous à Bruxelles. **Depuis 2002, au moins un sommet sur deux se tiennent à Bruxelles**, qui accueillera tous les Conseils européens lorsque l'Union européenne comptera 18 membres. En fait, il s'agit d'une concession faite à la Belgique dans le cadre de la CIG, pour surmonter les blocages de la délégation belge sur d'autres points de la négociation.

À l'occasion du sommet de Séville de juin 2002, les États membres de l'Union ont décidé de modifier le fonctionnement des conseils européens. Parmi les mesures entrées en vigueur dès 2002, on peut citer la réduction à 20 personnes du nombre de personnes présentes dans chaque délégation, la concentration des séances de travail sur un ordre du jour défini longtemps à l'avance et le caractère exceptionnel des invitations d'États extérieurs à l'Union. Le temps de parole des intervenants lors des conseils européens, qui passent d'une durée de deux jours à un dîner suivi d'une journée de travail, est en outre limité. Enfin, dans un but de transparence, une partie des délibérations et la phase finale du processus de décision des ministres seront retransmises en public.

NB : Le **Traité constitutionnel de 2004** avait prévu de supprimer la présidence tournante et de lui substituer une présidence stable du Conseil européen, élue à la majorité qualifiée de ses membres, pour un mandat de deux ans et demi, renouvelable. La règle générale pour l'adoption des décisions aurait été le consensus.

Le **Traité de Lisbonne de 2007** prévoit un président du Conseil européen élu à la majorité qualifiée pour une durée de deux ans et demi, renouvelable une fois.

90. À l'issue de chaque réunion du Conseil européen, **des conclusions sont publiées** dans lesquelles se trouvent consignées l'ensemble des questions sur lesquelles les chefs d'État et de gouvernement sont parvenus à un accord politique. Ces conclusions ne constituent en aucun cas un acte créateur de droit ; **elle n'ont qu'une portée politique**, et elles ne sauraient donc constituer une base juridique pertinente pour l'intervention du Conseil de l'Union dans un domaine déterminé.

§2. Les fonctions du Conseil européen

91. Le Conseil européen a trois fonctions principales :

– il est le lieu **d'échanges de vues informels** entre les dirigeants des États membres ;

– il **délibère à la fois de sujets qui relèvent de la compétence communautaire, de questions de coopération politique et de tout autre sujet d'intérêt commun**. Il intervient donc, tantôt comme une instance intergouvernementale (quand il traite de questions relatives à la coopération politique), tantôt comme un organe communautaire (s'il s'agit de faire adopter des actes de portée juridique). Aucun texte n'interdit au Conseil européen de se réunir au niveau des chefs de gouvernement pour exercer une compétence « législative ». En pratique, le Conseil européen s'est abstenu jusqu'ici de le faire, et il s'est contenté d'intervenir sous forme de décisions politiques, en laissant au Conseil des ministres le soin de mettre ces décisions politiques en œuvre en adoptant les actes juridiques appropriés ;

– le Conseil européen peut enfin **donner une impulsion à l'Union** pour favoriser son développement, notamment en intervenant comme **instance d'appel** pour débloquer les dossiers qui n'ont pas pu être réglés par les instances inférieures, spécialement le Conseil de l'Union (en matière budgétaire ou dans le domaine de la politique agricole commune par exemple).

La création du Conseil européen a contribué à affaiblir la Commission, parce qu'il est difficile pour elle de sauvegarder son pouvoir d'initiative face aux chefs d'État ou de gouvernement qui sont appelés désormais à définir les grandes orientations de la politique communautaire. De plus, la Commission ne peut pas empêcher le Conseil de l'Union de se décharger des questions les plus délicates en les renvoyant au Conseil européen, qui peut donc s'ériger en arbitre en cas de désaccords majeurs entre la Commission et le Conseil de l'Union.

Dans un entretien accordé au *Monde* le 19 janvier 2000, l'ancien président de la Commission J. Delors a noté que « *depuis quelques années, on se méfie de la Commission et on aboutit à une situation d'un Conseil européen qui fonctionne comme un G7 ! Le résultat, ce sont des ordres du jour démentiels, des communiqués trop longs* », alors que seules les grandes questions devraient « remonter » au Conseil européen.

Section 3
Le Conseil de l'Union européenne

92. Le Conseil de l'Union, qui a son siège à Bruxelles, **représente et défend les intérêts des gouvernements des États membres**, et non l'intérêt général de la Communauté. Il joue dans le système institutionnel de l'Union européenne un rôle essentiel puisque, **si la Commission propose, c'est lui qui dispose** en offrant un cadre aux négociations entre les administrations nationales. Parce qu'il siège au niveau des ministres, on a pris l'habitude de l'appeler « Conseil des ministres », mais il a décidé le 8 novembre 1993 (décision 93/591, *JOCE* N° L. 281/18 du 16 novembre 1993), après l'entrée en vigueur du Traité de Maastricht, de porter le nom de « *Conseil de l'Union européenne* » (avant l'entrée en vigueur de ce Traité, on parlait du « *Conseil des Communautés européennes* »).

La composition et le fonctionnement du Conseil sont fixés par les articles 202 à 210 TCE (ex-art. 145 à 154), ainsi que par son règlement intérieur (décision 2006/683/CE, Euratom du 15 septembre 2006, *JOUE* n° L. 285 du 16 octobre 2006, p. 47).

§1. La composition du Conseil

93. Aux termes de l'article 2 du Traité de fusion de 1965 (*JOCE* 152 du 13 juillet 1967), le Conseil était « *formé par les représentants des États membres* » et « *chaque gouvernement y (déléguait) un de ses membres* ». En application de l'article 203 TCE (ex-art. 146), qui remplace cette disposition, « ***le Conseil est formé par un représentant de chaque État membre au niveau ministériel, habilité à engager le gouvernement de cet État membre*** ».

Le Conseil de l'Union européenne peut siéger en plusieurs formations :

– la **formation *affaires générales et relations extérieures*** traite de toutes les questions qui n'ont pas un caractère suffisamment technique pour être traitées par une autre formation. Ce sont les ministres des affaires étrangères qui siègent au Conseil *affaires générales et relations extérieures*. La dénomination de cette formation du Conseil a été décidée par le Conseil européen de Séville des 21 et 22 juin 2002 ; jusque-là, on parlait de la formation *affaires générales* (sans ajout des *relations extérieures*) ;

> *NB* : On constate un certain déclin du Conseil *Affaires générales et relations extérieures* et de sa fonction de coordination politique. En effet, le Conseil Affaires générales a longtemps reposé sur l'idée que les affaires communes de la Communauté devaient être traitées sous l'angle des affaires étrangères par les ministres en charge de ces affaires. Mais cette approche ne se justifie plus à partir du moment où les domaines relevant de la compétence de la Communauté s'apparentent à des affaires intérieures gérées à vingt-sept.

– les **formations spécifiques** sont au nombre de huit et réunissent les ministres les plus compétents pour traiter les questions techniques qui se posent dans un secteur donné : le Conseil *Agriculture et pêche* réunit évidemment les ministres chargés de l'Agriculture, le Conseil *affaires économiques et financières* réunit les ministres chargés de l'Économie et des Finances, etc. ;

– la **formation dite *jumbo*** réunit plusieurs ministres (Affaires étrangères et Agriculture par exemple) et elle permet de traiter des questions intéressant deux départements ministériels. Cette formation est discutable au regard d'une application stricte du droit, puisque l'article 146 (art. 203) TCE prévoit que le Conseil est « *formé par* un *représentant de chaque État membre au niveau ministériel* » ;

– la **formation *chefs d'État ou de gouvernement*** est une innovation du Traité de Maastricht. Elle est imposée par ce Traité dans deux hypothèses qui concernent l'Union économique et monétaire (UEM) : pour décider du passage à la 3e phase de l'UEM (ou pour fixer le nombre des États qui y participent si cette 3e phase est réputée avoir commencé) et pour décider de mettre fin aux « dérogations » dont bénéficient certains États, c'est-à-dire de leur appliquer les règles de la 3e phase de l'UEM. Le Traité d'Amsterdam de 1997 prévoit en outre que l'autorisation de mise en œuvre d'une coopération renforcée dans le cadre communautaire est accordée par le Conseil réuni au niveau des chefs d'État et de gouvernement, dans l'hypothèse où un membre du Conseil invoque « *des raisons de politique nationale importantes* ». Le Traité de Nice de 2001 prévoit la suppression de cette procédure, mais il prévoit en revanche la désignation du président et des autres membres de la Commission par le Conseil de l'Union siégeant au niveau des chefs d'État ou de gouvernement.

NB : Le Traité constitutionnel de 2004 avait prévu la mise en place d'un **Conseil des affaires étrangères**, présidé par le ministre européen des Affaires étrangères, nommé par le Conseil européen à la majorité qualifiée avec l'accord du président de la Commission. Le ministre européen des Affaires étrangères aurait cumulé les fonctions de l'actuel Haut Représentant et du Commissaire des Relations extérieures, et aurait siégé également en tant que vice-président à la Commission européenne.

Le Traité de Lisbonne de 2007 prévoit un **Haut représentant de la politique étrangère européenne**, qui sera membre du Conseil de l'UE et de la Commission européenne (dont il sera l'un des vice-présidents, en charge de l'action extérieure). Il présidera le Conseil des affaires étrangères et conduira la PESC.

94. Les représentants des gouvernements des États membres qui siègent au Conseil ne sont pas des agents de la Communauté. On ne voit pas comment ils pourraient l'être, dès lors qu'ils incarnent des intérêts nationaux. Ils n'ont donc pas de statut communautaire. Ils sont néanmoins protégés par les **privilèges et immunités** qui s'appliquent aux « *représentants des États membres participant aux travaux des institutions des CE* ». Ces privilèges et immunités bénéficient d'ailleurs aussi bien aux ministres qu'à leurs conseillers ou aux experts techniques pendant l'exercice de leurs fonctions.

95. NB : Il existe **en France un ministre spécialement chargé des affaires européennes**, « délégué » auprès du ministre des Affaires étrangères. Il n'a pas de compétence générale, ne dispose pas de services propres (les agents de la Direction de la coopération européenne au ministère des Affaires étrangères, ainsi que les agents du SGCI sont mis à sa disposition) et ne se substitue pas aux ministres techniques. Il peut assister le ministre des Affaires étrangères au sein du Conseil affaires générales, et représenter la France au sein du Conseil marché intérieur. Il peut aussi veiller à ce que ses collègues du gouvernement prennent en compte la « contrainte » communautaire. Sous la Ve République, ce n'est qu'à partir de 1978 que le portefeuille de ministre chargé des affaires européennes a été attribué.

§2. Le fonctionnement du Conseil

A. La présidence du Conseil

I – UNE PRÉSIDENCE « TOURNANTE »

96. La présidence du Conseil est **exercée à tour de rôle par chaque État membre pour une durée de six mois** selon un ordre fixé par le Conseil, à l'unanimité.

2007 : Allemagne et Portugal – 2008 : Slovénie et France – 2009 : République tchèque et Suède – 2010 : Espagne et Belgique – 2011 : Hongrie et Pologne – 2012 : Danemark et Chypre – 2013 : Irlande et Lituanie – 2014 : Grèce et Italie – 2015 : Lettonie et Luxembourg – 2016 : Pays-Bas et Slovaquie – 2017 : Malte et Royaume-Uni – 2018 : Estonie et Bulgarie – 2019 : Autriche et Roumanie – 2020 : Finlande – 2011 : Hongrie et Pologne – 2012 : Danemark et Chypre – 2013 : Irlande et Lituanie – 2014 : Grèce et Italie – 2015 : Lettonie et Luxembourg – 2016 : Pays-Bas et Slovaquie – 2017 : Malte et Royaume-Uni – 2018 : Estonie et Bulgarie – 2019 : Autriche et Roumanie – 2020 : Finlande.

NB : Le second semestre étant plus « court » que le premier (car amputé du mois d'août au cours duquel les institutions et organes de l'Union sont en vacances), les États membres président alternativement au cours d'un premier, puis d'un second semestre, et ainsi de suite, pour que l'égalité des États soit préservée.

L'État qui préside le Conseil de l'Union préside du même coup tous les organes de nature intergouvernementale : le Conseil européen, mais aussi les groupes de travail et les comités chargés d'assister le Conseil (COREPER...). Il préside aussi les organes propres aux 2e et 3e piliers.

Si la Présidence a été conçue à l'origine comme une fonction honorifique, elle s'est ensuite progressivement affirmée, notamment parce que les élargissements successifs des Communautés, puis de l'Union, on valorisé la fonction de recherche des compromis, traditionnellement assurée par la Présidence. Aujourd'hui, la Présidence joue un rôle déterminant. Elle exerce en particulier **une fonction d'arbitrage**, puisqu'il lui appartient d'élaborer et de proposer des compromis pour débloquer les négociations difficiles (voir *infra*, titre 3, chap. 1). C'est également la Présidence qui décide de passer ou non au vote. C'est enfin la Présidence qui **représente le Conseil** vis-à-vis des autres institutions et organes communautaires, et qui représente l'Union européenne sur la scène internationale.

Pour exercer ses responsabilités, elle s'appuie en particulier sur le Secrétariat général du Conseil et sur le Service juridique du Conseil (2 919 agents travaillent au Conseil – chiffres du budget 2003).

NB : Le président en exercice du Conseil a parfois recours à **la pratique dite du « confessionnal »**, qui consiste, sur des sujets politiquement sensibles, à consulter séparément ses collègues pour tenter de débloquer un dossier ou de lever les principaux obstacles à un accord, avant la tenue de réunions plus formelles de l'ensemble des membres du Conseil.

II – Les inconvénients du système actuel de rotation de la présidence

97. **Le système de la rotation semestrielle affaiblit la Présidence**, dans la mesure où il ne lui laisse qu'une durée réduite pour donner de nouvelles impulsions politiques au développement de l'Union. La prédominance numérique des « petits » États parmi les présidences qui se succèdent contribue encore à limiter le poids de la Présidence.

Pour remédier à ces faiblesses, **plusieurs propositions ont été avancées**. L'une d'elles consisterait à allonger la durée de la Présidence, qui passerait au minimum à une année. De plus, au lieu d'être exercée à tour de rôle par chaque État membre, elle serait attribuée tour à tour à des groupes d'États avec un « grand » État comme chef de file et plusieurs « petits » États pour l'assister et présider certains conseils spécialisés. Une autre proposition consisterait à créer une présidence individualisée qui serait confiée à une personnalité extérieure au Conseil européen comme à la Commission ; une autre encore consisterait à renforcer les prérogatives des États qui exerceraient la présidence de l'Union à tour de rôle pour une durée de deux ans ; enfin, une autre solution pourrait consister à organiser un partage sectoriel de la fonction présidentielle entre plusieurs États associés au sein d'une troïka, voire d'un quadrige. Comme cela a été indiqué plus haut, le Traité constitutionnel de 2004 avait prévu de supprimer la présidence tournante et de lui substituer une présidence stable du Conseil européen, élue à la majorité qualifiée de ses membres, pour un mandat de deux ans et demi, renouvelable.

Toutes ces propositions présentent des inconvénients sérieux : la création d'une présidence individualisée entraînerait une cohabitation à la tête de l'Union européenne de deux personnalités : le président de la Commission et le président du Conseil, et l'entrée en compétition de ces deux personnalités serait à la fois malsaine et contraire aux intérêts de l'Union ; quant à l'idée de renforcer les présidences d'État, elle conduirait, soit à confier des responsabilités trop lourdes et trop longues aux États de petite dimension qui n'auront pas les moyens de les assumer, soit à contraindre les différents États membres à aliéner durablement la conduite de leurs affaires entre les mains de leurs voisins les plus puissants. Et on voit mal comment un tel système pourrait respecter le principe d'égalité des États auquel la plupart des membres de l'Union sont très attachés ; quant à la solution du partage sectoriel de la fonction présidentielle, elle aboutirait à un véritable démembrement de la Présidence en faisant du Conseil une sorte de collège à deux niveaux. Il est évident que ce démembrement remettrait en cause l'efficacité du système institutionnel. Dans ces conditions, la meilleure solution consiste peut-être à ne pas modifier le système actuel.

98. Jusqu'à l'entrée en vigueur du Traité d'Amsterdam, les inconvénients liés à la rapidité de la rotation des présidences étaient en partie compensés par le système de **la *troïka*** qui, dans les relations de l'Union avec les pays tiers, associait à la présidence en cours les présidences sortante et suivante. Ce système avait été institué par le Conseil informel de Londres du 13 octobre 1981 (*Bull.* CE 10-81, point 2.2.59.). Il était prévu expressément par le Traité de Maastricht dans le domaine de la PESC (art. J-3.), mais le Traité d'Amsterdam l'a supprimé dans cette matière et lui a substitué un système dans lequel seul l'État qui exercera la présidence suivante pourra assister la présidence en exercice (art. 18 du TUE après renumérotation).

Le Conseil européen de Bruxelles de décembre 1993 a modifié l'ordre de rotation des présidences, afin que la troïka comprenne toujours au moins un « grand » État. En outre, le nouveau règlement intérieur du Conseil adopté le 22 juillet 2002 prévoit une coordination plus étroite des présidences successives et une augmentation de leurs prérogatives dans la conduite des débats au sein de l'institution (art. 19 § 6 et 20 RI).

B. Les organes chargés de préparer les décisions du Conseil

99. Quatre comités sont chargés d'assister le Conseil de l'Union :

– le Comité des Représentants Permanents (ou COREPER) ;
– le comité « agriculture » ;
– le comité économique et financier ;
– le « comité 36 », compétent dans le cadre du 3e pilier de l'Union.

I – LE COREPER

100. Le Conseil se compose de ministres. Il ne peut donc pas siéger en permanence à Bruxelles, puisque ses membres doivent exercer des responsabilités nationales et ne peuvent pas se consacrer exclusivement au service de l'Union européenne. Pourtant, le travail est continu à Bruxelles. Chaque État membre y a donc installé une ***Représentation permanente***, dès l'entrée en vigueur du Traité de Rome. Ces Représentations sont composées d'experts nationaux et sont dirigées par des ***représentants permanents*** ayant rang d'ambassadeurs, eux-mêmes assistés de ***représentants permanents adjoints***.

L'article 207.1 TCE (ex- art. 151.1) prévoit que **le COREPER a pour tâche de préparer les travaux du Conseil et d'exécuter les mandats qui lui sont confiés par celui-ci**. Le COREPER n'est donc pas une institution communautaire investie de compétences propres ; il ne constitue qu'un organe auxiliaire du Conseil assurant pour ce dernier des tâches de préparation et d'exécution. Il en résulte que le COREPER ne peut pas adopter de décisions en tant que telles (actes ayant une portée juridique) et que le Conseil ne peut en aucune façon considérer que les décisions qu'il adopte sont des confirmations de « décisions » antérieures du COREPER (CJCE, 19 mars 1996, *Commission c/ Conseil*, aff. C-25/94, I.1469).

Les Représentations permanentes assurent par ailleurs une liaison constante entre la Commission et les gouvernements des États membres ; elles informent la Commission des intentions des gouvernements, et elles attirent l'attention des capitales sur les projets ou les initiatives de la Commission.

Le rôle du COREPER est surtout de préparer les travaux du Conseil, et il est assisté dans cette tâche par des **groupes de travail** composés d'experts nationaux. Lorsque la Commission présente une proposition d'acte communautaire aux États membres, cette proposition est d'abord examinée par les groupes de travail. Lorsque la négociation a suffisamment progressé au sein de ces groupes, le texte est alors transmis à l'instance supérieure, c'est-à-dire au COREPER lui-même. Le COREPER pourra alors étudier la proposition de la Commission, soit au niveau des représentants permanents (on parle du **COREPER 2**) pour régler les problèmes de nature politique, soit au niveau des représentants permanents adjoints (on parle du **COREPER 1**) pour régler les problèmes plus techniques. Les quelques difficultés qui subsistent après ce filtrage à deux niveaux (groupes et COREPER) seront résolues par l'instance supérieure, c'est-à-dire par le Conseil des ministres.

NB : On constate un certain déclin du COREPER, qui se heurte notamment à la volonté croissante des chefs d'État et de gouvernement, mais aussi des ministres, de gérer directement un certain nombre des dossiers qui étaient jusque là abandonnés aux diplomates. Un ancien membre du COREPER a ainsi indiqué que le Comité avait négocié 100 % de l'Acte unique, 50 % du Traité de Maastricht et 0 % du Traité d'Amsterdam.

II – Le comité « agriculture »

101. Le COREPER ne traite pas des questions agricoles, qui relèvent de la compétence d'un organe de préparation spécialisé, le comité « agriculture ».

III – Le comité économique et financier

102. Le COREPER ne traite pas non plus des questions économiques et financières, qui relèvent de la compétence d'organes de préparation spécialisés : jusqu'à l'entrée en vigueur de la 3e phase de l'UEM, c'est le comité monétaire qui assistait le Conseil ; depuis l'entrée en vigueur de la 3e phase de l'UEM, le comité monétaire a été remplacé par le comité économique et financier.

IV – Le « comité 36 »

103. Dans le cadre de la JAI, les travaux du Conseil sont préparés par le « comité 36 » (ex-comité K4 – appelé ainsi parce que créé par l'article K4 du TUE). Il s'agit d'un comité de coordination composé de hauts fonctionnaires dont le rôle consiste à formuler des avis à l'intention du Conseil et de contribuer à la préparation des travaux du Conseil dans les domaines qui relèvent du 3e pilier : politique d'asile, politique des visas, lutte contre la toxicomanie, coopération judiciaire, policière et douanière etc. Le représentant de la France au sein du « comité 36 » est le secrétaire général adjoint au SGAE chargé du suivi des questions relatives au 3e pilier de l'Union.

C. Les modalités de vote au sein du Conseil

104. Les auteurs du Traité de Rome ont choisi de rompre avec la règle traditionnelle du droit international suivant laquelle l'égalité souveraine des États ne peut s'accommoder que de procédures de vote à l'unanimité. Ils ont consacré trois modalités de vote : le vote à la majorité simple, le vote à la majorité qualifiée et le vote à l'unanimité. Il faut toutefois observer que l'article 205 TCE (ex-article 148) prévoit que, **sauf dispositions contraires, *« les délibérations du Conseil sont acquises à la majorité des membres qui le composent »***. Cela signifie que le vote à la majorité est la règle, et le vote à l'unanimité l'exception, même s'il subsiste encore quelques domaines importants dans lesquels le Conseil vote à l'unanimité. C'est la base juridique de l'acte en cause qui commande les règles de vote applicables.

Le vote est personnel, mais les procurations données à un autre membre du Conseil sont toujours possibles. L'abstention n'empêche pas la prise de décision.

I – Le vote à l'unanimité

105. **Il y a unanimité en l'absence de vote négatif**. L'abstention d'un ou plusieurs États membres n'empêche donc pas la décision. Le vote à l'unanimité accentue le caractère intergouvernemental de l'Union européenne, puisqu'il est respectueux du principe du respect du consentement des États consacré par le droit international. Il est imposé dans les matières jugées particulièrement sensibles politiquement.

L'Acte unique européen de 1986, le Traité de Maastricht de 1992 et le Traité d'Amsterdam de 1997 avaient réduit le nombre des hypothèses de vote à l'unanimité, mais **ce vote subsistait encore dans plusieurs domaines essentiels** : pour la révision des traités, pour l'admission de nouveaux membres, pour l'harmonisation des dispositions fiscales des États membres, pour l'adoption des dispositions concernant le système des ressources propres, pour l'adoption d'actions communes et la définition de positions communes dans le cadre des 2e et 3e piliers, pour le recours à l'article 308 TCE (ex-article 235) qui permet au Conseil de « légiférer » dans des matières qui intéressent la Communauté mais pour lesquelles le Conseil ne s'est pas vu attribuer les pouvoirs d'action nécessaires par le Traité), etc.

Si **le Traité de Nice du 26 février 2001** prévoit une réduction des cas de vote à l'unanimité (voir *infra*, n° 111), certains États ont refusé de renoncer à leur droit de veto dans certaines matières, de sorte que la règle de l'unanimité est maintenue sur des sujets essentiels, tels que la culture et l'audiovisuel (dans le cadre de la politique commerciale commune), l'immigration, l'asile, la fiscalité, le social, les fonds structurels et de cohésion.

Le bon sens nous paraît commander de réduire autant que possible le vote à l'unanimité, spécialement dans le cadre d'une Union élargie à de nouveaux membres. On ne voit pas en effet comment une négociation pourra aboutir à une décision si l'unanimité est requise, à partir du moment où une vingtaine d'États (voire davantage) seront représentés à la table des négociations. Dans de telles conditions, exiger l'unanimité, c'est bloquer le processus décisionnel. Par conséquent, si une matière est réellement trop sensible pour s'accommoder d'une procédure de vote à la majorité, il vaut peut-être encore mieux la retirer du domaine de compétence de l'Union européenne. On pourrait en tout cas, dans les matières les plus sensibles, exiger une majorité qualifiée renforcée, ou décider qu'un acte est adopté dès lors qu'une majorité qualifiée ne s'y est pas opposée. Il pourrait être aussi envisagé dans certains cas (par exemple en matière fiscale) des formules d'abstention constructive, qui permettent d'éviter la paralysie du système décisionnel.

II – LE VOTE À LA MAJORITÉ

106. En application de l'article 205 TCE (ex-art. 148), le vote à la majorité est la règle. Mais il existe deux modalités de vote à la majorité : le vote à la majorité simple, marginal aujourd'hui, et le vote à la majorité qualifiée, dont le champ d'application n'a pas cessé de s'étendre.

a) Le vote à la majorité simple

107. Le principe de la majorité simple signifie que les décisions sont adoptées lorsqu'elles ont recueilli la moitié des voix plus une (soit **14 États membres/27**).

Les hypothèses dans lesquelles le Conseil vote à la majorité simple sont rares : demandes adressées à la Commission de procéder à des études ou de soumettre une proposition au Conseil (art. 208 TCE, ex-art. 152), fixation du statut des comités prévus par le Traité (art. 209 TCE, ex-art. 153), fixation des limites et des conditions dans lesquelles la Commission peut recueillir des informations et procéder à des vérifications (art. 284 TCE, ex-art. 213). C'est également à la majorité simple que le Conseil modifie son règlement intérieur.

b) Le vote à la majorité qualifiée

1) Un système complexe de pondération des voix

108. Chaque État dispose d'un certain nombre de voix qui reflète son poids politico-économique au sein de la Communauté. La **pondération des voix** est fixée par l'article 205 TCE (ex-art. 148). Elle est, depuis le 1er novembre 2004, la suivante :

– France, Allemagne, Italie, Royaume-Uni : 29 voix chacun ;
– Espagne, Pologne : 27 voix chacune ;
– Roumanie : 14 voix ;
– Pays-Bas : 13 voix ;
– Grèce, République tchèque, Belgique, Hongrie, Portugal : 12 voix chacun ;
– Suède, Autriche, Bulgarie : 10 voix chacune ;
– Slovaquie, Danemark, Finlande, Irlande, Lituanie : 7 voix chacune ;
– Lettonie, Slovénie, Estonie, Chypre, Luxembourg : 4 voix chacun ;
– Malte : 3 voix.

Le total est de **345 voix**.

La majorité qualifiée est obtenue si :

– le texte recueille au moins **255 voix sur 345** voix (73,9 %) ;

– s'il est approuvé par **une majorité d'États membres** ;

– et s'il est approuvé par au moins **62 % de la population** de l'UE (l'observation de ce dernier critère doit être sollicitée par un État membre).

Si une proposition n'émane pas de la Commission, l'adoption d'un acte du Conseil devra recueillir au moins 255 voix, exprimées par au moins deux tiers des députés européens.

La **minorité de blocage** est de **91 voix** sur 345.

La pondération des voix a été fixée de telle manière qu'elle ne donne pas aux « petits » États membres un rôle disproportionné, mais qu'elle ne conduit pas non plus à leur marginalisation.

109. *NB* : À la suite des difficultés institutionnelles suscitées par l'adoption des seuils de majorité qualifiée en liaison avec la conclusion des accords d'adhésion de l'Autriche, de la Finlande, de la Norvège et de la Suède, **un compromis avait été adopté à *Ioannina* le 29 mars 1994** (décision du Conseil (94/C 105/01 du 29 mars 1994, *JOCE* n° C-105 du 13 avril 1994), sous Présidence grecque. L'article 1er de ce compromis (dans sa version modifiée après le refus de la Norvège d'adhérer à l'Union) prévoyait : « *si des membres du Conseil représentant un total de 23 à 25 voix indiquent leur intention de s'opposer à la prise d'une décision par le Conseil à la majorité qualifiée, le Conseil fera tout ce qui est en son pouvoir pour aboutir, dans un délai raisonnable, et sans porter préjudice aux limites obligatoires de temps fixées par les traités et le droit dérivé (...), à une solution satisfaisante qui puisse être adoptée par 65 voix au moins* (...) ». En pratique, dès qu'on s'approchait de la minorité de blocage (26 voix), c'est-à-dire que l'on se situait dans la fourchette prévue par le compromis (23 à 25 voix), on cherchait à obtenir, « *dans un délai raisonnable* », une majorité de 65 voix au lieu des 62 exigées par le Traité CE, ce qui équivalait à l'accord au minimum d'un État supplémentaire. Le compromis de Ioannina était censé régir le processus de décision à la majorité qualifiée jusqu'à l'adoption des modifications des traités qui devaient être arrêtées dans le cadre de la CIG de 1996/1997. En pratique, il n'a été « invoqué » qu'une fois, à l'occasion de l'adoption d'un règlement relatif à l'octroi d'une aide de compensation des pertes de revenus agricoles liées à des variations monétaires dans d'autres États membres.

Le **Traité de Lisbonne de 2007** prévoit qu'un État membre pourra invoquer le compromis de Ioannina jusqu'au 31 mars 2017.

110. En réalité, deux « filets » ont été prévus par le Traité de Nice pour éviter l'adoption d'une décision contre l'avis d'une majorité des États membres ou de la population de l'Union : ainsi, la majorité qualifiée ne peut pas être réunie si la moitié des États membres s'y oppose (« **filet d'États** ») ; un État membre peut en outre demander de vérifier que la majorité qualifiée représente au moins 62 % de la population de l'Union (« **filet démographique** »). Certes, la vérification du seuil de 62 % ne sera pas systématique (elle suppose qu'un État membre au moins la demande expressément), mais on peut penser que la seule menace de demander cette vérification sera efficace. Au total, c'est donc un système de triple majorité qui a été finalement retenu.

110 bis. Le **Traité constitutionnel** signé en **2004** avait prévu que la majorité qualifiée supposerait le vote favorable d'au moins 55 % des États membres comprenant au moins 15 États membres et représentant 65 % de la population de l'Union. Quatre États membres au minimum auraient pu constituer une éventuelle minorité de blocage. Lorsque le Conseil n'aurait pas décidé sur proposition de la Commission, la majorité qualifiée aurait dû rassembler 72 %

des États membres représentant au moins 65 % de la population de l'Union. En outre, un nombre d'États membres représentant au moins 3/4 d'une minorité de blocage, que ce soit au niveau des États membres ou de la population, auraient pu demander qu'un vote soit différé et que, pendant un délai raisonnable, les discussions se poursuivent, pour aboutir à une base d'accord plus large au sein du Conseil.

Le Traité constitutionnel de 2004 avait prévu également une clause « passerelle », en vertu de laquelle le Conseil européen pouvait décider, à l'unanimité, après approbation du Parlement européen, que le Conseil statuerait à l'avenir à la majorité qualifiée, et, le cas échéant, selon la procédure législative ordinaire, sans qu'une révision constitutionnelle et *a fortiori* une ratification par chaque État Membre soit nécessaire. Mais l'opposition formelle d'un seul Parlement national aurait suffi à bloquer l'application de la « passerelle ».

Le **Traité de Lisbonne de 2007** prévoit qu'à partir du 1er novembre 2014, la majorité qualifiée sera égale à au moins **55 % des membres du Conseil, comprenant au moins 15 d'entre eux et représentant des États membres réunissant au moins 65 % de la population de l'Union**. La minorité de blocage devra inclure au moins 4 État membres.

2) Les hypothèses de vote à la majorité qualifiée

111. Elles sont **nombreuses**. Dès avant l'entrée en vigueur du Traité d'Amsterdam, on pouvait mentionner notamment : la libre circulation des travailleurs (article 40, ex-article 49), la reconnaissance mutuelle des diplômes (art. 47 TCE, ex-art. 57), le rapprochement des législations nationales (article 95 TCE, ex-art. 100A), la fixation des orientations en matière de réseaux transeuropéens (art. 156 TCE, ex-art. 129D), les mesures d'application des actions communes dans le cadre de la PESC (art. 13 du TUE, ex-art. J. 8 §2) ou de la JAI (art. 34 TUE, ex-art. K 3 §2).

Le Traité d'Amsterdam a étendu le champ de la majorité qualifiée à d'autres matières : orientations en matière d'emploi (art. 128 TCE), actions d'encouragement en matière d'emploi (art. 129 TCE), exclusion sociale (art. 137 TCE), égalité des chances et égalité de traitement entre hommes et femmes (art. 141 nouveau TCE, ex- art. 119-3), santé publique (art. 152 TCE, ex-art. 129-4 nouveau), transparence (art. 255 TCE), lutte anti-fraude (art. 280 TCE, ex- art. 209 A nouveau) etc.

Le Traité de Nice de 2001 prévoit le passage à la règle de la majorité qualifiée dans de nouveaux domaines : pour les mesures relatives à l'asile (article 63 §1 a, b, c et d TCE) ; pour les mesures relevant du domaine de la coopération judiciaire dans les matières civiles ayant une incidence transfrontalière et dans la mesure nécessaire au bon fonctionnement du marché intérieur, à l'exclusion des aspects touchant le droit de la famille (art. 65 a, b et c TCE) ; pour les mesures à prendre en cas de graves difficultés dans l'approvisionnement en certains produits (art. 100 §1 TCE) ; pour l'assistance financière communautaire, sous certaines conditions, à un État membre qui connaît des difficultés ou une menace sérieuse de graves difficultés, en raison d'événements exceptionnels échappant à son contrôle (art. 100 §2 TCE) ; sous certaines réserves et à certaines conditions, dans le cadre de la politique commerciale commune, pour le commerce des services et les aspects commerciaux de la propriété intellectuelle (art. 133 §5, 6 et 7 TCE) ; pour certaines actions spécifiques dans le domaine de la politique régionale (art. 159 al. 3) ; pour l'approbation du règlement intérieur du Parlement européen (art. 190 §5) ; pour la nomination du Secrétaire général et du Secrétaire général adjoint du Conseil (art. 207 §2) ; pour la désignation du président et des autres membres de la Commission (art. 214), pour les règlements financiers et la détermination des règles et responsabilités des contrôleurs financiers, ordonnateurs et comptables, mais uniquement à partir du 1er janvier 2007 (art. 279 §1 TCE), etc.

Le **Traité constitutionnel de 2004** avait prévu que le vote à la majorité qualifiée au sein du Conseil de l'Union serait étendu à de nouvelles matières, à l'exception notable, notamment, des affaires sociales, de la fiscalité, du budget européen (lois fixant les ressources propres et les perspectives financières) et d'une partie du commerce extérieur (culture et audiovisuel).

Le **Traité de Lisbonne de 2007** prévoit que la majorité qualifiée deviendra la règle pour 51 domaines supplémentaires, dont la coopération judiciaire et policière, l'éducation ou la politique économique. L'unanimité restera la règle pour la politique étrangère, la sécurité sociale, la fiscalité et la culture. Le Royaume-Uni a obtenu une dérogation sur la coopération judiciaire et policière.

3) La pratique du vote à la majorité qualifiée

112. En pratique, **la Présidence préfère souvent différer le vote, alors même que la majorité qualifiée est réunie, parce qu'elle souhaite élargir au maximum cette majorité**, voire, quand c'est possible, faire adopter le texte par consensus, c'est-à-dire à l'unanimité. **Cette pratique est critiquable**, parce qu'elle allonge exagérément la durée de la négociation et parce qu'elle privilégie la logique intergouvernementale par rapport à la logique communautaire.

Le vote a lieu à main levée, mais il est possible de recourir à une procédure de vote par écrit à certaines conditions. Les ministres peuvent émettre un vote favorable sur un point particulier de l'ordre du jour *sous réserve de* confirmer ou infirmer cette position après consultation de leurs gouvernements. La réserve sera levée ou maintenue selon que le gouvernement en question aura donné ou refusé son accord.

Un État peut exiger qu'un point ne soit pas discuté par le Conseil, lorsque ce point a été inscrit à l'ordre du jour dudit Conseil moins de 14 jours avant sa tenue.

Les points inscrits à l'ordre du jour d'une réunion du Conseil de l'Union sont répartis en ***points A*** et ***points B***. Les points A sont ceux au sujet desquels il y a accord entre les États membres ainsi qu'entre ces États et la Commission. Les points A sont adoptés en bloc, sans débat, puisqu'ils ne posent pas de difficulté (ils sont uniquement discutés par les chefs de cabinet des commissaires). Les points B sont ceux au sujet desquels il y a désaccord entre les États membres au sein du COREPER, ou désaccord entre les États membres et la Commission. Les points B font donc l'objet d'un débat au sein du Conseil, puisqu'ils posent encore des difficultés. Certaines questions inscrites en points B à l'ordre du jour d'un Conseil sont en réalité de ***faux points B***. Cela signifie qu'il s'agit de questions qui ont fait l'objet d'un accord au niveau du COREPER, mais qui feront néanmoins l'objet d'un débat (purement formel en réalité) au sein du Conseil, parce qu'on estime que ces questions sont particulièrement sensibles politiquement ou très importantes.

4) Le communiqué de Luxembourg de 1966

113. Pour protester à la fois contre l'attribution de ressources propres à la Communauté et contre l'extension du vote à la majorité qualifiée en matière agricole à l'issue de la période transitoire prévue par le Traité de Rome, la France n'a pas hésité à abandonner son siège au Conseil et à pratiquer la « politique de la chaise vide » en 1965. Cette politique décidée par le général de Gaulle a eu évidemment pour effet de perturber le système décisionnel communautaire. Cette crise n'a pris fin qu'avec **l'adoption, le 30 janvier 1966,** d'un communiqué des ministres des affaires étrangères des Six (on parle **du *communiqué de Luxembourg* de 1966** – voir IXe Rapport général sur l'activité de la CEE, 1965-1966, p. 3 et s.). Ce texte prévoit que :

« *I. Lorsque, dans le cas de décisions susceptibles d'être prises à la majorité sur proposition de la Commission, des intérêts très importants d'un ou plusieurs partenaires sont en jeu, les membres du Conseil, s'efforceront, dans un délai raisonnable, d'arriver à des solutions qui pourront être adoptées par tous les membres du Conseil, dans le respect de leurs intérêts mutuels et de ceux de la Communauté, conformément à l'article 2 du Traité.*

II. En ce qui concerne le paragraphe précédent, la délégation française exprime que, lorsqu'il s'agit d'intérêts très importants, la discussion devra se poursuivre jusqu'à ce que l'on soit parvenu à un accord unanime.

III. Les six délégations constatent qu'une divergence subsiste sur ce qui devrait être fait au cas où la conciliation n'aboutirait pas complètement ».

Ce communiqué fait état d'un accord des Six sur un point : **lorsque le vote à la majorité est possible, mais qu'un ou plusieurs États membres invoquent des intérêts nationaux « *très importants* », la négociation doit se poursuivre de façon à aboutir à un consensus**. Mais le communiqué fait aussi état d'un désaccord entre la France et ses partenaires : la France estime qu'il faut poursuivre la discussion aussi longtemps que l'unanimité n'est pas atteinte, tandis que ses partenaires estiment qu'il faut appliquer le Traité et passer au vote si l'unanimité ne peut pas être atteinte à l'issue d'**une prolongation raisonnable de la négociation**.

Dire qu'il faut voter à l'unanimité lorsque les intérêts vitaux d'un État membre sont en jeu, c'est dire que chaque État membre dispose d'un droit de veto dans cette hypothèse. **Peut-on considérer que le communiqué de Luxembourg a créé un tel droit de veto ? Certainement pas**, car cela supposerait que ce communiqué ait la valeur d'un accord juridique entre États membres, modifiant le Traité de Rome (puisque ce traité ne prévoit pas un droit de veto dans cette hypothèse). Or, **le communiqué de Luxembourg** est le constat d'un désaccord entre la France et ses partenaires. Il **est** donc **dépourvu de valeur juridique**, et le prétendu droit de veto des États n'existe pas. Cela n'empêche pas certains États d'invoquer le communiqué de Luxembourg et de brandir la menace d'un « veto » lorsqu'ils estiment que leurs intérêts vitaux sont en jeu. C'est ce qu'a fait en particulier le gouvernement français en 1992 et en 1993 pour s'opposer à la conclusion éventuelle d'un accord entre la CEE et les États-Unis, portant sur les subventions à l'exportation des produits agricoles, dans le cadre de l'*Uruguay Round*.

En fait, si **le communiqué de Luxembourg** n'a pas de valeur juridique, il **a incontestablement une valeur politique**, dans la mesure où il est difficile d'imposer à un État une décision qu'il juge contraire à ses intérêts vitaux. Il est arrivé que la Présidence décide de passer au vote à la majorité, alors qu'un État avait invoqué un intérêt national très important pour exiger un vote à l'unanimité. Mais la Présidence sait qu'elle prend alors le risque de provoquer une crise dans la Communauté. Il lui appartient de mesurer ce risque.

Section 4
Le Parlement européen

114. À l'origine, le Parlement était désigné par les traités comme « *l'assemblée* » des Communautés européennes. **C'est lui-même qui a choisi l'appellation de « *Parlement européen* » par une résolution du 30 mars 1962**, bien que cette appellation n'était pas conforme aux traités. C'est **l'Acte unique européen de 1986** qui **va consacrer cette appellation**, en alignant ainsi le droit sur une pratique déjà bien établie.

L'élection, la composition et l'organisation du Parlement européen sont fixées par les articles 189 à 201 TCE (ex-art. 137 à 144), ainsi que par son règlement intérieur (voir version consolidée de ce règlement intérieur : *JOCE* n° L. 202, 2 août 1999, p. 1).

§1. La composition du Parlement européen

115. L'article 189 TCE (ex-art. 137) prévoit que le Parlement européen est « ***composé de représentants des peuples des États réunis dans la Communauté*** ». C'est donc par l'intermédiaire de l'Assemblée de Strasbourg que ces peuples participent à la construction européenne. Il est intéressant de noter que l'article 189 TCE n'a pas prévu que le Parlement européen représente *le* peuple de la Communauté, mais *les* peuples des États réunis dans la Communauté. C'est encore un élément qui distingue la Communauté d'un État fédéral, car, dans les États fédéraux, l'une des chambres représente le peuple de la Fédération (*Bundestag* en Allemagne, *Chambre des représentants* aux États-Unis), et non les peuples des États fédérés.

116. Dès lors que le Parlement européen représente *les* peuples des États membres, il est logique d'attribuer des contingents de représentants à chaque État. **La répartition des sièges** doit tenir compte du poids démographique de chaque État membre. En réalité, la répartition des sièges ne tient qu'imparfaitement compte du poids démographique des États membres, puisqu'on observe une surreprésentation des « petits » États (la France dispose d'1 siège pour près de 670 000 habitants ; le Luxembourg dispose d'1 siège pour près de 61 000 habitants, alors que la population de la France est environ 160 fois supérieure à celle du Luxembourg). La France, l'Italie et le Royaume-Uni ont par ailleurs le même nombre de sièges (87), alors que leurs populations ne sont pas tout à fait égales.

C'est l'article 190 TCE (ex-article 138) qui fixe le nombre des représentants élus dans chaque État membre. **Le nombre de députés représentant chaque État au Parlement européen se répartit de la façon suivante :**

– Allemagne : 99
– Italie, Royaume-Uni : 78
– France : 77
– Espagne, Pologne : 54
– Roumanie : 35
– Pays-Bas : 27
– Grèce, Belgique, Portugal, République tchèque, Hongrie : 24
– Suède : 19
– Autriche, Bulgarie : 18
– Slovaquie, Danemark, Finlande : 14
– Irlande, Lituanie :13
– Lettonie : 9
– Slovénie : 7
– Estonie, Chypre, Luxembourg : 6
– Malte : 5

On compte donc au total **785 parlementaires européens**. Il est évident qu'il fallait fixer une limite à l'augmentation du nombre des parlementaires européens. Le Traité de Nice de 2001 prévoit que le nombre des députés européen est plafonné à 732. Le Traité constitutionnel de 2004 avait prévu que le nombre de députés européen serait limité à **750** et le **Traité de Lisbonne** confirme ce « plafond ». Le nombre de députés par pays sera fixé par un système proportionnel dégressif, avec un maximum de 96 et un minimum de 6 pour chaque État.

Le Conseil européen sera chargé, sur l'initiative du Parlement et après son approbation, de décider, avant les élections prévues en 2009, de la distribution des sièges sur la base du principe de représentation « *dégressivement proportionnelle* », avec un seuil minimal de 6 sièges et un seuil maximal de 96 sièges par État membre.

§2. Élection, statut et mandat des membres du Parlement européen

A. De la désignation à l'élection des députés européens

117. À l'origine, l'Assemblée était formée « *de délégués que les Parlements sont appelés à désigner en leur sein selon la procédure fixée par chaque État membre* ». Il était également prévu que le Parlement européen devrait élaborer des projets en vue de permettre l'élection de ses membres au suffrage universel direct et selon une procédure uniforme dans tous les États membres.

Ce n'est que le 1er juillet 1978 que l'acte portant élection des parlementaires européens au suffrage universel direct est entré en vigueur, et **c'est en juin 1979 que les citoyens de la Communauté ont élu pour la première fois directement leurs représentants à l'Assemblée de Strasbourg**.

En application de l'article 19 TCE (ex-art. 8 B §2) « ***tout citoyen de l'Union résidant dans un État membre dont il n'est pas ressortissant a le droit de vote et d'éligibilité aux élections au Parlement européen dans l'État membre où il réside, dans les mêmes conditions que les ressortissants de cet État*** ». Les modalités de mise en œuvre de ce droit de vote et d'éligibilité ont été précisées par une directive communautaire adoptée en 1993 (directive 93/109 du 6 décembre 1993 – *JOCE* n° L. 329/34 du 30 décembre 1993).

118. Le Traité d'Amsterdam prévoit que le Parlement européen pourra élaborer des projets en vue de permettre l'élection de ses membres « *conformément à des principes communs à tous les États membres* », et non plus seulement « *selon une procédure uniforme dans tous les États membres* ».

On sait que, pendant longtemps, les États membres n'ont pas réussi à se mettre d'accord sur **une procédure électorale uniforme**, principalement en raison du refus du Royaume-Uni de renoncer à son mode de scrutin traditionnel, à savoir le scrutin majoritaire uninominal à un tour (les autres États membres utilisent la représentation proportionnelle). Toutefois, la décision 2002/772/CE, Euratom du Conseil, modifiant l'Acte de 1976 portant élection des représentants au Parlement européen au suffrage universel direct, a retenu le principe du mode de scrutin proportionnel avec le scrutin de liste préférentiel facultatif dans chaque État. Les États membres ont la faculté de constituer des circonscriptions territoriales (à condition de ne pas porter atteinte au caractère proportionnel du mode de scrutin) et de fixer un plafond pour les dépenses des candidats relatives à la campagne électorale. Pour pouvoir entrer en vigueur, cette décision devra être ratifiée par tous les États membres selon leurs règles constitutionnelles respectives.

B. Statut et mandat des députés européens

119. **La durée du mandat est de cinq ans**. Le mandat est **représentatif** (ce qui signifie que les représentants ne peuvent pas recevoir d'instructions de leurs électeurs) et il est **renouvelable**.

Le statut des parlementaires européens, régi par la décision n° 2005/684/CE, Euratom du 28 septembre 2005, portant adoption du statut des députés européens (*JOUE* n° L. 262 du 7 octobre 2005, p. 1), leur garantit la liberté et l'indépendance dans l'exercice de leur mandat, mais aussi un droit d'initiative législative, un droit de consulter les dossiers, un droit à indemnités parlementaires (environ 5 700 euros par mois), ainsi qu'un droit à une pension d'ancienneté, perçue à 63 ans révolus.

La qualité de représentant au Parlement européen est compatible avec celle de membre d'un Parlement national. En revanche, elle est incompatible avec l'exercice de fonctions gouvernementales, ainsi qu'avec toute autre fonction communautaire. Il n'existe aucune **incompatibilité** avec l'exercice d'une fonction privée. L'acceptation d'une fonction incompatible provoque le remplacement d'office, en cas d'absence de démission volontaire.

Les parlementaires européens bénéficient par ailleurs d'un régime **d'immunités**, comparable à celui dont bénéficient les parlementaires nationaux. Mais pour éviter que l'immunité ne se traduise par une véritable impunité, le Parlement européen a la possibilité de décider une *levée d'immunité* à l'égard de ses membres (M. Le Pen a fait ainsi l'objet de plusieurs levées d'immunité).

§3. L'organisation du Parlement européen

120. Le Parlement européen dispose d'une capacité d'auto-organisation assez étendue, reconnue par la Cour de justice de Luxembourg (CJCE, 10 février 1983, *Luxembourg c/ Parlement*, aff. 230/81, 393). Son organisation interne est fixée par son règlement intérieur.

A. Session et réunions

121. L'article 196 TCE (ex-art. 139) prévoit que « ***le Parlement européen tient une session annuelle*** » et qu' « *il se réunit de plein droit le deuxième mardi de mars* ». Il peut aussi se réunir en session extraordinaire à la demande de la majorité de ses membres, du Conseil ou de la Commission. En fait, le Parlement européen a décidé que la session correspondait à une période d'un an, mais qu'il pouvait décider souverainement de la durée des interruptions de session. En pratique, une session succède à une autre sans interruption, mais cela ne veut pas dire que les parlementaires siègent en permanence **à Strasbourg** (ou à Bruxelles pour les sessions additionnelles), car il faut distinguer la *session* de la *réunion*. En règle générale, le Parlement ne se réunit qu'une semaine par mois. Les réunions des commissions occupent d'autres parties du mois.

Les débats sont publics, sauf décision contraire. En principe, un tiers au moins des membres doit être en séance, mais l'existence du quorum n'est pas vérifiée systématiquement. Le vote est personnel et ne peut pas être délégué. Par ailleurs, sauf dispositions spéciales, le Parlement européen délibère à la majorité absolue des suffrages exprimés.

B. Le président, le bureau et les services

122. L'article 197 TCE (ex-art. 140) prévoit que **le Parlement européen désigne parmi ses membres son président et son bureau**. Le bureau se compose du président (actuellement, l'Espagnol J. Borrell Fontelles), de vice-présidents et de questeurs (les questeurs sont chargés de diriger l'emploi des fonds ainsi que l'administration intérieure et matérielle de l'Assemblée). Il est élu pour une durée de 2 ans et demi. Le bureau élargi se compose du bureau et des présidents de groupe. C'est le bureau élargi qui propose l'ordre du jour (l'ordre du jour est arrêté par le Parlement au début de chaque période de réunion), en consultation avec le Conseil et la Commission.

Le Parlement européen dispose de **services** chargés d'instruire les dossiers. 5531 agents travaillent au Parlement européen (cet effectif tient compte des agents placés auprès du médiateur – chiffres du budget 2003).

C. Partis et groupes politiques

123. L'article 191 TCE (ex-art. 138A) dispose que « *les* ***partis politiques*** *au niveau européen sont importants en tant que facteur d'intégration au sein de l'Union. Ils contribuent à la formation d'une conscience européenne et à l'expression de la volonté politique des citoyens de l'Union* ». Le Traité de Nice de 2001 avait prévu que le Conseil fixerait à la majorité qualifiée, en codécision avec le Parlement européen, le statut des partis politiques au niveau européen, et notamment les règles relatives à leur financement. C'est chose faite depuis l'adoption du règlement CE n° 2004/2003 du 4 novembre 2003, relatif au statut et au financement des partis politiques au niveau européen (*JOUE* n° L. 297, 15 novembre 2003, p. 1 ; v. aussi régl. CE n° 1524/2007, 18 déc. 2007, modifiant le régl. n° 2004/2003, *JOUE* n° L 343, 27 déc. 2007, p. 5).

Les groupes se constituent sur la base des affinités politiques et non en fonction de la nationalité. Le nombre minimal de députés requis pour former un groupe politique est fixé à 29 députés s'ils appartiennent à un seul État membre, à 23 députés s'ils appartiennent à deux États membres, à 18 députés s'ils appartiennent à trois États membres, et à 14 députés s'ils appartiennent à quatre États membres ou davantage.

Les groupes politiques au Parlement européen :

PPE-DE Groupe du Parti populaire européen (Démocrates-chrétiens) et des Démocrates européens

PSE Groupe socialiste au Parlement européen

ALDE Groupe Alliance des démocrates et des libéraux pour l'Europe

Verts/ALE Groupe des Verts/Alliance libre européenne

GUE/NGL Groupe confédéral de la Gauche unitaire européenne/Gauche verte nordique

IND/DEM Groupe Indépendance/Démocratie

UEN Groupe Union pour l'Europe des Nations

NI Non-inscrits

D. Les commissions permanentes

124. Il existe **vingt commissions parlementaires permanentes au sein du Parlement européen :**

1– commission des affaires étrangères, de la sécurité et de la politique de défense

2– commission de l'agriculture et du développement rural

3– commission des budgets

4– commission économique, monétaire et de la politique industrielle

5– commission de la recherche, du développement technologique et de l'énergie

6– commission des relations économiques extérieures

7– commission juridique et des droits des citoyens

8– commission de l'emploi et des affaires sociales

9– commission de la politique régionale

10– commission des transports et du tourisme

11– commission de l'environnement, de la santé publique et de la protection des consommateurs

12– commission de la culture, de la jeunesse, de l'éducation et des médias

13– commission du développement et de la coopération

14– commission des libertés publiques et des affaires intérieures

15– commission institutionnelle

16– commission du contrôle budgétaire

17– commission de la pêche

18– commission du règlement, de la vérification des pouvoirs et des immunités

19– commission des droits de la femme

20– commission des pétitions

Un texte en cours de négociation est toujours examiné par une ou plusieurs commissions, avant d'être discuté en plénière.

§4. Le siège du Parlement européen

***125.* Le siège du Parlement européen a été pendant très longtemps une source de difficultés**. À l'origine, le siège avait été fixé provisoirement à Strasbourg, et il était entendu que le siège définitif serait fixé ultérieurement. Le 12 décembre 1992, les chefs d'État et de gouvernement réunis en Conseil européen à Edimbourg ont confirmé Strasbourg comme siège définitif du Parlement européen (*JOCE* n° C-341 du 23 décembre 1992), mais les parlementaires ont voté quatre jours plus tard une résolution contestant la décision prise à Edimbourg. Cette résolution du 16 décembre indique que la fixation du siège ne peut pas empiéter sur « *la capacité du Parlement à s'auto-organiser* », conformément à la jurisprudence de la Cour de justice.

Il est vrai que la Cour avait admis que le Parlement pouvait procéder à certaines réorganisations dans le cadre de « *son pouvoir d'organisation interne* », mais elle avait également précisé que ces réorganisations devaient être de portée limitée et qu'elles ne devaient pas constituer un empiétement du Parlement sur les compétences des États membres, seuls habilités à fixer le siège des institutions. **La Cour avait** néanmoins **admis que le Parlement européen pouvait tenir des sessions plénières à Bruxelles, à condition qu'elles aient un caractère exceptionnel** (CJCE, 10 février 1983, *Luxembourg c/ Parlement*, précité ; 22 septembre 1988, *France c/ Parlement*, aff. 358/85 et 51/86, 4821).

Un protocole sur la fixation des sièges des institutions et de certains organismes et services de la Communauté européenne annexé au Traité d'Amsterdam prévoit que « *le Parlement européen a son siège à Strasbourg, où se tiennent les douze périodes de sessions plénières mensuelles, y compris la session budgétaire. Les périodes de sessions plénières additionnelles se tiennent à Bruxelles. Les commissions du Parlement européen siègent à Bruxelles* » ; mais l'Assemblée s'est empressée, le 26 juin 1997, d'adopter une résolution par laquelle elle « *rejette* » notamment le protocole sur le siège des institutions.

L'arrêt que la Cour de justice a rendu le 1er octobre 1997, sur recours du gouvernement français contre le calendrier des sessions de l'Assemblée de Strasbourg pour 1996, **devrait mettre un terme à la « guerre du siège »**. Cet arrêt confirme en effet que le Parlement européen doit tenir douze sessions plénières ordinaires par an à Strasbourg, conformément à la décision d'Edimbourg, confirmée à Amsterdam en juin 1997 (CJCE, 1er octobre 1997, *France soutenue par Luxembourg c/ Parlement européen*, aff. C-345/95, I-5215). Les sessions additionnelles peuvent se tenir à Bruxelles (les commissions siègent également à Bruxelles).

Le Secrétariat général du Parlement européen et ses services sont installés à Luxembourg.

Pour en savoir plus...

– N. CLINCHAMPS, *Parlement européen et droit parlementaire. Essai sur la naissance du droit parlementaire de l'Union européenne*, LGDJ, coll. Bibliothèque constitutionnelle et de science politique, 2006 ;

– O. COSTA, *Le Parlement européen, assemblée délibérante*, Éditions de l'Université de Bruxelles, 2001, 507 pages ;

– S. LAURENT, « Vers une clarification du statut juridique des groupes politiques du Parlement européen », *RDUE* 2005, p. 311.

– Y. POIRMEUR et D. ROSEMBERG, *Droit européen des partis politiques*, Ellipses, coll. Mise au point, 2007.

Section 5
Le Comité économique et social européen (CESE)

126. Le CES, créé par le Traité de Rome, assure la **représentation institutionnelle de la société civile** : employeurs, travailleurs, agriculteurs, transporteurs, commerçants, artisans, professions libérales, mais aussi consommateurs, défenseurs de l'environnement et secteur associatif. Il est régi par les articles 257 à 262 TCE (ex-art. 193 à 198) et par les dispositions de son règlement intérieur (92/235, du 6 juillet 1995 – *JOCE*, L. 82/1 du 30 mars 1996). Le 17 juillet 2002, il a modifié son règlement intérieur (*JO* L. 268 du 4.10.2002) pour officialiser sa nouvelle dénomination de *Comité économique et social européen* (CESE).

Le CESE est installé à Bruxelles et il est composé de **344 membres** (conseillers), issus des organisations nationales les plus représentatives et désignés par le Conseil pour une durée de **4 ans**. Le Traité de Nice prévoit que les effectifs du CESE seront plafonnés à 350 après élargissement et que les membres du CESE seront nommés à l'avenir à la majorité qualifiée, et non plus à l'unanimité.

Les conseillers se sont organisés en trois groupes : employeurs, travailleurs, activités diverses. La préparation des avis est assurée par des sections spécialisées. Les **avis** sont rendus en séance plénière.

Le Traité CE prévoit que le CESE doit être obligatoirement consulté par le Conseil sur les propositions de la Commission dans un certain nombre de cas. Mais le CESE peut aussi rendre des avis à la demande du Conseil ou de la Commission, et même de sa propre initiative. Depuis l'entrée en vigueur du Traité d'Amsterdam, le CESE est consulté sur de nouvelles dispositions : lignes directrices et actions d'encouragement en matière d'emploi (art. 128 et 129 TCE), législation en matière sociale (art. 137 §2 et 3 TCE, ex-art. 118 §2 et 3) application du principe de l'égalité des chances et de traitement (art. 141 §3 TCE, ex-art. 119 §3), mesures pour contribuer à la réalisation des objectifs de santé publique (art. 152 §4 TCE, ex-art. 129 §4).

Le CESE coopère aussi avec le Parlement européen, dans le cadre défini par une résolution du Parlement en date du 9 juillet 1981, qui prévoit l'organisation d'échanges d'informations entre les commissions parlementaires et les sections spécialisées du Comité, ainsi que des contacts entre présidents et entre rapporteurs des deux institutions. Depuis l'entrée en vigueur du Traité d'Amsterdam, le CESE peut aussi être consulté par le Parlement européen.

Section 6
Le Comité des régions

127. Le Traité de Maastricht a institué un Comité des régions à caractère consultatif, composé de **344 membres** nommés pour 4 ans par le Conseil statuant à l'unanimité sur une liste adressée par chaque État membre. Le Traité de Nice prévoit que les effectifs du Comité des régions seront plafonnés à 350 après élargissement et que les membres du Comité des régions seront nommés à l'avenir à la majorité qualifiée.

Les membres du Comité des régions sont des **représentants des collectivités régionales et locales**. Ils doivent exercer leurs fonctions en toute indépendance, dans l'intérêt général de la Communauté.

Le Comité des régions est régi par les articles 263 à 265 TCE (ex-articles 198 A à 198). Il est **consulté** par le Conseil ou par la Commission dans les cas prévus par le traité et dans tous les autres cas où l'une de ces deux institutions le juge opportun. Depuis l'entrée en vigueur du Traité d'Amsterdam, le Comité des régions peut être également consulté par le Parlement européen. En outre, ses membres ne peuvent plus être simultanément membres de l'Assemblée de Strasbourg et il n'a plus besoin de soumettre son règlement intérieur à l'approbation du Conseil.

Le Traité d'Amsterdam a étendu les cas dans lesquels le Comité des régions doit être consulté : celles qui ont été évoquées plus haut à propos du CES (à l'exception de l'application du principe de l'égalité des chances et de traitement), mais aussi d'autres dispositions relatives à l'environnement (art. 175 §1, 2 et 3 TCE, ex-art. 130 S §1, 2 et 3), aux décisions d'application pour le Fonds social (art. 148 TCE, ex-art. 125), aux mesures destinées à contribuer à la réalisation des objectifs de formation professionnelle (art. 150 §4 TCE, ex-art. 127 §4), aux transports (art. 71 TCE, ex-art. 75). Enfin, il est prévu que le Comité des régions devra être consulté dans les cas ayant « *trait à la coopération transfrontière* ».

Le Comité des régions peut aussi émettre des avis de sa propre initiative. Le Conseil peut fixer un délai au Comité pour qu'il rende son avis, mais ce délai ne peut pas être inférieur à un mois. À l'expiration du délai fixé, le Conseil peut passer outre à l'absence d'avis. Lorsque le Comité économique et social est consulté, le Comité des régions est informé de cette demande d'avis par le Conseil ou la Commission, et il peut alors donner son propre avis s'il estime que des intérêts spécifiques régionaux sont en jeu.

Chapitre 2

Les attributions des institutions de l'Union européenne

Plan du chapitre

128. La présentation des attributions des principales institutions de l'Union européenne (Commission, Conseil européen, Conseil de l'Union et Parlement européen) peut se faire **dans le cadre de l'étude des différentes fonctions de l'Union** : la fonction « législative », qui correspond au processus décisionnel général ; la fonction exécutive ; la fonction budgétaire, qui renvoie à un processus décisionnel particulier, propre à la matière budgétaire ; la fonction de contrôle et, enfin, la fonction internationale.

La fonction « constituante » ne fera pas l'objet de développements particuliers dans le cadre du présent chapitre, parce qu'elle a déjà été évoquée lorsqu'ont été traitées les procédures d'adhésion et de révision des traités (voir l'index en fin d'ouvrage). On se bornera à rappeler ici que la procédure d'adhésion est prévue par l'article 49 (ex-article O) du Traité de Maastricht, tandis que la procédure de révision des traités est prévue par son article 48 (ex-article N).

Section 1
La fonction législative

129. Comme l'a écrit le professeur Jacqué, « *pour le profane, le système décisionnel communautaire peut paraître impénétrable* » (J.-P. Jacqué, « Le Labyrinte décisionnel », in « Europe, De la Communauté à l'Union », *Pouvoirs*, n° 69, 1994, p. 23). Et d'ajouter : *« on est loin du charme du jardin à la française de certains systèmes nationaux dans lesquels à chaque type d'acte correspond une procédure déterminée ».* Il est incontestable en effet que le processus décisionnel communautaire est d'une grande complexité. Il n'existe pas d'ailleurs *un* processus décisionnel (législatif) unique, mais de nombreuses procédures qui donnent le sentiment d'avoir affaire à un véritable *« labyrinthe décisionnel »* (*ibid*, p. 23). Et pour rester dans le registre des images, on peut rappeler la formule – un peu triviale – d'un commentateur anglais, qui disait : *« les négociations européennes, c'est comme les amours des éléphants. Ça ce passe à un niveau très élevé, la période de gestation est extrêmement longue et les moindres progrès sont annoncés à grand son de trompe ».*

La fonction législative sera présentée en distinguant l'initiative des textes de la procédure de leur adoption.

§1. L'initiative des textes

A. Le rôle moteur de la Commission

I – DANS LE CADRE DU 1ER PILIER[1]

a) Le droit d'initiative de la Commission

130. Parce qu'elle est **chargée de représenter et de défendre l'intérêt communautaire**, y compris au besoin contre les intérêts nationaux immédiats, la Commission est l'initiatrice de la politique européenne. Elle dispose d'un **quasi-monopole de l'initiative des actes communautaires**. C'est à la Commission qu'il incombe de présenter au Conseil des propositions de réglementation communautaire (on parle du droit d'initiative de la Commission).

Les traités imposent presque toujours au Conseil de se prononcer sur proposition de la Commission. Sans cette proposition, le Conseil est donc privé de base pour statuer. La proposition est toujours préparée par la Direction Générale compétente (avec l'aide, au besoin, du Service juridique), puis présentée au Collège par le commissaire en charge de la matière concernée par la proposition.

La Commission peut aussi, **jusqu'à l'adoption définitive du texte, retirer sa proposition**, et dans ce cas, le Conseil ne peut plus statuer. Pour quelle raison la

---

1. Rappelons que la structure de l'Union en trois piliers disparaîtra avec l'entrée en vigueur du Traité de Lisbonne.

Commission pourrait-elle avoir intérêt à retirer sa proposition avant l'adoption du texte par le Conseil ? **Lorsque le Conseil statue sur proposition de la Commission, il ne peut s'écarter du contenu de cette proposition qu'à l'unanimité**. Si la proposition de la Commission ne lui convient pas, le Conseil peut donc s'en écarter substantiellement en multipliant les amendements adoptés à l'unanimité. Dans ce cas, la Commission peut être tentée de menacer le Conseil de retirer sa proposition s'il veut s'en écarter trop nettement. En pratique, le recours à cette menace est cependant exceptionnel et il n'a vraiment de sens que dans les hypothèses où le Conseil vote à la majorité. Quand il doit statuer à l'unanimité, le pouvoir d'influence de la Commission est plus réduit.

Le Conseil statue désormais le plus souvent à la majorité qualifiée, et **la Commission** conserve alors une réelle influence sur le contenu du texte en cours de négociation. Elle **peut** même **modifier** elle-même **sa proposition initiale** à tout moment, tant que le Conseil n'a pas statué (CJCE, 13 novembre 1990, *FEDESA*, aff. C-331/88, Rec. p. I.4023, spécial. point 37), si elle veut faciliter la prise de décision. Il lui suffit de modifier sa proposition dans les termes souhaités par le Conseil, et cela dispense alors ledit Conseil de recueillir l'unanimité pour adopter le texte.

Les représentants de la Commission assistent à tous les travaux du Conseil, à tous les stades de la procédure : groupes de travail, COREPER, Conseil (le Conseil peut toutefois décider de délibérer hors la présence de la Commission ; c'est la formule dite du « cadre interne »). Ils assistent aussi aux travaux du Parlement européen, que ce soit en commissions ou en Assemblée plénière. **La Commission peut donc intervenir à tous les stades du processus législatif pour justifier le bien-fondé de sa proposition ou étudier tel amendement du Conseil ou du Parlement européen.**

131. Indépendamment de ce pouvoir formel de proposition, **la Commission dispose d'un pouvoir général d'initiative** reconnu par la Cour de justice (CJCE, 26 février **1976, *Sadam***, aff. 88 à 90/75, 323). Ce pouvoir s'exprime par des suggestions qui peuvent prendre des formes diverses : mémorandums, déclarations, documents de travail, Livres blancs, Livres verts, etc. Ces deux derniers types de document sont destinés à susciter une réflexion préalable – qui associe tous les milieux concernés – sur l'opportunité pour la Communauté de légiférer dans une matière donnée.

b) « L'initiative de l'initiative »

132. La Commission a la maîtrise de l'initiative des textes, mais **le Conseil, le Parlement européen et les États membres peuvent lui demander de présenter des propositions** (on parle alors de « l'initiative de l'initiative »). La Commission est-elle alors obligée de répondre favorablement à ces demandes ? Certes, le droit de demander à la Commission de *« soumettre toutes propositions appropriées »* n'implique pas *ipso facto* l'obligation de celle-ci de répondre favorablement à cette demande, sauf dans l'hypothèse où le traité impose au législateur communautaire d'arrêter un acte dans un délai déterminé, et où ce législateur est empêché de légiférer parce que la Commission s'abstient de lui faire une *« proposition appropriée »*. Dans ce cas en effet, l'abstention de la Commission est fautive et pourra même faire l'objet d'un recours en carence.

Toutefois, dans les autres cas également, il est permis de se demander si le principe de coopération loyale entre les institutions de l'Union (ou entre celles-ci et les États membres) ne commande pas à la Commission de répondre favorablement à une demande de proposition. On sait en effet que le juge de Luxembourg estime que *« dans le cadre du dialogue interinstitutionnel (...), prévalent les mêmes devoirs réciproques de coopération loyale que ceux qui régissent les relations entre les États membres et les institutions communautaires »* (CJCE, du 30 mars 1995, *Parlement européen c/ Conseil*, aff. C-65/93, I.643).

NB : Le Traité constitutionnel de 2004 avait prévu qu'un **référendum d'initiative populaire** permettrait à un million de citoyens européens de demander à la Commission de proposer au législateur de l'Union de légiférer sur un sujet d'intérêt général.

Le **Traité de Lisbonne de 2007** prévoit qu'un million de citoyens de l'Union, ressortissants d'un nombre significatif d'États membres, pourront demander à la Commission européenne de soumettre une proposition au Parlement européen et au Conseil de l'Union européenne, à condition que l'acte demandé soit « nécessaire aux fins de l'application des traités ».

c) Un droit d'initiative altéré dans la pratique

133. **Le rôle d'initiatrice de la politique communautaire attribué par les traités à la Commission a été sensiblement altéré dans la pratique au bénéfice des intérêts des gouvernements nationaux**, qui ne devraient pourtant trouver à s'exprimer que dans la seconde phase de l'élaboration des actes communautaires, c'est-à-dire au sein du Conseil. L'usage a en effet renforcé les interventions étatiques en amont du processus de décision. Cette évolution tient principalement à la conjugaison de trois facteurs :

– d'abord, l'avènement du Conseil européen dont le rôle consiste précisément à donner une impulsion déterminante à la construction européenne. Le Conseil européen vient donc concurrencer la Commission sur le terrain des initiatives ;

– ensuite, la tendance des ministres ou des représentants permanents d'émettre des souhaits de plus en plus précis en ce qui concerne les initiatives de la Commission, sans parler des nombreux lobbyistes nationaux qui font pression sur la Commission pour faire valoir les intérêts de leurs mandants ;

– il y a enfin le souci permanent de la Commission elle-même de rechercher un accord de principe de la part des États membres sur tel ou tel projet, dès les premières réflexions qu'elle engage (les propositions de la Commission sont finalisées à l'issue d'une phase préalable de consultation des différents « acteurs » intéressés : États membres, organisations professionnelles, entreprises...).

Le pouvoir d'initiative de la Commission demeure cependant important, et **la seule atteinte sensible à son monopole de l'initiative, c'est dans le domaine de la politique monétaire qu'on la rencontre** : l'article 107 TCE (ex-art. 106) prévoit en effet que le Conseil peut se prononcer sur recommandation de la Banque centrale européenne.

II – Dans le cadre des 2e et 3e piliers

134. **Les attributions de la Commission sont beaucoup plus limitées dans le cadre des 2e et 3e piliers** de l'Union européenne.

Dans le domaine de la politique étrangère et de sécurité commune (2e pilier), la Commission peut saisir le Conseil de toute question et lui faire des suggestions. Elle peut également demander à la Présidence de convoquer une réunion du Conseil, et la Présidence est alors tenue de convoquer cette réunion. Le Traité de Maastricht prévoit que la Commission est *« pleinement associée »* aux travaux, et notamment à l'action de la Présidence.

Dans le domaine de la justice et des affaires intérieures (3e pilier), la Commission peut proposer au Conseil d'arrêter des positions communes, des décisions-cadres, des décisions ou des conventions (article 34 du TUE), et elle est *« pleinement associée »* aux travaux dans tous les domaines (article 36 TUE).

B. Le rôle d'impulsion du Conseil européen

I – Dans le cadre du 1er pilier

135. Le Conseil a joué un rôle fondamental dans des domaines divers **en arrêtant au niveau politique les éléments essentiels des décisions qui seront prises ensuite par le Conseil de l'Union**. C'est le Conseil européen qui a traité directement des aspects essentiels de l'élection du Parlement européen au suffrage universel direct ; il s'est aussi saisi à plusieurs reprises des problèmes relatifs aux adhésions de nouveaux membres ; c'est encore lui qui a débloqué les dossiers financiers épineux, comme par exemple celui de la « compensation britannique » ; c'est aussi le Conseil européen qui est à l'origine de la mise en place d'une politique régionale dans la Communauté ; et surtout, c'est lui qui a géré les dossiers concernant les quatre révisions successives des traités institutifs (Acte unique de 1986, Traité de Maastricht de 1992, Traité d'Amsterdam de 1997 et Traité de Nice de 2001).

Le Conseil européen n'intervient pas, en principe, dans le processus décisionnel courant, parce qu'il préfère se concentrer sur des problèmes qui dépassent le fonctionnement habituel de la Communauté. Il peut toutefois lui arriver d'intervenir sur une question qui relève du processus législatif normal lorsque les institutions « ordinaires » sont incapables de parvenir à un accord. Dans ce cas, il peut se contenter de demander au Conseil de tout mettre en œuvre pour aboutir à un accord. Il peut aussi examiner lui-même le dossier, comme il l'a fait en décembre 1984 à Dublin à propos de la réorganisation du marché vini-viticole. Mais, même dans cette hypothèse, le Conseil européen se borne à dégager les éléments d'un accord et laisse au Conseil de l'Union le soin d'adopter les actes appropriés.

Enfin, en application de l'article 99 TCE (ex-art. 103), c'est le Conseil européen qui adopte une conclusion sur les grandes **orientations** des politiques économiques des États membres et de la Communauté.

II – DANS LE CADRE DES 2E ET 3E PILIERS

136. **Dans le cadre de la politique étrangère et de sécurité commune (2e pilier), le Conseil européen est l'organe suprême**, puisque c'est lui qui définit *« les principes et les orientations générales »* (article 13 TUE, ex-article J8). Et c'est *« sur la base d'orientations générales du Conseil européen »* que le Conseil de l'Union peut décider qu'une question fera l'objet d'une action commune (article 13 TUE, ex-article J3).

Le Traité d'Amsterdam prévoit que le Conseil européen doit également décider *« des stratégies communes qui seront mises en œuvre par l'Union dans des domaines où les États membres ont des intérêts communs importants »*.

En réalité, le Conseil européen ne peut pas vraiment jouer un rôle opérationnel, dans la mesure où il ne se réunit en principe qu'une fois par semestre, sauf réunion extraordinaire.

> *NB :* Le Conseil européen n'est pas cité une seule fois dans les dispositions du Traité de Maastricht qui concernent la coopération dans les domaines de la justice et des affaires intérieures. Il n'a donc pas de rôle spécifique à jouer dans le cadre du 3e pilier (**JAI**). Il peut en revanche, parce que c'est sa mission générale, donner des impulsions ou indiquer des orientations.

§2. L'adoption des textes

A. Le Conseil de l'Union, véritable législateur de l'Union européenne

I – DANS LE CADRE DU 1er PILIER

a) Le Conseil, dépositaire historique du pouvoir législatif

137. Dans un État démocratique, le pouvoir de légiférer (c'est-à-dire d'adopter des actes juridiques de portée générale), appartient à une ou deux assemblée(s) élue(s) par le peuple, avec le concours du pouvoir exécutif qui possède une capacité (mais non un monopole) d'initiative. Dans les Communautés, **c'est le Conseil, et non le Parlement européen, qui est le principal titulaire du pouvoir normatif**, et c'est la Commission qui a le quasi monopole de l'initiative. Par conséquent, les règlements, les directives et les décisions, qui sont les instruments du pouvoir normatif dans les Communautés, sont, en règle générale, adoptés par le Conseil, même si dans des cas toujours plus nombreux, le Conseil est obligé de partager son pouvoir de décision avec le Parlement européen – voir *infra*).

Il est intéressant d'observer que **le Conseil s'est lui-même érigé en « législateur communautaire »** à l'occasion de l'adoption de son règlement intérieur le 6 décembre 1993, puisque l'annexe jointe à ce règlement intérieur dispose que « *le Conseil agit en tant que législateur* (...) *lorsqu'il adopte des normes juridiquement obligatoires dans ou pour les États membres, que ce soit au moyen de règlements, de directives ou de décisions* ».

138. *NB* : Dans le cadre du Traité CECA, c'est la Commission, et non le Conseil, qui détenait le pouvoir de décision, même si ce pouvoir avait une portée limitée, dans la mesure où le traité CECA fixait lui-même l'essentiel des règles (à la différence du Traité CE qui n'est qu'un traité-cadre).

Dans le cadre du Traité CE, la Commission a le pouvoir d'adopter des actes de portée normative en application de l'article 86 (ex-art. 90), puisque cet article prévoit que la Commission peut, en tant que de besoin, adopter des directives concernant les entreprises publiques et les entreprises auxquelles l'État « *accorde des droits spéciaux* ».

Il faut aussi signaler la possibilité pour la Commission d'adresser des décisions aux entreprises (mais non aux États) dans le cadre de l'application de l'article 81 (ex-art. 85) qui interdit les ententes, et de l'article 82 (ex-art. 86), qui interdit l'abus de position dominante.

On peut encore mentionner l'article 88.2 (ex-art. 93.2) qui confère à la Commission le pouvoir de décider qu'un État doit supprimer ou modifier une aide qu'il a accordée à une ou plusieurs entreprise(s).

b) Qualité rédactionnelle et codification de la législation communautaire

139. Le souci de la transparence des travaux des institutions communautaires, exprimé par les Conseils européens de Birmingham d'octobre 1992 (*Bull.* CE 10/92, point I.8) et d'Edimbourg de décembre 1992 (*Bull.* CE 12/92, point I.25), suppose que la législation communautaire soit à la fois plus simple et plus accessible pour le citoyen. C'est sur cette base que le Conseil a adopté, le 8 juin 1993, une résolution relative à **la qualité rédactionnelle de la législation communautaire** (93/C-166/01, *JOCE* n° C-166 du 17 juin 1993).

La qualité rédactionnelle de la législation communautaire fait par ailleurs l'objet d'une déclaration, qui renvoie aux conclusions dégagées en la matière par la présidence du Conseil européen d'Edimbourg de décembre 1992, ainsi qu'à la résolution du Conseil du 8 juin 1993. Le Parlement européen, le Conseil et la Commission sont invités à « *arrêter d'un commun accord des lignes directrices visant à améliorer la qualité rédactionnelle de la législation communautaire et suivre ces lignes directrices lors de l'examen de propositions ou de projets de textes législatifs communautaires, en prenant les mesures d'organisation interne qu'ils jugent nécessaires pour garantir l'application correcte de ces lignes directrices* ».

140. Ces institutions sont également invitées à « *ne ménager aucun effort pour accélérer **la codification officielle des textes législatifs*** » (voir par ex. : S. Dragone, « La codification communautaire : techniques et procédures », *Rev. Marché unique eur.* 1998, p. 77). Un accord interinstitutionnel a été adopté à cet effet le 20 septembre 1994 (*JOCE* n° C-293/2, 8 novembre 1995). Il porte sur la codification officielle des textes législatifs et instaure une procédure quasi automatique de réexamen des textes déjà adoptés, tout en permettant d'abroger les actes en vigueur qui font l'objet de la codification, pour les remplacer par un acte unique (consolidation).

141. Le Conseil a également adopté des conclusions le 29 mai 1995, ainsi qu'un code de conduite le 2 octobre suivant, visant à favoriser **la transparence dans le déroulement des négociations**. Ces dispositions portent sur la publicité des votes, la publicité des délibérations et la retransmission publique de débats au sein du Conseil. La dernière version de son règlement intérieur, adoptée le 31 mai 1999 (*JOCE* n° L. 147 du 12 juin 1999, p. 13,) a apporté également quelques innovations pour assurer l'effectivité du principe de transparence.

II – DANS LE CADRE DES 2e ET 3e PILIERS

a) Dans le cadre de la PESC

142. **Le Conseil est** le cadre d'information et de concertation entre les États membres. Il est surtout **l'organe principal de décision.** C'est lui qui peut décider de prendre une ***« position commune »*** ou d'engager une ***« action commune »*** (les questions de défense ne peuvent pas toutefois faire l'objet d'actions communes), et qui prend ces décisions à l'unanimité, sauf lorsqu'il a lui-même défini les questions au sujet desquelles les décisions pourront être prises à la majorité qualifiée. La position commune est exprimée et défendue par la Présidence et l'action commune est menée par le Conseil.

Le Traité d'Amsterdam prévoit en outre que le Conseil recommande des **« stratégies communes »** au Conseil européen, puis les met en œuvre.

C'est le Conseil qui veille au respect des principes de la politique commune (mais il n'a pas le pouvoir de sanctionner un État qui s'écarterait de ces principes) et c'est lui qui décide de l'imputation des dépenses opérationnelles de la politique commune.

Le Conseil a effectivement adopté plusieurs **positions communes**. On citera, à titre d'illustrations :

– celle qui a été adoptée le 22 novembre 1993 sur la réduction des relations économiques avec la Libye ;

– celle qui a été adoptée le 15 mars 1994 pour imposer au Soudan un embargo sur les armes, les munitions et les équipements militaires ;

– celles qui ont été adoptées à l'égard de l'ex-Yougoslavie, du Rwanda, ou du Burundi ;

– celle qui a été adoptée le 23 avril 1999 concernant le Kosovo.

Le Conseil a également adopté des **actions communes**. On citera notamment :

– celles qui ont concerné l'ex-Yougoslavie depuis la fin de l'année 1993 pour le soutien à l'acheminement de l'aide humanitaire ;

– celle qui a été adoptée le 6 décembre 1993 pour le soutien au processus de transition démocratique et multiracial en Afrique du Sud ;

– celle qui a été adoptée le 19 avril 1994 pour le soutien au processus de paix au Moyen-Orient ;

– celle qui a été adoptée le 12 mai 1995 en vue de lutter contre l'usage indiscriminé et la dissémination des mines terrestres antipersonnel ;

– celle qui a été adoptée le 30 mars 1999 concernant le Kosovo.

b) Dans le cadre de la JAI

143. Le Traité de Maastricht prévoit que **le Conseil est le cadre d'information et de consultation des États membres** (article 34 TUE, ex-article K6). Tel qu'il a été modifié par le Traité d'Amsterdam, le traité sur l'Union européenne dispose que le Conseil :

– **fixe les conditions et les limites dans lesquelles les autorités compétentes** (judiciaires, policières et douanières) **peuvent intervenir sur le territoire d'un autre État membre**, en liaison et en accord avec les autorités de cet État (article 32 TUE après renumérotation) ;

– prend des mesures et favorise la coopération afin de contribuer à la poursuite des objectifs de l'Union. À cet effet, il peut, en statuant **à l'unanimité** à l'initiative de tout État membre ou de la Commission, et après consultation du Parlement euro-péen (articles 34 et 39 TUE) :

• arrêter **des positions communes** lui permettant de définir l'approche de l'Union sur une question déterminée ;

• arrêter **des décisions-cadres** en vue de rapprocher les dispositions pertinentes, législatives et réglementaires, des États membres ;

• arrêter **des décisions** à toute autre fin conforme aux objectifs de la JAI, à l'exclusion de tout rapprochement des dispositions législatives et réglementaires des États membres. **Le Conseil arrête à la majorité qualifiée les mesures nécessaires pour mettre en œuvre ces décisions** ;

• établir **des conventions** dont il recommande l'adoption par les États membres selon leurs règles constitutionnelles respectives. Les États membres engagent les procédures applicables dans le délai fixé par le Conseil ;

– délibère **à la majorité des membres qui le composent pour les questions de procédure** (article 34 TUE après renumérotation).

Le Traité d'Amsterdam prévoit encore que le Conseil intervient de manière déterminante dans le cadre de la coopération renforcée que l'article 40 du TUE rend possible (voir titre I, chapitre 4, section 4).

Le Conseil a également décidé quelques actions communes dans le cadre du 3e pilier :

– celle qui a été décidée le 10 mars 1995 en ce qui concerne l'*Unité Drogues Europol* ;

– celle qui a été adoptée le 24 février 1997 en vue d'améliorer la coopération judiciaire entre les États membres dans le cadre de la lutte contre la traite des êtres humains et l'exploitation sexuelle des enfants ;

– celle qui a été adoptée le 5 décembre 1997 en matière de lutte contre la criminalité organisée ;

– celles qui ont été adoptées le 29 juin 1998 en vue de renforcer la coopération en matière pénale.

Le Conseil a également adopté de nombreuses résolutions, recommandations, déclarations, décisions et conclusions dans le domaine de la justice et des affaires intérieures (voir *JOCE* n° C-270/5 du 16 octobre 1995 – liste des textes adoptés dans le domaine de la JAI, avec leurs références précises).

144. Dans le domaine de la coopération policière, c'est encore le Conseil qui **encourage la coopération par l'intermédiaire d'Europol** et, notamment, dans les cinq ans suivant l'entrée en vigueur du Traité d'Amsterdam :

– arrête des mesures afin de permettre à Europol de demander aux autorités nationales compétentes de mener et de coordonner leurs enquêtes, et de développer des compétences spécialisées susceptibles d'être mises à la disposition des États membres pour les aider dans les enquêtes concernant la criminalité organisée ;

– instaure un réseau de recherche, de documentation et de statistiques sur la criminalité transfrontière.

Pour en savoir plus...

– P. PONZANO, « Le processus de décision dans l'Union européenne », *RDUE* 2002, p. 35.

B. Les modalités de la participation du Parlement européen à la fonction législative

145. La fonction législative est toujours confiée aux Assemblées élues par le peuple dans les États démocratiques. Le véritable législateur des Communautés, c'est néanmoins – comme on l'a vu – le Conseil, et non le Parlement européen. L'Assemblée de Strasbourg intervient toutefois à des degrés différents dans le processus législatif communautaire. Il existe aujourd'hui quatre procédures qui permettent d'associer, plus ou moins étroitement, le Parlement européen au processus décisionnel communautaire. Ces pocédures sont : la consultation, la coopération, la codécision et l'avis conforme.

NB : Il n'est pas utile de distinguer ici le 1er pilier des **2e et 3e piliers**, car le Parlement européen (PE) n'a aucun pouvoir dans le cadre de la PESC et de la JAI. Il est tenu régulièrement informé par la Commission et par la Présidence des initiatives qui sont prises ; il peut poser des questions au Conseil et à la Commission sur des matières relevant de la PESC ou de la JAI ; il peut même formuler des recommandations. Dans le cadre de la JAI, le Conseil doit le consulter avant d'adopter les mesures visées à l'article 34 du TUE, et le PE doit alors rendre son avis dans un délai défini par le Conseil, faute de quoi ce dernier pourra arrêter les mesures sans attendre l'avis des parlementaires de Strasbourg.

I – LA PROCÉDURE DE CONSULTATION

146. Dans un certain nombre de domaines, les traités prévoient qu'un acte communautaire ne peut être pris qu'après consultation du Parlement européen. Cela signifie que **le Conseil ne peut statuer qu'après avoir reçu l'avis du Parlement.** Si le Conseil statue sans attendre l'avis du Parlement, le texte adopté pourra être annulé par la Cour de justice pour vice de forme substantiel, **sauf si le Parlement a délibérément refusé d'émettre un avis pour empêcher le Conseil de statuer** (CJCE, 29 octobre **1980**, ***Roquette frères***, aff. 138/79, 3333).

La Cour de justice considère que le Parlement européen manque *« à son **devoir de coopération loyale** vis-à-vis du Conseil dans une situation où, sur demande* (justifiée) *du Conseil, (...) il a décidé de traiter selon la procédure d'urgence la proposition* (d'acte en cause), *mais a ensuite décidé de lever la dernière séance plénière où la proposition pouvait être débattue en temps utile, sans avoir mené* *le débat la concernant* ». Dans cette hypothèse, « *ce manquement interdit au Parlement de faire grief au Conseil de ne pas avoir attendu son avis pour adopter le règlement en cause* » (CJCE, 30 mars 1995 *Parlement européen c/ Conseil*, aff. C-65/93, I.643). Le juge de Luxembourg estime en effet que « *dans le cadre du dialogue interinstitutionnel (...), prévalent les mêmes devoirs réciproques de coopération loyale que ceux qui régissent les relations entre les États membres et les institutions communautaires* ».

Si l'avis émis par le Parlement européen n'a qu'un caractère consultatif (la Commission et le Conseil ne sont pas juridiquement liés par cet avis), en pratique, la Commission accepte d'informer l'Assemblée des suites réservées à ses avis ou ses propositions éventuelles d'amendements. Quant au Conseil, il rend compte au Parlement européen, *via* la ***procédure Scheel***, des motifs qui l'ont conduit à ne pas retenir les propositions des députés européens.

En outre, **le Parlement doit être à nouveau consulté dans l'hypothèse où le texte qui lui a été soumis pour avis a subi des modifications substantielles, postérieurement à cet avis**. S'il n'est pas reconsulté, la Cour de justice acceptera d'annuler l'acte adopté pour vice de procédure (voir par exemple : CJCE, 30 mars 1995, *Parlement européen c/ Conseil*, aff. C-65/93, I.643 ; 5 juillet 1995, *Parlement européen c/ Conseil*, aff. C-21/94 ; 10 juin 1997, *Parlement c/ Conseil*, aff. C-392/95, I.3213). Dans l'affaire jugée le 5 juillet 1995, le juge de Luxembourg précisera que la compétence consultative du Parlement européen « *constitue l'expression d'un principe fondamental, selon lequel les peuples participent à l'exercice du pouvoir par l'intermédiaire d'une assemblée représentative* ».

147. L'avis du Parlement européen est sollicité formellement par le Conseil, mais les parlementaires ont obtenu de la Commission que la proposition de texte leur soit communiquée avant qu'elle ne soit transmise au Conseil. Le Parlement a donc pu prendre connaissance du texte avant d'être saisi officiellement pour avis par le Conseil.

La proposition de la Commission est d'abord transmise par le Président du Parlement européen à la commission compétente, qui nomme en son sein un rapporteur, ainsi qu'aux autres commissions éventuellement concernées pour avis. La commission compétente pourra questionner la Commission européenne et auditionner les experts avant d'adopter le rapport qui sera ensuite soumis à la plénière ; celle-ci devra se prononcer sur les amendements proposés par la commission compétente, ainsi que sur ceux qui seront présentés en plénière ; elle pourra renvoyer le dossier à la commission compétente pour un nouvel examen, si elle estime qu'un nouveau rapport doit lui être soumis.

Les cas dans lesquels s'applique la procédure de consultation sont nombreux. On citera, à titre d'exemple, l'article 19 TCE (vote aux élections européennes et municipales), l'article 89 TCE (règlements concernant les aides d'État), l'article 175 TCE (politique de l'environnement), l'article 93 TCE (fiscalité), l'article 166 TCE (programmes spécifiques de recherche) etc.

148. La procédure de concertation (pour mémoire) : cette procédure avait été introduite par la déclaration commune de l'Assemblée, du Conseil et de la Commission adoptée le 4 mars 1975 (*JOCE* n° C-89 du 22 mars 1975). Elle ne s'appliquait qu'aux actes qui avaient des implications financières notables (c'est la Commission qui devait indiquer, en formulant sa proposition, si elle était susceptible de faire l'objet d'une procédure de concertation). Cette procédure permettait au Parlement européen de provoquer la réunion d'un comité de concertation lorsque le Conseil voulait s'écarter de l'avis rendu. Ce comité était composé paritairement de représentants du Conseil et de représentants du Parlement, et son rôle consistait à tenter de rapprocher les points de vue, en principe dans un délai de trois mois. Mais à l'issue de la procédure, c'est le Conseil qui décidait. Ce mécanisme introduisait donc une sorte de veto suspensif au profit du Parlement, tout en laissant le dernier mot au Conseil. En fait, cette procédure a été très peu utilisée, et elle a été rendue **obsolète** par les procédures créées par l'Acte unique et par le Traité de Maastricht.

L'accord interinstitutionnel relatif au financement de la PESC adopté le 16 juillet 1997 instaure une procédure de concertation *ad hoc*, qui vise à favoriser l'accord du Conseil et du Parlement européen sur le montant et la ventilation des dépenses de la PESC.

II – LA PROCÉDURE DE COOPÉRATION (ARTICLE 252 TCE, EX-ARTICLE 189 C)

149. Depuis 1979, le Parlement européen jouit d'une incontestable légitimité démocratique, puisqu'il est désormais élu au suffrage universel direct. Il a donc réclamé davantage de pouvoirs dans le cadre du processus législatif communautaire. C'est **l'Acte unique de 1986** qui va sortir le Parlement européen de son rôle purement consultatif, sans toutefois lui accorder le pouvoir de codécision qu'il réclamait. L'article 7 de l'Acte unique introduit une procédure de coopération, qui est **une modalité de double lecture** et qui n'est applicable que dans des hypothèses où le Conseil est appelé à voter à la majorité qualifiée.

Le Conseil arrête en première lecture une « **position commune** » après avoir pris connaissance de l'avis en première lecture du Parlement européen. Cette position commune, qui est censée traduire un compromis acceptable pour le Conseil et la Commission, est alors transmise au Parlement européen.

NB : Lorsque, pour diverses raisons (toutes les versions linguistiques du texte ne sont pas encore disponibles, l'avis en 1re lecture du Parlement européen n'a pas encore été rendu…), il n'est pas possible d'adopter la position commune alors qu'une majorité d'États membres est d'accord avec la proposition modifiée de la Commission, le Conseil peut constater un « **accord politique** » sur le texte examiné en première lecture, afin de figer momentanément le résultat d'une négociation qui a été particulièrement laborieuse et dont l'équilibre reste fragile, pour ne pas courir le risque d'avoir à reprendre cette négociation à zéro ; cet accord politique sera ensuite transformé en position commune. Cela vaut aussi pour la procédure de codécision (voir *infra,* n° 157).

Si l'Assemblée de Strasbourg approuve cette position commune (2e lecture) ou ne se prononce pas dans un délai de 3 mois, le Conseil arrête définitivement l'acte concerné conformément à la position commune. Si, au contraire, le Parlement rejette la position commune ou propose des amendements, l'acte est renvoyé devant le Conseil pour une deuxième lecture.

Si l'on se trouve dans l'hypothèse où le Parlement a rejeté la position commune, le Conseil ne pourra statuer en deuxième lecture qu'à l'unanimité ; si l'on se trouve dans l'hypothèse ou le Parlement a proposé des amendements, la Commission doit réexaminer sa proposition à partir des amendements, et c'est la proposition modifiée qui fera l'objet d'une deuxième lecture du Conseil. Là encore, **le Conseil conserve le dernier mot**, mais il ne pourra adopter l'acte en cause qu'à l'unanimité s'il veut s'écarter de la proposition modifiée de la Commission.

Dans ce schéma, la Commission voit sa responsabilité accrue. Quant au Parlement européen, il a les moyens de rendre la prise de décision plus difficile, puisque le Conseil ne peut s'écarter de son avis qu'à l'unanimité.

Le Traité de Maastricht n'a pas modifié la procédure de coopération, mais il a étendu son champ d'application. Avec l'extension de la procédure de codécision (voir *infra*) décidée à Amsterdam, la procédure de coopération devient d'application plus marginale, puisqu'elle ne s'applique plus que **dans le domaine de l'UEM** :

– pour l'adoption des modalités de la procédure de surveillance multilatérale (article 99 §5 TCE) ;

– pour l'interdiction d'accès privilégié aux institutions financières (article 102 §2 TCE) ;

– concernant la précision des définitions pour l'application des interdictions visées aux articles 101 et 103 §1 (l'article 103 §2 TCE) ;

– pour l'harmonisation des valeurs unitaires et des spécifications techniques des pièces destinées à la circulation (l'article 106 §2 TCE).

III – LA PROCÉDURE DE CODÉCISION (ART. 251 TCE, EX-ART. 189 B)

150. **Le Traité de Maastricht** de 1992 a été l'occasion de franchir un nouveau pas, puisqu'il **a instauré une procédure de codécision qui donne au Parlement européen le pouvoir d'arrêter les actes communautaires conjointement avec le Conseil.** Particulièrement complexe (sa simplification décidée à Amsterdam a une portée pratique très limitée), cette procédure a aujourd'hui un champ d'application étendu.

a) Une procédure particulièrement complexe

151. Le Conseil, saisi d'une proposition par la Commission et statuant à la majorité qualifiée, transmet une ***« position commune »*** au Parlement européen (jusque là, la procédure de codécision est identique à la procédure de coopération). **Quatre voies sont alors ouvertes au Parlement** :

– le Parlement peut approuver la position commune ; dans ce cas, le texte est adopté ;

– le Parlement peut aussi ne pas se prononcer ; dans ce cas, son silence renvoie la décision au Conseil, qui statue selon sa position commune ;

– le Parlement peut également rejeter en bloc la position commune, ce qui entraîne l'abandon du projet si une tentative de conciliation préalable n'a pas abouti ;

– dernier cas de figure (de très loin le plus courant) : le Parlement peut proposer des amendements dans les 3 mois qui suivent la transmission de la position commune. Le Conseil dispose lui-même de 3 mois pour se prononcer sur les amendements du Parlement européen. S'il approuve tous ces amendements, il modifie en conséquence sa position commune et il arrête l'acte concerné (il ne pourra statuer qu'à l'unanimité sur les amendements refusés par la Commission).

Si le Conseil n'approuve pas les amendements qui lui sont proposés, le traité prévoit la convocation sans délai d'un comité de conciliation qui réunit, à parité, des représentants du Conseil et du Parlement, en présence de la Commission. Ce comité de conciliation a pour mission d'élaborer un texte de compromis (**3e lecture**).

NB : Les réunions du comité de conciliation sont souvent préparées par un ***trilogue*** (président et rapporteur de la commission parlementaire compétente et président du Coreper). Ce trilogue s'efforce, au cours de réunions informelles, de régler un maximum de questions, qui pourront alors être adoptées sans débat, de sorte que le comité de conciliation pourra se concentrer sur les points qui posent le plus de difficultés.

Si le comité de conciliation réussit à élaborer un compromis dans les 6 semaines, le Parlement et le Conseil disposent à leur tour de 6 semaines pour arrêter l'acte concerné. Le texte ne peut pas être adopté par le Conseil s'il n'est pas approuvé par le Parlement, qui dispose donc d'un droit de veto. Si le comité de conciliation n'a pas réussi à élaborer un texte de compromis dans les 6 semaines, la procédure de décision est bloquée, sauf si le Conseil reprend sa position commune, éventuellement amendée, et si le Parlement ne s'y oppose pas à la majorité de ses membres. Les délais de 3 mois et de 6 semaines peuvent être prolongés respectivement d'un mois et de deux semaines au maximum, d'un commun accord entre le Conseil et le Parlement.

Avec cette nouvelle procédure, le Conseil et le Parlement ont la possibilité de rechercher un compromis au sein d'un comité de conciliation lorsque leurs positions divergent, et le Parlement peut arrêter l'acte concerné à égalité avec le Conseil. **Si aucun compromis n'est trouvé, le Parlement dispose pratiquement d'un droit de veto (il peut empêcher le Conseil de passer au vote)**.

> *NB* : La procédure de codécision ressemble beaucoup à la procédure de coopération, à deux nuances importantes près : d'abord, elle prévoit une conciliation lorsque le Conseil et le Parlement européen sont en désaccord à l'issue des deux lectures ; ensuite, elle ne laisse pas le dernier mot au Conseil, puisque l'Assemblée peut empêcher le Conseil de passer au vote à l'issue des trois lectures. La durée moyenne de la procédure de codécision est de l'ordre de 18 à 24 mois.

b) Le champ d'application étendu de la procédure

152. Dès l'entrée en vigueur du Traité de Maastricht, la procédure de codécision s'applique **dans des domaines importants**. On citera notamment (les dispositions citées ci-après correspondent à la numérotation de 1992) : l'article 49 TCE (libre circulation des travailleurs), l'article 54 TCE (droit d'établissement), l'article 57 TCE (reconnaissance mutuelle des diplômes), l'article 100 A TCE (harmonisation du marché intérieur), les articles 126 §4, 129 §4 et 128 §5 TCE (mesures d'encouragement dans les domaines de l'éducation, de la santé publique et de la culture), etc.

Le Traité d'Amsterdam a étendu la procédure de codécision aux nouveaux domaines suivants : mesures d'encouragement à l'emploi (article 129 TCE), politique sociale – Égalité des chances et de traitement (article 141 TCE), lutte contre la fraude portant atteinte aux intérêts financiers de la Communauté (article 280 TCE), etc.

Mais il faut encore mentionner les matières qui entrent dans le champ de la codécision, alors qu'elles étaient couvertes précédemment par la procédure de consultation (coordination des dispositions nationales concernant les activités non salariées et l'exercice de celles-ci, article 47 TCE – modification des principes législatifs existants du régime des professions en ce qui concerne la formation et les conditions d'accès de personnes physiques, article 47 TCE), d'avis conforme (dispositions visant à faciliter l'exercice du droit des citoyens de circuler et de séjourner librement sur le territoire des États membres, article 18 TCE) ou de coopération : règles visant à interdire toute discrimination en raison de la nationalité (article 12 TCE), politique des transports (articles 71 et 80 TCE), décisions d'application relatives au Fonds social européen (article 148 TCE), formation professionnelle (article 150 TCE), décisions d'application du FEDER (article 162 TCE), coopération au développement (article 179 TCE), etc.

Le Traité de Nice de 2001 n'a guère étendu le champ de la codécision, si l'on excepte par exemple les mesures d'appui à l'action des États membres dans le domaine industriel ou les actions spécifiques pour la cohésion économique et sociale, en dehors des fonds structurels.

153. **Le Parlement européen souhaite que la procédure de codécision soit généralisée ou, à tout le moins, étendue à un maximum de domaines**. Ce souhait peut paraître légitime, parce qu'il est formulé par une assemblée élue au suffrage universel direct, et parce que la procédure de codécision présente l'avantage de créer une quasi égalité des pouvoirs entre le Conseil et le Parlement, tout en donnant au Conseil des moyens de procédure suffisants pour éviter le blocage et la certitude qu'aucune décision ne pourra être adoptée sans son consentement explicite. Il est cependant évident qu'une généralisation de la procédure de codécision ralentirait le processus législatif communautaire, compte tenu de la longueur et de la complexité de cette procédure.

Par ailleurs, il n'est pas interdit de penser qu'**il serait souhaitable de n'appliquer la procédure de codécision qu'à des textes réellement « législatifs »,** c'est-à-dire à des textes fondamentaux. Il est en effet absurde que le Parlement ait à se prononcer – comme il a eu à le faire – sur des sujets tels que *« la béquille des véhicules à moteur à deux roues »*, *« les sièges de convoyeur des tracteurs agricoles ou forestiers »*, ou encore *« les saillies extérieures à l'avant de la cloison postérieure de la cabine des véhicules à moteur de catégorie N »*. Les textes n'ayant pas réellement de portée législative devraient relever de la compétence exclusive du Conseil.

Le **Traité de Lisbonne** de décembre 2007 étend la codécision à une cinquantaine de nouveaux domaines, notamment le contrôle des personnes aux frontières, l'accueil et le traitement des demandeurs d'asile et la lutte contre l'immigration clandestine.

NB : Le **Traité constitutionnel de 2004** avait prévu que les **actes législatifs** seraient proposés par la Commission, qui, dans certaines matières du domaine de l'espace de liberté, de sécurité et de justice, aurait partagé son pouvoir d'initiative avec un quart au moins des États membres. Les lois et lois-cadres auraient été, en principe, adoptées selon une procédure dite « procédure législative ordinaire » : le Conseil aurait adopté ces textes à la majorité qualifiée, en co-décision avec le Parlement européen. Mais, dans certaines matières, les lois et les lois-cadres auraient pu être adoptées, soit par le Conseil (lois sur les ressources propres, sur le cadre financier pluriannuel, sur les élections pour le Parlement européen…), soit par le Parlement (lois sur le statut de ses membres, sur le statut du médiateur et sur les modalités d'exercice du droit d'enquête), mais toujours avec la participation de l'autre branche, qui serait allé de la simple consultation à l'approbation (actuel avis conforme).

c) La simplification manquée de la procédure

154. **Le Traité d'Amsterdam a voulu procéder à une simplification de la procédure de codécision.** Cette simplification consiste d'abord à rendre possible l'adoption définitive de l'acte à l'issue de la première lecture, dans deux hypothèses : soit lorsque le Conseil approuve tous les amendements figurant dans l'avis du Parlement européen (la proposition d'acte ainsi amendée est arrêtée par le Conseil), soit lorsque le Parlement européen ne propose aucun amendement. On peut cependant douter de la portée pratique de cette innovation, car il est rare, sauf texte totalement anodin, que l'Assemblée de Strasbourg ne propose aucun amendement à la proposition de la Commission, ou que le Conseil approuve la totalité des amendements du Parlement européen.

Par ailleurs, lorsque le Parlement européen rejette la position commune, à la majorité absolue des membres qui le composent, la proposition d'acte est réputée non adoptée, alors que dans la procédure prévue par le Traité de Maastricht, il était possible de tenter une conciliation (3e « lecture ») et donc d'éviter éventuellement la non-adoption du texte, lorsque les parlementaires avaient exprimé au Conseil leur intention de rejeter la position commune. L'Assemblée n'est donc plus obligée de procéder en deux temps : informer d'abord le Conseil de son intention de rejeter la position commune ; confirmer ensuite éventuellement le rejet de ce texte, si la tentative de conciliation n'a pas trouvé une issue favorable, ou si le Conseil a renoncé à convoquer le comité de conciliation.

En outre, la proposition d'acte est réputée non adoptée, lorsque le comité de conciliation n'approuve pas de projet commun. Précédemment, dans le même cas de figure, il restait encore une possibilité pour le Conseil d'arrêter un texte dans certaines conditions, si l'Assemblée ne s'y opposait pas.

La Commission, le Conseil et le Parlement européen ont adopté une déclaration commune le 4 mai 1999, dans le but de rendre la procédure de codécision pleinement efficace (Déclaration commune 1999/C 148/01, *JOCE* n° C-148, 28 mai 1999).

IV – La procédure d'avis conforme

155. L'Acte unique européen a introduit une procédure d'avis conforme du Parlement européen (ce qui revient à lui reconnaître un **droit de veto**) pour les **actes d'adhésion** (art. 49, ex-art. O TUE) et pour les **accords d'association** que la Communauté est susceptible de passer avec des pays tiers (art. 310 CE, ex-art. 238 TCE).

Le Traité de Maastricht a étendu cette procédure d'avis conforme à d'autres domaines :

- pour les mesures facilitant le **droit de circulation et de séjour des citoyens de l'Union** (article 18 TCE) ;

– pour la définition des missions, des objectifs, l'organisation et la coordination des **fonds structurels** (article 161 TCE) ;

– pour les **accords internationaux** ayant certaines implications institutionnelles, budgétaires ou législatives (article 151 TCE), etc.

La procédure d'avis conforme est étendue aux sanctions applicables **en cas de violation grave et persistante des droits fondamentaux par un État membre** depuis l'entrée en vigueur du Traité d'Amsterdam (article 7 TUE). Enfin, le Traité de Nice étend le champ de l'avis conforme au mécanisme de surveillance et d'alerte pour prévenir les violations des principes fondamentaux (article 7 TUE).

156. Le « déficit démocratique » (voir *infra*) des Communautés correspond donc, au moins en partie, à une réalité. La seule institution communautaire qui bénéficie d'une véritable légitimité démocratique ne dispose pas encore du pouvoir de voter la « loi » communautaire. Dans le meilleur des cas (codécision, avis conforme), elle peut co-décider avec le Conseil ou l'empêcher de passer au vote. Il n'est donc pas possible de considérer que le Parlement européen tient, au sein du système institutionnel de l'Union, le même rôle que tiennent les parlements nationaux à l'intérieur des États membres. Certes, la tendance est à la réduction progressive de ce « déficit démocratique », puisque chaque modification des traités institutifs a été l'occasion d'associer plus étroitement le Parlement européen au processus législatif communautaire. Mais la généralisation de la codécision, souhaitée par l'Assemblée de Strasbourg, n'est pas encore d'actualité, à supposer qu'elle soit souhaitable.

Pour en savoir plus...

– G. BERTRAND, *La prise de décision dans l'Union européenne*, La Documentation française, Paris, 1998 ;

– P. PONZANO, « Le processus de décision dans l'Union européenne », *RDUE* 2002, p. 35.

Section 2
La fonction exécutive

157. **Le Conseil exerce des compétences d'exécution nombreuses**. Le traité lui attribue une compétence pour prendre les décisions de mise en œuvre des politiques et des compétences communautaires. Dans le cadre de la PAC par exemple, c'est le Conseil qui prend les décisions de fixation des prix communs, à l'issue de négociations difficiles (les fameux « marathons agricoles ») ; dans le cadre de la politique économique, seul le Conseil est compétent pour adresser des recommandations aux États, pour décider de mesures d'assistance (article 100 TCE, ex-article 103 A) ou pour décider de sanctions en cas de déficits excessifs ; dans le cadre des nouvelles compétences attribuées à la Communauté par le Traité de Maastricht (éducation, formation professionnelle, culture, santé publique, protection des consommateurs, industrie, recherche et développement technologique, environnement), c'est encore le Conseil qui décide des *« actions d'encouragement »*, *« mesures »*, *« actions spécifiques »* ou autres décisions ponctuelles prévues ; plus récemment, le Conseil s'est réservé le droit d'exercer lui-même les pouvoirs d'exécution en ce qui concerne les visas et la surveillance des frontières (règlements n° 789 et 790/2001/CE du 24 avril 2001, *JOCE* n° L. 116 du 26 avril 2001).

Toutefois, le Conseil délègue en principe le pouvoir d'exécuter les actes qu'il établit à la Commission, quitte à l'encadrer par des procédures de comités plus ou moins contraignantes (on parle alors de « comitologie »), destinées à garantir que la Commission exécutera les actes du Conseil conformément aux souhait de celui-ci. La « comitologie » issue de la décision du 13 juillet 1987 n'ayant pas donné satisfaction, le Conseil a adopté une nouvelle décision sur la « comitologie » le 28 juin 1999, elle-même modifiée par un règlement du 17 juillet 2006.

§1. Le Conseil délègue en principe à la Commission le pouvoir d'exécuter les actes qu'il établit

A. La Commission, organe exécutif de principe

158. **L'article 211 TCE** (ex-art. 155) **prévoit que la Commission est chargée d'exercer les compétences que le Conseil lui confère pour l'exécution des règles qu'il établit**. On sait également que la Cour de justice a toujours indiqué, en particulier dans le domaine de la politique agricole commune, que le Conseil pouvait parfaitement se contenter de déterminer les *« éléments essentiels »* de la matière à réglementer, en laissant à la Commission le soin d'exécuter la norme de base (voir par exemple CJCE, 17 décembre **1970**, ***Köster***, aff. 25/70, 1161 ; 16 juin 1987, *Romkes*, aff. 46/86, 2671).

Pendant près de trente ans, les ministres ont assez peu recouru à cette possibilité de délégation, et le Conseil s'est donc encombré de multiples questions techniques qui suscitaient d'interminables discussions et contribuaient à ralentir le processus décisionnel communautaire. C'est la raison pour laquelle **l'Acte unique européen de 1986 a renforcé les prérogatives de la Commission en posant le principe que le Conseil est contraint de lui attribuer des compétences d'exécution, sauf dans des « *cas spécifiques* »** (article 202 alinéa 3 TCE, ex-article 145 alinéa 3) qui, d'ailleurs, n'ont pas été définis, ce qui donne au Conseil une marge d'appréciation ... étendue.

Alors que la décision « Comitologie II » prévoit expressément que le Conseil ne peut se réserver des compétences d'exécution dans un domaine déterminé, que s'il justifie, par une motivation dûment circonstanciée, cette rétention de compétence, la Cour a, par un arrêt du 18 janvier 2005, estimé que le Conseil avait pu, à bon droit, se réserver des compétences d'exécution dans le cadre du titre IV du traité (visas, asile, immigration et autres politiques relatives à la libre circulation des personnes), en se contentant de justifier cette rétention par une motivation très générale. Cette « bienveillance » du juge communautaire s'explique, de l'aveu même de la Cour, par les spécificités des domaines JAI (CJCE, *18 janvier 2005, Commission soutenue par Pays-Bas c/ Conseil, soutenu par Espagne*, aff. C-257/01, I. 345).

159. Les conditions générales de mise en œuvre des compétences déléguées ont été fixées par la jurisprudence de la Cour de justice, qui a notamment précisé que **la délégation doit respecter trois règles** :

– d'abord, la délégation ne doit par remettre en cause l'équilibre institutionnel mis en place par les Traités et dissimuler un transfert total de compétences ;

– ensuite, la délégation doit être expresse (elle ne se présume pas) ;

– enfin, le Conseil ne peut investir la Commission que des pouvoirs qu'il a reçu des traités.

Ces règles ont été posées par l'arrêt ***Köster*** du 17 décembre **1970** (aff. 22/70, 1161), et confirmées par l'arrêt ***Rey Soda*** du 30 octobre **1975** (aff. 23/75, 1279). La Cour de justice a également précisé que, dans l'exercice de son pouvoir délégué, la Commission peut *« appliquer »* les règles posées par le Conseil, mais qu'elle ne peut pas y déroger (CJCE, 29 juin **1989**, ***Vreugdenhill***, aff. 22/88, 2049).

En fait, **la Commission dispose d'une grande marge d'appréciation pour arrêter les mesures d'application qu'elle juge utiles, si le Conseil n'adjoint à sa délégation aucune contrainte particulière**. Le juge du Luxembourg a en effet précisé que la Commission peut prendre toutes les mesures d'exécution qui s'imposent, même lorsqu'elles ne sont pas expressément visées par la réglementation de base (CJCE, 17 octobre 1995, *Royaume des Pays-Bas c/ Commission*, aff. C-478/93), dès lors qu'elles ne sont pas contraires à cette réglementation (CJCE, 15 mai 1984, *Zuckerfabrik*, aff. 121/83,2039). De plus, les obligations qui pèsent sur l'autorité délégante ne sont que minimales : le Conseil ne doit fixer que les orientations fondamentales dans l'acte de base (CJCE, 27 octobre 1992, *RFA c/ Commission*, aff. C-240/90, 5383). Toutefois, la Commission ne peut pas, dans l'exercice de ses compétences d'exécution, se substituer au législateur communautaire en étendant son pouvoir d'appréciation via une interprétation extensive de l'acte de base adopté en vertu de l'article 235 CE (CJCE, 23 octobre 2007, *Parlement c/ Commission*, aff. C-403/05, nep).

B. La volonté d'encadrer les pouvoirs exécutifs de la Commission

160. **Le Conseil** estime en pratique qu'il ne peut pas laisser une marge d'appréciation trop grande à la Commission, non seulement parce qu'il est le principal titulaire du pouvoir de décision, mais aussi parce que la Commission pourrait être tentée d'abuser de cette liberté d'action. Il **soumet** donc **l'exercice des pouvoirs qu'il délègue à la Commission à un contrôle plus ou moins étroit**. L'article 145 alinéa 3 TCE (tel que modifié par l'Acte unique européen de 1986) prévoit d'ailleurs que le Conseil peut soumettre l'exercice des compétences qu'il délègue à la Commission *« à certaines modalités »*, et que ces *« modalités »* devront être définies dans une décision-cadre du Conseil.

Le Conseil a assorti très tôt les délégations qu'il a consenties à la Commission de **procédures de comités** qui jouissent de prérogatives plus ou moins étendues, mais qui ont pour objet commun de permettre un contrôle des États membres sur la Commission. Dans tous les cas, les comités sont composés de représentants des États membres et présidés par la Commission, qui ne prend pas part au vote.

La multiplication de ces comités a très rapidement conduit à une certaine confusion préjudiciable à l'efficacité de l'action de la Commission. C'est la raison pour laquelle **le Conseil a adopté le 13 juillet 1987 une décision précisant clairement les règles et les procédures sur la base desquelles les compétences d'exécution de la Commission sont exercées**. En réalité, cette décision sur la **« comitologie »** (*JOCE* n° L. 197 du 18 juillet 1987, p. 33) s'est bornée à codifier les pratiques existantes.

§2. La « comitologie » issue de la décision du Conseil du 13 juillet 1987

A. Les trois types de procédures prévus

161. La décision du Conseil du 13 juillet 1987 prévoit trois types de procédures :

– **la procédure du comité consultatif** (ou *comité I* dans le jargon des spécialistes) : c'est la procédure la plus favorable à la Commission, puisque le comité émet un avis qui ne lie pas la Commission. Cette procédure s'applique en particulier à la politique de concurrence ;

– **la procédure du comité de gestion** (ou *comité II*). Cette procédure est beaucoup moins favorable à la Commission, puisqu'elle permet au Conseil de reprendre l'initiative de l'adoption de la mesure d'exécution pendant un certain délai (1 mois ou 3 mois selon la variante retenue) en cas d'avis négatif du comité. Cette procédure est largement appliquée dans le cadre de la politique agricole commune.

Deux variantes étaient prévues : dans la *variante A (comités 2 A)*, la Commission pouvait différer l'application de la mesure d'un mois au maximum à compter de la communication de l'avis négatif, et le Conseil pouvait modifier ou abroger la mesure adoptée dans le même délai en statuant à la majorité qualifiée. Dans la *variante B (comités 2 B)*, la Commission était obligée de différer l'application de sa mesure d'un délai de 3 mois maximum et le Conseil pouvait abroger ou modifier la mesure à la majorité qualifiée dans le même délai. Dans les deux variantes, la mesure prise par la Commission, et dont l'application avait été éventuellement différée, entrait en vigueur ou continuait de s'appliquer en l'absence d'une décision du Conseil dans les délais prévus ;

– **la procédure du comité de réglementation** (ou *comités III*) : cette procédure est la plus contraignante pour la Commission qui est tenue d'arrêter des mesures conformes à l'avis du comité. La Commission ne peut pas adopter la mesure qu'elle envisage, non seulement en cas d'avis négatif du comité, mais aussi en l'absence d'avis. Dans ces deux hypothèses, la Commission doit transmettre une proposition au Conseil, qui statue alors à la majorité qualifiée, sauf s'il veut s'écarter de la proposition (il ne peut modifier la proposition de la Commission qu'à l'unanimité).

La suite de la procédure prévoyait deux variantes : dans la *variante A* (on parlait de *comités III A* ou du *filet*), la Commission avait le pouvoir d'arrêter elle-même la mesure proposée si le Conseil n'avait pas statué dans le délai fixé (3 mois maximum) ; dans la *variante B* (on parle de *comités III B* ou du *contre-filet*), la Commission arrêtait la mesure proposée si le Conseil n'avait pas statué dans le délai fixé, sauf si le Conseil s'était prononcé contre cette mesure à la majorité simple. Cette *procédure III B* était la plus critiquée, parce qu'elle empêchait le « retour de compétence » à la Commission et parce qu'elle aboutissait à une non-décision. La procédure des comités de réglementation était notamment appliquée en matière douanière.

B. Une « comitologie » peu satisfaisante

***162.* Le Parlement européen a toujours été très hostile au contenu de la décision de 1987 sur la comitologie.** Il estimait en particulier que les procédures du comité de gestion et du comité de réglementation devaient être complétées de telle sorte que le Parlement ait un droit de regard approprié sur l'exécution des actes communautaires adoptés en codécision avec le Conseil. De son côté, la Commission européenne n'était pas favorable à l'association du Parlement européen aux mesures d'exécution, et faisait valoir que le pouvoir réglementaire n'était contrôlé par les deux Chambres dans aucun État membre, et que ce double contrôle rendrait la mise en œuvre des mesures d'exécution plus complexe et moins efficace.

Les revendications du Parlement européen s'étaient exprimées dans un **rapport de M. De Giovanni,** adopté à une large majorité par l'Assemblée de Strasbourg (Parlement européen, rapport de la commission institutionnelle sur les problèmes de comitologie liés à la perspective de l'entrée en vigueur du Traité de Maastricht, A3. 0417/93, 6 décembre **1993**). Depuis l'adoption de ce rapport, le Parlement européen s'était opposé systématiquement à la mise en place de comités autres que consultatifs. De nombreux textes avaient fait l'objet de blocages sur la seule question de la comitologie (voir Rapport Caldagues, *Mesures d'exécution de la législation communautaire : le risque de confusion des pouvoirs* – Les rapports du Sénat, n° 126-1994/1995, pages 17 et s.).

NB : Un ***modus vivendi*** avait été **conclu entre le Parlement européen, le Conseil et la Commission le 20 décembre 1994** (*Modus vivendi* 95/C-293/01 – *JOCE* n° C-293, 8 novembre 1995, p. 1) à propos de la procédure de comitologie. Cet accord interinstitutionnel visait à permettre au Parlement européen de conserver une influence sur les mesures d'exécution des actes adoptés selon la procédure de codécision. Il prévoyait que la commission compétente du Parlement européen devait recevoir tout projet d'acte d'exécution soumis par la Commission, en même temps que le comité prévu dans l'acte de base. La Commission devait informer le Parlement des suites qu'elle entendait donner à ses propositions, à chaque fois qu'elle était en désaccord avec le comité ou que ce dernier n'avait pas émis d'avis. De son côté, le Conseil de l'Union s'engageait à tenir le plus grand compte de l'avis du Parlement européen.

Ce *modus vivendi* a permis de résoudre temporairement, et *a minima*, le problème délicat de la comitologie, en attendant l'adoption de la nouvelle décision sur la comitologie du 28 juin 1999.

§3. La « comitologie » issue de la décision du Conseil du 28 juin 1999

163. **Le Conseil a adopté le 28 juin 1999 une décision qui abroge celle du 13 juillet 1987** (*JOCE* n° L. 184, 17 juillet 1999, p. 23). Il s'agit pour l'essentiel :

– de **rendre le choix du type de comité plus cohérent** : le comité de gestion devra être choisi pour toutes les mesures de… gestion (application de la PAC ou mise en œuvre de programme ayant des incidences budgétaires notables par exemple), dont la décision du Conseil ne donne aucune définition. Le recours au comité de réglementation devra être plus exceptionnel, soit pour des mesures de portée générale destinées à appliquer les éléments essentiels d'un acte de base, soit pour les cas d'adaptation techniques de directives par des mesures d'exécution. Le comité consultatif sera choisi lorsque cette procédure semblera la plus appropriée, sans plus de précision. La Cour de justice a précisé que si les critères de choix des différentes procédures de comité n'avaient pas de caractère contraignant, le législateur communautaire devait néanmoins motiver son choix, lorsque celui-ci s'écartait de la règle de conduite indicative de la pratique à suivre (CJCE, 21 janvier 2003, *Commission c/ Parlement*, aff. C-378/00, I.937).

NB : En 2002, la procédure consultative a été choisie dans une quinzaine de cas, celle de gestion dans plus de 50 cas et celle de réglementation, également dans plus d'une cinquantaine de cas.

– de **simplifier les modalités d'exercice des compétences d'exécution conférées à la Commission** : premièrement, les variantes A et B du comité de gestion sont fondues. Le Conseil conserve un pouvoir d'évocation en cas d'avis négatif du comité. Il peut adopter la mesure d'exécution dans un délai de 3 mois maximum, faute de quoi la Commission applique (ou maintient) la mesure envisagée. Deuxièmement, les variantes A et B du comité de réglementation ont été revues. Désormais, la Commission doit transmettre le dossier au Conseil dans le cas où le comité a rendu un avis négatif. Le Conseil dispose alors de 3 mois pour choisir entre trois solutions : adopter les mesures d'exécution à la majorité qualifiée ; s'opposer à la proposition à la majorité qualifiée (l'ancien contre-filet, modifié). La Commission peut alors reprendre l'initiative en modifiant sa proposition ou en enclenchant le processus législatif ; ne pas réagir et laisser la Commission arrêter les mesures d'exécution sur la base de sa proposition initiale (filet).

– de **garantir une participation accrue du Parlement européen**, en intégrant notamment les acquis du *modus vivendi* de 1994 : premièrement, le Parlement peut contrôler que la Commission reste dans le domaine des compétences d'exécution, lorsque l'acte de base a été adopté selon la procédure de codécision. Il peut, au besoin, adopter une résolution motivée, mais la Commission n'est pas liée par cette résolution et a seulement l'obligation d'en tenir compte. Le Parlement européen a toujours la possibilité d'engager une procédure en référé pour faire respecter ses prérogatives. Deuxièmement, il est prévu qu'en cas d'avis négatif, le Parlement est informé. Il pourra alors, le cas échéant, faire savoir au Conseil qu'il considère que la proposition de la Commission dépasse le cadre de l'exécution d'un acte adopté selon la procédure de codécision.

Un accord passé entre le Parlement européen et la Commission, publié le 10 octobre 2000 (*JOCE* n° L. 256), définit les modalités de mise en œuvre de la décision du 28 juin 1999.

La décision du Conseil du 28 juin 1999 a été modifiée plus récemment par **une décision du 17 juillet 2006**, qui **instaure une « procédure de réglementation avec contrôle »**, assez complexe, à laquelle les institutions ont l'obligation de recourir pour l'adoption des mesures d'exécution de portée générale ayant pour objet de supprimer ou de modifier des éléments non essentiels d'un acte adopté en codécision, ou encore de les compléter par de nouveaux éléments non essentiels. Il s'agit de reconnaître au Parlement européen un pouvoir de contrôle systématique et préventif des mesures projetées par la Commission pour l'exécution des actes de base adoptés en codécision, et, le cas échéant, le pouvoir de censurer ces mesures, dans des conditions qui varient en fonction de la mesure concernée, conforme ou non à l'avis émis par le comité de réglementation avec contrôle.

Dans ce cas, la Commission devra revoir sa copie ou présenter une proposition législative sur la base du traité.

Pour en savoir plus...

– M. SZAPIRO, « Comitologie : rétrospective et prospective après la réforme de 2006 », *RDUE* 2006, p. 3.

Section 3
La fonction budgétaire

164. Dans les États démocratiques, le pouvoir budgétaire est exercé par le Parlement, même si, en pratique, le gouvernement peut maîtriser l'essentiel de la procédure budgétaire, comme c'est le cas par exemple en France. Dans la Communauté, le pouvoir budgétaire est exercé par le Conseil et par le Parlement européen, mais les compétences de la Commission en la matière ne sont pas pour autant négligeables.

La Commission a en effet des pouvoirs de gestion financière très importants : elle est responsable de la perception des recettes du budget de l'Union européenne ; elle établit l'avant-projet de budget de l'Union ; elle exécute ce budget, en application de l'article 274 CE (ex-art. 205) ; elle gère aussi les crédits destinés aux interventions publiques des Communautés, ainsi que les quatre principaux fonds que sont le FEOGA « garantie » (politique de soutien des marchés agricoles), le FEOGA « orientation » (politique des structures agricoles), le FEDER (Fonds européen de développement régional) et le FED (Fonds européen de développement).

Quant au **Conseil**, c'est lui qui établit le projet de budget sur la base de l'avant-projet que lui transmet la Commission. C'est également le Conseil qui a le dernier mot sur les dépenses obligatoires (dépenses liées à la politique de soutien des marchés agricoles pour l'essentiel).

165. À l'origine, le **Parlement** pouvait seulement proposer des modifications de dépenses. Ce sont les traités du 22 avril 1970 (*JOCE* n° L. 2 du 2 janvier 1971, p. 1) et du 22 juillet 1975 (*JOCE* n° L. 359 du 31 décembre 1977) qui ont conféré de véritables pouvoirs au Parlement européen en matière budgétaire :

– le Parlement a le dernier mot sur les dépenses dites non obligatoires (fonds structurels principalement). Il peut en modifier la répartition et en augmenter le volume dans la limite d'un *« taux maximum d'augmentation »* par rapport à l'exercice en cours ;

– le Parlement peut aussi proposer des modifications sur les dépenses dites obligatoires (dépenses de soutien des marchés agricoles pour l'essentiel). Ces modifications sont acceptées si elles n'augmentent pas le volume total du budget et si le Conseil ne les rejette pas à la majorité qualifiée ;

– le Parlement n'a aucun pouvoir sur la fixation des recettes, au moins directement. On peut tout de même considérer qu'il contribue indirectement à fixer le montant des recettes en fixant – pour partie – le niveau des dépenses, puisqu'en application du principe d'équilibre, le montant des dépenses commande le montant des recettes ;

– le Parlement a aussi le pouvoir de rejeter le budget en bloc. Il a d'ailleurs utilisé ce pouvoir à deux reprises (budgets 1980 et 1985). Si ce rejet ne permet pas d'arrêter le budget à temps, la Communauté est alors contrainte de fonctionner sur la base de *douzièmes provisoires*, ouverts, mois par mois, sur la base du budget de l'année précédente ;

– c'est le Président du Parlement qui constate que le budget est définitivement arrêté après l'achèvement de la procédure budgétaire ;

– c'est aussi le Parlement qui donne décharge à la Commission pour l'exécution du budget. La « décharge budgétaire » est la décision par laquelle le Parlement donne acte de sa gestion à l'autorité chargée d'exécuter le budget, c'est-à-dire à la Commission. La seule portée de la décharge est politique, car un refus de décharge doit être considéré comme une marque de défiance du Parlement à l'égard de la Commission. Jusqu'ici, le Parlement européen n'a refusé la décharge qu'à trois reprises :

– en 1984 (pour le budget de 1982), mais son rejet global de la gestion de la Commission ne l'a pas conduit à voter la censure ;

– en 1996 (pour le budget de 1994), et uniquement pour la gestion des fonds européens ;

– en 1998 (pour le budget de 1996).

En ces trois occasions, le refus de la décharge n'a pas abouti à une crise politique.

Le **Traité de Lisbonne de 2007** reconnaît au Parlement européen un pouvoir de décision égal à celui du Conseil pour l'adoption de l'ensemble du budget annuel.

Section 4
La fonction de contrôle

166. Le contrôle dont il est question ici est celui qu'exerce la Commission européenne en tant que gardienne de la légalité communautaire, ainsi que le contrôle politique exercé par le Parlement européen. Le contrôle de la Cour des comptes des Communautés européennes est un contrôle financier et un contrôle de gestion. Quant au contrôle exercé par la Cour de justice et le Tribunal de première instance des Communautés européennes, il s'agit d'un contrôle de nature juridictionnelle. Les contrôles financier et juridictionnel seront étudiés le moment venu, dans le cadre de l'étude du budget de l'Union pour le premier (titre 5) et dans le cadre de l'étude du système judiciaire communautaire pour le second (titre 7).

§1. La Commission, gardienne de la légalité communautaire

167. En application de l'article 211 TCE (ex-art. 155), la Commission européenne est la gardienne de la légalité communautaire. On dit encore qu'elle est la « gardienne des traités ». C'est elle qui veille au respect du droit communautaire par les États membres, par les ressortissants de ces États ou par les institutions de l'Union européenne.

Le juge communautaire a d'ailleurs reconnu à la Commission européenne une *« mission générale de surveillance »* sur le fondement de l'article 211 TCE (ex-155). La Commission peut donc, même en cas de vide juridique, veiller à ce que les États membres agissent dans le cadre du respect des compétences (CJCE, 5 mai 1981, *Commission c/ Royaume-Uni*, aff. 804/79, 1045). Elle dispose à cet effet de trois types de pouvoirs : des pouvoirs préventifs (il s'agit de prévenir les infractions au droit communautaire), des pouvoirs répressifs (il s'agit de sanctionner ou d'obtenir la sanction d'une violation du droit communautaire) et le pouvoir d'autoriser les États à déroger temporairement aux règles communautaires.

A. Les pouvoirs préventifs de la Commission

168. La Commission dispose d'abord d'**un droit à l'information** : plusieurs dispositions des traités obligent les États membres à informer la Commission des mesures qu'ils prennent ou qu'ils s'apprêtent à prendre. On peut citer, à titre d'illustration : l'article 88.3 TCE, qui oblige les États à notifier à la Commission les aides qu'ils souhaitent accorder aux entreprises ; l'article 95-4 TCE, qui oblige les États membres à notifier à la Commission les mesures qu'ils envisagent de prendre, lorsque ces mesures constituent une dérogation aux règles d'harmonisation des législations nationales adoptées par le Conseil. On pourrait aussi mentionner certaines dispositions du droit dérivé, et en particulier l'obligation pour les États membres de notifier à la Commission les mesures nationales de transposition des directives communautaires.

169. La Commission dispose ensuite **des pouvoirs d'investigation étendus** : la Commission dispose de pouvoirs d'investigation étendus pour veiller au respect des règles de concurrence. Elle peut effectuer des contrôles sur pièces et sur place, et les entreprises doivent se soumettre à ces vérifications. Si elles refusent de coopérer avec les agents dûment mandatés de la Commission, les entreprises peuvent se voir infliger des amendes ou des astreintes (prononcées par la Commission elle-même).

B. Les pouvoirs répressifs de la Commission

170. La Commission a **des pouvoirs de sanction en matière de concurrence**. Elle peut infliger des amendes aux entreprises qui violent le droit communautaire de la concurrence ou qui refusent de coopérer avec elle. Elle peut aussi déclarer nuls certains accords passés entre deux ou plusieurs entreprises lorsque ces accords violent le droit communautaire de la concurrence (articles 81 à 89 TCE, ex-article 85 à 94).

Lorsqu'elle estime qu'un État membre a manqué à ses obligations communautaires, la Commission peut également **actionner la procédure d'infraction** prévue par l'article 226 TCE (ex-169 CE) et saisir dans ce cadre la Cour de justice de Luxembourg pour faire constater le manquement (voir titre 7, chapitre 2).

La Commission veille enfin au respect du droit communautaire par les autres institutions de la Communauté européenne. Elle dispose de deux voies de recours à cet effet : **le recours en annulation** (voir titre 7, chapitre 2), si elle estime qu'un acte adopté par une institution est illégal, et **le recours en carence** (voir titre 7, chapitre 2) quand elle estime qu'une institution s'est abstenue à tort d'adopter un acte, parce que le Traité l'obligeait à adopter un tel acte.

Tous les ans, la Commission établit et publie un **rapport sur l'application du droit communautaire** qui dresse la liste des infractions commises par les États membres. Ce rapport est transmis à tous les États membres ainsi qu'au Parlement européen.

C. Le pouvoir d'autoriser les dérogations aux règles communautaires (clauses de sauvegarde)

171. Les clauses de sauvegarde sont des mesures qui permettent d'autoriser une dérogation aux règles communautaires dans des circonstances exceptionnelles. En effet, on ne pouvait pas laisser les États libres d'apprécier eux-mêmes si des difficultés particulières ou des circonstances spéciales les autorisaient à déroger aux règles communautaires, car cela aurait conduit à des abus, chaque État interprétant ses obligations d'une manière arbitraire en fonction de ses intérêts immédiats.

Dans certaines hypothèses, la dérogation doit être accordée par le Conseil. Le plus souvent, le traité prévoit qu'elle est accordée (ou refusée) par la Commission. Il arrive aussi que la Commission autorise ou refuse les dérogations et que le Conseil intervienne comme instance d'appel pour modifier ou annuler la décision de la Commission (ex. : article 109 de la décision du Conseil du 25 juillet 1991 relative à l'association des PTOM à la Communauté).

Les clauses de sauvegarde sont prévues par les dispositions suivantes :

– **articles 59 et 60 TCE (ex-art. 73 F et 73 G)**, en matière de libre circulation des capitaux, d'une part lorsque les mouvements de capitaux en provenance ou à destination de pays tiers causent ou menacent de causer des difficultés graves pour le fonctionnement de l'UEM, d'autre part en cas d'interruption ou de réduction, en tout ou partie, des relations économiques avec un pays tiers décidée dans le cadre de la politique étrangère et de sécurité commune ;

– **articles 95 §5 TCE (ex-art. 100A)**, en matière de rapprochement des législations, *« sur la base de preuves scientifiques nouvelles relatives à la protection de l'environnement ou du milieu de travail »* ;

– **article 119 TCE (ex-art. 109 H)**, en cas de difficultés ou de menace grave de difficultés dans la balance des paiements d'un État membre (depuis l'entrée en vigueur de la 3e phase de l'UEM, uniquement pour les États dits *en dérogation*, c'est à dire ceux ne participant pas à cette 3e phase) ;

– **article 134 TCE (ex-art. 115)** en matière de politique commerciale commune, pour éviter les détournements de trafic ;

– il en allait de même, au cours de la période de transition, de **l'ex-article 226 TCE** (difficultés graves dans un secteur de l'activité économique ou altération grave d'une situation économique régionale).

La Commission n'accorde les dérogations que lorsqu'elle les juge indispensables, car ces dérogations perturbent le fonctionnement normal du marché commun.

§2. Le contrôle politique exercé par le Parlement européen sur l'activité de l'Union

172. Le contrôle politique peut s'exercer :

– de manière systématique : à l'occasion du débat d'investiture ou de l'examen du *Rapport général d'activité* ;

– sur initiative des membres du Parlement européen : *via* les questions écrites ou orales, la possibilité de créer des commissions d'enquête ou la menace d'un vote d'une motion de censure à l'encontre de la Commission ;

– sur intervention des citoyens de l'Union : droit de recevoir des pétitions et de nommer un médiateur.

Indépendamment de ces instruments de contrôle, le Parlement européen a la possibilité d'utiliser deux types de recours juridictionnels à l'égard des autres institutions : **le recours en annulation et le recours en carence** (voir *infra*, titre 7, chapitre 2).

A. Les contrôles systématiques

I – À l'occasion du débat d'investiture

173. Le Parlement a obtenu de la Commission qu'elle se présente devant lui à son entrée en fonction et que son président lui donne connaissance d'une déclaration exposant les intentions du nouveau collège. Un débat peut suivre la lecture de cette déclaration. Ce débat permet au Parlement d'exprimer son opinion sur le « programme » de la nouvelle Commission et d'exercer une première influence sur elle. Rappelons aussi que le Traité d'Amsterdam prévoit que la désignation du président de la Commission et la nomination des commissaires doit être approuvée par le Parlement européen.

II – À l'occasion de l'examen du rapport général d'activité

174. Le traité a prévu la transmission au Parlement du rapport annuel sur l'activité de la Communauté. La pratique a d'ailleurs ajouté d'autres documents (programme annuel de travail de la Commission, programme de la présidence du Conseil, rapport après chaque réunion du Conseil européen) susceptibles d'améliorer l'information des parlementaires européens et de leur permettre d'exercer un droit de regard sur la gestion du tandem Commission-Conseil. L'examen de ces documents donne lieu à débats et, le cas échéant, au vote de résolutions.

B. Le contrôle sur initiative des membres du Parlement européen

I – Les questions écrites ou orales

175. Les questions écrites et orales (avec ou sans débats) adressées à la Commission ou au Conseil sont l'un des moyens traditionnels du contrôle politique exercé par le Parlement européen. Elles peuvent porter sur tous les sujets intéressant l'Union. Depuis 1973, le Parlement a développé la pratique dite du *question time* (ou *temps des questions*) qui consiste à réserver une demi-journée par semaine à des questions orales brèves, liées en principe à l'actualité, qui doivent donner lieu à des réponses brèves.

Les questions et les réponses écrites sont publiées au *JOUE* (partie C). Les questions orales sont toujours filtrées par le bureau du Parlement.

II – La possibilité de créer des commissions d'enquête

176. L'article 193 TCE (ex-art. 138 C) prévoit que le Parlement peut, à la demande d'un quart de ses membres, constituer une commission temporaire d'enquête pour examiner *« les allégations d'infraction ou de mauvaise administration dans l'application du droit communautaire, sauf si les faits allégués sont en cause devant une juridiction et aussi longtemps que la procédure juridictionnelle n'est pas achevée ».*

Les modalités d'exercice du droit d'enquête ont été fixées par une décision commune du Parlement, du Conseil et de la Commission, datée du 19 avril 1995 (décision 95/167 – *JOCE* n° L. 113/2 du 19 mai 1995). Cette décision commune réglemente strictement la procédure d'enquête et veille en particulier à la protection du secret de certains documents et informations. Cette protection est rendue nécessaire par les larges pouvoirs d'investigation et d'audition dont disposent les commissions d'enquêtes. La durée d'existence d'une commission ne doit pas excéder douze mois à compter de sa constitution, et la commission dépose un rapport à l'issue de l'enquête.

La crise de la « vache folle » a ainsi donné lieu à la création par le Parlement européen d'une commission d'enquête (voir *Europe*, août-sept. 1996, n° 320, et juin 1997, chron. de M.-Y. Petit, p. 4).

III – Le vote d'une motion de censure à l'encontre de la Commission (article 201 TCE, ex-article 144)

177. Le Parlement européen peut contraindre la Commission à la démission collective en votant une motion de censure à son encontre. Comme il s'agit d'un acte grave, la motion de censure est soumise à plusieurs conditions : elle ne peut être déposée que par un groupe ou, au moins, un dixième des membres de l'Assemblée. Le débat ne peut avoir lieu que 24 heures après le dépôt de la motion et le vote doit intervenir trois jours au moins après ce dépôt. La motion doit recueillir au moins les deux tiers des suffrages exprimés représentant au moins la majorité des membres du Parlement.

Si la motion est votée, les membres de la Commission doivent abandonner collectivement leurs fonctions. Ils expédient les affaires courantes jusqu'à la nomination du nouveau collège. Il n'y a jamais eu jusqu'ici de menace sérieuse de censure pour la Commission. C'est parfaitement compréhensible, dans la mesure où la Commission n'est pas le titulaire du pouvoir de décision et où c'est le Conseil qui est la cible naturelle des griefs du Parlement, puisqu'il est le véritable « législateur » de la Communauté. Pour autant, il n'était pas possible de prévoir une possibilité de censure du Conseil, compte tenu de la nature de cet organe composé de ministres.

NB : Le 16 mars 1999, les membres de la Commission Santer ont décidé de démissionner collectivement, alors qu'aucune motion de censure n'avait été votée, suite à la publication, le 15 mars 1999, du rapport du Comité d'Experts indépendants « *sur les allégations de fraude, de mauvaise gestion et de népotisme à la Commission européenne* ». Une motion de censure dirigée ultérieurement contre ce collège démissionnaire a été déclarée irrecevable par le président du Parlement européen (voir *Bull.* quotidien Europe n° 7447 du 17 avril 1999).

C. Le contrôle sur intervention des citoyens de l'Union

I – LE DROIT DE RECEVOIR DES PÉTITIONS

178. Le droit de pétition des citoyens au Parlement est reconnu dans les régimes démocratiques. Au sein de la Communauté, il a d'abord été institué par le règlement intérieur du Parlement européen. Le Traité de Maastricht (articles 8 D et 138 D – art. 21 et 194 après renumérotation) confirmera ce droit de pétition, qui est ouvert non seulement aux citoyens de l'Union, mais également à toute personne physique ou morale résidant ou ayant son siège statutaire dans un État membre. Les pétitions contribuent évidemment à l'information du Parlement sur les activités des autres institutions. Elles peuvent, le cas échéant, donner lieu à des questions et des débats. La plupart des pétitions examinées par la commission des pétitions du Parlement européen concernent les domaines de la sécurité sociale, de l'environnement, de la fiscalité, de la libre circulation des personnes et de la reconnaissance des diplômes.

II – LE DROIT DE NOMMER UN MÉDIATEUR

179. Ce droit résulte des articles 21 et 195 TCE (ex-articles 8 D et 138 E). C'est une innovation du Traité de Maastricht, inspirée par la pratique de plusieurs États membres (dont la Suède et la France).

Le médiateur est nommé par le Parlement, après chaque élection, et pour la durée de la « législature ». Il est habilité à recevoir les plaintes émanant de tout citoyen de l'Union ou de toute personne physique ou morale résidant ou ayant son siège statutaire dans un État membre. Ces plaintes doivent concerner des cas de mauvaise administration dans l'action des organes communautaires, à l'exclusion de la CJCE et du TPI dans l'exercice de leurs fonctions juridictionnelles.

Les plaintes ne sont recevables que si elles remplissent plusieurs conditions : l'auteur de la plainte et l'objet de celle-ci doivent être identifiables ; le plaignant doit avoir préalablement entrepris les démarches administratives appropriées auprès de l'institution concernée ; la plainte ne doit pas avoir pour effet de remettre en cause le bien fondé d'une décision juridictionnelle ou conduire le médiateur à intervenir dans une procédure de cette nature ; elle doit être déposée dans les deux mois à compter de la date à laquelle les faits qui la justifient sont connus du plaignant.

Le médiateur peut procéder aux enquêtes qu'il estime nécessaires, y compris de sa propre initiative, c'est-à-dire sans qu'une plainte lui ait été adressée. Mais il ne peut pas enquêter sur des faits faisant l'objet d'une procédure juridictionnelle.

Lorsqu'il a constaté un cas de mauvaise administration, le médiateur saisit l'institution concernée, qui dispose d'un délai de trois mois pour répondre. Le médiateur transmet ensuite un rapport au Parlement et à l'institution concernée. Il informe également le plaignant des résultats de son enquête. Il transmet enfin un rapport annuel au Parlement européen. Il y a « mauvaise administration » dans les cas où *« un organisme public n'agit pas en conformité avec une règle ou un principe ayant pour lui force obligatoire »* (rapport annuel 1997, *JOCE* n° C-380, 7 décembre 1998).

Les rapports particuliers et le rapport annuel contribuent évidemment à l'information du Parlement européen.

L'actuel médiateur est M. Nikiforos Diamandouros, qui a succédé le 1er avril 2003 à M. Jacob Magnus Söderman, nommé en 1995 et atteint par la limite d'âge.

Les rapports annuels du médiateur révèlent que la majorité des plaintes sont tournées vers la Commission. La plupart des plaintes proviennent des citoyens, bien avant les associations, les entreprises et les députés européens. Les plaintes portent le plus souvent sur des refus d'accès à des documents, des délais évitables, des erreurs de procédure ou des abus de pouvoir.

Section 5
La fonction internationale

§1. La personnalité juridique internationale de la Communauté et de l'Union européennes

180. L'**article 281 TCE** prévoit que la Communauté a la personnalité juridique et le juge de Luxembourg précise qu'elle jouit de la capacité d'établir des liens contractuels avec des États tiers (CJCE, 31 mars **1971, *AETR***, aff. 22/70, 263).

Certes, **la capacité conventionnelle de la Communauté est limitée** : d'abord, la Communauté doit rester dans le champ de ses compétences extérieures ; ensuite, elle ne doit conclure des traités que lorsque c'est nécessaire pour exercer ses fonctions et atteindre ses buts ; enfin, la Communauté ne peut pas porter atteinte à l'équilibre institutionnel communautaire et à l'ordre juridique communautaire, notamment lorsque sont en jeu des compétences juridictionnelles (CJCE, avis 1/91 du 14 décembre 1991, *EEE*, I.6079 ; avis 1/92 du 10 avril 1992, *EEE*, I.2821). Il n'en reste pas moins que la personnalité juridique internationale de la Communauté est incontestable. Cela se traduit notamment par la **possibilité pour la Communauté de participer aux organisations internationales**. Plusieurs dispositions des traités évoquent ainsi les relations susceptibles de s'établir entre la Communauté et les organisations internationales : article 302 TCE (avec les organes des Nations-Unies), article 303 TCE (avec le Conseil de l'Europe), article 304 TCE (avec l'OCDE)... D'autres dispositions des traités envisagent la possibilité de conclure des accords internationaux avec les organisations internationales : article 300 TCE (procédure générale de conclusion des accords internationaux), article 133 (accords commerciaux)...

NB : Lorsque la Communauté n'a qu'un **statut d'observateur** dans une organisation internationale (cas le plus fréquent : Assemblée générale de l'ONU, CNUCED, OIT, OMS, UNESCO, OCDE, OTAN, CSCE, UEO, Conseil de l'Europe…), sa participation se manifeste diversement : présence et écoute, droit de parole, droit de recevoir des documents, droit de formuler des propositions ou de proposer des amendements. Lorsque la Communauté est **membre de** l'organisation internationale (OMC, FAO, BRED…), sa participation est évidemment plus active.

Les traités ne dotent pas l'Union européenne de la personnalité juridique, mais cela n'interdit pas de déduire la personnalité juridique internationale de l'Union des dispositions communautaires. À cet égard, on peut d'abord noter que **l'article 2 TUE** prévoit que l'Union se donne pour objectif *« d'affirmer son identité sur la scène internationale, notamment par la mise en œuvre d'une PESC… »*. En outre, le TUE autorise le Conseil à conclure des accords avec des États ou des organisations internationales dans le cadre de la PESC ou de la JAI (mais il semble que le Conseil agisse alors au nom des États membres, et non de l'Union). À cet égard, l'introduction, par le Traité de Nice, de la majorité qualifiée pour les accords passés dans le domaine de la PESC, est de nature à renforcer l'identité de l'Union sur la scène internationale et, par voie de conséquence, de contribuer à l'émergence de sa personnalité juridique internationale.

On notera aussi que, **sur le terrain, l'Union développe une capacité opérationnelle supérieure à la plupart des organisations internationales**, spécialement dans le domaine de la PESC, même si l'Union prend alors appui sur les États membres et si elle agit en cohérence avec la Communauté, la mise en œuvre de la PESC supposant l'utilisation d'instruments communautaires (l'aide à la Bosnie, à la Croatie et à la RFY résulte d'un règlement communautaire, mais trouve son origine dans une impulsion au titre de la PESC). C'est ce qui autorise M. Tizzano à affirmer que *« la personnalité de l'Union existe, mais il ne faut pas le dire… »* (A. Tizzano, « Une personnalité internationale de l'Union européenne », *Revue Marché unique eur.* n° 4/1998, p. 11).

Le Traité constitutionnel de 2004 devait doter l'Union européenne de la personnalité juridique.

§2. Le rôle du « triangle institutionnel » dans les relations extérieures des Communautés

180 bis. La **Commission** joue un rôle essentiel dans les relations extérieures des Communautés :

– elle participe, avec le Conseil, à l'exercice du droit de légation (droit d'envoyer et d'accréditer des représentants) ;

– elle est compétente pour passer des accords de liaison avec les organisations internationales (articles 302, 303 et 304 TCE) ;

– c'est à elle qu'il appartient de présenter des recommandations au Conseil en vue d'ouvrir des négociations d'accords internationaux, et c'est elle qui négocie ces accords (appelés « accords externes ») entre la Communauté et les États tiers, dans le respect d'un mandat fixé par le Conseil ; le Conseil ne peut d'ailleurs conclure un accord externe que sur proposition de la Commission ;

– c'est la Commission qui authentifie en principe les textes des accords par paraphe ou signature, avant conclusion formelle par le Conseil ;

– la Commission peut aussi conclure elle-même des « accords administratifs ». C'est ainsi qu'elle a signé le 23 septembre 1981 un accord avec le gouvernement des États-Unis concernant le droit de la concurrence. L'objet de cet accord est *« de promouvoir la coopération et la coordination et de réduire le risque de différends entre les parties dans l'application de leur droit de la concurrence et d'en atténuer les effets ».*

La décision de conclusion des accords externes appartient au **Conseil**, qui peut décider de ne pas conclure l'accord, même si la Commission le lui propose et si le Parlement européen y est favorable. Le Traité de Maastricht a prévu que, au moment de la conclusion d'un accord externe, le Conseil peut décider d'habiliter la Commission à conclure les accords modificatifs à certaines conditions.

D'une façon générale, le **Parlement européen** est informé de l'ouverture et du déroulement des négociations des accords externes, et, dans certains cas, son avis conforme est requis : accords d'adhésion et d'association, accords organisant des procédures de coopération ayant des implications financières notables ou portant sur des matières impliquant la modification d'un acte adopté selon la procédure de codécision.

Pour en savoir plus…

– A. PLIAKOS, « La souveraineté internationale de l'Union européenne : de la puissance étatique à la liberté collective », in *RDUE* 2005, p. 11.

En guise de conclusion au présent titre, nous évoquerons :

– deux thèmes qui ont déjà fait coulé beaucoup d'encre : celui de l'« eurocratie » d'une part, celui du « déficit démocratique » d'autre part ;

– le thème, apparu beaucoup plus récemment, de la « gouvernance européenne ».

a) L'« eurocratie » : mythe et réalité

181. Il ne serait pas sérieux de prétendre que le système institutionnel et décisionnel de l'Union européenne échappe au phénomène de la technocratie. Personne ne peut contester que la construction européenne a donné lieu à des dérives de cet ordre, et il est vrai que la méthode imaginée par J. Monnet a eu parfois pour effet de substituer l'expertise à la politique, en laissant une place importante à la pression des techniciens. On sait aussi que la Commission européenne, que le général de Gaulle avait affublé du qualificatif d'« *aréopage de technocrates apatrides* », fait figure à cet égard de bouc émissaire, puisqu'elle concentre sur elle l'essentiel des critiques formulées par les dénonciateurs de l'**eurocratie**.

Mais, comme l'a très justement observé le professeur Quermonne, *« si la technocratie existe bel et bien, elle ne se localise pas toujours là où l'on croyait »* (J.-L. Quermonne, *Le spectre de la technocratie et le retour du politique*, in « Europe, De la Communauté à l'Union », *Pouvoirs*, n° 69, 1994, p. 7 à 21, spécial. P. 13). L'auteur explique ainsi qu'*« il ne s'agit pas tant des eurocrates, que des hauts fonctionnaires nationaux représentant leurs départements ministériels dans les multiples comités qui gravitent autour des instances communautaires. L'intensité de leur présence, tant dans les commissions consultatives que convoque la Commission pour éclairer ses choix, que dans les groupes d'experts qui assistent le (...) COREPER, forme un véritable réseau qui pèse incontestablement sur les décisions* ». Et d'ajouter que les dérives technocratiques sont moins imputables « *à la Commission qu'aux gouvernements nationaux qui, pour contrecarrer celle-ci, ont accru la puissance de la comitologie en encadrant sa fonction d'exécution par des comités (...) composés de fonctionnaires des États* ». M. Quermonne poursuit en faisant valoir que la responsabilité des gouvernements des États membres tient encore au fait que, *« pour échapper au contrôle de leurs parlements respectifs »*, ils ont fait *« remonter à Bruxelles des dossiers que le principe de subsidiarité aurait dû laisser sur place »* et ont, *« au nom de leur pouvoir démocratique, (...) confisqué collégialement au sein du Conseil une fraction importante du pouvoir normatif »*.

En outre, s'il s'agit d'évoquer les méthodes et les pouvoirs de la Commission, il faut admettre qu'avec des effectifs relativement modestes si on les rapporte aux effectifs de certains ministères nationaux, cette institution accomplit un travail considérable, souvent d'une qualité remarquable. Et accuser la Commission de prendre des décisions politiques sans légitimité, c'est méconnaître les réalités communautaires, car seul le Conseil prend les décisions à l'issue d'un vote qui est l'aboutissement d'une négociation permettant aux intérêts nationaux et catégoriels de s'exprimer.

La Commission est indépendante des États, elle incarne l'intérêt communautaire que le traité lui donne pour mission de défendre, au besoin contre des intérêts strictement nationaux, et on ne peut pas sérieusement le lui reprocher. Elle est parfois tentée d'empiéter sur les attributions des autres institutions de l'Union européenne, mais le Conseil et le Parlement européen n'évitent pas les mêmes travers. La Commission est aujourd'hui le seul organe de la Communauté – avec le soutien de la Cour de justice – à œuvrer pour l'intégration européenne et contre toute dérive vers l'intergouvernementalisme. Par conséquent, on risquerait de briser la dynamique de l'intégration si l'on affaiblissait la Commission sans réaménager l'équilibre d'ensemble du système institutionnel de l'Union européenne.

Pour autant, la vigilance s'impose à l'égard des dérives technocratiques du système communautaire. Il faut en effet veiller à ne pas creuser l'écart constaté entre l'Europe des décideurs et les opinions publiques nationales ; il convient par ailleurs de laisser le minimum de prise aux procès les plus fantaisistes, où la mauvaise foi de certains hommes politiques le dispute volontiers à leur méconnaissance des réalités communautaires. Comment ? En accélérant le *« retour du politique »*, en faisant prévaloir la primauté du politique, *« au plan européen comme à l'intérieur des États, (...) sur les impératifs de la bureaucratie »* (J.-L. Quermonne, *op. cit.*, p. 14).

b) La question du « déficit démocratique »

182. La question du déficit démocratique (cette expression a été forgée à l'origine par le politologue anglais David Marquand, pour dénoncer l'élection du Parlement européen au suffrage universel indirect) de la Communauté est assez complexe. La difficulté résulte de ce que le thème du déficit démocratique renvoie en fait à deux problématiques distinctes : celle de la démocratie au sens classique du terme, qui implique notamment un contrôle parlementaire sur le pouvoir exécutif d'une part, et celle de l'association des parlements des États membres au processus décisionnel communautaire d'autre part.

Le thème du déficit démocratique a d'abord exprimé la frustration des députés européens, élus au suffrage universel direct depuis 1979, de ne pas exercer de réels pouvoirs en matière législative. Ils participent plus ou moins étroitement au processus législatif communautaire, mais le Conseil est le véritable législateur dans la Communauté.

Le thème du déficit démocratique a pris ensuite une nouvelle dimension avec l'adoption de l'Acte unique en 1986, parce que l'accélération du processus normatif communautaire, liée à la nécessité d'achever le grand marché intérieur au plus tard le 31 décembre 1992, a permis aux élus nationaux de prendre conscience qu'une part croissante des normes nationales était d'origine communautaire, et donc leur échappait, puisqu'ils n'étaient pas associés au processus décisionnel communautaire (il faut se souvenir que J. Delors avait déclaré en juillet 1988, devant le Parlement européen, que *« dans dix ans, 80 % de la législation économique, peut-être même fiscale et sociale, sera d'origine communautaire »*). En France, un nouveau texte sur deux est désormais d'origine communautaire.

Évoquer le déficit démocratique de la Communauté, c'est donc faire deux constats : 1 – le Parlement européen n'a pas de pouvoirs législatifs suffisants ; 2 – les parlements nationaux ne sont pas suffisamment associés au processus décisionnel communautaire. Quelles réflexions peuvent inspirer ces deux constats ?

Comme l'a écrit M. L. Cohen-Tanugi, le premier constat résulte d'un contresens, parce qu'il sous-entend que la Communauté est, ou devrait être, un système institutionnel comparable à celui qui prévaut dans les démocraties parlementaires classiques (in *L'Europe en danger*, Fayard, 1992). Or, la Communauté n'est pas un État et fait intervenir d'autres formes de légitimation démocratique que ceux du suffrage universel et du parlementarisme : la « justiciabilité » de toute question (ou presque), garantie par l'existence de la Cour de justice de Luxembourg et d'un système très complet de recours juridictionnels, la protection des droits fondamentaux des personnes, qui s'inspire des traditions constitutionnelles de chaque État membre, les garanties procédurales qui en découlent, etc.

L'Assemblée de Strasbourg n'a pas vocation *a priori* à jouer le rôle d'un parlement national. Elle est un lieu de débats destiné à l'expression des peuples de la Communauté ; elle contrôle la Commission et elle participe aujourd'hui assez étroitement au processus décisionnel communautaire, en particulier *via* la procédure de codécision. Mais le dépositaire historique de la fonction législative dans la Communauté, c'est le Conseil, et il n'y a aucune raison de lui adjoindre une seconde chambre, au-delà de ce que prévoit déjà la procédure de codécision, dont le champ d'application est par ailleurs très vaste. Une redistribution radicale du pouvoir législatif au sein de l'Union, qui profiterait au Parlement européen au détriment du Conseil, ne pourrait résulter selon nous que d'une modification substantielle de la nomenclature et de la hiérarchie des normes communautaires (avec l'introduction, par exemple, de véritables « lois » européennes (voir *infra*, Titre 6, Chapitre 1, section 2, § 2), qui ne semble pas encore d'actualité.

De plus, les membres du Conseil bénéficient d'une légitimité démocratique au niveau des États. La France et le Royaume-Uni, qui s'opposent traditionnellement à l'accroissement des pouvoirs du Parlement européen (mais aussi de la Commission), font d'ailleurs valoir que la véritable légitimité démocratique se situe au niveau du Conseil européen, qui réunit des chefs d'État et de gouvernement démocratiquement élus ou désignés, et au niveau du Conseil des ministres qui est l'émanation des exécutifs nationaux, eux-mêmes contrôlés (du moins en principe) par les parlements nationaux.

En réalité, le problème du déficit démocratique se situe dans les États membres eux-mêmes. Car, comme l'a fait encore observer M. L. Cohen-Tanugi (in *L'Europe en danger*, *op. cit.*), aussi longtemps que l'Union européenne ne sera pas un État-nation, les contrepoids démocratiques à la construction européenne resteront nationaux. Malheureusement, à l'exception notable de la Chambre des Communes britannique et du Folketing danois, les parlements nationaux se sont longtemps désintéressés des questions européennes. En France, en particulier, certains élus ont longtemps estimé que les affaires communautaires relevaient de la politique étrangère, et donc du « domaine réservé » du Président de la République.

De plus, les gouvernements des États membres ont pu voir parfois dans le processus normatif communautaire un moyen commode de court-circuiter les parlements nationaux, en utilisant un échelon de décision qui a longtemps échappé au contrôle des chambres parlementaires nationales.

c) La « gouvernance » européenne

182 bis. Le Livre blanc de la Commission européenne sur la « gouvernance européenne », adopté le 25 juillet 2001 (COM [2001] 428), propose d'**apporter des changements profonds au fonctionnement de l'Union**. Cinq principes politiques président aux propositions contenues dans le document : **ouverture, participation, responsabilité, efficacité et cohérence**. Il s'agit pour l'essentiel d'ouvrir davantage le processus d'élaboration des politiques de l'Union, afin d'assurer une participation plus large des citoyens et des organisations à leur conception et à leur application.

Les principales propositions de la Commission sont les suivantes :

– **recentrer les missions et les responsabilités de chaque institution**, pour que les citoyens soient en mesure de demander à leurs dirigeants politiques et aux institutions d'être comptables des décisions prises ;

– **fixer plus clairement les objectifs politiques et améliorer l'efficacité** en associant la législation à des solutions non législatives et autorégulatrices. Les mesures proposées devraient simplifier et accélérer le processus législatif ;

– **faire un plus grand usage des compétences et de l'expérience pratique des acteurs régionaux et locaux**. Bien qu'il s'agisse d'une question relevant avant tout des autorités nationales, la Commission mènera un dialogue plus systématique avec les associations de régions et de villes à un stade précoce du processus politique ;

– **renforcer la confiance du public dans la façon dont les décideurs politiques utilisent l'expertise**. La Commission élaborera des lignes directrices afin de rendre le système de désignation d'experts plus visible pour le public et de l'ouvrir au débat ;

– **définir les conditions de la création d'agences européennes de régulation.** Ces agences peuvent accroître l'efficacité du droit communautaire tant pour les entreprises que pour le public, en faisant en sorte que la prise de décision dans certains des domaines les plus complexes et les plus techniques soit plus proche des personnes concernées ;

– **structurer la relation avec la société civile**. Un code de conduite sera adopté à cet effet ;

La nouvelle gouvernance européenne commande aussi un recentrage des principales institutions (Commission, Conseil et Parlement européen). Ce recentrage devrait conduire :

– à un usage plus ciblé de son droit d'initiative par la Commission. Une meilleure consultation et une meilleure participation, un recours plus transparent à l'expertise et l'évaluation des incidences lui permettront d'examiner de façon beaucoup plus critique et sélective les besoins de nouvelles initiatives politiques ;

– à une législation de l'Union ramenée aux principes essentiels et à un cadre fixant la manière dont elle doit être appliquée. Le Conseil et le Parlement européen devraient se concentrer sur la direction et le contenu politiques, en laissant la mise en œuvre à l'exécutif ;

– à l'implication plus efficace des acteurs nationaux et régionaux dans l'élaboration, l'application et le contrôle des règles et programmes communautaires.

Le Livre blanc sur la gouvernance européenne esquisse en outre le modèle de l'organisation politique future de l'Union, laquelle a besoin :

– d'une **répartition des pouvoirs entre le législatif et l'exécutif**, sur le modèle des démocraties nationales. Lorsque les décisions sont prises conjointement par le Conseil et le Parlement européen, ces deux institutions devraient contrôler l'exécution sur un pied d'égalité. Dans le même temps, cette clarification des rôles doit permettre à la Commission d'assumer pleinement sa responsabilité exécutive.

– de **principes clairs de répartition des compétences entre elle-même et ses États membres.**

Pour en savoir plus...

– J.-C. CASTILLO, « La bonne gouvernance, comprise comme intégration des principes de légitimité, efficacité et justice », *RDUE* 2005, p. 239 ;

– A. ILIOPOULOS, « La méthode ouverte de coordination : un nouveau mode de gouvernance dans l'Union européenne », *CDE* 2006, p. 315 ;

– C.A. STEPHANOU (dir.), « La nouvelle gouvernance européenne : bilan et perspectives », *CDE* 2006, p .581.

Titre 3

L'organisation française en matière européenne

183. Étudier l'organisation française en matière européenne, c'est évoquer, d'une part les relations que le gouvernement français entretient avec sa *Représentation Permanente* à Bruxelles et les principales institutions de l'Union (Conseil, Commission, Parlement européen), d'autre part les conditions de la maturation des positions françaises sur les questions européennes.

Chapitre 1

Les relations de la France avec sa Représentation permanente à Bruxelles et avec les institutions de l'Union européenne

Plan du chapitre

184. Ces relations ont été partiellement « codifiées » par une **circulaire du Premier ministre datée du 21 mars 1994** (*JORF* du 31 mars 1994, p. 4783), accompagnée de plusieurs annexes qui précisent notamment les principes d'organisation du travail interministériel.

L'efficacité de l'action européenne du gouvernement français dépend évidemment de son aptitude à entretenir un dialogue efficace, tant avec sa représentation permanente à Bruxelles, qu'avec la Commission, le Parlement européen ou les autres États membres au sein du Conseil, étant entendu que l'objectif ultime est de persuader l'ensemble des interlocuteurs de la France du bien fondé des positions qu'elle entend défendre à Bruxelles.

Section 1
Dans le cadre du 1er pilier de l'Union européenne

§1. Les relations du gouvernement français avec sa Représentation permanente et avec les autres États membres

185. Le gouvernement français entretient des relations très étroites avec sa Représentation permanente à Bruxelles, mais il peut aussi, plus ponctuellement, entretenir des contacts directs avec ses partenaires au sein du Conseil, c'est-à-dire avec les autres États membres.

A. Les relations du gouvernement français avec sa Représentation permanente

186. L'Union européenne est d'abord une formidable « machine » à produire du droit. Une grande part de l'activité des États membres au sein de l'Union consiste donc à négocier des actes juridiques. En pratique, **c'est la Représentation permanente de la France à Bruxelles qui négocie au nom et pour le compte du gouvernement français**, sur la base d'instructions précises qui lui sont adressées par le Secrétariat Général du Comité interministériel pour les questions de coopération économique européenne (SGCI).

Les négociations bruxelloises ne se conduisent pas tout à fait de la même façon, selon que l'on se situe en période « normale » ou sous présidence française.

I – La conduite des négociations bruxelloises « en période normale »

187. En règle générale, **la délégation française qui négocie les textes à Bruxelles** se compose, pour les groupes de travail, du membre de la représentation permanente (RP) responsable du dossier et de deux autres experts appartenant le plus souvent au **ministère « maître d'œuvre »** (le ministère de l'Agriculture s'il s'agit de négocier un texte dans le domaine agricole ; le ministère de l'Économie et des Finances s'il s'agit de négocier une directive relative aux marchés publics, etc.). Un membre du **SGCI** peut également composer la délégation française, mais c'est le conseiller responsable au sein de la représentation permanente qui prend la parole à la table des négociations (il assure la fonction de « porte-parole » de la délégation), sauf dans les périodes où la France assure la présidence de l'Union. Car dans ces périodes-là, le conseiller responsable au sein de la RP assure la présidence du groupe, et c'est alors un membre du ministère maître d'œuvre ou un membre du SGCI qui conduit la délégation française (voir *infra*).

Les instructions adressées à la RP sont rédigées par le SGCI, en liaison avec le ministère « leader » et les autres départements ministériels concernés. Les instructions sont transmises à la RP par télégramme diplomatique.

En amont de chaque négociation d'une certaine importance, le ministère leader élabore une note préliminaire qui analyse la proposition de la Commission, rappelle les principaux enjeux pour la France, identifie les objectifs que le gouvernement devrait se fixer dans la négociation et suggère les positions qui pourraient être défendues à Bruxelles. Cette note fera l'objet d'un examen interministériel au SGCI, et elle deviendra une note de référence lorsqu'elle aura été validée par l'ensemble des ministères concernés. Cette note de référence pourra être adressée pour information à la RP, mais aussi aux postes diplomatiques de la France dans les États membres. Tout au long de la négociation, le SGCI adressera des instructions à la RP dans le respect des orientations définies au niveau interministériel. La RP doit adresser au SGCI les comptes-rendus des réunions qui se tiennent à Bruxelles, pour que le SGCI puisse vérifier que ses instructions ont été parfaitement respectées, et pour permettre aux différents ministères concernés par la négociation d'ajuster leurs positions pour tenir compte de l'évolution de cette négociation à Bruxelles. La RP doit aussi alerter le SGCI sur les contraintes du calendrier de la négociation, et suggérer éventuellement un aménagement des positions françaises lorsque cela s'avère nécessaire.

Les délégations peuvent formuler plusieurs types de réaction à Bruxelles à l'occasion de l'examen d'un texte :

- accord ;
- accord conditionnel (sous réserve par exemple de l'accord des autres délégations ou du réaménagement de tel ou tel aspect du texte) ;
- accord *ad referendum* (sous réserve de confirmation par les capitales) ;
- réserve d'attente (susceptible d'être levée dans un certain délai) ;
- réserve d'examen (ne peut se prononcer avant d'avoir examiné le texte) ;
- réserve de fond.

188. Le ministre chargé des affaires européennes (ou le Secrétaire Général du SGCI) préside, en principe régulièrement, un **comité de pilotage** qui comprend l'Ambassadeur représentant permanent à Bruxelles, les trois Secrétaires généraux adjoints du SGCI et un représentant (au niveau des directeurs ou des chefs de service) des ministères suivants : Affaires étrangères, Affaires européennes, Économie, Budget, Intérieur et Agriculture. D'autres ministères peuvent, en tant que de besoin, être associés au comité de pilotage. Ce comité examine les dossiers importants d'actualité, prépare le comité interministériel (en principe mensuel, mais il n'a tenu aucune réunion de 1961 à 1975, et de 1982 à 1993) sur les questions de coopération économique européenne présidé par le Premier ministre et, le cas échéant, assure la préparation et le suivi de la présidence française.

II – La conduite des négociations bruxelloises sous présidence française

189. À chaque fois que la France s'apprête à assurer la Présidence de l'UE, le Président de la République et le Premier ministre définissent plusieurs mois à l'avance les priorités de cette présidence, sur la base d'expertises des ministères les plus concernés et du SGCI (parmi les priorités de la présidence française du second semestre 2000 figurait la conduite à son terme de la

Conférence intergouvernementale lancée à Helsinki en décembre 1999). La Présidence est gérée conjointement par le SGCI et le ministère des Affaires étrangères.

L'État membre qui assure la présidence de l'Union européenne doit évidemment s'efforcer de mettre en œuvre les priorités qu'il s'est fixées, mais il doit aussi assurer le suivi des négociations entamées sous les présidences précédentes. Il peut aussi arriver qu'il soit contraint de réagir rapidement pour faire face à un problème d'actualité (apparition soudaine du problème de la « vache folle » par exemple).

La Présidence ne peut pas privilégier les positions de telle ou telle délégation, et spécialement les positions de la délégation qui représente l'État qui a la charge de la Présidence. Mais si la Présidence doit effectivement veiller à ne pas manquer à son obligation de neutralité, rien n'interdit des contacts appropriés avant les réunions, et en pratique, c'est ce qui se passe.

Ce n'est pas nécessairement un avantage de présider l'Union, car l'une des responsabilités de la Présidence consiste à proposer des textes de compromis (« le compromis de la Présidence ») lorsque la négociation est bloquée sur un point particulier. Proposer des compromis, cela veut dire assouplir ses positions, accepter de céder du terrain sur telle ou telle disposition d'un texte en cours de négociation. Or, un État peut parfois avoir intérêt à durcir ses exigences dans la négociation. Il est évident que cette stratégie lui est plus difficile à tenir s'il assume la Présidence du Conseil.

La Présidence doit aussi veiller à moduler le rythme des négociations bruxelloises : à l'approche d'un COREPER par exemple, elle devra accélérer les discussions et même les dramatiser si nécessaire, pour placer chaque délégation devant ses responsabilités. Très souvent, un tête-à-tête informel ou un déjeuner avec le porte-parole d'une délégation récalcitrante, en marge des cadres officiels de la négociation, permettra de débloquer cette négociation.

En réalité, le président d'un groupe de travail doit s'efforcer d'éviter deux écueils :

– renvoyer au COREPER des points purement techniques ou des problèmes qui n'ont pas fait l'objet d'un examen suffisamment approfondi au niveau du groupe ;

– garder un problème trop longtemps au niveau du groupe, alors qu'il apparaît clairement que les positions ne pourront être débloquées qu'au niveau du COREPER, voire du Conseil.

Au niveau du COREPER, c'est l'ambassadeur ou son adjoint qui représente la France à la table des négociations. Il sera évidemment assisté par le conseiller de la RP qui assure le « porte-parolat » au niveau du groupe. Au niveau du Conseil, c'est le ministre lui-même qui représente la France, et il est accompagné d'un ou plusieurs membres de son cabinet et, le cas échéant, d'un membre du SGAE et/ou du ministère maître d'œuvre.

B. Les relations du gouvernement français avec les autres États membres de l'Union

190. La France peut avoir intérêt à entretenir des relations directes avec tel ou tel État membre de l'Union, soit pour tenter de régler à l'amiable un différent qui l'oppose à un de ses partenaires et éviter ainsi l'ouverture d'une procédure d'infraction, soit parce qu'elle cherche à constituer une majorité ou une minorité de blocage sur telle ou telle disposition d'un texte dans le cadre d'une négociation.

La France peut intervenir auprès d'un État membre de diverses manières :

– à l'occasion d'une **rencontre bilatérale** au niveau des ministres (sommet franco-allemand, sommet franco-britannique, etc.). Ces rencontres sont préparées par le SGCI et le ministère des Affaires étrangères ;

– *via* **une démarche de ses ambassades** auprès des gouvernements concernés, sur la base d'un télégramme diplomatique, rédigé conjointement par le SGCI et le ministère des Affaires étrangères, qui vaut instructions, l'objectif étant de sensibiliser les partenaires de la France à telle ou telle difficulté rencontrée par les autorités françaises ;

– *via* **une démarche de la RP** auprès de la délégation de l'État membre que les autorités françaises souhaitent convaincre du bien-fondé de leurs positions.

§2. Les relations du gouvernement français avec la Commission

191. La France et la Commission sont en relation permanente dans le cadre des négociations des propositions d'actes communautaires ou même plus en amont, lorsque les textes préparés par la Commission sont encore à l'état de projets. Ces relations sont alors le plus souvent loyales et globalement sereines, même si certains aspects des négociations ou discussions bruxelloises peuvent être à l'origine de tensions passagères.

Les relations du gouvernement français avec la Commission s'entretiennent également, dans une atmosphère alors souvent plus tendue, à l'occasion du suivi de l'application du droit communautaire.

A. Dans le cadre des négociations des propositions d'actes communautaires

192. La Commission entretient des relations étroites avec les États membres à tous les stades de la négociation. Avant de saisir le Conseil d'une proposition formelle, elle procède à de nombreuses consultations pour s'assurer que sa proposition pourra recueillir l'approbation d'une majorité des acteurs concernés : professionnels, entreprises et gouvernements des États membres. Les États membres peuvent donc prendre connaissance des projets de la Commission, avant même que ces projets soient validés par le collège des commissaires. La France a donc la possibilité de faire valoir ses intérêts très en amont de la négociation, notamment *via* des contacts avec les cabinets des deux commissaires de nationalité française ou avec des représentants de la Direction Générale compétente.

Tout au long de la négociation, la France peut intervenir auprès de la Commission pour justifier ses positions, soit en organisant des rencontres bilatérales (qui se tiendront au SGCI ou à Bruxelles), soit en donnant mandat à la RP de sensibiliser les membres de la Commission aux difficultés rencontrées par les autorités françaises dans le cadre de la négociation.

B. À l'occasion du suivi de l'application du droit communautaire

193. La Commission est la gardienne de la légalité communautaire. Elle doit donc veiller au respect par les États membres du droit communautaire.

Ce suivi de l'application du droit communautaire peut prendre la forme d'**échanges de lettres** entre la *DG* compétente et la France, mais il peut aussi s'effectuer dans le cadre des « **réunions paquets** » qui se tiennent régulièrement à Paris ou à Bruxelles. Ces réunions permettent de faire l'inventaire des dossiers qui posent des difficultés dans tel ou tel domaine relevant de la compétence de la Communauté. C'est ainsi par exemple que des réunions-paquets se tiennent une à deux fois par an pour assurer le suivi de la transposition des directives ou de l'ensemble des problèmes qui concernent le fonctionnement du marché intérieur (marchés publics, aides d'État, etc.). Certains dossiers évoqués dans le cadre de ces réunions-paquets pourront aboutir à l'ouverture d'une procédure d'infraction à l'encontre de la France.

On sait aussi que **la phase précontentieuse de la procédure d'infraction** met face à face la Commission et l'État soupçonné d'avoir violé le droit communautaire ; la phase contentieuse débute lorsque la Commission décide de saisir la Cour de justice de Luxembourg (voir *infra*, Titre 7, chapitre 2, section 1, §1).

§3. Les relations du gouvernement français avec le Parlement européen

194. Le renforcement des pouvoirs « législatifs » du Parlement européen, notamment à travers la procédure de codécision, impose d'améliorer le suivi des travaux de cette institution et l'information des parlementaires européens sur les positions du gouvernement français.

Chaque ministère doit désigner en son sein un **« chargé de mission pour les relations avec le Parlement européen »**. Cet agent assure un rôle de coordination entre les services de son ministère ; il est destinataire de tous les documents du

Parlement et il collecte toutes les informations qui s'y rapportent ; il fait parvenir ces documents aux différents services concernés, et il travaille en relation avec les conseillers compétents de la représentation permanente. Le chargé de mission est aussi l'interlocuteur privilégié des parlementaires européens au sein de son ministère. Il suit les travaux des groupes, des commissions et de l'assemblée plénière, en liaison étroite avec le SGAE.

Si un ministère souhaite adresser une note d'information au Parlement européen, cette note doit être préalablement transmise au SGAE, qui vérifie que le contenu de la note est conforme aux positions arrêtées au niveau interministériel. Le chargé de mission a compétence pour faire valoir les positions françaises auprès des parlementaires, des présidents de groupe ou des rapporteurs. Il doit établir un compte-rendu après chaque mission qu'il effectue et faire parvenir ce compte-rendu, pour information, au SGAE, à la RP et au ministère chargé des affaires européennes.

Section 2
Dans le cadre des 2e et 3e piliers de l'Union européenne

195. Dans le cadre du 2e pilier (PESC), la représentation de la France est assurée, au niveau des groupes de travail, par le ministère des affaires étrangères et la RP, qui peuvent faire appel à l'expertise technique des ministères concernés quand cela s'avère nécessaire. La RP doit veiller à ce que les convocations aux groupes de travail soient diffusées en temps réel au SGAE, et elle doit établir systématiquement un compte-rendu des groupes qu'elle diffusera au SGAE.

Dans le cadre du 3e pilier (JAI), la représentation de la France est assurée, au niveau des groupes de travail, par le ministère principalement responsable de la négociation et de la mise en œuvre des textes, positions et actions communes (le ministère de la Justice pour les questions judiciaires, le ministère de l'Intérieur pour les affaires intérieures, le ministère de l'Économie et des Finances pour les questions douanières). La RP participe dans tous les cas aux travaux qui concernent le 3e pilier, dans les mêmes conditions que pour les autres piliers de l'Union.

Chapitre 2

La maturation des positions françaises sur les questions européennes

Plan du chapitre

196. Il s'agit d'exposer les conditions dans lesquelles sont arrêtées les positions françaises sur les dossiers qui intéressent l'Union européenne. Il convient d'évoquer à cet effet, d'une part le fonctionnement de la coordination interministérielle, assuré pour l'essentiel par le *Secrétariat Général des affaires européennes (SGAE / Services du Premier ministre)*, d'autre part les conditions de la prise en considération des positions du Parlement français dans le cadre des négociations bruxelloises.

Section 1 La coordination interministérielle

§1. Les services responsables de la coordination interministérielle

A. Le SGAE

197. Comme l'a rappelé le Premier ministre dans une circulaire du 21 mars 1994, « *les intérêts de la France doivent être défendus avec conviction dans les négociations européennes* ». C'est la raison pour laquelle **les positions de la France doivent être exprimées avec clarté et cohérence** dans toutes les instances de l'Union. **Le SGAE est le garant « naturel » de cette clarté et de cette**

cohérence, et il doit aussi veiller en permanence à ce que l'action des administrations nationales intègre pleinement la dimension européenne.

Le SGCI a été créé par **un décret du 25 juin 1948**. À l'origine, il a été institué pour assurer un minimum de coordination interministérielle dans le cadre de la distribution de l'« aide Marschall » pour la reconstruction de l'Europe, après la Seconde Guerre mondiale. Par la suite, ses missions ont été recentrées sur les questions intéressant les Communautés européennes. **Depuis le 18 octobre 2005, le SGCI a changé de dénomination et est devenu le SGAE** (D. n° 2005-1283, 17 octobre 2005, *JORF*, 18 octobre 2005, p. 16488).

Le SGAE est chargé de la coordination interministérielle pour les questions relevant des 1er et 3e piliers. Il comprend aujourd'hui environ 180 agents qui se répartissent en *secteurs* (secteur financier, secteur agricole, etc.), et il assure quatre fonctions :

198. **une fonction d'arbitrage :** le SGAE s'assure que les positions françaises exprimées à Bruxelles sont le résultat d'accords interministériels formellement constatés. L'unité des positions françaises est en effet une condition de l'efficacité de l'action du gouvernement. La France doit parler d'une seule voix à Bruxelles, Luxembourg ou Strasbourg, et tout ministre ou délégué français qui s'exprime dans le cadre des institutions de l'Union doit savoir qu'il engage la France. Par conséquent, les positions que les représentants de la France expriment dans le cadre des 1er et 3e piliers de l'Union doivent être arrêtées après concertation interministérielle, et cette concertation est organisée par le SGAE. Lorsqu'un désaccord est constaté entre les ministères concernés, le SGAE organise des réunions qui permettront aux représentants de ces ministères de confronter leurs points de vue ; à l'issue de ces réunions, le SGAE rend un arbitrage qui s'impose à tous si les ministères ne sont pas parvenus à trouver un accord.

Dans la très grande majorité des cas, les arbitrages du SGAE permettent de régler les principales difficultés. Mais il peut arriver qu'un ministère conteste l'arbitrage du SGAE ; dans ce cas, c'est le cabinet du Premier ministre qui devra trancher la difficulté à l'issue d'une réunion qui se tiendra à Matignon. Le cabinet du Premier ministre est également sollicité lorsque le problème à régler est trop politique pour être traité par les services (dans 10 à 20 % des cas seulement, il est nécessaire de solliciter l'arbitrage de Matignon).

Lorsque le Secrétaire Général du SGAE est, en même temps, le conseiller pour les affaires européennes au cabinet du Premier ministre (ce qui est le plus souvent le cas), la position du SGAE s'en trouve nettement renforcée au stade des arbitrages ultimes.

199. **une fonction de « boîte aux lettres » :** le SGAE centralise et transmet toute l'information aux administrations intéressées, pour qu'elles puissent arrêter leurs positions en connaissance de cause. En réalité, le SGAE fait office de double entonnoir : il reçoit l'ensemble des informations en provenance de l'Union, avant de les diffuser aux ministères concernés, et il est le passage obligé de tous les documents d'origine française destinés aux institutions de l'Union.

200. **une fonction d'expertise :** en principe, ce sont les ministères techniques qui assurent cette fonction d'expertise pour les questions qui les concernent directement. Mais, lors d'une négociation, de nombreux paramètres doivent être pris en considération. Parce qu'il occupe une position pivot dans l'administration française, le SGAE a une vision plus synthétique des problèmes et il peut veiller, mieux que d'autres, à ce que les dossiers intéressant l'Union soient appréhendés dans toutes leurs dimensions : politique, juridique, économique, etc. En tout état de cause, le SGAE est le conseiller privilégié du Premier ministre en matière européenne.

201. **une fonction de surveillance :** le SGAE doit veiller à la bonne application par la France du droit communautaire. C'est lui par exemple qui assure le suivi de la transposition des directives communautaires en droit français et qui gère l'ensemble des « précontentieux » (voir *infra*) en liaison avec la Commission, ainsi que les « affaires de Cour » (affaires préjudicielles, recours directs), en liaison avec les ministères intéressés, et plus particulièrement avec la Direction des affaires juridiques du ministère des affaires étrangères.

NB : En mars 2003, la France était au dernier rang de l'UE pour la transposition des directives. Une communication du gouvernement du 6 novembre 2002 a décidé un plan d'action en deux volets pour remédier à cette situation. Le 1er volet consiste en une clarification des responsabilités administratives. Chaque ministre a désigné des responsables du suivi des transpositions (au sein du cabinet et dans les services) chargés de veiller à la transmission dans les délais des documents préparatoires au SGAE et à la résorption des retards en matière de transposition ; le 2e volet consiste en l'examen prioritaire des projets de loi portant transposition de directives et dans la mise en place d'un rendez-vous régulier consacré aux transpositions dans l'ordre du jour législatif.

B. Le ministère des Affaires étrangères

202. C'est le ministère des Affaires étrangères qui a la responsabilité de la politique étrangère et de sécurité commune (2e pilier de l'Union européenne). Le SGAE n'a aucune compétence dans ce domaine. Donc, si la mise en œuvre d'une action commune implique l'adoption de mesures nationales, c'est le Quai d'Orsay qui saisit les ministères concernés et qui pilote les opérations. En revanche, si les actions communes font appel à des instruments ou à des politiques du 1er pilier, le SGAE entre à nouveau « dans la partie » : c'est lui qui assurera la coordination interministérielle pour la préparation de la position française sur les aspects strictement communautaires.

Deux directions du ministère des Affaires étrangères sont spécialement chargées du suivi des questions européennes : la direction de la coopération européenne (DCE) et la direction des affaires juridiques (DAJ). Ce sont les agents de la DAJ qui défendent la France devant les juridictions communautaires.

§2. Les domaines de la coordination interministérielle

203. La coordination interministérielle s'impose évidemment pour la préparation des négociations ouvertes à Bruxelles. Elle s'impose aussi dans le cadre du suivi de la procédure d'infraction et à l'occasion de la transposition des directives communautaires.

Un **exemple** concret permettra de comprendre en quoi consiste le travail interministériel : c'est celui de **la transposition des directives en droit français** (voir circulaire Raffarin du 27 septembre 2004 relative à la procédure de transposition en droit interne des directives et décisions-cadres négociées dans le cadre des institutions européennes, *JORF* du 10 novembre 1998, p. 16948).

Prenons l'exemple d'une directive marchés publics. La directive vient d'être adoptée à Bruxelles. Elle prévoit que les États disposent de douze mois pour la transposer dans le droit national.

Le SGAE va transmettre une copie de la directive adoptée à l'ensemble des ministères concernés, qui seront ensuite convoqués à une réunion destinée à lancer les opérations de transposition. En fait, tous les ministères qui ont été associés à la négociation de la directive seront impliqués dans les opérations de transposition. Le ministère leader (ici, le ministère de l'Économie et, plus particulièrement, la sous-direction de la commande publique à la Direction des affaires juridiques) sera chargé de rédiger le plus rapidement possible un projet d'acte de transposition : soit un projet de loi, soit un projet de décret, le plus souvent les deux.

Le SGAE « relancera » régulièrement la sous-direction de la commande publique pour que le texte soit prêt dans les meilleurs délais. Quand le texte est prêt, la sous-direction de la commande publique l'adresse au SGAE, qui lui-même le diffuse dans la foulée aux autres ministères concernés, qui seront invités à contribuer aux travaux de transposition en suggérant des rédactions alternatives ou en attirant l'attention du SGAE sur telle ou telle difficulté qui risque de se poser au niveau de la transposition. S'agissant d'une directive marchés publics, les ministères concernés seront, outre le ministère de l'Économie (sous-direction de la commande publique, Direction des Relations Économiques Extérieures...), les ministères de l'Intérieur, de l'Equipement et des Transports. Plusieurs rséunions interministérielles seront nécessaires pour aboutir à un texte de transposition acceptable par tous les ministères.

Si, à l'issue de cette concertation interministérielle, des divergences importantes subsistent entre les ministères, le SGAE sollicitera l'arbitrage du Premier ministre. Une réunion sera donc organisée à Matignon et présidée par un membre du cabinet du Premier ministre. Les ministères y défendront leurs positions, le SGAE suggérera éventuellement une solution, et le cabinet du Premier ministre tranchera.

Lorsque les arbitrages ultimes ont été rendus, le ministère maître d'œuvre devra modifier le projet en tenant compte de ces arbitrages. Le projet de texte sera ensuite transmis pour avis au Conseil d'État. Une fois l'avis du Conseil d'État rendu, une réunion se tiendra au Secrétariat Général du Gouvernement, en présence du Secrétaire Général, d'un représentant du SGAE et des représentants des ministères concernés. Cette réunion est destinée à arrêter la version « définitive » du texte. À ce stade, il sera possible de tenir compte de l'avis du Conseil d'État, mais le gouvernement n'est pas tenu de reprendre à son compte l'ensemble des modifications suggérées par la Haute Assemblée.

Le Secrétariat Général du Gouvernement va alors *bleuir* le texte, selon l'expression consacrée. Cela signifie que le texte, imprimé sur un papier de couleur bleue, a été validé par le cabinet du Premier ministre.

Si le texte de transposition est de nature réglementaire (projet de décret), il pourra être adopté en Conseil des ministres et publié au *JORF*. Le SGAE devra alors notifier ce décret de transposition à la Commission qui pourra vérifier qu'il assure une mise en œuvre adéquate de la directive. Si le texte de transposition est de nature législative (projet de loi), la procédure devra se poursuivre : le projet de loi devra être examiné et voté par le Parlement national, qui a le pouvoir d'amender le texte du gouvernement, à condition de respecter les obligations qui résultent de la directive.

Une fois votée, la loi de transposition est publiée au *JORF*, puis notifiée à la Commission européenne par le SGAE.

204. *NB* : Le 4 novembre 1998, M. Moscovici, ministre délégué chargé des affaires européennes, a fait une communication en Conseil des ministres sur le Marché unique. Cette communication insistait notamment sur la nécessité, pour l'ensemble des administrations, de se mobiliser pour assurer un meilleur respect du Marché unique en France. À cette fin, il a été décidé que le gouvernement pourrait présenter au Parlement des **projets de loi portant diverses dispositions d'harmonisation communautaire (DDHC)**, lorsque cela apparaîtrait nécessaire pour transposer, *via* un texte unique, plusieurs directives communautaires relatives à un même secteur, dès lors que ces directives n'impliqueraient que des adaptations de nature technique.

Compte tenu du retard de la France en matière de transposition des directives dans les délais requis, le gouvernement de M. Jospin a fait adopter le 3 janvier 2001 une **loi portant habilitation du gouvernement à transposer, par ordonnances, des directives communautaires** et à mettre en œuvre certaines dispositions du droit communautaire (*JORF* du 4 janvier 2001).

Section 2
La prise en compte des positions du Parlement national : l'application de l'article 88-4 de la Constitution

205. L'un des moyens de combler le « déficit démocratique » de la Communauté consiste à mieux associer les parlements nationaux au processus décisionnel communautaire. La **déclaration n° 13 annexée au Traité de Maastricht** encourageait les États membres à organiser une plus grande participation des Parlements nationaux aux activités de l'Union européenne. C'est précisément pour mettre en œuvre cette déclaration que la France a introduit un article 88-4 dans sa Constitution.

Avant l'introduction, en 1992, de cet article 88-4 dans la Constitution, le Parlement était déjà informé par le gouvernement des travaux conduits par les organes de la Communauté (principalement la Commission et le Conseil). Les documents pertinents étaient en effet adressés aux deux *Délégations parlementaires pour l'Union européenne* (celle de l'Assemblée nationale et celle du Sénat), créées par une loi du 6 juillet 1979. Ces *Délégations* pouvaient faire connaître leur position sur les documents communiqués, mais leurs conclusions n'avaient alors que la valeur de simples avis, qui ne liaient en aucune façon le gouvernement. La **loi « Josselin » du 10 mai 1990** (Loi n° 90-385, modifiée par la loi n° 94-476 du 10 juin 1994) prévoyait par ailleurs l'obligation, pour le gouvernement, de transmettre pour information aux deux chambres, l'ensemble des documents établis par les institutions de l'Union.

Pour compléter le dispositif prévu par l'article 88-4 de la Constitution, le Premier ministre D. de Villepin a pris, le **19 décembre 2005**, une **circulaire** (*JORF* n° 34, 9 février 2006, p. 2073) qui prévoit que les ministres devront, pour chaque Conseil européen, organiser un débat sans vote devant les deux assemblées, pour leur présenter les enjeux et les résultats de ces conseils.

§1. Le suivi parlementaire des positions exprimées à Bruxelles par le gouvernement français

A. Un suivi imposé par la Constitution

206. La **loi constitutionnelle** n° 92-554 **du 25 juin 1992** (*JORF* du 26 juin 1992, p. 8406) avait introduit dans la Constitution française un **article 88-4** qui disposait que :

« *Le Gouvernement soumet à l'Assemblée nationale et au Sénat, dès leur transmission au Conseil des Communautés, les propositions d'actes communautaires comportant des dispositions de nature législative.*

Pendant les sessions ou en dehors d'elles, des résolutions peuvent être votées dans le cadre du présent article, selon des modalités déterminées par le règlement de chaque assemblée ».

À chaque fois qu'une proposition d'acte communautaire contenait des dispositions qui relèveraient, en France, de la compétence du législateur (au sens de l'article 34 de la Constitution), le gouvernement avait donc l'obligation de la transmettre pour avis au Parlement national. Il s'agissait évidemment d'associer les parlementaires français au processus décisionnel communautaire. Dans sa version de 1992, l'article 88-4 faisait référence à des « ***propositions d'actes communautaires*** **»**. Cela signifie qu'il devait s'agir de propositions formelles, validées par le collège des commissaires, et non de textes rédigés par les services de la Commission et encore à l'état de projets. Il devait également s'agir d' « *actes communautaires* », ce qui excluait l'ensemble des actes adoptés dans le cadre des 2e et 3e piliers de l'Union.

Le ***Protocole sur le rôle des parlements nationaux dans l'Union européenne*** **annexé au Traité d'Amsterdam** avait traduit la volonté des Quinze d'encourager une participation plus étroite des parlements nationaux aux activités de l'Union. Il prévoyait notamment que tous les documents de consultation de la Commission (Livres blancs, Livres verts, communications) devaient être « *transmis rapidement aux parlements nationaux...* ». La loi constitutionnelle n° 99-49 du 25 janvier 1999, qui a modifié l'article 88-4 de la Constitution française, va dans le sens des vœux exprimés dans le *Protocole*.

NB : Le *Protocole* prévoit aussi des possibilités de mieux associer la Conférence des organes des parlements spécialisés dans les affaires européennes (**COSAC**, créée à Paris les 16 et 17 novembre 1989) aux activités, en particulier législatives, de l'Union.

207. La **loi constitutionnelle n° 99-49 du 25 janvier 1999** (*JORF* du 26 janvier 1999, p. 1343), adoptée en vue de la ratification du Traité d'Amsterdam (cette ratification était subordonnée à la révision préalable de la Constitution) a notamment modifié l'article 88-4, qui dispose désormais que :

« *Le Gouvernement soumet à l'Assemblée nationale et au Sénat, dès leur transmission au Conseil de l'Union européenne, les projets ou propositions d'actes des Communautés européennes et de l'Union européenne comportant des dispositions de nature législative. Il peut également leur soumettre les autres projets ou propositions d'actes ainsi que tout document émanant d'une institution de l'Union européenne.*

Selon des modalités fixées par le règlement de chaque assemblée, des résolutions peuvent être votées, le cas échéant en dehors des sessions, sur les projets, propositions ou documents mentionnés à l'alinéa précédent ».

Il ressort de ces nouvelles dispositions que l'Assemblée nationale et le Sénat peuvent désormais voter des résolutions :

– non seulement sur des « *propositions* » d'actes de nature législative, mais également sur de simples « *projets* » d'actes de cette nature ;
– sur tout acte de l'UE, y compris par conséquent sur des actes concernant les 2e et 3e piliers (PESC et JAI), dès lors que ces actes sont de nature législative.

Le gouvernement a par ailleurs la possibilité (ce n'est pas une obligation) de transmettre au Parlement, pour vote de résolutions, des actes dépourvus de valeur législative ou des documents émanant d'une institution de l'Union européenne. Le terme « *document* » renvoie notamment à des actes préparatoires ou à des actes non décisoires, tels que des communications, des résolutions, des Livres blancs ou verts, etc. Ces documents peuvent en outre émaner d'autres institutions de l'Union que celles qui sont directement impliquées dans le processus décisionnel communautaire.

B. Une procédure dont le déroulement est précisément « codifié »

208. **Plusieurs circulaires du Premier ministre** ont précisé les conditions de mise en œuvre de l'article 88-4 de la Constitution : la circulaire du 21 avril 1993 sur l'application de l'article 88-4 de la Constitution (*JORF* du 22 avril 1993, p. 6495) ; la circulaire du 21 mars 1994 déjà citée, qui concerne les relations entre les administrations françaises et les institutions de l'Union européenne ; et enfin la circulaire du 19 juillet 1994 (*JORF* du 21 juillet 1994, p. 10510) relative à la prise en compte de la position du Parlement français dans l'élaboration des actes communautaires. Ces trois circulaires invitent les ministres à prendre en compte et, le cas échéant, à tirer parti des positions exprimées par le Parlement français dans la négociation à Bruxelles. Plus récemment, une circulaire du 22 novembre 2005 (*JORF* du 25 novembre 2005, p. 8281) étend le champ de la transmission des actes de l'Union européenne aux parlementaires : seront désormais communiqués aux deux chambres tout projet d'acte relevant de la procédure de codécision, qu'il soit ou non de nature législative ; en outre, le Premier ministre invite les membres du gouvernement à donner suite, en règle générale, aux demandes des parlementaires visant à obtenir communication de tout document dont la transmission ne serait pas obligatoire, mais qui pourrait néanmoins éclairer utilement leurs travaux.

Jusqu'à l'adoption de la loi constitutionnelle du 18 janvier 1999, un tri devait être opéré parmi l'ensemble des documents émanant de l'Union européenne, pour distinguer ceux qui pouvaient conduire les parlementaires à voter des résolutions au titre de l'article 88-4 de la Constitution, parce qu'ils constituaient des « *propositions d'actes communautaires comportant des dispositions de nature législative* ». Les autres documents établis par les institutions de l'Union étaient transmis pour information aux deux chambres en application de la loi « Josselin » du 10 mai 1990 (Loi n° 90-385, modifiée par la loi n° 94-476 du 10 juin 1994).

Le **Conseil d'État** (en pratique, un rapporteur, sous l'autorité du président de la section concernée) est chargé d'indiquer au gouvernement si les projets ou propositions d'actes concernés contiennent ou non des dispositions de nature législative (la teneur des avis rendus par le Conseil d'État est communiquée aux parlementaires, depuis que le Premier ministre A. Juppé en a décidé ainsi en juillet 1995 – voir lettre de M. Juppé du 10 juillet 1995, n° 478/95/SG, adressée aux présidents des deux assemblées). Le rapporteur se prononce en quelques jours, voire en quelques heures en cas d'urgence. En cas de difficulté, un débat peut avoir lieu devant la section ou devant l'assemblée générale. Le gouvernement ne peut pas refuser de transmettre une proposition d'acte communautaire au Parlement, dès lors qu'il est établi que cette proposition contient des mesures de nature législative.

NB : En 1996, et donc avant que n'intervienne la loi constitutionnelle du 18 janvier 1999, le Conseil d'État avait établi à la demande du SGCI une typologie des documents communautaires en fonction de leur transmission au titre de la loi « Josselin » ou de l'article 88-4 de la Constitution (Lettre SG n° 753 du 4 avril 1996). Pour la Haute Assemblée, **les textes suivants ne nécessitaient pas une saisine du Conseil d'État au titre de l'article 88.4 :**

– les documents antérieurs à l'entrée en vigueur de la procédure prévue à l'article 88-4 (pas d'application rétroactive de la Constitution, sous réserve d'une demande expresse émanant du Gouvernement ou des Présidents de l'Assemblée nationale ou du Sénat).

– les Livres verts et Livres blancs.

– les rapports, les documents de travail, ces documents n'ayant manifestement pas le caractère d'acte juridique.

– les propositions de virement de crédits.

– les communications de la Commission.

– les projets de textes émanant des organes suivants : Conseil des ministres ACP-CE, Conseil d'association CE-États tiers, Commission mixte CE-AELE, Comité mixte CE-États tiers.

– les propositions de règlement du Conseil adaptant les rémunérations des agents des Communautés.

Tous les autres projets d'actes communautaires devaient faire l'objet d'une transmission systématique au Conseil d'État, et notamment :

– les documents intermédiaires de la procédure d'adoption comme les propositions modifiées et réexaminées en cas de modification substantielle de leur contenu.

– les accords interinstitutionnels.

Il va de soi que ces listes on dû être amendées, pour tenir compte de l'adoption de la loi constitutionnelle du 18 janvier 1999.

209. La transmission au Parlement des propositions d'actes communautaires incombe au **Secrétariat Général du Gouvernement**, mais les ministres sont invités à fournir directement au Parlement toutes les informations complémentaires qu'il estimera nécessaires à l'exercice de ses compétences. Ces informations pourront concerner aussi bien la portée que le calendrier d'adoption des propositions d'actes communautaires.

Dans tous les cas, c'est le **SGAE** qui doit alerter les ministres concernés sur les propositions de résolution parlementaires déposées, puisque le dépôt de telles propositions signifie clairement que les parlementaires ont l'intention de s'exprimer sur le texte qui leur est soumis.

Il faut d'abord vérifier que le Parlement a bien l'intention d'examiner le texte qui lui est transmise et d'adopter une **résolution** exprimant sa position sur ledit texte. Car les parlementaires ne sont pas obligés de voter des résolutions sur tous les textes transmis au titre de l'article 88-4. L'Assemblée et le Sénat doivent faire connaître leur intention d'adopter une résolution dans le délai d'un mois à compter de la transmission du texte par le Secrétariat Général du Gouvernement. Le SGAE tient un tableau de bord des textes en cours d'examen au Parlement en vue du vote éventuel d'une résolution.

Lorsque le Parlement a fait savoir qu'il se prononcerait sur le texte, mais qu'il n'a pas encore adopté de résolution au moment où le Conseil s'apprête à voter ce texte, **deux hypothèses sont à distinguer** :

– **1re hypothèse : l'inscription de la proposition à l'ordre du jour du Conseil est demandée moins de 14 jours avant la tenue du Conseil** ; dans ce cas, et sauf urgence ou motif particulier, le SGAE doit donner instruction à la Représentation Permanente de faire savoir au COREPER que la France s'oppose à cette inscription en application de l'article 2 du règlement intérieur du Conseil ;

– **2e hypothèse : l'inscription de la proposition à l'ordre du jour du Conseil est demandée plus de 14 jours avant la tenue du Conseil** ; dans ce cas, le règlement intérieur du Conseil ne permet pas à un État membre de s'opposer à l'inscription du texte à l'ordre du jour d'un Conseil.

Sauf urgence ou motif particulier, le SGAE doit donner instruction à la Représentation Permanente de la France de demander le report de l'adoption du texte à un ordre du jour ultérieur du Conseil, ou de subordonner le vote définitif du texte par la France à une prise de position du Parlement. Il s'agit évidemment d'empêcher le passage au vote au sein du Conseil tant que les parlementaires français ne se sont pas exprimés, car on ne voit pas l'utilité d'une résolution adoptée par le Parlement qui interviendrait après le vote définitif du texte. En pratique toutefois, la demande de report de la France (réserve d'examen parlementaire) n'empêche pas, au moins juridiquement, l'adoption du texte à Bruxelles, dès lors qu'une majorité existe pour cette adoption sans les voix de la France (si l'on se situe évidemment dans un cas de vote à la majorité ; car si l'on se trouve dans une matière où l'unanimité est requise, la demande de report sera nécessairement prise en compte, puisque l'État qui la formule peut utiliser son droit de veto).

§2. Les limites à l'intervention du Parlement national

210. **Les résolutions** de l'Assemblée nationale et du Sénat **ne sont pas juridiquement contraignantes, mais, politiquement, il est toujours difficile pour le gouvernement de ne pas en tenir compte**. M. Lequesne en conclut qu'« *elles renforcent le pouvoir de contrôle des députés et des sénateurs sur le gouvernement, contredisant ainsi la rhétorique sur l' "Europe dépossédante" qui est souvent devenue la réponse facile au problème plus général de la faiblesse constitutionnelle du parlement sous la Cinquième République* » (C. Lequesne, « Union européenne et coordination intergouvernementale, *Quid novi* en France ? », in F. D'Arcy, L. Rouban, dir., *De la Ve République à l'Europe*, Paris, Presses de Sciences-Po, 1996, p. 270).

Lorsque les résolutions du Parlement sont adoptées, le SGCI doit les diffuser aux ministères concernés et organiser sans délai une réunion interministérielle qui permettra d'examiner dans quelle mesure il est possible de tenir compte de ces résolutions, voire d'en tirer parti dans le cadre des négociations à Bruxelles.

L'expérience montre qu'il n'est pas toujours possible de tenir compte des résolutions parlementaire, soit **pour des raisons politiques** (les résolutions ne sont pas « en phase » avec les choix du gouvernement), soit, plus simplement, parce que la négociation est déjà très avancées à Bruxelles. En effet, le temps qui s'écoule entre la transmission des « *projets ou propositions d'actes des Communautés européennes et de l'Union européenne* » au Conseil et l'adoption définitive de ces textes est plus ou moins long selon les matières concernées (de quelques mois à plusieurs années), et **des accords partiels (qu'il n'est guère possible de remettre en cause ultérieurement) peuvent être constatés sur des points précis du texte, à chaque niveau du processus de décision** (groupe de travail, Coreper, Conseil). Le Parlement doit donc pouvoir se prononcer le plus tôt possible sur le texte en cause, s'il veut avoir une réelle influence sur la détermination du contenu de la norme communautaire en cours de négociation.

Malheureusement, **les circuits actuels de transmission des textes au Parlement empêchent les députés et les sénateurs de prendre connaissance de la proposition élaborée par la Commission sans délai** : enregistrement au SGCI, transmission au Conseil d'État, avis du Conseil d'État, envoi au Parlement par le Secrétariat Général du Gouvernement. Deux semaines s'écoulent en principe entre le moment où la Commission a transmis sa proposition au Conseil et le moment où les parlementaires français en prennent connaissance, puisqu' une circulaire du 31 juillet 1992, non publiée, fixe à 15 jours maximum le délai de transmission au

Parlement d'une proposition d'acte communautaire (le Conseil d'État doit donner son avis sur le caractère législatif du texte en cause à l'intérieur de ce délai).

Le *Protocole sur le rôle des parlements nationaux dans l'Union européenne*, annexé au Traité d'Amsterdam, prévoit bien qu'un délai minimum de six semaines doit s'écouler entre le moment où une proposition de nature législative est mise à la disposition du Conseil, et sa date d'inscription à l'ordre du jour du Conseil en vue d'une décision (des exceptions étant possibles pour des raisons d'urgence), mais cette innovation paraît insuffisante pour garantir que les résolutions parlementaires interviendront à temps.

En effet, **l'Assemblée nationale et le Sénat auront encore besoin de plusieurs semaines, voire de plusieurs mois, pour examiner le texte**, parfois complexe, en cours de négociation à Bruxelles. Et à mesure que le nombre de propositions d'actes communautaires soumises chaque année aux deux chambres augmente (231 en 1997 contre 40 en 1992), les parlementaires ont évidemment besoin d'un délai toujours plus important pour procéder à l'examen de ces textes. Plusieurs groupes de travail ou Coreper ont pu donc se tenir avant que ne soient votées les résolutions des parlementaires, si bien que plusieurs accords sur des points particuliers ont pu être déjà constatés au moment où le gouvernement prend connaissance de la position des députés et des sénateurs. Dans ces conditions, il est évident que le Parlement a peu de moyens d'influer véritablement sur l'attitude du gouvernement dans la négociation.

Pour en savoir plus...

– CONSEIL D'ÉTAT, *L'administration française et l'Union européenne : Quelles influences ? Quelles Stratégies*, Rapport public 2007, La Documentation Française ;

– V. LANCERON, *Du SGCI au SGAE*, L'Harmattan, coll. Logiques juridiques, 2007.

Titre 4

Les compétences de la Communauté et de l'Union européenne

211. Pour étudier les compétences des Communautés européennes et de l'Union européenne, il faut en envisager à la fois :

– l'étendue (chapitre 1), *via* la présentation de la « théorie des compétences » : compétences résiduelles, exclusives, partagées, subsidiarité, etc. ;

– les domaines (chapitre 2) : politique agricole commune, politique régionale, politique commune des transports, etc.

Mais il convient d'abord d'évoquer, en guise d'introduction générale, le champ d'application territorial et le champ d'application personnel (citoyenneté de l'Union) de ces compétences.

Section 1
Le champ d'application territorial des compétences de l'Union européenne

212. Un État exerce son autorité sur le territoire dont il dispose, mais aussi sur des personnes situées à l'étranger, dès lors que l'activité de ces personnes a des effets sur son territoire (on parle alors des compétences *extraterritoriales* de l'État). Peut-on appliquer la notion de compétence territoriale à l'UE ?

Il faut d'abord observer que, contrairement à un État, l'Union européenne ne « dispose » pas d'un territoire au sens où on l'entend traditionnellement. Elle n'a pas « acquis » de territoire et elle n'a, ni la possibilité de céder un territoire, ni le devoir de protéger un territoire contre des empiétements étrangers. En réalité, le territoire de l'UE est prédéterminé par l'existence des territoires des États membres, si bien que l'UE n'a même pas la maîtrise de l'extension de « son » territoire, puisqu'elle ne peut que prendre acte de la modification du territoire d'un État membre. On a pu d'ailleurs le vérifier à l'occasion de la réunification allemande qui a abouti à l'extension du territoire de la R.F.A.

Le champ d'application territorial du droit communautaire est **fixé par référence aux territoires nationaux**, de sorte qu'il est possible de considérer que la notion de compétence territoriale est applicable à l'UE. La Cour de justice de Luxembourg emploie l'expression *« territoire de la Communauté »* dans sa jurisprudence (CJCE, 12 décembre 1974, *Walrave*, aff. 36/74, 1405).

De plus, **la Communauté s'est appuyée sur la théorie des « effets » sur le territoire pour justifier une application « extraterritoriale » de ses règles de concurrence**. Cette application a été clairement consacrée par la jurisprudence de la Cour de justice (voir notamment : CJCE, 27 septembre 1988, *pâte de bois*, aff. jtes 89, 104, 114,116, 117,125/85, 5193).

Le champ d'application territorial du Traité CE est défini par **l'article 299 (ex-art. 227).** On se bornera ici à indiquer que le traité prévoit :

– une application « sélective » du droit communautaire (IVe partie du Traité CE, art. 182 s. TCE) aux **régions dites ultrapériphériques** (départements français d'outre-mer, îles Canaries, îles portuguaises des Açores, Madère), qui sont dans une situation spécifique, liée à l'éloignement du continent européen et à l'insularité (voir L. Sermet, « La notion juridique de l'ultrapériphéricité communautaire », *Europe*, juin 2002, chron. P.3) ;

– un régime d'association (art. 299-2 TCE) pour les **pays et territoires d'outre-mer**, notamment français (PTOM). Les dispositions générales du traité ne sont pas applicables aux PTOM, sauf référence expresse (voir la nouvelle décision d'association des PTOM à la Communauté : déc. 2001/822/CE, 27 novembre 2001, *JOCE* n° L. 314, 30 nov. 2001, p. 1) ;

– les îles anglo-normandes et l'île du Man font l'objet d'une application « partielle » du droit communautaire (art. 299-6 C TCE).

Section 2
Le champ d'application personnel des compétences de l'Union européenne
– La citoyenneté européenne –

213. Un État exerce son autorité sur des personnes (physiques ou morales) qui lui sont rattachées par le lien de nationalité, indépendamment de la localisation de ces personnes. Peut-on appliquer cette notion de compétence personnelle à l'UE ?

Il n'existe pas de nationalité communautaire. Les ressortissants de l'UE n'ont que la nationalité de l'État dont ils relèvent, et la fixation des règles de nationalité dépend exclusivement des États, comme l'a rappelé la Cour de justice (CJCE, 17 décembre 1980, *Commission c/ Belgique*, aff. 149/79, 3881). La définition des titulaires des droits politiques du citoyen européen relève également des droits – constitutionnels – nationaux (CJCE, 12 septembre 2006, *Espagne c/ Royaume-Uni*, aff. C.145/04, I.7917 ; *Eman et Sevinger*, aff. C.300/04, I.8055).

Le fait d'avoir la nationalité d'un État membre établit un rattachement avec l'UE, et ce rattachement a été renforcé par le Traité de Maastricht qui a consacré, à l'initiative du gouvernement espagnol de M. Felipe Gonzalez, la notion de citoyenneté de l'Union (articles 17 à 22, ex-articles 8 à 8 D).

214. L'article 17 TCE prévoit : ***« Est citoyen de l'Union toute personne ayant la nationalité d'un État membre »***. Les États conservent cependant la maîtrise des conditions d'attribution de leur nationalité.

Un certains nombre de droits sont attachés à la citoyenneté européenne. Outre **le droit de pétition** devant le Parlement européen et **le droit de s'adresser au médiateur européen** (voir *supra*, Titre II) à 187), le Traité de Maastricht a accordé au citoyen de l'Union le droit de bénéficier, sur le territoire d'un pays tiers où l'État membre dont il est ressortissant n'est pas représenté, de ***la protection diplomatique et consulaire de tout État membre***, dans les mêmes conditions que les nationaux de cet État.

Trois types de droits attachés à la citoyenneté européenne méritent une mention particulière, compte tenu de leur importance pour leurs bénéficiaires : le droit de circuler et de séjourner librement sur le territoire des États membres ; le droit de voter et d'être candidat aux élections au Parlement européen et aux élections aux municipales dans l'État membre de résidence ; le droit d'accéder aux documents des institutions de l'Union.

§1. Le droit de circuler et de séjourner librement sur le territoire des États membres

215. L'article **14 § 2 TCE** précise que « *le marché intérieur comporte un espace sans frontières intérieures dans lequel la libre circulation (...) des personnes (...) est assurée...* ». L'article **18 § 1 TCE** dispose plus précisément que « *tout citoyen de l'Union a le droit de circuler et de séjourner librement sur le territoire des États membres, sous réserve des limitations et conditions prévues par le présent traité et par les dispositions prises pour son application* ». La Cour de justice a reconnu l'effet direct de l'article 18 §1 (CJCE, 17 septembre 2002, *Famille Baumbast*, aff. C-413/99, I.7091). Le second paragraphe de l'article 18 TCE prévoit que **le Conseil peut arrêter à l'unanimité des dispositions pour faciliter l'exercice de ce droit, en codécision avec le Parlement européen**, *« à moins que* *le présent traité en dispose autrement* ». Le Traité de **Nice** substitue la règle de la majorité qualifiée à la règle de l'unanimité, sauf dans les cas où d'autres dispositions du traité ont prévu des pouvoirs d'action. L'unanimité est également maintenue pour les dispositions relatives aux passeports, aux cartes d'identité, aux permis de séjour et aux autres documents assimilés, à la sécurité sociale et à la protection sociale.

Le **10 mars 2004** a été adoptée la **directive** relative au droit des citoyens de l'Union européenne et de leur famille de circuler et de séjourner librement sur le territoire de l'Union. Ce texte, qui devra être transposé en droit interne dans un délai de deux ans, rassemble plusieurs directives et règlements antérieurs, ainsi que la jurisprudence régissant la matière. Il prévoit notamment que le séjour peut être refusé, ou qu'il est possible d'y mettre fin, pour des motifs d'ordre public, de sécurité publique ou de santé publique.

On rappellera qu'un **passeport européen** existe depuis **1985**. En outre, les représentants des gouvernements des États membres réunis au sein du Conseil ont décidé, le 25 juin **1996**, la création d'un **modèle uniforme de titre de voyage provisoire**, qui sera délivré directement par les États membres, notamment dans le cas où l'État d'origine des citoyens européens concernés ne disposerait pas de représentation diplomatique ou consulaire sur le territoire de l'État membre de destination (Déc. 96/409/PESC du 25 juin 1996, *JOCE* L. 168, 6 juillet 1996, p. 4).

Dans un arrêt de 2002, la Cour de justice a précisé que « *dans la mesure où un citoyen de l'Union se voit reconnaître dans tous les États membres le même traitement juridique que celui qui est accordé aux ressortissants de ces États membres se trouvant dans la même situation, il serait incompatible avec le droit de la libre circulation qu'il puisse se voir appliquer dans l'État membre dont il est ressortissant un traitement moins favorable que celui dont il bénéficierait s'il n'avait pas fait usage des facilités ouvertes par le traité* » (CJCE, 11 juillet 2002, *D'Hoop*, aff. C-224/98, I.6191).

Un enfant qui a la nationalité d'un État membre bénéficie, en tant que citoyen de l'Union, d'un droit de séjour sur le territoire d'un autre État membre. Ses parents, même dépourvus de la nationalité d'un État membre, bénéficient d'un droit de séjour dérivé sur le territoire de cet État membre (CJCE, 19 octobre 2004, *Zhu et Cheng*, aff. C-200/02, I.9925).

Le droit à la libre circulation et au séjour est toutefois **strictement encadré et son effectivité est limitée par la lourdeur de la procédure d'adoption des textes qui s'y rapportent** (voir notamment B. Jésus, commentaires de l'article 18 TCE, in P. Léger (dir.), *Commentaire, article par article, du Traité instituant la Communauté européenne*, Helbing & Lichtenhahn, Dalloz, Bruylant, 2000, spécial. p. 233 à 238). La Cour de justice a précisé en 1999 que « *même au cas où (...) les ressortissants des États membres auraient un droit inconditionnel de* *circuler librement sur le territoire des États membres, ces derniers conserveraient le droit d'effectuer des* ***contrôles d'identité aux frontières intérieures*** *de la Communauté, obligeant un intéressé à présenter une carte d'identité ou un passeport en cours de validité,(…) afin de pouvoir établir si la personne concernée est un ressortissant d'un État membre, ayant donc le droit de circuler librement sur le territoire des États membres, ou un ressortissant d'un pays tiers, n'ayant pas ce droit* » (CJCE, 21 septembre **1999, *Wijsenbeek***, aff. C-378/97, I.6207). Plus récemment, elle a indiqué que les mesures de police d'un État membre pouvaient limiter à une partie du territoire national le droit de séjour d'un ressortissant d'un autre État membre, lorsque trois conditions cumulatives étaient réunies : des motifs d'ordre public ou de sécurité publique, fondés sur le comportement individuel de l'intéressé, le justifient ; en l'absence de cette possibilité, ces motifs ne peuvent conduire qu'à une mesure d'interdiction de séjour ou d'éloignement de l'ensemble du territoire national ; le comportement que l'État vise à prévenir donne lieu, lorsqu'il est le fait de ses propres ressortissants, à des mesures effectives destinées à le combattre (CJCE, 26 novembre 2002, *Ministre de l'Intérieur et A*, aff. C-100/01, I.10981).

§2. Un droit de vote et d'éligibilité dans l'État de résidence

216. Le Traité de Maastricht reconnaît au ressortissant de la Communauté **le droit de voter et d'être candidat aux élections municipales** dans l'État membre où il réside, même s'il ne s'agit pas de l'État dont il a la nationalité. En France, toutefois, un non-national ne peut être, ni maire, ni adjoint au maire, car ces derniers participent à l'élection du Sénat, c'est-à-dire d'une chambre qui est l'expression de la souveraineté nationale (voir directive 94/80 du 19 décembre 1994 – *JOCE* n° L. 368/38 du 31 décembre 1994).

Il reconnaît également au ressortissant communautaire le **droit de voter et d'être candidat aux élections au Parlement européen** dans l'État membre de résidence.

§3. Le droit d'accéder aux documents des institutions de l'Union

A. Un droit reconnu par des textes

217. Un **code de conduite** 93/730 du 6 décembre **1993** concerne l'accès du public aux documents de la Commission et du Conseil (*JOCE* n° L. 340 du 31 décembre 1993). La **Commission** a adopté le 8 février 1994 une décision destinée à mettre en œuvre les principes contenus dans ce code de conduite (Déc. 94/90/CE, *JOCE* n° L. 46, 18 février 1994, p. 58). De son côté, le **Conseil** a également adopté le 20 décembre 1993 une décision relative à l'accès aux documents du Conseil (93/7311/CE, *JOCE* n° L. 340 du 31 décembre 1993 ;

voir aussi déc. 2000/23/CE du 6 décembre 1999, *JOCE* n° L. 9, 13 janvier 2000, p. 22). Cette décision prévoit notamment que la communication des documents est interdite lorsqu'elle *« pourrait porter atteinte à l'intérêt public (sécurité publique, relations internationales, stabilité monétaire, procédures juridictionnelles, activités d'inspection et d'enquête) »*. Plus récemment, le Conseil a modifié son règlement intérieur pour y insérer des dispositions concernant l'accès aux documents administratifs (déc. 2001/840/CE du 29 novembre 2001, *JOCE* n° L. 313, 30 novembre 2001).

Le **Parlement européen** a adopté le 10 juillet **1997** une décision relative à l'accès du public à ses documents (Déc. 97/632/CECA/CE/Euratom, *JOCE* n° L. 263/27 du 25 septembre 1997).

La déclaration inter institutionnelle sur la démocratie, la transparence et la subsidiarité du 25 octobre 1993 rappelle par ailleurs les mesures déjà prises ou à prendre par la Commission, le Conseil et le Parlement européen dans ces trois domaines (*Bull.* CE 10/93, point 2-2-1).

La **Cour des comptes** a adopté une décision n° 18/97 portant règles internes relatives au traitement des demandes d'accès aux documents dont dispose la Cour (*JOCE* n° C-295 du 23 septembre **1998**).

Le **Comité économique et social** a adopté le 27 mai **1997** une décision relative à l'accès du public à ses documents (*JOCE* n° L. 339, 10 décembre 1997, p. 18), qui s'inspire largement des actes équivalents adoptés par les autres institutions communautaires, notamment en ce qui concerne les limites au droit d'accès liées à la nécessité de protéger l'intérêt public, la vie privée ou la confidentialité. Le **Comité des régions** a également adopté le 17 septembre **1997** une décision relative à l'accès du public à ses documents (*JOCE* n° L. 351, 23 décembre 1997, p. 70).

Les dispositions sur la transparence inscrites dans le Traité d'Amsterdam se bornent pour l'essentiel à consacrer au niveau du Traité CE, dans un article 255, l'existence de principes généraux et de limites du droit d'accès aux documents du Parlement européen, du Conseil et de la Commission, tels qu'ils avaient déjà été énoncés dans des textes antérieurs. Le 2e paragraphe de l'article 255 dispose ainsi que *« Les principes généraux et les limites qui, pour des raisons d'intérêt public ou privé, régissent l'exercice de ce droit d'accès aux documents sont fixés par le Conseil, statuant conformément à la procédure visée à l'article 251, dans les deux ans suivant l'entrée en vigueur du Traité d'Amsterdam »*.

Un **règlement** n° 1049/2001 du Parlement européen et du Conseil, relatif à l'accès du public aux documents du Parlement européen, du Conseil et de la Commission a été adopté le **30 mai 2001** (*JOCE* L. 145, 31 mai 2001).

La **Banque centrale européenne** a adopté une décision n° 2004/258/CE relative à l'accès du public aux documents de la BCE (*JOUE* n° L. 80 du 18 mars 2004, p. 42).

B. Un droit dont les conditions d'exercice on été précisées par la jurisprudence

218. Le TPI a eu l'occasion de préciser que la Commission ne pouvait éventuellement rejeter une demande d'accès à des documents relatifs à ses délibérations, qu'après avoir mis en balance l'intérêt du citoyen à accéder à ces documents et l'intérêt de l'institution à protéger le secret de ses délibérations (TPI, 19 octobre **1995, *John Carvel***, aff. T-194/94).

Le TPI a également approuvé le refus de la Commission de communiquer un document préparatoire dans la phase d'enquête d'une procédure en manquement, alors que ce document était en principe « accessible » (TPI, 14 octobre **1999, *Bavarian Lager Company***, aff. T-309/97, II.3217). Le Tribunal justifie sa décision en indiquant que la procédure d'infraction était encore dans *« une phase d'inspection et d'enquête »* et que l'État membre concerné était donc en droit d'attendre de la Commission la confidentialité requise.

Le TPI a encore précisé que le Conseil pouvait à bon droit refuser de communiquer les avis de son service juridique (cela vaut également pour les avis du service juridique de la Commission), car la divulgation de ceux-ci porterait atteinte à l'intérêt public (TPI, ord. 3 mars **1998, *Hanne Norup Carlsen***, aff. T-610/97 R, -II.485). Ce faisant, le Tribunal consacre une conception extensive de l'*« intérêt public »* visé par la décision du 20 décembre 1993, puisqu'il ajoute aux cinq cas visés expressément par cette décision ceux concernant la stabilité de l'ordre juridique communautaire et le bon fonctionnement des institutions.

En outre, le TPI consacre un droit à un accès partiel. Il considère en effet que la restriction à l'accès ne s'applique pas à un document dans son ensemble. L'institution doit examiner quels éléments du document en cause peuvent être communiqués sans porter atteinte à l'intérêt public (TPI, 19 juillet **1999, *Hautala***, aff. T-14/98, II.2489). Le Tribunal précise toutefois que l'institution peut, « *dans des cas particuliers où le volume du document ou celui des passages à censurer entraînerait pour* (elle) *une tâche administrative inappropriée, de mettre en balance, d'une part l'intérêt de l'accès du public à ces parties fragmentaires et, d'autre part, la charge de travail qui en découlerait* ».

Par ailleurs, le seul fait que les documents demandés relèvent de la JAI ne les rend pas *ipso facto* incommunicables. Le Conseil doit indiquer les motifs, liés à par la protection de la sécurité publique, susceptibles de justifier le refus de communication (TPI, 17 juin **1998, *Svenska Journalistförbundet***, aff. T-174/95, II.2289).

219. La Cour de justice a précisé que la Commission ne pouvait pas refuser par principe de communiquer à un particulier les réponses demandées à celle-ci par une juridiction nationale, la divulgation de ces réponses ne relevant pas de la seule compétence de la juridiction destinataire de la réponse (CJCE, 11 janvier **2000, *Van der Wal***, aff. jtes C-174/98 P et C-189/98 P, I-1). La Cour a opéré à cette occasion une distinction entre les documents contenant des analyses juridiques ou économiques rédigées sur la base des données fournies par le juge interne, et les documents ne contenant que des informations indépendantes des données relatives à l'affaire pendante devant ce juge. Les premiers doivent être soumis aux règles nationales de procédure au même titre que toute expertise, notamment en ce qui concerne leur divulgation, parce qu'ils résultent de la fonction de conseil juridique ou économique de la Commission auprès du juge national (la Commission doit donc consulter le juge national pour savoir si le droit interne ne s'oppose pas à la communication des documents demandés). Pour les seconds, la Commission doit apprécier dans chaque cas d'espèce s'ils relèvent des exceptions énumérées dans le code de conduite du 8 février 1994.

Si le citoyen se borne à s'enquérir auprès d'une institution d'informations générales, sans viser un document particulier, les dispositions communautaires sur le droit d'accès ne sont pas applicables (TPI, ord. 22 octobre **1999, *Meyer***, aff. T-106/99, II.3273). Le juge fait en effet une distinction entre la notion d'*informations* et la notion de *documents*.

Le droit d'accès aux documents du Conseil ne s'étend pas aux demandes d'informations qui n'ont pas été formalisées dans un document susceptible d'être diffusé (TPICE, 25 avril **2007**, ***WWF European Policy Programme***, aff. T-264/04, II.911).

Un État membre a toujours la faculté de s'opposer à la divulgation, par les institutions communautaires, d'un document qu'il leur a délivré (TPICE, 17 septembre **2003, *Messina***, aff. T-76/02, II.3203).

En tout état de cause, les exceptions au principe du libre accès aux documents doivent être interprétées de manière restrictive (TPI, 7 décembre **1999, *Interporc***, aff. T-92/98, II.3521) et la décision de refus de communication fondée sur l'exception d'intérêt public doit être motivée et respecter le principe de proportionnalité (TPI, 6 avril **2000, *Kuijer***, aff. T-188/98, II.1959).

On étudiera successivement :

– l'étendue des compétences de la Communautés et de l'Union européennes (chap. 1) ;

– les domaines de compétences de la Communauté et de l'Union européennes (chap. 2)

Pour en savoir plus...

Plus spécialement sur la citoyenneté européenne

– M. BENLOLO CARABOT, *Les fondements juridiques de la citoyenneté européenne*, Bruylant, Droit de l'Union européenne, Thèses, 2007 ;

– P. MAGNETTE, *La citoyenneté européenne*, Bruylant, 2001 ;

– P.-A. FÉRAL, « L'accès aux documents des institutions communautaires : la consécration d'un droit fondamental de l'Union européenne », *Europe*, juillet 2001, chron., p. 5 ;

– J. RIDEAU (dir.), *La transparence dans l'Union européenne, mythe ou principe juridique ?*, LGDJ, Paris, 1999.

Chapitre 1
L'étendue des compétences des Communautés et de l'Union européennes

Plan du chapitre

---

220. Pour apprécier l'étendue des compétences de la Communauté et de l'Union européennes, il convient de développer trois idées :

1. les traités ont posé le principe d'une stricte compétence d'attribution de la Communauté et de l'UE (section 1) ;

2. c'est néanmoins une conception extensive des compétences de la Communauté et de l'UE qui s'est imposée (section 2) ;

3. l'attribution de compétences à la Communauté et à l'UE n'a pas pour effet de dessaisir totalement les États membres de leurs prérogatives (section 3).

Section 1
Les traités posent le principe d'une stricte compétence d'attribution des Communautés et de l'Union européennes

221. À l'instar des organisations internationales classiques, les Communautés et l'Union européennes ne bénéficie que d'une compétence d'attribution. Cela signifie que leurs activités ne peuvent se déployer que dans un certain nombre de domaines limitativement déterminés par les traités. Dès lors qu'elle s'est vue reconnaître une compétence particulière, la Communauté (ou l'Union) peut l'exercer à tout moment dans les conditions prévues par les traités, et le non-exercice d'une de ses compétence n'a pas pour effet de l'en dessaisir. Par ailleurs, l'attribution d'une compétence à la Communauté ou à l'UE s'assimile à un transfert de compétence de la part des États membres au profit des institutions communes.

§1. Les domaines de compétence des Communautés et de l'UE sont limitativement déterminés par les dispositions matérielles des traités

222. C'est l'article 5 § 1 TCE (ex-art. 3 B §1) qui dispose que ***« la Communauté agit dans les limites des compétences qui lui sont conférées et des objectifs qui lui sont assignés par le présent traité ».*** Et l'article 7 (ex-art. 4) du même traité prévoit encore que chaque institution de la Communauté « *agit dans les limites des attributions qui lui sont conférées par le présent traité* ». Les organes de la Communauté ne peuvent donc édicter un acte juridique que dans la mesure où ils tiennent expressément ce pouvoir d'une stipulation d'un traité, et dans la stricte limite du domaine concerné par cette stipulation et de l'objet pour lequel une compétence normative a été conférée à la Communauté. Cela signifie que **les États conservent leur compétence normative de droit commun**, et qu'une attribution de compétence au profit de la Communauté ne se présume pas. Autrement dit, la compétence nationale est la règle, et la compétence de la Communauté l'exception.

Les traités ne contiennent aucun titre ou chapitre consacré spécialement au système d'attribution des compétences (à la différence de la plupart des constitutions fédérales), si bien qu'en cas de doute sur l'existence d'une compétence de la Communauté, **c'est dans les dispositions matérielles du traité qui sont invoquées comme base de compétence qu'il faudra trouver la confirmation de cette compétence**.

Il est également intéressant d'observer que les traités ne règlent pas le problème des compétences de la Communauté et de l'Union sous la forme de matières (monnaie, commerce, justice civile, etc.), comme c'est le cas dans les constitutions fédérales, mais sous la forme d'actions à mener et de fonctions à remplir.

§2. Le non-exercice par la Communauté ou l'Union des compétences qui lui sont attribuées n'a pas pour effet de l'en dessaisir

223. La Cour de justice de Luxembourg a eu l'occasion de préciser que la Communauté ne peut pas être dessaisie d'une compétence qui lui a été attribuée par un traité, au seul motif qu'elle ne l'a jamais exercée. C'est ce qui résulte de l'arrêt rendu le 14 décembre 1971 dans l'affaire de l'agence d'approvisionnement d'Euratom (CJCE, 14 décembre **1971, *Commission c/ France***, aff. 7/71, 1003). La France avait prétendu dans cette affaire que les dispositions litigieuses du traité Euratom étaient frappées de caducité parce qu'elles n'avaient jamais été appliquées. La Cour dira pour droit que *« la caducité des dispositions du traité ne se présume pas »* et qu' *« un dessaisissement des attributions... conférées et le retour des objets qu'elles concernent dans le domaine de compétence des seuls États membres, ne pourraient intervenir qu'en vertu d'une disposition expresse du traité »*. Le non-exercice par la Communauté de ses compétences n'a donc pas pour effet de restituer ces compétences aux États membres. Par conséquent, seule une modification des traités (qui exige l'accord unanime des États membres) peut permettre de remettre en cause une compétence attribuée à la Communauté ou à l'UE.

§3. L'attribution d'une compétence s'assimile à un transfert de compétence

224. Pour le juge de Luxembourg, l'attribution d'une compétence à la Communauté s'assimile incontestablement à un transfert de compétence de la part des États membres au profit des institutions communes. Dès **1964**, la Cour de justice définit la Communauté économique européenne comme *« une communauté dotée d'attributions propres... et plus précisément de pouvoirs réels issus d'une limitation de compétence ou d'un transfert d'attributions des États à la Communauté »* (arrêt ***Costa c/ ENEL*** déjà cité). La Cour précise encore que *« le transfert opéré par les États, de leur ordre juridique interne au profit de l'ordre juridique communautaire, des droits et obligations correspondant aux dispositions du traité, entraîne... une limitation définitive de leurs droits souverains »*. Cette formule jurisprudentielle est assez audacieuse, puisqu'elle laisse supposer que la Communauté disposerait de compétences étatiques, et qu'en acceptant de transférer certaines de leurs compétences aux institutions communes, les États membres auraient en fait attribué des « *droits souverains* » à la Communauté. Cette présentation doit pourtant être nuancée, dans la mesure où les compétences de la Communauté sont, le plus souvent, partagées avec les États membres, de sorte que le transfert de compétences représente moins un dessaisissement des

États qu'une mise en commun et un exercice en commun de ces compétences, dans le cadre d'une structure institutionnelle originale.

NB : Comme l'écrit François Luchaire, « *bien des compétences de l'État* (ont été) *transférées à la Communauté* », mais « *le principe de la souveraineté nationale (...) subsiste. Il n'y a pas de souveraineté européenne. Il manque en effet à l'Union européenne un élément incontournable de la souveraineté ; c'est la compétence de sa propre compétence. L'Union n'a que des attributions limitativement énumérées. La compétence de principe, c'est-à-dire la souveraineté, reste à l'État* » (in D. Maus, O. Passelecq (dir.), *Le traité d'Amsterdam face aux constitutions nationales, Actes du colloque international organisé le 10 décembre 1997*, Les Cahiers constitutionnels de Paris I, 1998, spécialement p. 108 et 109 – lire aussi J.-M. Favret, « L'intégration européenne et la France : quelques réflexions sur la divisibilité de la souveraineté », *RDP* 1999, p. 1741).

Section 2
En pratique, c'est une conception extensive des compétences de la Communauté européenne qui s'est imposée

225. Si, en dépit du fait que les traités ont posé le principe d'une stricte compétence d'attribution de la Communauté et de l'UE, c'est finalement une conception extensive de cette compétence qui s'est imposée, c'est pour deux raisons : d'abord parce que le traité lui-même a prévu une réserve de compétences subsidiaires qui permet à la Communauté de prendre les mesures nécessaires à la réalisation des buts qu'elle poursuit, même lorsque ces mesures n'ont pas été prévues par le traité (article 308 CE, ex-235) ; ensuite parce que la Cour de justice a reconnu l'existence de compétences implicites, non écrites mais découlant d'une interprétation globale et finaliste des traités.

§1. L'article 308 CE, (ex-art. 235) a prévu une réserve de compétences subsidiaires

226. L'article 308 CE (ex-art. 235) prévoit que, « *si une action de la Communauté apparaît nécessaire pour réaliser, dans le fonctionnement du marché commun, l'un des objets de la Communauté, sans que le présent traité ait prévu les pouvoirs d'action requis à cet effet, le Conseil statuant à l'unanimité sur proposition de la Commission et après consultation du Parlement, prend les dispositions appropriées* ». **Il permet ainsi d'attribuer des pouvoirs d'action à la Communauté dans les hypothèses où il n'existe pas d'autres bases juridiques utilisables et lorsque ces pouvoirs d'action sont nécessaires à la réalisation des buts du**

traité. Il permet donc d'étendre les compétences de la Communauté sans passer par une révision du traité. La seule contrainte consiste en ce que le Conseil ne peut alors légiférer qu'à l'unanimité, sur proposition de la Commission, et uniquement en vue de réaliser *« l'un des objets de la Communauté »*.

En pratique, le Conseil n'a pas hésité à recourir à cette disposition, que ce soit pour renforcer certaines actions communautaires (création en 1973 du Fonds européen de coopération monétaire, et en 1975 du Fonds européen de développement régional ; adoption des accords de coopération économique avec les pays tiers) ou pour mettre en place des politiques totalement nouvelles (politique énergétique en dehors du domaine du charbon et de l'atome en 1973 ; politique de recherche en dehors du cadre Euratom en 1973 ; politique de conservation des oiseaux sauvages en 1979 ; politique de protection des consommateurs en 1979).

Le Conseil est parfois tenté de recourir à cet article, alors qu'il existe d'autres bases juridiques dans le traité pour fonder son intervention. Cela tient au fait que cette disposition accorde un droit de veto à chaque État membre, puisqu'il ne permet d'adopter des actes communautaires qu'à l'unanimité. Il s'agit évidemment d'une utilisation abusive de l'article 308 TCE (ex-art. 235), et **la Cour de justice n'a pas hésité à annuler certains actes du Conseil au motif qu'ils auraient dû être fondés sur une autre disposition du traité** (CJCE, 26 mars 1987, *Commission c/ Conseil*, aff. 45/86, 1493). L'article 235 ne peut être en effet utilisé que s'il n'existe pas d'autres bases juridiques possibles dans le traité (voir encore CJCE, 3 décembre 1996, *Portugal c/ Commission*, aff. C-268/94, I. 6177).

NB : Le Traité constitutionnel de 2004 avait prévu une clause qui aurait permis l'adoption des mesures nécessaires pour atteindre l'un des objectifs fixés par le traité, lorsque celui-ci n'aurait pas prévu de pouvoirs d'action spécifiques à cet effet. Si son champ d'application aurait été plus large que celui de l'actuel article 308 TCE, limité au marché intérieur, les conditions de sa mise en œuvre auraient été plus strictes puisque, outre l'exigence d'unanimité au sein du Conseil, l'approbation du Parlement aurait été indispensable.

§2. La Cour de justice a reconnu l'existence de compétences implicites

227. Le juge de Luxembourg considère que les institutions communautaires disposent de compétences implicites, c'est-à-dire de **compétences non écrites qui découlent d'une interprétation téléologique (finaliste) des traités** (le professeur D. Simon préfère parler de *« pouvoirs impliqués »* – voir *Le système juridique communautaire*, *op. cit.*). Cette théorie des pouvoirs implicites - (reconnus également par la Cour internationale de justice) a fait l'objet d'une application particulièrement remarquable en matière de compétences externes. À l'origine, le Traité CEE n'a attribué à la Communauté une compétence expresse pour conclure des accords avec des pays tiers que dans deux domaines : les accords commerciaux et les accords d'association. Pourtant, la Cour de justice a reconnu une compétence à la Communauté pour conclure des accords externes dans d'autres domaines, en indiquant *« qu'une telle compétence résulte non seulement d'une attribution explicite par le traité... mais peut découler également d'autres dispositions du traité et d'actes pris, dans le cadre de ces dispositions, par les institutions de la Communauté »* (CJCE, 31 mars **1971, *AETR***, aff. 22/70, 263).

La Cour a également précisé, en matière de pêche, que la Communauté est compétente pour prendre des mesures à effet « externe » dès lors qu'elle est compétente pour prendre des mesures à effet « interne » (CJCE, 14 juillet **1976, *Kramer***, aff. jtes 3, 4 et 6/76, 1279). C'est ce que l'on a coutume d'appeler le **principe du parallélisme des compétences internes et des compétences externes (*foro interno – foro externo*).** Cette règle a été confirmée et précisée dans **l'avis 1/76** rendu par la Cour à propos d'un projet d'accord relatif à l'institution d'un Fonds européen d'immobilisation de la navigation intérieure. Le juge de Luxembourg a indiqué dans cet avis que *« chaque fois que le droit communautaire a établi dans le chef des institutions de la Communauté des compétences sur le plan interne en vue de réaliser un objectif déterminé, la Communauté est investie de la compétence pour prendre les engagements internationaux nécessaires à la réalisation de cet objectif, même en l'absence d'une disposition expresse à cet égard »*. **La Cour avait ajouté qu'il n'était pas nécessaire que des mesures à effet interne aient déjà été prises pour que la Communauté puisse participer à un engagement international**.

Si la jurisprudence *AETR* a fait longtemps l'objet d'une lecture extensive, ce n'est plus le cas aujourd'hui, le juge de Luxembourg s'orientant désormais **vers *« une définition plus prudente des compétences externes de la Communauté, au moins en ce qui concerne leur caractère exclusif ou concurrent »*** (D. Simon, *Europe*, février 2002, n° 34). Dans son *avis 2/00 du 6 décembre 2001*, la Cour de justice s'est ainsi prononcée sur la répartition des compétences externes entre les États membres et la Communauté s'agissant de la conclusion du Protocole de Cartagena, relatif à la prévention des risques biotechnologiques. En considérant que le contenu du Protocole témoignait de son objet environnemental prépondérant, et non d'un objet commercial prépondérant, le juge communautaire a refusé de suivre le raisonnement de la Commission européenne favorable à une interprétation large de la notion de politique commerciale commune. D'une part, la Cour écarte l'idée d'une double base juridique (art. 133 + art. 175 § 1) et retient une base juridique spécifique à la politique de l'environnement, soit l'article 175 § 1 TCE. En effet, une interprétation trop large du champ de la politique commerciale commune priverait de toute portée les dispositions du traité relatives aux autres compétences communautaires (autrement dit, tout accord ayant des implications sur les échanges commerciaux ne doit pas pour autant relever à titre principal de la politique commerciale commune). D'autre part, le juge du Kirchberg refuse de considérer que la jurisprudence *AETR* impliquerait de reconnaître une compétence exclusive pour conclure le Protocole en cause, au seul motif que la Communauté aurait une compétence interne pour adopter des actes de droit dérivé en matière de biosécurité.

Section 3
L'attribution de compétences à la Communauté ou à l'Union n'a pas pour effet de dessaisir totalement les États membres de leurs prérogatives

228. En principe, le transfert d'une compétence étatique à la Communauté ou à l'UE n'a pas pour effet de priver les États du pouvoir d'intervenir dans la matière concernée par le transfert. Compétences communautaires et compétences étatiques doivent donc le plus souvent coexister, et c'est la Cour de justice qui assure le contrôle de la répartition des compétences entre la Communauté ou l'Union et les États membres.

§1. La répartition des compétences entre la Communauté ou l'Union et les États membres

229. Dans la très grande majorité des cas, la compétence de la Communauté est une compétence partagée avec les États membres (on parle encore de compétences concurrentes) ; dans des cas exceptionnels, la compétence de la Communauté est une compétence exclusive, en ce sens que les États membres ont perdu en principe la possibilité de légiférer et de réglementer. En l'absence de réglementation communautaire, les États membres conservent le pouvoir de légiférer dans le cadre des prérogatives internes qui leur sont propres (c'est ce que l'on appelle le principe des compétences résiduelles ou des pouvoirs retenus).

NB : Le Traité constitutionnel de 2004 avait défini des blocs de compétences et précisé pour chaque domaine la nature de la compétence en question (compétences exclusives[1], partagées[2], d'appui[3]), en « constitutionnalisant » la jurisprudence de la Cour de justice de Luxembourg sur ce point, à quelques nuances près. Des particularités étaient reconnues en ce qui concerne la coordination des politiques économiques et de l'emploi et la politique étrangère et de sécurité commune.

Le **Traité de Lisbonne de 2007** énumère la liste des domaines relevant des compétences exclusives, des compétences partagées et des compétences d'appui, ces dernières correspondant aux domaines dans lesquels les États membres restent seuls compétents, mais dans lesquels l'Union peut néanmoins mener des actions d'appui ou de coordination.

1. L'établissement des règles de concurrence nécessaires au fonctionnement du marché commun, la politique monétaire pour les membres ayant accepté l'euro, la politique commerciale commune, l'Union douanière et la politique commune de préservation des ressources biologiques de la mer.
2. Agriculture, réseaux transeuropéens, énergie, recherche, politique régionale, politique sociale, environnement, santé publique, protection des consommateurs.
3. Industrie, culture, éducation, jeunesse, sport...

A. Le principe des compétences résiduelles (ou retenues)

230. Ce principe signifie que toutes les compétences non attribuées à la Communauté restent réservées aux États, qui conservent alors l'intégralité de leurs pouvoirs. Ces compétences résiduelles ne sont toutefois pas sans limites, puisque la Cour de justice considère que leur exercice ne doit pas avoir pour conséquence de diminuer l'« *effet utile* » du traité ou de compromettre sa finalité (CJCE, 23 février 1961, *Gezamenlijke Steenkolenmijnen*, aff. 30/59, 46).

Le juge de Luxembourg a eu l'occasion de préciser que si les États membres avaient effectivement conservé leurs compétences dans le domaine de la politique étrangère et de sécurité commune (PESC), ils n'en devaient pas moins exercer ces compétences retenues dans le respect du droit communautaire. Dès lors, ils ne peuvent pas se soustraire au droit communautaire relatif à la politique commerciale commune, sous prétexte qu'ils viseraient des objectifs de politique étrangère et de sécurité (CJCE, 17 octobre 1995, *Werner*, aff. C.70/94, I.3189 ; 14 janvier 1997, *Centro-Com*, aff. C-124/95, I.81).

Quant à la législation pénale et aux règles de procédure pénale, si elles ne relèvent pas de la compétence de la Communauté, cela n'interdit pas au législateur communautaire de « prendre des mesures en relation avec le droit pénal des États membres, dès lors qu'elles sont, par exemple, nécessaires pour lutter contre les atteintes graves à l'environnement (CJCE, 13 septembre 2005, *Commission soutenue par Parlement européen c/ Conseil soutenu par Danemark, Allemagne, Grèce, Espagne, France, Irlande, Pays-Bas, Portugal, Finlande, Suède, Royaume-Uni*, aff. C.176/03, I.7879).

Le **Traité de Lisbonne de 2007** a créé de nouvelles compétences entrant dans la catégorie des compétences d'appui : protection civile, propriété intellectuelle, tourisme, sport.

B. Les compétences exclusives de la Communauté européenne

231. La compétence de la Communauté est exclusive lorsque, dans une matière donnée, les États membres ont perdu le pouvoir de légiférer ou de réglementer, sauf s'ils bénéficient d'une *« habilitation spécifique de la part de la Communauté »* (CJCE, 15 décembre 1976, *Donckerwolcke*, aff. 41/76, 1921). La compétence exclusive s'impose toutes les fois que le fait de laisser une capacité d'initiative aux États est *« incompatible avec l'unité du marché commun et l'application uniforme du droit communautaire »* (CJCE, 31 mars 1971, *AETR* précitée).

Jusqu'à une date récente, deux matières seulement avaient été reconnues par le juge communautaire comme relevant des compétences exclusives. Il s'agit de certains aspects de **la politique commerciale commune** (CJCE, avis 1/75 du 11 novembre 1975 ; 18 février 1986, *Bulk Oil*, aff. 174/84, 576) et de **la politique commune de conservation des ressources maritimes** (CJCE, 5 mai 1981,

Commission c/ Royaume-Uni, aff. 804/79, 1045 ; 10 juillet 1984, *Régina c/ Kirk*, aff. 63/83, 2712).

Dans l'arrêt *Rustica semences* du 14 juillet 1994, la Cour de justice a indiqué qu' « *une mesure de* **politique agricole commune** (relevait) *de la compétence exclusive de la Communauté* » (CJCE, 14 juillet 1994, *Rustica semences*, aff. C-438/92, I.3528, point 16).

La 3e phase et dernière phase (monnaie unique) de l'Union économique et monétaire étant aujourd'hui « consommée », il faut considérer que la **politique monétaire** relève également de la compétence exclusive de la Communauté.

On sait que la Commission européenne a une conception encore plus large de la notion de compétence exclusive, puisque dans sa communication d'octobre 1992 relative au principe de subsidiarité, elle définit *« le bloc des compétences exclusives »* comme comprenant, en plus des trois matières déjà citées : la suppression des obstacles à la libre circulation des marchandises, des personnes, des services et des capitaux ; les éléments essentiels de la politique des transports ; les règles générales de la concurrence. Cette conception de la notion de compétence exclusive n'est pas celle de la jurisprudence, et en l'état actuel du droit communautaire, il paraît difficile de l'admettre.

On sait que dans son **avis 1/94**, la Cour avait indiqué que la **compétence externe exclusive** de la Communauté ne découlait pas *ipso facto* de son pouvoir d'édicter des règles sur le plan interne. Une lecture combinée de cet avis, de la jurisprudence *Kramer* et de l'avis 1/76 précités permettait donc de penser que la mise en œuvre préalable de la compétence interne était exigée, non pour reconnaître un titre de compétence externe, mais pour que l'exclusivité de cette compétence et, partant, le dessaisissement corrélatif des États membres, puisse être établis. Les arrêts rendus par la Cour en novembre 2002, à l'occasion de l'examen des affaires concernant les **accords dits « ciel ouvert »** conclus avec les États-Unis, confirment la justesse de cette lecture. La Cour de justice y précise en effet que l'absence d'un titre de compétence externe implicite exclusive en matière de transport au profit de la Communauté n'excluait pas la reconnaissance ponctuelle de l'existence dans ce domaine de certaines compétences externes exclusives « préemptives », c'est à dire acquises par suite de l'adoption d'actes internes (CJCE, 5 novembre **2002**, aff. C-467 à 469/98 et C-471, 472, 475 et 476/98, 7 arrêts sur les ***accords dits « ciel ouvert »***, I.9519, 9575, 9627). Comme l'avait déjà souligné l'arrêt *AETR* précité : *« chaque fois que, pour la mise en œuvre d'une politique commune prévue par le traité, la Communauté a pris des dispositions instaurant (...) des règles communes, les États membres ne sont plus en droit, qu'ils agissent individuellement ou même collectivement, de contracter avec les pays tiers des obligations affectant ces règles ou altérant leur portée, et (...) au fur et à mesure de l'instauration de ces règles communes, la Communauté seule est en mesure d'assumer et d'exécuter (...) les engagements contractés à l'égard de pays tiers »*.

C. Les compétences partagées

232. Dans la plupart des cas, les compétences attribuées à la Communauté ou à l'Union sont des compétences partagées (ou **concurrentes**), c'est-à-dire que les États membres conservent le pouvoir d'édicter des actes normatifs aussi longtemps que la Communauté ou l'Union n'a pas encore exercé ses compétences. Mais, même lorsqu'ils continuent d'exercer leurs compétences propres, les États membres sont liés par les stipulations générales du traité et par les principes généraux du droit communautaire. Ainsi, par exemple, tant qu'une organisation commune de marché n'a pas encore été instituée, les États peuvent maintenir ou adopter des dispositions nationales dans le secteur concerné, dès lors que ces dispositions ne violent pas les règles de libre circulation prévues par le traité (CJCE, 16 mars 1977, *Commission c/ France*, aff. 68/76, 515). De plus, l'action des autorités nationales est subordonnée au respect des *« obligations de coopération résultant pour eux du traité et notamment de son article 5 »*. À ce titre, elles doivent s'abstenir de gêner l'action de la Communauté, notamment en rendant son intervention ultérieure plus difficile, (CJCE, 16 février 1978, *Commission c/ Irlande*, aff. 61/77, 417).

Lorsque la Communauté a déjà commencé à exercer sa compétence dans un domaine déterminé, sans toutefois l'avoir épuisée, **l'intervention des autorités nationales reste possible**, mais elle devra respecter les règles générales des traités, les principes généraux du droit communautaire et l'obligation de coopération ; elle devra aussi être compatible avec les mesures déjà adoptées par les institutions de la Communauté (CJCE, 18 mai 1977, *Van der Hazel*, aff. 111/76, 90).

À partir du moment où la Communauté a épuisé sa compétence, *« les dispositions prises par elle sont exclusives de toutes dispositions divergentes des États membres »* (aff. 61/77, *Commission c/ Irlande* précitée).

L'intervention de la Communauté interdit aux autorités nationales, non seulement de légiférer dans le domaine concerné, mais aussi de s'engager conventionnellement avec des pays tiers (CJCE, 31 mars 1971, *AETR*, aff. 22/70, 263).

233. Toutefois, même dans les cas où elle est seule compétente pour légiférer (que ce soit dans le domaine des compétences exclusives ou dans le domaine des compétences partagées), **la Communauté peut toujours reconnaître des pouvoirs d'exécution aux autorités nationales, pour la mise en œuvre des opérations décidées au niveau communautaire**. Dans la plupart des cas, les pouvoirs ainsi délégués aux États membres ne sont que des pouvoirs d'exécution matérielle ou administrative (CJCE, 20 janvier 1993, *Emerald Meats*, aff. C-106/90, C-317/90 et C-129/91, 209). Dans des cas exceptionnels, il peut même arriver que la Communauté reconnaisse de véritables pouvoirs décisionnels aux autorités nationales, et que la Cour les qualifie néanmoins de pouvoirs délégués (CJCE, 12 décembre 1973, *Grosoli*, aff. 131/73, 1555 ; 23 janvier 1980, *Grosoli*, aff. 35/79, 177).

La Cour de justice a aussi considéré que les États membres pouvaient être appelés à assumer certaines fonctions techniques, *« pour le compte et sous le contrôle de la Commission* » (CJCE, 17 octobre 1995, *Royaume des Pays-Bas c/ Commission*, aff. C-478/93, I.3081).

Le juge communautaire a encore précisé qu'un certain nombre d'obligations pèsent sur les États membres qui agissent en application d'une décision de la Commission. Les autorités nationales doivent évidemment respecter le contenu de la décision en question ; mais ils doivent aussi respecter le traité, certains textes de droit dérivé ainsi que les principes généraux du droit communautaire (CJCE, 17 octobre 1995, *National Federation of Fishermen's Organisations*, aff. C-44/94, I.3115). L'État membre peut donc avoir des comptes à rendre lorsqu'il agit en tant qu'agent d'exécution du droit communautaire.

D. Le principe de subsidiarité

234. Le Traité de Maastricht a fait entrer dans le débat politique européen un concept **emprunté à la doctrine sociale de l'Église** (développé notamment par le Pape Pie XI dans son encyclique *Quadragesimo anno* en 1931) : le principe de subsidiarité. Son contenu est explicité par **l'article 5 alinéa 2 TCE** (ex-art. 3 B al. 2) qui dispose que *« dans les domaines qui ne relèvent pas de sa compétence exclusive, la Communauté n'intervient, conformément au principe de subsidiarité, que si et dans la mesure où les objectifs de l'action envisagée ne peuvent pas être réalisés de manière suffisante par les États membres et peuvent donc, en raison des dimensions ou des effets de l'action envisagée, être mieux réalisés au niveau communautaire »*.

On notera que **l'Acte unique européen 1986** avait déjà introduit la notion de subsidiarité dans deux domaines : la recherche-développement technologique pour laquelle il est indiqué que la Communauté mène les actions *« qui complètent les actions entreprises dans les États membres »* (ex-article 130 G), et l'environnement pour lequel il est précisé que *« la Communauté agit... dans la mesure où les objectifs peuvent être mieux assurés au niveau communautaire qu'au niveau des États membres pris isolément »* (ex-article 130 R). Certes, le mot « subsidiarité » n'apparaissait pas dans l'Acte unique, mais c'est bien le principe de subsidiarité qui inspirait les articles 130 G et 130 R. On pourrait également mentionner **la Charte communautaire des droits sociaux fondamentaux des travailleurs**, adoptée le 9 décembre 1989 par le Conseil européen de Strasbourg, qui fait explicitement référence au principe de subsidiarité dans son préambule.

Le principe de subsidiarité est un **principe régulateur de l'exercice des compétences partagées, fondé sur des critères d'efficacité et de valeur ajoutée de l'action communautaire**. La définition qu'en donne l'article 5 alinéa 2 TCE (ex-art. 3 B al. 2) entretient toutefois quelques ambiguïtés sur le plan juridique, parce qu'elle fait de la notion de subsidiarité une notion parfaitement réversible, qui peut fonder aussi bien une extension qu'une limitation des pouvoirs de la Communauté. L'affirmation du principe de subsidiarité a une incidence directe sur les modes de l'action communautaire et il appartient au juge d'en contrôler le respect.

I – LE PRINCIPE DE SUBSIDIARITÉ EST UN PRINCIPE RÉGULATEUR DE L'EXERCICE DES COMPÉTENCES PARTAGÉES

235. L'article 5 alinéa 2 TCE (ex-art. 3 B al. 2) est clair sur ce point : le principe de subsidiarité ne s'applique pas aux compétences exclusives de la Communauté ; il ne peut donc s'appliquer qu'aux compétences partagées. Cela ne signifie pas que le domaine des compétences exclusives échappe totalement aux États membres, puisque, même dans ce domaine, l'exécution des actes communautaires est presque toujours confiée aux administrations nationales (technique d'administration indirecte). Par ailleurs, même dans le champ des compétences exclusives, les institutions de l'Union agissent fréquemment par voie de directives, ce qui laisse aux États membres une certaine marge d'appréciation. De plus, les compétences exclusives ne peuvent s'exercer que dans le respect du principe de proportionnalité (article 5 alinéa 3 du Traité CE (ex-art. 3 B al. 3) qui oblige la Communauté à n'agir que dans la mesure nécessaire à la réalisation de l'objectif visé par son intervention. Si plusieurs modes d'action sont possibles, la Communauté doit choisir le moins contraignant et le moins onéreux pour les sujets de droit.

Il n'en reste pas moins que le principe de subsidiarité ne s'applique qu'aux compétences partagées, et qu'il constitue un principe régulateur de l'exercice de ces compétences, **et non un principe d'attribution des compétences.** C'est d'ailleurs la raison pour laquelle il est inutile d'établir une liste des compétences partagées et de leur répartition, comme cela a pu être suggéré. Car le principe de subsidiarité est un concept dynamique qui modifie l'exercice des compétences partagées en fonction des nécessités et de l'intensité de l'action. Les critères d'efficacité et de valeur ajouté de l'intervention communautaire varient d'un cas à l'autre par rapport aux actions des États membres. **Le principe de subsidiarité** ne trace pas une frontière rigide entre les compétences des États membres et celles de la Communauté ; il **permet** au contraire **d'organiser un partage des compétences qui peut varier dans le temps, suivant les circonstances et les nécessités des objectifs visés.**

Dans une **lettre commune** adressée le **8 juin 1998** à la présidence britannique, MM. **Kohl** et **Chirac** indiquent qu'il convient désormais d'« *augmenter la capacité d'action et l'efficacité de l'Union européenne* » et d'« *accroître l'adhésion des citoyens à l'Europe* », notamment en veillant à ce que les décisions soient prises « *le plus près possible des* citoyens », ce qui suppose la « *mise en œuvre pratique du principe de subsidiarité, afin de clarifier la délimitation des compétences entre l'Union européenne et les États membres* ».

NB : Dans sa décision du 31 décembre 1997 (Décis. n° 97-394 DC du 31 décembre 1997, *JO* 3 janvier 1998, p. 165), le Conseil constitutionnel a indiqué que *« la seule mise en œuvre* (du principe de subsidiarité) *pourrait ne pas faire obstacle à ce que les transferts de compétence autorisés par le Traité* (d'Amsterdam) *revêtent une ampleur et interviennent selon des modalités telles que puissent être affectées les conditions essentielles d'exercice de la souveraineté nationale »* (22e considérant).

II – Les voies et moyens susceptibles de garantir une mise en œuvre adéquate du principe de subsidiarité

236. L'imprécision des dispositions de l'article 5 alinéa 2 TCE (ex-art. 3 B al. 2) entretient quelques ambiguïtés sur le plan juridique, puisqu'elle autorise **des lectures divergentes du principe de subsidiarité**. Le Conseil européen d'Edimbourg de décembre 1992 avait d'ailleurs constaté que *« la subsidiarité est un concept dynamique (*qui*) permet d'élargir l'action de la Communauté lorsque les circonstances l'exigent et, inversement, de la restreindre lorsqu'elle n'est plus justifiée »*. La subsidiarité est donc une notion réversible : elle peut fonder aussi bien une extension qu'une limitation des pouvoirs de la Communauté, puisque tout est affaire d'appréciation au cas par cas.

Il était donc nécessaire de clarifier ce concept. C'est ce que la Commission a tenté de faire en présentant, **le 27 octobre 1992, une communication au Conseil et au Parlement** qui décrit les voies et moyens susceptibles de garantir une mise en œuvre adéquate du principe de subsidiarité. Le Conseil européen d'Edimbourg a approuvé le contenu de cette communication et précisé notamment que le Conseil doit se poser systématiquement la question de savoir si les propositions d'acte qui lui sont soumises par la Commission respectent le principe de subsidiarité.

Le Conseil européen a également conclu à l'utilité d'un **accord inter-institutionnel** pour fixer les règles d'utilisation du principe de subsidiarité. Cet accord a été **adopté le 29 octobre 1993** (*Bull.* CE 10/93, point 2.2.2.). Il prévoit notamment :

– que l'exposé des motifs de toute proposition de la Commission devra comporter une justification de la proposition au regard du principe de subsidiarité ;

– que tout amendement au texte de la Commission doit être assorti d'une justification au regard du principe de subsidiarité quand il a pour effet d'entraîner une modification du champ d'intervention communautaire ;

– que les trois institutions ont l'obligation de vérifier de façon régulière la conformité des actions envisagées au regard du principe de subsidiarité ;

– que la Commission devra établir un rapport annuel à l'intention du Parlement européen et du Conseil sur le respect du principe de subsidiarité.

Un protocole sur l'application des principes de subsidiarité et de proportionnalité a été **annexé au Traité CE par le Traité d'Amsterdam** du 2 octobre 1997. Il se borne en fait à confirmer les *modus operandi* qui avaient été validés par plusieurs Conseils européens antérieurs, ainsi que par l'accord inter institutionnel adopté le 29 octobre 1993.

NB : Le Traité constitutionnel de 2004 était complété par un Protocole sur l'application des principes de subsidiarité et proportionnalité, qui introduisait notamment un « mécanisme d'alerte précoce » associant les parlements nationaux au contrôle de l'application du principe de subsidiarité. Ces parlements auraient été informés de toutes les nouvelles initiatives législatives, et si au moins un tiers d'entre eux avaient considéré qu'une proposition enfreignait le principe de subsidiarité, la Commission aurait dû réexaminer sa proposition.

Le **Traité de Lisbonne de 2007** prévoit que le respect du principe de subsidiarité sera plus étroitement contrôlé. Les Parlements nationaux pourront faire échouer des propositions de la Commission contraires à ce principe.

III – L'incidence du principe de subsidiarité sur les modes de l'action communautaire

237. Le principe de subsidiarité impose à la Communauté de ne légiférer que si, et dans la mesure où les objectifs de l'action envisagée ne peuvent pas être réalisés de manière suffisante par les États membres. Il faut donc examiner **au cas par cas** si les États ne disposent pas de moyens suffisants pour atteindre les objectifs poursuivis. C'est ce que la Commission appelle le test d'« efficacité comparative » entre l'action communautaire et celle des États membres.

Les éléments qui peuvent faire l'objet d'un examen dans ce contexte sont l'effet d'échelle de l'action (dimension transfrontalière du problème, masse critique, etc.), le coût de l'inaction, la nécessité de maintenir une cohérence raisonnable de l'action au niveau communautaire, les limites éventuelles de l'action au niveau national et la nécessité d'éviter que le jeu de la concurrence soit faussé à l'intérieur du marché commun.

Le respect du principe de subsidiarité suppose par ailleurs que soient privilégiés, dans toute la mesure du possible, les actes-cadres, les normes minimales et la reconnaissance mutuelle des dispositions nationales. La communication de la Commission du 27 octobre 1992 s'exprime en particulier en faveur du recours à la directive, qui laisse une marge de d'appréciation plus grande aux États. Le recours au règlement doit donc rester *« l'exception, dûment motivée par d'impérieuses nécessités de règles uniformes »*.

L'application du principe de subsidiarité devrait empêcher la Communauté de se mêler de tout, puisque, sur un problème donné, on se demandera, avant de se tourner vers elle, s'il n'est pas aussi efficace de faire appel aux États membres. La subsidiarité peut alors devenir **un remède aux dérives bureaucratiques de la Communauté** et une manière de rapprocher les autorités publiques de la réalité quotidienne. En tout état de cause, elle devrait permettre à la Communauté de concentrer son action sur l'essentiel et de ne pas légiférer, comme elle a pu le faire dans le passé, sur la taille des nains de jardin, la courbure des concombres ou l'usage des tondeuses à gazon le dimanche. Cela dit, comme le note Robert Toulemon, si *« on s'est demandé parfois pourquoi la Communauté européenne s'occupait de questions aussi triviales que la composition de la mayonnaise ou le mode de fabrication des fromages, (...) c'est oublier l'enjeu économique consi-*

dérable que représente la possibilité pour les producteurs de concevoir leurs produits à l'échelle d'un vaste marché et la nécessité d'assurer la sécurité des consommateurs » (*La construction européenne*, Le Livre de Poche, 1999).

IV – Le contrôle juridictionnel de l'application du principe de subsidiarité

238. La mise en œuvre du principe de subsidiarité n'échappe pas au contrôle du juge de Luxembourg, puisque **rien ne s'oppose à ce que le moyen tiré du non-respect de l'article 5 alinéa 2 TCE** (ex-art. 3 B al. 2) **soit invoqué à l'appui d'un recours dirigé contre un acte communautaire** (recours en annulation). En pareille hypothèse, la Cour de justice doit d'abord vérifier que la mesure présumée contraire à l'article 5 alinéa 2 TCE (ex-art. 3 B al. 2) se situe dans le champ des compétences partagées. Elle pourra également vérifier si la base juridique de la mesure contestée contient des indications sur le niveau (communautaire ou national) où doivent se prendre les décisions. Le juge de Luxembourg pourra aussi contrôler l'existence et la pertinence des motifs qui ont déterminé le choix du niveau communautaire pour légiférer.

Le principe de subsidiarité ne devrait toutefois pas faire l'objet d'un contrôle juridictionnel étendu. Comme l'a indiqué le Conseil d'État dans son rapport pour 1993 : *« S'il y a contrôle prétorien, il ne pourra... s'agir que d'un contrôle a posteriori, et l'on ne voit guère, compte tenu de la nature des appréciations à porter, qu'il puisse s'établir sur le deuxième alinéa (de l'article 3 B) ; d'autant que – même si l'exposé des motifs des propositions de la Commission doit désormais comporter quelques paragraphes justifiant l'action entreprise au regard de la subsidiarité – cette motivation reste brève et trop générale pour permettre au juge un réexamen sérieux de l'opportunité »*.

Dans un arrêt du 12 novembre 1996, la Cour de justice a indiqué que la poursuite d'un objectif d'harmonisation (en l'espèce, en matière de santé et de sécurité des travailleurs) justifie par nature que l'intervention se situe au niveau communautaire (CJCE, 12 novembre 1996, *Royaume-Uni c/ Conseil*, aff. C-84/94, I.5755). Cet arrêt a permis par ailleurs à l'avocat général Léger de confirmer que **le principe de subsidiarité ne doit pas être confondu avec le principe de proportionnalité** : le premier permet de résoudre la question du niveau, national ou communautaire, de l'intervention envisagée, tandis que le second concerne l'ampleur de cette intervention. La question de la proportionnalité ne peut donc logiquement se poser qu'après qu'une réponse ait été apportée à la question de la subsidiarité.

Le juge de Luxembourg a eu aussi l'occasion de préciser que l'obligation de motivation des actes communautaires n'est pas violée, au seul motif que ces actes ne feraient pas explicitement référence au principe de subsidiarité, dès lors que leur adoption est dûment justifiée au regard de ce principe (CJCE, 13 mai 1997, *Allemagne c/ Parlement européen et Conseil*, aff. C-233/94, I.2405).

239. La question de savoir si l'article 5 alinéa 2 TCE (ex-art. 3 B al. 2) était d'**effet direct** a également été posée. Le Conseil européen d'Edimbourg a cru devoir préciser que l'article 5 alinéa 2 TCE (ex-art. 3 B al. 2) n'était pas d'effet direct et qu'un particulier ne pouvait donc pas l'invoquer à l'appui d'un recours devant le juge national. En réalité, la question a peu d'intérêt, car le juge national ne peut pas être amené à statuer lui-même sur la question. Si un justiciable était tenté de mettre en cause un acte communautaire devant le juge national, au motif que cet acte aurait été pris en violation du principe de subsidiarité, il soulèverait alors une question préjudicielle d'appréciation de validité qui devrait être renvoyée à la Cour de justice.

V – LE BILAN DE L'APPLICATION DU PRINCIPE DE SUBSIDIARITÉ

240. En s'inspirant de listes établies conjointement par la France et le Royaume-Uni, la Commission a présenté, à l'occasion des Conseils européens de Bruxelles (décembre 1993) et d'Essen (décembre 1994), ses deux premiers rapports annuels sur l'application du principe de subsidiarité. Ces deux rapports ont contenu des propositions concrètes **d'allégement**, de **retrait** ou de **révision d'un certain nombre de textes communautaires,** peu justifiés au regard du principe de subsidiarité. De son côté, l'Allemagne avait suggéré le retrait d'un grand nombre de textes dont la Commission a partiellement tenu compte dans le rapport présenté au Conseil européen de Corfou de juin 1994.

Lors du Conseil européen de Madrid de décembre 1995, la Commission a présenté son rapport annuel (***Mieux légiférer***) sur l'application du principe de subsidiarité (*Bull.* UE 11/1995, point 1.9.2). Ce rapport confirme la réduction du nombre de propositions législatives pour 1996, puisque la Commission y prévoit 19 propositions, contre 61 en 1990. La Commission y indique également que le « mieux légiférer » a une double signification : subsidiarité et proportionnalité. Elle souligne par ailleurs que *« beaucoup de difficultés viennent de mesures prises au niveau national ou régional. Des mesures législatives au niveau communautaire sont donc nécessaires pour pallier des insuffisances nationales évidentes »*.

Les rapports *Mieux légiférer* qui se sont succédé depuis 1996 confirment les tendances exposées dans le rapport pour 1996.

§2. Le contrôle juridictionnel de la répartition des compétences entre la Communauté européenne et les États membres

241. Le principe des compétences d'attribution garantit évidemment le respect des compétences des États membres contre les empiétements des institutions de la Communauté, puisqu'il interdit à celle-ci d'exercer des pouvoirs que les traités ne lui auraient pas reconnus, implicitement ou explicitement ; mais, en sens inverse, ce principe garantit également le respect des prérogatives de la Communauté contre les empiétements des États membres, puisque ces États ne peuvent plus agir *« hors du cadre des institutions communes »* lorsqu'ils interviennent dans une matière qui relève de la compétence de la Communauté (CJCE, 31 mars 1971, *AETR* précitée).

C'est la Cour de justice qui assure le contrôle de la répartition des compétences entre la Communauté européenne (1er pilier) et les États membres. En effet, le juge de Luxembourg n'est pas compétent pour intervenir dans le cadre du 2e pilier et sa compétence est limitée dans le cadre du 3e pilier.

A. La protection juridictionnelle des prérogatives de la Communauté

242. La Cour de justice assure le respect des compétences de la Communauté contre les empiétements des États membres dans le cadre des **recours en manquement**. Mais **les arrêts rendus à titre préjudiciel** peuvent aussi aboutir à constater qu'un État membre n'a plus le pouvoir de légiférer ou de réglementer dans une matière. C'est d'ailleurs dans le cadre d'une procédure préjudicielle que la Cour a constaté que, dans les domaines couverts par une organisation commune de marché fondée sur un régime commun de prix, les États membres ne peuvent plus intervenir dans le mécanisme de la formation des prix par des dispositions nationales (CJCE, 23 janvier **1975, *Galli***, aff. 31/74, 47).

Il est également arrivé à la Cour de définir les compétences de la Communauté dans le cadre d'un **recours en annulation** (CJCE, 31 mars **1971**, aff. ***AETR*** précitée). Le juge communautaire a précisé à cette occasion que les compétences de la Communauté dans le domaine des relations extérieures sont susceptibles de s'étendre au fur et à mesure que la Communauté agit sur le plan interne. Dans l'arrêt *AETR* (qui concernait la conclusion de l'accord externe relatif au travail des équipages des véhicules effectuant des transports internationaux par route), la Cour a en effet déclaré que *« chaque fois que, pour la mise en œuvre d'une politique commune prévue par le traité, la Communauté a pris des dispositions instaurant, sous quelque forme que ce soit, des règles communes, les États membres ne sont plus en droit, qu'ils agissent individuellement ou même collectivement, de contracter avec les États tiers des obligations affectant ces règles ».* En l'espèce, les États membres avaient agi collectivement, puisque l'acte en cause était une délibération des États membres réunis au sein du Conseil et portait sur l'attitude à prendre par les gouvernements des Six dans les négociations décisives sur l'*AETR*.

La sanction de l'empiétement des États sur les compétences communautaires peut être aussi constituée, lorsque les circonstances le permettent, par une **« requalification » de l'acte en cause** comme acte communautaire. C'est d'ailleurs ce qui s'est passé dans l'affaire *AETR,* puisque le juge a estimé que la délibération des États membres réunis au sein du Conseil constituait en réalité un acte communautaire attaquable au sens de l'article 230 alinéa 1 du Traité (ex-art. 173 al. 1), dans la mesure où elle « *avait pour but de fixer une ligne de conduite obligatoire pour les institutions comme pour les États membres* » et où cette « *ligne de conduite* » était susceptible « *de déroger éventuellement aux procédures prévues par le traité en ce qui concerne les négociations avec les États tiers et la conclusion d'accords* ».

B. La protection juridictionnelle des prérogatives des États membres

243. La Cour contrôle la légalité des actes du Conseil et de la Commission. Elle peut, à cette occasion, vérifier notamment si l'acte attaqué tombe ou non dans le domaine de compétence de la Communauté. On peut citer à titre d'illustrations les affaires jugées en 1987 dans lesquelles l'Allemagne, les Pays-Bas, la France, le Danemark et le Royaume-Uni ont contesté que la Commission ait eu le pouvoir d'arrêter la décision 85/381 instaurant une procédure de communication préalable et de concertation sur les politiques migratoires. L'arrêt rendu par la Cour a partiellement annulé cette décision.

L'incompétence d'une institution de la Communauté peut aussi être constatée à la demande d'une autre institution communautaire ou même, dans certains cas, à la demande de personnes physiques ou morales.

Pour en savoir plus…

- L.-V. FERNANDEZ-MAUBLANC, « L'évolution contrastée des compétences retenues par les États membres », *in Mélanges J.-C. Gautron*, Paris, Pédone, 2004, p. 321 ;
- M. KURCZ, « La répartition des compétences au sein de l'Union européenne », *CDUE* 2005, p. 575.
- V. MICHEL, « Les compétences externes implicites : continuité jurisprudentielle et clarification méthodologique », *Europe*, octobre 2006, *Étude*, p. 4.

Chapitre 2

Les domaines de compétence de la Communauté et de l'Union européennes

Plan du chapitre

244. La Communauté et l'Union européennes interviennent aujourd'hui dans de nombreux domaines, et l'importance de leurs moyens d'action varie sensiblement d'une matière à l'autre. Dans certains cas, la Communauté bénéficie de prérogatives étendues (politique agricole commune, politique commerciale commune, politique commune des transports et politique monétaire par exemple) ; dans d'autres cas, ses pouvoirs sont plus limités (politique sociale, politique industrielle, recherche et développement technologique, réseaux transeuropéens etc.). Autrement dit, il existe des politiques fortement intégrées, conduites sur la base de larges transferts de compétences des États membres au profit des institutions communes, et des politiques plus faiblement intégrées, qui concernent des matières pour lesquelles les États membres ne sont pas encore prêts à abandonner l'essentiel de leurs prérogatives.

Seront étudiées successivement : les politiques du 1er pilier (section 1), la politique étrangère et de sécurité commune (section 2) et la coopération dans les domaines de la justice et des affaires intérieures (section 3).

Rappelons que la structuration de l'Union en trois piliers distincts disparaîtra avec l'entrée en vigueur du Traité de Lisbonne.

Pour en savoir plus...

Pour une présentation des diverses politiques et actions conduites par la Communauté et l'Union européennes, on pourra lire notamment :

– F. d'ARCY, *Les politiques de l'Union européenne*, Montchrestien, coll. Clefs politique, Paris, 2003.

Section 1
Les politiques du 1er pilier

245. Les politiques conduites par la Communauté dans le cadre du 1er pilier peuvent être classées en trois catégories : les politiques communes prévues dès l'origine, les politiques consacrées par l'Acte unique européen et renforcées par le Traité de Maastricht et les politiques nouvelles créées par ce dernier traité. Il conviendra aussi d'évoquer la politique de l'emploi prévue par le Traité d'Amsterdam.

§1. Les politiques communes prévues dès l'origine

A. La politique agricole commune (articles 32 à 38 TCE – ex-art. 38 à 47)

246. Les grandes lignes de la PAC ont été définies en juillet 1958 dans le cadre de la Conférence de Stresa. C'est en partant des travaux de cette Conférence que la Commission a présenté en 1959 une série de propositions, connues sous le nom de ***Plan Mansholt***, qui ont servi de base à la création des premières organisations communes de marché à partir de 1962.

L'article 33 TCE (ex-art. 39) précise que la PAC a pour but :

– d'accroître la productivité de l'agriculture ;
– d'assurer un niveau de vie équitable à la population agricole ;
– de stabiliser les marchés ;
– de garantir la sécurité des approvisionnements ;
– d'assurer des prix raisonnables pour le consommateur.

La PAC repose sur plusieurs principes : la **libre circulation des produits** agricoles, l'**unité des prix** (fixation de prix communs en écus), la **solidarité financière** (*via* des mécanismes d'intervention sur les marché), la **non-discrimination entre producteurs ou consommateurs de la Communauté**, et la **préférence communautaire** (il convient de privilégier les produits communautaires par rapport aux produits en provenance de pays tiers). Ce dernier principe était prévu par l'article 44 §2 du Traité CE (qui sera abrogé par le Traité d'Amsterdam, parce qu'il concerne la période transitoire) et il figure par ailleurs dans les traités d'adhésion. Il est également consacré par la jurisprudence de la Cour de justice de Luxembourg.

La PAC est à la fois une politique de soutien des marchés et une politique des structures agricoles :

– **la politique de soutien des marchés** est financée *via* la section « garantie » du Fonds européen d'orientation et de garantie agricole (FEOGA) et elle représente environ 90 % de la dépense agricole. Elle repose sur des organisations communes de marchés destinées à garantir des prix uniformes et un certain niveau de revenus aux agriculteurs dans tous les États membres. Des mécanismes particuliers (prélèvements à l'importation et restitutions à l'exportation) permettent par ailleurs d'assurer une protection de la production communautaire à l'égard des pays tiers ;

– **la politique des structures agricoles** est financée *via* la section « orientation » du FEOGA et ne représente que 10 % de la dépense agricole. Elle a été mise en œuvre à partir de 1972 et vise à améliorer la productivité des exploitations par une rationalisation et une modernisation de leurs structures. Elle comprend des aides aux investissements, à la formation et à la cessation de l'activité agricole, mais aussi au retrait de terres arables (politique de *set-aside*).

NB : Depuis le 1er janvier 2007, et en application des règlements du Conseil des 21 juin et 20 septembre 2005, le Fonds européen agricole de garantie **(FEAGA)** s'est substitué au Feoga « garantie », et le Fonds européen agricole pour le développement rural **(FEADER)** s'est substitué au Feoga « orientation ».

La PAC a été instituée à une époque où l'Europe était déficitaire pour la plupart de ses produits alimentaires. Ses mécanismes de garantie (l'étendue de la garantie varie d'une organisation commune à l'autre) ont été conçus en fonction de cette situation. Ils ont permis à la PAC de réaliser une grande partie de ses objectifs (sécurité d'approvisionnement, modernisation des structures agricoles, libre circulation des produits...), mais ils ont fait apparaître un certain nombre de défauts à partir du moment où l'Europe est devenue excédentaire pour la plupart de ses produits agricoles. Les excédents agricoles ont imposé une charge grandissante au budget communautaire et la politique des quotas mise en œuvre pour bloquer les excédents de production a aggravé le malaise des agriculteurs, dont les revenus ont stagné, voire baissé depuis 1974. Parallèlement, le contexte international (les négociations dans le cadre du GATT et l'hostilité des principaux partenaires commerciaux de la Communauté aux mécanismes « externes » de la PAC) a contribué à fragiliser la PAC dans sa version de 1962.

Les mécanismes traditionnels de la PAC ont donc été progressivement réformés depuis la fin des années 1970. Les réformes ont visé à garantir la maîtrise de la production par l'introduction de quotas, de taxes de coresponsabilité, de seuils de garantie, la mise en œuvre d'une politique des prix prudente, l'adaptation et la suppression de nombreuses aides et primes, l'encouragement au gel des terres arables ainsi qu'à l'extensification et à la reconversion de la production.

Le 21 mai 1992, le Conseil a adopté une **réforme** plus ambitieuse, inspirée par le commissaire Ray **Mac Sharry,** qui consiste à diminuer sensiblement les prix communs (d'environ 30 %) pour les ramener à un niveau proche des prix mondiaux, et à ne jouer que marginalement sur les quantités produites par le biais du gel des terres. En ramenant les prix européens au niveau des prix mondiaux, on limite les prélèvements à l'importation et les restitutions à l'exportation à une fonction de « lissage ». La réduction des subventions à l'exportation doit également permettre de réaliser des économies budgétaires importantes. Parallèlement, des aides directes sont prévues au profit des agriculteurs pour compenser la baisse de revenus consécutive à la baisse des prix communs (les aides au producteur se substituent aux aides à la production, génératrices d'excédents coûteux). La réforme Mac Sharry a concerné pour l'essentiel les céréales, les oléo-protéagineux et la viande.

Par ailleurs, la réforme prévoit des mesures d'accompagnement : action en faveur de la protection de l'environnement, développement de la politique forestière et encouragement à la préretraite.

Dans son *Agenda 2000* (COM (97) 2000 final, spécial. pp. 25 à 39) du 15 juillet 1997, la Commission européenne avait notamment formulé des propositions destinées à refondre la politique agricole commune, *via* un approfondissement (nouvelle baisse significative des prix communs) et une extension à de nouveaux produits (notamment les produits laitiers) de la réforme de 1992. Le Conseil européen de Berlin de mars 1999 est parvenu à un accord sur la réforme de la PAC. Cet accord reprend, pour une large part, les propositions de la Commission.

En novembre 2002, MM. Chirac et Schroeder sont convenus d'un plafonnement des dépenses agricoles après 2006 et du maintien du principe d'aides agricoles directes jusqu'à 2013. En outre, la Commission a adopté le 22 janvier 2003 un ensemble de propositions visant à réformer la PAC, d'une part pour l'adapter au cadre financier arrêté pour les dépenses agricoles jusqu'en 2013, d'autre part pour renforcer la compétitivité de l'agriculture européenne et mieux la défendre au sein de l'Organisation mondiale du commerce.

Le 26 juin 2003, le Conseil a adopté la **réforme Fischler**, qui modifie en profondeur les modalités de financement de l'agriculture européenne :

– à partir de 2004/2005, la plus grande part des aides sera « découplée » de la production, c'est à dire qu'elle sera versée indépendamment des quantités produites ;

– pour limiter le risque d'abandon de la production, les États membres pourront, dans certaines conditions et limites strictement définies, maintenir le lien entre les aides et la production ;

– les nouveaux « paiements uniques par exploitation » (PUE), qui se substitueront à la plupart des aides accordées dans le cadre des différentes OCM, seront subordonnés au respect par les agriculteurs de normes en matière d'environnement, de sécurité alimentaire et de bien-être des animaux ;

– les États membres seront autorisés à verser aux agriculteurs des paiements additionnels, dans la limite de 10 % des PUE, pour encourager certains choix technico-économiques essentiels pour l'environnement, la production de qualité et la commercialisation des produits ;

– les États membres dont la situation particulière de leur agriculture le justifie pourront n'appliquer le PUE qu'à partir de 2007.

Le **1er janvier 2008** est entré en vigueur le règlement qui remplace par **une OCM unique**, couvrant tous les produits agricoles, les 21 OCM existantes.

Pour en savoir plus...

– D. BIANCHI, *La politique agricole commune, toute la PAC, rien d'autre que la PAC*, Bruylant, 2006 ;

– D. BIANCHI, « Y a-t-il encore quelque chose de “commun” dans la nouvelle politique agricole commune », *RTD eur.* 2005, p. 623 ;

– M. MILLET, P. GARCIA-DURAN, « La politique agricole commune aux défis du cycle de Doha », *Rev. Marché commun 2006*, p. 16 ;

– Y. PETIT, « La politique agricole commune, une politique mutante », *Europe*, Chronique, p. 3.

Sur la politique communautaire de la pêche

– R. CASAO RAIGON (dir.), *L'Europe et la mer*, Bruylant, Bruxelles, 2005.

B. La politique commerciale commune (articles 131 à 134 TCE – ex-110 à 115 TCE)

247. La Communauté européenne est la première puissance commerciale du monde, avec 20 % du total des exportations mondiales en 1999. **La mise en œuvre d'une politique commerciale commune permet à la Communauté de**

défendre ses intérêts et sa conception des échanges internationaux dans le cadre de l'Organisation Mondiale du Commerce (OMC) et des cycles de négociations commerciales multilatérales (les « *rounds* ») :

– privilégier une approche globale, plutôt que sectorielle, en matière de libéralisation des marchés, parce que des négociations trop étroites ne permettent pas à tous les membres de l'OMC d'y trouver leur compte ;

– obtenir une transparence et une démocratisation accrues des mécanismes de négociation et de l'OMC : instaurer un dialogue avec la société civile, renforcer la participation des Parlements (européen et nationaux), déterminer des orientations minimales pour la conduite des négociations informelles, mieux préparer les réunions ministérielles ;

– améliorer l'intégration des pays en développement dans le système multilatéral de commerce ;

– préserver le « modèle » européen dans le domaine de l'agriculture (encadrer toutes les formes d'aides à l'exportation, garantir le respect du principe de précaution), de la santé publique (garantir la sécurité sanitaire des produits, baisser les prix des médicaments essentiels), de l'environnement (contribuer au développement durable en intégrant cette préoccupation dans toutes les négociations) et des services publics.

C'est **l'article 131 TCE (ex-art. 110)** qui pose les fondements de la politique commerciale commune vis-à-vis des pays tiers. Il prévoit :

« *En établissant une union douanière entre eux, les États membres entendent contribuer, conformément à l'intérêt commun, au développement harmonieux du commerce mondial, à la suppression progressive des restrictions aux échanges internationaux et à la réduction des barrières douanières.*

La politique commerciale commune tient compte de l'incidence favorable que la suppression des droits entres les États membres peut exercer sur l'accroissement de la force concurrentielle des entreprises de ces États ».

Toutes les mesures qui concourent au développement des échanges entre l'Union et les pays tiers relèvent de la politique commerciale commune, qui comprend des mesures spécifiques telles que les droits de douane, les contingents, les mesures de défense commerciale (notamment les mesures antidumping) et les aides à l'exportation.

L'article 133 TCE (ex-art. 113) autorise quant à lui la Communauté à conclure des **accords commerciaux avec des pays tiers ou des organisations internationales**. Ces accords sont négociés par la Commission, en consultation avec un comité spécial désigné par le Conseil (le *comité 133*), et dans le cadre des directives que le Conseil peut lui adresser. Les accords sont conclus par le Conseil à la majorité qualifiée. Le Conseil n'est pas tenu de consulter le Parlement européen avant de statuer.

Les modifications apportées par le Traité de **Nice** à l'article 133 TCE ont pour effet d'étendre son champ d'application (au commerce des services et aux aspects commerciaux de la propriété intellectuelle) et d'introduire la règle de l'unanimité à titre dérogatoire (pour les services culturels et audiovisuels, et plus généralement lorsque l'unanimité est requise pour les mesures intra-communautaires : services d'éducation, services sociaux et de santé humaine). Le Conseil n'est pas autorisé à conclure les accords commerciaux dont les dispositions excèderaient les compétences internes de la Communauté. En outre, l'article 133 TCE n'est applicable au domaine des transports que dans la mesure où les dispositions concernant ce secteur constituent l'accessoire d'actes adoptés au titre de la politique commerciale commune. En tout état de cause, les accords négociés doivent être compatibles avec les politiques et règles internes de la Communauté.

Les questions relatives au commerce des marchandises, à la contrefaçon et au commerce des services n'impliquant pas de mouvements de personnes sont de la **compétence exclusive** de la Communauté. En revanche, la Cour de justice a reconnu dans son avis 1/94 du 15 novembre 1994 l'existence de **compétences partagées** en matière de services impliquant des mouvements de personnes et de protection de la propriété intellectuelle (hors contrefaçon). Enfin, les États membres restent maîtres de la politique d'exportation et ils participent à des accords internationaux qui peuvent avoir des incidences sur la politique commerciale commune, bien que leur objet ne soit pas directement commercial.

C'est **une politique** commerciale **libérale** que la Communauté a mis en œuvre ; ce libéralisme a conduit l'Europe à participer aux différents cycles de négociations multilatérales dans le cadre du GATT (aujourd'hui l'OMC), et à conclure de nombreux accords externes avec les pays tiers. La Communauté cherche ainsi à obtenir de ses partenaires commerciaux qu'ils ouvrent leurs marchés aux produits européens ; elle cherche aussi, *via* des accords dits « d'autolimitation », à protéger ses industries en crise (sidérurgie notamment) en empêchant certains pays tiers d'inonder le marché européen. Dans certains cas, les accords « d'autolimitation » peuvent bénéficier aux partenaires commerciaux de la Communauté (notamment les États-Unis).

NB : Le **Traité constitutionnel de 2004** avait prévu que la procédure législative ordinaire prévaudrait pour établir les mesures de mise en œuvre de la politique commerciale commune. Il aurait été régulièrement fait rapport au Parlement européen sur les négociations d'accords internationaux, lesquels n'auraient pu être conclus que sous réserve de l'approbation du Parlement européen.

Pour en savoir plus...

– J. BOURRINET, « La politique commerciale de l'Union européenne et la mondialisation », *Rev. Marché commun*, 2005, p. 19 ;

– J.-L. DEWOST, « La Communauté européenne et l'OMC », *in Mélanges J-C. Gautron*, Paris, Pédone, 2004, p. 647.

C. La politique commune des transports (articles 70 à 80 TCE – ex-art. 74 à 84)

248. La réalisation du marché commun est évidemment conditionnée par l'existence de réseaux de transport développés et adaptés. Compte tenu des fortes disparités nationales qui existaient dans ce domaine au moment de la signature du Traité de Rome (diversité des normes techniques, caractère très hétérogène des réseaux et de leurs tracés, qualité inégale des équipements...), il a été nécessaire de « communautariser » la politique des transports dès 1957.

La volonté des États membres de soustraire le secteur des transports aux règles de concurrence a cependant retardé la mise en œuvre de la politique commune, au point que **le Parlement européen a introduit en 1983 un recours en carence contre le Conseil.** Dans son arrêt rendu le 22 mai 1985, la Cour de justice estimera que « *le Conseil s'est abstenu en violation du traité, d'assurer la libre prestation des services en matière de transports internationaux et de fixer les conditions de l'admission des transporteurs non résidents aux transports nationaux dans un État membre* ». Cette jurisprudence a eu pour effet de contraindre le Conseil à adopter de nombreux actes destinés à donner une impulsion déterminante à la politique commune des transports, que les perspectives d'achèvement du grand marché intérieur rendaient par ailleurs nécessaires.

La politique commune des transports comprend des mesures diverses : amélioration des infrastructures, développement de l'intermodalité, harmonisation des comptes des compagnies, limitation des aides étatiques, harmonisation des conditions de concurrence, définition des conditions d'accès aux professions etc. Elle concerne tous les modes de transport : transports ferroviaires, routiers, maritimes, aériens et fluviaux.

Pour en savoir plus...
– L. QUESSETTE, « L'Europe du rail », *CDE* 2006, p. 629.

§2. Les politiques consacrées par l'Acte unique et renforcées par le Traité de Maastricht

A. La politique sociale (articles 136 à 148 TCE)

I – L'EUROPE SOCIALE AVANT MAASTRICHT

249. La dimension sociale est quasiment absente du Traité de Rome, même si ses auteurs se sont fixés comme objectifs l'amélioration des conditions de vie et de travail et le renforcement de la cohésion sociale. Cela tient essentiellement aux profondes divergences de vues qui sont apparues dans la Communauté sur le point de savoir si la mise en œuvre du marché commun devait être accompagnée d'une vaste harmonisation des coûts sociaux, ou si le fonctionnement du marché commun engendrerait de lui-même un rapprochement des systèmes sociaux nationaux.

L'Acte unique de 1986 a comblé une lacune importante du Traité de Rome en prévoyant la possibilité pour la Communauté de légiférer en matière sociale pour améliorer les conditions de travail. C'est ainsi par exemple que le Conseil se voit reconnaître le pouvoir d'harmoniser les prescriptions minimales concernant le milieu du travail et d'assurer une plus grande protection de la santé et de la sécurité aux travailleurs. L'objectif est évident : il s'agit d'éliminer, ou au moins de limiter, les distorsions dans le domaine social, dans la mesure où ces distorsions ont pour effet de fausser les conditions de concurrence, et donc de contrarier la réalisation du marché intérieur.

Le 9 décembre 1989, onze États membres sur douze (sans le Royaume-Uni) ont signé à Strasbourg une charte communautaire des droits sociaux fondamentaux des travailleurs. Cette charte, qui vise à affirmer la primauté d'un « *modèle social européen* », énonce plusieurs principes et notamment : le droit d'exercer toute profession dans le pays de la Communauté européenne de son choix ; le droit à une rémunération équitable ; le droit à l'amélioration des conditions de vie et de travail ; le droit à la protection sociale assurée par le système en vigueur dans le pays d'accueil ; le droit à la liberté d'association et à la négociation collective ; le droit à l'information, à la consultation et à la participation des salariés ; le droit à la protection de la santé et à la sécurité dans le milieu de travail ; le droit à l'intégration professionnelle et sociale pour les personnes handicapées.

Certaines dispositions de la charte sont restées lettre morte, en raison de **l'opposition du Royaume-Uni** à toute intervention de la Communauté en matière sociale (sa doctrine économique d'inspiration libérale lui paraît exclure toute intervention publique dans ce domaine). Comme le traité exigeait le plus souvent l'unanimité pour l'adoption des actes communautaires en matière sociale, les Britanniques ont pu exercer un droit de veto et compromettre ainsi la réalisation de certains des objectifs visés par la charte de 1989.

II – L'EUROPE SOCIALE DE MAASTRICHT

Lors de la négociation du Traité de Maastricht, il est apparu clairement que l'opposition du Royaume-Uni à toute extension de la politique sociale ne pourrait pas être surmontée. Pour échapper à l'impasse, les négociations du Traité sur l'Union européenne ont trouvé une solution qui a le mérite de permettre une meilleure mise en œuvre de la Charte, mais qui présente aussi l'inconvénient de compliquer la procédure décisionnelle, puisqu'elle exclut le Royaume-Uni de l'Europe sociale.

Concrètement, les onze États membres décidés à renforcer la politique sociale de l'Union ont signé un accord par lequel ils déclarent vouloir réaliser les objectifs de la charte sociale. Le Royaume-Uni a accepté, dans un protocole annexé au traité, que les autres États membres puissent poursuivre la politique sociale commune.

L'accord à onze reconnaît le dialogue entre partenaires sociaux et autorise le Conseil à mettre en œuvre les conventions conclues par eux. La Commission doit également consulter les partenaires sociaux avant de présenter de nouvelles propositions. Le dialogue social est cependant encore embryonnaire. Le 14 décembre 1995, les partenaires sociaux sont parvenus à un accord – le premier du genre depuis l'adoption du Protocole social – sur le thème de la conciliation vie familiale / vie professionnelle (congé parental et congé exceptionnel pour raisons familiales).

Le Protocole social a été rarement mis en œuvre, parce que la Commission a refusé de pérenniser la clause d'« *opting-out* » dont bénéficie le Royaume-Uni et a utilisé de préférence les bases juridiques offertes par le traité lui-même. Ce comportement a évidemment eu pour effet de limiter la compétence de l'Union en matière sociale à l'acquis pré-Maastricht.

III – L'EUROPE SOCIALE APRÈS AMSTERDAM

Les dispositions sociales du Traité d'Amsterdam prévoient que le protocole social n° 14 annexé au Traité de Maastricht sera désormais inclus dans le traité. **Le Royaume-Uni renonce** donc dans ce domaine **au bénéfice de sa clause d'« *opting out* »** et accepte les directives déjà adoptées en vertu de l'accord signé à l'époque à onze, ainsi que celles qui pourront l'être avant l'entrée en vigueur du nouveau traité. Les dispositions sociales du texte finalisé à Amsterdam n'apportent toutefois pas de modifications de fond notables par rapport à l'accord à quatorze (accord à onze auquel se sont ralliées l'Autriche, la Suède et la Finlande).

La Commission a adopté le **28 juin 2000** un nouvel *Agenda social européen* **pour la période 2000-2005**. Le Conseil européen de **Nice** de décembre 2000 a approuvé ce texte qui définit, conformément aux conclusions du Conseil européen de Lisbonne de mars 1999, **six orientations stratégiques en matière de créations d'emplois, de lutte contre l'exclusion, de sécurité sociale, de promotion de l'égalité entre hommes et femmes, de droit du travail ou de formation tout au long de la vie**. Ces priorités devront être mises en œuvre dans les cinq prochaines années. La mise en œuvre de l'agenda social sera suivie chaque année à l'occasion du Conseil européen de printemps, et pour la première fois à sa réunion de Stockholm en mars 2001. Les partenaires sociaux sont invités à participer à ces rencontres annuelles.

Les mesures destinées à soutenir ou à compléter l'action des États membres dans le domaine social sont, le plus souvent, adoptées à la **majorité qualifiée** (en codécision avec le Parlement européen). Mais l'**unanimité** s'impose dans quatre domaines : la sécurité sociale et la protection sociale des travailleurs, la protection des travailleurs en cas de résiliation du contrat de travail, la représentation et la défense collective des intérêts des travailleurs et des employeurs, les conditions d'emploi des ressortissants des pays tiers se trouvant en séjour régulier sur le territoire de la Communauté.

Un article 144 nouveau TCE introduit par le Traité de Nice offre par ailleurs une base juridique pour l'**institution d'un comité de la protection sociale à caractère consultatif**, chargé :

– « *de suivre la situation sociale et l'évolution des politiques de protection sociale dans les États membres et dans la Communauté ;*

– *de faciliter les échanges d'informations, d'expériences et de bonnes pratiques entre les États membres et avec la Commission ;*

– *(...) de préparer des rapports, de formuler des avis ou d'entreprendre d'autres activités dans les domaines relevant de sa compétence, soit à la demande du Conseil ou de la Commission soit de sa propre initiative* ».

IV – L'Europe sociale dans le Traité constitutionnel de 2004

Le Traité constitutionnel de 2004 introduisait d'abord, au début de la Partie III, une clause horizontale en vertu de laquelle l'Union devait prendre en compte, dans la définition et mise en œuvre de ses politiques, les exigences liées à la « *promotion d'un niveau d'emploi élevé* », à la « *garantie d'une protection sociale adéquate* », à la « *lutte contre l'exclusion sociale* » ainsi qu'à un « *niveau élevé d'éducation, de formation et de protection de la santé humaine* ».

La règle de l'unanimité était maintenue dans les cas où elle trouve à s'appliquer actuellement. Seule auraient relevé de la procédure législative ordinaire les mesures de sécurité sociale visant le droit aux prestations pour les travailleurs migrants salariés et non salariés. Mais si un État membre avait estimé que ces mesures étaient susceptibles d'affecter des « *aspects fondamentaux de son système de sécurité sociale, notamment le champ d'application, le coût ou la structure financière de celui-ci, ou en affecterait l'équilibre financier* », il aurait pu demander que le Conseil européen soit saisi de la question, ce qui aurait eu pour effet de suspendre la procédure législative. Le Conseil européen aurait dû alors, dans un délai de 4 mois, soit renvoyer la question au Conseil pour que la procédure suive son courrs, soit demander à la Commission la présentation d'une nouvelle proposition.

Le rôle des partenaires sociaux était par ailleurs explicitement reconnu.

V – L'Europe sociale après Lisbonne

Les apports du Traité de Lisbonne de 2007 en matière sociale sont, pour l'essentiel, les suivants :

– des objectifs sociaux sont fixés à l'Union : plein-emploi, progrès social, lutte contre l'exclusion sociale et les discriminations, élimination de la pauvreté... Les exigences sociales (promotion d'un niveau d'emploi élevé, protection sociale adéquate, lutte contre l'exclusion sociale) devront être prises en compte dans toutes les politiques de l'Union. La Charte des droits fondamentaux, qui acquiert une force juridique contraignante, reconnaît la liberté professionnelle et le droit de travailler, le droit de négociation et d'actions collectives, la protection en cas de licenciement injustifié et un droit à l'information et à la consultation des travailleurs dans l'entreprise ;

– consécration du rôle des partenaires sociaux et renforcement du dialogue social. Tous les ans, le conseil européen de printemps sera consacré à la croissance et à l'emploi ;

– la plupart des actions d'appui de l'Union en matière sociale sont décidées à la majorité qualifiée, et le vote à la majorité qualifiée est notamment étendu aux prestations sociales pour les travailleurs qui se déplacent au sein de l'Union.

Pour en savoir plus...

– L. DRIGUEZ, *Droit social et droit de la concurrence*, Bruylant, 2007, 868 p. ;
– E. MAZUYER, *L'harmonisation sociale européenne, processus et méthode*, Bruylant, 2007.

B. La politique régionale (articles 146, 147, 148, et 158 à 162 TCE – ex-art. 123, 124, 125 et 130 A à 130 E)

250. La politique régionale communautaire n'était pas mentionnée à l'origine par le Traité de Rome. L'aspiration régionale de l'Europe ne s'est manifestée qu'au début des années 1970 et d'une façon singulière, puisqu'elle a pris la forme d'un pacte – un peu contre nature – entre la Grande-Bretagne et l'Italie. Le but de ce pacte était d'imposer aux autres États membres la création d'une politique régionale destinée à prendre en compte les écarts de développement à l'intérieur de la Communauté, et à mettre en œuvre des instruments financiers pour les réduire. Cette politique régionale est née **en 1975** et elle n'a pas cessé de se développer depuis cette date, du moins en termes quantitatifs, puisqu'elle mobilise aujourd'hui le tiers des crédits inscrits dans le budget de l'Union européenne.

La politique régionale de la Communauté a été consacrée solennellement par l'Acte unique européen de 1986, qui a ajouté au Traité de Rome un titre consacré à « *la cohésion économique et sociale* ». Elle représente **plus du tiers des dépenses** (crédits de paiements) **inscrites au budget général de l'Union** (c'est le 2e poste du budget, après la politique de soutien des marchés agricoles).

I – LES INSTRUMENTS FINANCIERS DE LA POLITIQUE RÉGIONALE

251. **Cinq « fonds structurels » cofinancent actuellement les actions de développement dans les États membres :**

– le Fonds européen de développement régional (**FEDER**), créé en 1975 sur la base de l'article 235 (308 après renumérotation) du traité, qui est le principal instrument de la politique régionale. Il finance les actions destinées à réduire les écarts de développement entre les différentes régions de la Communauté ;

– le Fonds social européen (**FSE**), créé par le Traité de Rome, qui finance des actions en faveur de la formation professionnelle et de l'emploi ;

– le **FEOGA « orientation »,** qui est l'instrument de la politique des structures agricoles mise en place à partir de 1972. À partir du 1er janvier 2007, le FEOGA « orientation » est remplacé par le Fonds européen agricole pour le développement rural (**FEADER**), créé par le règlement (CE) n° 1698/2005 du Conseil, du 20 septembre 2005 ;

– le **Fonds de cohésion**, créé par le Traité de Maastricht de 1992, dont les crédits, destinés aux pays économiquement les moins avancés (Grèce, Espagne, Portugal, Irlande), sont exclusivement consacrés au financement des réseaux d'infrastructure et aux investissements pour la protection de l'environnement ;

– l'Instrument financier d'orientation de la pêche (**IFOP**), créé en 1993 pour aider à compenser les effets des restructurations dans le secteur de la pêche.

Ces cinq fonds sont des instruments de subventions au service de la politique régionale. Mais il existe également des instruments de prêts pour cofinancer les actions de développement régional : prêts CECA, prêts Euratom et prêts de la Banque Européenne d'Investissement (BEI).

La **BEI**, installée à Luxembourg, n'est pas une institution communautaire, bien qu'elle ait été prévue dès l'origine par les articles 129 et 130 CEE (art. 266 et 267 dans la nouvelle numérotation) et que son organisation et son fonctionnement fassent l'objet d'un protocole annexé au Traité CE. L'article 267 prévoit que la BEI facilite notamment « *le financement de programmes d'investissement en liaison avec les interventions des fonds structurels et des autres instruments financiers de la Communauté* ». En 2005, la BEI a prêté au total 47,4 milliards d'euros.

Il convient enfin de mentionner le **Fonds de solidarité de l'Union européenne (FSUE)**, créé par le règlement (CE) n° 2012/2002 du Conseil du 11 novembre 2002, qui doit permettre à l'Union européenne de répondre à des situations d'urgence, à des catastrophes naturelles majeures ayant des répercussions graves sur les conditions de vie, le milieu naturel ou l'économie d'une ou plusieurs régions d'un État membre ou d'un pays candidat à l'adhésion.

II – LES OBJECTIFS DE LA POLITIQUE RÉGIONALE

252. **Jusqu'en 1999, la politique régionale avait poursuivi 6 objectifs** :

– Objectif 1 : l'ajustement structurel des régions en retard de développement.

– Objectif 2 : la reconversion des régions et zones industrielles en déclin.

– Objectif 3 : la lutte contre le chômage de longue durée et pour l'insertion professionnelle des jeunes et des personnes menacées d'exclusion.

– Objectif 4 : l'adaptation de la main d'œuvre aux mutations industrielles.

– Objectif 5a : l'adaptation des structures agricoles et la modernisation de la pêche.

– Objectif 5b : le développement et l'adaptation structurelle des zones rurales fragiles.

– Objectif 6 : le soutien aux zones arctiques à faible densité de population.

Le Conseil européen de Berlin de mars 1999 a décidé de substituer trois objectifs aux six objectifs précédents, pour la période 2000-2006 (voir *infra*) :

– un **objectif 1** : régions en retard de développement, qui correspond aux anciens objectifs 1 et 6. En France, la Corse et les arrondissements de Douai, Avesnes et Valenciennes ne bénéficieront pas du nouvel objectif 1 (alors qu'ils bénéficiaient de l'ancien). En guise de compensation, ils bénéficieront d'une aide de transition de 551 millions d'euros ;

– un **objectif 2** : régions en reconversion économique et sociale, y compris les zones rurales et urbaines en difficulté, qui correspond aux anciens objectifs 2 et 5b ;

– un **objectif 3** : adaptation et modernisation des politiques et systèmes d'éducation, de formation et d'emploi, qui correspond aux anciens objectifs 3 et 4.

Pour la période de programmation 2007-2013, trois nouveaux objectifs, qui se substituent aux précédents, **sont déterminés** :

– un **objectif « Convergence »** : proche de l'actuel objectif n° 1, il vise à accélérer la convergence des États membres et des régions les moins développées, *via* l'amélioration des conditions de croissance et d'emploi ;

– un **objectif « Compétitivité régionale et emploi »** : il vise à renforcer la compétitivité, l'emploi et l'attractivité des régions, en dehors de celles qui sont les moins favorisées, via l'anticipation des changements économiques et sociaux, la promotion de l'innovation, de l'esprit d'entreprise, de la protection de l'environnement, de l'accessibilité, l'adaptabilité et le développement de marchés du travail inclusifs ;

– un **objectif « Coopération territoriale »** : il vise à renforcer la coopération aux niveaux transfrontalier, transnational et interrégional, à promouvoir des solutions communes pour des autorités voisines dans les domaines du développement urbain, rural et côtier, le développement des relations économiques et la mise en réseau des petites et moyennes entreprises.

III – LES PRINCIPES DE BASE DE LA POLITIQUE RÉGIONALE

***253.* Plusieurs principes fondent l'action des fonds structurels :**

– 1er principe : la **concentration**. Il s'agit de la concentration des crédits sur un nombre limité d'objectifs, de territoires et de populations.

Sur la période 1994-1999, les objectifs qui ont correspondu à un territoire étaient les objectif 1, 2, 5b et 6. Les objectifs qui ont correspondu à une population particulière étaient les objectifs 3 et 4. Sur la période 2000-2006, les objectifs qui correspondent à un territoire sont les nouveaux objectifs 1 et 2, tandis que le nouvel objectif 3 correspond à une population particulière.

– 2e principe : la **programmation** des actions, à travers des *cadres communautaires d'appui* (CCA), des *documents uniques de programmation* (DOCUP), des *Programmes d'initiatives communautaires* (PIC) ou des *actions innovatrices.* Tout projet appelé à bénéficier d'une subvention européenne doit s'inscrire dans ces programmes.

Un **DOCUP** est un programme pluriannuel (1994-1999, 2000-2006) de développement régional, élaboré par les États membres, en partenariat avec les collectivités et les partenaires sociaux, puis approuvé par la Commission européenne. En France, il est mis en œuvre sous la responsabilité du Préfet de région, par le Secrétariat général aux affaires régionales (SGAR) et la Direction régionale du travail, de l'emploi et de la formation professionnelle. Selon les objectifs poursuivis, le DOCUP contient :

a – un diagnostic socio-économique de la région ou une analyse de la situation de l'emploi et de la formation dans le pays ;

b – les objectifs à atteindre et la stratégie à mener ou les activités à mettre en œuvre et le nombre de personnes concernées ;

c – le budget nécessaire et la procédure de mise en œuvre du programme.

Les **PIC** sont des programmes spécifiques qui correspondent à des priorités fixées par la Commission européenne (régions rurales, dépendantes d'un secteur d'activité, projets concernant un public spécifique...). Les États membres lui soumettent des *Programmes opérationnels*, en partenariat avec les Préfectures de région, les autorités régionales et locales et d'autres organismes concernés. Leur mise en œuvre est confiée à la Préfecture de région.

– 3e principe : le **partenariat**, qui implique une concertation très étroite entre la Commission européenne et les autorités compétentes désignées par les États membres au niveau national, régional ou sub-régional.

– 4e principe : l'**additionnalité**, qui signifie que l'action de la Communauté ne vise qu'à compléter les efforts des États membres, et non à s'y substituer. La Commission et l'État membre dont les territoires sont éligibles aux fonds structurels vérifient d'ailleurs, dès l'élaboration des programmes, que les dépenses structurelles nationales se maintiennent au moins au même niveau que durant la période de programmation antérieure. Une vérification *ex post* a même lieu en fin de période de programmation, pour évaluer le respect des engagements pris par l'État membre sur ce point.

– 5e principe : la **subsidiarité** (voir *supra*).

À ces cinq principes, on pourrait en ajouter un sixième : celui de l'**évaluation** de la politique régionale. Certes, la succession des périodes de programmation des fonds structurels rend difficile la coïncidence des dates auxquelles les résultats des diverses évaluations sont disponibles et de celles auxquelles les décisions de programmation ou de reprogrammation sont prises. Un manque de synchronisation est inévitable, compte tenu des délais fixes qui sont impartis aux décisions de programmation et du laps de temps nécessaire pour qu'une évaluation soit engagée, puis menée à bien.

En pratique toutefois, une triple évaluation est mise en œuvre :

– une évaluation *ex ante*, qui a pour objectif de préparer l'adoption de la programmation à venir ;

– une évaluation à mi-parcours, qui permet de vérifier si les objectifs identifiés par la programmation peuvent être atteints, et de préciser les ajustements éventuels à apporter à la programmation pour que les fonds soient utilisés d'une manière optimale ;

– enfin, une évaluation *ex post*, qui est effectuée plusieurs années après la fin de la période de programmation, et qui en fait le bilan définitif.

IV – La réforme de la politique régionale

a) Les réformes antérieures à 1999

254. C'est en **1984** que la réforme de la politique régionale de la Communauté sera amorcée, par une modification des règlements **FEDER**. Il s'agit de substituer au système des quotas nationaux le système des fourchettes indicatives, qui permettent de répartir l'ensemble des ressources du FEDER entre les États membres pour une durée de 3 ans.

Un an plus tard sont créés les programmes intégrés méditerranéens (**PIM**), principalement destinés à l'Espagne et au Portugal. La création des PIM sera à l'origine d'un certain nombre d'innovations, comme la programmation pluriannuelle et l'association de plusieurs fonds structurels à la réalisation d'un même objectif de cohésion économique et sociale.

En **1987** sont instituées les opérations intégrées de développement (**OID**). Il s'agit de programmes pluriannuels qui réunissent les différents acteurs locaux concernés par le développement régional.

La politique régionale de la Communauté a été réformée plus profondément en **1988**, pour donner au *Grand marché intérieur* une efficacité optimale. Cette réforme comportait deux volets : un volet quantitatif (doublement en cinq ans des crédits affectés aux fonds structurels) et un volet qualitatif, qui consistait en une rationalisation des méthodes d'intervention, notamment par la substitution d'une démarche globale à une approche par instruments.

La réforme de 1988 était aussi destinée à remédier à certains dysfonctionnements constatés au niveau de la mise en œuvre des instruments financiers :

– les crédits étaient trop souvent utilisés pour financer quantité de petits projets qui créaient un « effet de saupoudrage » ;

– les procédures étaient par ailleurs trop lourdes et peu transparentes ;

– l'impact économique de la politique régionale était difficile à apprécier ;

– mais surtout, les États membres considéraient trop souvent les fonds structurels comme de simples caisses de péréquation et veillaient à bénéficier d'un « taux de retour » satisfaisant, comme si la politique régionale consistait pour eux à avancer de l'argent à condition qu'on le leur rembourse. Cette conception niait évidemment la solidarité qui est à la base de la politique régionale, et qui suppose que les pays les plus riches consentent quelques sacrifices au profit des plus pauvres.

Le Traité de Maastricht a confirmé l'importance de la politique régionale, tout en redéfinissant les formes d'intervention des fonds structurels, en prévoyant une plus grande flexibilité dans l'octroi de crédits, une modulation des niveaux de la participation communautaire et une prise en compte plus importante de la capacité contributive des États membres. Il a également été décidé d'accentuer l'effort sur l'objectif 1 (régions en retard de développement). Le Traité de Maastricht crée aussi le Fonds de cohésion, destiné aux pays économiquement les moins avancés.

Les dispositions du Traité CE qui concernent la politique régionale n'ont quasiment pas été affectées par **le Traité d'Amsterdam** signé le 2 octobre 1997. Depuis son entrée en vigueur, les décisions d'application relatives au Fonds social européen et au Fonds européen de développement régional sont prises par le Conseil, en codécision avec le Parlement européen, et plus comme antérieurement selon la procédure de coopération introduite par l'Acte unique européen de 1986.

Le Comité des régions est également consulté sur de nouvelles dispositions depuis l'entrée en vigueur du Traité d'Amsterdam, et notamment sur celles relatives à l'environnement, aux décisions d'application pour le Fonds social, aux mesures destinées à contribuer à la réalisation des objectifs de formation professionnelle, et aux transports. Par ailleurs, le Comité des régions est consulté « *en particulier* (dans les cas ayant) *trait à la coopération transfrontière* ».

b) La réforme de 1999

Dans son ***Agenda 2000*** (COM (97) 2000 final, spécial. pp. 16 à 25) du 15 juillet 1997, la Commission européenne insistait sur la nécessité de poursuivre l'effort de cohésion, de prévoir un soutien structurel pour les futurs adhérents, de rechercher un meilleur rapport coût/efficacité. Elle proposait également de consolider l'effort budgétaire des fonds structurels au cours de la période 2000-2006, à hauteur de 210 milliards d'écus pour les quinze États membres de l'époque, et de réduire le nombre des objectifs à trois, dont deux objectifs régionaux et un objectif horizontal consacré aux ressources humaines.

Le **Conseil européen de Berlin de mars 1999** a fixé pour la période 2000-2006, le niveau global de dotation des fonds structurels et du fonds de cohésion à 213 milliards d'euros (1,4 milliard de francs), dont 5 % réservés aux initiatives communautaires et 1 % aux actions innovatrices.

Comme nous l'avons déjà indiqué plus haut, trois objectifs succèdent aux six objectifs de la période antérieure ; En outre, quatre initiatives communautaires remplacent les nombreuses initiatives de la période antérieure (crédits d'engagements en 2003 pour les initiatives communautaires : 1,9 milliard d'euros) :

– **INTERREG** : coopération transfrontière, transnationale et interrégionale ;

– **EQUAL** : coopération transnationale pour combattre toute forme de discrimination et d'inégalité sur le marché du travail ;

– **LEADER** : développement rural ;

– **URBAN** : aide aux quartiers défavorisés.

Le Conseil européen de Berlin de mars 1999 a décidé en outre de créer **une « réserve de performance », pour récompenser les programmes les plus méritants**, qui se sont traduits par une utilisation optimale des fonds ou qui auront permis d'atteindre les objectifs fixés au départ. Il s'agit en quelque sorte d'un *bonus budgétaire*, qui représente 4 % de la dotation globale pour la période 2000-2006. Cette réserve sera distribuée à mi-parcours (au plus tard le 31 mars 2004) à l'intérieur de chaque État membre. Les critères qui permettront d'apprécier les performances donnant droit au bénéfice de la réserve seront définis par l'État concerné, en partenariat avec la Commission. C'est l'État qui présentera à la Commission les programmes jugés les plus performants.

c) La réforme de 2006

Le 11 juillet 2006, le Conseil et le Parlement européen ont adopté cinq règlements modifiant le dispositif d'intervention des instruments financiers de la politique régionale. Il s'agit pour l'essentiel :

– de simplifier la gestion de ces instruments et le processus de programmation des actions structurelles, à travers, d'une part l'intégration du Fonds de cohésion dans la programmation des interventions structurelles, au côté des autres instruments financiers, d'autre part la détermination d'un objectif dit de convergence qui bénéficiera de 82 % des crédits structurels et devrait permettre une affectation optimale de ces crédits, compte tenu en particulier des effets de l'élargissement ;

– d'accentuer l'effort financier, puisqu'il est prévu que la politique régionale mobilisera 308 Mds d'euros sur la période 2007-2013 ;

– de favoriser la coopération transfrontalière internationale et/ou interrégionale. Un Groupement européen de coopération territoriale (GECT) est créé à cette fin et bénéficiera de 2,5 % de l'enveloppe globale.

V – LES RÉSULTATS DE LA POLITIQUE RÉGIONALE

255. Dans son **premier *Rapport sur la cohésion économique et sociale* adopté le 6 novembre 1996**, la Commission a indiqué que la politique régionale de la Communauté portait ses fruits, et qu'il était possible de constater une tendance constante vers une plus grande convergence au niveau des États membres au cours des dix dernières années, même si les régions du centre de l'Union sont toujours plus riches que celles de la périphérie. La Commission fait valoir en particulier que le revenu *per capita* dans les quatre États membres les plus pauvres est passé de 66 % à 74 % de la moyenne communautaire sur cette période. Du point de vue macro-économique, les États ont généralement progressé da manière significative dans la maîtrise de l'inflation et des taux d'intérêt, et dans la réduction des déficits publics. Ce sont des résultats non négligeables, puisque l'augmentation des investissements et le succès des politiques de cohésion en dépendent. Le *Rapport* de la Commission conclut en insistant sur la nécessité pour les États membres de prendre les initiatives requises pour lutter contre l'endettement public, tout en maintenant les programmes axés sur l'investissement, la croissance et la création d'emplois.

Le 2e *Rapport sur la cohésion économique et sociale* de janvier 2001 souligne que l'effort financier de la Communauté a pratiquement doublé entre 1989 et 1999, passant de 0,27 % du PIB communautaire en 1989 à 0,46 % à la fin de la décennie. Le niveau des transferts financiers a été très significatif pour les trois principaux bénéficiaires de la politique de cohésion. Ils représentent sur dix ans 1,5 % du PIB pour l'Espagne, 3,3 % pour le Portugal et 3,5 % pour la Grèce. En Grèce et au Portugal, les aides communautaires financent plus de 10 % des investissements. Néanmoins, si l'emploi a augmenté de plus de 2 millions d'unités pendant les années 1990 dans l'Europe des Quinze, cela n'a pas suffi pour accroître de manière significative le taux d'emploi. En outre, les écarts de chômage restent importants au sein de l'Union. En 1999, la Grèce, l'Espagne, la France, l'Italie et la Finlande avaient des taux de chômage supérieurs à 10 %, représentant au moins le double des taux observés au Luxembourg, aux Pays-Bas, en Autriche et au Portugal, qui ne dépassaient nulle part 5 %. Plus généralement, la pauvreté est un problème persistant au sein de l'Union.

Dans son **3e *Rapport sur la cohésion économique et sociale*, présenté le 18 février 2004**, la Commission a mis l'accent sur l'amélioration de la gestion des fonds structurels constatée sur la période écoulée, souligné que les disparités en matière de revenus et d'emploi dans l'Union avaient diminué au cours des dix dernières années, et exposé sa conception de la politique régionale pour la période 2007-2013, dans une Union en principe élargie à 27 membres. Trois priorités sont définies : la convergence (soutien à la croissance et à la création d'emplois), l'amélioration de la compétitivité régionale pour favoriser l'emploi et encourager le changement, la coopération territoriale européenne qui pourrait justifier la création d'une autorité régionale transfrontalière.

Pour en savoir plus...

– J. BOURRINET, « Problématique de la politique de cohésion économique et sociale dans une Union européenne à 27 membres », *Rev. Marché commun*, 2007, p. 223 ;

– N. JAZRA BANDARRA, « La politique de cohésion dans l'Union européenne et l'élargissement », *Rev. Marché commun*, 2006, p. 177.

C. La recherche et le développement technologique (articles 163 à 173 – ex-art. 130 F à 130 P)

256. Le succès de la construction européenne dépend aussi de la capacité de l'Union à tenir son rang dans la course technologique. C'est en 1974 que le Conseil a décidé de doter la Communauté d'une politique dans le domaine de la recherche et du développement technologique. Mais les actions mises en œuvre dans ce cadre ne consistaient pour l'essentiel qu'à favoriser la réalisation de recherches dans les laboratoires du ***Centre commun de recherche*, composé de plusieurs instituts répartis sur les sites suivants : Ispra (Italie), Karlsruhe (Allemagne), Petten (Pays-Bas) et Geel (Belgique).** Aucune stratégie commune de recherche-développement n'était définie.

L'accélération de la course à l'innovation a conduit le Conseil à adopter une attitude plus volontariste en se dotant en 1983 du premier **programme-cadre général pluriannuel** qui a donné naissance à plusieurs **programmes plus spécifiques** : un programme de recherche fondamentale sur les technologies industrielles (BRITE), un programme de recherche sur les technologies de pointe dans le domaine des télécommunications (RACE) et un programme relatif aux technologies de l'information (ESPRIT).

L'Acte unique de 1986 va conférer à la Communauté une compétence globale en matière de recherche et de développement technologique. Cette compétence doit s'exercer dans le cadre d'un programme-cadre pluriannuel mis en œuvre au moyen de programmes spécifiques. Ces programmes sont d'une grande souplesse d'utilisation, puisqu'ils peuvent être adaptés ou complétés en fonction de l'évolution des situations. Dans tous les cas, l'action communautaire ne vise pas à se substituer aux actions nationales, mais seulement à les compléter. Elle favorise les projets qui regroupent plusieurs laboratoires de plusieurs États membres. Elle stimule les efforts menés dans le domaine de la recherche pure, mais aussi dans les industries électronique et informatique menacées sur le plan industriel.

Dans son rapport sur *Le marché unique en 1995*, la Commission rappelle qu'elle a décidé la **mise en place de *task force* opérationnelles**, destinées à améliorer l'efficacité des actions de recherche-développement, en concentrant les efforts sur des projets communs présentant un intérêt pour les milieux professionnels et le public. Les *task force* travaillent sur des questions revêtant un intérêt général pour l'Union, telles que les vaccins et les maladies virales. Celles qui traitent de « *la voiture de demain* », du « *transport intermodal* », des « *systèmes maritimes de l'avenir* », de « *la nouvelle génération d'avions* » ou du « *train de l'avenir et des systèmes ferroviaires* » contribueront à répondre aux exigences de mobilité des citoyens européens. Enfin, la *task force* « *logiciels éducatifs multimédias* » facilitera la communication et l'accès des citoyens aux nouvelles technologies de l'information.

Dans une **communication du 4 octobre 2000 relative aux orientations de la politique de recherche en Europe pour 2002-2006**, la Commission propose un changement radical d'approche en s'appuyant sur trois principes : une concentration des efforts sur les sujets où l'action de la Communauté apporte plus de valeur ajoutée, conformément au principe de subsidiarité ; un partenariat renforcé entre les différents acteurs du secteur ; une concentration des moyens financiers sur les projets d'une dimension plus importante et d'une durée plus longue. Le **6e programme-cadre de recherche et de développement technologique pour 2002-2006**, adopté le 27 juin 2002, est doté de 17,5 milliards d'euros pour la période (+17 % par rapport à la période précédente).

NB : Le **Traité constitutionnel de 2004** aurait ajouté un nouveau volet à la politique de recherche et développement technologique, à savoir la politique spatiale européenne. Le programme-cadre de recherche aurait pris la forme d'une loi européenne, adoptée à la majorité qualifiée. Un programme spatial européen aurait pu être adopté, *via* un loi ou une loi-cadre. Un espace de recherche européen, où les chercheurs, les connaissances scientifiques et les technologies circuleraient librement aurait été mis en œuvre, *via* des lois adoptés selon la procédure législative ordinaire.

Pour en savoir plus...

– A. BUZELAY, « La problématique de la recherche-développement et de son financement en Europe », *Rev. Marché commun* 2005, p. 561.

D. La protection de l'environnement (articles 174 à 176 TCE – ex-art. 130 R à 130 T)

257. L'environnement est reconnu comme un domaine de compétence communautaire par **l'Acte unique européen**, qui assigne plusieurs objectifs à la Communauté : préserver, protéger et améliorer la qualité de l'environnement, contribuer à la protection de la santé des personnes et assurer une utilisation prudente et rationnelle des ressources naturelles. Ces exigences doivent être intégrées dans la définition et la mise en œuvre des autres politiques de la Communauté (ce point est confirmé par le Traité de Maastricht).

Les principes qui gouvernent l'action de la Communauté sont **les principes de l'action préventive** (certains projets, autoroutiers notamment, qui ont des répercussions importantes sur l'environnement, doivent être soumis à des études d'impact), **de la correction des atteintes à l'environnement et du pollueur-payeur** (le pollueur doit prendre à sa charge les coûts liés à la prévention et à la réparation des dégâts causés). L'action communautaire est par ailleurs multiforme : lutte contre la pollution de l'eau et la pollution atmosphérique, lutte contre les nuisances acoustiques, récupération et élimination des déchets, conservation du patrimoine naturel, détermination des conditions d'emballage, d'étiquetage et de circulation des produits chimiques etc.

Un règlement du Conseil du 7 mai 1990 a créé une **Agence européenne pour l'environnement**, chargée de fournir une information scientifique fiable susceptible de favoriser la formulation et la mise en œuvre d'une politique efficace en faveur de l'environnement.

Les dispositions du **Traité d'Amsterdam** qui concernent l'environnement n'apportent pas une véritable valeur ajoutée aux dispositions existantes de la « *charte constitutionnelle* ». Elles se bornent pour l'essentiel à insister davantage sur le souci du respect de l'environnement qui doit animer l'Union. Une déclaration annexée à l'Acte final indique que « *la Commission s'engage à préparer des études d'évaluation de l'impact environnemental lorsqu'elle présente des propositions susceptibles d'avoir des incidences significatives sur l'environnement* ». De plus, la Commission doit tenir compte en la matière « *de toute nouvelle évolution basée sur des faits scientifiques* ».

Le **6e programme communautaire (2001-2010)** en matière d'environnement a été adopté par la Commission le 24 janvier 2001. Il s'articule autour de quatre domaines prioritaires : le changement climatique, la santé et l'environnement, la nature et la diversité biologique et la gestion des ressources naturelles.

Pour en savoir plus...

– *Gazette du Palais* n° 163 à 164, juin 2004, Spécial Gazette européenne n° 33 (dir. : Marco Darmon), *Droit communautaire et environnement* ;

– L. KRÄMER, « Droit communautaire et état de l'environnement en Europe », *RDUE* 2007, p. 127 ;

– *Revue des affaires européennes*, 2003-2004/4 – L'Europe de l'environnement : les nouveaux acteurs.

§3. Les politiques nouvelles créées par le Traité de Maastricht

A. La politique économique et monétaire (articles 98 à 124 TCE – ex-art. 102 A à 109 M)

258. Les signataires du Traité de Maastricht s'étaient sont donné pour objectif la **réalisation d'une Union économique et monétaire au plus tard le 1er janvier 1999**. Depuis que cet objectif est atteint, les États membres ont perdu leur compétence monétaire, désormais exercée par la Communauté. Et si la politique économique générale relève encore de la compétence des États (le Traité de Maastricht ne prévoit qu'une obligation de coordination au sein du Conseil), ceux-ci disposent en réalité d'une marge de manœuvre limitée, compte tenu des multiples obligations communautaires auxquelles ils sont soumis (lutte contre l'inflation et les déficits publics excessifs, défense de la valeur de la monnaie), et aussi en raison de l'évidente imbrication de l'« économique » et du « monétaire ».

En fait, la Communauté avait déjà franchi des étapes importantes sur la voie de l'Union économique et monétaire (UEM) lorsque F. Mitterrand avait rallié le chancelier H. Kohl à l'idée d'une monnaie unique (les Allemands auraient préféré renforcer l'union politique de l'Europe avant de s'engager sur la voie de l'union monétaire). Le Traité de Maastricht va accélérer le processus de réalisation de l'UEM, en prévoyant un calendrier précis et des mesures destinées à permettre à tous les États membres d'atteindre l'objectif ultime (la monnaie unique) dans les délais prévus.

I – LA POLITIQUE ÉCONOMIQUE ET MONÉTAIRE AVANT MAASTRICHT

259. Le Traité de Rome s'est borné à énoncer quelques principes relatifs à la coordination des politiques monétaires internes (création d'un **comité monétaire**) et des politiques de change. En 1964, une décision du Conseil instituera par ailleurs un **comité des gouverneurs des banques centrales**. La création d'une zone monétaire européenne n'est pas encore à l'ordre du jour. C'est la désintégration progressive du Système monétaire international et le flottement généralisé des monnaies dans les années 1970 qui vont conduire les États membres à envisager la création d'une zone de stabilité monétaire en Europe.

Le **Plan Barre du 12 février 1969** (R. Barre était alors vice-Président de la Commission européenne, chargé des affaires économiques et monétaires) a recommandé un renforcement de la discipline économique afin de prévenir les crises monétaires au sein de la Communauté (grâce à une concertation des politiques économiques à moyen terme et à une coordination des politiques économiques à court terme), ainsi que le développement de la solidarité pour remédier à ce type de crises.

Mais c'est à l'occasion du **sommet de La Haye de 1969** que les chefs d'État et de gouvernement ont décidé d'arrêter un plan en vue de la création par étapes d'une Union économique et monétaire dans la Communauté. À la suite de cette décision, **le rapport Werner** (alors Premier ministre luxembourgeois) **de juin 1970** a proposé l'établissement de l'UEM en dix ans. Cette Union impliquait la convertibilité totale des monnaies, l'élimination des marges de fluctuation des cours de change et la fixation irrévocable des rapports de parité.

Le 10 avril 1972, l'accord de Bâle va créer le « serpent » monétaire : les marges de fluctuations entre les monnaies sont réduites à 2,25 %, et les banques centrales ont l'obligation d'intervenir pour soutenir le cours de la monnaie défaillante dès que les limites des fluctuations autorisées sont atteintes. Malheureusement, l'instabilité économique croissante va miner très rapidement le système (plusieurs monnaies vont sortir du « serpent »), et il sera nécessaire d'élaborer un nouveau mécanisme de stabilisation des taux de change.

C'est le Conseil européen de Brême de juillet 1978 qui décidera, à l'initiative de MM. Helmut Schmidt et Valéry Giscard d'Estaing, de créer un Système monétaire européen (SME). Ce système entrera en vigueur le 13 mars 1979. Son originalité tient essentiellement au rôle de l'écu qui en est le numéraire. L'écu sert en effet de référence pour déterminer la grille des parités entre les monnaies de la Communauté : chaque monnaie a un taux pivot rattaché à l'écu ; à partir de là, une grille de taux de change bilatéraux est définie. Les fluctuations de part et d'autre de ces taux bilatéraux ne pouvaient pas dépasser ±2,25 %.

Le mot « **écu** » présente l'avantage d'avoir une signification en anglais (*European Currency Unit* ou *Unité de compte européenne*) et de désigner également une pièce d'or qui a eu cours en France au XIIIe siècle.

NB : Le 2 août 1993, les Douze ont dû accepter un élargissement sensible des marges de fluctuation de leurs monnaies (portées de 4,5 % à 30 %, soit ±15 % autour du taux pivot) pour sauver le SME, menacé de disparition par ses dysfonctionnements.

L'Acte unique européen va consacrer l'existence du SME et envisager la possibilité de nouveaux développements institutionnels de la coopération monétaire, en subordonnant leur réalisation à une nouvelle révision du Traité.

II – L'UNION ÉCONOMIQUE ET MONÉTAIRE PRÉVUE PAR LE TRAITÉ DE MAASTRICHT

260. Le Traité signé à Maastricht le 7 février 1992 a rendu irréversible la marche vers la monnaie unique (un sondage effectué durant l'automne 1990 avait révélé que 55 % des citoyens de la Communauté étaient favorables au remplacement des différentes monnaies nationales par une monnaie unique).

L'UEM est censée procurer de nombreux avantages à la Communauté :

– elle doit d'abord permettre de limiter les aléas dus à la multiplicité des devises et de réduire la dépendance de l'Europe vis-à-vis du dollar ;

– elle doit aussi garantir le renforcement de l'influence de l'UE au sein des instances monétaires internationales ;

– elle doit également permettre d'éliminer les coûts de transactions et les coûts liés à la gestion du risque de change des entreprises, dont la gestion devrait du même coup se trouver simplifiée ;

– on espère aussi que l'UEM permettra d'améliorer les performances économiques de la Communauté grâce à une convergence des politiques économiques des États membres ;

– en unifiant le marché européen des capitaux, l'euro devrait logiquement en faire une alternative crédible au marché américain, à condition que la monnaie européenne soit forte ;

– enfin, l'UEM doit favoriser la libre circulation des citoyens de l'Union qui pourront utiliser une seule monnaie sur l'ensemble du territoire communautaire.

En outre, comme l'écrit très justement J. Boissonnat, la création de l'euro en 1999 ne peut pas être réduite à une simple étape technique. Elle est à la fois une fin et un commencement, « *la fin de la construction économique de l'Europe* » et « *le début de sa construction politique* » (*La révolution de 1999 : de l'Europe à l'euro, de l'euro à l'Europe*, éd. Sand, 1998).

Les adversaires de la monnaie unique avaient fait valoir que les États membres n'avaient pas intérêt à abandonner leur souveraineté, et donc leur indépendance, dans un domaine aussi essentiel que celui de la monnaie. Cette position n'a guère de sens à une époque où les capitaux se déplacent en quelques secondes, grâce à l'ordinateur, d'une place financière à l'autre, et où les mouvements spéculatifs ignorent les frontières. Les États membres n'ont pas abandonné leur souveraineté monétaire à Maastricht, car ils ont en réalité perdu leur indépendance monétaire depuis longtemps, depuis que les transactions en euro-monnaies se sont développées à un rythme qui rend illusoire la recherche isolée de la stabilité monétaire.

Dans ses *Mémoires*, J. Delors écrit qu'il se rappelle Mitterrand disant un jour à un de ses ministres qui en appelait à son patriotisme pour ne pas accepter la disparition du franc français : « *J'aime mieux gérer une monnaie unique dans laquelle se trouvera le franc que d'être dans un système dominé par la monnaie allemande* » (J. Delors, *Mémoires*, Plon, 2004, spécial. p. 373).

L'UEM devait se réaliser en **trois étapes**. La première étape avait été engagée le 1er juillet 1990, date d'entrée en vigueur de la directive 88/361 du 24 juin 1988 qui prescrivait **la libération totale et inconditionnelle des mouvements de capitaux à l'intérieur de la Communauté** (*JOCE* n° L. 178/5 du 8 juillet 1988). C'est au cours de cette première étape qu'avait été renforcée la coordination des politiques économiques et qu'avait été recherchée une plus grande convergence des économies européennes.

a) La 2e étape de l'UEM : une phase de transition

261. La 2e étape de l'UEM a débuté le 1er janvier 1994 et s'est achevée le 31 décembre 1998. Elle a constitué une période de transition au cours de laquelle l'effort de convergence économique a été poursuivi et amplifié.

1) La création de l'Institut monétaire européen

262. C'est au début de la 2e étape de l'UEM qu'a été mis en place **à Francfort l'Institut monétaire européen** (IME), dont la mission consistait à préparer l'entrée en fonction de la Banque centrale européenne. L'IME devait notamment renforcer la coopération entre les banques centrales nationales, ainsi que la coordination des politiques monétaires des États membres. Il devait également faciliter l'emploi de l'écu. Il était dirigé par le Néerlandais Wim Duisenberg, qui a dirigé la Banque centrale européenne (inaugurée le 30 juin 1998 à Francfort).

2) Les critères de convergence

263. Le Traité de Maastricht avait prévu que les États membres ne pourraient participer à la 3e phase de l'UEM (la monnaie unique) que s'ils respectaient un certain nombre de « critères » destinés à mesurer la convergence de leurs économies. Ces *critères de convergence*, auxquels l'Allemagne était très attachée, sont les suivants :

– **stabilité des prix** : le taux d'inflation ne peut dépasser de plus de 1,5 % la moyenne des taux des trois États ayant la plus faible inflation ;

– **taux d'intérêt** : les taux d'intérêt à long terme ne peuvent varier de plus de 2 % par rapport à la moyenne des taux des trois États les plus vertueux en matière d'inflation ;

– **déficits** : les déficits budgétaires nationaux doivent être inférieurs à 3 % du PIB ;

– **dette** : la dette publique ne peut excéder 60 % du PIB ;

– **stabilité des cours** : une monnaie nationale ne doit pas avoir été dévaluée pendant deux années et doit être restée dans la marge de fluctuation prévue par le SME.

On constate que les signataires du Ttraité de Maastricht n'ont pas estimé nécessaire de prendre en considération d'autres critères, également pertinents, tels que le taux de croissance, le taux d'épargne, le taux de chômage ou le niveau de la balance des paiements. En vérité, comme l'écrit J. Boissonnat, les critères retenus sont « *tous discutables un à un, dans leur intitulé et plus encore dans leur quotité ; mais globalement suffisamment significatifs pour ne pas être absurdes* » (*op. cit.*).

3) La discipline budgétaire

264. Le Traité de Maastricht impose **trois règles de discipline budgétaire** aux États membres :

– pas de financement monétaire des déficits publics (interdiction de faire usage de la « planche à billets »), ni d'accès privilégié des autorités publiques au marché pour le placement de titres publics ;

– pas de renflouement automatique par les autres États membres ou par la Communauté (*no bail out*) ;

– pas de déficits publics excessifs (voir critères de convergence).

De plus, l'emprunt ne doit jamais dépasser le montant des dépenses d'investissement.

Ces contraintes sont très dures et elles restreignent considérablement la possibilité pour chaque État membre de déterminer sa propre politique budgétaire. **La Communauté dispose par ailleurs des moyens de faire respecter la discipline budgétaire**. Le Conseil de l'Union peut en particulier émettre des recommandations et les rendre publiques à chaque fois qu'un État membre ne respecte pas les règles du jeu (un avertissement a été ainsi adressé à l'Irlande le 12 février 2001). Il peut aussi prendre des mesures plus radicales si l'État membre persiste à poursuivre une politique budgétaire laxiste :

– exiger que l'État membre concerné publie des informations supplémentaires, à préciser par le Conseil, avant d'émettre des valeurs mobilières (prêts, obligations). En pratique, cela signifie qu'il lui est plus difficile de contracter un prêt ;

– inviter la Banque européenne d'investissement (BEI) à revoir sa politique de prêts à l'égard de l'État membre concerné, donc, le cas échéant, à la restreindre ;

– exiger que l'État membre concerné fasse, auprès de la Communauté, un dépôt ne portant pas intérêt, d'un montant approprié, jusqu'à ce que, de l'avis du Conseil, le déficit excessif ait été corrigé ;

– imposer des amendes d'un montant approprié.

NB : Le ***Pacte de stabilité et de croissance*** **(PSC)**, auquel l'Allemagne était très attachée, approuvé dans son principe par le Conseil européen de Dublin de décembre 1996, est constitué par une résolution du Conseil européen d'Amsterdam du 17 juin 1997 (97/C-236/01) et par deux règlements du Conseil, l'un relatif au renforcement de la surveillance des positions budgétaires ainsi que de la surveillance et de la coordination des politiques économiques, l'autre visant à accélérer et clarifier la mise en œuvre de la procédure concernant les déficits excessifs. Il fournit des orientations politiques fermes aux parties concernées (États membres, Commission et Conseil), mais ne modifie pas les critères définis pour la participation à la 3e phase de l'UEM. Il prévoit notamment que le Conseil est « *invité à décider systématiquement d'infliger des sanctions si un État membre participant ne prend pas les mesures nécessaires pour mettre fin à une situation de déficit excessif selon les recommandations adressées par le Conseil* ».

Une réforme du pacte a été adoptée le 27 juin 2005, pour renforcer la rationalité économique et la capacité à promouvoir les règles budgétaires dans une Union plus diverse à 25. Un effort particulier est fait en faveur de la prévention des déficits, via notamment la définition d'objectifs budgétaires différenciés pour tenir compte de la variété des situations nationales), mais le volet correctif du pacte est également réformé, à travers notamment un allongement des délais fixés pour corriger le déficit excessif.

Le Conseil européen d'Amsterdam de juin 1997 a également adopté une résolution *sur la croissance et l'emploi*, qui contient l'idée que « *l'UEM et le Pacte de stabilité et de croissance renforceront le marché intérieur et favoriseront un environnement économique (...) améliorant (...) les conditions de la croissance économique et les possibilités d'emploi* ».

Le 24 septembre 2002, la Commission a proposé des aménagements au PSC, pour répondre à la détérioration de la situation budgétaire de certains États membres (Allemagne, France, Italie, Portugal). Il s'agit pour l'essentiel de repousser à 2006 le retour à l'équilibre budgétaire prévu pour 2004.

NB : s'agissant de la procédure pour déficits excessifs, le **Traité constitutionnel de 2004** avait prévu que les recommandations adressées par le Conseil à l'État membre visé devraient être prises sur la base d'une recommandation de la Commission, et non plus d'une proposition.

Le **Traité de Lisbonne de décembre 2007** reconnaît à la Commission européenne un pouvoir d'adresser des avis aux Étas membres dont le défini est excessif. Les sanctions sont adoptées par le Conseil, sur proposition (et non plus une simple recommandation) de la Commission. Le Conseil aura la possibilité de s'opposer à l'initiative de la Commission dans ce domaine.

265. Les adversaires de la monnaie unique font notamment valoir que la création de l'euro et les contraintes qu'elle implique (convergence, discipline budgétaire) contrarient les efforts des États membres dans le domaine de **la lutte contre le chômage**, et que les pays à monnaie forte connaissent souvent une croissance faible. Que peut-on penser de cet argument ? Certes, la circonstance que tous les États membres ont mené en même temps une politique monétaire et budgétaire restrictive pour satisfaire aux critères de convergence a vraisemblablement pesé sur la croissance européenne. De plus, il est vrai qu'un pays se pénalise en termes de croissance et d'emploi s'il maintient artificiellement (*via* des taux d'intérêt élevés) la valeur de sa monnaie à un niveau trop déconnecté des réalités économiques (c'est-à-dire du pouvoir d'achat réel de sa monnaie). Mais, pour autant, il serait absurde de prétendre qu'une monnaie forte est synonyme de chômage. J. Boissonnat note par exemple que « *depuis la fin de la période de reconstruction d'après-guerre, ce sont les pays dont la monnaie a eu la meilleure réputation qui ont, aussi, bénéficié d'un moindre chômage. C'est clair pour la Suisse, le Japon, les États-Unis et l'Allemagne* » (*op. cit.*). Il fait également remarquer que le chômage a sensiblement baissé au Danemark et aux Pays-Bas sur la période récente, alors que ces deux pays ont mené une politique de stabilité monétaire et de réduction des déficits publics. À l'inverse, la France a dévalué sa monnaie à cinq reprises entre 1981 et 1987, et cela n'a pas empêché le chômage de progresser sur cette période, en passant de 7,4 % à 10,5 % de la population active. De la même façon, le Royaume-Uni et l'Italie, pays à monnaie faible, ont vu leur taux de chômage progresser plus vite que celui de la France, pays à monnaie forte, sur la période 1991-1995. Ces chiffres confirment donc que si « *une monnaie faible n'est (...) pas une garantie d'emploi, une monnaie forte ne condamne personne au chômage* » (*op. cit.*).

b) La 3e étape de l'UEM : l'instauration de la monnaie unique

266. Le Traité de Maastricht avait prévu que la 3e étape de l'UEM débuterait au plus tôt le 1er janvier 1997 et au plus tard le 1er janvier 1999. Les ministres des Finances des Quinze devaient établir le moment venu une liste des États membres remplissant les conditions leur permettant de passer à la monnaie unique (s'ils avaient été au moins huit, le traité prévoyait que le Conseil européen pouvait décider à la majorité qualifiée du passage de ces pays à la 3e phase. Si la décision n'était pas prise, ce passage s'effectuerait automatiquement le 1er janvier 1999 pour les pays répondant aux critères de convergence, quel que soit le nombre de ces pays). En fait, le Conseil européen de Madrid de décembre 1995 a décidé que le passage à la monnaie unique se ferait au 1er janvier 1999, et non au 1er janvier 1997.

1) Le scénario du passage à la phase finale de l'UEM

267. Le Traité de Maastricht avait prévu à quelles conditions et selon quel calendrier la 3e phase de l'UEM entrerait en vigueur, mais il était resté très discret sur les modalités pratiques de passage à la monnaie unique. C'est la raison pour laquelle la Commission avait adopté le 31 mai 1995 un *Livre vert sur les modalités de passage à la monnaie unique*, qui prévoyait un scénario très précis. Ce scénario sera validé par le Conseil européen de Madrid de décembre 1995. Il peut se résumer de la façon suivante :

– **31 décembre 1996** : définition du cadre de travail devant permettre à la Banque centrale européenne (BCE) et au Système européen de banques centrales (SEBC) de remplir leurs missions pendant la phase 3 de l'UEM ; préparation de la législation relative à la BCE et au SEBC, et à l'introduction de la monnaie unique, baptisée « euro » par le Conseil européen de Madrid.

Les chefs d'État et de gouvernement se sont entendus à Amsterdam (Conseil européen de juin 1997) sur le statut juridique de l'euro, ainsi que sur la face commune de la future monnaie unique (seules les pièces auront une face nationale et une face communautaire ; les billets n'auront pas de face nationale). Chaque pays doit fabriquer ses pièces métalliques (la France a concentré sa production à l'usine de Pessac).

– 1998 : les chefs d'État et de gouvernement ont désigné les pays de l'Union remplissant les conditions nécessaires pour le passage à la monnaie unique, sur la base des données économiques de l'année 1997 ; nomination du directoire de la BCE et fixation de la date pour l'introduction des billets et des pièces en euros.

La Commission avait recommandé dans son rapport sur la « convergence » du 25 mars 1998 que onze États membres soient admis à adopter la monnaie unique au 1er janvier 1999. Le même jour, l'IME avait conclu dans le même sens. Le 2 mai 1998, les chefs d'État et de gouvernement des Quinze réunis à Bruxelles ont arrêté définitivement (et sans changements) la liste des États membres « qualifiés » pour l'euro, sur la base des rapports de la Commission et de l'IME. La 3e phase de l'UEM a effectivement débuté le 1er janvier 1999 pour l'Allemagne, la Belgique, l'Espagne, la France, l'Irlande, l'Italie, le Luxembourg, l'Autriche, les Pays-Bas, le Portugal et la Finlande. Ainsi, seules la Grèce et la Suède ne remplissaient pas les critères de convergence en 1998. Le 1er janvier 2001, la Grèce a rejoint la zone euro.

Un accord a été conclu le 1er septembre 1998 entre la BCE et les banques centrales nationales des États membres n'appartenant pas à la zone euro. Cet accord (98/C-345/05 – *JOCE* n° C-345 du 13 nov. 1998, p. 1), qui enterre le SME et crée le **MCE II**, vise à maintenir une stabilité monétaire entre les monnaies des États membres qui ne participe pas à la 3e phase de l'UEM. Ce MCE II repose sur un système de cours pivots, comportant une marge de fluctuation de 15 % de part et d'autre du cours pivot, assorti d'un mécanisme d'intervention aux marges des banques centrales.

NB : Le **Traité constitutionnel de 2004** avait prévu que la décision du Conseil sur l'adhésion de nouveaux États membres à l'euro devait être précédée d'une recommandation émanant de la majorité qualifiée des États membres qui appartiennent déjà à la zone euro.

– 1er janvier 1999 : fixation irrévocable des taux de conversion et entrée en vigueur de la législation relative à l'introduction de l'euro ; définition et mise en œuvre de la politique monétaire en euros et conduite des opérations de change extérieures en euros ; émission de nouveaux titres de la dette publique en euros.

Le 7 février 2001, la Commission européenne a adopté une communication sur le renforcement de la coordination des politiques économiques dans la zone euro, pour répondre à l'interdépendance croissante des économies des douze États membres concernés. Elle propose notamment une évaluation systématique du dosage macroéconomique global de la zone, ainsi qu'un engagement des États d'informer leurs partenaires et la Commission avant de prendre des décisions économiques. La Commission propose également la création d'un *Eurogroupe* au sein du Comité économique et financier. Le 28 juin 2001, le Conseil a adopté deux règlements permettant une protection juridique de l'euro.

– **1er janvier 2002 au plus tard** : mise en circulation des billets (SEBC) et des pièces (États membres) en euros et retrait des billets et pièces libellés en monnaies nationales.

– **1er juillet 2002 au plus tard** : suppression du cours légal des billets et pièces libellées en monnaies nationales. En fait, celles-ci ont perdu leur valeur libératoire au profit de l'euro dès le mois de février 2002.

NB : La Slovénie a rejoint la zone euro le 1er janvier 2007.

2) La clause d'« opting out » au profit du Royaume-Uni et du Danemark

268. Littéralement, *opting out* signifie *choisir dehors*. C'est ainsi que l'on désigne la possibilité laissée au Royaume-Uni et au Danemark de décider seulement ultérieurement s'ils souhaitent participer à la phase finale de l'UEM, ou s'ils préfèrent *rester dehors* et conserver leur propre monnaie et leur propre politique monétaire.

Les Britanniques ont déclaré avec constance depuis 1992 qu'ils ne pouvaient pas prendre d'engagement en ce qui concerne la participation à la 3e étape de l'UEM, et qu'ils notifieraient leur décision au Conseil avant le passage à la monnaie unique. Ce n'est qu'assez récemment, à l'occasion du Conseil ECOFIN du 1er mai 1998, que M. G. Brown, chancelier de l'échiquier, a fait savoir que le gouvernement de M. T. Blair avait décidé « *de soutenir le principe de l'Union monétaire* » et d'« *ébaucher un programme de basculement* » vers l'euro en 1999 (*Agence Europe*, n° 7213, éd. spéciale, 3 mai 1998).

Les Danois, en revanche, ont déjà notifié au Conseil leur refus de participer à la 3e phase de l'UEM. Le Conseil européen d'Edimbourg de décembre 1992 a pris acte du refus danois et a adopté une décision par laquelle il reconnaît que le Danemark ne participera pas à la monnaie unique. Cette décision entérine un schéma d'Europe monétaire à la carte.

3) Les institutions de l'UEM

269. Deux organes interviennent dans la phase finale de l'UEM : la Banque centrale européenne (BCE) et le Système européen de banques centrales (SEBC).

La **BCE** jouit d'une compétence exclusive pour autoriser l'émission des billets en euros sur tout le territoire de l'Union. Elle gère la masse monétaire en euros et est donc responsable de la stabilité de la monnaie unique. Elle a son siège à Francfort (il s'agit d'une concession faite à l'Allemagne, destinée à équilibrer le sacrifice du mark par les Allemands). Le Traité constitutionnel de 2004 devait la promouvoir au rang d'institution à part entière.

La BCE est dotée de la personnalité juridique. Ses organes de gestion et de décision sont le Directoire et le Conseil des gouverneurs. Ces deux organes prennent leurs décisions à la majorité simple.

La BCE est indépendante. Ses membres ne peuvent pas accepter (ou solliciter) d'instructions des institutions de l'Union ou des gouvernements des États membres.

Le Traité de Lisbonne fait de la Banque centrale européenne une véritable institution de l'Union.

Le **SEBC** est composé de la BCE et des banques centrales des États membres. Il est dirigé par les organes de décision de la BCE et a pour mission principale de maintenir la stabilité des prix au sein de l'Union. C'est lui qui définit la politique monétaire de l'Union et qui conduit les opérations de change (il ne s'agit que de la gestion du change, car la définition de la politique des changes relève de la compétence du Conseil de l'Union). Il est aussi chargé de maintenir et de gérer les réserves des États membres.

Le **Traité constitutionnel de 2004** avait prévu d'étendre les compétences des **ministres de l'Économie de la zone euro**, qui auraient pu, d'une part voter seuls l'adoption des grandes orientations de politique économique propres (GOPE) à cette zone, d'autre part décider seuls, à la majorité, l'entrée d'un nouvel État membre dans la zone. Par ailleurs, l'***Eurogroupe***, réunion informelle de coordination des politiques économiques des pays membres de la zone euro, aurait vu son existence reconnue par le Traité constitutionnel, qui prévoyait en outre qu'il pourrait élire son président pour deux ans et demi. Le Traité de Lisbonne de 2007 consacre l'existence officielle de l'Eurogroupe.

Pour en savoir plus...

– P. KAUFFMANN, « L'euro et la construction européenne », *in Mélanges J.-C. Gautron*, Paris, Pédone, 2004, p. 395 ;

– *RAE*, *L'Euro*, 2001-2002/2.

B. La politique industrielle (article 157 TCE – ex-art. 130)

270. La Communauté doit veiller à maintenir et à développer sa compétitivité industrielle, notamment face aux États-Unis et au Japon, en particulier dans le domaine des technologies de pointe. C'est la raison pour laquelle le Traité de Maastricht a rangé la politique industrielle dans les nouvelles compétences de la Communauté.

L'action communautaire doit viser quatre objectifs essentiels :

– accélérer l'adaptation aux changements structurels ;

– assurer un environnement favorable à l'initiative et au développement des entreprises de la Communauté, et notamment des PME ;

– encourager la coopération inter-entreprises ;

– favoriser une meilleure exploitation du potentiel industriel, des politiques d'innovation, de recherche et de développement technologique.

Ces actions ne devront pas entraîner de distorsions de concurrence au sein de l'Union.

La Commission a adopté en 1994 une communication *(Une politique de compétitivité industrielle pour l'Union européenne*, *Bull.* UE, suppl. 3/94) qui contient des propositions concrètes pour illustrer le Livre blanc sur la croissance, la compétitivité et l'emploi adopté pour le Conseil européen en décembre 1993. Il s'agit de définir une véritable politique industrielle pour l'Union européenne, indispensable pour soutenir la reprise de la croissance et favoriser la création d'emplois. Les priorités de cette politique sont au nombre de quatre :

– promouvoir l'investissement immatériel, notamment en adoptant des mesures fiscales destinées à encourager l'investissement dans la formation ;

– développer la coopération industrielle, en multipliant par exemple les rencontres entre industriels, sous forme de tables rondes notamment ;

– renforcer la concurrence ;

– moderniser le rôle industriel des pouvoirs publics, en utilisant en particulier les instruments communautaires existants (fonds structurels par exemple) pour soutenir des projets industriels concrets.

Pour en savoir plus...

– A. BUZELAY, « La politique industrielle européenne : quelle signification ? », *Rev. Marché commun* 2006, p. 10.

C. Les réseaux transeuropéens (articles 154 à 156 TCE – ex-art. 129 B à 129 D)

271. Les grands réseaux transeuropéens ou RTE (tunnel sous la Manche, réseaux de trains à grande vitesse, « autoroutes de l'information »...) font partie intégrante de l'achèvement du marché intérieur, parce qu'ils assurent l'intégration des industries et des marchés de la Communauté, et parce qu'ils permettent le développement des régions périphériques en facilitant leur accès aux régions centrales. Il est évident que la mise en œuvre d'infrastructures de communication performantes (transports, télécommunications, énergie) est indispensable au bon fonctionnement de l'« *espace sans frontières* » prévu par l'Acte unique européen.

Le Traité de Maastricht insiste par ailleurs sur la nécessité d'assurer l'interconnexion et l'interopérabilité des réseaux nationaux, ainsi que l'accès à ces réseaux.

Le Conseil européen a arrêté le 25 juin 1994 (sur la base des propositions présentées par la Commission dans son Livre blanc sur la croissance, la compétitivité et l'emploi), une liste de 11 projets dans le secteur des transports, notamment la construction du train à grande vitesse permettant de relier des métropoles de plusieurs États membres. D'autres projets ont été arrêtés en vue de favoriser la relance de la croissance économique et la création d'emplois, et de créer les infrastructures dans les domaines de l'information (« autoroutes de l'information ») et de l'énergie. Le 2 octobre 2001, la Commission a proposé d'ajouter 6 projets nouveaux, dont une liaison ferroviaire à grande capacité transpyrénéenne et un TGV/transport combiné vers l'Europe de l'Est.

Dans son rapport sur *Le marché unique en 1995* (COM (96) 51 final précité), la Commission souligne qu'en dépit des progrès réalisés, des problèmes non négligeables demeurent, liés à la fixation des priorités et au financement des projets. Les travaux de la Commission montrent que les méthodes actuelles d'analyse coûts-bénéfices des projets RTE conduisent les États membres à sous-évaluer les avantages de ces projets. Les avantages des projets RTE pour l'ensemble des États membres justifient précisément qu'une plus grande priorité leur soit accordée dans les plans nationaux. Les progrès ultérieurs des projets en faveur de l'environnement dépendront de la volonté politique des États membres d'associer l'UE à ces projets.

Pour ce qui est de leur financement, davantage d'efforts doivent être faits pour développer les partenariats secteur publics – secteur privé, si l'on veut accélérer la mise en œuvre des réseaux transeuropéens. La Commission a pris des mesures pour la mise en œuvre des règles en matière de concurrence et de marchés publics, parmi lesquelles la mise en place d'un guichet unique d'information. Les États membres sont en outre invités à encourager les changement d'attitude nécessaires tant dans le secteur public que privé. En ce qui concerne le budget communautaire pour les réseaux transeuropéens de transports, les besoins sont de loin supérieurs aux ressources disponibles et plusieurs projets prioritaires souffrent manifestement d'une insuffisance de ressources financières.

Le 2 octobre 2001, la Commission a proposé de réorienter les priorités du réseau transeuropéen des transports sur la résorption des goulets d'étranglement (réalisation d'un réseau ferroviaire à priorité fret, intégration du transport ferroviaire et aérien de passagers, mise en place de systèmes de gestion du trafic le long des axes routiers engorgés...).

D. La protection des consommateurs (article 153 TCE – ex-art. 129 A)

272. Les signataires du Traité de Rome ne se sont pas préoccupés de la protection des consommateurs de la Communauté, ce qui n'a pas empêché des associations de consommateurs de s'organiser au niveau européen. Un **comité consultatif des consommateurs a été créé en 1973**. Il a pour mission de représenter les intérêts des consommateurs européens auprès de la Commission en formulant des avis.

L'Acte unique a prévu la suppression des derniers obstacles aux échanges de biens et de services entre les États membres de la Communauté, et donc un nouvel élargissement des possibilités de choix offertes aux consommateurs. Il a également prévu, en cas de besoin, l'adoption de mesures protectrices prenant pour base un niveau élevé de protection des consommateurs. Il s'agit de donner confiance au consommateur européen, parce que cette confiance est l'une des clés du succès du Grand marché. Il existe déjà un large éventail de mesures protectrices, par exemple au sujet de l'étiquetage des produits alimentaires ou des produits dangereux, de la responsabilité du producteur du fait des produits défectueux, du démarchage et des crédits à la consommation.

Le Traité de Maastricht a renforcé l'action communautaire en faveur de la protection du consommateur, puisqu'il prévoit expressément que la Communauté est obligée de contribuer à la réalisation d'un niveau élevé de protection des consommateurs.

Les dispositions du **Traité d'Amsterdam** relatives à la protection des consommateurs insistent notamment sur la nécessité de prendre en considération les exigences de la protection des consommateurs « *dans la définition et la mise en œuvre des autres politiques et actions de la Communauté* ».

La Commission a adopté le 1er décembre 1998 un ***Plan d'action pour la politique des consommateurs 1999-2001*** (communication COM (1998) 696 final), dont l'objectif est de tracer les orientations de la politique des consommateurs pour les trois années couvertes.

Pour en savoir plus...

– M. LUBY, « La directive n° 2005/29 sur les pratiques commerciales déloyales », *Europe* novembre 2005, étude, p. 6 ;

– J. ROCHFELD, E. JEULAND, *Le droit des consommateurs et les procédures spécifiques en Europe*, éd. juridiques et techniques, coll. Droit et procédures, 2005.

E. L'éducation, la formation professionnelle et la jeunesse (art. 149 à 150 TCE – ex-art. 126 et 127)

273. Les mutations industrielles et l'achèvement du marché unique exigent une capacité d'adaptation et une mobilité accrues de la part des travailleurs. Ces deux exigences sont les conditions préalables à la réduction du chômage et au maintien de la compétitivité de l'industrie européenne.

Le Traité de Maastricht a donc inséré dans le Traité de Rome un chapitre intitulé « *Éducation, formation professionnelle, jeunesse* ». L'action de l'Union dans ces domaines ne vise cependant qu'à compléter celle des États membres et elle exclut toute harmonisation des dispositions législatives et réglementaires nationales.

La Communauté doit en particulier contribuer au développement d'une éducation « *de qualité* », en encourageant la coopération entre États. Elle doit également favoriser le développement de la dimension européenne de l'éducation (promotion des langues), encourager la mobilité des étudiants et des enseignants, et favoriser la coopération entre établissements d'enseignement supérieur.

Avant même l'entrée en vigueur du Traité de Maastricht, **plusieurs programmes** ont été mis en œuvre, notamment pour faciliter les échanges d'étudiants et d'enseignants et stimuler l'apprentissage des langues. On peut citer à titre d'illustrations :

– le programme ERASMUS, qui permet, depuis 1987 à des étudiants de bénéficier de bourses afin de passer une période d'études dans un autre État membre ;

– le programme COMETT, qui permet depuis 1987 aux étudiants de se former aux nouvelles technologies, *via* un réseau européen d'associations université/entreprise pour la formation ;

– le programme LINGUA créé en 1990, qui vise notamment à améliorer la qualité de l'enseignement des langues et à inciter les adultes déjà engagés dans la vie professionnelle à suivre des formations linguistiques.

On peut également mentionner l'existence de plusieurs écoles primaires et secondaires européennes réparties sur le territoire de la Communauté, ainsi que du Collège d'Europe de **Bruges** et de l'Institut universitaire européen de **Florence**, lieux de rencontre pour les étudiants, les enseignants et les chercheurs européens.

Pour en savoir plus...

– C. FRAZIER, « L'éducation et l'Union européenne », *Rev. Marché commun* 1997, p. 476.

F. La culture (article 151 TCE – ex-art. 128)

274. On prête souvent à Jean Monnet la formule apocryphe suivante : « *si c'était à refaire, je commencerai par la culture* ». Le succès de cette formule est significatif de l'importance que revêt la dimension culturelle de la construction européenne.

L'Union européenne repose sur la diversité culturelle des pays et des régions qui la composent, mais aussi sur la conscience d'un héritage commun. **Le Traité de Maastricht** prend acte de cette réalité et prévoit en conséquence que la Communauté doit contribuer à « *l'épanouissement des cultures des États membres dans le respect de leur diversité nationale et régionale, tout en mettant en évidence l'héritage culturel commun* ».

L'action de la Communauté en matière culturelle se réduit cependant à des « *actions d'encouragement, à l'exclusion de toute harmonisation des dispositions législatives et réglementaires des États membres* ». De plus, elle ne peut intervenir qu'« en plus », à la marge, et jamais « à la place » des États membres. Dans tous les cas, le Conseil ne peut légiférer qu'à l'unanimité.

En pratique, la Communauté doit se borner à cofinancer des actions nationales et à formuler des recommandations. Elle peut intervenir dans les domaines suivants :

– l'amélioration de la connaissance et de la diffusion de la culture et de l'histoire des peuples européens ;

– la conservation et la sauvegarde du patrimoine culturel d'importance européenne ;

– les échanges culturels non commerciaux ;

– la création artistique et littéraire, y compris dans le secteur de l'audiovisuel.

En 1997, l'Union s'est dotée de deux nouveaux programmes, *Ariane* et *Raphaël*, qui concernent respectivement le domaine du livre et de la lecture et le patrimoine culturel européen. Dans le domaine de l'audiovisuel, l'année 1997 a été marquée par l'entrée en vigueur de la nouvelle directive « *Télévision sans frontières* ».

Le **programme Culture 2000** couvre une période de 5 ans, du 1er janvier 2000 au 31 décembre 2004 (enveloppe totale : 165 millions d'euros) ; Il prévoit un soutien à trois types d'actions :

– action 1 : actions spécifiques, innovatrices et/ou expérimentales (coopération transnationale en matière d'arts vivants et d'arts plastiques, conservation du patrimoine, *Ariane*, *Raphaël*...) ;

– action 2 : actions intégrées impliquant au moins cinq États membres (coproductions, circulation d'œuvres...) ;

– action 3 : événements culturels spéciaux.

Pour en savoir plus...

– P. STICHT, *Culture européenne ou Europe des cultures ? Les enjeux actuels de la politique culturelle en Europe*, L'Harmattan, 2000.

G. La santé publique (article 152 TCE – ex-art. 129)

275. Le Traité de **Maastricht** charge la Communauté d'encourager la coopération entre les États membres et, si nécessaire, d'appuyer leur action, dans le domaine de la santé. Il s'agit d'assurer « *un niveau élevé de protection de la santé humaine* », en concentrant l'action communautaire sur la prévention des maladies et, notamment, des grands fléaux (sida, toxicomanie). La Communauté doit également favoriser la recherche sur les causes et la transmission des maladies, ainsi que l'information et l'éducation en matière de santé. C'est ainsi par exemple que le programme « L'Europe contre le cancer », lancé en 1985, devait réduire le nombre de décès dus au cancer de 15 % d'ici à l'an 2000, grâce à la coopération des chercheurs ainsi qu'à l'information et aux mesures préventives.

Les dispositions du Traité d'**Amsterdam** relatives à la santé publique procèdent à une modification de l'article 152 du Traité CE assez mineure. Les seuls ajouts notables à cet article consistent à prévoir : premièrement que le Conseil doit adopter « *des mesures fixant des normes élevées de qualité et de sécurité des organes et substances d'origine humaine, du sang et des dérivés du sang* » (un État membre peut toutefois maintenir ou établir des mesures de protection plus strictes) ; deuxièmement que « *l'action de la Communauté dans le domaine de la santé publique respecte pleinement les compétences des États membres en matière d'organisation et de fourniture de service de santé et de soins médicaux* », en particulier s'agissant des dons d'organes ou de sang ou à leur utilisation à des fins médicales. En outre, et en écho à la crise de la vache folle, le Traité d'Amsterdam autorise des mesures agro-sanitaires en dérogation des règles de la PAC.

NB : Le **Traité constitutionnel de 2004** précisait que l'action de l'Union en matière de santé publique était menée dans le respect des responsabilités des États membres en ce qui concerne la définition de leur politique de santé. L'Union devait aussi, notamment, établir des mesures fixant des normes élevées de qualité et de sécurité des produits médicaux, ainsi que des mesures de protection de la santé publique en ce qui concerne le tabac et l'alcool.

Pour en savoir plus...

– C. FRAZIER, « L'éducation et l'Union européenne », *Rev. Marché commun* 1997, p. 476.

H. La coopération au développement (articles 177 à 181 TCE, ex-art. 130 U à 130 Y)

276. Les efforts consentis par la Communauté en faveur des pays en voie de développement sont importants. Ils concernent principalement les pays d'Afrique, des Caraïbes et du Pacifique (**ACP**), parce que la plupart de ces pays ont des relations traditionnellement étroites avec certains États membres de la Communauté. Plusieurs accords d'association ont été conclus entre les pays ACP et la Communauté depuis le début des années 1960 (accords de **Yaoundé** de 1963 à 1975, de **Lomé** de 1975 à 2000, de **Cotonou** en juin 2000). Le plus souvent, la coopération au développement prend la forme de l'aide alimentaire ou de préférences tarifaires. Elle peut prendre aussi la forme d'une aide financière (13,5 Mds euros pour la période 2000-2007 dans le cadre de l'accord de Cotonou) et technique. En tout état de cause, elle a une dimension à la fois économique (libéralisation croissante des échanges) et politique (défense des valeurs démocratiques, bonne gouvernance).

Le Traité de Maastricht a donné une compétence générale à la Communauté pour la coopération au développement. Les objectifs qu'il mentionne sont le développement des pays les moins avancés, l'insertion des pays en voie de développement dans l'économie mondiale et la lutte contre la pauvreté. Dans tous les cas, l'action de la Communauté se borne à compléter celles des États membres et doit contribuer à « *la consolidation de la démocratie et de l'État de droit, ainsi qu'à l'objectif du respect des droits de l'Homme et des libertés fondamentales* ».

La coopération au développement s'exerce **dans le cadre d'institutions composées paritairement de représentants de la Communauté et des pays bénéficiaires** : le Conseil des ministres ACP-CEE, qui se réunit au moins une fois par an et qui est l'organe suprême de décision ; le comité des ambassadeurs ACP-CEE, qui exerce des fonctions exécutives et administratives et qui se réunit au moins une fois tous les six mois ; l'Assemblée paritaire ACP-CEE, composée de parlementaires qui se réunissent deux fois par an en session ordinaire. Cette assemblée consultative a des compétences très limitées.

Les actions de coopération au développement sont financées pour l'essentiel par le Fonds européen de développement (**FED**) géré par la Commission européenne qui instruit les demandes de financement présentées par les autorités responsables des États associés.

Le Traité de Nice de 2001 introduit dans le Traité CE un article 181 bis nouveau relatif aux actions de coopération économique, financière et technique avec les pays tiers. Cette disposition prévoit que « *la Communauté mène, dans le cadre de ses compétences, des actions de coopération économique, financière et technique avec des pays tiers ; ces actions sont complémentaires de celles qui sont menées par les États membres et cohérentes avec la politique de développement de la Communauté* ». Il s'agit de contribuer, d'une part à l'objectif général de développement et de consolidation de la démocratie et de l'État de droit, d'autre part à l'objectif de respect des droits de l'homme et des libertés fondamentales.

Pour en savoir plus...

– J. AUVRET-FINCK, « La dimension globale du partenariat ACP-UE : premier état des lieux », *in Mélanges J-C. Gautron*, Paris, Pédone, 2004, p. 545 ;

– S. CORTEMBERT, « La politique de coopération au développement », *in* J. AUVRET-FINCK (dir.), *L'Union européenne, carrefour des coopérations*, LGDJ, 2002, spécial. p. 371.

§4. Une politique créée par le Traité d'Amsterdam : la politique de l'emploi

277. Le **Livre blanc** intitulé ***Compétitivité, croissance et emploi***, que J. Delors avait fait approuver en décembre **1993** par les chefs d'État et de gouvernement, et dont l'objet était précisément la lutte contre le chômage, n'avait pas débouché sur des actions concrètes. Ce Livre blanc avait développé un certain nombre de propositions, parfois audacieuses, notamment une détaxation du travail non qualifié, compensée par un prélèvement à la source sur les revenus de capitaux et par une éco-taxe sur le gaz carbonique et le nucléaire. Le ***Pacte de confiance pour l'emploi*** proposé par le président J. Santer n'avait pas davantage débouché sur des initiatives concrètes.

NB : Le taux de chômage dans la zone euro était de 9,5 % au début de l'année 2000, contre 8,8 % pour l'ensemble de l'Union européenne. En 2003, le taux d'emploi a stagné aux alentours de 63 % dans l'Union à vingt-cinq.

Un **nouveau titre VIII sur l'emploi** est introduit **dans le Traité CE** (articles 125 à 130) par le Traité d'Amsterdam. Une **résolution sur la croissance et l'emploi**, adoptée le 16 juin 1997 par les chefs d'État et de gouvernement, indique que l'objectif est de privilégier les « *réformes structurelles* », par rapport aux « *mesures limitées ou occasionnelles* », de « *moderniser les régimes de protection sociale, de manière à (...) contribuer (...) à l'emploi* », et d'inviter l'ensemble des « *opérateurs économiques et sociaux, notamment les autorités nationales, régionales et locales et les partenaires sociaux, à assumer pleinement leurs responsabilités dans leurs sphères d'activités respectives* ». La résolution souligne également que les États membres devraient « *mettre en place un environnement fiscal qui stimule l'entreprise et la création d'emplois* ». Elle ajoute que « *l'Union européenne devrait compléter les mesures nationales en examinant systématiquement toutes* *les politiques communautaires pertinentes qui existent, y compris les réseaux transeuropéens et les programmes de recherche et de développement, en vue d'assurer qu'elles soient axées sur la création d'emploi (...)* ».

Le nouveau titre sur l'emploi prévoit par ailleurs la **création d'un comité de l'emploi à caractère consultatif** « *afin de promouvoir la coordination, entre les États membres, des politiques en matière d'emploi et de marché du travail* ». Chaque État membre et la Commission nomment deux membres du comité.

Il est également prévu que, chaque année, « *sur la base d'un rapport conjoint du Conseil et de la Commission, le Conseil, statuant à la majorité qualifiée (...), élabore des* ***lignes directrices*** *dont les États membres tiennent compte dans leurs politiques de l'emploi* ».

L'article 129 nouveau du titre sur l'emploi prévoit que le Conseil peut, en codécision avec le Parlement européen, « *adopter des* ***actions d'encouragement*** *destinées à encourager la coopération entre les États membres et à soutenir leur action dans le domaine de l'emploi par le biais d'initiatives visant à développer les échanges d'informations et de meilleures pratiques, en fournissant des analyses comparatives et des conseils ainsi qu'en promouvant les approches novatrices et en évaluant les expériences, notamment en ayant recours aux projets pilotes. Ces mesures ne comportent pas d'harmonisation des dispositions législatives et réglementaires des États membres* ».

Le Conseil européen examinera chaque année la situation de l'emploi dans la Communauté et adoptera des conclusions à ce sujet.

Le **Conseil européen extraordinaire de Luxembourg sur l'emploi des 20 et 21 novembre 1997 a pris une décision** permettant l'application anticipée dès 1998 des dispositions du nouvel article 128 du Traité CE (élaboration des « *lignes directrices* »). **Le Conseil européen de Cologne de juin 1999** a adopté un « *pacte européen pour l'emploi* », dont l'objectif est de réduire durablement le chômage, grâce à la coordination des politiques économiques, à une stratégie concertée en faveur de l'emploi et à une modernisation en profondeur de l'économie. Les États membres souhaitent que ces moyens soient mis en œuvre avec la participation étroite des partenaires sociaux. En **mars 2000**, le **Conseil européen extraordinaire de Lisbonne** a fixé un objectif de plein emploi à l'Union européenne à l'horizon 2010.

§5. Une politique prévue par le Traité constitutionnel de 2004 : la politique de l'énergie

277bis. La politique européenne de l'énergie aurait visé notamment à assurer le fonctionnement du marché de l'énergie, à assurer la sécurité de l'approvisionnement en énergie et à promouvoir l'efficacité énergétique et le développement d'énergies renouvelables.

Elle n'aurait pas pu remettre en cause le droit d'un État membre de déterminer les conditions d'exploitation de ses ressources énergétiques, ses choix entre les différentes sources d'énergie et la structure générale de son approvisionnement énergétique.

La procédure législative ordinaire et le vote à la majorité qualifiée auraient été la règle dans ce domaine, mais toute mesure ayant principalement une nature fiscale aurait dû être prise par une loi du Conseil adoptée à l'unanimité, le Parlement européen n'étant alors que consulté.

Section 2
La politique étrangère et de sécurité commune (2e pilier)

278. L'Union européenne est évidemment préoccupée par la défense du territoire de ses membres, mais elle doit aussi faire face à de nouveaux défis extérieurs, tels que les mouvements de population occasionnés par les conflits ou par l'attraction économique exercée par la Communauté, ou encore les menaces liées au développement de l'intégrisme religieux. Le Traité de Maastricht (titre V) a donc attribué à l'Union européenne une compétence dans le domaine de la politique étrangère et de sécurité commune (PESC), pour lui donner les moyens de faire face à ces défis. La conduite de la politique étrangère relevant du « noyau dur » de la souveraineté des États, l'action de l'Union dans ce domaine présente néanmoins un caractère intergouvernemental marqué (la PESC n'est pas une politique « intégrée »).

La PESC inclut les questions de sécurité, y compris la définition à terme d'une politique de défense commune pouvant conduire à une défense commune.

§1. Les instruments juridiques de la PESC

279. Les instruments juridiques de la PESC sont les positions communes, les actions communes, les accords internationaux et les stratégies communes.

Les **positions communes** sont destinées à rendre la coopération plus systématique et mieux coordonnée. Les États membres sont censés suivre et défendre ces positions communes. Plusieurs positions communes ont été adoptées depuis l'entrée en vigueur du Traité de Maastricht en novembre 1993. Elles portent essentiellement sur des sanctions économiques concernant la Libye, le Soudan, Haïti et l'ex-Yougoslavie. D'autres positions communes ont concerné le Rwanda, le Burundi, le Kosovo et, plus récemment, la lutte contre la prolifération des missiles balistiques.

Les **actions communes** permettent de mobiliser l'ensemble des ressources disponibles (ressources humaines, savoir-faire, matériels, financements...) pour atteindre les objectifs retenus ; elles engagent évidemment les États membres. Bien que l'adoption des actions communes requiert l'unanimité, leurs modalités de mise en œuvre peuvent être arrêtées à la majorité qualifiée. Les actions communes ont concerné : l'ex-Yougoslavie, le soutien au processus de paix au Moyen-Orient, la définition d'un pacte de stabilité en Europe, le soutien à la transition démocratique en Afrique du Sud, la préparation de la conférence sur le traité de non-prolifération, les mines antipersonnel, etc.

L'attitude du Conseil a abouti à une confusion quant au rôle des positions communes et des actions communes. En principe, les premières sont utilisées pour les questions ordinaires, tandis que les secondes sont l'instrument clé de la PESC. Dans la pratique, cette distinction n'a pas toujours été suivie, puisque les positions peuvent couvrir à la fois des orientations fondamentales et des interventions concrètes, tandis que les actions peuvent se limiter à des mesures diplomatiques ou administratives *ad hoc*.

NB : Le **Danemark** a refusé de participer à l'élaboration et à la mise en œuvre des décisions et des actions de l'Union qui ont des implications en matière de défense. Il renoncera donc à son droit d'exercer la présidence de l'Union chaque fois qu'une question intéressant la défense sera à l'ordre du jour (dans cette hypothèse, les règles normales régissant le remplacement du président en cas d'empêchement de celui-ci s'appliqueront).

Le Conseil peut aussi conclure des **accords internationaux** dans les matières couvertes par la PESC. Il statue alors à l'unanimité (art. 24 TUE). Le Traité de Nice modifie les modalités de conclusions des accords internationaux, en prévoyant que le Conseil statuera à l'unanimité lorsque l'accord portera sur une question pour laquelle l'unanimité est requise pour l'adoption de décisions internes à l'Union. L'unanimité s'applique aussi pour les accords ayant des implications militaires ou dans le domaine de la défense. En revanche, le Conseil statuera à la majorité qualifiée dans deux cas : lorsque l'accord portera sur une question pour laquelle la majorité qualifiée est requise pour l'adoption de mesures internes ; lorsque l'accord envisagé sera destiné à mettre en œuvre une action commune ou une position commune. Il est clair que l'introduction, dans ce domaine, de la majorité qualifiée, est de nature à renforcer l'identité de l'Union sur la scène internationale et, par voie de conséquence, de contribuer à l'émergence de sa personnalité juridique internationale.

Le Traité d'Amsterdam de 1997 prévoit que le Conseil européen pourra décider « *des* ***stratégies communes*** *qui seront mises en œuvre par l'Union dans des* *domaines où les États membres ont des intérêts communs importants* ». Ces stratégies communes, qui s'ajoutent aux positions et actions communes existantes, seront définies à l'unanimité ; elles préciseront les objectifs, leur durée et les moyens qui devront être mobilisés.

Le Traité d'Amsterdam prévoit également que les États membres pourront pratiquer des « ***abstentions constructives*** », afin de ne pas bloquer les actions décidées par leurs partenaires. L'*abstention constructive* reposera sur une déclaration formelle d'un État membre, en vertu de laquelle cet État ne sera pas tenu d'appliquer la décision en cause, mais acceptera néanmoins qu'elle engage l'Union. Très logiquement, les États membres qui auront recours à des *abstentions constructives* ne seront pas tenus de contribuer au financement des opérations en cause.

§2. La Politique européenne de sécurité et de défense (PESD), composante « défense » de la PESC

280. L'Europe de la défense se présente comme un ensemble de traités et d'organisations *a priori* plus complémentaires que concurrents, encore que l'**on peut avoir aussi le sentiment d'un certain désordre et de double emplois**. Sans compter que ces **organisations** sont **en pleine évolution**, parce qu'elles ont été créées pour répondre à la césure Est-Ouest et parce que la chute du mur de Berlin et la disparition du l'URSS les contraint à revoir leur rôle et leur organisation, notamment pour accueillir les ennemis d'hier.

Le projet français de *Communauté européenne de défense* (CED) de 1950 ayant avorté en 1954, deux organisations doivent être plus particulièrement mentionnées : d'une part **l'*Union de l'Europe occidentale* (UEO)** créée en 1954, qui succède à l'*Union occidentale* créée dès 1948 par le Traité de Bruxelles, et d'autre part **l'*Organisation du Traité de l'Atlantique Nord* (OTAN)** créée par le Traité de Washington de 1949. Il convient également de mentionner la *Conférence sur la sécurité et la coopération en Europe* (CSCE), dont l'Acte final est signé à Helsinki en 1975 (il s'agit au départ d'une coopération diplomatique paneuropéenne, et non d'une organisation internationale), qui devient ***l'Organisation sur la sécurité et la coopération en Europe* (OSCE)** au sommet de Budapest de la CSCE de décembre 1994.

C'est l'article 17 TUE (ex-article J7 TUE) qui vise la composante « sécurité et défense » de la PESC. Le Traité de **Maastricht** du 7 février **1992** avait notamment prévu que l'Union encourageait « *l'établissement de relations institutionnelles plus étroites avec l'UEO en vue de l'intégration éventuelle de l'UEO dans l'Union* », si le Conseil européen en décidait ainsi. En juin 1992, le Conseil de l'UEO avait défini ses missions d'intervention dans la **déclaration de Petersberg** : missions humanitaires et d'évacuation, missions de maintien de la paix et missions de forces de combat pour la gestion des crises. Chaque État membre décide au cas par cas s'il participe ou non à ces missions.

À l'origine, **la défense de l'Union européenne n'est pas conçue comme une défense autonome**, puisque l'UEO est clairement présentée comme le bras armé de l'Union européenne. En outre, le Sommet de Washington de 1999, marquant le cinquantenaire de l'OTAN, avait posé le principe de l'accès de l'Union européenne aux moyens d'accès et aux capacités de l'OTAN, tout en consacrant une *Identité européenne de sécurité et de défense* (IESD) au sein de l'Organisation. Il est aussi prévu que l'OTAN peut mettre des moyens à la disposition de l'UEO pour des opérations menées dans le cadre de la PESC.

La guerre du Kosovo avait pourtant démontré la nécessité de définir une politique étrangère et **de sécurité** véritablement commune et **plus autonome**. Le **Conseil européen de Cologne de juin 1999** avait affirmé que l'Union devait disposer « *d'une capacité autonome soutenue par des forces crédibles, avoir les moyens de décider d'y recourir et être prête à le faire afin de réagir aux crises internationales, sans préjudice des actions entreprises par l'OTAN* ». En outre, le **Conseil européen d'Helsinki de décembre 1999** avait décidé la création, d'ici 2003, d'une force de réaction rapide non permanente, composée de 50 000 militaires, capables de se déployer dans un délai de deux mois en cas de crise internationale, là où l'OTAN n'est pas engagée. Dans cet esprit, les cinq pays réunis dans **l'*Eurocorps*** (Allemagne, Belgique, Espagne, France et Luxembourg) ont pris la décision de le transformer en « *corps de réaction rapide européen* », disponible pour les actions de l'Union européenne et de l'OTAN.

Le Traité de Nice rend la défense de l'Union européenne plus autonome, *via* une modification de l'article 17 TUE. L'UEO n'est plus présentée, en effet, comme le bras armé de l'Union européenne. Dès novembre 2000, le Conseil ministériel de Marseille avait marqué la fin de l'UEO en tant qu'organisation opérationnelle et le transfert progressif de ses compétences à l'Union. L'UEO ne subsiste que pour garantir l'assistance mutuelle en cas d'agression (prévue par l'article V du traité de Bruxelles), dans l'hypothèse où les États-Unis refuseraient l'intervention de l'OTAN en cas de menace pour l'intégrité territoriale des États membres. Certes, **la défense de l'Union européenne reste encore tributaire des initiatives de l'OTAN** (le dispositif européen ne joue que si l'OTAN n'est pas engagée), mais les relations entre ces deux organisations ont aussi évolué, notamment *via* la reconnaissance d'une *Identité européenne de sécurité et de défense* (IESD) au sein de l'OTAN et un dispositif de consultations et de coopération UE/OTAN, hors et en période de crise.

Le 29 avril 2003, **la France, l'Allemagne, la Belgique et le Luxembourg** ont tenu un « mini-sommet » sur la défense européenne, pour **jeter les bases d'un véritable « pilier européen » au sein de l'OTAN** et « *créer un noyau de capacité collective de planification et de conduite d'opérations* » de l'Union, indépendamment de l'Alliance atlantique, qui pourrait être basé à Tervuren en Belgique. Les ministres de la défense des Quatre ont été chargés « *d'entreprendre les démarches nécessaires en vue d'établir, pour l'année 2004 au plus tard, un* *quartier général multinational déployable pour des opérations conjointes* » sur le terrain. Cette structure serait ouverte à tous les membres de l'UE qui le souhaitent.

NB : Le **Traité constitutionnel de 2004** avait prévu, en matière de défense, notamment :

– la possibilité d'instaurer, sur décision du Conseil statuant à la majorité qualifiée, une coopération structurée permanente entre les États qui remplissent les critères et souscrivent aux engagements en matière de capacités militaires repris dans un Protocole annexe à au Traité ;

– l'instauration d'une coopération plus étroite en matière de défense mutuelle, prévoyant notamment l'obligation d'aide et d'assistance à un État membre victime d'une agression armée sur son territoire.

Le **Traité de Lisbonne** de décembre 2007 introduit quelques innovations intéressantes en matière de défense :

– il consacre l'existence de l'Agence européenne de défense, pour développer une véritable politique européenne de l'armement. L'Agence devient compétente pour les aspects industriels et commerciaux de l'armement ;

– les possibilités d'action de l'Union sont étendues, notamment à la lutte contre le terrorisme, à la prévention des conflits ou encore à la stabilisation post-conflits ;

– les États membres qui le souhaitent pourront s'engager à participer aux programmes européens d'équipement militaire et à fournir des unités de combat immédiatement disponibles pour l'Union, dans le cadre d'une « coopération structurée permanente » ;

– il introduit une « clause de défense mutuelle », en vertu de laquelle les États membres devront assistance à celui d'entre eux qui ferait l'objet d'une agression ;

– il introduit une « clause de solidarité », en vertu de laquelle les États membres devront assistance, par tous les moyens, à celui d'entre eux qui serait affecté par une catastrophe d'origine humaine ou naturelle, ou ferait l'objet d'une attaque terroriste.

§3. Les institutions et organes de la PESC

281. Les activités de l'Union menées dans le domaine de la PESC relèvent de l'autorité du **Conseil européen** et d'un cadre institutionnel unique, tout en faisant l'objet de procédures spécifiques.

L'article 18 (ex-art. J8 nouveau) introduit par le Traité d'Amsterdam dispose que **c'est la Présidence qui représente l'Union pour les matières relevant de la PESC,** et qu'elle est assistée pour ce faire par le Secrétaire général du Conseil qui exerce les fonctions de Haut représentant pour la PESC (M. Javier Solana, choisi par le Conseil européen de Cologne de juin 1999, a pris ses fonctions début 2000). Ce Haut représentant est lui-même assisté par le Secrétaire général adjoint du Conseil, ainsi que par une « *unité de planification de la politique et d'alerte rapide* », qui fait l'objet d'une déclaration spécifique. Le Haut représentant assiste le Conseil « *en contribuant notamment à la formulation, à l'élaboration et à la mise en œuvre des décisions politiques et, le cas échéant, en agissant au nom du Conseil et à la demande de la présidence, en conduisant le dialogue politique avec des tiers* » (art. 26, ex– art. J16).

NB : Le Traité constitutionnel de 2004 avait prévu qu'un ministre des affaires étrangères de l'Union, désigné pour 5 ans à la majorité qualifiée, cumulerait les fonctions de l'actuel Haut Représentant et du Commissaire des Relations extérieures. Le Traité de Lisbonne crée un **Haut représentant de la politique étrangère européenne**, membre du Conseil de l'UE et de la Commission européenne, dont il sera l'un des vice-présidents, en charge de l'action extérieure. Il présidera le Conseil des affaires étrangères et conduira la PESC.

La **Commission** est associée à tous les aspects des travaux et peut, comme les États membres, formuler des propositions. En outre, un règlement n° 381/2001 du Conseil du 26 février 2001 (*JOCE* n° L. 57, 27 février 2001, p. 5), fondé sur l'article 308 TCE, prévoit que lorsque l'Union souhaite réagir rapidement à une situation de crise susceptible de menacer la réalisation des objectifs des programmes communautaires d'aide (économique, alimentaire...), d'assistance et de coopération, la Commission est chargée d'arrêter et de mettre en œuvre, sous la forme d'aides non remboursables, des opérations destinées à préserver ou à rétablir les conditions de stabilité nécessaires à la réalisation des programmes communautaires. Dans cette hypothèse, les modalités prévues par le règlement du Conseil se substituent aux dispositifs prévus par les instruments juridiques existants. La Commission doit informer le Conseil de son intention de mettre en œuvre ce **dispositif de gestion civile des crises**. Elle doit également tenir compte des orientations éventuelles que le Conseil pourrait fixer pour garantir la cohérence des actions extérieures de l'Union. La Commission et la Cour des comptes peuvent effectuer des vérifications sur place.

282. Le 14 février 2000, le Conseil de l'Union avait adopté trois décisions qui permettaient d'instituer les premiers organes intérimaires de la politique de défense commune de l'Union européenne (comité politique et de sécurité intérimaire, organe militaire intérimaire) et de mettre en place les procédures nécessaires à la gestion d'une capacité militaire de l'Union (déc. 2000/143/PESC, déc. 2000/144/PESC et déc. 2000/145/PESC, *JOCE* n° L. 49 du 22 février 2000, pp. 1-3), dans le cadre des « missions de Petersberg » définies le 19 juin 1992.

Le **Conseil européen de Nice de décembre 2000** a approuvé la création des structures opérationnelles permanentes de l'Europe de la défense (voir trois décisions datées du 22 janvier 2001 : déc. 2001/78/PESC pour le COPS, déc. 2001/79/PESC pour le CMUE, déc. 2001/80/PESC pour le EMUE, *JOCE* n° L. 27, 30 janvier 2001, p. 1, 4 et 7) :

– le **Comité politique et de sécurité (COPS)** est l'organe pivot de la PESD et de la PESC. Il est chargé de suivre la situation internationale dans les domaines de la PESC, de contribuer à la définition des politiques en émettant des avis à l'intention du Conseil et d'assurer une mission de surveillance de la mise en œuvre des politiques. En période de crise, il exerce un contrôle politique et assure la direction stratégique des opérations de gestion de crise.

– le **Comité militaire (CMUE)**, créé au sein du Conseil, est chargé de fournir au COPS des avis militaires et des recommandations, mais aussi d'évaluer et de définir les options militaires stratégiques en cas de crise. Il se compose des chefs d'État major des armées représentés par leurs délégués militaires.

– l'**État-major (EMUE)**, placé sous la direction du CMUE, est un service du Secrétariat général du Conseil. Il est chargé d'assurer l'alerte rapide, l'évaluation des situations et la planification stratégique pour les « missions de Petersberg ». Il doit aussi assurer les relations militaires avec l'OTAN.

Dans le cadre de la **coopération en matière d'armement**, il faut mentionner l'existence de l'Office commun de coopération en matière d'armement (**OCCAR**), en place depuis le 28 janvier 2001 et appelé à devenir une véritable agence européenne de l'armement.

Deux actions communes du 20 juillet 2001 (*JOCE* n° L. 200, 25 juillet 2001, p. 1 et 5) créent :

– un **Institut d'études et de sécurité de l'Union** : installé à Paris, doté de la personnalité morale mais placé sous la surveillance du COPS, il est chargé d'effectuer des études, d'organiser des séminaires, d'entretenir des réseaux d'échange et des groupes de réflexion dans les matières intéressant la PESC. Il puise son personnel dans l'ancien Institut d'études et de sécurité de l'UEO, dont il est la « réincarnation » ;

– un **Centre satellitaire de l'Union** : également doté de la personnalité morale et placé sous la surveillance du COPS, il est chargé d'éclairer les décideurs en fournissant des éléments issus de l'analyse de l'imagerie satellitaire. Il puise son personnel dans l'ancien Centre satellitaire de l'UEO.

Le 11 mars 2002 (*JOCE* n° L. 70, 13 mars 2002), une action commune a été adoptée afin de mettre en place une **Mission de police de l'Union européenne** (MPUE), chargée d'assurer la relève du groupe international de police des Nations-Unies (GIP) en Bosnie-Herzégovine. Il s'agit pour l'essentiel de veiller à ce que les services de police de Bosnie-Herzégovine agissent de manière intègre et professionnelle.

Une action commune n° 2004/551/PESC du Conseil du 12 juillet 2004 (*JOUE* n° L. 245 du 17 juillet 2004, p. 17) a créé **l'Agence européenne de défense**, prévue par les articles I.40 § 3 et III.212 du projet de traité instituant une Constitution. Il s'agit d'un organe intergouvernemental dans le domaine des capacités de défense, de la recherche, des acquisitions et de l'armement, ouvert à tous les États membres (le Danemark refuse toutefois d'y participer), placé sous l'autorité et le contrôle politique du Conseil, qui lui fixe des lignes directrices. Les principale décisions de l'Agence seront prises par le Comité directeur, réuni au niveau des ministres de la défense. Le chef de l'Agence est le secrétaire général du Conseil.

§4. Les limites de la PESC

283. La mise en œuvre de la PESC a été difficile, notamment parce qu'elle a nécessité une adaptation des infrastructures administratives existantes aux modes d'action intergouvernementale qui caractérisent le 2e pilier. Il en est résulté des retards qui ont pu réduire l'efficacité de la PESC. On a eu également l'occasion d'évoquer plus haut la confusion quant au rôle des positions communes et des actions communes. Mais d'autres facteurs expliquent les limites de la PESC :

– il est évident que **l'utilisation de l'unanimité**, y compris là où le traité offre la possibilité d'utiliser la majorité qualifiée, constitue un des problèmes de la PESC, et l'une des causes de son peu d'efficacité. En même temps, on ne peut pas raisonnablement prétendre que l'introduction du vote à la majorité qualifiée serait la panacée, car les différences entre États membres rendent un accord sur les objectifs et les moyens d'une action commune problématique. A cet égard, on peut se demander si les questions posées par la PESC ne sont pas plus politiques qu'institutionnelles ;

– une autre difficulté tient à **la connexion entre les piliers**. Les piliers de l'Union ne sont pas « étanches » et doivent être interconnectés pour que l'Union puisse fonctionner de façon satisfaisante. Mais ces connexions ont donné lieu à des difficultés qui nuisent à la bonne application des décisions.

NB : Le **Traité constitutionnel de 2004** avait prévu que la mise en œuvre de la PESC échapperait à « la procédure législative ordinaire », puisqu'elle s'effectuerait par décision du Conseil européen ou du Conseil, à l'unanimité, sauf dans certains cas limitativement prévus par le traité ou si le Conseil européen en décidait autrement. Le Parlement européen aurait été consulté régulièrement. La compétence de la Cour de justice aurait été étendue à certains aspects de la politique étrangère.

284. C'est notamment le cas **pour les aspects budgétaires de la PESC**. La structure hybride du Traité de Maastricht, dans lequel des décisions relevant d'un pilier peuvent nécessiter un financement au titre d'un autre pilier, a ainsi ajouté une nouvelle source de difficultés ; celles-ci peuvent d'ailleurs être aggravées par le fait qu'il n'est pas toujours facile d'identifier avec certitude les dépenses relevant de la PESC *stricto sensu*, et celles qui relèvent des actions communautaires.

Le Traité sur l'Union européenne a prévu que les dépenses administratives de la PESC relèvent « *de la procédure budgétaire normale* » (elles sont donc à la charge du budget de l'Union), tandis que les dépenses opérationnelles peuvent, soit relever de la même procédure (elles sont alors classées dans la catégorie des dépenses non obligatoires – voir *infra*, Titre 5, chap. 2, section 2, §1, A.), soit demeurer à la charge des États membres, ou même faire l'objet d'un financement mixte (communautaire et national). S'agissant des dépenses opérationnelles, c'est le Conseil qui décide à l'unanimité du mode de financement.

Le Traité d'Amsterdam prévoit que les dépenses opérationnelles de la PESC (à l'exception des dépenses afférentes à des opérations ayant des implications militaires ou dans le domaine de la défense) sont imputées au budget des Communautés européennes, sauf si le Conseil en décide autrement. Il semble donc que le rattachement au budget communautaire deviendra la règle, tandis que la prise en charge par les budgets nationaux deviendrait l'exception (en pratique, c'est déjà le cas).

Un accord inter-institutionnel relatif au financement de la PESC a été adopté le 16 juillet 1997 (*Bull.* UE 7/8-1997, points 1.4.1 et 2.3.1). Il prévoit notamment que la Commission pourra effectuer de manière autonome des virements de crédits entres les articles du chapitre PESC du budget de l'Union, afin de garantir une exécution rapide des opérations dans ce domaine. En cas d'insuffisance de crédits, le Conseil et le Parlement européen devront, après proposition de la Commission, s'efforcer de se mettre d'accord sur une solution d'urgence (les dépenses de la PESC sont par nature imprévisibles, puisqu'elles dépendent de l'évolution de la situation politique internationale). L'accord inter-institutionnel instaure également une procédure de concertation *ad hoc*, qui vise à favoriser l'accord du Conseil et du Parlement européen sur le montant et la ventilation des dépenses de la PESC. Enfin, il renforce la consultation et l'information du Parlement européen.

Pour l'heure, la PESC porte encore mal son nom : elle n'est nullement « *commune* » et apparaît plutôt comme un faux-semblant, puisqu'il lui manque des objectifs communs, un mode de décision et des instruments d'action efficaces, un porte-parole crédible et un véritable budget (les dépenses opérationnelles entraînées par la mise en œuvre de la PESC représentent moins de 0,1 % du budget de l'Union européenne en 2000).

Pour en savoir plus...

– A. DUMOULIN, « Vers une autonomisation de l'Europe en matière stratégique ? », *Rev. Marché commun* 2006, p. 357 ;

– R. MARILLER, *Quelle stratégie pour l'Europe de la défense ?*, Economica, 2006 ;

– F. TERPAN, *La politique étrangère et de sécurité commune de l'Union européenne*, Bruylant, Bruxelles, 2003.

Section 3
La coopération dans les domaines de la justice et des affaires intérieures (3e pilier)

285. Telle qu'elle a été conçue en 1992, la coopération dans les domaines de la justice et des affaires intérieures (JAI) doit favoriser le dialogue, l'entraide et le travail en commun des services de police, des douanes et de la justice des États membres. Son instauration par le **titre VI du Traité de Maastricht** représente une nouveauté significative par rapport à la coopération inter-étatique qui fonctionnait auparavant sur une base bilatérale ou régionale (**depuis 1976 à travers le *groupe TREVI***) et qui était marquée par une grande dispersion, peu de résultats et la quasi clandestinité de ses travaux.

La **coopération en matière policière** doit permettre de lutter contre le terrorisme, le trafic de drogue et le crime international. La coopération en matière **douanière** permet notamment de lutter contre les trafics illicites de drogues, d'armes, de biens culturels, des déchets dangereux et toxiques, de matières nucléaires. La coopération **judiciaire** porte à l'origine sur la matière civile (reconnaissance mutuelle des jugements en matière de divorce et de garde des enfants, banqueroute...) et la matière pénale (extradition, entraide judiciaire...).

286. **Le Traité d'Amsterdam renforce la JAI**. Il prévoit en effet une **suppression**, dans un délai de cinq ans à compter de son entrée en vigueur (donc **d'ici le 1er mai 2004**), **des contrôles aux frontières intérieures de l'Union,** *via* une intégration de la Convention de Schengen sur la libre circulation des personnes dans le traité sur l'Union européenne (voir *infra*). Parallèlement, un renforcement des contrôles aux frontières extérieures de l'Union est prévu. Le Royaume-Uni et l'Irlande, opposés à l'élimination des contrôles aux frontières intérieures (ils n'ont pas signé les accords de Schengen), bénéficient d'une dérogation et peuvent donc maintenir leurs contrôles aux frontières pour des raisons de « *spécificité insulaire* ». Le Danemark, favorable à une coopération dans les domaines de la JAI, mais opposé à toute communautarisation des matières couvertes par celle-ci, bénéficie également d'un régime particulier dans le cadre du 3e pilier.

Des procédés d'inspiration communautaire sont introduits dans le 3e pilier :

– la Commission dispose d'un droit d'initiative élargi, bien que non exclusif ;

– le Parlement européen est consulté (sauf sur les positions communes) ;

– possibilité de prendre à la majorité qualifiée les mesures d'exécution des décisions ;

– la Cour de justice se voit reconnaître certaines compétences dans le cadre de la JAI (voir *infra*) ;

– l'article 42 TUE (ex-K9) prévoit une « passerelle » permettant de faire basculer les compétences du 3e pilier vers le nouveau titre IV du Traité CE.

En effet, **les politiques concernant l'asile, l'immigration, la coopération judiciaire en matière civile et l'octroi de visas pour les ressortissants des pays tiers sont progressivement communautarisées** (« basculement » du 3e vers le 1er pilier), *via* la création d'un **nouveau titre IV** du Traité de Rome. Pendant cinq ans, le Conseil décidera à l'unanimité dans ces matières mais, à compter du 1er mai 2004, il pourra décider à l'unanimité de voter désormais à la majorité qualifiée dans les domaines couverts par le titre IV. Le Royaume-Uni, l'Irlande et le Danemark ne participent pas au titre IV.

Depuis l'entrée en vigueur du Traité d'Amsterdam, le titre VI TUE est donc uniquement consacré à la coopération policière et judiciaire en matière pénale (art. 29 à 31 TUE), puisque la coopération judiciaire en matière civile est désormais couverte par le nouveau titre IV du TCE et que la coopération douanière a été également communautarisée par l'article 135 TCE.

Des procédés de coopération intergouvernementale sont toutefois introduits, à titre dérogatoire, dans le nouveau titre IV :

– jusqu'au 1er mai 2004, les décisions sont prises par le Conseil à l'unanimité et l'initiative est partagée entre la Commission et les États membres ;

– même après le 1er mai 2004, le passage à la majorité qualifiée et à la codécision reste subordonné à une décision du Conseil à l'unanimité. En outre, la Cour de justice n'a pas, dans les matières couvertes par le titre IV, des pouvoirs aussi étendus que ceux qu'elle détient dans le cadre du 1er pilier.

Les dépenses opérationnelles liées à la mise en œuvre de la JAI pouvaient, en application du Traité de Maastricht, soit demeurer à la charge directe des États membres, soit être mises à la charge du budget de l'Union si le Conseil le décidait à l'unanimité. En fait, les dépenses sont demeurées à la charge directe des États membres, car la faculté de faire appel au budget communautaire n'a pas été utilisée, faute d'accord unanime sur le principe même de l'usage du budget de l'Union en cette matière. **Le Traité d'Amsterdam prévoit que les dépenses opérationnelles de la JAI sont à la charge du budget communautaire, sauf si le Conseil en décide autrement à l'unanimité**. Le changement d'articulation et de formulation des dispositions relatives aux dépenses opérationnelles laisse penser que le rattachement au budget communautaire devient la règle, tandis que la prise en charge par les États nationaux devient l'exception.

NB : Le **Traité constitutionnel de 2004** aurait modifié sensiblement la situation actuelle, *via*, notamment : la suppression de la dichotomie entre les dispositions relevant du Traité CE et celles relevant du 3e pilier ; la promotion de la codécision, qui devient la procédure législative, et du vote à la majorité qualifiée (en particulier, pour une large part, en matière de coopération judiciaire en matière pénale) ; la subordination explicite de l'action de l'Union aux droits fondamentaux.

Les orientations stratégiques de la programmation législative et opérationnelle auraient été définies par le Conseil européen, par consensus. Dans le domaine de la coopération judiciaire en matière pénale et de la coopération policière, l'initiative législative aurait été partagée entre la Commission et un quart des États membres. L'unanimité aurait été maintenue dans certains domaines, en particulier pour ce qui concerne les aspects transfrontaliers du droit de la famille et pour l'ensemble de la coopération policière.

Le Traité constitutionnel prévoyait l'institution, par loi européenne adoptée à l'unanimité par le Conseil, après approbation du Parlement européen, d'un parquet européen compétent pour combattre les infractions portant atteinte aux intérêts financiers de l'Union. Les attributions du Parquet européen auraient pu être étendues à la lutte contre la criminalité grave ayant une dimension transfrontière, moyennant une décision du Conseil statuant à l'unanimité, après approbation du Parlement européen.

Le Traité de **Lisbonne** de 2007 :

– fusionne les piliers de l'Union : la JAI relèvera désormais de l'intégration, et plus de la simple coopération, ce qui se traduira également par une compétence de principe du juge de Luxembourg dans ces matières ;

– renforce les moyens d'action en matière de liberté, de sécurité et de justice (voir *infra*), notamment en étendant le **vote à la majorité qualifiée**, en particulier au contrôle des frontières extérieures de l'Union, à l'asile, pour la lutte contre l'immigration illégale et la traite des êtres humains, ou encore pour la fixation de règles minimales définissant les infractions et les sanctions pénales pour un certain nombre de crimes transfrontaliers (terrorisme, trafic d'arme et de drogue, blanchiment d'argent...). Le Parlement européen disposera alors d'un pouvoir de codécision avec le Conseil ;

– prévoit le renforcement des pouvoirs de l'Agence de surveillance des frontières de l'Union (**Frontex**) et la mise en place d'un « système intégré de gestion des frontières extérieures » ;

– consacre un principe de « **reconnaissance mutuelle** » en matière civile et pénale, chaque système juridique national reconnaît comme valables et applicables les décisions adoptées par les systèmes juridiques des autres États membres ;

– ouvre la possibilité de créer un **Parquet européen** ;

– accorde au Royaume-Uni et à l'Irlande une clause d'« ***opting out*** » pour la politique relative aux contrôles aux frontières extérieures, à l'asile, à l'immigration et à la coopération judiciaire en matière civile. Ces États pourront toutefois décider d'appliquer au cas par cas les mesures prises par l'Union dans ces domaines (« *opting in* »).

§1. Les instruments juridiques de la JAI

287. Des instruments juridiques nouveaux sont prévus par les traités de Maastricht et d'Amsterdam : des positions communes, des actions communes, des décisions-cadres, des décisions et des conventions établies par le Conseil.

La nature et les effets juridiques des **positions et** des **actions communes** (déjà rencontrées dans le cadre de la PESC) sont controversés. Il semble notamment n'y avoir de consensus au sein du Conseil sur le caractère contraignant de ces nouveaux instruments juridiques, que dans la mesure où ils comportent des obligations explicites. On mentionnera, à titre d'illustration : une position commune sur le statut des ressortissants d'États tiers qui séjournent et résident légalement sur le territoire de l'Union ; une action commune sur l'extension du champ d'action de l'*Unité Drogue Europol.*

Les **décisions-cadres**, introduites par le Traité d'Amsterdam, qui lient les États membres quant au résultat à atteindre mais leur laissent le choix des moyens pour y parvenir (instrument proche de la directive communautaire dans se conception originelle), visent à rapprocher leurs dispositions législatives et réglementaires. Les décisions adoptées dans le domaine de JAI ne peuvent pas avoir d'effet direct. On mentionnera, à titre d'illustration : une *décision-cadre* du 26 juin 2001, relative au blanchiment d'argent, l'identification, le dépistage, le gel ou la saisie et la confiscation des instruments et des produits du crime ; trois *décisions-cadre* du 13 juin 2002, l'une relative aux équipes communes d'enquête en matière pénale, l'autre relative à la lutte contre le terrorisme, la dernière créant un ***mandat d'arrêt européen***, qui permet de supprimer la procédure d'extradition instituée par les conventions d'extradition du Conseil du 10 mars 1995 et du 27 septembre 1996, jugée trop complexe et trop lente, pour la remplacer par une procédure simplifiée de remise, entre États membres, « *des personnes condamnées ou soupçonnées aux fins d'exécution des jugements ou de poursuites en matière pénale* ». Le *mandat d'arrêt européen* est en effet défini comme étant une « *décision judiciaire émise par un État membre en vue de l'arrestation et de la remise par un autre État membre d'une personne recherchée pour l'exercice de poursuites pénales ou pour l'exécution d'une peine ou d'une mesure privative de liberté* ». La principale faiblesse de cette nouvelle procédure, surtout dans la perspective de l'élargissement à l'Est de l'Union, est qu'elle repose entièrement sur un « *degré élevé de confiance entre les États membres* ».

Les **conventions** établies par le Conseil sont soumises aux ratifications des États sans condition de délai et entrent en vigueur dès leur adoption par une majorité d'États membres (et non leur totalité). Le Conseil a adopté plusieurs conventions, et notamment : deux conventions d'extradition de 1995 et 1996, destinées à éviter que les auteurs d'infractions ne trouvent refuge dans un des pays non couverts par une convention bilatérale existante (les procédures d'extradition prévues par ces deux conventions ont été remplacées par la procédure du *mandat d'arrêt européen* créée par la décision-cadre précitée du 13 juin 2002) ; une convention du 29 mai 2000 relative à l'assistance mutuelle en matière pénale (entrée en vigueur prévue courant 2002), qui complète ou élargit à toute l'Union les instruments juridiques antérieurs.

288. À ce jour, **le Conseil n'a que très peu utilisé les nouveaux instruments juridiques dont il dispose. En revanche, il a adopté un très grand nombre de recommandations, résolutions ou conclusions** qui font partie des instruments traditionnels de la coopération, déjà utilisables par les États membres avant l'entrée en vigueur du Traité de Maastricht. Il est donc clair que le Conseil souhaite privilégier pour le moment les instruments juridiques les moins contraignants.

§2. Les institutions et organes de la JAI

289. La JAI est insérée dans le cadre institutionnel unique, mais elle conserve jusqu'ici, comme la PESC, un caractère intergouvernemental très marqué, compte tenu de la grande sensibilité que représentent les questions touchant à l'ordre public. Certes, **la Commission et le Parlement européen** y jouent un certain rôle, mais il est moindre que dans le domaine communautaire. Le Traité a donné un poids très important aux **États membres** et aux instances de l'Union qui les représentent. Il appartient ainsi au **Conseil de l'Union** d'adopter les positions communes, les décisions et les décisions-cadres, mais aussi d'élaborer les conventions, dans le respect des orientations du **Conseil européen**. Il agit, sauf exception, à l'unanimité.

Une importance croissante est accordée à l'Office européen des polices (***Europol***), basé à La Haye, dans le but de faciliter notamment la lutte contre le crime organisé. Son champ d'application est étendu : terrorisme, trafic de stupéfiants, traite des êtres humains, immigration clandestine, blanchiment d'argent... Pleinement opérationnel depuis juillet 1999, il doit faciliter les échanges d'informations entre les officiers de liaison des États membres, apporter aux enquêteurs nationaux des analyses opérationnelles et fournir un soutien technique aux enquêtes et aux opérations menées sous la responsabilité des États membres. Une déclaration annexée au Traité d'Amsterdam prévoit que « *les activités d'Europol sont soumises à un contrôle juridictionnel approprié par les autorités compétentes, conformément aux règles applicables dans chaque État membre* ». En France, deux lois ont été adoptées le 27 novembre 1997 autorisant la ratification de **la Convention *Europol*** du 26 juillet 1995 (entrée en vigueur le 1er octobre 1998), ainsi que du Protocole relatif à l'interprétation à titre préjudiciel de cette convention par la Cour de justice (lois n° 97-1089 et 97-1090 du 27 novembre 1997, *JORF* du 28 novembre 1997, p. 17203).

Deux actions communes adoptées en 1998 avaient mis en place un ***Réseau judiciaire européen***, destiné à favoriser l'entraide judiciaire pour les formes graves de criminalité, *via* un ensemble de « points de contacts nationaux », qui se réunissent régulièrement. Reprenant à son compte unc proposition franco-allemande, le **Conseil européen de Tempere (Finlande) d'octobre 1999** va prévoir la création d'une unité de juge européens, ***Eurojust***, dotée de la personnalité juridique et ayant compétence pour enquêter sur la grande criminalité. L'objectif principal est de simplifier l'exécution des commissions rogatoires, qui empêchent parfois les juges d'un État membre d'enquêter rapidement dans un autre État de l'UE. Le Traité de **Nice** de février **2001** a décidé la création de cette *Unité européenne de coopération judiciaire* (*Eurojust*). L'article 31 TUE est complété par un paragraphe précisant que le Conseil encourage la coopération par l'intermédiaire d'*Eurojust* de trois manières : en « *permettant à Eurojust de contribuer à une bonne coordination entre les autorités nationales des États membres chargées des poursuites* » ; en « *favorisant le concours d'Eurojust dans les enquêtes relatives aux affaires de criminalité transfrontalière grave, en particulier lorsqu'elle est organisée, en tenant compte notamment des l'analyses effectuées par Europol* » ; en « *facilitant une coopération étroite d'Eurojust avec le Réseau Judiciaire européen afin, notamment, de faciliter l'exécution des commissions rogatoires et la mise en œuvre des requêtes extraditionnelles* » (voir Décision 2000/799/JAI du 14 décembre 2000 instituant une unité provisoire de coopération judiciaire : *JOCE* n° L. 324 du 21 décembre 2000). ***Eurojust* a été finalement créé par une décision du Conseil du 28 février 2002** (Déc. 2002/187/JAI, *JOCE* n° L. 63, 6 mars 2002). Elle a son siège provisoire à La Haye. Elle est composée d'un membre national détaché par chaque État membre ayant la qualité de juge, de procureur ou d'officier de police ayant des prérogatives équivalentes. Le statut et la durée du mandat de chaque membre national sont soumis au droit interne.

Eurojust assure ses missions, soit par l'intermédiaire d'un ou de plusieurs de ses membres nationaux, soit en tant que collège. Dans ce dernier cas, elle peut demander aux autorités compétentes de conduire une enquête ou d'entreprendre des poursuites sur des faits précis, de coordonner les autorités nationales compétentes concernées ou de mettre en place des équipes d'enquête commune. Il est prévu que si un État ne veut pas satisfaire les demandes présentées par *Eurojust*, il doit lui communiquer les motifs du refus, à moins que la communication de ces motifs ne porte atteinte à des intérêts nationaux essentiels en matière de sécurité ou ne compromette le bon déroulement d'enquêtes en cours ou la sécurité des personnes.

Le 28 **mai 2001**, le Conseil a adopté une décision instituant un **Réseau européen de prévention de la criminalité** (déc. 2001/427/JAI, *JOCE* n° L. 153, 8 juin 2001, p. 1). Il s'agit d'associer tous les intervenants concernés (autorités locales et régionales, ONG, secteur privé, citoyens) à la prévention de la criminalité, et pas seulement les magistrats et les policiers.

La décision-cadre précitée du **13 juin 2002** régit les **équipes communes d'enquête en matière pénale**, chargées de lutter contre le trafic de stupéfiants, la traite des êtres humains et le terrorisme. Le Conseil européen de Tempere d'octobre 1999 avait en effet souhaité la création de ces équipes communes, ce qui avait conduit à l'adoption de la convention d'entraide judiciaire en matière pénale du 29 mai 2000, laquelle avait complété ou élargi à toute l'Union les instruments juridiques antérieurs. Il est permis de s'interroger sur l'utilité de la décision-cadre, dès lors que la possibilité pour les États membres de coopérer entre eux et de constituer des équipe commune d'enquête est possible sans texte la prévoyant expressément. La décision-cadre prévoit que « *les autorités compétentes de deux États membres au moins peuvent, d'un commun accord, créer une équipe commune d'enquête, avec un objectif précis et pour une durée limitée pouvant être prolongée avec l'accord de toutes les parties, pour effectuer des enquêtes pénales dans un ou plusieurs des États membres qui créent l'équipe. La composition de l'équipe est arrêtée dans l'accord* ». Pour le reste, la décision-cadre renvoie pour l'essentiel au droit interne de l'État sur le territoire duquel se déroule l'enquête.

§3. L'intégration du système de Schengen dans le Traité

290. **Un accord avait été signé à Schengen (Luxembourg) le 14 juin 1985, hors cadre communautaire, entre les trois pays du Bénélux, l'Allemagne et la France, sur l'élimination progressive des contrôles à leurs frontières communes.** Il prévoit la libre circulation des personnes à l'intérieur de l'« espace Schengen », une coopération policière (les services de police échangent leurs informations par l'intermédiaire du *SIS*, ou *Système d'Information Schengen* basé à Strasbourg, qui constitue une banque de données destinée à faciliter la lutte contre la criminalité organisée et le trafic des stupéfiants) et judiciaire, ainsi qu'une harmonisation des règles d'entrée et de séjour des ressortissants de pays tiers. Il est prévu qu'un pays membre de l'« espace Schengen » peut restaurer le contrôle aux frontières pour une durée limitée en cas de crise. Un règlement et une décision du 6 décembre 2001 crée le SIS de la 2e génération ou *SIS II*.

Le 19 juin 1990 sera signée la convention d'application de l'accord de 1985. Cette convention d'application ne concerne, **pour l'essentiel**, que **les courts séjours (durée inférieure à 3 mois)**, les visas de longs séjours (durée supérieure à 3 mois) étant des visas nationaux délivrés par les États contractants conformément à leur droit national. Jusqu'à la modification de la convention d'application opérée par le règlement n° 1091/2001 du 28 mai 2001 (*JOCE* n° L. 150, 6 juin 2001, p. 4), le visa de longs séjours ne permettait pas à son titulaire de bénéficier de la libre circulation à l'intérieur de l'espace Schengen. Il permettait seulement de transiter par les territoires des États parties à la convention d'application pour se rendre sur le territoire de l'État partie ayant délivré le visa. Désormais, le visa de longs séjours permet à son titulaire de bénéficier de la libre circulation à l'intérieur de l'espace Schengen, comme s'il était titulaire d'un visa de courts séjours.

NB : D'autres États membres de l'Union signeront ensuite ces deux accords : l'Italie (le 27.11.90), l'Espagne et le Portugal (le 25.06.91), la Grèce (le 06.11.92), l'Autriche (le 28.04.95), la Finlande, la Suède et le Danemark (le 19.12.96). Le Royaume-Uni et l'Irlande n'ont pas signé les accords de Schengen. Dans une décision du 28 février 2002, le Conseil a approuvé la participation de l'*Irlande* à certaines des dispositions de l'acquis de Schengen, notamment à celles relatives à la coopération judiciaire en matière pénale, à la coopération policière et à la lutte contre les stupéfiants ainsi qu'au système d'information Schengen.

Dès le 21 décembre 2007, les accords Schengen seront pleinement appliqués et les contrôles d'identité des personnes aux frontières terrestres et maritimes seront donc supprimés, avec neuf des dix États entrés dans l'Union le 1er mai 2004 (Chypre faisant exception). La suppression des contrôles aux aéroports suivra en mars 2008. En 2008-2009, l'espace Schengen devrait s'étendre à la Roumanie, la Bulgarie et la Suisse.

Les accords de Schengen sont inclus dans le traité sur l'Union européenne par le Traité d'Amsterdam, sous forme d'un protocole. Cette inclusion doit permettre aux pays signataires de la convention d'instaurer entre eux, dans le cadre institutionnel de l'Union, une coopération dans les domaines couverts par ladite convention. Cette libre circulation a pour corollaire un renforcement de la coopération judiciaire et policière entre les États membres. En réalité, **le contenu des accords de Schengen est réparti entre le titre VI TUE et le titre IV TCE**.

L'« acquis » de Schengen est intégré dans le traité dans les conditions suivantes :

– la coopération entre les treize États de l'espace Schengen s'effectue dans le cadre juridique et institutionnel de l'Union ;

– le Traité d'Amsterdam reconnaît le caractère spécifique du Royaume-Uni et de l'Irlande, qui ne sont pas membres de l'espace Schengen. Ces deux pays sont autorisés à maintenir des contrôles à leurs frontières, mais peuvent à tout moment choisir de rejoindre les treize autres ;

– un régime spécial est également prévu pour le Danemark ;

– l'acquis de Schengen devra être accepté dans son intégralité par tout pays qui voudra adhérer à l'Union ;

– la Norvège et l'Islande ont signé, le 19 décembre 1996, l'accord de Luxembourg (avec le Danemark, la Finlande et la Suède) : le Conseil de l'Union, dès lors qu'il sera devenu compétent pour l'acquis de Schengen, devra conclure avec ces deux États un accord spécifique qui prévoira des procédures appropriées.

§4. Les compétences de la Cour de justice dans le cadre de la JAI

291. Le Traité de **Maastricht** avait prévu que le juge communautaire n'était compétent, dans le cadre du 3e pilier, que pour interpréter les dispositions des conventions conclues dans les matières couvertes par la JAI et pour statuer sur tout différend concernant leur application, à condition toutefois que ces conventions l'aient prévu (voir les protocoles du 23 juillet et du 27 septembre 1996 établissant la compétence de la Cour à propos de la convention *Europol* et de la convention relative à la protection des intérêts financiers des Communautés – *JOCE* n° C-299, 9 octobre 1996, p. 1 et *JOCE* n° C-313, 23 octobre 1996, p. 1 ; voir aussi les deux protocoles conférant une compétence préjudicielle à la Cour pour l'interprétation des conventions relatives à la protection des intérêts fonciers des Communautés et à l'emploi de l'informatique dans le domaine des douanes – *JOCE* n° C-151 du 20 mai 1997, pp. 1 et 15).

Pour le reste, le Traité de Maastricht (ex-article L) avait exclu la compétence de la Cour de justice dans le cadre de la JAI (mais elle pouvait être prévue par le Conseil dans certains domaines). En dépit de cette exclusion de principe, le juge communautaire s'était au moins (et logiquement) reconnu compétent pour se prononcer sur la pertinence de la base juridique des mesures adoptées par le Conseil dans le cadre de la JAI, car il est nécessaire, dans certaines matières susceptibles de relever tant du 1er que du 3e pilier, de vérifier qu' un acte adopté dans le cadre intergouvernemental n'empiète pas sur la compétence communautaire (CJCE, 12 mai 1998, *Commission c/ Conseil*, aff. C-170/96, I.2763).

Depuis l'entrée en vigueur du Traité d'Amsterdam, le juge de Luxembourg a, dans certains cas et à certaines conditions, des compétences dans le cadre de la JAI :

– en premier lieu, les compétences préjudicielles de la Cour sont renforcées dans le cadre du titre VI, à certaines conditions toutefois (cf. *infra*, Titre 7, *Le renvoi préjudiciel*) ;

– en second lieu, le juge communautaire se voit reconnaître, dans le cadre du titre VI, certaines compétences en matière de contrôle de légalité(cf. *infra*, Titre 7, *Le recours en annulation*).

On peut ajouter que la Cour de justice se voit reconnaître, dans certaines conditions, une compétence préjudicielle dans le cadre du nouveau titre IV du Traité CE (cf. *infra*, Titre 7, *Le renvoi préjudiciel*), mais cette compétence porte alors sur des matières qui basculent du 3e vers le 1er pilier de l'Union.

NB : Le **Traité constitutionnel de 2004** aurait généralisé le contrôle de la Cour de Justice sur l'action de l'Union dans le domaine de la JAI.

§5. Les limites de la JAI

292. Ces limites ont été remarquablement exposées par le doyen **Henri Labayle** (« *Instruments et procédures de l'Espace de liberté, sécurité et justice : quelques réflexions critiques* », *Europe*, janvier 2003, chronique, p. 1) ; elles tiennent, selon lui, à l'absence de cohérence du système et au défaut de vision politique en la matière.

Le manque de cohérence du système, qui « *résulte de la superposition de diverses constructions dans le temps et dans l'espace (CPE, Schengen, Maastricht, Amsterdam)* », se manifeste de la manière suivante :

– une combinaison de la démarche intergouvernementale avec l'approche communautaire, qui « *pose des problèmes considérables de base juridique pour les instruments et de démultiplication des interventions* » ;

– une différenciation liée notamment au fait que certains États membres bénéficient de dérogations ou n'ont pas adhéré aux conventions régissant la matière, de sorte que cela pose « *un problème majeur de discrimination entre les citoyens de l'Union qui ne seront pas placés sous le même régime juridique* » ;

– le manque d'articulations entre les différents piliers de l'Union, trop étanches les uns par rapport aux autres, ce qui constitue un frein évident à l'efficacité du système ;

– des « *carences institutionnelles* » (moindre rôle de la Commission et, plus encore, du Parlement européen, dans le cadre du 3e pilier ; difficultés nées de la nécessité de trouver un compromis entre les préoccupations des juges, des policiers, des diplomates et des technocrates), aggravées par le fait que les structures de travail dans le domaine de la JAI s'échelonnent sur cinq niveaux de négociation (Conseil, Coreper, comité 36, groupes directeurs, groupes de travail), au lieu des trois niveaux habituels dans les affaires communautaires. Cette structure à niveaux multiples n'est pas propice à la recherche des compromis nécessaires, car elle permet à chaque niveau de s'en remettre à l'échelon supérieur.

Le **défaut de vision politique** mis en évidence par M.H. Labayle se manifeste, selon lui, de plusieurs façons :

– l'« *indétermination du projet* », dont témoignent le caractère très général des objectifs affichés par l'Union et les difficultés éprouvées par les États membres pour choisir les instruments juridiques – forts nombreux et d'une « intensité normative » variable – les plus appropriés pour mettre en œuvre les actions envisagées ;

– la difficulté qu'il y a de choisir entre les diverses méthodes disponibles (réglementation, harmonisation, reconnaissance mutuelle), tant que les objectifs généraux de l'Union en matière de justice et d'affaires intérieurs ne seront pas fixés avec plus de précision ;

– la volonté du Conseil de privilégier pour le moment les instruments juridiques les moins contraignants, ce qui nuit évidemment à l'efficacité du système ;

– la « *nature des instruments utilisés* » pose également problème : comme cela a été déjà souligné plus haut, la nature et les effets juridiques des positions et des actions communes sont controversés ; les directives et les décisions-cadre n'ont pas d'effet direct et nécessitent un délai de transposition ; la mise en œuvre des conventions établies par le Conseil est subordonnée à leur ratification par les États membres, ce qui explique que début 2003, seules deux conventions sur les quatorze existantes étaient entrées en vigueur ;

– l'exigence d'unanimité pour tous les domaines couverts par le titre VI, ainsi que pour le titre IV du TCE jusqu'au 1er mai 2004 (à l'exception de certains aspects de la politique des visas), se révèle paralysante. On rappellera que le Traité d'Amsterdam prévoit que les décisions en matière de coopération judiciaire et policière pourront, à l'issue d'une période transitoire de cinq ans, être prises à la majorité qualifiée, et non plus à l'unanimité, si les États membres en décident ainsi le moment venu (là encore, une dérogation est prévue pour le Royaume-Uni et l'Irlande). Le Traité de Nice de 2001 n'a guère amélioré la situation à cet égard, puisque, comme le rappelle M. Labayle, il ne prévoit le passage à la majorité qualifiée que sur deux points : la coopération judiciaire en matière civile (sauf pour le droit de la famille) et une part de l'asile ;

– l'ELSJ se caractérise par la lenteur de l'entrée en vigueur des textes ;

– le « *dispositif repose politiquement et techniquement sur la confiance mutuelle et sur la solidarité des partenaires* », ce qui est insuffisant pour assurer de manière efficace le contrôle des obligations souscrites par les États membres (le recours en manquement est possible dans le cadre du titre IV TCE, mais exclu dans le cadre du titre VI TUE). Plus généralement, le contrôle juridictionnel, on l'a vu, « *obéit à un régime dérogatoire du droit commun* ».

Pour en savoir plus...

– P. de Bruycker (dir.), *L'émergence d'une politique européenne d'immigration*, Bruylant, 2003 ;

– G. Giudicelli-Delage, S. Manacorda (dir.), *L'intégration pénale indirecte. Interactions entre droit pénal et coopération judiciaire au sein de l'Union européenne*, Société de législation comparée, Paris, 2005 ;

– V. Havy, « Le casier judiciaire européen : vers une première décision », *CDE* 2005, p. 155 ;

– H. Labayle, «La politique extérieure de l'Union européenne en matière de justice et d'affaires intérieures : chimère ou réalité ?», *in Mélanges J-C. Gautron*, Paris, Pédone, 2004, p. 681 ;

– H. Labayle, «Instruments et procédures de l'Espace de liberté, sécurité et justice : quelques réflexions critiques», *Europe*, janvier 2003, chronique, p. 1 ;

– C. Nourissat, « Le règlement CE n° 805/2004 du parlement européen et du Conseil du 21 avril 2004 portant création d'un titre exécutoire européen pour les créances incontestées », Europe août-sept. 2005, p. 6 ;

– *Revue des affaires européennes*, 2003-2004/3 – *La coopération pénale dans l'Union européenne*.

Titre 5

Le budget de l'Union européenne

293. Le fonctionnement et les actions de l'Union européenne sont financées *via* quatre budgets principaux (depuis que le budget opérationnel CECA, qui recensait les dépenses d'intervention ainsi que les aides aux investissements, à la réadaptation et à la recherche de la CECA a disparu avec elle en 2002) :

– **le budget général de l'Union européenne** (UE) qui recense trois catégories d'opérations : les dépenses administratives de la CECA et les recettes correspondantes ; les dépenses et recettes de la CE, les dépenses et recettes de l'Euratom ;

– le budget de l'agence d'approvisionnement CEEA ;

– le budget du Fonds européen de coopération monétaire (FECOM) ;

– le budget du Fonds européen de développement (FED).

Le présent titre ne porte que sur le budget général de l'Union européenne et donc, pour l'essentiel, sur le budget de la Communauté européenne.

Le règlement financier en vigueur donne du budget général de l'Union européenne une définition classique, puisqu'il dispose que ce budget est « ***l'acte qui prévoit et autorise préalablement chaque année les recettes et les dépenses prévisibles de l'Union*** ».

Seront étudiés successivement : les sources et les principes généraux du droit budgétaire de l'UE (chap. 1) ; la structure générale du budget de l'UE (chap. 2) ; la procédure budgétaire (chap. 3) ; l'exécution du budget de l'UE (chap. 4) et le contrôle de cette exécution (chap. 5).

Chapitre 1

Les sources et les principes généraux du droit budgétaire de l'Union européenne

Plan du chapitre

294. Les finances publiques de l'Union européenne reposent sur des principes posés dans une série de textes de base (traités et actes assimilés), plusieurs fois modifiés et complétés par des actes qui en sont dérivés (règlements, décisions, actes interinstitutionnels).

Les principes sur lesquels reposent les finances publiques de l'Union (unité, universalité, annualité, spécialité, équilibre et bonne gestion) ne nous sont pas inconnus. Leur respect s'impose également en France, pour le budget de l'État et des collectivité locales.

Section 1
Les bases juridiques des finances publiques de l'UE

§1. Les traités et les actes assimilés

295. Les traités et les actes qui leur sont assimilés contiennent des dispositions financières qui engagent les États membres. Tous ces textes constituent des actes de droit international public, puisqu'ils doivent faire l'objet d'une **ratification**

par les États membres, conformément à leurs règles constitutionnelles respectives (en France, l'article 53 de la Constitution).

Les dispositions financières des traités de base sont les suivantes : articles 268 à 280 TCE (ex-art. 199 à 209 A) et articles 171 à 183 A Euratom. L'économie actuelle de ces dispositions résulte des multiples modifications apportées aux traités constitutifs depuis l'origine des Communautés.

Il faudrait également citer :

– le Traité de fusion du 8 avril 1965 (*JO* 152 du 13 juillet 1967), qui a créé le budget des Communautés européenne par fusion du budget administratif de la CECA, du budget de la CEE et du budget de l'Euratom ;

– le Traité de Luxembourg du 22 avril 1970 (*JOCE* n° L. 2 du 2 janvier 1971, p. 1) qui a renforcé les pouvoirs budgétaires de l'Assemblée de Strasbourg pour tenir compte de l'attribution de ressources propres aux Communautés ;

– le Traité de Bruxelles du 22 juillet 1975 (*JOCE* n° L. 359 du 31 décembre 1977) qui a renforcé une nouvelle fois les compétences de l'Assemblée en matière budgétaire et a créé la Cour des comptes des Communautés européennes, chargée d'exercer un contrôle *a posteriori* de l'exécution du budget communautaire ;

– tous les accords d'adhésion ont également contenu des dispositions financières.

296. Enfin, il faut ranger dans la même catégorie les **décisions relatives au système des ressources propres** basées sur l'article 269 TCE (ex-art. 201), puisque ces décisions doivent faire l'objet d'une ratification par les États membres, « *conformément à leurs règles constitutionnelles respectives* ». La première décision « ressources propres » adoptée le 21 avril 1970 est celle qui a remplacé les contributions financières nationales par des ressources propres perçues au profit des Communautés. Cette décision a été remplacée par des décisions ultérieures, dont la dernière a été adoptée le 29 septembre 2000 (5e décision « ressources propres » 2000/597/CE – *JOCE* n° L. 253 du 07.10.2000, p. 42).

NB : Le Traité constitutionnel de 2004 avait prévu qu'une loi européenne, adoptée à l'unanimité par le Conseil, après consultation du Parlement européen, fixerait la limite des ressources propres et pourrait établir de nouvelles catégories de ressources ou abroger les ressources existantes. Cette loi n'aurait pu entrer en vigueur qu'après approbation par les États membres selon leurs règles constitutionnelles respectives. Néanmoins, les modalités concrètes de mise en œuvre de cette loi auraient été fixées par une loi du Conseil, adoptée à la majorité qualifiée, après approbation du Parlement européen.

§2. Les actes dérivés des textes de base

A. Les règlements

297. L'article 279 TCE (ex-art. 209) prévoit que le Conseil « *arrête les règlements financiers spécifiant notamment les modalités relatives à l'établissement et à l'exécution du budget et à la reddition et à la vérification des comptes* ». Ces règlements financiers sont adoptés à l'unanimité, sur proposition de la Commission et après consultation du Parlement européen et avis de la Cour des Comptes. Le Traité de Nice prévoit que les règlements financiers pourront être arrêtés à la majorité qualifiée à partir du 1er janvier 2007.

Trois règlements ont été ainsi adoptés le 18 septembre 1995. Ils visent à adapter et à modifier le règlement financier du 21 décembre 1977 (*JOCE* 31.12.1977, L. 356/1) applicable au budget général des Communautés européennes. Ils portent notamment sur le traitement budgétaire et comptable des amendes, le rôle du contrôleur financier et les crédits de recherche et de développement technologique (Règl. 2333 à 2335/95, *JOCE*, 07.10.1995, L. 240). Le règlement financier de 1977 a été également modifié par le règlement n° 2548/98 du 23 novembre 1998 (*JOCE* n° L. 320 du 28 novembre 1998, p. 1), qui permet de garantir un meilleur contrôle et une plus grande transparence de l'exécution du budget).

Il faut aussi signaler les règlements intérieurs des organes de l'Union qui contiennent les dispositions techniques relatives à l'exécution par chaque institution de sa section du budget. Ces règlements ont un caractère contraignant pour les institutions qui les ont arrêtés.

NB : Le Traité constitutionnel de 2004 avait prévu que les dispositions constituant l'actuel règlement financier feraient à l'avenir l'objet d'une loi, adoptée selon la procédure législative ordinaire (jusqu'en 2007, le Conseil aurait décidé à l'unanimité). C'est également la loi qui aurait fixé le budget annuel.

B. Les décisions

298. Il s'agit des décisions qui concernent la discipline budgétaire que s'imposent les institutions communautaires pour maîtriser l'évolution des dépenses. La première décision intervenue dans ce cadre a été adoptée le 24 juin 1988. Elle a été renouvelée et remplacée par une décision n° 94//729 du 31 octobre 1994 (*JOCE*, 12.11.1994, L. 293/14).

C. Les actes interinstitutionnels

299. Ces actes ont pour principal objectif de limiter les risques de conflits budgétaires entre la Commission, le Conseil et le Parlement européen. On peut citer notamment :

– la déclaration commune du 30 juin 1982 (*JOCE*, n° C-194 du 28 juillet 1982) qui avait apporté des précisions importantes en ce qui concerne la procédure budgétaire, en définissant et en classant les dépenses obligatoires (DO) et les dépenses non obligatoires (DNO). Cette distinction DO/DNO a une portée politique essentielle, parce qu'elle règle le partage du pouvoir budgétaire entre le Conseil et le Parlement européen ;

– l'accord interinstitutionnel du 29 octobre 1993 sur la discipline budgétaire et l'amélioration de la procédure budgétaire, qui avait renouvelé et remplacé l'accord conclu le 29 juin 1988 par le Conseil, la Commission et le Parlement européen. Cet accord visait notamment à assurer une évolution ordonnée des dépenses sur la période 1993-1999 (*JOCE*, 07 décembre 1993, C-331/1) ;

– la déclaration commune du 6 mars 1995 concernant l'inscription de dispositions financières dans les actes législatifs (voir *infra* n° 346 – Déclaration 95/C-293/03 – *JOCE* n° C-293, 8 novembre 1995, p. 4).

Tous ces textes ont été remplacés le 1er janvier 2000 par **l'accord inter institutionnel du 6 mai 1999 sur la discipline budgétaire et l'amélioration de la procédure budgétaire** (*JOCE* n° C-172 du 18 juin 1999, p. 1). Pour l'essentiel, ce nouvel accord inter-institutionnel n'innove pas sur le fond, mais il présente l'intérêt de consolider dans un texte unique l'ensemble des principes et des règles fixés dans les textes auxquels il s'est substitué.

Section 2
Les principes qui gouvernent l'élaboration et l'exécution du budget de l'UE

§1. L'unité budgétaire

300. La règle de l'unité résulte de l'article 268 TCE (ex-art. 199) qui prévoit que « ***toutes les recettes et les dépenses de la Communauté*** » **qui se rapportent à un même exercice budgétaire** ***« doivent (...) être inscrites au budget »*.** **L'obligation de retracer, dans un document unique**, l'ensemble des opérations en recettes et en dépenses de la Communauté, vise à garantir la transparence de ces opérations qui doivent être appréciées de manière globale et exhaustive.

En réalité, **plusieurs budgets coexistent** : le budget général de l'UE et quelques budgets « satellites » du budget général : celui de l'Agence d'approvisionnement d'Euratom, celui du Centre européen pour le développement de la formation professionnelle créé en 1975, celui de la Fondation européenne pour l'amélioration des conditions de vie et de travail créée la même année, celui de l'Agence européenne pour l'environnement créée en 1990 et enfin celui de la Fondation européenne pour la formation, également créée en 1990.

La juxtaposition de ces documents budgétaires ne constitue pas vraiment une atteinte au principe d'unité, puisque les ressources des budgets « satellites » proviennent d'une subvention inscrite dans le budget général de l'Union.

Seuls deux types d'opérations sont effectués en dehors du budget communautaire et constituent par conséquent une violation du principe d'unité :

– les **interventions financières du Fonds européen de développement** (FED) créé en 1959 et conçu comme un instrument de la politique d'aide aux pays en voie de développement. Le FED est financé par des contributions des États membres. Il est doté d'un régime financier autonome et géré par un comité directeur selon des procédures particulières. Si les interventions du FED n'ont pas été inscrites dans le budget général de l'UE, c'est parce que les États membres souhaitent, pour des raisons politiques évidentes, « afficher » le montant des aides qu'ils accordent aux pays en voie de développement. Il ne serait pas possible d'identifier la participation financière de chacun des États membres, si l'ensemble des aides était consolidé dans le budget général de l'Union ;

– **les opérations de prêt et d'emprunt** effectuées dans les cadres CE et Euratom ne sont pas davantage retracées dans le budget de l'Union, ce qui permet de ne pas partager le pouvoir d'autoriser le recours à l'emprunt avec le Parlement européen. Ces opérations prennent la forme d'un soutien aux balances de paiement et de l'octroi de prêts à l'intérieur comme à l'extérieur de la Communauté.

§2. L'universalité budgétaire

301. Ce principe exige que des recettes déterminées ne soient pas affectées à des dépenses déterminées (règle de la non-affectation des recettes et des dépenses) et qu'il n'y ait pas de contraction entre les recettes et les dépenses (règle du produit brut).

La règle de la **non-affectation des recettes aux dépenses** connaît une exception : c'est la « réserve monétaire » au titre de la section « garantie » du FEOGA, inscrite chaque année dans le budget général sous forme de crédits provisionnels destinés à faire face aux mouvements imprévus du taux de change dollar/euro. À chaque fois que ces mouvements entraînent un coût budgétaire supplémentaire supérieur à un montant prédéterminé au titre du FEOGA « garantie », il est possible de mobiliser les crédits inscrits dans la « réserve ». Ce mécanisme a été introduit par la décision du 24 juin 1988 relative à la discipline budgétaire.

Cette « réserve monétaire » ne doit pas être confondue avec la « réserve négative », également inscrite dans le budget général de l'UE. La « réserve négative » est une technique comptable qui consiste à anticiper la réalisation d'un certain nombre d'économies en cours de gestion pour équilibrer une provision supplémentaire de dépense. Cette technique a été utilisée pour la première fois dans le budget pour 1986, et a été réutilisée depuis cette date, parce qu'elle permet à la Communauté d'afficher des dépenses supplémentaires sans porter atteinte, au moins formellement, à la règle de l'équilibre budgétaire (la provision n'est mobilisée que si les économies anticipées sont effectivement réalisées).

La règle de **non-contraction des recettes et des dépenses** a été altérée par la pratique dite des « dépenses négatives » dans le domaine agricole. Cette pratique consiste à comptabiliser certaines recettes versées par les producteurs (taxes de coresponsabilité, pénalités en cas de dépassement des quotas de production), non pas en recettes, mais en atténuation des dépenses, ce qui permet de dégonfler optiquement le volume des dépenses agricoles.

§3. L'annualité budgétaire

302. Le principe de l'annualité implique le rattachement des opérations budgétaires à un exercice annuel, de façon à faciliter le contrôle de l'activité de l'exécutif communautaire. Cela dit, la Communauté doit concilier le respect de ce principe avec la nécessité de gérer des actions pluriannuelles. C'est la raison pour laquelle des **crédits dissociés** ont été utilisés dès 1973, puis généralisés par le règlement financier de 1977. Ces crédits dissociés sont ceux pour lesquels il y a distinction entre les engagements et les paiements. Les **crédits d'engagement** couvrent, pendant l'exercice en cours, le coût total des actions dont la réalisation s'étend sur plusieurs exercices ; les **crédits de paiement** couvrent, jusqu'à concurrence du montant inscrit au budget, les dépenses qui résultent de l'exécution des engagements contractés au cours de l'exercice et/ou des exercices antérieurs.

À l'inverse, les **crédits non dissociés** sont ceux pour lesquels il y a identité entre les engagements et les paiements (dépenses administratives, dépenses du Feoga « garantie »...). Autrement dit, il s'agit de crédits destinés à couvrir des opérations dont l'exécution doit se réaliser en totalité au cours d'un seul exercice budgétaire.

Si la règle de l'annualité était appliquée strictement, tous les crédits inutilisés au cours d'un exercice budgétaire devraient être annulés. C'est pour éviter cet inconvénient que l'article 271 TCE (ex-art. 202 al. 2) a prévu la possibilité d'effectuer des reports de crédits qui seront limités au seul exercice suivant. La procédure des reports est cependant plus ouverte pour les crédits dissociés que pour les crédits non dissociés.

§4. La spécialité budgétaire

303. L'article 271 alinéa 3 TCE (ex-art. 202 al.3) prévoit que « ***les crédits sont spécialisés par chapitres groupant les dépenses selon leur nature ou leur***

destination, et subdivisés, pour autant que de besoin (...) ». La spécialisation des crédits garantit à l'autorité budgétaire que les autorisations de dépenses seront exécutées conformément à l'objet qu'elle leur a assigné. Il est évident qu'une présentation trop globalisée des crédits n'offrirait pas cette garantie.

Le principe de spécialité connaît **deux dérogations : les virements de crédits et les crédits globaux**.

C'est l'article 274 alinéa 3 TCE (ex-art. 205 al. 3) qui prévoit que la Commission peut procéder à des virements de crédits à l'intérieur du budget, soit de chapitre à chapitre, soit de subdivision à subdivision. Ces virements de crédits permettent de corriger les imperfections de la prévision budgétaire initiale en cours de gestion, l'excédent d'un chapitre étant utilisé pour combler les insuffisances d'un autre chapitre.

Les crédits globaux sont des crédits provisionnels inscrits dans une « réserve », qu'il est possible de mobiliser en cours de gestion, en procédant à un virement des crédits « réservés » sur un chapitre d'accueil. Ils permettent notamment de financer en cours d'année des actions qui étaient encore dépourvues de base légale au moment du vote du budget.

§5. L'équilibre budgétaire

304. L'article 268 alinéa 3 TCE (ex-art. 199 al. 3) est clair : « ***Le budget doit être équilibré en recettes et en dépenses*** ». En pratique, le budget général de l'UE. respecte un strict équilibre au niveau de l'autorisation des dépenses, mais les recettes peuvent être supérieures ou inférieures aux dépenses au niveau de l'exécution. L'excédent éventuel sera reporté sur l'exercice suivant par voie de budget rectificatif ; le déficit éventuel sera compensé par un budget supplémentaire.

§6. La bonne gestion financière

305. L'article 274 alinéa 1er TCE (ex-art. 205 al. 1er) prévoit que la Commission est tenue d'exécuter le budget « *conformément au principe de bonne gestion financière* ». Cette exigence va de soi, au point que bon nombre de législations nationales n'y font pas expressément référence. Le législateur de la Communauté, plus prudent, a estimé que ce qui allait sans dire allait encore mieux en le disant, et en le disant plutôt deux fois qu'une, puisque la règle de bonne gestion financière est également rappelée explicitement dans le règlement financier qui prévoit que « *les crédits budgétaires doivent être utilisés conformément au principe de bonne gestion financière et notamment d'économie et de rapport coût/efficacité* ».

Chapitre 2

La structure générale du budget de l'Union européenne

Plan du chapitre

306. Le budget général de l'UE comporte un état général des recettes des Communautés et des sections qui correspondent aux différentes institutions : Parlement (section I) ; Conseil (section II) Commission (section III) ; Cour de justice (section IV) ; Cour des comptes (section V) ; Comité économique et social et Comité des régions (section VI).

À l'intérieur de chaque section, les recettes et les dépenses sont classées suivant leur nature ou leur destination, en **titres, chapitres, articles et postes**. Les crédits sont inscrits au budget selon trois modalités :

– 1re modalité : un montant de crédits donné est inscrit sur une ligne budgétaire. C'est la situation normale ;

– 2e modalité : la ligne budgétaire est dotée d'une mention « *pour mémoire* » (p.m.). Cette situation se produit lorsque la base légale qui fonde le principe et les modalités de la dépense n'existe pas encore lors de l'arrêt du budget, ou lorsque l'autorité budgétaire souhaite suspendre temporairement l'exécution d'une action. La mention « *p.m.* » signifie donc la reconnaissance par l'autorité budgétaire du principe de la dépense projetée, principe qui est cependant lié à la réalisation de certaines conditions ;

– 3e modalité : la ligne budgétaire est dotée d'un simple tiret (-). Cette technique est utilisée pour indiquer l'existence de lignes qui ont cessé d'être opérationnelles, mais qu'il est nécessaire de conserver dans le budget, pour des raisons historiques ou comptables (par exemple pour permettre d'achever l'exécution en crédits de paiements au titre d'exercices antérieurs).

Depuis le 1er janvier 1981, le budget était présenté en écus (règle de l'unité de compte). **Depuis le 1er janvier 1999, il est présenté en euros.**

Section 1
Les recettes de l'Union européenne

307. L'article 269 alinéa 1er (ex-art. 201 al. 1er) dispose que « *le budget est (...) intégralement financé par des ressources propres* ». Cela signifie que la Communauté finance ses dépenses par des recettes qui lui sont affectées une fois pour toutes et qui lui reviennent de droit.

Dès l'origine, la CECA a disposé de ressources propres. En revanche, les dépenses de la CEE et de l'Euratom ont été financées pendant plus de quinze ans par des contributions financières des États membres. Il était cependant prévu que les contributions nationales seraient remplacées par un système de ressources propres au moment de l'établissement de l'union douanière. C'est la décision du 21 avril 1970 qui a permis ce remplacement, devenu effectif le 1er janvier 1975.

Des taxes diverses, prélèvements et redevances communautaires, des recettes provenant du fonctionnement administratif des institutions, etc. complètent les quatre principales ressources propres.

Tant que la Communauté ne disposait pas de ressources propres, son budget était un « budget de dépenses », ce qui signifie que le Conseil et le Parlement européen fixaient d'abord le montant des dépenses, puis en tiraient les conséquences au niveau des recettes ; depuis que la Communauté dispose de ressources propres, son budget est devenu un « **budget de recettes** » : le Conseil et le Parlement européen évaluent d'abord l'enveloppe globale des ressources, puis veillent à ce que les dépenses tiennent dans cette limite.

Les recettes de l'Union européenne sont plafonnées à 1,24 % du revenu national brut (RNB) des États membres de l'UE.

§1. Les ressources propres de l'Union européenne

308. Ces ressources comprennent quatre composantes principales, si l'on excepte certaines recettes mineures (impôts sur traitements et salaires, produit des amendes...) : les prélèvements agricoles et la cotisation sucre et isoglucose, les droits de douane, la ressource TVA et le prélèvement complémentaire sur PNB.

A. Les prélèvements agricoles à l'importation et les cotisations sucre et isoglucose

309. Les importations communautaires de produits agricoles sont soumises à un prélèvement qui a pour but d'amener le prix mondial, souvent plus bas, au niveau du prix communautaire, pour conserver une compétitivité suffisante aux produits communautaires. Le prélèvement vise aussi à inciter les États membres qui s'approvisionnent volontiers sur le marché mondial (Allemagne, Grande-Bretagne) à réorienter leurs achats au profit du marché communautaire (principe de préférence communautaire).

Les cotisations sucre et isoglucose ont été créées pour limiter les excédents apparus dans ces secteurs en associant les producteurs européens aux financements qu'ils entraînent.

Les prélèvements agricoles s'élèvent à 1 683 200 000 d'euros en 2008. Les cotisations sucre et isoglucose s'élèvent à 633 400 000 d'euros.

B. Les droits de douane

310. Les droits de douane proviennent de l'application du tarif douanier commun à la valeur en douane des marchandises importées des pays tiers. Ils ne sont pas destinés à assurer des rentrées fiscales, mais à protéger le marché intérieur. Ils représentent 10,2 % des ressources propres en 2005.

La part relative de cette ressource propre devrait logiquement encore baisser, dans la mesure où l'objet des cycles successifs de négociations commerciales multilatérales (hier dans le cadre du GATT, aujourd'hui dans le cadre de l'OMC) est de limiter autant que possible les droits de douane, pour favoriser les échanges mondiaux.

C. La ressource TVA

311. Cette ressource a été introduite par la décision du 21 avril 1970 (première décision « ressources propres »). Elle provient de l'application d'un taux uniforme à l'assiette de la TVA de chaque État membre, harmonisée selon des règles communautaires. Le taux uniforme avait été fixé à 1 % en 1970 ; il a été porté à 1,4 % en 1985 et a diminué progressivement jusqu'en 1999, comme le prévoyait la décision du 31 octobre 1994 (quatrième décision « ressources propres »). Cette décision limite par ailleurs l'assiette des États membres les plus pauvres à 50 % de leur PNB (l'assiette des autres États membres ne sera ramené à 50 % de leur PNB qu'en 1999, à raison d'un point gagné tous les ans).

La ressource TVA représente 19 095 673 953 euros en 2008.

Le Conseil européen de Berlin de mars 1999 a prévu une réduction en deux phase de la ressource TVA, que la ressource PNB est appelée progressivement à remplacer. La 5e décision « ressources propres » du 29 septembre 2000

(2000/597/CE – *JOCE* n° L. 253 du 07.10.2000, p. 42) confirme la marginalisation de la ressource TVA.

D. Le prélèvement complémentaire sur RNB

312. Cette « *quatrième ressource* » a été créée en 1988 pour assurer l'équilibre du budget lorsque les trois autres ressources sont insuffisantes pour financer la totalité des dépenses jugées nécessaires. À l'origine, il s'agit donc d'une ressource d'appoint fondée sur le PNB, qui provient de l'application d'un taux à la somme des PNB de tous les Etats membres. Ce taux est fixé chaque année dans le cadre de la procédure budgétaire, compte tenu de toutes les autres recettes du budget.

La décision du 31 octobre 1994 a prévu de relever progressivement le pourcentage du PNB communautaire que le total des ressources propres ne pourra pas dépasser (plafond autorisé). Ce pourcentage est fixé à 1,27 % pour l'année 1999.

Le prélèvement complémentaire sur RNB s'élève à 81 077 584 247 d'euros en 2008 et sa part relative dans le total des ressources de l'Union est encore appelée à augmenter à l'avenir, puisque les trois autres ressources propres sont en voie de marginalisation.

Les ressources propres traditionnelles (prélèvements agricoles, droits de douane) sont versées à la Commission dans les deux mois qui suivent la constatation du droit, après déduction d'un montant de 25 % destiné à couvrir les frais de perception par les États membres. Les ressources qui proviennent de la TVA et du prélèvement sur PNB sont versées chaque mois, à raison d'un douzième des sommes prévues à ce titre par le budget de l'exercice ; un ajustement intervient au cours de l'exercice suivant en fonction des bases effectivement constatées au cours de l'exercice.

§2. La « contribution » de la France et de ses partenaires au budget de l'Union européenne

313. La « contribution » de la France au budget de l'UE (*via* les ressources propres) est prévue chaque année dans le budget de l'Etat. Elle apparaît dans les documents budgétaires sous forme de « *prélèvements sur recettes brutes* », et non sous forme de prévision de dépense. Les recettes brutes sont composées des recettes des opérations définitives des comptes d'affectation spéciale et des ressources budgétaires de caractère fiscal et non fiscal. Les recettes nettes sont obtenues après soustraction du prélèvement au profit des collectivités locales et du prélèvement au profit de la Communauté européenne.

L'Allemagne, la France, l'Italie et le Royaume-Uni sont les principaux contributeurs du budget de l'UE, à travers les ressources propres. Ils apportent à eux seuls 65 % des ressources de l'Union.

En réalité, **les Britanniques bénéficient**, depuis le Conseil européen de Fontainebleau de juin 1984, **d'un système de « correction » assez complexe** qui aboutit à minorer le montant de leur « contribution » au titre de la ressource TVA et du prélèvement complémentaire sur PNB. Le Royaume-Uni a en effet estimé dès l'origine que l'application du système des ressources propres lui était défavorable et qu'il devait y avoir un meilleur équilibre entre ce qu'un Etat membre apporte à la Communauté et ce qu'il en retire (théorie du « juste retour », que Mme Thatcher avait formulé en son temps de la façon suivante : « *I want my money back* ! » – Sur le « *non-sens* » de cette théorie, on lira par exemple : P. Maillet, « Agenda 2000. Le financement de l'Union européenne », *Rev. Marché commun* 1999, p.152, spécial. p.153). Il a fait valoir en particulier que l'agriculture britannique ne bénéficiait que modestement des financements de la PAC. Le Royaume-Uni se voit donc rembourser une partie de sa contribution (5,1 milliards d'euros en 2005), et la charge de ce remboursement est supportée par ses partenaires de l'Union (le Conseil européen de Berlin de mars 1999 a modifié la clef de financement de la compensation britannique, mais l'Allemagne et la France supportent toujours la plus grande part de cette charge).

Section 2
Les dépenses de l'Union européenne

314. Les dépenses de la Communauté se sont considérablement développées et diversifiées au fil de la construction européenne, spécialement depuis 1988, avec la mise en œuvre de l'Acte unique. La période plus récente, qui correspond à la mise en œuvre du Traité de Maastricht, a confirmé cette tendance à la diversification et à l'augmentation des dépenses, qui s'explique pour l'essentiel par l'extension des compétences de l'Union.

En 2008, le budget général de l'UE s'élève à 129,15 milliards d'euros (en engagements).

Les dépenses de l'UE font l'objet d'une classification en dépenses obligatoires (DO) et dépenses non obligatoires (DNO) ; elles font aussi l'objet d'une programmation destinée à garantir le respect de la discipline budgétaire et le bon déroulement de la procédure budgétaire (les perspectives budgétaires).

§1. La classification des dépenses

A. La distinction DO/DNO

315. La distinction entre dépenses obligatoires et dépenses non obligatoires apparaît à l'article 272 CE (ex-art. 203). **Elle a une signification essentiellement politique, dans la mesure où elle règle le partage du pouvoir budgétaire entre**

le Parlement et le Conseil (le Parlement a le dernier mot sur les dépenses non obligatoires et le Conseil sur les dépenses obligatoires). Cela dit, le Traité de **Lisbonne** de 2007 a reconnu au Parlement européen un pouvoir de décision égal à celui du Conseil pour l'adoption de l'ensemble du budget annuel, ce qui remet en cause l'intérêt de la distinction classique DO DNO.

Le Traité n'étant pas très clair sur la définition des DO et des DNO, la déclaration commune du 30 juin 1982 a précisé le sens de ces deux notions : les DO sont les dépenses que l'autorité budgétaire est tenue d'inscrire au budget pour permettre à la Communauté de respecter ses obligations internes ou externes, telles qu'elles résultent des traités ou des actes arrêtés en vertu de ces traités (dépenses relevant de la section « garantie » du FEOGA par exemple) ; a *contrario*, les autres dépenses sont « *non obligatoires* » (dépenses au titre des fonds structurels par exemple).

La déclaration commune de 1982 a également prévu un mécanisme particulier destiné à régler les conflits éventuels qui peuvent survenir en matière de classification des dépenses. Ce mécanisme est le suivant :

– la Commission propose une classification des dépenses dans son avant-projet de budget ;

– en cas de désaccord du Conseil ou du Parlement européen sur cette classification, les présidents des trois institutions se réunissent en « ***trilogue*** » et s'efforcent de résoudre le problème avant l'établissement du projet de budget.

L'article 272 § 9 CE (ex-art. 203 § 9) prévoit que le Parlement européen a la possibilité d'augmenter, sous certaines conditions, le montant des DNO, dans la limite d'un « *taux maximum d'augmentation* » (TMA) par rapport à l'exercice précédent. Ce taux est calculé par la Commission sur la base de données macro-économiques (évolution du PNB en volume dans la Communauté, variation moyenne du budget des États membres, évolution du coût de la vie). Le dépassement du *TMA* n'est possible qu'avec l'accord du Conseil. En pratique, le Conseil et le Parlement se sont entendus (accord interinstitutionnel du 29 juin 1988) pour accepter le dépassement du *TMA*, à la seule condition que les plafonds des perspectives financières (voir *infra*) soient respectés.

L'application de ces dispositions est une **source de conflits fréquents entre les deux branches de l'autorité budgétaire**.

B. Les grands postes de dépenses

316. Le budget général 2008 fournit les données **suivantes** :

• croissance durable : 50,3 milliards d'euros ;

• conservation et gestion des ressources naturelles : 53,2 milliards d'euros ;

• citoyenneté, liberté, sécurité et justice : 1,2 milliard d'euros ;

- l'Union en tant que partenaire mondial : 8,1 milliards d'euros ;
- fonctionnement : 7,3 milliards d'euros ;
- compensations : 206,6 milliards d'euros.

§2. La programmation disciplinée des dépenses : les perspectives financières

317. Les crises budgétaires qui se sont succédées au cours des années 1980 ont conduit les institutions de la Communauté à imaginer un moyen de garantir le respect de la discipline budgétaire et d'améliorer le déroulement de la procédure budgétaire. C'est l'accord inter institutionnel du 29 juin 1988 (*JOCE* n° L. 185 du 15 juillet 1988, p. 33) qui a prévu un système d'encadrement des dépenses communautaires, sous la forme de « *perspectives financières* » pour la période 1988-1992. Ces perspectives financières indiquaient l'ampleur maximale et la composition des dépenses prévisibles de la Communauté pour les cinq années concernées (*Paquet Delors I*). La Commission a proposé de reconduire le système des perspectives financières pour la période 1993-1997, mais le Conseil européen d'Edimbourg de décembre 1992 validera un système pour une période plus longue couvrant les années 1993 à 1999 (*Paquet Delors II*). C'est le Conseil européen de Berlin de mars 1999 qui est parvenu à un accord sur les perspectives financières 2000-2006.

NB : Le **Traité constitutionnel de 2004** avait prévu que les Perspectives financières seraient remplacées par le Cadre financier pluriannuel, adopté à travers une loi du Conseil, statuant à l'unanimité, après approbation du Parlement européen, lequel devait se prononcer à la majorité des membres qui le composent. Ce Cadre financier pluriannuel aurait discipliné l'évolution des dépenses de l'Union pour une période minimale de cinq ans, dans la limite des ressources propres, et aurait fixé les montants des plafonds pour chaque catégorie de dépenses.

A. Les perspectives financières 1988-1992 ou *Paquet Delors I*

318. Les grandes catégories de dépenses sont éclatées en six rubriques : FEOGA section « garantie », actions structurelles, politiques à dotation pluriannuelle, autres politiques, remboursements et administration, réserve monétaire. La répartition de la dépense totale selon les six rubriques doit s'articuler sur les grandes priorités politiques retenues pour la période.

Chacune des rubriques comporte **un plafond annuel de dépenses en crédits d'engagement** que les trois institutions s'engagent à respecter au cours de chaque procédure budgétaire. Le *tableau des perspectives financières* indique également le montant total maximal des crédits de paiement correspondant aux différentes dépenses communautaires formulé en millions d'écus et en pourcentage du PNB communautaire (ce qui permet la comparaison avec le plafond des ressources mobilisables, fixé en pourcentage du PNB communautaire par la décision « ressources propres » de 1988).

Conformément à ce qui avait été prévu dans l'accord inter institutionnel de 1988, ces perspectives financières ont fait l'objet d'un **ajustement annuel** par la Commission pour tenir compte de l'évolution du PNB communautaire et des prix. L'accord interinstitutionnel autorisait également l'adaptation des perspectives financières aux conditions d'exécution, lorsque les montants prévus au titre de programmes pluriannuels ne pouvaient pas être utilisés en totalité au cours d'une année donnée et faisaient donc l'objet d'une « rebudgétisation » au titre d'un exercice ultérieur. Indépendamment de ces ajustements et **adaptations**, il était enfin prévu que les perspectives financières pouvaient être également révisées de manière à relever (ou à diminuer) le plafond d'une ou de plusieurs rubriques pour faire face à des dépenses imprévues (unification allemande, guerre du Golfe, émergence de la C.E.I., conflits dans l'ex-Yougoslavie...).

Les perspectives financières se distinguent d'une programmation financière indicative, puisque les plafonds sont contraignants pour les parties à l'accord inter institutionnel. Mais elles ne peuvent pas non plus être assimilées à un budget pluriannuel, puisque la procédure budgétaire annuelle reste indispensable pour fixer le niveau effectif de la dépense dans le cadre des plafonds, et déterminer la répartition entre les différentes lignes budgétaires.

La discipline budgétaire vise d'abord la maîtrise des dépenses agricoles, par la fixation d'une « *ligne directrice* » (ou « *guideline* ») ou progression maximale : d'une année sur l'autre, le taux d'accroissement des dépenses du FEOGA « garantie » ne pourra pas dépasser 74 % du taux de croissance du PNB de la Communauté.

B. Les perspectives financières 1993-1999 ou *Paquet Delors II*

319. L'expiration des perspectives financières 1988-1992 a obligé la Communauté à s'interroger sur son financement futur. Il fallait en particulier prendre en compte les implications financières de la réforme de la PAC de 1992, déterminer l'évolution des Fonds structurels pour une nouvelle période, assurer le développement des politiques nécessaires au bon fonctionnement du marché intérieur et accorder à la Communauté les ressources qui lui étaient nécessaires pour faire face aux nouvelles compétences que le Traité de Maastricht de 1992 lui avait reconnues (mais le *Paquet Delors II* ne se réduit pas, comme on l'a parfois écrit, à la « facture » de Maastricht).

Le Conseil européen d'Edimbourg de décembre 1992 a trouvé un accord sur de nouvelles perspectives financières pour la période 1993-1999. La principale priorité concerne les actions structurelles en faveur des régions les plus défavorisées de la Communauté, et une attention toute particulière a également été portée au développement des actions extérieures. Il est prévu que les crédits pour engagements augmenteront de 21,5 % au cours de la période septennale 1993-1999, passant de 69,2 milliards d'écus en 1993 à un maximum de 84,1 milliards d'écus en 1999 (voir tableau des perspectives financières, *JOCE*, 07 décembre 1993, C-331/6).

Les grandes catégories de dépenses sont à nouveau éclatées en six rubriques : la politique agricole commune, les actions de cohésion économique et sociale, les politiques internes, les actions extérieures, les dépenses administratives des institutions et les réserves pour dépenses exceptionnelles.

L'accord interinstitutionnel du 29 octobre 1993 sur la discipline budgétaire et l'amélioration de la procédure budgétaire s'est substitué à l'accord du 29 juin 1988. Il a été lui même remplacé le 1er janvier 2000 par l'accord interinstitutionnel du 6 mai 1999 sur la discipline budgétaire et l'amélioration de la procédure budgétaire (*JOCE* n° C-172 du 18 juin 1999, p. 1).

Enfin, l'article 270 CE (ex-art. 201 A) prévoit que pour assurer la discipline budgétaire, « *la Commission ne fait pas de proposition d'acte communautaire, ne modifie pas ses propositions et n'adopte pas de mesures d'exécution susceptibles d'avoir des incidences notables sur le budget, sans donner l'assurance que cette proposition ou cette mesure peut être financée dans la limite des ressources propres de la Communauté* ».

C. Les perspectives financières 2000-2006

320. Dans son ***Agenda 2000*** (COM(97) 2000 final, spécial. pp. 81 à 95) du 15 juillet 1997, la Commission européenne avait formulé des propositions destinées à donner à l'Union européenne **un nouveau cadre financier pour la période 2000-2006**. Elle y indiquait notamment qu'il devait être possible de doter l'Union de nouvelles perspectives financières pour cette période, sans dépasser le plafond actuel des ressources propres (1,27 % du PNB), et même en préservant des marges au-dessous de ce plafond. Selon la Commission, cela paraissait possible, à condition de prendre en compte un certain nombre de facteurs, et notamment les fruits de la croissance économique, les marges susceptibles d'être dégagées sous la ligne directrice agricole (cf. *infra*), l'effet d'une plus grande concentration des dépenses liées à la politique régionale et, enfin, les bénéfices de la rigueur budgétaire observée lors de la période correspondant aux perspectives financières 1993-1999.

Le **Conseil européen de Berlin de mars 1999** est parvenu à un accord sur l'Agenda 2000, et en particulier sur les perspectives financières 2000-2006. Le budget de l'Union s'élèvera à près de 600 milliards d'euros pour cette période, ce qui correspond à une croissance maîtrisée des dépenses, rendue possible par une stabilisation des dépenses agricoles et une inversion de la courbe d'évolution des dépenses de la politique régionale. Le Sommet de Berlin a également prévu une réduction en deux étapes de la ressource TVA, que la ressource PNB est appelée progressivement à remplacer.

Les grandes catégories de dépenses, éclatées jusque ici en six rubriques, sont désormais réparties en 8 rubriques, la 7e correspondant aux instruments de pré-adhésion et la 8e au coût total de l'élargissement de l'Union aux PECO concernés.

D. Les perspectives financières 2007-2013

320 bis. Le Conseil européen des 15 et 16 décembre 2005 est parvenu à un accord sur les perspectives financières pour 2007-2013. Pour cette période, le montant maximum des dépenses de l'Union à 27 (avec la Roumanie et la Bulgarie) sera de 862,363 milliards d'euros en crédits d'engagement, soit 1,045 % du revenu national brut de l'Union.

Les grandes catégories de dépenses, réparties en 8 rubriques sous la période précédente, seront éclatées en 5 rubriques.

Chapitre 3

La procédure budgétaire

Plan du chapitre

321. L'article 272 TCE (ex-art. 203) organise le déroulement de la procédure budgétaire, qui met face à face le Conseil et le Parlement européen, seuls véritables titulaires du pouvoir budgétaire. Le rôle de la Commission consiste, pour l'essentiel, à préparer l'avant-projet de budget et à formuler des avis au cours de la procédure.

Ainsi qu'on l'a dit plus haut, le Traité de **Lisbonne** de 2007 reconnaît au Parlement européen un pouvoir de décision égal à celui du Conseil pour l'adoption de l'ensemble du budget annuel. Le déroulement des différentes phases de la procédure budgétaire est désormais le suivant :

§1. L'élaboration du projet de budget par la Commission et sa transmission au Conseil

La Commission (en pratique, la DG Budget) établit son *état prévisionnel* en collectant les demandes des services dépensiers et en procédant aux arbitrages internes sur la base des priorités retenues pour l'exercice en cause. Elle reçoit également les *états prévisionnels* des autres institutions. Sur cette base, elle présente au Conseil et au Parlement européen une proposition contenant un projet de budget, qui constitue la prévision globale des recettes et des dépenses pour un exercice donné. Cette proposition est transmise à l'autorité budgétaire au plus tard le 1er septembre de l'année N-1.

Cette proposition peut être ultérieurement modifiée par la Commission, pour tenir compte d'éléments nouveaux qui n'étaient pas connus au moment de son établissement.

§2. Une seule lecture du projet de budget par le Conseil et le Parlement européen

Le Conseil procède à la lecture du projet de budget. En pratique, le Comité budgétaire, composé d'experts appartenant aux Représentations permanentes des États membres, examine toutes les questions budgétaires avant saisine du COREPER et du Conseil.

Le Conseil adopte sa position sur le projet de budget, et la transmet au Parlement européen au plus tard le 1er octobre de l'année N-1. C'est la commission des budgets qui prépare le travail pour l'établissement du budget. Si, dans le délai de 42 jours après cette transmission, le Parlement européen :

– approuve la position du Conseil ou n'a pas statué, le budget est adopté ;

– vote, à la majorité de ses membres des amendements, les présidents des deux institutions convoquent sans délai le Comité de conciliation, à moins que le Conseil n'informe le Parlement, dans les dix jours, qu'il approuve tous ses amendements.

§3. La conciliation

Le comité de conciliation dispose de 21 jours à compter de sa convocation pour aboutir à un accord sur un projet commun, la Commission étant présente (elle s'efforce de rapprocher les positions du Conseil et du Parlement).

– si le Comité parvient à un accord dans le délai de 21 jours, les deux institutions disposent chacune de 14 jours pour approuver le projet commun : si les deux institutions approuvent le projet dans les 14 jours, ou n'ont pas statué dans ce délai, ou si l'une des institutions approuve le projet dans les 14 jours et que l'autre ne parvient pas à statuer dans ce délai, le budget est adopté ; si les deux institutions rejettent toutes les deux le projet dans les 14 jours ou si le Parlement seul rejette le projet dans ce délai, ou si l'une des institutions rejette le projet dans les 14 jours et que l'autre ne parvient pas à statuer dans ce délai, un nouveau projet de budget est présenté par la Commission ; si, dans les 14 jours, le Parlement européen approuve le budget et que le Conseil le rejette, le Parlement peut, dans le délai de 14 jours suivant le rejet par le Conseil, décider, à la majorité de ses membres et des 3/5e des suffrages exprimés, de confirmer l'ensemble ou une partie de ses amendements. Le budget est alors définitivement adopté sur cette base.

– si le Comité ne parvient pas à un accord dans le délai de 21 jours, un nouveau projet de budget est présenté par la Commission.

§4. L'arrêt du budget

Une fois la procédure parvenue à son terme, le président du Parlement européen constate que le budget est définitivement adopté.

NB : La procédure budgétaire aurait été également sensiblement modifiée par le **Traité constitutionnel de 2004** (article III-310) : la distinction entre DO et DNO était supprimée et il était prévu que le Parlement européen aurait le dernier mot sur l'ensemble du budget. La procédure budgétaire n'aurait plus compté qu'une lecture dans chaque institution.

Chapitre 4

L'exécution du budget de l'Union européenne

Plan du chapitre

322. Une fois le budget adopté, il reste encore à l'exécuter. L'article 274 CE (ex-art. 205) précise que le budget est exécuté par la Commission, « *sous sa propre responsabilité* » et « *dans la limite des crédits alloués, conformément au principe de bonne gestion financière* ». Autrement dit, si la Commission est chargée d'exécuter le budget de l'Union, sa compétence d'exécution n'en est pas moins étroitement encadrée.

Seront étudiées successivement :

– l'exécution du budget de l'UE par la Commission (section 1) ;

– l'exécution du budget de l'UE en France (section 2).

Section 1 L'exécution du budget de l'Union européenne par la Commission

§1. Le contenu des compétences d'exécution

323. L'article 274 alinéa 3 autorise la Commission à procéder à des virements de crédits à l'intérieur du budget, soit de chapitre à chapitre, soit de subdivision à subdivision. Ces virements permettent de modifier les dotations initiales sans augmenter le budget ; au sein d'un même chapitre, ils sont pratiqués par la Commission. De chapitre à chapitre, la Commission propose des virements de crédits à l'autorité budgétaire : s'il s'agit de DO, le Conseil décide dans un délai de six semaines avec avis du Parlement ; s'il s'agit de DNO, le Parlement décide dans le même délai après avis du Conseil.

La Commission peut aussi proposer une modification du budget en cours d'exercice si elle estime que des circonstances particulières l'exigent. Sa proposition prendra alors la forme d'un avant-projet de **budget rectificatif** et/ou d'un avant-projet de **budget supplémentaire**.

L'exécution donne lieu à la publication de rapports mensuels et trimestriels établis par la Commission. Par ailleurs, la Commission doit soumettre chaque année à l'autorité budgétaire les comptes de l'exercice écoulé, ainsi qu'un bilan financier décrivant l'actif et le passif de la Communauté.

§2. Conditions d'exercice et limites des compétences d'exécution

324. L'article 274 CE (ex-art. 205) précise que la Commission doit exécuter le budget dans le respect des dispositions prévues par le règlement financier et « *conformément au principe de bonne gestion financière* », lequel interdit notamment à la Commission de procéder à la compensation entre dettes et créances (TPI, 14 décembre 2000, *CCRE c/ Commission*, aff. T-105/99, II.4099).

Le règlement financier soustrait à la compétence de la Commission l'exécution des crédits afférents aux autres institutions, conformément au principe de l'autonomie institutionnelle en matière budgétaire L'article 274 CE dispose en effet que le règlement financier doit prévoir « *les modalités particulières selon lesquelles chaque institution participe à l'exécution de ses dépenses propres* ».

Par ailleurs, le Conseil a la possibilité de soumettre la Commission à une **procédure de comités** chargés de la contrôler étroitement, bien que le traité ait prévu que la Commission exécute le budget « *sous sa propre responsabilité* ». Cette possibilité a été reconnue dans le domaine financier par la Cour de justice (CJCE, 24 octobre 1989, *Commission soutenue par le Parlement européen c/ Conseil*, aff. 16/88, 3457), et le Conseil ne s'est pas privé de l'utiliser.

En outre, l'exécution budgétaire est régie par le principe de **la séparation des fonctions d'ordonnateur et de comptable,** qui s'impose à la Commission. L'ordonnateur est le gestionnaire des crédits ; il est seul compétent pour engager les dépenses, constater les droits et émettre les ordres de paiements et de recouvrements. L'ordonnateur peut être la Commission, un organisme d'exécution mandaté ou une administration nationale. Le comptable est chargé d'assurer les paiements et les recouvrements. Sa comptabilité est établie à partir d'une balance mensuelle générale des comptes et une situation de l'exécution du budget.

325. Enfin, l'exécution d'une dépense par la Commission suppose, selon la Cour de justice, non seulement l'inscription au budget du crédit y afférent, mais également l'adoption préalable d'un acte de droit dérivé (appelé « *acte de base* »), dont découle cette dépense (voir par ex. : CJCE, 30 mai 1989, *Commission c/ Conseil*, aff. 242/87, 1425, point 18). Les conditions d'exercice du pouvoir normatif et celles du pouvoir budgétaire ne sont pas, en effet, les mêmes.

Le règlement financier prévoit également que **l'exécution des crédits inscrits au budget « *pour toute action communautaire significative nécessite l'arrêt préalable d'un acte de base* »**. Ce principe est confirmé par la déclaration commune du 30 juin 1982 (il n'existe toutefois aucune définition de la notion d'« *action communautaire significative* »), par l'accord inter institutionnel du 13 octobre 1998 sur les bases légales et l'exécution du budget (*JOCE* n° C 344 du 12 nov. 1998, p. 1) et par l'accord inter institutionnel du 6 mai 1999 sur la discipline budgétaire et l'amélioration de la procédure budgétaire (*JOCE* n° C-172 du 18 juin 1999, p. 1). Dans un arrêt récent, le juge de Luxembourg en a conclu que « *l'exécution des dépenses communautaires relatives à toute action communautaire significative suppose non seulement l'inscription du crédit correspondant au budget de la Communauté, qui relève de l'autorité budgétaire, mais encore l'adoption préalable d'un acte de base autorisant lesdites dépenses, qui relève de l'autorité législative, alors que l'exécution des crédits budgétaires pour les actions communautaires qui ne relève pas de cette catégorie, à savoir les actions communautaires non significatives, ne nécessite pas l'adoption préalable d'un tel acte de base* » (CJCE, 12 mai **1998, *Royaume-Uni c/ Commission***, aff. C-106/96, I.2729, point 26).

La déclaration inter institutionnelle du 6 mars 1995, concernant l'inscription de dispositions financières dans les actes législatifs (*JOCE* n° C 102/4 du 4 avril 1996), prévoit que **les actes législatifs relatifs à des programmes pluriannuels adoptés en codécision comprennent une disposition fixant l'enveloppe financière du programme pour l'ensemble de sa durée**. Ce montant constitue la référence privilégiée pour l'autorité budgétaire, dans le cadre de la procédure budgétaire annuelle. L'autorité budgétaire et la Commission, lorsqu'elle établit l'APB, s'engagent à ne pas s'écarter de ce montant, « *sauf circonstances objectives et durables faisant l'objet d'une justification explicite et précise* ». On fera observer que cela aboutit à conférer à l'autorité législative le pouvoir de fixer le montant d'un crédit nécessaire à une action communautaire, alors que seule l'autorité budgétaire dispose en principe de ce pouvoir, et alors même que – comme cela a été rappelé plus haut – les conditions d'exercice du pouvoir normatif et celles du pouvoir budgétaire ne sont pas les mêmes.

En principe, les actes législatifs relatifs à des programmes pluriannuels non soumis à la codécision ne comportent pas de « *montant estimé nécessaire* ».

Section 2
L'exécution du budget de l'Union européenne en France

326. Le Trésor public est le partenaire des instances communautaires pour l'exécution des décisions qui génèrent des relations financières entre la France et l'Union européenne. Il intervient à deux niveaux : d'une part, il centralise les recettes de l'Union et exécute ses dépenses ; d'autre part, il assure une mission d'information, tant en direction de l'Union qu'en direction de l'administration nationale.

§1. La centralisation des recettes de l'Union et l'exécution de ses dépenses

A. La centralisation des recettes de l'UE

327. Le Trésor public centralise les recettes communautaires (droits de douane, prélèvements agricoles, contributions assises sur la TVA et sur le PNB) encaissées par les comptables des douanes, des impôts ou par des organismes spécialisés tel que le Fonds d'intervention et de régularisation du marché du sucre (FIRS) par exemple. En pratique, c'est l'Agence comptable centrale du Trésor (**ACCT**) qui assure la liaison financière et comptable avec l'Union européenne. Elle centralise les recettes communautaires pour les mettre à la disposition de la Commission ; elle exécute sur ordre de la Commission les décisions de versements qui concernent la France.

B. L'exécution des dépenses de l'UE

328. Les actions structurelles menées par l'Union européenne au profit de la France peuvent prendre deux formes :

– soit une action directe d'attribution des aides aux bénéficiaires par le canal de circuits bancaires ;

– soit une action indirecte par le biais de l'État qui utilise alors ses propres circuits comptables. Dans ce cas, les opérations empruntent le canal du compte de dépôts de fonds de la Communauté ouvert à l'ACCT. Ce compte pivot 445.11 permet en effet de suivre l'exécution du budget de l'UE vis-à-vis du Trésor français ; il confère à l'ACCT le rôle de banquier de la Commission pour la France. D'autres comptes spécifiques tenus par l'ACCT retracent les opérations passées entre la France et l'Union : le compte section orientation du FEOGA, le compte section garantie du FEOGA, le compte du FEDER, le compte du FSE, le compte du FED.

La Commission autorise l'ACCT à débiter son compte de dépôts de fonds et les sommes ainsi mises à la disposition de l'État français font l'objet :

– soit d'un versement sur les comptes de dépôts de fonds des organismes d'intervention agricole chargés d'assurer les paiements (ONIC, ONILAIT, ONIVINS...) ;

– soit d'un versement direct, par la procédure des transferts aux trésoriers-payeurs généraux, pour le paiement d'aides à caractère urgent ;

– soit d'un rattachement par voie de fonds de concours au budget des ministères concernés (l'Intérieur pour le FEDER, les Affaires sociales pour le FSE, l'Agriculture pour le FEOGA Orientation) ou d'un versement au budget général de l'État.

Les sommes déléguées au niveau local sont payées aux bénéficiaires par les comptables du Trésor, sur mandatement des ordonnateurs secondaires locaux.

§2. La mission d'information du Trésor public

329. Les différents acteurs du réseau du Trésor public assurent une information à destination des institutions de l'Union, mais aussi en direction des administrations françaises.

En tant que comptable centralisateur, l'ACCT reçoit toutes les informations relatives aux recettes et aux dépenses effectuées pour le compte de l'UE au niveau national et local.

Les informations centralisées par l'ACCT sont transmises à la Direction Générale de la Comptabilité Publique et exploitées dans le « *dispositif comptable relatif aux opérations communautaires* ». Ce document comporte :

– le tableau des flux annuels dégageant l'excédent des charges incombant à la France ou l'excédent des recettes dont elle bénéficie ;

– un solde, en forme de bilan, qui fait apparaître la position bénéficiaire ou déficitaire de la France.

Chapitre 5

Le contrôle de l'exécution du budget de l'Union européenne

Plan du chapitre

330. Seront étudiés successivement :

– le contrôle *a priori*, exercé par le contrôleur financier (section 1) ;

– les contrôles *a posteriori* (section 2), qui peuvent être exercés au niveau communautaire par la Cour des comptes de Luxembourg et le Parlement européen, et à l'échelon national.

Section 1
Le contrôle *a priori* : un contrôle financier interne

331. Le contrôle *a priori* de l'exécution du budget de l'Union est effectué par les **contrôleurs financiers placés auprès des ordonnateurs de chaque institution**. C'est le règlement financier qui définit le statut et les pouvoirs du contrôleur financier.

L'indépendance du contrôleur financier par rapport à son institution est prévue par l'article 24 du règlement financier.

Le contrôleur financier est un fonctionnaire chargé d'exercer un contrôle préalable des dépenses. Ce contrôle porte sur l'exactitude de l'imputation budgétaire, la disponibilité des crédits, la conformité des dépenses à la réglementation applicable et le respect du principe de bonne gestion financière.

L'ordonnateur peut passer outre un refus de visa du contrôleur financier (sauf dans l'hypothèse où les crédits sont insuffisants), à condition d'en informer la Cour des Comptes et d'en assumer seul la responsabilité.

Le contrôleur financier doit viser à la fois les engagements et les ordonnancements (contrôle des pièces justificatives et de la disponibilité des crédits). Il contrôle aussi la constatation et le recouvrement des recettes.

Le rôle du contrôleur financier a été renforcé par un règlement du 18 septembre 1995 qui lui donne notamment le pouvoir d'accéder aux documents et informations établis sur support magnétique.

Section 2
Les contrôles *a posteriori*

§1. Les contrôles effectués au niveau communautaire

A. Le contrôle financier exercé par la Cour des comptes (articles 246 à 248 – ex-art. 188 A à 188 C)

332. La Cour des comptes a été **créée par le Traité de Bruxelles du 22 juillet 1975**. Elle est composée de **27 membres nommés à l'unanimité pour six ans par le Conseil,** après consultation du Parlement européen, et choisis parmi des personnalités appartenant ou ayant appartenu aux Cours des comptes (ou organismes analogues) dans leurs pays respectifs. Le Traité de Nice de 2001 prévoit que la nomination des membres de la Cour des comptes se fera à l'avenir à la majorité qualifiée. Il modifie également l'article 247 § 1 TCE pour indiquer explicitement que la Cour des comptes sera «*composée d'un national de chaque État membre*». Cela a toujours été le cas, mais actuellement le traité ne l'indique pas expressément.

Les membres de la Cour des comptes exercent leurs fonctions en toute indépendance, et ils sont assistés dans leurs tâches par une administration de 754 agents (chiffres du budget 2005).

L'article 248 TCE (ex-art. 188 C) prévoit que «*la Cour des comptes examine les comptes de la totalité des recettes et dépenses de la Communauté*» et «*de tout organisme créé par la Communauté*». Son contrôle peut aussi porter sur les administrations nationales, régionales et locales qui participent à la gestion des fonds communautaires, ainsi que sur les bénéficiaires de ces fonds. **Le contrôle est exercé sur pièces et, au besoin, sur place.** La Cour examine la légalité et la régularité des recettes et dépenses et s'assure de la bonne gestion financière. Les institutions de l'Union et les institutions de contrôle nationales ont l'obligation de communiquer à la Cour des comptes tous les documents et toutes les informations qu'elle estime nécessaires à l'accomplissement de sa mission.

Contrairement à la Cour des comptes française, **la Cour des comptes de Luxembourg n'a pas de pouvoirs de type juridictionnel**. Son rôle consiste pour l'essentiel à formuler des critiques dans son rapport annuel et ses rapports spéciaux, et à rendre des avis à la demande des autres institutions de l'Union. Son **rapport annuel** est établi après la clôture de chaque exercice. Il est transmis aux autres institutions de la Communauté le 30 novembre de l'année N + 1, après une période de questions / réponses qui s'ouvre le 15 juillet de la même année. Le rapport annuel est publié au *Journal officiel des Communautés européennes*, accompagné des réponses des autres institutions aux observations de la Cour des comptes.

Le **Traité de Maastricht** a prévu que la Cour des comptes offre son assistance au Parlement européen et au Conseil dans l'exercice de leur fonction de contrôle de l'exécution du budget.

Le **Traité d'Amsterdam** a prévu que la déclaration d'assurance de la Cour des comptes, concernant la fiabilité des comptes, ainsi que la légalité et la régularité des opérations sous-jacentes, est publiée au *JOCE*. Cette déclaration fait partie des documents sur la base desquels le Parlement européen donne décharge à la Commission sur l'exécution du budget. Par ailleurs, le Traité d'Amsterdam précise que les contrôles sur pièces et sur place de la Cour des comptes peuvent s'effectuer « *dans les locaux de tout organisme gérant des recettes ou des dépenses au nom de la Communauté (...), y compris dans les locaux de toute personne physique ou morale bénéficiaire de versements provenant du budget communautaire* ». Enfin, il prévoit que « *en ce qui concerne l'activité de gestion de recettes et de dépenses communautaires exercée par la Banque européenne d'investissement, le droit d'accès de la Cour des comptes aux informations détenues par la Banque est régi par un accord conclu entre la Cour, la Banque et la Commission. En l'absence d'accord, la Cour a néanmoins accès aux informations nécessaires pour effectuer le contrôle des recettes et des dépendes communautaires gérées par la banque* ».

Le Traité de **Nice** de février **2001** prévoit que la Cour des comptes européenne peut établir son règlement intérieur, approuvé par le Conseil à la majorité qualifiée. Une modification de l'article 248 TCE permet par ailleurs à la Cour des comptes de créer des chambres en son sein, en vue d'adopter certaines catégories de rapports ou d'avis dans les conditions prévues par son règlement intérieur.

B. Le contrôle politique exercé par le Parlement européen

333. Ce contrôle peut d'abord s'exercer en fin d'exercice, dans le cadre de la ***procédure Nottenböm***, qui consiste en un débat en formation plénière sur l'exécution du budget en cours. Ce débat est alimenté par les informations communiquées par la Commission.

334. Le contrôle du Parlement européen s'effectue surtout à l'occasion de la procédure de décharge (article 276 CE). La «**décharge**» est la décision par laquelle le Parlement donne acte de sa gestion à la Commission, après que le Conseil ait statué sur une recommandation de «donner décharge». Le Parlement accorde (ou refuse) la décharge après avoir examiné les comptes de l'exercice écoulé, le bilan financier et le rapport annuel de la Cour des comptes; il peut aussi entendre la Commission avant de se prononcer. La décision de décharge est prononcée en principe avant le 30 avril de l'année N + 2. Elle couvre le budget général de l'Union et les opérations du FED.

L'article 276 § 3 (ex-art. 206 § 3) prévoit que la Commission «*met tout en œuvre pour donner suite aux observations accompagnant les décisions de décharge et aux autres observations du Parlement européen concernant l'exécution des dépenses (...)*». La Commission doit aussi faire un rapport sur les mesures qu'elle a prises à la lumière de ces observations, si le Conseil ou le Parlement européen lui en font la demande.

Jusqu'à présent, le Parlement européen n'a refusé la décharge qu'à trois reprises:

– en 1984 (pour le budget de 1982), mais son rejet global de la gestion de la Commission ne l'a pas conduit à voter la censure, de sorte que la crise politique a pu être évitée;

– en 1996 (pour le budget de 1994), et uniquement pour la gestion des fonds européens. Là encore, le refus de la décharge n'a pas abouti à une crise politique;

– en 1998 (pour le budget de 1996), mais, cette fois encore, la motion de censure, déposée en décembre 1998, n'a pas été adoptée.

§2. Le contrôle effectué à l'échelon national : la lutte contre la fraude portant atteinte aux intérêts financiers de la Communauté

335. La Commission exécute le budget sous sa responsabilité, mais elle utilise les administrations nationales pour l'exécution matérielle des opérations qui concernent directement les États membres. En vérité, les États membres perçoivent la totalité des ressources communautaires et gèrent plus de 80 % des dépenses communautaires.

L'article 280 TCE (ex-art. 209 A) prévoit que les États membres ont l'obligation de combattre la fraude qui porte atteinte aux intérêts financiers de la Communauté. En 2000, les fraudes au budget de l'UE détectées par les États membres ont atteint près de 1 % de ce budget (sans tenir compte du pourcentage de ce montant que l'Union parvient finalement à récupérer). Les fraudes ont concerné pour moitié des soustractions de ressources, notamment de TVA et, pour l'autre moitié, des détournements de dépenses.

Une modification de l'article 280 TCE (ex-art. 209 A) introduite à **Amsterdam** permet d'insister sur le caractère dissuasif des mesures communautaires ou nationales en la matière, lesquelles doivent offrir une «*protection effective dans les États membres*». Un 4e et un 5e paragraphes viennent compléter l'article 280 (ex-art. 209 A). Ils prévoient que:

«*Le Conseil, statuant conformément à la procédure visée à l'article 251, adopte, après consultation de la Cour des comptes, les mesures nécessaires dans les domaines de la prévention de la fraude portant atteinte aux intérêts financiers de la Communauté et de la lutte contre cette fraude en vue d'offrir une protection effective et équivalente dans les États membres. Ces mesures ne concernent pas l'application du droit pénal national et l'administration de la justice dans les États membres.*

La Commission, en coopération avec les États membres, adresse chaque année au Conseil et au Parlement européen un rapport sur les mesures prises aux fins de la mise en œuvre du présent article».

Le Conseil a notamment adopté les 26 mai et 19 juin 1997 deux actes visant respectivement à lutter contre la corruption de fonctionnaires nationaux ou communautaires, et à lutter contre le blanchiment du produit de la fraude aux intérêts financiers des Communautés (*JOCE* n° C-195 du 25 juin 1997, p. 1, et *JOCE* n° C-221 du 19 juillet 1997, p. 11).

Le 25 mai 1999 a été adopté l'accord interinstitutionnel (*JOCE* n° L. 136, 31 mai 1999, p. 15 – Voir aussi règlement n° 1073/1999, *JOCE* n° L. 136, 31 mai 1999, p. 1; règlement n° 1074/1999, *JOCE* n° L 136, 31 mai 1999, p. 8; décision n° 1999/352 du 28 avril 1999, *JOCE* n° L. 136, 31 mai 1999, p. 20) **créant l'*Office européen de lutte anti-fraude (OLAF)*, qui a succédé dès le 1er juin à l'*Unité de lutte anti-fraude (UCLAF)*.** L'OLAF a le pouvoir d'enquêter, en toute indépendance, dans toutes les institutions européennes et dans les États membres. Il exerce ainsi les pouvoirs que le règlement du Conseil n° 2988/95 du 18 décembre 1995 avait dévolus antérieurement à la Commission. Les conclusions de ses enquêtes, consignées dans un rapport, peuvent constituer des éléments de preuve admissibles dans les procédures administratives, disciplinaires et judiciaires.

Le 7 octobre 1999, la Banque centrale européenne a créé un organe indépendant, le **Comité anti-fraude**, chargé d'assister sa direction de l'audit interne, compétente pour procéder à des enquêtes en cas de fraude aux intérêts financiers de la Banque (déc. BCE/1999/5, *JOCE* n° L. 291, 13 novembre 1999, p. 36).

Pour en savoir plus...

– A. MONTAGNON, « L'accord sur le cadre financier 2007-2013 », *Rev. Marché commun* 2006, p. 411 ;

– F. RUGGIERI (ss. dir.), *La protection des intérêts financiers de l'Union et le rôle de l'OLAF vis-à-vis de la responsabilité pénale des personnes morales et des chefs d'entreprise et admissibilité mutuelle des preuves*, Bruylant, 2006 ;

– A.-M. TOURNEPICHE, « L'évolution du cadre financier de l'Union européenne », *Europe* octobre 2005, étude, p. 6.

Titre

6

L'ordre juridique communautaire

336. Dans ses conclusions rendues à l'occasion de l'affaire *Johnston* jugée par la Cour le 15 mai 1986, l'avocat général Darmon a estimé utile de préciser que, parce qu'elle est « ***constituée d'États de droit, la Communauté européenne est nécessairement une Communauté de droit****. Sa création, comme son fonctionnement, autrement dit le pacte communautaire, reposent sur l'égal respect par les États membres de l'ordre juridique communautaire* » (CJCE, 15 mai 1986, *Johnston*, aff. 222/84, 1651 – voir concl. Marco Darmon page 1656).

La Cour de justice n'hésite pas à se référer explicitement à cette notion de « *Communauté de droit* », popularisée en son temps par le président Walter Hallstein, comme si ce qui allait finalement de soi nécessitait néanmoins, de temps en temps, quelques rappels salutaires (voir par exemple CJCE, 23 avril 1986, *Les Verts c/ Parlement*, aff. 294/83, 1339 ; 22 octobre 1987, *Foto-Frost*, aff. 314/85, 4199 ; 23 mars 1993, *Weber*, aff. C-314/91, I.1093).

L'intégration européenne s'étant réalisée principalement par le droit, on peut affirmer que la Communauté est, non seulement une Communauté « de » droit, mais également une Communauté « par » le droit ; les rapports entre ses sujets sont régis par un ensemble de normes juridiques hiérarchisées dont le respect s'impose aussi bien aux institutions communautaires qu'aux États membres et à leurs ressortissants. Ces normes juridiques sont gouvernées par trois principes qui constituent les caractéristiques essentielles du droit communautaire : l'immédiateté, l'effet direct et la primauté.

Seront étudiés successivement :

– les sources du droit communautaire (chapitre 1) ;

– les caractères du droit communautaire (chapitre 2).

Chapitre 1

Les sources du droit communautaire

Plan du chapitre

337. Elles sont constituées par l'ensemble des normes juridiques sur lesquelles repose la Communauté et l'Union européennes : les traités et actes assimilés (droit originaire ou primaire), les actes adoptés par les institutions et dérivés des traités (droit dérivé), les accords ou conventions conclus avec les États tiers (droit conventionnel) et la jurisprudence (droit jurisprudentiel). Seront examinés, dans l'ordre :

– le régime juridique des sources du droit communautaire (section 1) ;

– la hiérarchie des sources du droit communautaire (section 2).

Section 1
Le régime juridique des sources du droit communautaire

§1. Le droit originaire

A. Contenu et nature du droit originaire

338. Le droit communautaire[1] originaire (ou primaire) est constitué par l'ensemble des **traités et actes assimilés** qui délimitent le cadre « constitutionnel » de l'Union européenne. Il s'agit d'abord des deux traités constitutifs CE et Euratom (trois avant la disparition de la CECA), y compris les **annexes, protocoles** (notamment celui qui définit le statut de la Banque européenne d'investissement) et **déclarations** qui leur sont joints. L'article 311 CE (ex-art. 239) dispose que « *les protocoles qui, du commun accord des États membres, seront annexés au présent traité, en font partie intégrante* ». À la différence des protocoles annexés aux traités, les déclarations n'ont pas même valeur que ces derniers et se bornent à exprimer des engagements de nature politique (et non juridique). Le juge communautaire peut néanmoins tenir comprte de la commune intention des parties exprimée dans les déclarations, lorsqu'il interprète le droit originaire.

NB : Si les traités constitutifs sont indépendants, le juge de Luxembourg n'hésite pas à se référer aux dispositions d'un traité pour statuer dans des affaires qui concernent l'application d'un autre traité (voir par exemple CJCE, 23 avril 1986, *Les Verts c/ Parlement européen*, aff. 294/83, 1339).

Il faut aussi mentionner les **modifications et compléments apportés aux traités constitutifs**, et en particulier : le Traité de Bruxelles du 8 avril 1965, dit « traité de fusion », les traités budgétaires de Luxembourg (22 avril 1970) et de Bruxelles (22 juillet 1975), les décisions « ressources propres », les actes d'adhésion, l'Acte unique européen de 1986, le Traité de Maastricht de 1992, le Traité d'Amsterdam de 1997 et le Traité de Nice de 2001.

Il est important de souligner que ces textes sont **des traités internationaux et non la Constitution de l'Union**, même si la Cour de justice les a parfois qualifiés avec audace de « *charte constitutionnelle de base* » (CJCE, 23 avril 1986, *Les Verts c/ Parlement européen*, aff. 294/83, 1339 ; avis C-1/91 du

1. Par commodité (pour ne pas avoir à répéter systématiquement : « le droit de la Communauté et de l'Union »), nous évoquerons désormais le « droit communautaire », tout en sachant que, dans certains cas, il peut s'agir de normes intéressant les 2e et 3e piliers de l'Union, et non la Communauté, laquelle – comme on le sait – ne constitue qu'un élément de l'Union.

14 décembre 1991, *EEE*, I. 6079). C'est ce qui distingue fondamentalement l'Union européenne d'un État (fédéral). Comme l'a noté le professeur Étienne Picard, « *pour être une Constitution au sens propre, il faut que l'acte en cause soit souverain, c'est à dire émane d'un seul pouvoir souverain, et non d'une pluralité de souverainetés* », étant entendu que, « *en démocratie, le souverain est (...) le peuple, mais non les États que les peuples peuvent se donner* ». Au niveau de l'Union européenne, l'adoption d'une véritable Constitution supposerait donc l'existence d'un pouvoir constituant européen, lequel fait aujourd'hui défaut, dès lors qu'il n'y a pas de véritable citoyen européen disposant du pouvoir d'« *exercer un droit de participation à la souveraineté* ». Pour qu'il y ait une vraie Constitution européenne, « *il faudrait que les peuples concernés agissent en tant que pouvoirs constituants de leurs États respectifs en vue de transférer leur souveraineté nationale à une souveraineté européenne, à laquelle, par cet acte (...), ils prendraient part désormais, selon les modalités que déterminerait cette nouvelle Constitution* » (E. Picard, *Note sur les expressions « charte des droits fondamentaux » et « charte constitutionnelle »*, contribution pour la réunion des 6 et 7 juillet 2000, dans le cadre de la CIG 2000).

La Cour de justice exclut qu'une disposition d'un traité puisse être frappée de caducité au seul motif qu'une pratique des institutions communautaires ou des États membres l'aurait rendue désuète (CJCE, 14 décembre 1971, *Commission c/ France*, aff. 7/71, 1003).

Le champ d'application territorial des traités est défini par les articles 299 TCE (ex-art. 227) et 198 Euratom.

B. Simplification, codification et renumérotation des traités

339. Le Conseil européen réuni à Florence en juin 1996 avait invité la Conférence intergouvernementale « *à rechercher toutes les possibilités de simplifier les traités afin de rendre les finalités et le fonctionnement de l'Union plus compréhensibles par les citoyens* ».

Une déclaration insérée dans l'Acte final du Traité d'Amsterdam souligne que « *les Hautes Parties Contractantes conviennent que les travaux entamés pendant la Conférence intergouvernementale seront poursuivis le plus rapidement possible en vue de procéder à une codification de tous les traités pertinents, y compris le traité sur l'Union européenne. Elles conviennent que le résultat définitif de cet exercice technique, qui sera rendu public à titre d'exemple sous la responsabilité de Secrétaire général du Conseil, n'aura pas de valeur juridique* ».

Par ailleurs, le Traité d'Amsterdam a abouti à une consolidation et, surtout, à une renumérotation des Traités de Rome et de Maastricht (renumérotation jugée nécessaire après les trois révisions opérées en 1986, 1992 et 1997, pour éviter la multiplication des articles dont la numérotation combinait chiffres et lettres).

Enfin, les multiples dérogations et exceptions introduites dans de nombreuses matières ou au profit de certains États membres ne vont pas dans le sens souhaité de la simplification.

On fera observer cependant que la simplification-codification des traités supposerait en particulier un renoncement à la division de l'Union européenne en trois piliers, l'un communautaire, les deux autres intergouvernementaux. Ce renoncement n'est pas encore à l'ordre du jour, loin s'en faut, même si le Traité d'Amsterdam a prévu une communautarisation progressive et partielle de la JAI (voir par ex. : S. Dragone, « La codification communautaire : techniques et procédures », *Rev. Marché unique eur.* 1998, p. 77).

NB : **Le Traité constitutionnel de 2004** avait prévu de remplacer l'accumulation des traités existants (Rome, Acte unique, Maastricht, Amsterdam, Nice...) par un traité unique de nature « constitutionnelle ». Les trois piliers de l'Union auraient disparu et la Communauté aurait été absorbée par l'Union.

C. La procédure de révision des traités

I – LA PROCÉDURE DE RÉVISION ACTUELLE ET SES LIMITES

340. **L'article 48 TUE** (ex-art. N) **décrit la procédure de révision des traités**. Il prévoit que les projets tendant à la révision des traités peuvent être soumis par le gouvernement de tout État membre ou par la Commission. C'est le Conseil en revanche qui a le pouvoir d'engager la procédure de révision en émettant un avis favorable à la réunion de la conférence intergouvernementale, après avoir procédé aux consultations nécessaires (le Parlement dans tous les cas et, le cas échéant, la Commission et/ou le conseil de la Banque centrale européenne). Les modifications à apporter aux traités doivent être arrêtées « *d'un commun accord* », ce qui signifie que chaque État membre bénéficie d'un droit de veto en matière de révision des traités. Les dispositions révisées ne peuvent entrer en vigueur qu'après avoir été ratifiées par tous les États membres, conformément à leurs règles constitutionnelles respectives.

La Cour de justice a dit pour droit qu'une modification du Traité de Rome ne pouvait résulter « *que d'une révision opérée en conformité avec l'article 236* (art. 48 TUE actuellement) » (CJCE, 8 avril 1976, *Defrenne*, aff. 43/75, 455), mais :

– certaines dispositions particulières du traité ont prévu des **procédures simplifiées de révision**, en ce sens que les modifications apportées au traité sont arrêtées à l'unanimité par le Conseil, puis ratifiées par les États membres selon leurs règles constitutionnelles respectives. C'est le cas en particulier pour l'attribution de ressources propres à la Communauté (art. 269 TCE, ex-art. 201). Ce fût aussi le cas pour l'élection du Parlement européen au suffrage universel direct (ex-art. 138 § 3 CEE) ;

– il existe des **procédures purement communautaires d'adaptation** des traités (pas de ratification ultérieure par les États membres) : voir art. 32 §3, 80 §2, 149, 221, 222, et 245 al. 2 TCE (ex-art. 38 §3, 84 §2, 126, 165, 166 et 188 al. 2).

On fera observer que dans une Union à Vingt-Sept membres, exiger l'unanimité pour la révision des traités aboutit à rendre celle-ci impossible ou minimale et sans réelle portée. Comme le souligne M. Dehousse, « ***la règle de l'unanimité transforme les Conférences intergouvernementales en une interminable curée des bureaucraties et des groupes de pression*** », et « *l'absence de réforme du processus de révision des traités risque de condamner l'Union européenne, soit à un processus de révision quasi-permanent, soit à l'abandon de l'objectif d'une union sans cesse plus étroite entre les peuples européens* » (F. Dehousse, «Le Traité d'Amsterdam, reflet de la nouvelle Europe», *CDE* 1997, éditorial, p. 273).

De son côté, le professeur D. Simon a suggéré de substituer à la méthode intergouvernementale de révision un «*processus proprement constituant*» (voir D. Simon, « Amsterdam : les limites d'une méthode », in *Europe*, août-sept. 1997, Repères, p. 3). Il nous paraît cependant évident qu'une telle substitution ne pourrait être sérieusement envisagée que si elle était portée par un courant d'opinion suffisamment fort.

Le Traité de **Lisbonne** de 2007 a prévu des **possibilités d'adaptation des traités dans certains cas, pour éviter la lourdeur de la procédure de révision** : des « clauses passerelles », exclues en matière de défense, permettent ainsi au Conseil européen de décider, à l'unanimité, le passage au vote à la majorité qualifiée dans telle ou telle matière ; des « clauses de flexibilité » pour étendre les compétences de l'Union.

II – Les modifications envisageables de la procédure de révision

341. Le moment venu (lorsque les esprits seront suffisamment mûrs), **une solution pourrait consister dans le dispositif suivant** :

– 1er temps : la Commission, assistée d'un comité de sages, se verrait confier la responsabilité de préparer un avant-projet de Constitution, lequel ferait ensuite l'objet d'une vaste consultation, tant de représentants de la société civile que des parlements nationaux ;

– 2e temps : sur cette base, des délégués des parlements nationaux et les membres du Parlement européen, réunis en congrès, adopteraient, en codécision avec le Conseil de l'Union et sans que l'unanimité soit requise (une majorité qualifiée, éventuellement renforcée, suffirait), le projet de Constitution ;

– 3e temps : le projet de Constitution serait ensuite soumis à la ratification des États membres. À cet égard, une ratification par référendum tenu le même jour dans tous les pays semblerait la solution idéale. En tout état de cause, il serait possible de s'inspirer du « projet Spinelli » de juin 1980, qui avait prévu une disposition assez ingénieuse concernant sa ratification : l'entrée en vigueur du traité n'était pas subordonnée à la ratification de tous les États membres, mais seulement d'une majorité d'entre eux représentant au moins les deux tiers de la population de l'Union. Les États qui n'auraient pas ratifié le traité se seraient vus offrir un statut de pays associés, étant entendu que la nouvelle Union se substituait purement et simplement à l'organisation antérieure.

La nouvelle Constitution pourrait être ultérieurement modifiée, soit selon la même procédure, soit, pour les révisions mineures, selon une procédure moins lourde.

On fera observer au passage que **la CIG de 2000**, qui a abouti à la conclusion du Traité de Nice, **a été l'occasion de mettre en œuvre une procédure originale pour l'élaboration de la Charte des droits fondamentaux**, qui pourrait également, à l'avenir, servir de modèle pour la révision des traités : une enceinte qui avait décidé de prendre le nom de *Convention* et dont la composition était quadripartite (les gouvernements des États membres, la Commission, le Parlement européen et les parlements nationaux étaient représentés, sans compter le statut d'observateurs de représentants de la Cour de justice et du Conseil de l'Europe) avait été chargée de rédiger un projet de Charte. Les travaux de la *Convention* avaient suivi une procédure à la fois transparente (séances publiques, débats et documents préparatoires disponibles sur *Internet*) et participative (la *Convention* a entendu le Comité économique et social, le Comité des régions, les pays candidats à l'adhésion et des représentanrts de la société civile). Le projet préparé par la *Convention* sera transmis au Conseil européen qui proclamera la Charte à Nice en décembre 2000.

La **CIG** qui s'était ouverte en octobre **2003**, pour s'achever sur un échec en décembre de la même année, avait été également préparée par une assemblée consultative (la *Convention* présidée par M. Giscard d'Estaing qui a rédigé le projet de « Constitution » européenne du 18 juillet 2003), notamment composée de représentants des parlements nationaux et du Parlement européen, et dont les travaux étaient publics.

NB : Le **Traité constitutionnel de 2004** aurait modifié la procédure de révision : le Parlement européen aurait eu le droit d'initiative constitutionnelle, au même titre que la Commission et les États membres. La Convention serait devenue l'instance normale d'élaboration des recommandations à soumettre à la Conférence des représentants des gouvernements des États membres (CIG), qui aurait dû adopter les modifications à l'unanimité. Le Conseil européen pouvait toutefois décider, à la majorité qualifiée et après approbation du Parlement européen, que l'ampleur des modifications proposées ne justifiait pas la convocation de la Convention.

Une procédure « simplifiée » de révision du Traité constitutionnel était prévue pour les modifications des « politiques internes » consacrées dans la Partie III, dès lors qu'elles n'impliquaient pas une augmentation des compétences de l'Union : le Conseil européen pouvait adopter, à l'unanimité, une décision de modification de ces politiques, après consultation du Parlement européen et de la Commission (ou, le cas échéant, de la Banque Centrale européenne). Cette décision serait entrée en vigueur une fois approuvée par tous les États membres, selon leurs règles constitutionnelles respectives.

D. Les projets de réorganisation des traités

342. La question de la réorganisation des traités est discutée depuis plusieurs années et des projets de réorganisation ont été esquissés ou formalisés sur la période récente.

En **1999**, le **rapport Dehaene** précité (n° 40) avait estimé qu'il convenait de « *revoir en profondeur les modalités suivant lesquelles on pourra modifier à l'avenir les textes légaux qui se présentent aujourd'hui sous la forme de traités* ». Pour les auteurs de ce rapport, « *la révision constante des traités constitue, dans plusieurs États membres de l'Union actuelle, une source de difficultés politiques. Elle alimente un sentiment d'insécurité juridique ainsi que la crainte d'interventions incessantes et d'une centralisation progressive, qui existe, à tort ou à raison, au sein de franges importantes de l'opinion publique. Il est exclu de poursuivre dans cette voie au sein d'une Union élargie, lorsque chaque modification des traités devra être approuvée par 25 parlements différents, voire plus, avec ce que cela comportera sans doute de retards, de frustrations et de risques de paralysie complète* ».

Le Rapport avait proposé en conséquence que les textes actuels des traités soient divisés en deux parties :

– un traité de base comprendrait uniquement les objectifs, les principes et orientations générales, les droits des citoyens et le cadre institutionnel. La modification de ces dispositions impliquerait l'organisation d'une CIG, s'effectuerait à l'unanimité et exigerait la ratification du nouveau texte par chaque État membre ;

– un (ou plusieurs) texte séparé contiendrait les autres dispositions des traités actuels, y compris celles qui concernent les politiques particulières. Il pourrait être modifié par une décision du Conseil, à une majorité superqualifiée ou à l'unanimité selon les cas, et après un avis conforme du Parlement européen.

Les auteurs du rapport estimaient que « *cette nouveauté réduirait considérablement la nécessité, existant actuellement, de modifier constamment les traités européens. La structure institutionnelle de base deviendrait, pour le grand public, plus lisible, mieux compréhensible et plus accessible. Elle introduirait une procé-*

dure de modification fondée, au moins en partie, sur une forme de vote à la majorité et prévoyant une intervention du Parlement européen ».

La même année, le groupe de réflexion institué par **le Commissariat Général du Plan** et présidé par le Professeur Jean-Louis Quermonne avait rendu un rapport (Commissariat Général du Plan, *L'Union européenne en quête d'institutions légitimes et efficaces*, Paris, La Documentation française, 1999) suggérant la conclusion d'**un « *Pacte constitutionnel refondateur* »**. Ce Pacte, composé d'une quarantaine d'articles, inclurait : 1 – une référence explicite aux valeurs sur lesquelles repose l'Union et à la sanction de leur non respect, ainsi qu'aux garanties de l'identité des États membres ; 2 – une charte des droits civiques et sociaux ; 3 – les principes directeurs des politiques communes ; 4 – l'architecture institutionnelle de l'Union.

Seule la révision de ce « *Pacte constitutionnel* » serait soumise à la règle de l'unanimité. Les autres dispositions des traités seraient insérées dans des « lois organiques » adoptées en codécision avec le Parlement européen et pourraient être révisées à une majorité « surqualifiée » (c'est à dire à une majorité qualifiée renforcée) par le Conseil de l'Union.

En mai **2000**, le **Centre Robert Schuman de l'Institut universitaire européen de Florence** a rendu un rapport sur la réorganisation des traités. Il s'agit de rassembler dans un « ***traité fondamental de l'Union européenne*** » d'une centaine de clauses toutes les dispositions des traités actuels relatives au cadre institutionnel et au fonctionnement de l'UE. Ce traité fondamental remplacerait l'actuel traité sur l'UE et serait rédigé à droit constant.

Le Traité constitutionnel signé le 29 octobre 2004 à Rome, se présentait comme suit :

– un préambule renvoyait aux « *héritages culturels, religieux et humanistes de L'Europe* » ;

– la partie I comprenait les dispositions essentielles, de nature quasi constitutionnelles ;

– la partie II reprenait la Charte des droits fondamentaux ;

– la partie III comprenait les dispositions modifiées issues des traités actuels, relatives, d'une part aux politiques et, d'autre part au fonctionnement des institutions ;

– la partie IV contenait les dispositions générales et finales ;

– plusieurs protocoles et déclarations annexées complétaient cet ensemble.

§2. Le droit dérivé (ou secondaire)

343. Il faut distinguer ici, d'une part les actes obligatoires (juridiquement contraignants) mentionnés à l'article 249 TCE (ex-art. 189), à savoir les règlements, les directives et les décisions et, d'autre part les actes non décisoires (qui ne lient pas) qui ont été prévus par le traité (avis et recommandations) ou qui sont nés de la pratique institutionnelle (déclarations, communications, conclusions, etc.).

On verra que s'il existe un régime juridique commun à tous les actes obligatoires de droit dérivé, chacun de ces actes présente par ailleurs des spécificités.

A. Les actes obligatoires (article 249 TCE, ex-article 189)

I – Le régime juridique commun à tous les actes obligatoires de droit dérivé

a) La qualification de l'acte

344. **La véritable nature d'un acte dépend de son objet, de son contenu et de sa portée, et non de sa forme et de sa dénomination par l'autorité qui l'a adopté** (CJCE, 16 juillet 1956, *Féd. charb. de Belgique*, aff. 8/55, 8155 ; 11 novembre 1981, *IBM*, aff. 60/81, 2639). Ainsi, par exemple, le critère de distinction entre un acte normatif et une décision adoptée sous l'apparence d'un tel acte sera recherchée dans la portée, générale ou individuelle, de l'acte en cause, étant entendu que l'acte de portée générale est celui qui s'applique à des situations déterminées objectivement et qui déploie ses effets juridiques à l'égard de catégories de personnes envisagées de manière générale et abstraite (TPI, ord. 30 septembre 1997, *Federolio* aff. T-122/96, II.1559).

La Cour de justice n'hésite pas à restituer à l'acte sa véritable qualification (avec toutes les conséquences juridiques qui en découlent) lorsque cet acte a été inexactement dénommé par le législateur communautaire (CJCE, 17 juillet 1959, *Phoenix – Rheinrohr*, aff. 20/58, 163).

b) Le choix de l'acte approprié

345. L'article 249 TCE (ex-art. 189) ne précise pas les hypothèses dans lesquelles le législateur communautaire doit recourir à une catégorie d'acte plutôt qu'à une autre. Si la disposition matérielle du traité qui constitue la base juridique de l'intervention du législateur communautaire est muette sur le type d'acte à utiliser, les institutions de la Communauté peuvent en principe employer indifféremment le règlement, la directive ou la décision (CJCE, 15 mars 1967, *Cimenteries CBR*, aff. 8 à 11/66, 93 ; 24 octobre 1973, *Fratelli Grassi*, aff. 51/72, 1091). En revanche, le législateur communautaire ne dispose d'aucune faculté de choix lorsque le traité prévoit le type d'acte à utiliser (CJCE, 15 juillet 1960, *Italie c/ Haute Autorité*, aff. 20/59, 663).

c) La base juridique de l'acte

346. **Le choix de la base juridique n'est pas toujours évident**. Comme l'a souligné le professeur Jacqué, il est permis de se demander par exemple « *si la* *règlementation des hormones dans la viande de veau relève (...) du marché intérieur ou de la politique agricole commune* », et « *si la règlementation des déchets doit (...) être traitée comme une mesure environnementale ou comme une harmonisation des législations destinées à éviter des distorsions de concurrence dans le cadre du marché intérieur* » (J.-P. Jacqué, *Le Labyrinte décisionnel*, in « Europe, De la Communauté à l'Union », *Pouvoirs*, n° 69, 1994, p. 30 et 31). De plus, comme la base juridique commande le type de procédure décisionnelle à mettre en œuvre, son choix « *commande* (du même coup) *l'équilibre entre institutions dans l'exercice de la compétence concernée* », et « *chaque institution peut être tentée de retenir la base juridique qui lui donne le plus de poids dans le processus décisionnel* » (*ibid*, p. 30).

Pourtant, on sait que l'« ***impératif de sécurité juridique*** *requiert que tout acte visant à créer des effets juridiques emprunte sa force obligatoire à une disposition du droit communautaire qui doit être expressément indiquée comme base légale...* » (CJCE, 16 juin 1993, *France c/ Commission*, aff. C-325/91, I.3283). La base juridique doit être indiquée expressément dans les visas de l'acte adopté, ou au moins implicitement dans les considérants (CJCE, 26 mars 1987, *Commission c/ Conseil*, aff. 45/86, 1493).

La Cour de justice considère que « ***le choix de la base juridique d'un acte ne peut pas dépendre seulement de la conviction d'une institution quant au but poursuivi, mais doit se fonder sur des éléments objectifs susceptibles de contrôle juridictionnel*** » (CJCE, 11 juin 1991, *Commission soutenue par Parlement européen c/ Conseil*, aff. C-300/89 *« dioxyde de titane »*, 2895). Parmi ces « *éléments objectifs* » figurent notamment le but et le contenu de l'acte.

Il arrive assez fréquemment à la Cour de justice de maintenir les effets d'un acte annulé pour erreur de base juridique, jusqu'à ce que le législateur communautaire adopte (dans un délai raisonnable) un nouvel acte ayant le même objet.

Le juge du Kirchberg a encore précisé qu'une institution communautaire a l'obligation d'adopter un acte juridique sur le fondement de deux dispositions du traité, si la compétence qu'elle exerce repose effectivement sur ces deux dispositions (CJCE, 27 septembre 1988, *Commission c/ Conseil*, aff. 165/87, 5545), à moins que l'une des deux finalités en cause soit accessoire par rapport à l'autre, auquel cas il conviendra de ne retenir que la base juridique correspondant à la finalité principale (CJCE, 4 octobre 1991, *Parlement c/ Conseil*, aff. C-70/88, I.4529). Le **cumul de bases juridiques** doit cependant être écarté s'il aboutit à vider de sa substance une procédure destinée à renforcer la participation du Parlement européen au processus législatif. Dans ce cas, la base juridique appropriée est celle qui préserve le mieux les compétences du Parlement (CJCE, 11 juin 1991, affaire « *dioxyde de titane* » précitée, points 17 à 21, dans laquelle l'une des deux bases juridiques en cause prescrivait le recours à la procédure de consultation, tandis que l'autre prescrivait le recours à la procédure de coopération). Le cumul de bases juridiques doit être également écarté en cas d'incompatibilité quant aux modalités de vote (CJCE, 29 avril 2004, *Commission soutenue par Parlement européen c/ Conseil soutenu par Irlande, Luxembourg, Portugal et Royaume-Uni*, aff. C-338/01, I.4829).

À l'occasion d'une affaire jugée en 1997, la Cour de justice a retenu comme base juridique pertinente celle qui résultait d'un acte d'adhésion et ne prévoyait aucune association du Parlement européen à l'adoption des mesures d'adaptation de la règlementation communautaire à l'élargissement de l'Union à de nouveaux États membres, alors que l'autre base juridique possible (ex-art. 129A du Traité CE) renvoyait à la procédure de codécision (CJCE, 2 octobre 1997, *Parlement européen c/ Conseil*, aff. C-259/95, I.5303). Mais il est vrai qu'en l'espèce, l'objectif était de permettre une procédure rapide et souple d'adaptation de la règlementation communautaire à l'adhésion de l'Autriche, de la Suède et de la Finlande. C'est peut-être cette particularité qui explique la solution dégagée par le juge du Kirchberg.

On lira avec intérêt : C. Kohler, J.-C. Engel, « Le choix approprié de la base juridique pour la législation communautaire : enjeux constitutionnels et principes directeurs », *Europe*, janvier 2007, Étude, p. 5.

NB : Lorsqu'un nouveau traité entre en vigueur, un certain nombre de propositions d'actes communautaires en cours de négociation sont affectées par un changement de procédures décisionnelles (passage de la procédure de coopération à la procédure de codécision et/ou extension de la consultation obligatoire du Comité des régions par exemple). L'entrée en vigueur d'un nouveau traité peut donc conduire la Commission à modifier la base juridique de certaines propositions pendantes.

d) La motivation de l'acte

347. **L'article 253 TCE (ex-art. 190)** prévoit que « *les règlements, les directives et les décisions adoptés conjointement par le Parlement européen et le Conseil ainsi que lesdits actes adoptés par le Conseil ou la Commission sont motivés et visent les propositions ou avis obligatoirement recueillis en exécution du présent traité* ».

Le juge de Luxembourg a été amené à préciser que « *le respect de l'obligation de motivation fait partie des formes substantielles dont la violation entraîne l'illégalité de l'acte* » (CJCE, 8 février 1968, *Mandelli*, aff. 3/67, 36 ; 2 avril 1998, *Sytraval*, aff. C-367/95 P, I.1719). En effet, la motivation « *permet aux intéressés de comprendre la portée de la décision prise à leur égard et d'assurer la défense de leurs intérêts* », et qu'elle « *met le juge en mesure d'exercer le contrôle de légalité (...) en faveur des justiciables...* » (*Mandelli* précitée). C'est la raison pour laquelle la motivation « *doit faire apparaître de façon claire et non équivoque les raisons sur lesquelles l'acte est fondé* » (CJCE, 9 juillet 1969, *Italie c/ Commission*, aff. 1/69, 277) ; elle doit aussi faire apparaître la base juridique de l'acte adopté (CJCE, 26 mars 1987, *Commission c/ Conseil*, aff. 45/86, 1493).

Le moyen tiré d'une insuffisance ou d'un défaut de motivation constitue un moyen d'ordre public, soulevé d'office par le juge communautaire (CJCE, 20 février 1997, *Daffix*, aff. C.166/95 P, I.983, pt 24).

Les exigences en matière de motivation varient toutefois en fonction de la nature de l'acte et des conditions de son adoption. Le juge admet une motivation sommaire, à condition que les éléments essentiels du raisonnement et l'objectif visé soient suffisamment précisés (CJCE, 13 juillet 1978, *Milac Hauptzollamt Freiburg*, aff. 8/78, 1721). Une décision adressée à un État membre peut être motivée sommairement, si l'État concerné a été étroitement associé à son élaboration (CJCE, 14 janvier 1981, *Allemagne c/ Commission*, aff. 819/79, 21) ou si elle constitue un cas d'application d'une décision antérieure et que l'État concerné dispose de tous les éléments nécessaires pour en apprécier le bien fondé (CJCE, 13 juillet 1988, *France c/ Commission*, aff. 102/87,4067). Les exigences en matière de motivation sont plus strictes si l'acte en cause s'écarte d'une pratique antérieure (CJCE, 26 novembre 1975, *Groupement des fabricants de papiers peints de Belgique et autres c/ Commission*, aff. 73/74, 1491).

La motivation doit figurer dans le corps même du texte (CJCE, 16 novembre 2000, *Sarrio*, aff. C.29/98, I.9991) et être adoptée par le véritable auteur de l'acte (CJCE, 15 juin 1994, *Commission c/ BASF*, aff. C-137/92, I.2555).

Dans un jugement rendu le 12 décembre 1996, le TPI a dit pour droit que l'exigence de motivation d'un acte était satisfaite, même si cette motivation contenait quelques ambiguïtés et que son sens n'apparaissait pas à la première lecture, dès lors qu'il était possible de surmonter la difficulté par un effort d'interprétation que l'on est en droit d'attendre des personnes concernées (TPI, 12 décembre 1996, *Rendo*, aff. T-16/91 RV, II.1827).

Le fait de communiquer les motifs d'une décision au cours d'une procédure contentieuse n'a pas pour effet de régulariser l'absence de motivation *ab initio* (CJCE, 26 novembre 1981, *Michel c/ Parlement*, aff. 195/80, 2861).

NB : Si, dans une matière donnée, le droit dérivé ne prévoit qu'une obligation de motivation *a posteriori*, le juge de Luxembourg considère que cette motivation répond aux exigences de l'article 190 (253 après renumérotation) du Traité CE, dès lors qu'elle fait apparaître de façon claire et non équivoque le raisonnement de l'auteur de l'acte et qu'elle permet ainsi l'exercice du contrôle juridictionnel (TPI, 14 juillet 1995, *Koyo seiko c/ Conseil*, aff. T. 166/94, II-2129 ; 8 mai 1996, *Adia Interim*, aff. T-19/95, II.321).

Le juge communautaire estime enfin que, lorsqu'elle entre en conflit avec le principe du secret des délibérations d'un jury de concours de recrutement de fonctionnaires communautaires, l'obligation de motivation doit céder devant cet impératif de secret (CJCE, 4 juillet 1996, *Innamorati*, aff. C-254/95 P, I.3423).

e) L'authentification de l'acte

348. Les actes obligatoires des institutions doivent être authentifiés avant leur publication ou leur notification aux destinataires. L'authentification se fait par les signatures du président et du secrétaire général de l'institution concernée. Il s'agit là d'une formalité substantielle, destinée à garantir la sécurité juridique. **Le non-respect de la formalité d'authentification doit être soulevé d'office par le juge communautaire et conduit à l'annulation de l'acte en cause** (CJCE, 6 avril 2000, *Commission c/ ICI*, aff. C-286/95 P, I.2341 ; 6 avril 2000, *Commission c/ Solvay*, aff. C-287/95 P, I.2341).

f) Entrée en vigueur et opposabilité de l'acte

349. **L'article 254 TCE (ex-art. 191)** prévoit que les actes adoptés par le Conseil en codécision avec le Parlement européen doivent être publiés dans le *JOCE* et qu'ils entrent en vigueur à la date qu'ils fixent ou, à défaut, le vingtième jour suivant leur **publication**. Le même régime s'applique aux règlements du Conseil et de la Commission, ainsi qu'aux directives de ces deux institutions qui s'adressent à tous les États membres (avant l'entrée en vigueur du Traité de Maastricht, toutes les directives ne pouvaient entrer en vigueur qu'à compter de leur **notification** aux destinataires ; en pratique elles étaient également publiées au *JOCE* pour assurer une bonne information du public, mais cette publication n'était pas obligatoire et n'avait aucune incidence sur l'entrée en vigueur des directives).

Les autres directives (celles qui ne sont pas adoptées en codécision avec le Parlement européen et celles qui ne s'adressent pas à tous les États membres) et les décisions qui ne sont pas adoptés en codécision doivent être notifiées à leurs destinataires ; elles ne prennent effet que par cette notification, même si, en pratique, elles font également l'objet d'une publication au *JOCE*.

L'article 110 § 2 TCE (ex-art. 108 A § 2) prévoit que la BCE peut décider de publier ses décisions, recommandations et avis.

NB : Le *JOCE* fait l'objet de deux séries distinctes : la série L, qui contient les actes et textes obligatoires ; La série C, qui contient les actes non obligatoires, les questions du Parlement européen aux autres institutions avec leurs réponses, ainsi que d'autres informations (procédures d'infraction, etc.). Le Traité de Nice lui substitue l'appellation de *JOUE* (*Journal officiel de l'Union européenne*).

Un acte communautaire est inopposable aux justiciables qui n'ont pas pu en prendre connaissance (CJCE, 25 janvier 1979, *A. Racke c/ Hauptzollamt Mainz*, aff. 98/78, 69). Selon les cas, la condition de l'opposabilité d'un acte est, soit la publication, soit la notification aux destinataires. **Un acte non publié ou non notifié n'est pas illégal pour ce seul motif, mais il est inopposable**. Pourtant, la

Cour de justice a considéré en 1999 que l'absence de notification d'un acte était constitutive d'une violation des formes substantielles, de nature à entraîner l'annulation de l'acte en cause (CJCE, 8 juillet 1999, *Hoechst*, aff. C-227/92 P, I.4443).

Le TPI a dit pour droit qu'en antidatant délibérément la publication au *JOCE* d'un règlement communautaire, le Conseil violait le principe de sécurité juridique, puisqu'en agissant de la sorte, il ne mettait pas l'intéressé en mesure de connaître avec certitude le moment à partir duquel ledit acte existe et commence à produire ses effets juridiques (TPI, 22 janvier 1997, *Opel Austria*, aff. T-115/94, II.39).

g) La portée objective de l'acte

350. **La Cour de justice considère que les États membres ne peuvent pas modifier la portée objective des actes de droit dérivé par des réserves ou des objections unilatérales** inscrites aux procès verbaux des réunions du Conseil (CJCE, 30 janvier 1985, *Commission c/ Danemark*, aff. 143/83, 427). De telles déclarations sont donc sans effet, car la portée objective des actes communautaires ne peut résulter que de ces actes eux-mêmes (CJCE, 15 avril 1986, *Commission c/ Belgique*, aff. 237/84, 1247). Les **déclarations communes** figurant dans un procès verbal sont également dépourvues de valeur juridiques (CJCE, 18 mai 2000, *Commission c/ Belgique*, aff. C-206/98, I.3509).

En revanche, le juge de Luxembourg accepte d'interpréter un acte de droit dérivé à la lumière d'une déclaration inscrite au procès verbal de la réunion du Conseil, lorsque le contenu de cette déclaration trouve une expression dans le corps du texte (CJCE, 26 février 1981, *Antonissen*, aff. C-292/89, I.745 ; arrêt *VAG Sverige AB* précité).

h) L'application rétroactive de l'acte

351. L'adoption d'un acte obligatoire a pour effet de modifier ou de compléter le droit positif en vigueur, mais elle ne vise pas en **principe** les situations antérieures à l'entrée en vigueur de l'acte en cause, qui ne peut donc pas faire l'objet d'une application rétroactive.

Néanmoins, le principe de l'absence d'application rétroactive des actes communautaires connaît des **exceptions** :

– lorsqu'il est possible de démontrer que l'application rétroactive des règles de fond était recherchée ;

– pour les règles de procédure, sauf si l'on peut démontrer que l'effet inverse était recherché (CJCE, 12 novembre 1981, *Salumi*, aff. jtes 212/80 à 217/80, 2735) ;

– « *lorsque le but à atteindre l'exige et lorsque la confiance légitime des intéressés est dûment respectée* » (CJCE, 25 janvier 1979, *Racke*, aff. 98/78, 69) ;

– en cas d'annulation d'une directive et d'adoption rapide d'une nouvelle directive pour remplacer celle qui a été annulée par le juge ; dans ce cas, il est possible d'attribuer un effet rétroactif à la nouvelle directive pour éviter un vide juridique et offrir une base juridique aux mesures nationales de transposition déjà adoptées, à condition cependant que la directive ne porte pas sur la matière pénale (CJCE, 13 novembre 1990, *Fedesa*, aff. C-331/88, I.4023).

On mentionnera également la règle de la **rétroactivité *in mitius***, consacrée par le droit français, mais pas encore par le droit communautaire, en vertu de laquelle, et sauf dispositions expresses contraires, une loi nouvelle qui comporte des dispositions plus favorables (principe de la rétroactivité de la loi pénale plus douce) s'applique aux faits commis avant son entrée en vigueur et non définitivement jugés. La Cour de cassation française a étendu cette règle aux règlements communautaires qui servent de fondement à une incrimination opérée par le législateur national (Cass. crim., 12 décembre 1996, *Paul Giusti et Soc. ILS*, *Bull. crim.*, n° 466, p. 360).

Le juge du Kirchberg considère que le droit communautaire n'interdit pas d'appliquer cette règle de la rétroactivité *in mitius* à des actes communautaires pour la violation desquels le droit interne a prévu des sanctions pénales (CJCE, 26 septembre 1996, *Allain*, aff. C-341/94, I.4649), mais il s'est borné jusqu'ici à affirmer l'applicabilité immédiate des lois de procédure nouvelles aux litiges pendants (CJCE, 6 juillet 1993, *CT Control*, aff. C-121 et 122/91, I.3900, pt.22). On sait aussi que la Cour a érigé en principe général du droit communautaire la non-rétroactivité des dispositions nationales pénales plus sévères (CJCE, 10 juillet 1984, *Regina c/ Kent Kirk*, aff. 63/83, 2689).

i) Modification et retrait de l'acte

352. Le droit communautaire n'a pas reconnu un droit au maintien d'une législation existante. Les institutions de l'Union légifèrent en principe librement, à condition toutefois de ne pas modifier le droit positif de manière totalement imprévisible pour le justiciable. De telles **modifications** imprévisibles violeraient le principe de sécurité juridique dont la Cour de justice garantit le respect et pourraient, dans certaines circonstances, engager la responsabilité de la Communauté (CJCE, 14 mai 1975, *CNTA*, aff. 74/74, 533).

Le juge communautaire a également dit pour droit que, si les actes à portée générale peuvent être modifiés à tout moment sous réserve de respecter le principe de protection de la confiance légitime (CJCE, 17 décembre 1964, *Boursin*, aff. 102/63, 1347), les actes individuels sont plus difficiles à remettre en cause, spécialement lorsqu'ils sont favorables ; des modifications d'ordre orthographique ou syntaxique peuvent les affecter (TPI, 27 février 1992, *BASF et autres c/ Commission*, aff. jtes T-79/89 et a., II.315).

Comme il n'y a pas de droit au maintien de la réglementation existante, l'autorité communautaire peut toujours procéder au **retrait** d'un acte illégal, à condition que ce retrait intervienne dans un délai raisonnable (CJCE, 13 juillet 1965, *Lemmerz-Werke*, aff. 111/63, 835), afin de ne pas remettre en cause les principes de sécurité juridique et de confiance légitime. Le retrait qui violerait ces principes serait déclaré illégal par le juge (CJCE, 26 février 1987, *Consorzio Cooperative d'Abruzzo c/Commission*, aff. 15/85, 1005 ; 17 avril 1997, *Henri De Compte*, aff. C-90/95 P, I.1999). Si un acte individuel est illégal, il n'est possible de les retirer (avec effet rétroactif) que dans le respect du principe de confiance légitime (CJCE, 17 avril 1997, *Henri De Compte*, aff. C-90/95 P, I.1999).

La Cour de justice a également précisé que seule l'institution qui a adopté l'acte est habilitée à le retirer (CJCE, 20 mai 1987, *Dandolo*, aff. 214/85, 2163). Si le retrait-abrogation d'une décision illégale n'est pas soumis à des conditions particulières (CJCE, 9 mars 1978, *Herpels*, aff. 54/77, 585), le retrait rétroactif d'un tel acte est soumis en revanche à des conditions très strictes. En 1999, la Cour de justice a souligné qu' « *il ne saurait être permis à une institution de la Communauté, ayant adopté un acte sans être compétente à cet effet, de le retirer dès que sa légalité est contestée devant la Cour, tout en préservant en substance, les effets qu'il a produits, afin de réaliser par ce biais, nonobstant le retrait de l'acte illégal, l'objectif qu'elle avoulu atteindre en adoptant celui-ci* » (CJCE, 23 novembre 1999, *Portugal c/ Commission*, aff. C-89/96, I.8733).

NB : À l'occasion d' une affaire jugée en 1997, la Cour de justice a dit pour droit que, « *sans précisions supplémentaires, les actes du Conseil sont ceux dont il est l'auteur, soit seul, soit en codécision avec le Parlement européen. Il ressort en effet de différentes dispositions du Traité CE (...) que les actes qui sont adoptés conjointement par le Conseil et le Parlement sont considérés comme des actes du Conseil* » (CJCE, 2 octobre 1997, *Parlement européen c/ Conseil*, aff. C-259/95, I.5303). Il en résulte que le Conseil peut unilatéralement modifier un acte adopté selon la procédure de codécision.

j) Simplification et lisibilité des actes communautaires

La Commission, le Conseil et le Parlement européen ont adopté le **28 novembre 2002** un **accord interinstitutionnel destiné à promouvoir un recours plus structuré à la technique de la refonte des actes juridiques** (*JOCE* n° C-77, 28 mars 2002, p. 1). Il s'agit, dans le cadre de la politique plus générale de transparence, de simplification et de lisibilité des actes communautaires, d'améliorer la technique de la codification législative (prévue par un accord interinstitutionnel de 20 décembre 1994, *JOCE* n° C-102, 4 avril 1996) en permettant l'adoption d'un texte législatif unique offrant une version consolidée, codifiée et actualisée de textes antérieurs, pour éviter la prolifération d'actes modificatifs isolés.

La Commission a adopté le 5 juin 2002 un ensemble de communications sur la simplification et l'amélioration de l'environnement réglementaire, dans le prolongement de la publication de son Livre blanc sur la *gouvernance européenne* de juillet 2001.

II – Le régime juridique du règlement

353. Le règlement est la principale source de droit dérivé, particulièrement dans le domaine agricole. Il peut avoir pour auteur :

– le Conseil ;

– le Conseil et le Parlement européen ;

– la Commission, soit en vertu de son pouvoir normatif autonome, soit sur habilitation du Conseil ;

– la Banque centrale européenne, pour l'accomplissement des missions qui sont confiées au Système Européen de Banques Centrales.

Près de 22 000 règlements ont été adoptés depuis l'institution des Communautés.

L'article 249 alinéa 2 TCE (ex-art. 189 al. 2) dispose que « ***le règlement a une portée générale. Il est obligatoire dans tous ses éléments et il est directement applicable dans tout État membre*** ».

354. On signalera que les **règlements intérieurs** des institutions ne répondent pas à la définition que donne l'article 249 alinéa 2 TCE (ex-art. 189 al. 2) des règlements, puisqu'ils n'ont pas de portée générale (ils n'ont qu'une portée interinstitutionnelle ou à l'égard des États membres), qu'ils sont dépourvus de force exécutoire et qu'ils ne peuvent pas être invoqués par des particuliers à l'appui d'un recours devant le juge national (CJCE, 7 mai 1991, *Nakajima*, aff. C-69/89, I.2069). Les règlements intérieurs ne sont pas non plus soumis aux conditions de forme prévues pour les règlements visés à l'article 249 alinéa 2. Ils doivent cependant respecter les dispositions des traités et leur légalité peut être contrôlée par le juge de Luxembourg.

En revanche, les **règlements financiers** prévus par l'article 279 TCE (ex-art. 209) sont considérés comme des règlements au sens de l'article 249 alinéa 2 TCE (ex-art. 189 al. 2).

Il convient par ailleurs de distinguer les **règlements de base**, adoptés directement sur la base d'une disposition du traité, et les règlements d'exécution, adoptés pour l'exécution des règlements de base (CJCE, 17 décembre 1970, *Köster*, aff. 25/70, 1161). Les **règlements d'exécution** ne peuvent pas déroger aux règlements de base (CJCE, 10 mars 1971, *Deutsche Tradax*, aff. 38/70, 145).

a) Le règlement est un acte de portée générale

355. La Cour de justice a clairement indiqué que le règlement ne s'applique pas à des destinataires limités, désignés et identifiables, mais à des catégories envisagées abstraitement et dans leur ensemble (CJCE, 14 décembre **1962, *Confédération***

nationale des producteurs de fruits et légumes, aff. jtes 16/62 et 17/62, 901 ; 14 décembre **1962,** ***Fédération nationale de la boucherie***, aff. jtes 19-22/62, 943). La Cour précise encore qu'un règlement « *s'applique à des situations déterminées objectivement* » et « *produit des effets juridiques à l'égard de catégories de personnes envisagées de manière abstraite* » (CJCE, 21 novembre 1989, *Usines coopératives de déshydratation du Vexin*, aff. C-244/88, 3811, point 13). On dit encore que le règlement a un **effet** ***erga omnes***. De ce point de vue, le règlement CE est comparable à la décision générale CECA qui établit des « *principes normatifs* » et pose de « *façon abstraite les conditions de leur application* » (CJCE, 21 juin 1958, *Wirtschaftsvereinigung Eisen-und Stahlindustrie*, aff. 13/57, 261).

Le juge de Luxembourg a également précisé que la nature réglementaire d'un acte de droit dérivé ne peut pas être remise en cause, au seul motif que cet acte serait d'application territoriale limitée (CJCE, 13 mars 1968, *Industria Molitoria Imolese*, aff. 30/67, 171) ou qu'il serait possible de déterminer le nombre ou l'identité de ses destinataires (CJCE, 11 juillet 1968, *Zuckerfabrik*, aff. 6/68, 595 ; 16 avril 1970, *la Compagnie française commerciale et financière*, aff. 64/69, 221).

Compte tenu de sa portée générale, le règlement communautaire présente une similitude avec les lois nationales, qui ont également pour caractéristique de s'appliquer à des catégories de justiciables envisagées abstraitement et dans leur ensemble. Il n'est cependant pas possible de considérer que le règlement constitue la « loi » communautaire, dans la mesure où il lui manque la caractéristique essentielle d'une loi, puisqu'il n'est pas adopté formellement par le Parlement européen.

b) Le règlement est obligatoire dans tous ses éléments

356. Le règlement **fixe un résultat à atteindre et prévoit parallèlement les moyens qu'il convient impérativement d'utiliser pour réaliser l'objectif fixé**. Il est donc obligatoire dans tous ses éléments, y compris les annexes lorsqu'elles en font parties intégrantes.

Le règlement s'impose aux institutions de la Communauté, aux États membres et à leurs ressortissants. Le juge de Luxembourg a dit pour droit qu'un État membre ne peut pas appliquer « *de manière incomplète ou sélective* » les dispositions d'un règlement (CJCE, 7 février 1979, *Commission c/ Royaume-Uni et Irlande du Nord*, aff. 128/78, 419). De plus, les réserves éventuelles qui auraient pu être formulées par un État membre au moment de l'adoption du règlement sont sans valeur.

Les États membres doivent s'abstenir de tout acte susceptible de remettre en cause l'autorité du règlement, lequel doit pouvoir déployer tous ses effets aussi longtemps que son illégalité n'a pas été établie par le juge (CJCE, 13 février 1979, *Granaria*, aff. 101/78, 623).

c) Le règlement est directement applicable dans tout État membre

357. L'applicabilité directe du règlement a une double signification : elle signifie d'abord qu'il est non seulement inutile, mais encore **interdit de transformer le**

règlement en norme juridique nationale ; l'intervention de l'État ne se justifie que « *dans la mesure nécessaire à l'exécution* » du règlement (CJCE, 11 février 1971, *Nord deutsches Vieh-und Fleischkontor*, aff. 39/70, 49). Le règlement communautaire s'intègre directement dans le bloc de la légalité interne, sans qu'il soit nécessaire de l'y introduire par le biais d'une quelconque mesure nationale. Le juge de Luxembourg a en effet précisé que « *toutes modalités d'exécution dont la conséquence pourrait être de faire obstacle à l'effet direct des règlements (...) et de compromettre leur application simultanée et uniforme dans l'ensemble de la Communauté* » seraient contraires au traité (CJCE, 10 octobre 1973, *Variola*, aff. 34/73, 981).

Les autorités nationales peuvent être habilitées par les institutions communautaires à adopter des textes d'application d'un règlement, mais elles **doivent s'abstenir de tout acte qui aurait pour effet de dissimuler aux justiciables la véritable nature du règlement communautaire** (CJCE, 2 février 1977, *Amsterdam Bulb*, aff. 50/76, 137) ; elles ne peuvent reprendre certains éléments du règlement dans une norme interne que si cela permet de faciliter l'application de ce règlement (CJCE, 28 mars 1985, *Commission c/ Italie*, aff. 274/83, 1077), et la Cour veille à ce que l'intervention des autorités nationales ne mette pas en péril l'application uniforme des règlements (CJCE, 4 janvier 1993, *Antonio Lante c/ Regione Veneto*, aff. C-190/91, I.67).

L'applicabilité directe du règlement a également une autre signification : elle implique que **le règlement est une source directe de droit**, qu'il crée directement des droits ou des obligations au profit ou à la charge des particuliers. Parce qu'il est d'applicabilité directe, le règlement pourra être invoqué directement par un particulier à l'appui d'un recours devant le juge national (CJCE, 14 décembre **1971, *Politi***, aff. 43/71, 1039). Le particulier pourra invoquer les dispositions d'un règlement, non seulement dans un litige qui l'opposera à un État membre (**effet direct vertical**), mais également dans un litige qui l'opposera à un autre particulier (effet direct **horizontal**), et le juge national aura l'obligation d'assurer la protection des droits que le particulier tire du règlement communautaire (aff. *Politi* précitée ; voir aussi CJCE, 17 mai 1972, *Leonesio*, aff. 93/71, 287).

III – LE RÉGIME JURIDIQUE DE LA DIRECTIVE

358. La directive est l'instrument privilégié de la réalisation du marché intérieur. Elle a en effet pour vocation d'intervenir dans les domaines où il existe des contradictions et des différences substantielles entre les législations nationales ; elle vise alors à inciter les États membres, d'une part au rapprochement de leurs législations et, d'autre part à la transcription, au niveau national, des principes fondamentaux du marché commun. En réalité, la directive cherche à concilier le souci de garantir l'indispensable unité du droit communautaire et la volonté de préserver la diversité des particularités nationales.

Plus de 1800 directives ont été adoptées depuis l'institution des Communautés, dont près d'un millier de directives modificatives.

La directive peut avoir pour auteur :

– le Conseil ;

– le Conseil et le Parlement européen ;

– la Commission, soit en vertu de son pouvoir normatif autonome, soit sur habilitation du Conseil.

NB : Le régime juridique des « recommandations CECA » présentait des similitudes avec celui des directives CE et CEEA.

359. L'article 249 alinéa 3 TCE (ex-art. 189 al. 3) dispose : « ***La directive lie tout État membre destinataire quant au résultat à atteindre, tout en laissant aux instances nationales la compétence quant à la forme et aux moyens*** ».

Il ressort clairement de ces dispositions, d'une part que la directive n'a pas de portée générale (elle ne lie en effet que ses destinataires, c'est-à-dire les États membres), d'autre part, qu'elle constitue, selon la formule évocatrice du juge Pescatore, « ***une méthode de législation à deux étages : au niveau communautaire sont arrêtés la ligne politique et le modèle législatif ; ensuite, il appartient aux États membres de traduire ce modèle dans leurs catégories nationales*** » (P. Pescatore, « L'effet des directives communautaires : une tentative de démythification », in *DS* 1980, chron. p. 171). Autrement dit, le résultat que la directive cherche à atteindre est fixé au niveau communautaire de manière contraignante pour le ou les destinataire(s) désigné(s), c'est-à-dire pour un, plusieurs ou tous les États membres ; ensuite, les autorités nationales ont l'obligation de mettre en œuvre le résultat à atteindre dans un certain délai en adoptant les mesures internes appropriées. Les dispositions de l'article 249 alinéa 3 TCE font donc de la directive, d'une part un acte communautaire d'une « *intensité normative limitée* » (la formule est du professeur R. Kovar ; nous proposons de retenir la formule d'**acte « hyponormatif »**), d'autre part un acte **devant faire l'objet d'une transposition en droit interne.**

NB : La Cour de justice admet que « *la pratique législative communautaire démontre qu'il peut exister de grandes diférences quant aux types d'obligations que les directives imposent aux États membres et donc quant aux résultats qui doivent être atteints* » (CJCE, 18 juin 2002, *Commission c/ France*, aff. C-60/01, I.5679). Manière de dire que l'intensité normative des directives est évidemment variable.

Il convient de distinguer les **directives de base**, adoptées directement sur la base d'une stipulation du traité, et les **directives d'exécution**, adoptées pour l'exécution des directives de base. Les secondes ne peuvent pas déroger aux premières (CJCE, 25 janvier 1994, *Angelopharm*, aff. C-212/91, I.171).

a) Un acte communautaire « hyponormatif »

360. La directive ne fait que définir des objectifs qui s'adressent aux États membres, lesquels restent libres en principe de déterminer les modalités de mise en œuvre de ces objectifs dans leur droit interne. **Les États membres conservent donc une certaine marge d'appréciation pour réaliser les objectifs définis au niveau communautaire**. Cette marge d'appréciation n'a cependant pas pour effet de priver la directive de son caractère normatif (CJCE, 22 février 1984, *Kloppenburg*, aff. 70/83, 1075).

Par comparaison avec un règlement, la directive est certes une mesure plus souple et d'une « intensité normative » plus circonscrite, puisqu'elle laisse aux États le choix de la forme et des moyens pour la réalisation des objectifs communautaires ; mais sa nature normative n'en est pas moins incontestable (voir encore CJCE, 27 avril 1989, *Commission c/ Italie*, aff. 324/87, 1013).

On notera au passage qu'il n'est pas toujours aisé d'opérer une distinction claire entre le résultat à atteindre et les moyens à mettre en œuvre pour l'atteindre. Le professeur J.-V. Louis a souligné que « *c'est la disposition habilitante qui détermine l'étendue de la précision qu'une directive peut atteindre. Il n'y a pas de règle pré-établie qui permette de déduire à partir de l'interprétation de l'article 189 alinéa 3, le degré de précision qui serait inadmissible pour une directive* » (J.-V. Louis, *Les actes des institutions*, in *Commentaire Mégret*, Bruxelles, ULB, 1983, vol. 10, p. 478).

NB : Les « *décision-cadres* » que le Conseil peut adopter en application de l'article 34 du TUE (**JAI**) se bornent également à lier les États membres quant au résultat à atteindre, tout en laissant aux instances nationales la compétence quant à la forme et aux moyens.

361. En pratique, **l'intensité normative des directives s'est progressivement renforcée**, parce que les institutions communautaires ont eu tendance à définir le résultat à atteindre de manière si précise qu'il ne restait plus aux États membres la moindre marge de manœuvre pour le choix des moyens. Cette pratique déjà ancienne a parfois été contestée par les autorités nationales, parce qu'elle n'est pas conforme à la lettre de l'article 249 alinéa 3 TCE (ex-art. 189 al. 3) du traité. Pourtant, la Cour de justice ne l'a pas condamnée, considérant que les États membres avaient l'obligation « *de choisir les formes et les moyens les plus appropriés en vue d'assurer l'effet utile des directives* » (CJCE, 8 avril **1976, *Royer***, aff. 48/75, 497), et que « *la compétence laissée aux États membres, en ce qui concerne la forme et les moyens des mesures à prendre par les instances nationales, est fonction du résultat que le Conseil ou la Commission entendent voir* *atteindre* » (CJCE, 23 novembre 1977, *Enka*, aff. 38/77, 2203). Le juge de Luxembourg dira encore pour droit que les autorités nationales ont l'obligation de prendre toutes les mesures nécessaires en vue d'assurer le plein effet des directives, conformément aux objectifs fixés (CJCE, 25 juillet 1991, *Emmot*, aff. C-208/90, I.4269).

Lorsque les institutions communautaires ont défini le résultat à atteindre avec une grande précision, il ne reste souvent aux États membres qu'à « recopier » le contenu de la directive dans un acte interne. Cette pratique a évidemment eu pour effet de réduire la distinction entre directives et règlements, puisque le juge de Luxembourg a admis que la directive pouvait être également obligatoire dans tous ses éléments (objectifs et moyens), lorsque cela s'avérait nécessaire pour assurer son plein effet. Il faut dire à cet égard que les États membres ont eux-mêmes favorisé cette pratique qui aboutit à réduire leur marge de manoeuvre, dans la mesure où ils ont été souvent demandeurs de directives très précises, à la fois pour des raisons de sécurité juridique évidentes, et parce que cela permettait d'éviter les éventuels « dérapages » des parlementaires nationaux au stade de la transposition.

Depuis la fin des années 1970, les autorités communautaires ont privilégié le recours à des directives dites « nouvelle approche », dans le cadre de la réalisation du marché intérieur. Ces directives ont été adoptées en particulier dans le cadre de la libre circulation des marchandises, pour l'harmonisation des normes techniques applicables aux produits. Elles consistent pour l'essentiel à favoriser la reconnaissance mutuelle des dispositions nationales, telle qu'elle a été reconnue par la **jurisprudence *Cassis de Dijon*** (CJCE, 20 février **1979**, *Rewe Zentral*, aff. 120/78, 649). Ces directives « nouvelle approche » reviennent donc sur la pratique antérieure, puisqu'elles visent à « restituer » une certaine marge d'appréciation aux autorités nationales. Elles sont également conformes au principe de subsidiarité introduit dans le Traité de Rome par le Traité de Maastricht.

b) Un acte devant faire l'objet d'une transposition en droit interne

362. Les directives doivent faire l'objet de mesures nationales de transposition (la doctrine et la Cour de justice elle-même évoquent parfois des mesures de *traduction*, d'*exécution*, ou d'*introduction*). Ces mesures ne visent pas à « introduire » les directives dans l'ordre juridique interne, au sens de la théorie dualiste (voir *infra*, distinction entre effet direct et effet immédiat du droit communautaire) ; **transposer une directive consiste uniquement à mettre en œuvre cette directive au moyen de mesures internes, un peu de la même façon qu'une loi-cadre nationale est mise en œuvre au moyen d'un décret d'application.**

Dans tous les cas, **le droit interne doit être en conformité avec les prescriptions de la directive à l'issue du délai de transposition** (CJCE, 22 septembre 1976, *Commission c/Italie*, aff. 10/76, 1359). Les délais de transposition ont en effet un caractère impératif (CJCE, 22 février 1979, *Commission c/Italie*, aff. 163/78, 771).

En outre, bien qu'il semblait acquis que les États membres restaient « *libres en la matière* » tant que l'échéance n'était pas atteinte (CJCE, 5 avril 1979, *Ratti*, aff. 148/78, 1645, point 44), **la Cour de justice a précisé** dans un arrêt de 1997 **que, même avant l'expiration du délai de transposition, certaines obligations pesaient sur les États membres.** Pour elle, les États membres doivent en effet s'abstenir, pendant le délai de transposition, « *de prendre des dispositions de nature à compromettre sérieusement le résultat prescrit* » par la directive, et « *il appartient à la juridiction nationale d'apprécier si tel est le cas des dispositions nationales dont elle est chargée d'examiner la légalité* » (CJCE, 18 décembre **1997,** ***Inter-Environnement Wallonie***, aff. C-129/96, I.7411, points 43 à 46 – Le Pr. D. Simon a pu parler à ce propos d'une « *invocabilité de prévention* »). Le juge de Luxembourg ajoute que le juge national de la légalité devra notamment vérifier dans ce cadre si les mesures internes en cause constituent une transposition définitive et complète de la directive. On notera que le Conseil d'État a fait application de la jurisprudence *Inter-Environnement Wallonie* (CE, 10 janvier 2001, *France Nature Environnement*, req. n° 217237).

La Cour de justice contrôle également les mesures nationales de transposition de directives qui n'établissent que des prescriptions minimales (CJCE, 17 décembre 1998, *Societa italiana petroli*, aff. C-2/97, I.8597).

La directive n'épuise pas tous ses effets à la date de sa transposition, car son effet utile impose que la transposition soit adaptée à d'éventuelles circonstances de fait nouvelles (CJCE, 23 mars 2006, *Commission c/ Autriche*, aff. C-209/04, I.2755).

Une transposition incorrecte (partielle, sélective, ou introduisant des exceptions ou dérogations non prévues par la directive) **ou tardive** (après expiration du délai imparti) **constitue** donc **un manquement de l'État à ses obligations communautaires**. Une procédure d'infraction peut donc être ouverte à son encontre. Les États membres ayant l'obligation de notifier les mesures nationales de transposition à la Commission, l'absence de notification constitue également un manquement condamnable par la Cour de Justice.

1) Les critères d'appréciation de la validité de la transposition

363. Si les autorités nationales sont, en principe, libres de déterminer la forme et les moyens de la transposition, c'est en fonction de critères communautaires que l'on doit apprécier la validité des mesures nationales de transposition. Il ressort de la jurisprudence de la Cour de justice que **la transposition doit créer une situation juridique permettant de déterminer, de manière suffisamment claire et précise, les droits et les obligations qui découlent des dispositions d'une directive.** Cette exigence générale est commandée par la nécessité d'offrir au justiciable la possibilité de se prévaloir éventuellement des dispositions de la directive devant les juridictions nationales (CJCE, 17 septembre 1987, *Commission c/ Pays-Bas*, aff. 291/84, 3483).

Le juge de Luxembourg a ainsi précisé qu' « *il importe que chaque État membre donne aux directives une exécution qui corresponde pleinement aux exigences de clarté et de certitude des situations juridiques voulues par les directives, dans l'intérêt des opérateurs économiques établis dans les autres États membres.* ***De simples pratiques administratives****, par nature modifiables au gré de l'administration et dépourvues d'une publicité adéquate,* ***ne sauraient être considérées comme constituant une exécution valable*** *de l'obligation qui incombe, en vertu de l'article 189 du Traité CE, aux États membres destinataires des directives* » (CJCE, 6 mai 1980, *Commission c/ Belgique*, aff. 102/79, 1473).

Dans l'arrêt ***Emmot*** de **1991**, la Cour a encore dit pour droit qu' « *aussi longtemps que la directive n'est pas correctement transposée en droit national, les justiciables n'ont pas été mis en mesure de connaître la plénitude de leurs droits* », que « *seule la transposition correcte de la directive mettra fin à cet état d'incertitude et* (que) *ce n'est qu'au moment de cette transposition qu'est créée la sécurité juridique nécessaire pour exiger des justiciables qu'ils fassent valoir leurs droits* » (CJCE, 25 juillet 1991, *Emmot*, aff. C-208/90, I.4269, spécial. points 21 et 22). La Cour en conclut que, « ***jusqu'au moment de la transposition correcte de la directive, l'État membre défaillant ne peut pas exciper de la tardiveté d'une action judiciaire introduite à son encontre par un particulier en vue de la protection des droits que lui reconnaissent les dispositions de cette directive*** *et qu'un délai de recours de droit national ne peut commencer à courir qu'à partir de ce moment » (point 23).*

Dans tous les cas, **les mesures nationales de transposition doivent être juridiquement contraignantes** (CJCE, 25 mai 1982, *Commission c/ Pays-Bas*, aff. 96/81, 1791). C'est parce que l'exigence de sécurité juridique impose la transposition de la directive par un acte interne contraignant, que la Cour a affirmé l'incompatibilité avec les obligations découlant de l'article 249 alinéa 3 TCE (ex-art. 189 al. 3) de la transposition d'une directive par voie de circulaire (CJCE, 2 décembre 1986, *Commission c/ Belgique*, aff. 239/85, 3645).

La Cour a également confirmé l'interdiction faite aux États membres d'ajouter ou de modifier les conditions d'application des directives, et précisé qu'en cas de silence de celles-ci sur un point particulier, une exacte exécution doit rester dans les limites du texte et des finalités de la directive (CJCE, 7 décembre 1993, *Pierrel*, aff. C-83/92, I.6419).

2) Les rares hypothèses où la transposition est superflue

364. La Cour de justice a précisé que « *la transposition d'une directive n'exige pas nécessairement une action législative dans chaque État membre. En particulier,* ***l'existence des principes généraux de droit constitutionnel ou administratif peut rendre superflue la transposition*** *par des mesures législatives ou réglementaires spécifiques, à condition toutefois que ces principes garantissent effectivement la pleine application de la directive par l'administration nationale* *et qu'au cas où la directive vise à créer des droits pour les particuliers, les conséquences juridiques découlant de ces principes soient suffisamment précises et claires et que les bénéficiaires soient mis en mesure de connaître la plénitude de leurs droits et, le cas échéant, de s'en prévaloir devant les juridictions nationales* » (CJCE, 23 mai 1985, *Commission c/ Allemagne*, aff. 29/84, 1661).

Il arrive parfois qu'une **directive** ne soit qu'une version **consolidée** de plusieurs directives adoptées sur une période donnée. Sur le fond, elle n'apporte rien de nouveau par rapport aux directives antérieures ; seules des considérations de rationalité et de clarté ont conduit l'autorité communautaire à procéder à la « codification » des directives antérieures et à leur consolidation dans un texte unique. Il est évident que les directives de consolidation n'ont pas à être transposées, dès lors que les textes qu'elles ont pour vocation de consolider ont été eux-mêmes transposés en droit interne.

On ne peut pas non plus exclure que **le droit en vigueur dans un État membre** soit **déjà conforme à une directive récemment adoptée**, en ce sens qu'il permet déjà d'atteindre l'objectif fixé par celle-ci. Dans cette hypothèses également, la transposition sera superflue.

3) Les justifications irrecevables de la non-transposition

365. Un État membre ne saurait exciper de **difficultés internes** ou de **dispositions de son ordre juridique national**, même constitutionnel, pour justifier le non-respect des obligations et des délais résultant de directives communautaires (CJCE, 20 mars 1986, *Commission c/ Italie*, aff. 17/85, 1199). Les difficultés de transposition liées aux exigences du fédéralisme sont également irrecevables (CJCE, 17 janvier 2002, *Commission c/ Belgique*, aff. C-423/00, I.593).

Les autorités nationales ne peuvent pas non plus exciper de la **brièveté des délais** de transposition (CJCE, 1er mars 1983, *Commission c/ Belgique*, aff. 301/81, 467) ou de **la dissolution d'une assemblée** parlementaire (CJCE, 12 février 1998, *Commission c/ France*, aff. C-144/97, I.613) pour justifier d'un retard dans ladite transposition.

Elles ne peuvent pas davantage invoquer **l'effet direct des directives** pour se soustraire à l'obligation de transposition qui leur incombe (CJCE, 6 mai 1980, *Commission c/ Belgique*, aff. 102/79, 1473).

Les autorités nationales ne peuvent pas davantage transposer une directive par **simple renvoi au droit communautaire** (CJCE, 20 mars 1997, *Commission c/ Allemagne*, aff. C-96/95, I.1653).

Enfin, elles ne sauraient exciper de **difficultés d'origine communautaire** pour justifier le manquement à l'obligation de transposition (CJCE, 18 décembre 1997, *Commission c/ Belgique*, aff. C-263/96, I.7453 – en l'espèce, la directive n'avait pas été mise en œuvre au niveau communautaire).

4) La portée des effets dans le temps de l'obligation de transposition

366. Le juge de Luxembourg a été conduit à préciser la portée des effets dans le temps de l'obligation de transposition **dans l'hypothèse où une directive introduit un décalage entre la date limite de transposition et la date limite d'application des dispositions nationales de transposition**. En l'occurrence, l'article 5 de la directive 84/5/CEE du Conseil du 30 novembre 1983, relative au rapprochement des législations nationales concernant l'assurance de la responsabilité civile résultant de la circulation des véhicules automoteurs (*JOCE* n° L. 8, 11 janvier 1984, p. 17), disposait :

« – *Les États membres modifient leurs dispositions nationales au plus tard pour le 31 décembre 1987...*

– *Les dispositions ainsi modifiées sont appliquées au plus tard le 31 décembre 1988...* ».

Le juge a estimé dans cette affaire que les États membres n'étaient obligés d'appliquer les dispositions nationales de transposition que pour la couverture des sinistres survenus à partir du 31 décembre 1988, et qu'avant cette date, les dispositions de la directive n'étaient pas de nature à créer des droits au profit des particuliers (CJCE, 3 mars 1994, *N. Vaneetveld c/ SA Le Foyer*, aff. C-316/93, I.763).

367. **Il peut aussi arriver que l'acte national de transposition prévoit des dispositions transitoires, alors que la directive pertinente ne prévoit pas expressément ce type de mesures**. Ainsi par exemple, la directive n° 89-440 du 18 juillet 1989, relative à la passation des marchés publics de travaux, prévoyait que, dans le cas où les pouvoirs adjudicateurs souhaitaient conclure un contrat de concession de travaux, les règles de publicité étaient applicables audit contrat, dès lors que sa valeur égale ou dépassait le seuil communautaire.

En France, cette directive a été transposée tardivement par la loi du 3 janvier 1991 relative à la transparence et à la régularité des procédures de marché et par le décret du 31 mars 1992 qui soumet la passation de certains contrats de travaux à des règles de publicité et de mise en concurrence. L'article 6-1 de ce décret permettait de ne pas recourir à la publicité si le concessionnaire avait été pressenti avant le 22 juillet 1990 (date d'entrée en vigueur de la directive) et avait engagé en contrepartie des études et des travaux préliminaires.

Le **Conseil d'État** a jugé que ces dispositions transitoires étaient conformes à l'objectif fixé par la directive (CE Ass., 20 février **1998, *Ville de Vaucresson*** *e.a. et Association syndicale autorisée des propriétaires du parc de Malmaison*, *RFDA* 1998, p. 431). Selon le commissaire du gouvernement C. Bergeal, la validité des dispositions transitoires de l'article 6-1 du décret de 1992 ne fait pas de doute, principalement parce que les principes communautaires de sécurité juridique et de confiance légitime interdisent « *d'exiger que soit appliquées immé-*

diatement, compte tenu de la lourdeur, de la lenteur et de la complexité des procédures conduisant à l'octroi d'une concession d'autoroute, les obligations de publicité nouvelles imposées par la directive travaux, qui supposent évidemment une remise en cause éventuelle du bénéficiaire de la concession ». Et d'ajouter, après avoir constaté que le Conseil d'État avait « *toujours laissé au pouvoir règlementaire d'exécution, dans certaines limites, une latitude d'action destinée à permettre dans les meilleures conditions, l'entrée en vigueur effective de la loi* », qu'« *il serait assez paradoxal que soit reconnue à l'acte règlementaire de transposition d'une directive, qui doit seulement être compatible avec ses objectifs, une moindre latitude d'action qu'à l'acte règlementaire d'application d'une loi qui doit lui être conforme* ».

Le commissaire du gouvernement estime en l'occurrence que l'objectif de la directive « *travaux* » ne serait pas atteint si la publicité était « *de pure forme* ». Or, imposer une mise en concurrence de projets pour lesquels l'entité adjudicatrice s'est en fait déjà engagée, même si cet engagement ne s'est pas encore formalisé par la signature de la concession, conduirait cette entité, « *pour ne pas avoir à retarder les travaux et payer des dédommagements considérables, à n'organiser qu'une publicité de pure forme* ».

On notera au passage que **le Conseil d'État avait déjà eu l'occasion de se prononcer sur les mesures transitoires dans le cadre de décisions antérieures**. Ainsi, il admet qu'un décret puisse ne faire entrer en vigueur que certaines dispositions d'une directive, dès lors que celle-ci avait elle-même prévu des dates de transposition échelonnées dans le temps (CE, 10 février 1995, *Chambre d'agriculture de l'île de France, tables*, p. 703). La Haute Assemblée a également jugé qu'en reportant la date d'entrée en vigueur de l'interdiction de vente des pâtés de grives et de merles prévue par une directive communautaire, dont le délai de transposition était dépassé, le gouvernement avait pris une simple mesure transitoire relevant des moyens propres à faire produire effet à la directive en droit interne (CE, 6 mars 1987, *Fédération française des sociétés de protection de la nature*, tables, p. 615 et 836). On peut enfin mentionner la décision du Conseil d'État portant sur la légalité de la déclaration d'utilité publique du tunnel du Somport, par laquelle la Haute Assemblée avait estimé que les dispositions du décret du 25 février 1993 relatives aux études d'impact, aux termes desquelles le décret n'est pas applicable aux procédures en cours au 1er mars 1993 (date de son entrée en vigueur), n'étaient pas incompatibles avec les objectifs de la directive 85/337 concernant l'évaluation des incidences de certains projets sur l'environnement, dont la date de transposition était dépassée (CE, 23 octobre 1995, *Arthus e.a.*, tables, p. 843, 1054 et 1073).

IV – LE RÉGIME JURIDIQUE DE LA DÉCISION

368. Comme le règlement, la décision peut avoir pour auteur :

– le Conseil ;

– le Conseil et le Parlement européen ;

– la Commission, soit en vertu de son pouvoir normatif autonome, soit sur habilitation du Conseil ;

– la Banque centrale européenne, pour l'accomplissement des missions qui sont confiées au Système Européen de Banques Centrales.

L'article 249 alinéa 4 TCE (ex-art. 189 al. 4) prévoit que « ***La décision est obligatoire dans tous ses éléments pour les destinataires qu'elle désigne*** ».

Il convient de distinguer les décisions de base, adoptées directement sur la base d'une disposition du traité, et les décisions d'exécution, adoptées pour l'exécution des décisions de base. Les secondes ne peuvent pas déroger aux premières.

a) La décision est un acte de portée individuelle

369. Contrairement au règlement, la décision n'a pas de portée générale, puisqu'elle n'oblige que ses destinataires, qui peuvent être des États (tous les États ou certains d'entre eux), des entreprises ou des particuliers. Elle constitue l'acte typique par lequel les institutions communautaires réglementent les cas particuliers et, de ce point de vue, elle s'apparente à un acte administratif individuel (les décisions individuelles CECA avaient un régime juridique comparable à celui des décisions CE et CEEA).

Il ressort clairement de la jurisprudence de la Cour de justice que la décision constitue **un acte individuel d'exécution du droit communautaire** (CJCE, 14 décembre 1962, *Confédération nationale des producteurs de fruits et légumes c/ Conseil*, aff. jtes 16 et 17/62, 901), spécialement lorsqu'elle s'adresse à des particuliers ou à des entreprises.

Le juge de Luxembourg a eu l'occasion de préciser que, « *pour déterminer dans des cas douteux si on se trouve en présence d'une décision ou d'un règlement,* ***il faut rechercher si l'acte en question concerne individuellement des sujets déterminés*** » (CJCE, 14 décembre 1962, *Fédération nationale de la boucherie*, aff. jtes 19 à 22/62, 942).

Dans certains cas, la décision peut définir, à la charge d'un ou plusieurs États membres, un objectif nécessitant l'adoption de mesures nationales ; elle présente alors des similitudes avec la directive.

Il convient d'observer que les décisions relatives aux ressources propres ne constituent pas des décisions au sens de l'article 249 alinéa 4 TCE (ex-art. 189 al. 4), dans la mesure où elles sont adoptées « *par les États membres conformément à leurs règles constitutionnelles respectives* », et donc en dehors des mécanismes décisionnels applicables aux actes de droit dérivé.

b) La décision est obligatoire dans tous ses éléments

370. C'est ce qui différencie la décision de la directive, qui n'est obligatoire que quant au résultat à atteindre. Le caractère obligatoire de la décision a été confirmé par la jurisprudence de la Cour de justice, qui a eu l'occasion de préciser qu'« *une décision doit apparaître comme un acte (...) destiné à produire des effets juridiques...* » (CJCE, 5 décembre 1963, *Usines Emiles Henricot*, aff. jtes 23, 24 et 52/63, 439). C'est ce qui distingue la décision d'un acte intermédiaire destiné uniquement à préparer la décision finale (CJCE, 11 novembre 1981, *IBM c/ Commission*, aff. 60/81, 2639) ou d'un acte dépourvu de valeur obligatoire.

B. Les actes non décisoires

I – LES ACTES COMPRIS DANS LA NOMENCLATURE DES TRAITÉS

a) Les recommandations et avis

371. L'article 249 alinéa 5 TCE (ex-art. 189 al.5) se borne à préciser que « ***les avis et recommandations ne lient pas*** », ce qui signifie que les destinataires de ces actes (États membres, entreprises, particuliers) ne sont pas obligés de s'y conformer. Parce qu'ils « *ne lient pas* », les avis et recommandations **ne font pas griefs et ne peuvent donc pas faire l'objet de recours contentieux**.

Les recommandations et avis permettent aux institutions communautaires de se prononcer de manière non contraignante. Le plus souvent, l'avis n'est que l'expression de l'opinion d'une institution à l'égard d'une situation déterminée. La recommandation est destinée à inviter ses destinataires à adopter un certain comportement ou une ligne de conduite particulière. **Ces acte ont donc une portée essentiellement politique, mais ils peuvent avoir des effets juridiques indirects** s'ils créent les conditions préalables à l'édiction d'actes contraignants ou si l'institution qui les a adoptés s'est liée elle-même de telle sorte qu'elle a engendré une situation de confiance légitime qui pourra être invoquée à l'occasion d'un contentieux. La Cour de justice a également dit pour droit que les juges nationaux « *sont tenus de prendre les recommandations en considération en vue de la solution de litiges qui leur sont soumis, notamment quand elles sont de nature à éclairer l'interprétation d'autres dispositions nationales ou communautaires* » (CJCE, 13 décembre 1989, *Grimaldi*, aff. 322/88, 4407).

b) Les règlements organisant le fonctionnement des institutions

372. Il s'agit des règlements intérieurs des institutions et des règlements de procédure de la Cour de justice et du Tribunal de première instance. Ces actes ne sont pas des actes décisoires, mais leur respect s'impose aux institutions et peuvent avoir une portée à l'égard des États membres et même, en ce qui concerne les règlements de procédure de la Cour et du TPI, à l'égard des entreprises ou des particuliers.

II – LES ACTES « HORS NOMENCLATURE »

a) Les types d'actes « hors nomenclature »

373. Il s'agit d'actes non prévus par les traités, nés de la pratique institutionnelle, qu'on a pris l'habitude de qualifier d'**actes *atypiques*** ou d'actes ***innomés***. Ils ont proliféré **sous des formes et des dénominations multiples**, telles que programmes, résolutions, déclarations, communications, accords, délibérations, code de conduite, conclusions, accords interinstitutionnels. Ils sont l'expression d'une « soft law » au sein de la Communauté, et leurs **finalités** sont **diverses** : dans certains cas, ils permettent aux institutions communautaires d'exprimer une opinion ou un souhait sur un sujet déterminé (déclarations, conclusions, résolutions...) ; dans d'autres hypothèses, ils annoncent, précèdent ou préparent des actes obligatoires (conclusions du Conseil européen, programmes...) ; ils peuvent aussi apporter des précisions et des aménagements institutionnels qui n'étaient pas susceptibles de figurer en détail dans le traité, notamment en ce qui concerne les modalités de la collaboration entre les institutions (accords interinstitutionnels et déclarations communes en matière budgétaire).

Il a été déjà souligné que les coopérations interinstitutionnelles se développent surtout *via* des **accords interinstitutionnels formalisés**, dont la matière budgétaire est le terrain d'élection. On notera au passage que les grands accords interinstitutionnels ont été adoptés après intervention de la « *conférence interinstitutionnelle* », qui réunit des représentants de la Commission, du Conseil et du Parlement européen.

b) Le statut juridique des actes « hors nomenclature »

1) Remarques générales

373 bis. **En principe, ces actes ne sont pas créateurs de droits et ne peuvent donc pas être invoqués à l'appui d'un recours juridictionnel** (CJCE, 24 octobre 1973, *Schlüter*, aff. 9/73, 1135). **Ils peuvent néanmoins être considérés comme des sources de droit communautaire dans certaines circonstances**, dans la mesure où la Cour s'attache davantage à la nature et la forme de ces actes qu'à leur contenu pour déterminer leurs éventuels effets de droits. Ainsi par exemple, le juge de Luxembourg estimera dans l'affaire *AETR* que « *la délibération du 20 mars 1970 n'a pu être simplement l'expression ou la constatation d'une coordination volontaire, mais a eu pour but de fixer une ligne de conduite obligatoire pour les institutions comme pour les États membres* », et que cette délibération a entraîné des effets juridiques parce que « *le Conseil a pris des dispositions susceptibles de déroger éventuellement aux procédures prévues par le traité en ce qui concerne les négociations avec les États tiers et la conclusion d'accords* » (CJCE, 31 mars 1971, *Commission c/ Conseil*, aff. 22/70, 263).

La Cour de justice recherche donc l'intention des auteurs d'un acte de se lier pour déterminer si cet acte a une valeur juridique. L'acte en question sera susceptible de recours si ses effets juridiques sont établis (voir par exemple, à propos d'un code de conduite : CJCE, 13 novembre 1991, *France c/ Commission*, aff. C-303/90, I.5315 ; à propos d'une communication : CJCE, 16 juin 1993, *France c/ Commission*, aff. C-325/91, I.3283) ; il pourra également servir lui-même de base à un recours en manquement (voir par exemple, à propos d'une résolution : CJCE, 4 octobre 1979, *France c/ Royaume-Uni*, aff. 141/78, 2923). La Cour de justice dira aussi pour droit qu'une résolution du Conseil destinée à informer les opérateurs peut engager la responsabilité de la Communauté si cette information est insuffisante (CJCE, 4 février 1975, *Continentale France*, aff. 169/73, 117).

Le TPI a précisé que les lignes directrices contenues dans une communication de la Commission (concernant en l'espèce les aides d'État) sont opposables aux justiciables (la Commission peut donc fonder valablement une décision sur ces orientations), dès lors qu'elles ne sont pas contraires au traité (TPI, 30 avril 1998, *Cityflyer Express*, aff. T-16/96, II.757). Le critère décisif aux fins de déterminer si les lignes directrices revêtent ou non une force obligatoire, c'est l'intention des parties (CJCE, 23 mars 2004, *France c/ Commission*, aff. C-233/02, I.2759).

D'une manière générale, **les actes de *soft law* sont attaquables dans le cadre d'un recours en annulation lorsqu'ils produisent des effets de droit à l'égard des tiers** (ils créent des obligations nouvelles par rapport à l'acte normatif qu'il visent à interpréter) **et qu'ils ne se limitent pas à épuiser leurs effets dans la sphère interne de l'institution** (CJCE, 6 avril 2000, *Espagne c/ Commission*, aff. C-443/97, I.2415).

2) Le statut juridique des accords interinstitutionnels formalisés

Ce statut est incertain. D'un côté, les traités ne mentionnent pas la possibilité d'adopter de tels accords et les institutions ne peuvent pas valablement créer de nouvelles catégories d'actes juridiques, en dehors de la nomenclature des traités. D'un autre côté, le terme « accord » semble impliquer un contenu normatif et il est arrivé à la Cour de justice de reconnaître la portée obligatoire de certains de ces accords (CJCE, 19 mars **1996, *Commission c/ Conseil***, aff. C-25/94, I.1469 – affaire de la **participation de la CE à la FAO**). Il résulte de la jurisprudence que les accords interinstitutionnels n'ont pas de valeur juridique contraignante lorsqu'ils poursuivent un objectif purement déclaratoire, mais qu'ils peuvent se voir reconnaître une telle valeur lorsqu'ils sont suffisamment clair et précis et traduisent la volonté des institutions de souscrire de véritables engagements juridiques. On peut ajouter que la déclaration n° 3 annexée au Traité de Nice du 26 février 2001 « *ébauche la constitutionnalisation (...) le recours aux accords interinstitutionnels en vue de sa mise en œuvre* » (J. Auvret-Finck (dir.), *L'Union européenne, carrefour des coopérations*, LGDJ, 2002, spécial. page 8), puisqu'il prévoit que « *lorsqu'il s'avère nécessaire (...) de faciliter l'application des dispositions du traité instituant la Communauté européenne, le Parlement européen, le Conseil de l'Union européenne et la Commission peuvent conclure des accords interinstitutionnels* ».

§3. Le droit conventionnel

374. Parce qu'elles sont dotées de la personnalité juridique internationale, les Communautés ont la capacité de conclure des accords internationaux avec des États tiers. Le droit conventionnel communautaire comprend ce que l'on appelle les « *accords externes* », c'est-à-dire ceux que la Communauté a conclu avec des pays tiers, seule ou conjointement avec les États membres.

La Cour de justice a eu l'occasion de préciser que l'accord peut être défini comme « *tout engagement pris par des sujets de droit international et ayant force obligatoire, quelle qu'en soit la qualification formelle* » (CJCE, 11 novembre 1975, *avis 1/75*, 1375, point 2).

On évoquera également le cas des accords inter-étatiques (ceux auxquels la Communauté en tant que telle n'est pas partie, mais auxquels des États membres sont parties), bien qu'ils ne fassent pas partie des sources conventionnelles du droit communautaire, pour mieux les distinguer de celles-ci.

A. Les accords externes

I – LES PRINCIPALES CARACTÉRISTIQUES DES ACCORDS EXTERNES

375. Dans certains cas, seule la Communauté en tant que telle conclut des accords avec des pays tiers, parce que l'objet de ces accords ne dépasse pas sa compétence. Mais il arrive également que l'objet de l'accord dépasse la compétence de la Communauté. Dans cette hypothèse, l'accord est conclu parallèlement par la Communauté et les États membres. On parle alors d'un accord « **mixte** » (ex : conventions de Yaoundé, de Lomé et de Cotonou avec les pays ACP, accord OMC).

La mixité de l'accord est l'expression, sur le plan international, de la répartition des compétences entre la Communauté et les États membres. Elle signifie que la matière couverte par l'accord relève des compétences partagées de la Communauté et des États membres (CJCE, 14 novembre 1978, *délibération 1/78*, 2151, point 35), mais elle n'autorise pas ces derniers à empiéter sur les compétences de la première et à remettre en cause l'autonomie d'action de la Communauté au niveau international (CJCE, 26 avril 1977, *avis 1/76*, 741). En outre, elle présente à l'évidence plusieurs inconvénients : elle est source de difficultés de procédure, va à l'encontre de l'exigence de transparence et peut affaiblir la Comunauté sur les plans diplomatique et politique.

En principe, les accords mixtes sont négociés par la Commission, sur la base de directives du Conseil, mais un mandat de négociation peut être aussi donné à la Commission par les États membres. Il est aussi arrivé que certains accords mixtes soient négociés directement par le Conseil ou que les États soient représentés par des délégations dans certaines négociations. Les formalités du paraphe ou de l'échange de lettres permettent de fixer et d'authentifier le contenu du projet d'accord. L'accord est ensuite conclu par le Conseil, puis approuvé ou ratifié par tous les États membres concernés, conformément à leurs règles constitutionnelles respectives. L'accord ne pourra entrer en vigueur que lorsque tous les instruments nationaux de ratification auront été notifiés à la Commission.

NB : Si les États membres peuvent voir leur **responsabilité internationale** engagée du fait d'un accord mixte (car ils sont partie au traité auquel la Communauté participe), il est établi qu'ils ne peuvent pas l'être du fait d'un accord externe non mixte, la Communauté étant alors seule à répondre éventuellement des conséquences dommageables de l'inéxécution de l'accord (CJCE, 9 août 1994, *France c/ Commission*, aff. C-327/91, I.3674).

Le juge de Luxembourg a dit pour droit que « ***les dispositions de l'accord forment partie intégrante, à partir de l'entrée en vigueur de celui-ci, de l'ordre juridique communautaire*** » (CJCE, 30 avril **1974**, ***Haegeman II***, aff. 181/73, 449 ; 30 septembre **1987**, ***Demirel***, aff. 12/86, 3719). L'acte de conclusion (règlement ou décision) n'a qu'une valeur instrumentale, en ce sens qu'il se borne à approuver l'accord conclu par le Conseil, sans pouvoir en modifier, ni la teneur, ni la portée. Il ne peut donc pas être considéré comme opérant une réception de l'accord dans l'ordre juridique communautaire. L'acte de conclusion est publié au *JOCE*, accompagné en annexe de l'accord lui-même. En principe, la publication comporte l'indication de la date d'entrée en vigueur, mais il peut arriver que cette date ne soit pas encore déterminée à ce stade. Dans ce cas, un avis d'entrée en vigueur pourra être publié ultérieurement. En tout état de cause, un accord ne peut pas être opposé aux justiciables aussi longtemps qu'il n'a pas été publié (CJCE, 25 janvier **1979**, ***Racke***, aff. 98/78, 69).

II – LES PRINCIPALES CATÉGORIES D'ACCORDS EXTERNES

376. À l'inverse du Traité Euratom (et à l'époque du Traité CECA), qui contient une clause générale d'attribution de compétence pour s'engager par des accords (article 101 alinéa 1 CEEA), le Traité CE ne comporte que des clauses particulières d'attribution expresse de compétence pour la conclusion d'accords avec des pays tiers. On peut néanmoins mentionner, notamment, les dispositions suivantes :

a) Les accords commerciaux

377. **L'article 133 TCE (ex-art. 113)**, qui autorise la Communauté à conclure des **accords commerciaux** avec des pays tiers ou des organisations internationales. Ces accords sont négociés par la Commission, en consultation avec un comité spécial désigné par le Conseil (le *comité 133*), et dans le cadre des directives que le Conseil peut lui adresser. Les accords sont conclu, à la majorité qualifiée, par le Conseil, lequel n'est pas pas tenu de consulter le Parlement européen avant de statuer. Les modifications apportées par le Traité de Nice à l'article 133

TCE ont notamment pour effet d'introduire la règle de l'unanimité à titre dérogatoire, pour les services culturels et audiovisuels, et plus généralement lorsque l'unanimité est requise pour les mesures intra-communautaires : services d'éducation, services sociaux et de santé humaine.

b) Les accords d'association

378. **L'article 310 TCE (ex-art. 238)**, qui autorise la Communauté à conclure des **accords d'association** avec des pays tiers ou des organisations internationales. Ces accords permettent, d'une part de maintenir les liens particuliers de certains États membres de la Communauté avec des pays tiers (notamment des pays et territoires d'outre-mer), d'autre part de préparer une adhésion ultérieure et/ou de créer une union douanière. Chypre, la Turquie (dès 1963) et les Pays d'Europe Centrale et Orientale (PECO) bénéficient ainsi d'un régime d'association, qui consiste pour l'essentiel en une coopération économique étroite et un soutien financier et technique.

Les accords d'association sont négociés par la Commission et conclus par le Conseil, qui statut à l'unanimité après avis conforme du Parlement européen.

Si l'article 310 TCE (ex-art. 238) dispose que les accords d'association définissent les « *droits et obligations réciproques* » de leurs signataires, en pratique, ces accords accordent davantage de droits aux pays associés qu'ils ne leur imposent de contraintes. La jurisprudence de la Cour de justice a d'ailleurs contribué à renforcer ce déséquilibre entre droits consentis et obligations imposées, puisqu'elle aboutit le plus souvent, à l'occasion des contentieux nés de l'application des accords, à étendre aux États associés l'ensemble des avantages accordés aux États membres dans le cadre du marché intérieur (libre circulation des personnes, des marchandises, des capitaux et des services), alors même que de tels avantages ne sont pas, *expressis verbis*, reconnus par les accords eux-mêmes.

L'association est souvent présentée comme « l'antichambre » de l'adhésion (W. Hallstein avait eu cette formule : « *l'association, c'est l'accord commercial plus un et l'accord d'adhésion moins un* »), mais ces deux régimes n'en sont pas moins distincts, tant sur le plan des finalités poursuivies que sur le plan des contraintes qu'ils impliquent. Le pays associé bénéficie de la plupart des avantages liés au fonctionnement du marché intérieur, mais n'est soumis en contrepartie qu'à de faibles contraintes. Le régime transitoire qui lui est applicable dans ce cadre tient compte de cette réalité ; à l'opposé, un pays qui adhère à l'Union européenne a l'obligation absolue de se soumettre à toutes les obligations qui s'imposent à lui en vertu des traités et des actes de droit dérivé (l'acquis communautaire) ;

c) Les accords de coopération

379. **L'article 300 TCE (ex-art. 228)** a permis à la Communauté de conclure des **accords de coopération**, notamment avec les États du Maghreb (Maroc, Algérie,

Tunisie), les États du Machrek (Égypte, Liban, Syrie) et Israël. Les accords de coopération sont négociés par la Commission et conclus par le Conseil, qui statue à la majorité qualifiée après avis conforme du Parlement européen.

Le Traité d'Amsterdam de 1997 a procédé à une modification de l'ex-article 228 §2 du Traité CE, en vue notamment d'informer « *immédiatement et pleinement* » le Parlement européen des décisions prises. Le Traité de Nice de 2001 prévoit en outre que le Parlement européen a la possibilité de demander à la Cour de justice son avis sur la compatibilité avec le traité d'un accord externe envisagé (art. 300 §6 TCE).

La Communauté peut également coopérer avec les pays tiers et les organisations internationales dans les matières suivantes : éducation, formation professionnelle, culture, santé publique, réseaux transeuropéens, recherche, environnement, et coopération au développement.

B. Les accords inter-étatiques

380. Il s'agit de conventions auxquelles la Communauté en tant que telle n'est pas partie (rappelons qu'elles ne constituent pas une source du droit communautaire). Il faut distinguer ici :

– les accords conclus par les États membres avec des pays tiers, antérieurement ou postérieurement à l'entrée en vigueur des traités constitutifs (2.1.) ;

– les accords conclus entre États membres (antérieurement ou postérieurement à l'entrée en vigueur des traités constitutifs), qui permettent de régir des situations qui ont certains liens étroits avec les activités de la Communauté, mais pour lesquelles aucune compétence n'a été confiée aux institutions communautaires (2.2.). Ils peuvent aussi constituer de véritables accords internationaux entre les États membres.

I – Les accords conclus par les États membres avec des pays tiers

381. Les **accords conclus** par les États membres **postérieurement à l'entrée en vigueur des traités** constitutifs sont en principe opposables aux Communautés, dès lors qu'ils sont compatibles avec les traités. Les accords d'adhésion en sont une parfaite illustration, puisqu'ils sont conclus entre les États membres et l'État candidat. En tout état de cause, les États membres n'ont pas le droit de porter atteinte à leurs obligations communautaires par des traités conclus avec des pays tiers.

L'article **307 TCE (ex-art. 234)** vise la situation dans laquelle **l'accord a été conclu avant l'entrée en vigueur du traité**. La Cour de justice a eu l'occasion de souligner que cette disposition du traité « *a pour objet de préciser (...) que l'application du traité n'affecte pas l'engagement de l'État membre concerné de respecter les droits des États tiers résultant d'une convention antérieure et d'observer ses obligations correspondantes* » (CJCE, 14 octobre 1980, *Burgoa*, aff. 812/79, 2787). Le juge a précisé dans la même affaire que cette disposition « *manquerait son objectif s'il n'impliquait pas l'obligation des institutions de la Communauté de ne pas entraver l'exécution des engagements des États membres découlant d'une convention antérieure* ». Le même arrêt ajoute enfin que « *cette obligation des institutions communautaires ne vise qu'à permettre à l'État membre concerné d'observer les engagements qui lui incombent en vertu de la convention antérieure sans, pour autant, lier la Communauté à l'égard de l'État intéressé* ».

Le ou les États membres concernés doivent recourir « *à tous les moyens appropriés pour éliminer les incompatibilités constatées* » entre le traité et les conventions conclues antérieurement à son entrée en vigueur (art. 307§2). Si la révision d'un accord « précommunautaire » (accord antérieur aux traités communautaires) conclu avec un État tiers est impossible par les moyens diplomatiques appropriés, la Cour de justice considère que l'État membre concerné a l'obligation de dénoncer unilatéralement son engagement conventionnel (CJCE, 14 septembre 1999, *Commission c/ Belgique*, aff. C-170/98, I.5493). En effet, les États membres ne peuvent pas se prévaloir des droits qu'ils tirent d'un accord antérieur pour se soustraire à leurs obligations communautaires (CJCE, 27 février 1962, *Commission c/ Italie*, aff. 10/61, 7). Pour déterminer si une norme communautaire peut être tenue en échec par une convention internationale antérieure, « *il importe, d'examiner si celle-ci impose à l'État membre concerné des obligations dont l'exécution peut être encore exigée par les pays tiers qui sont parties à la convention* » (CJCE, 28 mars 1995, *Evans Medical et Macfarlan Smith*, aff. C-324/93, I.563). Cet examen relève, selon la Cour, de la compétence du juge national.

La Cour considère qu'il y a conclusion d'un nouvel accord en cas de modification substantielle d'un accord « précommunautaire » initial ; il en résulte que, « *dans une telle situation, les États membres sont empêchés, non seulement de contracter de nouveaux engagements internationaux, mais également de maintenir en vigueur de tels engagements s'ils méconnaissent le droit communautaire* » (CJCE, 5 novembre 2002, aff. C-467 à 469/98 et C-471, 472, 475 et 476/98, 7 arrêts sur les *accords dits « ciel ouvert » conclus avec les États-Unis*, I.9519, 9575, 9627).

La Cour de justice a parfois accepté d'interpréter le droit communautaire par référence à un accord antérieur (CJCE, 8 décembre 1970, *Deutsche Bakels*, aff. 14/70, 1001) ; toutefois, elle ne peut le faire que si l'accord en question n'est pas incompatible avec l'acte communautaire qu'il s'agit d'interpréter (CJCE, 9 juillet 1991, *Commission c/ Royaume-Uni*, aff. C-146/89, I.3533).

Dans certains cas, la Communauté peut succéder aux droits et obligations des États membres, avec le consentement des États tiers (CJCE, 12 décembre 1972, *International Fruit Company III*, aff. jtes 21/72 à 24/72, 1219, à propos de l'Accord GATT). Cette substitution de la Communauté aux États membres peut se faire selon deux modalités : la Communauté peut devenir elle-même partie à l'*instrumentum* (à l'accord) ; elle peut aussi limiter son engagement au *negotium* (elle assure la négociation des modifications de l'accord pour le compte des États membres).

II – Les accords conclus entre États membres

382. Les accords entre États membres **antérieurs à l'entrée en vigueur des traités constitutifs** sont inopposables aux Communautés lorsqu'ils sont incompatibles avec ces traités. C'est ce qui résulte de l'article 30 §3 de la Convention de Vienne sur les traités (CJCE, 14 février 1984, *Rewe*, aff. 278/82, 721). Cette règle vaut notamment pour les accords instituant les unions régionales entre la Belgique et le Luxembourg, ainsi qu'entre la Belgique, le Luxembourg et les Pays-Bas (article 233 TCE), comme la Cour de justice a eu l'occasion de le souligner (CJCE, 16 mai 1984, *Pakvries*, aff. 105/83, 2101). Le juge de Luxembourg a également dit pour droit que les traités constitutifs primaient sur les accords conclus avant leur entrée en vigueur entre les États membres (CJCE, 27 septembre 1988, *Matteuci,* aff. 235/87, 5589).

383. Les accords entre États membres **postérieurs à l'entrée en vigueur des traités constitutifs** visent notamment à élargir les limites territoriales de réglementations nationales et à créer un droit uniforme à l'échelon de la Communauté. Ils revêtent essentiellement une importance dans le domaine du droit privé international. C'est ainsi par exemple qu'ont été conclues, d'une part **la Convention de Bruxelles du 27 septembre 1968 concernant la compétence judiciaire et l'exécution des décisions en matière civile et commerciale**, et, d'autre part, **la Convention de Bruxelles sur la reconnaissance mutuelle des sociétés et des personnes morales signée la même année**. Ces deux conventions ont été conclues à l'époque sur la base de l'ex-article 220 CEE qui prévoyait la possibilité pour les États membres de conclure des accords « *en faveur de leurs ressortissants* ». Elles ne s'intègrent pas à l'ordre juridique communautaire, dans la mesure où leur objet n'est que complémentaire par rapport au domaine communautaire, et la compétence de la Cour de justice à leur égard se fonde sur des protocoles d'interprétation soumis à ratification. Les États qui adhèrent à l'Union postérieurement à l'entrée en vigueur de ces convention ne sont pas liés par elles, sauf s'ils acceptent de devenir parties à ces conventions.

NB : La 1re Convention de Bruxelles du 27 septembre 1968, appliquée en France depuis le 1er février 1993, sera remplacée à compter du 1er mars 2002 par le règlement CE n° 44/2001 du Conseil du 22 décembre 2000 (*JOCE* n° L. 12, 16/01/2001). la 2e Convention de Bruxelles sur la reconnaissance mutuelle des sociétés et des personnes morales, a déjà été remplacée par le règlement du Conseil n° 1347/2000 (*JOCE* n° L. 160, 30/06/2000).

384. Il faut aussi évoquer les conventions destinées à faciliter l'application des traités constitutifs qui s'analysent comme **un « droit complémentaire »**, non strictement communautaire. On peut citer à titre d'illustration : la Convention de Naples du 7 septembre 1967 relative à l'assistance mutuelle entre les administrations douanières ; l'Accord de Luxembourg du 15 décembre 1989 en matière de brevets communautaires.

On mentionnera également les **conventions** « *établies* » par le Conseil de l'Union sur le fondement de l'article 34 §2 d) TUE (dans le cadre de la **JAI**), qui ne sont pas des accords externes, dès lors que le 3e pilier de l'Union ne concerne pas les pays tiers, mais uniquement la coopération policière et judiciaire entre États membres. En outre, le Conseil se borne alors à « *établir des conventions dont il recommande l'adoption par les États membres...* ». Le traité précise que les mesures d'application de ces conventions sont adoptées au sein du Conseil à la majorité des 2/3 des Parties Contractantes. Les conventions JAI sont bien des accords inter-étatiques, le Conseil se bornant à offrir aux États membres un cadre formel pour leur adoption.

Il faut enfin mentionner les **décisions et accords des représentants des gouvernements des États membres réunis au sein du Conseil,** qui correspondent à un exercice en commun par les États membres de leurs compétences retenues. Bien qu'ils soient prévus dans certains cas par les traités constitutifs (pour la nomination des membres de la Commission et de la Cour, pour la fixation du siège des institutions), ces actes n'en demeurent pas moins des normes inter-étatiques adoptées en dehors des procédures décisionnelles communautaires. Les États qui adhèrent à l'Union postérieurement à l'entrée en vigueur de ces décisions et accords sont réputés comme y ayant adhéré, de sorte qu'il faut considérer que ces actes font partie intégrante de l'acquis communautaire.

§4. Le droit jurisprudentiel

385. Dans un article publié en novembre 1995, M. Biancarelli avait fait observer que dans les toutes premières années d'existence de la Communauté, « *chaque fois qu'une affaire arrivait au greffe de la Cour de justice à Luxembourg, il était d'usage de sabler le champagne* » (J. Biancarelli, « Présentation générale du Tribunal de première instance des Communautés européennes », *Rev. Marché commun* 1995, p. 564), tant les recours portés devant le juge du Kirchberg étaient rares. Cette époque est bien révolue, et la jurisprudence des deux juridictions communautaires a pris une importance considérable parmi les sources du droit communautaire, au point qu'on a pu écrire que « *plus que Bruxelles, c'est Luxembourg et ses juges que les euro-sceptiques devraient critiquer* » (J.-L. Sauron, *Droit et pratique du contentieux communautaire*, Paris, La Documentation française, coll. Réflexe Europe, 2e éd., 1998).

Le juge de Luxembourg ne s'est pas borné à veiller au respect du droit communautaire. Il a contribué lui-même, en s'appuyant sur des méthodes jurisprudentielles d'interprétation qui privilégient le contexte et la finalité de la réglementation, à « créer » des normes qui font partie intégrante de l'ordre juridique communautaire. La Cour de justice assume ainsi une fonction « normative » en palliant les lacunes des traités ou en interprétant leurs dispositions.

Les sources jurisprudentielles (non écrites) du droit communautaire consacrées par le juge de Luxembourg renvoient pour l'essentiel aux ***principes généraux du droit communautaire***, lesquels traduisent les conceptions essentielles du droit et de la justice auxquelles doit obéir tant l'ordre juridique communautaire que les ordres juridiques des États membres. Certains de ces principes sont déduits de la nature des Communautés ; d'autres principes sont déduits des droits nationaux ; d'autres encore sont érigés par le juge communautaire en droits fondamentaux. Il arrive aussi que la Cour de justice renvoie à des principes du droit international.

A. Les principes généraux du droit déduits de la nature des Communautés

386. Il s'agit de principes consacrés par les traités constitutifs :

– le **principe de l'équilibre institutionnel** (CJCE, 13 juin 1958, *Meroni*, aff. 9/56, 11 ; 22 mai 1990, *Parlement c/ Conseil*, aff. C-70/88, I.2041) ;

– le **principe de libre circulation** (CJCE, 1er juillet 1969, *Commission c/ Italie*, aff. 24/68, 193 ; 20 février 1979, *Rewe-Zentral*, aff. 120/78, 649) ;

– le **principe de solidarité et d'égalité entre les États membres** (CJCE, 7 février 1973, *Commission c/ Italie*, aff. 39/72, 101) ;

– le **principe de libre concurrence** (CJCE, 25 octobre 1977, *Metro*, aff. 26/76, 1875) ;

– le **principe de la répartition des pouvoirs et des compétences** (CJCE, 24 octobre 1989, *Commission c/ Conseil*, aff. 16/88, 3457) ;

– le **principe de non-discrimination en raison de la nationalité** (CJCE, 12 juillet 1984, *Prodest c/ CPAM de Paris*, aff. 237/83, 3153). Ce principe trouve plusieurs expressions en droit communautaire, que ce soit dans le domaine de la libre circulation des marchandises, en matière de droit d'établissement ou de libre prestation de services, ou encore dans le domaine fiscal. Il concerne les rapports intra-communautaires, et non les rapports de la Communauté avec des pays tiers.

On notera que certains arrêts mettent l'accent sur la relativité du **principe de préférence communautaire**, qui ne peut s'appliquer que dans la limite de la finalité du traité (CJCE, 13 mars 1968, *W. Beus*, aff. 5/67, 125). Le juge communautaire lui refuse en tous cas le caractère de principe général du droit (CJCE, 14 juillet 1994, *Grèce c/ Conseil*, aff. 353/92, I.3411), et même toute valeur juridique (CJCE, 10 mars 2005, *Espagne c/ Conseil*, aff. C-342/03, nep). En tout état de cause, ce principe à caractère politique ne trouve à s'appliquer qu'en matière agricole.

B. Les principes généraux du droit déduits des systèmes juridiques nationaux

387. Il peut arriver que le traité lui-même commande à la Cour de justice de s'inspirer des systèmes juridiques nationaux pour l'interprétation du droit communautaire. C'est ainsi que l'article 288 alinéa 2 TCE (ex-215 al. 2) prévoit que les dommages causés par la Communauté doivent être réparés « *conformément aux principes généraux communs aux droits des États membres* ». Mais, le plus souvent, c'est de sa propre initiative que le juge du Kirchberg consacre ces principes généraux du droit déduits des systèmes juridiques nationaux :

– le **principe de la sécurité juridique**, qui vise à garantir la prévisibilité des situations et des relations juridiques relevant du droit communautaire, implique que les justiciables peuvent exiger que les réglementations qui leur sont applicables soient claires, prévisibles et fiables (CJCE, 13 décembre 1967, *Neumann*, aff. 17/67, 571 ; 9 juillet 1981, *Gondrand Frères et Garancini*, aff. 169/80, 1931). Ce principe implique que les actes communautaires affectant la situation des sujets de droit ne peuvent être modifiés que dans le respect des règles de compétence et de procédure ;

– le **principe de bonne foi** (CJCE, 22 mars 1961, *SNUPAT c/ Haute Autorité CECA*, aff. 42/59, 103) ;

– le **principe de l'enrichissement sans cause** (CJCE, 11 juillet 1968, *Danvin*, aff. 27/67, 463) ;

– le **principe de la confiance légitime**, qui implique que les administrés doivent pouvoir compter sur le maintien d'une situation juridique contre un changement de cette situation auquel ils ne pouvaient raisonnablement s'attendre (CJCE, 8 juin 1977, *Merkur*, aff. 97/76, 1063 ; 21 avril 1988, *Fratelli Pardini*, aff. 338/85, 2041) ;

– le **principe de proportionnalité**, qui exige que la sanction d'une obligation communautaire ne dépasse pas les limites de ce qui est approprié et nécessaire pour atteindre le but recherché (CJCE, 14 juillet 1977, *Sagulo*, aff. 8/77, 1495 ; 20 février 1979, *SA Buitoni c/ FORMA*, aff. 122/78, 677) ;

– le **principe du respect des droits acquis en matière sociale** (CJCE, 12 octobre 1978, *Teyeb Belbouab*, aff. 10/78, 1915) ;

– le **principe de non-discrimination en raison du sexe** (CJCE, 15 juin 1978, *Defrenne c/ Sabena*, aff. 149/77, 1365). Ce principe ne peut pas englober les discriminations à raison de l'orientation sexuelle (CJCE, 17 février 1998, *Grant*, aff. C-249/96, I.621) ;

– le **principe de la continuité du service public européen** (CJCE, 3 juillet 1986, *Conseil c/ Parlement*, aff. 34/86, 2155) ;

– le **principe de bonne administration**, qui exige que l'administration communautaire agisse bien dans ses relations avec les États membres (CJCE, 27 mars 1990, *Italie c/ Commission*, aff. C-10/88, I.1229), les entreprises (CJCE, 19 octobre 1983, *Lucchini Siderurgica*, aff. 179/82, 3083), ainsi qu'avec ses agents (CJCE, 29 janvier 1985, *F. c/ Commission*, aff. 228/83, 275) ;

– le **principe du libre choix du partenaire économique** (CJCE, 16 décembre 1993, *Assoc. Luxlait et Victor Hendel*, aff. C-307/91, I.6835) ;

– le **principe de sollicitude envers un opérateur économique** (TPI, 18 septembre 1995, *Nölle*, aff. T-167/94, II.2589) ;

– le **principe de précaution**, qui doit conduire les pouvoirs publics à adopter des mesures destinées à limiter des risques encore hypothétiques, ou potentiels (alors que la prévention s'attache à contrôler des risques avérés), lorsqu'ils opèrent en univers incertain (CJCE, 5 mai 1998, *National Farmers' Union*, aff. C-157/96, I.2211 ; *Royaume-Uni c/ Commission*, aff. C-180/96, I.2265). Certes, le juge communautaire n'a pas expressément consacré le principe de précaution en tant que principe général du droit communautaire, mais il le fait implicitement en l'érigeant en norme autonome applicable même sans texte (voir CJCE, 21 mars 2000, *Greenpeace*, aff. C-6/99, I.1651). On rappellera que ce principe a été introduit en droit français par la loi Barnier du 2 février 1995, relative au renforcement de la protection de l'environnement (*JORF* n° 29 du 3 février 1995), et qu'il a été appliqué pour la première fois par le Conseil d'État français en 1998, dans le cadre de l'affaire du maïs transgénique (CE, 11 décembre 1998, *Association Greenpeace France*, req. n° 194348 ; voir aussi CE, 24 février 1999, *Soc. Pro-Nat*, req. n° 192465, à propos de la transmission de l'*ESB*). Les conditions d'application du principe de précaution ont été précisées dans TPICE, 11 septembre 2002, *Pfizer Animal Health SA c./ Conseil*, aff. T-13/99, nep ; *Alpharma Inc. c./ Conseil*, aff. T-70/99, nep ;

– la Cour de justice a également reconnu, mais implicitement jusqu'ici, le caractère de principe général du droit communautaire à la **sanction de l'abus de droit**, qui suppose de la part d'une personne la volonté d'obtenir un avantage résultant d'une norme communautaire, en créant de manière artificielle les conditions de son obtention (CJCE, 27 octobre 1981, *Schumacher*, aff. 250/80, 2465 ; 10 janvier 1985, *Leclerc*, aff. 229/83, 1 ; 14 décembre 2000, *Emsland Stärke*, aff. C-110/99, I.11569).

C. Les droits fondamentaux

388. Il s'agit des droits fondamentaux de la personne et des libertés fondamentales, que la Cour de justice déduit des traditions constitutionnelles communes aux États membres ou des prescriptions contenues dans des conventions internationales, et en particulier dans la *Convention Européenne des Droits de l'Homme* du 4 novembre 1950. La Cour de justice a souligné que les États membres était tenus de respecter ces droits fondamentaux reconnus au niveau communautaire, dès lors que les règles nationales se trouvaient dans le champ d'application du droit communautaire (CJCE, 29 mai 1997, *Kremzow*, aff. C-299/95, I.2629).

I – LA DÉFINITION DES DROITS FONDAMENTAUX

389. Le juge communautaire a consacré pour la première fois l'existence de droits fondamentaux en 1969 (CJCE, 12 novembre **1969, *Stauder***, aff. 29/69, 419), très timidement et sans définir le contenu de ces droits, puisqu'il s'est borné à constater que la disposition litigieuse (une décision de la Commission destinée notamment à favoriser l'écoulement du beurre sur le marché commun) « *ne révèle aucun élément susceptible de mettre en cause les droits fondamentaux de la personne compris dans les principes généraux du droit communautaire, dont la Cour assure le respect* » (*attendu* 7). L'avocat général Roemer n'apportera pas davantage de précisions sur ce point, ses conclusions se limitant à indiquer qu'il n'est pas possible « *de discerner un empiètement sur des droits fondamentaux quelconques* » (p. 430).

Un an plus tard, la Cour précisera que « *le respect des droits fondamentaux fait partie intégrante des principes généraux du droit dont la Cour assure le respect* », et que « *la sauvegarde de ces droits, tout en s'inspirant des traditions constitutionnelles communes aux États membres, doit être assurée dans le cadre de la structure et de objectifs de la Communauté* » (CJCE, 17 décembre **1970, *Internationale Handelsgesellschaft***, aff. 11/70, 1125, *attendu* 4). Cet arrêt n'est cependant guère plus explicite sur la définition des droits fondamentaux, sauf à considérer que cette définition consiste à énoncer que les droits fondamentaux sont définis comme une catégorie particulière de principes généraux du droit communautaire reconnus et garantis par ailleurs par les constitutions des États membres (ou au moins certaines d'entre elles).

Là encore, les conclusions de l'avocat général n'apportent aucune précision déterminante, puisque M. Dutheillet de Lamothe se borne à indiquer que « *les principes fondamentaux des droits nationaux (...) contribuent à former ce substratum philososophique, politique et juridique commun aux États membres à partir duquel se dégage de façon prétorienne un droit communautaire non écrit dont l'un des buts essentiels est précisément d'assurer le respect des droits fondamentaux de l'individu. En ce sens, les principes fondamentaux des droits nationaux contribuent à permettre au droit communautaire de trouver en lui même les ressources nécessaires pour assurer, en cas de besoin, le respect des droits fondamentaux qui forment le patrimoine commun des États membres* » (p. 1149). Tout au plus peut-on admettre que les principes fondamentaux se définissent également, d'une manière d'ailleurs en partie tautologique, par leur finalité : « *assurer le respect des droits fondamentaux de l'individu* ».

390. La Cour précisera en 1974 que « *les instruments internationaux concernant la protection des droits de l'homme auxquels les États membres ont coopéré ou adhéré peuvent également fournir des indications dont il convient de tenir compte dans le cadre du droit communautaire* » (CJCE, 14 mai **1974, *Nold***, aff. 4/73, 491). Le juge de Luxembourg visera explicitement la *Convention européenne des droits de l'homme* en 1975 (CJCE, 28 octobre **1975, *Rutili***, aff. 36/75, 1219), et il précisera en 1991 que « *dès lors qu'une réglementation entre dans le champ d'application du droit communautaire, la Cour (...) doit fournir tous les éléments d'interprétation nécessaires à l'appréciation par la juridiction nationale de la conformité de cette réglementation avec les droits fondamentaux dont la Cour assure le respect, tels qu'ils résultent, en particulier, de la convention européenne des droits de l'homme* » (CJCE, 18 juin **1991, *ERT***, aff. C-260/89, I.2925). Le Professeur F. Sudre en conclut que le juge communautaire a « instrumentalisé » le droit international et le droit européen, sans les incorporer directement dans l'ordre juridique communautaire (F. Sudre, *L'apport du droit international et européen à la protection commmmunautaire des droits fondamentaux*, in SFDI, colloque de Bordeaux, *Droit international et droit communautaire – Perspectives actuelles*, Paris, Pédone, 2000, spécialement p. 169 à 193).

On notera au passage que l'arrêt *Nold* de 1974 apporte une précision intéressante, dans la mesure où il indique que « *dans l'ordre juridique communautaire, il apparaît (...) légitime de réserver à l'égard* (des droits fondamentaux) *l'application de certaines limites justifiées par les objectifs d'intérêt général poursuivis par la Communauté, dès lors qu'il n'est pas porté atteinte à la substance de ces droits* » (att. 14).

En résumé, il ressort de la jurisprudence de la Cour de justice que les droits fondamentaux sont :

1 – **une catégorie particulière de principes généraux du droit communautaire**,

2 – **s'inspirant des traditions constitutionnelles communes aux États membres ou**

3 – **contenus dans la *Convention européenne des droits de l'homme***,

4 – dont la finalité est d'assurer le respect des... droits fondamentaux de l'individu, et

5 – **dont le respect peut faire l'objet de certaines limites justifiées par les objectifs d'intérêt général poursuivis par la Communauté, dès lors qu'il n'est pas porté atteinte à la substance de ces droits**.

391. NB : Il faut rappeler que **la Cour constitutionnelle allemande** avait refusé de faire prévaloir le droit communautaire sur la Constitution de la République Fédérale, « *aussi longtemps que* » la Communauté n'aurait pas développé un système de protection des droits fondamentaux aussi élaboré que celui prévu par la Constitution allemande (arrêt ***Solange I*** du 19 mai **1974**, B. Verf. *GE* 37, 271 – *aussi longtemps que* se dit *solange* en allemand). En 1986, la Cour constitutionnelle de Karlsruhe a indiqué qu'elle renonçait désormais à apprécier la conformité du droit communautaire au regard des droits garantis par la Constitution fédérale, et ce aussi longtemps que le niveau de protection des droits fondamentaux dans la Communauté resterait conforme aux exigences du droit constitutionnel allemand, ou plus précisément, offrirait un « *standard substantiellement comparable en matière de droits fondamentaux* » à ce qu'offre le « modèle » allemand de protection des droits fondamentaux (arrêt ***Solange II*** du 22 octobre **1986**, B. Verf. *GE* 73, 339). Plus récemment, le juge de Karlsruhe a affirmé que l'équivalence des modèles européen et allemand devait s'entendre comme un accord sur les grandes lignes de garantie des droits fondamentaux. Il en résulte que le système européen de protection des droits fondamentaux n'a pas à s'aligner purement et simplement sur le « modèle » allemand (arrêt ***Solange III*** du 7 juin **2000**, B. Verf. *GE* 2000, p. 328).

II – LES RÉFÉRENCES TEXTUELLES AUX DROITS FONDAMENTAUX

392. Le Traité de **Rome** de 1957 fait expressément référence à deux principes fondamentaux : la libre circulation des personnes et la non discrimination en raison de la nationalité ou du sexe.

Le **préambule de l'Acte unique de 1986** avait fait explicitement référence aux droits fondamentaux, et le préambule **du Traité de Maastricht de 1992** réaffirmera clairement l'attachement des États membres au respect des droits de l'homme et des libertés fondamentales. **L'article F § 2 TUE** (art. 6 après renumérotation) dispose en effet que « *l'Union respecte les droits fondamentaux tels qu'ils sont garantis par la Convention européenne de sauvegarde des droits de l'homme et des libertés fondamentales (...) et tels qu'ils résultent des traditions constitutionnelles communes aux États membres en tant que principes généraux du droit communautaire* ».

On notera que les dispositions de l'article 6 TUE n'ont pas pour effet d'incorporer le contenu de la *Convention européenne des droits de l'homme* dans l'ordre juridique communautaire ; elles ne constituent qu'une source d'inspiration du juge de Luxembourg (voir par ex. : CJCE, 15 décembre 1995, *Bosman*, aff. C-415/93, I.4921). En outre, elles n'ont pas de portée opérationnelle, dans la mesure où elles figurent dans une partie du traité qui échappe à la compétence du juge de Luxembourg.

Le Traité d'Amsterdam de 1997, qui confirme l'importance de la *CEDH* parmi les sources d'inspiration de la Cour de justice, va plus loin que le Traité de Maastricht :

– il offre à la Cour de justice, *via* le **nouveau titre IV du Traité CE (visas, asile, immigration et autres politiques liées à la libre circulation des personnes)**, un terrain de plus – par ailleurs profondément lié aux libertés publiques – pour donner libre cours à sa « créativité » en matière de droits fondamentaux ;

– il crée **un mécanisme de sanction** contre les États membres qui violeraient de manière « *grave et persistante* » les droits fondamentaux (art. 7 TCE) ;

– il introduit une disposition générale sur la **non-discrimination** fondée sur le sexe, la race ou l'origine ethnique, la religion ou les croyances, un handicap, l'âge ou l'orientation sexuelle (art. 13 TCE) ;

– il reconnaît **des nouveaux droits** : droit à l'emploi (art. 125 à 130 TCE), droit d'accès aux documents (art. 255 TCE) ;

– le **nouvel article 46 TUE** habilite la Cour de justice à intervenir en matière de respect des droits de l'homme, mais uniquement à l'égard de l'action des institutions.

Comme le note F. Sudre, le Traité d'Amsterdam a choisi « *la voie discrète de l'absorption de la CEDH en ce qu'il favorise le passage de l'appropriation du droit de la Convention par le juge communautaire à son incorporation* (indirecte) *dans le droit communautaire originaire* » (F. Sudre, *L'apport du droit international et européen à la protection commmmunautaire des droits fondamentaux*, *op. cit.*, spécialement p. 184). Et d'ajouter que « *le juge communautaire détient désormais une compétence expresse, qui lui faisait jusqu'alors défaut, pour assurer le respect des droits de l'homme dans l'ordre communautaire* ».

On rappellera également que le Conseil européen de **Nice** de décembre **2000** a proclamé une ***Charte des droits fondamentaux*** (2000/C 364/01, *JOCE* n° C-364, 18 décembre 2000), laquelle constitue un catalogue explicite de droits de l'homme que l'Union européenne devra respecter dans la mise en œuvre de ses politiques tant internes qu'externes. Pour l'heure, ce texte est dépourvu de valeur juridique.

III – LE « CATALOGUE » JURISPRUDENTIEL DES DROITS FONDAMENTAUX

393. Figurent parmi les droits fondamentaux dont la Cour assure le respect :

– le **principe du contradictoire** (CJCE, 22 mars 1961, *SNUPAT c/ Haute Autorité CECA*, aff. jtes 42 et 49/59, 101 ; CJCE, 29 janvier 1998, *Grèce c/ Commission*, aff. C-61/95, I.207) ;

– la **liberté de religion** (CJCE, 27 octobre 1973, *Vivien Prais*, aff. 130/75, 1589) ;

– le **droit de propriété** (CJCE, 14 mai 1974, *Nold*, aff. 4/73, 491) ;

– la **liberté d'association** et les **droits syndicaux** (CJCE, 28 octobre 1975, *Rutili*, aff. 36/75, 1219) ;

– le **droit à la protection de la vie privée** (CJCE, 26 juin 1980, *National Panasonic*, aff. 136/79, 2033 ; 5 octobre 1994, *X. c/ Commission*, aff. C-404/92 P, I.4737) ;

– le **droit à un procès équitable** (CJCE, 29 octobre 1980, *Landeweyck*, aff. jtes 209/78 à 215/78 et 218/78, 3125 ; 1er avril 1987, *C. Dufay*, aff. 257/85, 1561) ;

– le **principe de protection de la confidentialité** (CJCE, 18 mai 1982, *AM & S Europe Limited c/ Commission*, aff. 155/79, 1575) ;

– le **principe du respect des droits de la défense** (CJCE, 29 septembre 1983, *Calvin E. Williams*, aff. 9/81, 2859 ; 18 octobre 1989, *Orkem*, aff. 374/87, 3283 ; 29 juin 1994, *Fiskano*, aff. C-135/92, I.2885) complété plus récemment par un **droit pour les personnes et entités visées par des sanctions d'être entendues et informées des motifs de ces décisions** dans certaines circonstances et sous certaines conditions (TPI, 12 décembre 2006, *Organisation des Modjahedines du peuple d'Iran c/ Conseil*, aff. T.228/02, II.4665 – En l'espèce, la décision en cause plaçait l'organisation des Modjahedines du peuple d'Iran sur la liste des entités terroristes soumises au gel de leurs fonds) ;

– le **principe de non-rétroactivité des lois pénales** (CJCE, 10 juillet 1984, *Regina c/ Kent Kirk*, aff. 63/83, 2689) ;

– le **droit au juge** (CJCE, 15 mai 1986, *Johnston*, aff. 222/84, 1651 ; 15 octobre 1987, *Heylens*, aff. 222/86, 4097) ;

– le **principe d'inviolabilité du domicile** (CJCE, 21 septembre 1989, *Hoechst*, aff. jtes 46/87 et 227/88, 2859) ;

– le **principe d'égalité**, qui interdit de traiter de manière identique des situations différentes ou de traiter de manière différente des situations comparables (CJCE, 28 juin 1990, *Firma Hoche*, aff. C. 174/89, I.2681), à moins que les différenciations soient objectivement justifiées (CJCE, 17 mai 1988, *Marcel Erpelding*, aff. 84/87, 2647) ;

– la **liberté d'expression et d'information** (CJCE, 18 juin 1991, *ERT*, aff. C-260/89, I.2925 ; 5 octobre 1994, *TV 10*, aff. C-23/93, I.4795) ;

– le **droit à un tribunal indépendant et impartial** (TPI, 14 mai 1998, *Enso Espanola*, aff. T.348/94, II.1875) ;

– le **droit fondamental au respect de la vie familiale**, qui peut, dans certaines circonstances, interdire la séparation des époux susceptible de résulter d'une mesure d'expulsion de l'un d'entre eux (CJCE, 11 juillet 2002, *Carpenter*, aff. C-60/00, I.6279).

Encore faut-il souligner, à l'instar du professeur J.-F. Flauss, que **l'arrêt *Baustahlgewerbe*, rendu par la Cour de justice le 17 décembre 1998** (aff. C-185/95 P, I.8417), **semble conduire à « *un dépérissement, dans le domaine de la protection des droits fondamentaux, de la catégorie juridique des principes généraux du droit communautaire*.** *En effet, en se prononçant (...) en faveur d'une application* omissio media *de règles inscrites dans la CEDH, (...) la juridiction de Luxembourg rend inutile le détour par les principes* *généraux du droit communautaire* » (J.-F. Flauss, *Principes généraux du droit commuanautaire dans la jurisprudence des juridictions constitutionnelles des États membres*, in CERIC, *Droits nationaux, droit communautaire : influences croisées*, La Documentation française, coll. Monde européen et international, 2000, spécialement p. 59). Plus récemment et dans le même sens, le juge de Luxembourg a procédé à l'examen d'un moyen tiré d'une atteinte au droit au respect de la vie privée et familiale, directement au regard de l'article 8 CEDH, comme si la Convention européenne des droits de l'homme constituait une source formelle de la légalité communautaire (CJCE, 31 mai 2001, *D. et Royaume de Suède*, aff. C-122/99 P et C-125/99 P, I.4319).

D. Les principes du droit international

394. La Communauté est une personne de droit international. À ce titre, elle a l'obligation de respecter le droit international (conventionnel ou coutumier) et peut aussi se prévaloir de principes reconnus par ce droit dans l'exercice de ses compétences. C'est ainsi qu'elle peut justifier l'application des règles communautaires de concurrence à des entreprises situées hors du territoire de la Communauté, en se fondant sur le principe de territorialité consacré par le droit international public, *via* les effets des comportements restrictifs de la concurrence à l'intérieur du marché commun (CJCE, 27 septembre **1988,** « *pâte de bois* », aff. jtes 89/85 e.a., 5193).

Le juge de Luxembourg a également eu l'occasion de dire pour droit que la Communauté a l'obligation de respecter le droit international de la mer (CJCE, 14 juillet **1976, *Kramer***, aff. jtes 3/76, 4/76 et 6/76, 1279). En 1998, la Cour de justice a précisé que les règles du droit coutumier international liaient les institutions de la Communauté et faisaient partie de l'ordre juridique communautaire (CJCE, 16 juin **1998, *Racke***, aff. C-162/96, I.3655).

La Cour de justice écarte cependant tout principe de droit international qui serait incompatible avec la nature et la structure des Communautés. Elle a accepté de consacrer des principes de droit international public conciliables avec les exigences propres du droit communautaire :

– le principe de territorialité cité plus haut ;

– le principe qui s'oppose à ce qu'un État refuse à ses propres ressortissants le droit d'accéder à son territoire et d'y séjourner (CJCE, 4 décembre 1974, *Van Duyn*, aff. 41/74, 1337, spécial. point 22) ;

– le principe du changement fondamental de circonstances de nature à entraîner la suspension ou la caducité d'un traité (CJCE, 16 juin 1998, *Racke*, aff. C-162/96, I.3655).

Section 2

La hiérarchie des sources du droit communautaire

395. La hiérarchie actuelle des sources du droit communautaire a été fixée par la jurisprudence de la Cour de justice, faute d'avoir été organisée par les traités. Des propositions ont été faites à plusieurs reprises, en vue d'établir une nouvelle hiérarchie des normes communautaires, compte tenu de l'inadaptation de la typologie des actes en vigueur. La conception d'une typologie alternative se heurte cependant à plusieurs obstacles quasi insurmontables.

Seront examinés successivement :

– la hiérarchie actuelle des sources du droit communautaire ;

– la tentation d'établir une nouvelle hiérarchie des sources du droit communautaire.

§1. La hiérarchie actuelle des sources du droit communautaire

A. Les traités sont muets sur la hiérarchie des normes communautaires

396. Contrairement aux constitutions nationales, qui fixent, avec plus ou moins de précision, la hiérarchie des normes juridiques internes, les traités n'ont pas prévu un ordre de priorité formel en vertu duquel une norme communautaire prévaudrait sur une autre et serait illégale, dès lors qu'elle dérogerait à une norme supérieure. Le silence des traités communautaires sur cette question essentielle s'explique, d'une part par la différence de nature qui existe entre les États et les Communautés (**il n'y a pas, au sein des Communautés, une distinction claire entre le pouvoir législatif et le pouvoir exécutif**), d'autre part par la volonté des auteurs des traités de voir les actions communautaires s'exprimer au travers d'actes définis en fonction de leurs structures et de leurs effets ainsi que des objectifs poursuivis, et non en fonction de leurs rangs respectifs.

L'article 249 TCE (ex-art. 189) prévoit bien une typologie des actes communautaires de droit dérivé, mais il ne fixe pas le rang de chacune des catégories d'actes de la nomenclature (règlements, directives, décisions) par rapport aux autres, ni le rang des actes adoptés par les institutions par rapport aux autres sources du droit communautaire. Et il n'est pas rare que les traités laissent aux institutions le choix du type d'acte à adopter pour réaliser les objectifs communautaires.

B. La jurisprudence de la Cour de justice a pallié le silence des traités

I – Le droit communautaire originaire

397. Les traités se situent **au sommet de la hiérarchie des normes communautaires**. Cette remarque vaut pour les traités constitutifs, accompagnés de leurs annexes et protocoles, mais aussi pour leurs modifications et les traités d'adhésion.

Les dispositions des traités constitutifs sont elles-mêmes hiérarchisées, certains articles ayant un caractère particulièrement fondamental. C'est notamment le cas des articles liminaires, qui fixent les principes sur lesquels se fonde l'existence des Communautés. La Cour de justice a clairement précisé que « *les règles relatives à la formation de la volonté des institutions communautaires sont établies par le traité (CEE) et qu'elles ne sont à la disposition ni des États membres ni des institutions elles-mêmes* » (CJCE, 23 février 1988, *Royaume-Uni c/ Conseil*, aff. 68/86, 855).

Le droit communautaire originaire (ou primaire) prévaut sur tous les actes adoptés par les institutions (droit dérivé), puisque ces actes ne peuvent être adoptés qu'en application d'une disposition des traités. Le Tribunal de Première Instance a ainsi souligné qu' « *au regard des principes régissant la hiérarchie des normes, l'octroi d'une exemption au moyen d'un acte de droit dérivé ne pourrait, en dehors de toute disposition du traité l'y autorisant, déroger à une disposition du traité* » (TPI, 10 juillet 1990, *Tetra Pak*, aff. T-51/89, II.309).

Le droit communautaire originaire prévaut aussi sur tous les accords externes (voir CJCE, *avis 1/75* du 11 novembre 1975, *Arrangement OCDE*, 1355), qu'ils aient ou non un caractère mixte. Ces accords peuvent d'ailleurs faire l'objet d'un examen préventif par la Cour de justice, puisque l'article 300 §6 TCE (ex-art. 228 §6) prévoit que « *le Conseil, la Commission ou un État membre peut recueillir l'avis de la Cour de justice sur la compatibilité d'un accord envisagé avec les dispositions du présent traité* ». L'accord qui a fait l'objet d'un avis négatif de la Cour ne pourra entrer en vigueur qu'après une révision formelle du traité.

Les traités communautaires l'emportent aussi sur les accords entre États membres et sur les accords conclus par les États membres avec des pays tiers, postérieurement à l'entrée en vigueur des traités constitutifs (les États membres ne peuvent pas en revanche invoquer le droit communautaire pour se dispenser d'exécuter les obligations qui résultent d'accords conclus avec des pays tiers antérieurement à l'entrée en vigueur des traités constitutifs). Ceci résulte de l'article 10 (ex-art. 5) TCE qui oblige les États membres à s'abstenir de toutes mesures susceptibles de mettre en péril la réalisation des buts du traité (voir aussi article 192 Euratom).

II – Les principes généraux du droit communautaire

398. **Ces principes s'imposent aux institutions communautaires**, qui ont en charge « *la réalisation des tâches confiées à la Communauté* » (article 7 CE, ex-art. 4 TCE). Ils ont donc une valeur supérieure au droit communautaire dérivé, puisque la Cour de justice reconnaît au particulier le droit de contester devant le juge national la validité des actes communautaires au regard des principes généraux du droit communautaire (CJCE, 15 avril 1997, *Woodspring district council et Bakers*, aff. C-27/95, I.1847, à propos d'une directive).

Les principes généraux du droit communautaire s'imposent aussi **aux États membres**, non seulement dans l'exercice de compétences d'application du droit communautaire (CJCE, 11 juillet 1989, *Coopérative agricole laitière de Loudéac*, aff. jtes 196 à 198/88, 2309), mais aussi dans l'exercice de compétences résiduelles (CJCE, 10 novembre 1982, *Walter Rau*, aff. 261/81, 3961). La Cour de justice a néanmoins précisé que le respect des principes généraux du droit ne s'impose que lorsque la réglementation nationale se situe dans le cadre du droit communautaire (CJCE, 4 octobre 1991, *Stephen Grogan e.a.*, aff. C-159/90, I.4685).

III – Les accords externes

399. Les accords externes sont conclus en application des traités constitutifs. Ils leur sont donc subordonnés. Toutefois, comme les accords externes ne sont pas des actes communautaires, la Cour de justice n'a pas le pouvoir de les annuler en cas d'incompatibilité avec une règle du traité ou un principe général du droit communautaire. En revanche, elle n'hésite pas à annuler la décision de conclusion de l'accord, lorsqu'elle constate que cette décision est contraire au traité ou à un principe général du droit communautaire (CJCE, 10 mars 1998, *RFA c/ Conseil*, aff. C-122/95, I.973). Cette annulation a évidemment pour effet de priver d'effet l'accord conclu par la Communauté dans l'ordre juridique communautaire.

L'article 300 §7 TCE (ex-art. 228 §7) prévoit par ailleurs que les accords externes « *lient les institutions de la Communauté et les États membres* ». Ils prévalent donc sur les actes de droit dérivé (CJCE, 12 décembre 1972, *International Fruit Company*, aff. 21 à 24/72, 1219 ; 23 octobre 1997, *Portugal c/ Commission*, aff. C-150/95, I.5863) ainsi que sur les accords entre États membres et les accords conclus par ces derniers avec des pays tiers et liant la Communauté.

La Cour de justice a eu l'occasion de préciser qu'on ne pouvait écarter l'application d'une norme communautaire (un règlement en l'espèce) contraire à un accord externe (ici le GATT), qu'à la double condition que ledit accord ait été conclu avant l'entrée en vigueur du traité et que le pays tiers concerné tire de cet accord des droits dont il peut exiger le respect par l'État membre en cause (CJCE, 10 mars 1998, *T. Port*, aff. C-364/95 et C-365/95, I.1023).

IV – LE DROIT COMMUNAUTAIRE DÉRIVÉ

400. Les institutions communautaires ne peuvent adopter des actes juridiques qu'en application des dispositions des traités. Les actes de droit dérivé doivent donc respecter le droit communautaire originaire.

On sait aussi que les institutions sont liées par les accords externes. Le droit dérivé est donc subordonné à ces derniers. Il doit aussi respecter les principes généraux du droit (CJCE, 11 décembre 1973, *Lorenz*, aff. 120/73, 1471 ; 20 février 1979, *SA Buitoni c/FORMA*, aff. 122/78, 677).

Les actes de droit dérivé sont eux-mêmes hiérarchisés. Les actes d'application (**droit dérivé de 2e niveau**) doivent respecter les dispositions prévues par les actes de base (**droit dérivé de 1er niveau**) dont ils assurent l'exécution (de la même façon qu'en droit interne un décret d'application doit respecter les stipulations de la loi qu'il vise à mettre en œuvre). Ainsi, par exemple, un règlement d'exécution ne peut pas méconnaître le règlement de base (CJCE, 10 mars 1971, *Deutsche Tradax*, aff. 38/70, 145). Il en va de même en ce qui concerne les directives (CJCE, 25 janvier 1994, *Angelopharm*, aff. C-212/91, I.171) et les décisions. On peut aussi penser que, lorsqu'elle a un caractère individuel marqué, la décision est en principe subordonnée aux règlements et aux directives.

§2. La tentation d'établir une nouvelle hiérarchie des sources du droit communautaire

A. La typologie actuelle des actes communautaires est inadaptée

401. La doctrine et plusieurs documents officiels ont maintes fois souligné l'inadaptation de la typologie actuelle des actes communautaires – telle qu'elle résulte de l'article 249 TCE (ex-art. 189) – à la nature et au volume de la production de textes normatifs nécessaires au développement de la Communauté (voir notamment : *rapport Bourlanges* du Parlement européen du 4 avril 1991, PE, doc. 146-387 ; Conférence intergouvernementale : contributions de la Commission, *Bulletin* des C.E., supplément 2/91, pp. 117 et s. ; résolution du Parlement européen du 5 mai 1995 « *sur le fonctionnement du traité sur l'Union européenne dans la perspective de la Conférence intergouvernementale de 1996. Mise en œuvre et développement de l'Union* », A4-0102/95 ; Conseil européen de Laeken du 15 décembre 2001).

Il est clair d'abord que **la distinction entre la directive et le règlement s'est faite, au fil des ans, de moins en moins nette**, d'une part parce que la Cour a admis que les directives pouvaient être directement applicables en l'absence de mesures nationales de transposition (voir *infra*, effet direct du droit communautaire), et d'autre part parce que les auteurs des directives ont de plus en plus tendance à ne pas se limiter à la détermination des objectifs poursuivis, mais à entrer dans le détail des mesures d'application. Il en résulte que le choix de la directive ou du règlement comme instrument pertinent d'élaboration de la norme est devenu parfois arbitraire. Cette tendance aboutit à un gonflement abusif des actes obligatoires dans tous leurs éléments, et remet ainsi en cause l'intérêt de la distinction entre la directive et le règlement, qui a pour objet de permettre une plus ou moins grande participation des États membres à l'élaboration de la norme juridique communautaire (la distinction directive-réglement relève davantage de la logique de subsidiarité que de celle de séparation des pouvoirs). La mise en œuvre du principe de subsidiarité devrait cependant permettre de revenir à une utilisation plus « orthodoxe » de la directive.

Il faut également rappeler que **les actes *atypiques* ou *innommés* se sont multipliés**, notamment en raison de l'incapacité des actes de la nomenclature officielle à répondre aux nécessités du développement de l'action communautaire. La prolifération de ces instruments de « *soft law* » contribue à aggraver la confusion qui marque la typologie actuelle des actes adoptés par les institutions.

Le renforcement d'un pouvoir réglementaire autonome par rapport au pouvoir législatif, ou subordonné à ce dernier, permettrait de répondre à la nécessité de plus en plus évidente de désencombrer les deux branches du pouvoir législatif (le Conseil et le Parlement européen), menacés d'asphyxie sous le flot de textes nombreux, d'intérêt très inégal et qui, de surcroît, se prêtent parfois assez difficilement à la délibération parlementaire, en raison de leur technicité.

L'introduction d'une nouvelle typologie des actes communautaires permettrait au pouvoir législatif de se concentrer sur l'élaboration des actes à caractère purement législatif et de déléguer le pouvoir réglementaire ou d'exécution de ces actes aux États membres et à la Commission. L'efficacité de l'action communautaire s'en trouverait sensiblement renforcée, et cela permettrait de simplifier et de réduire le nombre des procédures décisionnelles, puisque chaque « niveau normatif » (législatif et réglementaire) disposerait de son propre processus décisionnel.

B. La difficulté de concevoir une typologie alternative des actes communautaires

I – QUELLE TYPOLOGIE ALTERNATIVE ?

402. Jusqu'ici, les études et documents qui ont évoqué la nécessité d'établir une nouvelle hiérarchie des normes communautaires n'ont pas été suivis d'effet. La déclaration n° 16 annexée au Traité de Maastricht, relative à la hiérarchie des actes communautaires, avait prévu que la conférence intergouvernementale de 1996/1997 examinerait « *dans quelle mesure il serait possible de revoir la classification des actes communautaires en vue d'établir une hiérarchie appropriée entre les différentes catégories de normes* ». Cette « *hiérarchie appropriée* » reposerait sur une distinction dans l'exercice des pouvoirs et serait matérialisée par des différences entre les formes des actes.

Au sommet de la nouvelle hiérarchie se situeraient les **normes « constitutionnelles ».** Ces normes contiendraient les principes fondamentaux sur lesquels reposent l'existence et le développement de l'Union européenne. Elles porteraient en particulier sur les missions et les moyens de l'Union, la structure et le fonctionnement des institutions, les conditions du financement des actions communautaires, la répartition des pouvoirs entre les institutions de l'Union ainsi qu'entre ces institutions et les États membres, l'adhésion de nouveaux États, la révision de la « charte constitutionnelle », etc.

Les accords externes resteraient évidemment subordonnés aux normes « constitutionnelles ».

La **« loi » communautaire** serait introduite dans la catégorie du droit dérivé. Elle aurait une portée générale, serait adoptée par le Conseil et le Parlement européen et aurait pour vocation de définir les règles générales applicables à une matière donnée. Cette loi serait un acte-cadre qui laisserait aux États membres le soin d'engager les moyens nécessaires à la réalisation des objectifs poursuivis, dans le respect du principe de subsidiarité. Elle présenterait donc certaines similitudes avec l'actuelle directive, mais aussi avec l'actuel règlement (portée générale de la « loi »).

Les « lois » communautaires seraient mises à exécution par des **actes réglementaires**, pris par la Commission et par les États membres, dans le respect des normes fixées par le Conseil et le Parlement européen.

À chaque niveau normatif (loi, acte réglementaire) correspondrait un processus décisionnel spécifique et unique.

Le **Traité constitutionnel de 2004** distinguait, d'une part entre les actes juridiquement contraignants (lois, lois-cadres, règlements et décisions) et les actes non contraignants (avis et recommandations), et, d'autre part, s'agissant des premiers, entre les actes législatifs (lois et lois-cadres), et les actes non-législatifs (règlements et décisions).

Les **actes législatifs** étaient proposés par la Commission, qui, dans certaines matières du domaine de l'espace de liberté, de sécurité et de justice, partageait son pouvoir d'initiative avec un quart au moins des États membres. Les lois et lois-cadres européenne, appelées à se substitruer aux règlements et aux directives communautaires, étaient, en principe, adoptées selon une procédure dite « procédure législative ordinaire » : le Conseil aurait adopté ces textes à la majorité qualifiée, en co-décision avec le Parlement européen. Mais, dans certaines matières, les lois et les lois-cadres auraient pu être adoptées, soit par le Conseil, (lois sur les ressources propres, sur le cadre financier pluriannuel, sur les élections pour le Parlement européen...), soit par le Parlement (lois sur le statut de ses membres, sur le statut du médiateur et sur les modalités d'exercice du droit d'enquête), mais toujours avec la participation de l'autre branche, qui pouvait aller de la simple consultation à l'approbation (actuel avis conforme). Certaines lois auraient dû être ratifiées par les États membres selon leurs règles constitutionnelles respectives (par exemple pour créer de nouveaux impôts).

Le règlement européen serait devenu un acte réglementaire au sens propre du terme. Le Traité constitutionnel créait également des « **règlements délégués** », qui pouvaient modifier ou compléter certains aspects des lois ou lois-cadres, sans pour autant affecter leurs éléments essentiels. Ces règlements délégués auraient été adoptés par la Commission, sur habilitation spécifique de l'autorité législative, c'est-à-dire, du Conseil et du Parlement européen, formulée dans le texte de base en cause. Chacune des deux branches de l'autorité législative pouvait révoquer la délégation accordée à la Commission. Le règlement délégué ne pouvait entrer en vigueur que, si dans un délai fixé dans la loi ou la loi-cadre, aucune des deux branches de l'autorité législative n'avait émis d'objections.

La **décision** serait devenue un acte non législatif obligatoire présentant les caractéristiques, tantôt d'un acte individuel classique, tantôt d'un acte d'organisation interne.

II – Les obstacles à l'instauration d'une typologie alternative

a) Les obstacles techniques

403. Ils tiennent essentiellement à la mise en œuvre de la distinction entre actes législatifs et réglementaires. La détermination « à la française » de deux domaines de compétence distincts et préalablement définis soulève plusieurs interrogations. Le traité détermine certes un domaine réglementaire autonome, par exemple en matière fiscale (art. 92 TCE, ex art. 98), dans le cadre duquel l'autorité compétente peut mettre directement en œuvre les mesures contenues dans le traité. Mais il s'agit là d'un domaine très restreint. Comment peut-on imaginer, dans le cadre d'un traité, une mesure générale et intemporelle de l'importance d'un acte normatif ? Comment affirmer que tel secteur d'intervention relève de la loi, tandis que tel autre relève du pouvoir réglementaire ? Et comment donner du caractère technique d'une mesure éventuelle une définition suffisamment vaste et précise pour être adaptée à tous les cas de figure ? La recherche d'un domaine réglementaire autonome conduit en fait à une impasse.

Il est clair aussi que l'abandon du terme « directive » ne peut être envisagé qu'avec prudence, ne serait-ce qu'en raison de l'importante jurisprudence développée par la Cour de justice en ce qui concerne cet instrument de droit dérivé, notamment à propos de son effet direct (voir *infra*).

La distinction classique de la loi et du règlement pose également un autre problème : comment faire en sorte que la nouvelle typologie des normes conserve, en termes de subsidiarité, la souplesse qui s'attache à l'actuelle ?

On peut enfin souligner que la notion de « hiérarchie des normes » n'a pas, dans les pays de *common law*, l'importance et la signification qu'elle revêt dans les autres systèmes juridiques.

b) Les obstacles politiques

404. Ils paraissent encore plus insurmontables. Ils tiennent au fait que l'établissement d'une nouvelle hiérarchie des normes communautaires suppose une redistribution radicale des pouvoirs, d'une part au sein du système institutionnel communautaire, et, d'autre part, entre les institutions de l'Union et les États membres. Il est évident en particulier que le renforcement du pouvoir réglementaire communautaire entraîne par définition un certain dessaisissement de l'organe législatif au profit de l'autorité exécutive. Or, les États membres sont très majoritairement opposés à une telle redistribution des pouvoirs, et notamment à l'extension des prérogatives du Parlement européen et de la Commission.

Il est particulièrement révélateur que le rapport Westendorp, établi dans la perspective de la conférence intergouvernementale de 1996/1997, ait pris soin de préciser que les solutions retenues pour améliorer le fonctionnement de l'Union européenne devront respecter « *intégralement le cadre institutionnel unique* » et s'inscrire « *dans le cadre de l'équilibre institutionnel existant* ». Prévoir que la révision des traités devra s'effectuer à équilibre institutionnel constant, c'est s'interdire à l'avance toute réforme ambitieuse.

Dans ces conditions, il est peu probable que la hiérarchie actuelle des normes communautaires soit modifiée substantiellement à court et moyen termes.

Pour en savoir plus...

– H. GAUDIN, « Le temps et le droit communautaire – Remarques introductives autour du droit positif », *in Mélanges J.-C. Gautron*, Paris, Pédone, 2004, p. 349.

a) À propos du droit dérivé

– C. ENFERT, « La France et la transposition des directives », in *RTD eur.* 2005, p. 671 ;

– R. MEHDI, « La "double hiérarchie" normative à l'épreuve du projet de traité établissant une Constitution pour l'Europe », *in Mélanges J.-C. Gautron*, Paris, Pédone, 2004, p. 443 ;

– P. PONZANO, « Le défi des lois européennes », *RDUE* 2005, p. 427 ;

– E. SALES, « La transposition des directives communautaires : une exigence de valeur constitutionnelle sous réserve de constitutionnalité », in *RTD eur.* 2005, p. 597 ;

– ZOLYNSKI, *Les méthodes de transposition des directives communautaires*, Dalloz, coll. « Nouvelle bibliothèque des thèses », 2007.

b) À propos du droit conventionnel

– J. BOURGEOIS, J.-L. DEWOST, M.-A. GAIFFE (éd.), *La Communauté européenne et les accords mixtes*, Presses interuniversitaires européennes, Bruxelles, 1997 ;

– J. LOTARSKI, «Le contrôle de conventionnalité des droits nationaux par la Cour de justice des CE», *Europe*, mars 2000, chron., p. 4 ;

– SFDI, colloque de Bordeaux, *Droit international et droit communautaire – Perspectives actuelles*, Paris, Pédone, 2000, 448 p.

c) à propos du droit jurisprudentiel

– M.-F. CHRISTOPHE TCHAKALOFF, *Les principes généraux du droit communautaire*, in CERIC, *Droits nationaux, droit communautaire : influences croisées*, La Documentation française, coll. Monde européen et international, 2000, p. 83 ;

– G. COHEN-JONATHAN, *Aspects européens des droits fondamentaux*, Montchrestien, 3e éd., Paris, 2002 ;

– L. DANIELE, « La protection des droits fondamentaux peut-elle limiter la primauté du droit communautaire et l'obligation de renvoi préjudiciel ? », *CDE* 2006, p. 67 ;

– S. LECLERC, J.-F. AKANDJI-KOMBÉ, M.-J. REDOR (dir.), *L'Union européenne et les droits fondamentaux*, Bruylant, Bruxelles, 1999 ;

– A. TIZZANO, « La protection des droits fondamentaux en Europe : la Cour de justice et les juridictions constitutionnelles nationales », *RDUE* 2006, p. 9.

Chapitre 2
Les caractères du droit communautaire

Plan du chapitre

405. Certains juristes prétendent encore, à l'instar du Doyen Carbonnier, que le droit communautaire est l'*« un de ces droits venus d'ailleurs* (qui) *sont des droits venus de nulle part, des droits qui n'ont ni histoire ni territoire* » (J. Carbonnier, *Droit et passion du droit sous la V*e *République*, 1996, p. 48). Nous pensons au contraire, à l'instar de Guy Isaac, que « *le droit issu des sources communautaires n'est pas un droit étranger ni même un droit extérieur : il est le droit propre de chacun des États membres, applicable sur son territoire tout autant que son droit national, avec cette qualité supplémentaire qu'il couronne la hiérarchie des textes normatifs de chacun d'eux* » (G. Isaac, *Droit communautaire général*, Colin, 1996, 5e édition, page 160).

Le droit communautaire présente trois caractères :

– il est **d'applicabilité immédiate** (section 1), ce qui signifie que la norme communautaire s'intègre automatiquement dans l'ordre juridique interne de l'État membre, sans le secours d'une norme nationale d'introduction ;

– il est, dans certaines conditions, d'**effet direct** (section 2), en ce sens que la norme communautaire peut créer directement des droits ou des obligations au profit ou à la charge des particuliers, qui pourront ainsi, dans certaines conditions, l'invoquer valablement à l'appui d'un recours devant le juge national ;

– il **prévaut sur le droit national** (section 3), ce qui implique qu'en cas de conflit entre une norme communautaire et une norme interne, l'application de la seconde devra être écartée au profit de la première.

Ces deux derniers caractères (effet direct, primauté) du droit communautaire exigent un effort d'adaptation de la part des États membres et en particulier des juges nationaux, dans le cadre de la mise en œuvre de leurs obligations communautaires (section 4).

Section 1
L'applicabilité immédiate du droit communautaire

406. Il existe deux traditions constitutionnelles en ce qui concerne l'intégration du droit international dans l'ordre juridique national : le monisme et le dualisme. Après avoir rappelé la signification de ces deux termes, nous montrerons que le système communautaire ne peut s'accommoder que du monisme, avant d'évoquer la reconnaissance de l'immédiateté du droit communautaire par les États membres, et singulièrement par la France.

§1. Signification du monisme et du dualisme constitutionnels

407. Les **États dualistes** sont ceux qui considèrent que le droit international n'a pas d'effet immédiat en droit interne et qu'il ne peut s'appliquer sur le territoire national que s'il a été « *introduit* » dans l'ordre juridique interne au moyen d'une norme nationale. Dans la conception dualiste, l'ordre juridique international et les ordres juridiques nationaux sont des systèmes étanches, de sorte que la norme internationale ne peut s'appliquer dans l'ordre interne que si elle y a été introduite par une norme nationale. Cette *introduction (ou réception)* a pour effet de « nationaliser » la norme internationale, qui ne trouve dès lors à s'appliquer dans l'ordre juridique interne qu'en tant que norme nationale. L'Italie, par exemple, est un pays dualiste.

À l'opposé, les **États monistes** sont ceux qui admettent que le droit international s'intègre automatiquement en tant que tel, dans l'ordre juridique national, sans réception préalable ni transformation en droit interne. La France est un pays moniste. Le monisme français résulte de l'article 55 de la Constitution qui prévoit que les traités internationaux ont, dès leur publication, une autorité supérieure à celle des lois, sous réserve d'avoir été régulièrement ratifiés ou approuvés et sous réserve de réciprocité. Cela signifie que, sous ces seules réserves, le droit international produit des effets immédiats en droit français et qu'il n'est pas nécessaire de l'introduire dans l'ordre juridique national par des lois ou des règlements pour qu'il constitue une source immédiate de droit. On notera au passage que ce monisme a été consacré pour la première fois, en France, par la Constitution de 1946 (article 26). Avant cette date, l'introduction des engagements internationaux en droit interne nécessitait un décret de promulgation du Président de la République.

En vérité, **les notions de monisme et de dualisme sont ambiguës**. Le Professeur D. Simon fait observer qu'il n'est pas *« certain que la différence entre monisme et dualisme soit aussi poussée qu'on veuille bien le dire. La véritable différence, ce n'est pas la réception ou l'absence de réception, car on peut considérer que la ratification d'un traité est une forme de réception globale qui fait pénétrer dans l'ordre juridique interne (...) l'ensemble du traité ainsi que l'ensemble du droit pris conformément en application de celui-ci »* (D. Simon, in SFDI, colloque de Bordeaux, *Droit international et droit communautaire – Perspectives actuelles*, Paris, Pédone, 2000, spécialement p. 296 et 297).

§2. Le système communautaire ne peut s'accommoder que du monisme

408. **La Cour de justice de Luxembourg a affirmé très tôt que le système communautaire ne pouvait s'accommoder que du monisme**. Elle considère que le monisme découle de la nature même des Communautés, dans la mesure ou, *« en instituant une Communauté de durée illimitée, dotée d'attributions propres, de la personnalité, de la capacité juridique (...) et plus précisément de pouvoirs réels issus d'une limitation de compétence ou d'un transfert d'attributions des États à la Communauté, ceux-ci ont limité, bien que dans des domaines restreints, leurs droits souverains et créé ainsi un corps de droit applicable à leurs ressortissants et à eux-mêmes »* (CJCE, 15 juillet **1964, *Costa c/ ENEL***, aff. 6/64, 1141). La Cour a ajouté qu'*« à la différence des traités internationaux ordinaires, le traité de la CEE a institué un ordre juridique propre intégré au système juridique des États membres lors de l'entrée en vigueur du traité et qui s'impose à leurs juridictions »*. Le juge de Luxembourg précisera l'année suivante que les traités doivent être appliqués par le juge national en tant que droit communautaire, et non en tant que droit interne, nonobstant les procédures nationales de réception mises en œuvre par certains États membres (CJCE, 22 juin **1965, *San Michele***, aff. 9/65, 35).

L'arrêt *Simmenthal* confirmera la jurisprudence antérieure en précisant que le droit communautaire *« fait partie intégrante (...) de l'ordre juridique applicable sur le territoire de chacun des États membres »* (CJCE, 9 mars **1978, *Simmenthal***, aff. 106/77, 629). L'immédiateté du droit communautaire vaut à la fois pour les traités (affaire *San Michele* précitée), les actes de droit dérivé (CJCE, 7 février 1973, *Commission c/ Italie*, aff. 39/72, 101 ; 10 octobre 1973, *Variola*, aff. 34//73, 981) et les accords externes.

NB : Le fait qu'une directive doive être transposée en droit national ne signifie pas qu'elle est dépourvue d'effet immédiat. Transposer une directive, c'est la mettre en œuvre par des mesures internes, un peu de la même façon qu'une loi française est mise en œuvre par des actes règlementaires. La transposition n'est pas destinée à « introduire » la directive dans l'ordre juridique national, mais à déterminer au niveau interne les moyens d'atteindre les objectifs fixés au niveau communautaire par la directive.

§3. La reconnaissance de l'immédiateté du droit communautaire par les États membres

409. Les États monistes n'ont pas eu de difficulté à reconnaître l'applicabilité immédiate du droit communautaire. **En France**, par exemple, **le Conseil Constitutionnel** a affirmé que *« la force obligatoire qui s'attache aux dispositions (des règlements) n'est pas subordonnée à une intervention des autorités des États membres »* (décisions du 30 décembre 1977, *RTD eur.* 1979, 142, note G. Isaac et J. Molinier). Le **Conseil d'État** dira pour droit que le règlement communautaire, *« en vertu de l'article 189 du Traité CEE, s'intègre, dès sa publication, dans le droit des États membres »* (CE, 22 décembre 1978, *Syndicat des Hautes Graves de Bordeaux*, R. 526, *RTD eur.* 1979, 717).

Le Conseil d'État acceptera également d'appliquer les décisions communautaires, sans exiger la publication nationale (CE, 3 février 1975, *Rabot*, *AJDA* 1975, 467 ; 12 octobre 1979, *Syndicat des importateurs de vêtements et produits artisanaux*, *AJDA* 1980, 95 ; voir également, du côté du juge judiciaire : Cass. crim., 22 octobre 1970, *Ramel*, *D.* 1971, 221). Le Conseil d'État consacrera aussi l'immédiateté des accords externes (affaire *Syndicat des importateurs de vêtements*... précitée).

Les États dualistes à l'égard du droit international (Italie, Allemagne, Belgique, Royaume-Uni...) ont également accepté de reconnaître l'immédiateté du droit communautaire. **En Italie**, par exemple, la Cour constitutionnelle estimera que *« les exigences fondamentales de l'égalité et de la certitude juridique requièrent que les règles communautaires (...) soient pleinement et obligatoirement efficaces et directement appliquées dans tous les États membres, sans que les lois de réception et adaptation soient nécessaires (...) »* (décision du 27 décembre **1973, *Frontini***, *RTD eur.* 1974, 148). Le juge constitutionnel italien précisera dans le cadre de la même affaire qu'*« il est conforme à la logique du système communautaire que les règlements de la CEE (...) ne doivent pas, en tant que source* *immédiate de droits et d'obligations (...) faire l'objet de mesures étatiques à caractère reproductif ou exécutif, susceptibles d'en modifier ou d'en conditionner de manière quelconque l'entrée en vigueur, et moins encore de s'y substituer, d'y déroger ou de les abroger, même partiellement »*.

Section 2
L'effet direct du droit communautaire

410. Comme l'a écrit le président R. Lecourt, « *ou bien la Communauté est, pour les particuliers, une séduisante mais lointaine abstraction intéressant seulement les gouvernements qui leur en appliquent discrétionnairement les règles ; ou bien elle est pour eux une réalité effective et, par conséquent, créatrice de droits* » (R. Lecourt, *L'Europe des juges*, Bruylant, Bruxelles, 1976, p. 248).

L'effet direct (ou applicabilité directe) du droit communautaire constitue l'une des « *caractéristiques essentielles de l'ordre juridique communautaire* » (CJCE, 14 décembre 1991, *avis 1/91*, I.6079, point 21). Il signifie que **le droit communautaire peut créer directement des droits ou des obligations au profit ou à la charge des justiciables et que ces derniers pourront, dans certaines conditions, invoquer les normes communautaires d'effet direct à l'appui d'un recours devant le juge national**.

L'invocabilité du droit communautaire (son aptitude à être invoqué par un paticulier à l'appui d'un recours devant le juge national) est donc la conséquence de son effet direct (encore qu'il existe une invocabilité non fondée sur l'effet direct – voir *infra*) ; c'est parce que la norme communautaire a créé un droit à son profit que le citoyen pourra se prévaloir de ce droit devant le juge national. La norme communautaire pourvue d'un effet direct devient en effet, par elle-même, un élément de légalité de l'ordre juridique interne. Le président Lecourt définira encore l'effet direct comme étant le droit « *pour toute personne de demander à son juge de lui appliquer traités, règlements, directives ou décisions communautaires* », et « *l'obligation pour le juge de faire usage de ces textes, quelle que soit la législation du pays dont il relève* » (R. Lecourt, *ibid*, page 248).

NB : On peut considérer que l'effet direct correspond à l'aptitude d'une norme communautaire à faire l'objet d'une application judiciaire. La « justiciabilité » de la norme communautaire est une conséquence de son effet direct (de ce point de vue, « justiciabilité » et « invocabilité » sont deux notions voisines).

L'effet direct du droit communautaire est **un caractère consubstantiel à la nature même de la Communauté**. Il a été consacré pour la première fois par la Cour de justice à l'occasion de l'affaire *Van Gend en Loos* jugée en 1963. Le juge de Luxembourg constate que l'objectif du Traité de Rome est *« d'instituer un marché commun dont le fonctionnement concerne directement les justiciables de la Communauté »*. Il en résulte que ce traité *« constitue plus qu'un accord qui ne créerait que des obligations mutuelles entre les États contractants »*. La Cour précisera que *« le droit communautaire (...), de même qu'il crée des charges dans le chef des particuliers, est aussi destiné à engendrer des droits qui entrent dans leur patrimoine juridique »* (CJCE, 5 février **1963, *Van Gend en Loos***, aff. 26/62, 1). Il concerne inévitablement et directement les ressortissants des États membres, qui sont donc des sujets à part entière de l'ordre juridique communautaire. Il en résulte ainsi que le juge national a l'obligation de garantir l'exercice des droits que les ressortissants des États membres tirent du droit communautaire.

La signification du principe d'effet direct sera encore précisée dans l'arrêt ***Simmenthal*** rendu le 9 mars **1978**. La Cour y indique que *« l'applicabilité directe (...) signifie que les règles du droit communautaire doivent déployer la plénitude de leurs effets, d'une manière uniforme dans tous les États membres, à partir de leur entrée en vigueur et pendant toute la durée de leur validité »*. Le juge précisera à l'occasion de la même affaire que *« les dispositions du traité et les actes des institutions directement applicables ont pour effet (...) de rendre inapplicables de plein droit (...) toute disposition contraire de la législation nationale existante »* (CJCE, 9 mars 1978, *Simmenthal*, aff. 106/77, 629).

411. Toutefois, **le principe d'effet direct n'a pas une portée générale**. Il ne vaut pas pour toutes les normes communautaires, dans la mesure où celles-ci ne sont pourvues d'effet direct que si elles satisfont à certains critères (clarté, précision, inconditionnalité). De plus, l'invocabilité d'une norme d'effet direct (son aptitude à être invoquée à l'appui d'un recours devant le juge national) a une portée variable ; dans certains cas, la norme communautaire ne pourra être invoquée que par un particulier à l'encontre d'un État membre **(effet direct vertical)** ; dans d'autres hypothèses, elle pourra être également invoquée entre les particuliers eux-mêmes **(effet direct horizontal)**.

§1. L'effet direct des traités

412. C'est **l'arrêt *Van Gend en Loos*** précité qui fournit des précisions sur les critères de l'effet direct des stipulations des traités. La Cour y a en effet dit pour droit que les droits qui entrent dans le patrimoine juridique des particuliers *« naissent non seulement lorsqu'une attribution explicite en est faite par le traité mais aussi en raison d'obligations que le traité impose d'une manière bien définie tant aux particuliers qu'aux États membres et aux institutions communautaires »*. Le juge de Luxembourg précisera que l'effet direct de l'article 12 CEE (art. 25 TCE actuellement), qui prohibe l'introduction de nouveaux droits de douane ou de nouvelles taxes d'effet équivalent entre États membres, résulte de ce qu'il *« énonce une interdiction claire et inconditionnelle qui est une obliga-*

tion (...) de ne pas faire ; que cette obligation n'est d'ailleurs assortie d'aucune réserve des États de subordonner sa mise en œuvre à un acte positif de droit interne ; que cette prohibition se prête parfaitement, par sa nature même, à produire des effets directs dans les relations juridiques entre les États membres et leurs justiciables ».

Il ressort clairement de ces considérations **qu'une stipulation d'un traité est d'effet direct lorsqu'elle satisfait aux critères suivants :**

– **elle doit être claire** (le juge national ne peut pas avoir de doutes sur le contenu et la portée de l'obligation qui pèse sur l'État membre ou du droit dont bénéficie le justiciable) ;

– **elle doit être inconditionnelle** (son application n'est pas subordonnée à des conditions particulières) ;

– **elle est « juridiquement parfaite »,** en ce sens qu'elle se suffit à elle-même (elle est *auto-exécutoire* ou *self-executing)*, que sa mise en œuvre ne nécessite pas l'adoption d'un acte ultérieur, national ou communautaire. La Cour nuancera cette exigence quelques années plus tard en précisant que la norme communautaire peut être considérée comme ayant un effet direct, même lorsqu'elle nécessite l'adoption d'actes d'application ultérieurs, à condition toutefois que les États membres ou les institutions communautaires ne disposent d'aucun pouvoir d'appréciation discrétionnaire pour prendre ces mesures d'application (voir en particulier : CJCE, 19 décembre 1968, *Salgoil*, aff. 13/68, 661 ; 21 juin 1974, *Reyners*, aff. 2/74, 631).

Il faut distinguer, dans le Traité CE les dispositions à effet direct intégral, les dispositions à effet direct limité et les dispositions dépourvues d'effet direct.

A. Les dispositions du traité à effet direct intégral

413. Ce sont celles qui peuvent être invoquées, non seulement par un particulier à l'encontre d'un État membre **(effet direct vertical)**, mais aussi entre particuliers **(effet direct horizontal)** :

– l'article 28 TCE (ex-art. 30), qui interdit les restrictions quantitatives à l'importation, ainsi que toutes mesures d'effet équivalent (CJCE, 21 janvier 1981, *Dansk Supermarked*, aff. 58/80, 181) ;

– l'article 39 TCE (ex-art. 48), qui concerne la libre circulation des travailleurs et implique l'abolition de toute discrimination fondée sur la nationalité (CJCE, 4 décembre 1974, *Van Duyn*, aff. 41/74, 1337) ;

– l'article 43 TCE (ex-art. 52), qui concerne la liberté d'établissement (CJCE, 21 juin 1974, *Reyners*, aff. 2/74, 631 ; 12 décembre 1974, *Walrave*, aff. 36/74, 1405) ;

– les articles 49 et 50 alinéa 3 CE (ex-art. 59 et 60 al. 3), qui concernent la libre prestation de services (CJCE, 3 décembre 1974, *Van Binsbergen*, aff. 33/74, 1299) ;

– les articles 81 alinéa 1 et 82 TCE (ex-art. 85 al. 1 et 86), qui interdisent les ententes et les abus de position dominante (CJCE, 6 avril 1962, *Bosch*, aff. 13/61, 97 ; 10 juillet 1980, *Marty c/ Lauder*, aff. 37/79, 2841) ;

– l'article 141 TCE (ex-art. 119), qui interdit les discriminations fondées sur le sexe en matière de rémunérations (CJCE, 8 avril 1976, *Defrenne*, aff. 43/75, 455).

B. Les dispositions du traité à effet direct limité

414. Ce sont celles qui ne peuvent être invoquées **que dans les « litiges verticaux »** (ceux qui opposent un particulier à un État membre) :

– l'article 12 alinéa 1er TCE (ex-art. 6 al. 1er), qui interdit les discriminations fondées sur la nationalité (CJCE, 13 décembre 1969, *Walt Wilhelm*, aff. 14/68, 1) ;

– l'article 23 TCE (ex-art. 9), qui interdit les droits de douane et taxes d'effet équivalent entre États membres (CJCE, 17 décembre 1970, *SACE*, aff. 33/70, 1213) ;

– l'article 25 TCE (ex-art. 12), qui interdit l'introduction de nouveaux droits de douane et taxes d'effet équivalent entre États membres (1963, *Van Gend en Loos* précité) ;

– l'article 31 §1 et 2 TCE (ex-art. 37 §1 et 2), qui prohibe de nouvelles mesures discriminatoires au titre des monopoles nationaux présentant un caractère commercial (CJCE, 13 mars 1979, *Hansen*, aff. 91/78, 935) ;

– l'article 56 TCE (ex-art. 73 B §1), qui interdit les restrictions aux mouvements de capitaux entre les États membres et entre les États membres et les pays tiers (CJCE, 14 décembre 1995, *L.E. Sanz de Lera*, aff. jtes C-163, 165 et 250/94, I.4821) ;

– l'article 86-2 TCE (ex-art. 90.2), qui concerne la soumission aux règles de concurrence des entreprises chargées de la gestion de services d'intérêt économique général ou présentant le caractère d'un monopole fiscal (CJCE, 27 mars 1974, *BRT c/SABAM*, aff. 127/73, 313) ;

– l'article 88-3 TCE (ex-art. 93-3), qui oblige les États membres à notifier leurs projets d'aides à la Commission (CJCE, 11 décembre 1973, *Lorenz*, aff. 20/73, 1471) ;

– l'article 90 TCE (ex-art. 95), qui prohibe les discriminations fiscales à l'égard des produits des autres États membres (CJCE, 16 juin 1966, *Lütticke*, aff. 57/65, 294).

C. Les dispositions du traité dépourvues d'effet direct

415. Ce sont celles qui ont une nature institutionnelle, ou dont la mise en œuvre est subordonnée à l'exercice d'une compétence communautaire, ou encore celles qui laissent une marge d'appréciation aux États membres (voir R. Kovar, « Note sur les critères du droit communautaire non directement applicable », *Mélanges Dehousse*, Paris-Bruxelles, Nathan-Labor, 1979, E. II.227). On peut citer notamment :

– l'article 2 TCE, qui fixe les missions de la Communauté (CJCE, 24 janvier 1991, *Alsthom Atlantique c/ Sulzer*, aff. C-339/89, I.107) ;

– l'article 10 TCE (ex-art. 5), qui concerne l'obligation de « loyauté » qui s'impose aux États membres à l'égard de la Communauté (CJCE, 24 octobre 1973, *Schlüter*, aff. 9/73, 1161) ;

– l'article 97 TCE (ex-art. 102), qui concerne la consultation obligatoire de la Commission sur certains projets législatifs ou réglementaires des États membres (1964, *Costa c/ ENEL* précité).

§2. L'effet direct des règlements

416. L'applicabilité directe du règlement ne fait aucun doute, puisque l'article 249 alinéa 2 TCE (ex-189 al. 2) prévoit que *« le règlement (...) est directement applicable dans tout État membre »*. La Cour de justice précisera qu'*« en raison de sa nature même et par sa fonction dans le système des sources du droit communautaire,* (le règlement) *produit des effets immédiats et est, comme tel, apte à conférer aux particuliers des droits que les juridictions nationales ont l'obligation de protéger »* (CJCE, 14 décembre **1971, *Politi***, aff. 43/71, 1039). Cette formule laisse entendre que le caractère directement applicable du règlement renvoie à la fois à la notion d'effet immédiat et à la notion d'effet direct.

Dans la mesure où il a une portée générale, le règlement peut être invoqué **dans les litiges « horizontaux »** (CJCE, 17 septembre 2002, *Antonio Munoz y Cia*, aff. 253/00, I.7289) **comme dans les litiges « verticaux »** (CJCE, 10 octobre 1973, *Variola*, aff. 34/73, 981 ; 12 décembre 1974, *Walrave,* aff. 36/74, 1405).

Comme il est d'effet direct, **le règlement exclut, en principe, l'intervention de mesures nationales d'exécution**, car de telles mesures auraient pour effet, d'une part de remettre en cause l'application simultanée et uniforme du règlement dans l'ensemble de la Communauté, et, d'autre part, de dissimuler l'origine communautaire des droits et obligations qu'il crée (CJCE, 7 février 1973, *Commission c/ Italie*, aff. 39/72, 101 ; 2 février 1977, *Amsterdam Bulb*, aff. 50/76, 137). Il peut arriver que le règlement subordonne l'application d'une de ses stipulations à l'intervention de mesures nationales ou communautaires d'exécution, mais cela n'a pas pour conséquence de porter atteinte à l'effet direct de ce règlement. Dans tous les cas, l'effet direct du règlement permet aux juridictions nationales de contrôler la conformité des mesures nationales d'exécution avec le contenu du règlement (CJCE, 27 septembre 1979, *Eridiana,* aff. 230/78, 2749).

Rompant avec la formule de l'arrêt *Politi*, la Cour de justice a affirmé dans un arrêt de 2001 que les dispositions d'un règlement n'étaient pas invocables devant le juge national par un opérateur économique, dans l'hypothèse où le législateur n'avait pas pris les dispositions nécessaires à leur mise en œuvre dans l'ordre juridique interne (CJCE, 11 janvier **2001, *Monte Arcosu***, aff. C-403/98, I.103).

§3. L'effet direct des directives

417. **La reconnaissance de l'effet direct des directives n'allait pas de soi**, pour au moins deux raisons :

– d'abord, parce que l'article 249 alinéa 3 TCE (ex-189 al. 3) n'a pas prévu que les directives sont *« directement applicables dans tout État membre »* (à l'inverse de l'article 249 alinéa 2 TCE, qui vise les règlements). On pourrait en déduire, *a contrario*, que les directives n'ont pas d'effet direct ;

– ensuite, parce que les directives se bornent à fixer un objectif aux États membres, lesquels restent libres en principe de déterminer les modalités nationales de mise en œuvre de cet objectif. Cette caractéristique se concilie mal avec l'effet direct, puisqu'elle implique que la directive ne se suffit pas à elle-même (elle n'est pas *« juridiquement parfaite »*), qu'elle peut et qu'elle doit être complétée et mise en œuvre par des mesures nationales de transposition. Or, en principe, seules normes internationales *self executing* sont invocables en justice. Il faut toutefois rappeler que les institutions communautaires ont eu tendance à élaborer des directives de plus en plus précises, ne laissant guère de marge d'appréciation aux États membres pour le choix des moyens. La reconnaissance d'un effet direct à ces directives détaillées n'était pas inconcevable.

Certains justiciables n'ayant pas hésité à invoquer les dispositions d'une directive à l'appui d'un recours juridictionnel, la Cour de justice de Luxembourg et les juridictions nationales n'ont pas pu éviter de prendre position sur la question de l'effet direct des directives communautaires.

La Cour de justice a développé une jurisprudence assez complexe (A.) qui aboutit à reconnaître un effet direct à la directive, à condition que ses dispositions déterminent les droits du justiciable de manière suffisamment claire et précise, que l'invocation de ces droits ne soit subordonnée à aucune condition, que l'autorité nationale n'ait aucune marge d'appréciation et, enfin, que le délai de transposition de la directive soit déjà écoulé.

En France, les juridictions administratives ont développé une jurisprudence relative à l'invocabilité des directives communautaires (B.) **qui se démarque à certains égards de celle de la Cour de justice**, parce qu'elle se fonde encore, dans une certaine mesure, sur la conception française de la souveraineté et du droit international.

A. L'invocabilité des directives dans la jurisprudence de la Cour de justice

418. La Cour de justice a consacré deux types d'invocabilité :

– une invocabilité fondée sur l'effet direct, que la Cour de justice justifie par l'obligation d'assurer l'*« effet utile »* de la directive et par le défaut d'exécution de celle-ci ;

– une invocabilité aux fins d'interprétation du droit national, non fondée sur l'effet direct, qui permet aux justiciables de solliciter du juge national qu'il interprète le droit interne conformément aux dispositions de la directive.

I – L'INVOCABILITÉ FONDÉE SUR L'EFFET DIRECT

a) Les justifications de l'invocabilité des directives

1) L'obligation d'assurer « l'effet utile » de la directive

419. La Cour de justice considère qu'il serait incompatible avec l'effet contraignant que l'article 249 alinéa 3 TCE (ex-189 al. 3) reconnaît à la directive, que les obligations qu'elle contient ne puissent pas être invoquées par les justiciables des États membres. **L'« *effet utile* » des directives serait neutralisé si les ressortissants des États membres n'avaient pas la possibilité de s'en prévaloir en justice.**

C'est par référence à la notion d'*« effet utile »* que la Cour affirmera – d'abord à propos d'une décision communautaire – que *« si en vertu des dispositions de l'article 189, les règlements sont directement applicables et par conséquent par leur nature susceptibles de produire des effets directs, il n'en résulte pas que d'autres catégories d'actes visés par cet article ne peuvent jamais produire des effets analogues »* (CJCE, 6 octobre **1970, *Franz Grad***, aff. 9/70, 825). Le juge de Luxembourg confirmera cette jurisprudence deux mois plus tard à propos des dispositions combinées du Traité CEE et d'une directive (CJCE, 17 décembre **1970, *SACE***, aff. 33/70, 1213).

Les bases du régime d'invocabilité de la directive seront fixées par l'arrêt ***Van Duyn*** du 4 décembre **1974**, qui reprend la formule de principe des arrêts *Franz Grad* et *SACE* relative aux effets analogues, pour l'appliquer à la directive et en déduire qu'il convient *« d'examiner, dans chaque cas, si la nature, l'économie et les termes de la disposition en cause sont susceptibles de produire des effets directs dans les relations entre les États membres et les particuliers »* (CJCE, 4 décembre 1974, *Van Duyn*, aff. 41/74, 1337).

2) Le défaut d'exécution de la directive

420. La Cour a dit pour droit qu'*« il découle de l'article 189, alinéa 3, que l'exécution des directives communautaires doit être assurée par des mesures d'application appropriées prises par les États membres. Ce n'est que dans des circonstances particulières, notamment dans le cas où un État membre aurait omis de prendre les mesures d'exécution requises, ou adopté des mesures non conformes à une directive, que la Cour a reconnu le droit pour les justiciables d'invoquer en justice une directive à l'encontre d'un État membre défaillant »* (CJCE, 6 mai 1980, *Commission c/ Belgique*, aff. 102/79, 1473). Le juge communautaire précisera encore que ***« dans tous les cas où une directive est correctement mise en œuvre, ses effets atteignent les particuliers par l'intermédiaire des mesures d'application prises par l'État***

concerné » (CJCE, 19 janvier **1982, *Becker***, aff. 8/81, 53). Comme l'a relevé la Cour dans l'affaire *Becker*, *« l'État membre qui n'a pas pris dans les délais les mesures d'exécution imposées par la directive ne peut opposer aux particuliers le non-accomplissement, par lui-même, des obligations qu'elle comporte »*.

Il ressort clairement de cette jurisprudence que c'est le défaut d'exécution de la directive qui fonde le pouvoir et le devoir du juge national de l'appliquer directement à l'encontre de l'État défaillant. L'invocabilité de la directive ne peut donc se concevoir que dans un contexte juridique anormal, *« pathologique »* selon l'expression de Guy Isaac. La *« pathologie »* peut résider dans le fait que la directive n'a pas été transposée dans les délais impartis ; elle peut aussi résulter d'une transposition incorrecte de la directive. Dans le premier cas, **l'État membre a « péché par omission » et le juge national aura recours à une « invocabilité palliative »** (il va pallier l'absence de mesures nationales de transposition en appliquant directement les dispositions d'effet direct de la directive) ; dans le second cas, **l'État membre a « péché par action » et le juge national aura recours à une « invocabilité de substitution » ou « d'exclusion »** (il va exclure la mesure nationale de la base légale du litige et lui substituer les dispositions pertinentes de la directive). Dans les deux cas, il s'agit de sanctionner l'État qui a méconnu ses obligations communautaires (aussi parle-t-on encore d'une « invocabilité de sanction »).

NB : La plupart des auteurs parlent d'**invocabilité** ou d'effet direct de ***substitution*** pour qualifier la situation dans laquelle, en l'absence de tout acte national de transposition, le particulier serait en mesure d'invoquer directement les dispositions d'effet direct de la directive pertinente à l'appui d'un recours devant le juge national. Nous préférons retenir pour notre part, dans cette hypothèse, la notion d'***invocabilité palliative***. Il nous semble, en effet, que le verbe *substituer* ne peut, en toute rigueur, être utilisé que lorsqu'on veut indiquer qu'un élément se substitue à un autre élément ; on ne peut pas *substituer* quelque chose (ici, certaines dispositions d'une directive) à un « vide » (absence d'acte national de transposition). En revanche, on peut *pallier* (invocabilité palliative) une absence. Selon nous, il est donc plus correct de parler d'*invocabilité palliative* lorsqu'il s'agit effectivement de *pallier* l'absence d'un texte national de transposition, et il vaut mieux réserver la formule *effet direct de substitution* à l'hypothèse dans laquelle l'acte interne de transposition existe : dans ce cas en effet, il s'agit bien d'*exclure* cet acte incorrect de la base légale du litige, pour lui *substituer* les dispositions d'effet direct de la directive. On nous reprochera peut-être d'ergoter en procédant à cette petite mise au point sémantique ; nous pensons au contraire que, dans une matière aussi complexe, le respect du sens précis des vocables utilisés peut faciliter la compréhension du lecteur.

Plus récemment, la Cour de justice a précisé que l'invocabilité de la directive pouvait également se concevoir dans l'hypothèse où, bien que correctement transposée, la directive était appliquée de manière erronée par les autorités nationales (CJCE, 11 juillet **2002, *Marks & Spencer***, aff. C-62/00, I.6325). En effet, cette hypothèse correspond également à une situation « pathologique », puisque la directive n'est pas appliquée dans des conditions permettant d'*« atteindre le résultat qu'elle vise »*. Autrement dit, *« l'adoption de mesures nationales transposant correctement une directive n'a pas pour conséquence d'épuiser les effets de celle-ci »*. Comme le notent D. Simon et A. Rigaud, « *l'application défectueuse de la directive aboutit (...) à réveiller* » la directive, « *qui est seulement mise en sommeil par l'opération de transposition* » (in *Europe*, octobre 2002, n° 317).

Le juge de Luxembourg considère qu'un État membre manque à ses obligations communautaires lorsqu'il n'applique pas une directive annulée que la Cour de justice a néanmoins maintenue en vigueur jusqu'à l'adoption d'une nouvelle directive (CJCE, 26 septembre 2000, *Commission c/ Autriche*, aff. C-205/98, I.7367).

b) La portée de l'invocabilité des directives

421. La directive n'est invocable que par les particuliers à l'encontre des États membres destinataires qui ont méconnu les objectifs précis et inconditionnels qu'elle a fixés, et uniquement après l'expiration du délai de transposition (sauf si elle a été mal transposée avant l'expiration de ce délai, car dans ce cas il est possible d'invoquer les dispositions d'effet direct de la directive sans délai). Dans tous les cas, l'invocabilité de la directive fondée sur l'effet direct ne peut jouer que dans les litiges verticaux.

1) Seules les dispositions précises et inconditionnelles de la directive sont invocables

422.* L'invocabilité de la directive est limitée aux dispositions qui ont une intensité normative suffisante**. L'arrêt *Van Duyn* précité avait clairement indiqué qu'il convenait d'examiner *« dans chaque cas si la nature, l'économie, et les termes de la disposition en cause* (étaient) *susceptibles de produire des effets directs dans les relations entre les États membres et les particuliers »*. L'arrêt ***Ratti du 5 avril **1979** précisera que les dispositions susceptibles de produire de tels effets sont celles qui ont un caractère inconditionnel et suffisamment précis (CJCE, 5 avril 1979, *Ratti*, aff. 148/78, 1629). La Cour précisera encore qu'une disposition d'une directive est *« conditionnelle »*, et donc dépourvue d'effet direct, si elle confère une grande marge d'appréciation à l'État pour sa mise en œuvre (CJCE, 2 août 1993, *Marshal II*, aff. C-271/91, I.4367).

Lorsque les dispositions de la directive ne satisfont pas à ces critères, le juge national ne peut pas faire prévaloir la directive sur l'acte national contraire, puisque cette directive n'a pas pu créer de droits au profit du requérant. Ce dernier sera alors dans une situation particulièrement défavorable, puisqu'il n'aura pratiquement aucun moyen d'obtenir gain de cause : il ne peut pas exiger du juge national qu'il applique directement les dispositions de la directive aux lieux et places du droit national ; il ne pourra pas davantage obtenir la condamnation de l'État défaillant, puisque le recours en manquement d'État n'est pas ouvert aux particuliers.

423. **Il ne subsiste** en pareil cas **qu'une « invocabilité minimale »** qui découle des exigences de la primauté du droit communautaire, et qui permet au justiciable de demander au juge national :

– de procéder à une « interprétation conforme » du droit interne par rapport aux dispositions de la directive (voir *infra*) ;

– d'écarter les normes nationales incompatibles avec la directive (*invocabilité d'exclusion*) ;

– de mettre en jeu la responsabilité de l'État membre défaillant (***invocabilité de réparation***), si l'on se trouve en présence d'une directive présentant certaines caractéristiques (voir *infra* – Titre 6 – chap. 2, section 4, §2, B.). C'est ce qui résulte clairement de l'arrêt *Francovich* du 19 novembre 1991 (CJCE, 19 novembre 1991, *Francovich et Bonifaci*, aff. jtes C-6/90 et C-9/90, I.5357).

2) La directive n'est invocable que dans les litiges « verticaux »

424. Les directives ne peuvent avoir que les États pour destinataires. Elles ne revêtent donc de caractère contraignant qu'à leur égard, de sorte qu'elles ne peuvent être invoquées, ni par l'État à l'encontre des particuliers (CJCE, 8 octobre 1987, *Kolpinghuis*, aff. 80/86, 3969 ; 17 octobre 1989, *Pretore de Salo*, aff. 14/86, 2545), ni entre particuliers (CJCE, 26 février **1986, *Marshall***, aff. 152/84, 723 ; 2 août 1993, *Marshall II*, aff. C-271/91, I.4367 ; 14 juillet 1994, *Faccini Dori*, aff. C-91/92, I.3325). **Les directives ne peuvent donc avoir, ni un effet direct « vertical inversé »** (voir par ex. CJCE, 26 septembre 1996, *Arcaro*, aff. C-168/95, I.4705), **ni un effet direct « horizontal ».**

Récemment, la Cour a précisé que *« de simples répercussions négatives sur les droits de tiers, même si elles sont certaines, ne justifient pas de refuser à un particulier d'invoquer une directive à l'encontre de l'État membre concerné »* (CJCE, 7 janvier 2004, *D. Welles*, aff. C-201/02, I.723) ; une solution que le professeur D. Simon résume en soulignant que *« dans des situations triangulaires, l'effet collatéral ne fait pas obstacle à l'effet direct vertical des directives »* (in *Europe*, mars 2004, comm. n° 63).

Le refus de reconnaître un effet direct « horizontal » aux directives a été clairement justifié à l'occasion de l'affaire *Marshall* jugée en 1986. Le juge de Luxembourg a alors précisé que *« le caractère contraignant d'une directive sur lequel est fondée la possibilité d'invoquer celle-ci devant une juridiction nationale n'existe qu'à l'égard de tout État membre destinataire. Il s'ensuit qu'une directive ne peut pas, par elle-même, créer d'obligations dans le chef d'un particulier et qu'une disposition de directive ne peut donc pas être invoquée en tant que telle à l'encontre d'une telle personne »*.

Une directive peut, en revanche, être opposée à l'État quelle que soit la qualité en laquelle il se présente : autorité publique ou simple employeur (affaire *Marshall I* précitée), autorités décentralisées comme les communes (CJCE, 22 juin 1989, *Fratelli Costanzo*, aff. 103/88, 1839) ou même entreprises publiques (CJCE, 12 juillet 1990, *Foster*, aff. C-188/89, I.3313). L'arrêt *Foster* précise qu'une directive peut être opposée à tout *« organisme qui, quelle que soit sa forme juridique, a été chargé en vertu d'un acte de l'autorité publique d'accomplir, sous le contrôle de cette dernière, un service d'intérêt public et qui dispose, à cet effet, de pouvoirs exorbitants par rapport aux règles applicables dans les relations entre particuliers »* (point 20).

La Cour de justice a une conception très ouverte de la notion de particulier, puisqu'elle admet qu'une commune peut, dans certaines circonstances, se prévaloir d'une disposition d'une directive à l'encontre de l'État (CJCE, 15 mai 1990, *Commune de Carpaneto*, aff. 24/89, I.1869).

425. **Certains avocats généraux sont favorables à la reconnaissance d'un effet direct horizontal aux directives** (l'avocat général Van Gerven dans l'affaire *Marshall II* précitée ; l'avocat général Jacobs dans : CJCE, 3 mars 1994, *Vaneetveld et SA Le Foyer*, aff. C-316/93, I.763 ; l'avocat général Lenz à l'occasion de l'affaire *Faccini Dori* précitée), et justifient le revirement de jurisprudence qu'ils suggèrent par le souci d'améliorer la protection juridictionnelle des particuliers et de garantir l'application uniforme et efficace du droit communautaire. De son côté, la doctrine n'a pas manqué de souligner que *« de plus en plus de dispositions de directives apparaissent a priori utilisables dans des rapports de droit privé »*, en particulier celles qui ont une incidence sur le droit du travail (voir P. Manin, « L'invocabilité des directives : quelques interrogations », in *RTD eur.* 26 (4) oct.-déc. 1990, page 687).

On peut aussi relever que **la Cour de cassation française a fait une application « horizontale » d'une directive communautaire à l'occasion d'un arrêt rendu en 1984** (Cass. civ. 11 décembre 1984, *Bureau central français c/Fonds de garantie automobile et a.*, *Bull. civ.* I, p. 281).

En dépit de ces prises de position, le juge de Luxembourg refuse toujours de reconnaître un effet horizontal aux directives. Il a justifié le maintien de la solution traditionnelle en la matière en indiquant que sa remise en cause *« reviendrait à reconnaître à la Communauté le pouvoir d'édicter avec effet immédiat des obligations à la charge des particuliers alors qu'elle ne détient cette compétence que là où lui est attribué le pouvoir d'adopter des règlements »* (affaire *Faccini Dori* précitée ; voir encore CJCE, 7 décembre 1995, *Luigi Spano et Fiat Geotech SpA*, aff. C-472/93, I.4321). La Cour de justice a néanmoins estimé que le juge interne devait, même dans un litige horizontal, refuser d'appliquer une règle technique nationale adoptée dans des conditions incompatibles avec les exigences d'une directive (CJCE, 26 septembre 2000, *Unilever Italia*, aff. C-443/98, I.7535).

En outre, l'invocabilité d'une directive est opposable à un organisme de droit privé chargé d'accomplir un service d'intérêt public et qui dispose à cet effet de pouvoirs exorbitants (CJCE, 19 avril 2007, *Farell*, aff. C-356/05, I.3067).

Il faut enfin rappeler que les inconvénients qui peuvent résulter pour le justiciable de l'absence d'effet horizontal d'une directive peuvent être, au moins partiellement, compensés par le fait qu'il sera possible, dans certaines circonstances, d'engager la responsabilité de l'État pour non transposition de la directive (voir *infra* – Titre 6, chap. 2, section 4, §2, B.).

3) La directive n'est en principe invocable qu'après expiration du délai de transposition

426. Avant l'expiration du délai de transposition, la directive ne peut être méconnue que « par action » (la transposition a été opérée à temps, mais elle est incorrecte), puisque l'inaction de l'État ne peut pas être considérée comme fautive tant que le délai de transposition n'est pas dépassé. Tant que l'échéance *« n'est pas atteinte, les États restent libres »* et *« la directive (…) ne peut faire naître dans le chef du particulier qui s'est conformé* (à ses dispositions) *avant l'expiration du délai d'adaptation prévu pour l'État membre aucun effet qui pourrait être pris en considération par les juridictions nationales »* (CJCE, 5 avril **1979**, affaire ***Ratti*** précitée). Il en résulte qu'**avant l'expiration du délai de transposition, les dispositions claires et inconditionnelles de la directive ne peuvent être invoquées qu'à l'encontre des actes de transposition**. Le juge de Luxembourg a ainsi indiqué que les justiciables peuvent demander au juge interne de vérifier si les autorités nationales ont respecté les limites d'appréciation fixées par la directive en ce qui concerne la forme et les moyens pour la mettre en œuvre (CJCE, 1er février 1977, *V.N.O.*, aff. 51/76, 113).

Après l'expiration du délai de transposition, la directive peut être méconnue à la fois « par action » et « par omission ». L'inaction de l'État devient en effet fautive lorsque l'échéance est atteinte (affaire *Ratti* précitée). Le juge de Luxembourg a même précisé que le juge interne pourra apprécier d'office (sans que le requérant le lui ait demandé) la conformité d'une mesure nationale avec les dispositions précises et inconditionnelles d'une directive dont le délai de transposition est expiré (CJCE, 11 juillet 1991, *Verhoelen*, aff. jtes C-87/90 à C-89/90, I.3757).

II – L'INVOCABILITÉ D'INTERPRÉTATION

a) Signification et justification de l'invocabilité d'interprétation

427. Parallèlement à l'invocabilité de la directive fondée sur l'effet direct, le juge de Luxembourg a consacré un autre **dispositif d'invocabilité, permettant aux justiciables de solliciter du juge interne qu'il interprète le droit national conformément aux dispositions de la directive**, laquelle doit en effet constituer, selon l'expression du juge Pescatore, *« un standard commun pour l'interprétation* *du droit national* ». L'invocabilité d'interprétation implique la faculté pour le justiciable d'invoquer la directive, même si elle est dépourvue d'effet direct, en tant que « norme de référence » pour l'interprétation du droit national, et spécialement des mesures nationales de transposition.

Ce principe d'interprétation conforme n'est pas propre au droit communautaire. Il s'agit d'une règle générale, connue du droit français, selon laquelle, **en cas de doute sur la signification d'un texte donné, le juge a l'obligation de l'interpréter à la lumière du texte qui lui est immédiatement supérieur dans la hiérarchie des normes.**

En France, c'est le procureur général Matter auprès de la Cour de cassation qui a exposé en **1931** le principe selon lequel, en cas de contradiction entre un traité international et une loi postérieure, le juge doit s'efforcer de résoudre le problème en conciliant les dispositions du traité et de la loi par voie d'interprétation (on parle de la « **doctrine Matter** » – voir concl. procureur général Matter sur Civ. 22 décembre 1931, *DP* 1932.I.131). Cela suppose à l'évidence que la loi soit suffisamment imprécise et qu'elle laisse au juge une marge d'appréciation (le principe d'interprétation conforme ne peut donc pas jouer dans tous les cas).

b) L'invocabilité d'interprétation dans la jurisprudence communautaire

428. L'utilité de la directive en tant que norme de référence pour l'interprétation du droit national a été affirmée dès l'arrêt *Mazzalai de 1976* (CJCE, 20 mai **1976, *Mazzalai***, aff. 111/75, 657).

La Cour ira plus loin dans son arrêt *Van Colson et Kamann de 1984*, puisqu'elle y affirmera que le juge national est obligé *« d'interpréter son droit national à la lumière du texte et de la finalité de la directive pour atteindre le résultat visé par l'article 189, alinéa 3, du traité »* (CJCE, 10 avril **1984, *Van Colson et Kamann***, aff. 14/83, 1891). Cet arrêt précise encore que l'obligation qui pèse sur le juge concerne, non seulement les actes internes de transposition, mais aussi l'ensemble du droit national, et qu'une même disposition d'une directive peut être d'effet direct à l'égard de certains aspects du litige et dépourvue d'effet direct à l'égard d'autres aspects de ce litige.

Le juge de Luxembourg précisera dans l'arrêt *Kolpinghuis* de 1987 que le juge national avait l'obligation de retenir une interprétation du droit interne conforme aux résultats visés par la directive, même si le délai de transposition n'était pas encore écoulé (CJCE, 8 octobre **1987, *Kolpinghuis***, aff. 80/86, 3969).

Dans son arrêt *Marleasing* de 1990, la Cour de justice confirmera sa jurisprudence antérieure et apportera des précisions supplémentaires en affirmant, d'une part que l'invocabilité d'interprétation vaut aussi bien pour les dispositions antérieures que pour les mesures postérieures à la directive, et d'autre part que **la directive**

est invocable aux fins d'interprétation dans tous les litiges, « verticaux » et « horizontaux » (CJCE, 13 novembre **1990, *Marleasing***, aff. C-106/89, I.4135). La jurisprudence de la Cour permet enfin de considérer que l'invocabilité d'interprétation peut être mise en œuvre, tant avant qu'après l'expiration du délai de transposition.

La Cour de justice a précisé que **l'invocabilité aux fins d'interprétation ne peut pas jouer si elle a pour effet de mettre à la charge du justiciable une obligation prévue par la directive non transposée** (CJCE, 26 septembre **1996**, ***Arcaro***, aff. C-168/95, I.4705).

L'obligation d'interprétation conforme s'applique même lorsque la règle interne en cause est transitoire (CJCE, 23 février 1999, *Ronald Karel Deenik*, aff. C-63/97, I.905) et vaut non seulement pour la loi interne, mais également pour la jurisprudence interne (CJCE, 13 juillet 2000, *Centrosteel*, aff. C-456/98, I.6007).

L'interprétation d'une directive suppose de ne pas se limiter à la finalité et à l'économie générale du texte interprété ; elle implique la prise en considération des obligations et principes directeurs de l'ensemble du droit communautaire (CJCE, 11 septembre 2003, *AvestaPolarit Chrome Oy*, aff. C-114/01, I.8725).

L'avocat général Darmon a insisté sur le fait que ***« l'effet direct des directives n'est qu'une ultima ratio »*** *et que « si une autre technique du droit communautaire permet de donner tout son effet utile à l'article 189, alinéa 3 du traité, il faut d'abord y recourir avant d'examiner la question d'un éventuel effet direct »* (CJCE, 8 novembre 1990, *VJV Centrum*, aff. 177/88, I.3941). La Cour doit donc s'en tenir à l'interprétation du contenu si le juge national ne la saisit pas explicitement d'une question portant sur l'effet direct d'une directive. Le juge national pourra alors lui-même donner l*a priori*té à l'interprétation du droit interne, en s'appuyant sur une interprétation « autorisée » de la directive pertinente. **L'invocabilité fondée sur l'effet direct n'a donc qu'un caractère subsidiaire**.

B. L'invocabilité des directives dans la jurisprudence des juridictions administratives françaises

429. Le juge interne est, par l'effet du monisme constitutionnel, le juge de droit commun de l'application du droit communautaire. Il ne pouvait donc pas éviter de prendre position sur le régime d'invocabilité de l'une des principales sources de ce droit.

On se souvient que les directives ne s'adressent qu'aux États membres. Les litiges internes qui mettent en cause leur application sont donc portés le plus souvent devant les juridictions administratives, puisque celles-ci ne sont saisies, par nature, que de litiges « verticaux ». Il peut arriver cependant qu'une directive soit invoquée par un particulier devant une juridiction judiciaire, dans le cadre d'un litige « horizontal ». Le premier réflexe du **juge judiciaire** a été, en pareille hypothèse, de marquer quelques réticences à l'égard de l'effet direct des directives, en se fondant sur une interprétation littérale de l'article 249 alinéa 3 TCE (ex-189 al. 3) du traité (voir par exemple Cass. crim., 7 novembre 1973, *Joseph Aim et Société Spad*, *Bull. crim.* 1973, p. 992).

Mais les juridictions judiciaires ont progressivement évolué sur la question, comme en témoignent des arrêts plus récents (**Cass. civ., 11 décembre 1984,** ***Bureau central français c/ Fonds de garantie automobile*** déjà cité ; voir également Cass. Ass., 16 mars 1990, *Didier Appart et a.*, *Bull. civ.*, n° 2, p. 8 ; Cass. com., 5 février 1991, *SARL Loisirs Amusement c/ DGI*, *JCP* éd. G. IV, p. 12 ; Cass. crim., 21 mai 1992, *DGDDI c/ Lesieutre*, *Bull. crim.*, n° 203).

430. Parce qu'il refuse de se rallier à une lecture téléologique du droit communautaire, **le Conseil d'État s'est d'abord montré très réservé à l'égard de l'effet direct des directives**, contestant « *le double jeu* » de la Commission et du Conseil d'une part, qui élaborent des directives de plus en plus précises, et de la Cour de justice de Luxembourg d'autre part, qui donne à ces directives un effet de plus en plus contraignant. La Haute Assemblée s'en tient à la lettre de l'article 249 alinéa 3 TCE (ex-189 al. 3) et considère que le libellé de cette disposition implique que les autorités nationales « *restent seules compétentes pour décider de la forme à donner à l'exécution des directives et pour fixer elles-mêmes, sous le contrôle des juridictions nationales, les moyens propres à leur faire produire effet en droit interne* » (CE. Ass., 22 décembre **1978,** ***Cohn-Bendit***, *Rec.* Lebon, p. 524 ; CE, 28 novembre 1980, *Sovincast*, Lebon, p. 62 ; CE, 25 février 1981, *Centre international dentaire*, Dalloz-Sirey, 1981, informations rapides, p. 331).

Le Conseil d'État a ainsi développé sa propre conception de la directive, en leur déniant un effet direct mais en étendant les effets du monisme constitutionnel au droit dérivé, par application de ce qu'on a pu appeler « *une théorie de la ratification implicite* » (voir sur ce point : T. Dal Farra, « L'invocabilité des directives communautaires devant le juge national de la légalité », in *RTD eur.* 1992, p. 631). Cette théorie a été clairement exposée par Martine Laroque, dans ses conclusions rendues à l'occasion de l'affaire *Rothmans et Philip Morris* jugée le 28 février 1992 : « *il faut admettre*, écrit Mme Laroque, *que les engagements contractés (...) par la France lors de la signature du traité* (de Rome) *couvrent toutes ses stipulations, ainsi que les mesures prises pour son exécution qui en sont soit indissociables, soit nécessairement dérivées, et donc de la même nature puisqu'elles relèvent du droit international* » (CE, 28 février 1992, *Rothmans International France et SA Philip Morris France*, *AJDA* 1992, p. 210).

Le Conseil d'État a consacré deux types d'invocabilité des directives :

– une *invocabilité d'éviction*, qui permet de contrôler la compatibilité d'une norme nationale au regard de la directive et, selon les cas, d'annuler ou d'écarter l'application de l'acte interne contraire. Cette forme d'invocabilité aboutit en pratique aux mêmes résultats que l'invocabilité fondée sur l'effet direct consacrée par le juge communautaire, même si le Conseil d'État et la Cour de justice partent de présupposés théoriques différents ;

– une *invocabilité d'interprétation*, conforme à celle qui a été développée par la Cour de justice.

I – L'INVOCABILITÉ D'ÉVICTION

431. Pour le Conseil d'État, **seul l'objectif assigné par la directive à l'État destinataire s'intègre dans l'ordre juridique interne**. En conséquence, le juge administratif acceptera :

– d'annuler l'acte réglementaire incompatible avec l'objectif de la directive (invocabilité d'annulation) ;

– d'écarter l'application d'une loi nationale incompatible avec cet objectif (invocabilité d'exclusion) ; dans cette hypothèse, la norme législative est effectivement « exclue » (sans pouvoir être annulée) par le juge administratif en tant que base légale du litige ;

– d'annuler un acte administratif individuel par la voie de l'exception d'incompatibilité de sa base légale avec l'objectif de la directive (invocabilité d'annulation).

> *NB* : Il convient de noter que le Conseil d'État n'exige pas que la norme nationale soit ***conforme*** à celles contenues dans une directive communautaire, mais seulement qu'elle soit ***compatible*** avec l'objectif de celle-ci. Voir *infra*, n° 463.

a) L'invocabilité des directives à l'encontre des actes réglementaires

432. Le Conseil d'État a d'abord admis qu'un justiciable pouvait contester la légalité **des mesures réglementaires de transposition** au regard de l'objectif fixé par la directive (CE, 28 septembre **1984,** ***Confédération nationale des sociétés de protection des animaux en France*** *et des pays d'expression française*, *Rec.* Lebon, p. 512). Le Conseil d'État se fonde sur l'article 88-1 de la Constitution, et non sur son article 55, pour dire que le contrôle des mesures réglementaires de transposition doit « *s'exercer selon des modalités particulières* » (CE, Ass., 8 février **2007**, ***Arcelor***, n° 287110).

Le Conseil d'État a également admis l'invocabilité des directives à l'encontre de **tous les actes réglementaires** incompatibles avec les objectifs qu'elles ont fixés, indépendamment des seuls actes de transposition (CE, 7 décembre **1984,** ***Fédération française des sociétés de protection de la nature***, *Rec.* Lebon, p. 410 ; 13 juin 1997, *Ligue française pour la protection des oiseaux*, *AJDA* 1997, p. 717 ; *Association pour la protection des animaux sauvages*, req. n° 137347 ; 20 février 1998, *Ville de Vaucresson e.a. et Association syndicale autorisée des propriétaires du parc de Malmaison*, *RFDA* 1998, p. 431 ; voir J.-M. Favret, in

Europe, mars 1998, n° 80 ; 27 mai 1998, *Association pour la protection des animaux sauvages*, req. n° 149492). Cette invocabilité vaut également lorsque les directives en cause fixent des règles de procédure (CE, 9 juillet 1993, *Assoc. FO consommateurs*, *Rec.* p. 212 ; 11 mars 1994, *Union de transporteurs en commun des Bouches-du-Rhône*, *RFDA* 1994, p. 1004).

La Haute Assemblée a aussi reconnu au justiciable le droit d'invoquer une directive **dans le but de contraindre l'administration à abroger les dispositions réglementaires devenues incompatibles avec l'objectif de cette directive** à l'expiration du délai de transposition (CE, 3 février **1989, *Alitalia***, Rec. Lebon, p. 44 ; 9 janvier 1995, *Ministre du Budget c/ SA Les Vins de la Craffe*, *RJF* 2/95, n° 159 et 283 ; 30 décembre 1996, *Fédération nationale des infirmiers* e.a., *RFDA* 1997, p. 212). Cette jurisprudence n'est pas transposable, en revanche, aux actes individuels créateurs de droit (CE, 26 février 1996, *Land de Sarre*, D. A., avril 1996, comm. 195). Le Conseil d'État n'hésite pas à annuler les dispositions d'un décret... en Conseil d'État qui méconnaissent les objectifs d'une directive (CE, Ass., 12 avril 2002, *Fédération des industries de la parfumerie*, req. n° 230848)

Le Conseil d'État a admis encore qu'un justiciable pouvait, à l'occasion d'un recours dirigé contre un acte individuel, soulever **par voie d'exception** l'illégalité d'un acte réglementaire de transposition au regard de l'objectif fixé par la directive (CE, 8 décembre **1991, *Palazzi***, *AJDA* 1991, p. 827 et *JCP* 1992, Jurispr., n° 21870 ; voir également : TA Lyon, 25 octobre 1979, *Stasi*, *Rec.* Lebon p. 535).

433. La Haute Assemblée estime par ailleurs que l'adoption, avant la signature et la publication d'un décret, d'une directive communautaire contredisant sur certains points ce texte règlementaire, rend nécessaire une nouvelle consultation du Conseil d'État, et que l'absence de cette reconsultation a pour effet de rendre le décret en cause illégal (CE, 15 avril **1996, *Union nationale des pharmacies***, *RFDA* 1996, p. 610). Comme on a pu le relever, *« cette solution (...) a (...) pour effet indirect de permettre* ***un contrôle par anticipation,*** *c'est-à-dire avant même l'expiration du délai de transposition de la directive, de la compatibilité du projet de décret avec les dispositions de la directive communautaire »* (in Europe, octobre 1996, comm. FL n° 346).

Le Conseil d'État considère dans tous les cas que la **vérification** de la compatibilité d'un acte administratif réglementaire avec l'objectif de la directive n'a **pas** à être faite **d'office**. Le juge administratif ne peut examiner le moyen tiré d'une éventuelle incompatibilité que si le requérant l'a soulevé (CE, 11 janvier **1991, *SA Morgane***, *RJF* 1991, p. 136-137, conclusions Mme Hegelsteen ; 28 février 1996, *Mégel et Petit*, *Dr. Fiscal* 1996, n° 24, comm.752).

b) L'invocabilité des directives à l'encontre des lois

434. Le Conseil d'État acceptera, à l'occasion des affaires du prix du tabac (CE, 28 février **1992, *Rothmans et Philip Moris*** précité), d'écarter l'application de la loi de transposition et d'annuler les décisions ministérielles (fixant les prix de vente au détail du tabac) ainsi privées de base légale. Le juge administratif a donc accepté de contrôler la légalité de mesures administratives individuelles (les décisions ministérielles qui bloquaient les prix des tabacs importés) au regard de l'objectif de la directive pertinente (fixant les principes de l'harmonisation de la fiscalité applicable aux tabacs et incluant des dispositions relatives au régime des prix), alors que ces actes étaient conformes à la loi de transposition, au seul motif que cette loi n'était pas elle-même conforme à la directive (solution implicite). **Le Conseil d'État accepte** ainsi, **à l'expiration du délai de transposition, d'apprécier la compatibilité d'une loi de transposition avec l'objectif fixé par une directive, au moins par voie d'exception, et d'exclure la loi incompatible en tant que base légale du litige** (voir dans le même sens : CE, 5 février 1997, *Elahi*, req. n° 161639 ; CAA Paris, 12 décembre 1989, *L'indicateur Lagrange*, *RJF* 1/90).

En, 1996, le Conseil d'État a accepté d'écarter l'application de dispositions législatives du code général des impôts, au motif qu'elles n'étaient pas compatibles avec les objectifs de la 6e directive TVA (**CE, 30 octobre 1996, *Revert et Badelon***, *AJDA* 1996, p. 1044).

En 1998, le Conseil d'État confirme que *« dans le cas de maintien dans la législation nationale d'un texte devenu incompatible avec une disposition de droit communautaire, il y a lieu d'écarter le texte législatif dont il s'agit »* (CE, 4 mai **1998, *Assoc. des producteurs-vendeurs de fruits et légumes du Finistère***, req. n° 174075 et s. ; 6 novembre 1998, *Sté des laiteries du Pont-de-Sauldre*, req. n° 171499).

435. En 1999, le Conseil d'État a précisé que le pouvoir réglementaire devait s'abstenir de prendre les mesures d'application d'une disposition contenue dans une loi de transposition, lorsque cette disposition était incompatible avec l'objectif de la directive pertinente (CE, 24 février **1999, *Assoc. patients médecine d'orientation anthroposophique***, Lebon p. 29). À l'inverse, l'administration ne peut pas valablement écarter l'application d'une loi qui ne serait pas incompatible avec le droit communautaire (CE, 30 juin **2000**, ***Association « Choisir la vie »***, *AJDA* 2000, p. 729).

Le Conseil d'État a également accepté d'écarter l'application d'une loi devenue incompatible avec un traité (ici, la *CEDH*) par suite d'un changement de circonstances (CE, 2 juin **1999, *Meyet***, req. n° 207752). Autrement dit, le juge administratif interdit l'application, non seulement d'une loi incompatible *ab initio* avec un traité, mais également d'une loi devenue incompatible avec un traité.

Le 3 décembre 1999, le Conseil d'État a affirmé que si les autorités nationales sont seules compétentes pour décider de la forme à donner à l'exécution des directives et pour fixer les moyens propres à leur faire produire leurs effets en droit interne, *« ces autorités ne peuvent édicter des dispositions qui seraient incompatibles avec les objectifs définis par ces directives »* (CE, 3 décembre **1999, *Assoc. ornnithologique et mammologique de Saone et Loire et Rassemblement des opposants à la chasse***, req. n° 1999622 et 200124 – 2 arrêts). En l'espèce, le Conseil d'État a déclaré que le Premier ministre était tenu de procéder au déclassement d'une loi matériellement réglementaire incompatible avec une directive, à partir du moment où cette incompatibilité est certaine. Il ressort de cette décision que les autorités administratives sont non seulement tenues de ne pas faire application d'une loi incompatible avec le droit communautaire, mais aussi d'adopter les mesures positives susceptibles de garantir le respect du droit communautaire.

c) L'invocabilité des directives à l'encontre des actes individuels

436. **Dans son célèbre arrêt *Cohn-Bendit* du 22 décembre 1978, le Conseil d'État a dit pour droit**, d'une part que les autorités nationales étaient seules compétentes pour assurer l'exécution des directives communautaires et pour leur faire produire effet en droit interne et, d'autre part **que** *« quelles que soient (...) les précisions qu'elles contiennent à l'égard des États membres,* ***les directives ne sauraient être invoquées par les ressortissants de ces États à l'appui d'un recours contre un acte administratif individuel*** *»* (CE, 22 décembre 1978, *ministre de l'Intérieur c/ Cohn-Bendit*, *Rec.* Lebon, p. 524, à propos d'un arrêté d'expulsion ; voir aussi : CE, 13 décembre 1985, *Zakine,* Lebon, Tables, p. 750 ; CE, 19 avril 1989, *Liota*, *Droit administratif*, 1989, n° 301).

Cet **arrêt**, qui a été **très critiqué à l'époque** (on a pu parler de « *nationalisme juridique* » pour qualifier la solution retenue par la Haute Assemblée), s'explique par la volonté du Conseil d'État de préserver les pouvoirs des autorités et des juges nationaux, en retenant une interprétation stricte du Traité de Rome. Le Conseil d'État procède en effet à une lecture littérale de l'article 189 alinéa 3 TCE (art. 249 al. 3 actuellement). C'est parce que la directive ne fixe qu'un objectif aux seuls États membres que le Conseil d'État refuse qu'elle puisse être invoquée, par voie d'action, à l'appui d'un recours dirigé contre un acte individuel. Le Conseil d'État considère que l'acte individuel n'ayant pas un degré de normativité suffisant (seuls les actes réglementaires, généraux et impersonnels, sont aptes à atteindre l'objectif fixé), il ne peut pas, par lui-même, être incompatible avec l'objectif de la directive. Cette position est contestable, dans la mesure où la fonction essentielle assignée à l'effet direct des directives est précisément de « compenser » le manquement de l'État qui n'a pas respecté le délai de transposition ou qui a adopté une mesure incompatible avec les dispositions d'une directive (fonction « supplétive » de l'effet direct).

Néanmoins, **il serait excessif de prétendre que l'arrêt *Cohn-Bendit* dénie tout effet juridique aux directives communautaire**, pour au moins deux raisons : d'abord parce qu'il admet que les autorités nationales doivent les mettre en œuvre sous le contrôle des juridictions nationales ; ensuite parce qu'en précisant que les directives ne peuvent pas être invoquées à l'appui d'un recours contre un acte administratif individuel, le Conseil d'État laisse entendre que les directives seraient éventuellement invocables à l'appui de recours contre des actes administratifs non individuels. De fait, la position du juge administratif a sensiblement évolué depuis l'arrêt *Cohn-Bendit*.

437. Dès 1989, la Cour administrative d'appel de Paris a admis que le juge interne avait le pouvoir de vérifier la compatibilité d'une loi nationale avec objectifs fixés par les directives, à l'occasion d'un litige individuel (**CAA Paris**, 12 décembre **1989, *L'indicateur Lagrange***, *RJF* 1/90).

On a déjà indiqué que le Conseil d'État a accepté, à l'occasion des affaires du prix du tabac, de contrôler la légalité de mesures administratives individuelles au regard de l'objectif d'une directive, alors que ces mesures étaient conformes à la loi de transposition, elle-même non conforme à l'objectif de la directive (CE, 28 février **1992, *Rothmans et Philip Moris*** précité).

Dans une affaire plus récente (CE, 5 février **1997, *Elahi***, req. n° 161639), la Haute Assemblée a confirmé qu'elle acceptait de contrôler la conformité des dispositions d'une loi française (relative à la qualification en médecine générale) avec les objectifs d'une directive communautaire, à l'occasion d'un recours dirigé contre une mesure individuelle (décision du Conseil national de l'Ordre des médecins). Un auteur en a conclu qu'elle a ainsi *« définitivement abandonné la théorie de la loi-écran et les errements de la jurisprudence Cohn-Bendit »* (D. Simon, in *Europe*, juin 1997, comm. n° 179).

Plus récemment encore, le Conseil d'État a annulé une délibération du Conseil de la Communauté urbaine de Lyon et une décision de son Président de signer un contrat de concession sur le fondement de la non conformité des règles nationales applicables à la passation des contrats de concession de travaux publics avec les objectifs d'une directive non transposée (CE, 6 février **1998, *M. Tête, Association de sauvegarde de l'Ouest lyonnais***, *RFDA* 1998, p. 420 – Voir comm. J.-M. Favret, in *Europe*, mars 1998, n° 81). Comme l'écrit le professeur D. Simon, *« cette jurisprudence marque une étape supplémentaire dans l'abandon discret des conséquences excessives de la solution Cohn-Bendit. (...) Aujourd'hui, annuler un acte non règlementaire pour incompatibilité avec les objectifs d'une directive non transposée, n'est-ce pas consacrer, fût-ce de façon inavouée, une invocabilité* (palliative) *? »* (D. Simon, *Les autoroutes saisies par le droit communautaire*, Repères, in *Europe*, mars 1998, p. 3). Et d'ajouter : *« Le contrôle de l'excès de pouvoir opéré par le juge administratif intègre ainsi le respect des objectifs et des dispositions des directives communautaires comme une composante banalisée de la légalité à laquelle est soumise l'autorité administrative »*.

La solution *Tête* a été confirmée quelques mois plus tard dans le cadre d'une autre affaire mettant en cause une directive « marchés publics » non transposée (**CE, 20 mai 1998, *Communauté de communes du Piémont de Barr et SDEA du Bas-Rhin,*** *RFDA* 1998, p. 618 – Voir comm. A. Rigaux, D. Simon, *Europe*, juillet 1998, n° 223 et 238).

Cela dit, ce n'est que par la voie de l'exception de non conformité de sa base légale à l'objectif de la directive que la mesure individuelle pourra être contestée. Il ressort en effet de l'arrêt *Rothmans et Philip Morris* précité que « l'écran législatif » ne fait plus obstacle à l'examen d'un acte administratif individuel par rapport à la directive. **En outre, lorsque le directive en cause n'a pas été transposée en droit interne, les autorités nationales ne sont pas tenues de se conformer intégralement à l'objectif de la directive** (CE, 27 juillet **2001, *Compagnie générale des eaux***, req. n° 229566), en ce sens que seules les mesures internes vraiment incompatibles avec les objectifs de la directive sont censurées par le juge administratif (le Conseil d'État dénie toujours l'effet direct aux directives).

438. **Comme on le voit, la jurisprudence du Conseil d'État relative à l'effet des directives communautaires a sensiblement évolué depuis l'arrêt *Cohn-Bendit,*** en particulier parce qu'un certain nombre de décisions évoquées plus haut témoignent de ce que le juge administratif accepte d'accorder au justiciable l'application de la directive dans l'hypothèse où elle n'a fait l'objet d'aucune mesure nationale de transposition (voir encore : **TA Strasbourg, 23 mai 1997, *Soc. Lyonnaise des eaux***, *AJDA* 1997, p. 719).

On notera pour finir qu'après avoir indiqué que l'État ne pouvait pas valablement invoquer une directive non transposée (CE, 23 juin **1995, *SA Lilly France***, Droit adm. juill. 1995, n° 433), le Conseil d'État a accepté dans une affaire récente qu'un préfet se prévale des dispositions d'une directive non transposée à l'appui d'un recours en annulation dirigé contre des délibérations de plusieurs conseils municipaux recommandant de prendre toutes mesures nécessaire à la destruction des loups du Mercantour (CE, 8 décembre **2000, *Commune de Breil-sur-Roya***, req. n° 204756, délibérations contraires à la directive *Natura 2000* du 21 mars 1992).

II – L'INVOCABILITÉ D'INTERPRÉTATION

439. Dès 1984, le Conseil d'État a accepté d'interpréter des mesures réglementaires en tenant compte des objectifs fixés par les directives communautaires (CE, 9 mars **1984, *Beaudroit***, Lebon, Tables, p. 513).

L'invocabilité d'interprétation sera encore plus clairement consacrée par un arrêt ultérieur, à l'occasion duquel le juge administratif a accepté d'interpréter les dispositions d'une loi de transposition à la lumière des objectifs de la directive (CE, 22 décembre **1989, *Cercle militaire mixte de la caserne Mortier***, *RJF*

1990, p. 103). Le Conseil d'État s'inscrit ici dans la droite ligne de la jurisprudence développée par la Cour de justice, qui permet au requérant de réclamer le bénéfice d'une interprétation de la norme interne conforme au droit communautaire (voir encore CE, 26 juin 1996, *Bourgeonnier*, req. n° 128396, 155326).

Plus récemment, le Conseil d'État a procédé à l'interprétation conforme de la Constitution (l'article 37 alinéa 2) au droit communautaire, en indiquant que le Premier ministre était tenu de procéder au déclassement d'une loi matériellement réglementaire incompatible avec une directive communautaire (la directive de 1979 sur la protection des oiseaux sauvages), à partir du moment où cette incompatibilité est certaine (CE, 3 décembre **1999**, *Association ornithologique et mammologique de Saône et Loire (**AOMSL**) et Rassemblement des opposants à la chasse*, req. n° 164789 et 165122).

§4. L'effet direct des décisions

440. Les décisions adressées à des personnes privées ont pour effet de modifier leur patrimoine juridique en y incluant de nouveaux droits ou de nouvelles obligations. L'effet direct de telles décisions ne fait donc aucun doute, et on voit mal ce qui pourrait s'opposer à leur invocabilité, tant dans les litiges « verticaux » que dans les litiges « horizontaux ».

Le cas des décisions adressées aux États membres est plus problématique, même si l'on sait que la Cour considère qu'il faut *« examiner, dans chaque cas, si la nature, l'économie et les termes de la disposition en cause sont susceptibles de produire des effets directs dans les relations entre le destinataire de l'acte et les tiers »* (CJCE, 6 octobre **1970, *Franz Grad***, aff. 9/70, 825). Dans un arrêt plus récent, la Cour confirmera sa jurisprudence *Franz Grad* en indiquant qu'il serait *« incompatible avec l'effet contraignant que l'article 189 du traité reconnaît à la décision d'exclure en principe que l'obligation qu'elle prévoit puisse être invoquée par les personnes concernées »* (CJCE, 10 novembre 1992, *Hansa Fleisch*, aff. C-156/91, I.5567).

Les décisions ne seront toutefois **déclarées d'effet direct que si elles satisfont aux critères classiques de clarté, de précision et d'inconditionnalité** (CJCE, 8 mars 1979, *Salumificio di Cornuda*, aff. 130/78, 867 ; 12 décembre 1990, *Koeffer et Procacci*, aff. jtes C-100/89 et C-101/89, I.4647), et leur invocabilité ne sera possible qu'à l'expiration du délai au terme duquel l'obligation imposée à l'État concerné devient exigible. La Cour ne s'est pas encore prononcée sur la possibilité d'invoquer une décision dans le cadre d'un litige « horizontal ».

NB : Les *« décision-cadres »* et les *« décisions »* que le Conseil peut, depuis l'entrée en vigueur du Traité d'Amsterdam, adopter dans le cadre de la JAI en application de l'article 34 du TUE (JAI) ne peuvent pas être d'effet direct.

§5. L'effet direct des accords externes

441. Lorsqu'un accord international est muet sur la question de son effet direct, il appartient au juge de trancher cette question en se fondant sur l'objet et le but de l'accord ou, à défaut, dans le respect du principe de l'exécution de bonne foi des accords internationaux (CJCE, 26 octobre **1982,** ***Kupferberg***, aff. 104/81, 3641).

Dans son arrêt *International Fruit Company III* de 1972, la Cour de justice a déclaré que **le GATT, considéré dans son ensemble**, était **dépourvu d'effet direct**, dans la mesure où cet accord se caractérisait par une « flexibilité » liée au fait qu'il se fonde sur le principe de négociations d'avantages réciproques (CJCE, 12 décembre **1972,** ***International Fruit Company III***, aff. jtes 21 à 24/72, 1219 ; confirmé par : CJCE, 12 décembre 1995, *Chiquita Italia*, aff. C-469/93, I.4533 ; ord. 2 mai 2001, *OGT Fruchthandelsgesellschaf*t, aff. C-307/99, I.3169).

Cette jurisprudence a été **confirmée pour les accords OMC** (CJCE, 23 novembre **1999,** ***Portugal c/ Conseil***, aff. C-149/96, nep). Le juge communautaire précise dans cet arrêt qu'il faut distinguer les accords de libre-échange qui établissent *« des relations spéciales d'intégration avec la Communauté »* ou ceux qui *« instaurent une certaine asymétrie des obligations »*, des accords OMC qui restent fondamentalement fondés sur *« le principe de négociations entreprises sur une base de réciprocité et d'avantages mutuels »*. Il ajoute que des juridictions importantes de certaines parties contractantes (c'est le cas des États-Unis) ne reconnaissent pas un effet direct aux accords OMC, et que, dans ces conditions, seule l'absence d'effet direct devant le juge communautaire prermet d'éviter tout déséquilibre dans l'application des règles de l'OMC. On ajoutera que cette jurisprudence s'applique aussi aux décisions de l'Organe de règlement des différends de l'OMC, **le TPI ayant jugé qu'un individu ne pouvait pas se prévaloir du jugement d'un panel de l'OMC** (TPI, 20 mars 2001, *COGG*, *Bocchi Food Trade International* et *T. Port*, aff. T-18/99, T-30/99 et T-25/99, II.913, 943, 981 – 3 arrêts – Voir aussi : CJCE, 1er mars 2005, *van Parys*, aff. C-377/02, I.1465).

L'**accord TRIPs** dans son ensemble est également dépourvu d'effet direct (CJCE, 14 décembre 2000, *Dior*, aff. C-300 et 392/98, II.11307).

Cela dit, ces accords ne sont pas totalement dépourvus d'effet en droit communautaire, puisque le TPI estime que leur interprétation conforme, quand elle est possible, permet au juge communautaire d'effectuer un contrôle minimum du respect de la primauté des règles de l'OMC sur les actes communautaires de droit dérivé (TPI, 27 janvier 2000, *BEUC*, aff. T-256/97, II.101). En outre, le juge communautaire a indiqué dans deux décisions de septembre 2003 que, dans certaines circonstances et à certaines conditions, les dispositions de l'accord OMC pouvaient être invocables en justice par les particuliers (CJCE, 30 septembre **2003,** ***Biret***, aff. C-94/02 P et C-93/02 P, I.10497, 10565).

442. Le juge de Luxembourg a reconnu un effet direct à certaines dispositions de la Convention de Yaoundé (CJCE, 5 février 1976, *Bresciani*, aff. 87/75, 125), à certains articles des accords d'association avec la Grèce (CJCE, 29 avril 1982, *Pabst et Richarz*, aff. 17/81, 1331) et avec le Portugal (arrêt *Kupferberg* précité), ainsi qu'avec certaines dispositions des accords de coopération avec le Maroc (CJCE, 31 janvier 1991, *Kziber*, aff. C-18/90, I.199 ; confirmée par CJCE, 20 avril 1994, *Zoubir Yousfi*, aff. C-58/93, I.1353) et l'Algérie (CJCE, 15 janvier 1998, *Henia Babahenini*, aff. C-113/97, I.183).

Statuant à propos de l'accord d'association avec la Turquie, la Cour dira pour droit qu'*« une disposition d'un accord conclu par la Communauté avec des pays tiers doit être considérée comme étant d'application directe lorsque, eu égard à ses termes ainsi qu'à l'objet et à la nature de l'accord, elle comporte une obligation claire et précise, qui n'est subordonnée, dans son exécution ou dans ses effets, à l'intervention d'aucun acte ultérieur »* (CJCE, 30 septembre 1987, *Demirel*, aff. 12/86, 3719). Lorsqu'elle satisfait à ces critères, la disposition pertinente de l'accord pourra être invoquée dans les litiges « verticaux » et « horizontaux ». Le juge de Luxembourg a appliqué ces principes, par analogie, aux décisions du Conseil d'association CEE/Turquie (CJCE, 10 septembre 1996, *Z. Taflan Met*, aff. C-277/94, I.4085 ; 23 janvier 1997, *Tetik*, aff. C-171/95, I.329).

Les dispositions contenues dans les actes unilatéraux imputables à des organes institués par des accords externes peuvent être aussi invocables si elles remplissent les conditions prévues (CJCE, 20 septembre 1990, *Sevince*, aff. 192/89, 3461).

Pour en savoir plus...

– B. TORNAY, « L'effet direct des traités internationaux dans l'ordre juridique de l'Union », *RDUE*, 2006, p. 653.

Plus spécialement à propos des directives

– P. PESCATORE, *L'effet direct des directives : une tentative de démythification*, *D.* 1980, chron. p. 171 ;

– D. SIMON, *La directive européenne*, Paris, Dalloz, 1997.

Section 3
La primauté du droit communautaire

443. Dès lors qu'il s'intègre dans les systèmes juridiques des États membres, le droit communautaire peut entrer en conflit avec une norme nationale. Dans ce cas, le principe de primauté consacré par la jurisprudence de la Cour de justice commande de faire prévaloir la norme communautaire sur la mesure nationale, d'écarter l'application de la norme nationale contraire au droit communautaire. Les juridictions des États membres se sont ralliées au principe de primauté du droit communautaire, mais leurs positions sur le sujet résultent pour l'essentiel de raisonnements tirés du droit national, et non du droit communautaire, de sorte qu'il subsiste encore quelques divergences entre les solutions dégagées par la Cour et celles qui ont été consacrées par les juges nationaux.

NB : L'article I-6 du Traité constitutionnel de 2004 avait prévu : *« la Constitution et le droit adopté par les institutions de l'Union, dans l'exercice des compétences qui sont attribuées à celles-ci, priment le droit des États membres »*. C'est la première fois que le principe de primauté du droit communautaire, d'origine purement jurisprudentielle, était formalisé dans un traité de valeur quasi constitutionnelle.

Il convient d'examiner successivement :

– la primauté du droit communautaire dans la jurisprudence de la Cour de justice ;

– la primauté du droit communautaire dans la jurisprudence des juridictions françaises.

§1. La primauté du droit communautaire dans la jurisprudence de la Cour de justice

444. Il faut distinguer :

– les justifications du principe de primauté, telles qu'elles ont été énoncées dès 1964 dans l'arrêt *Costa c/ ENEL* ;

– la portée du principe de primauté, dont on peut dire qu'elle est absolue, puisque le juge de Luxembourg considère que toutes les normes communautaires doivent prévaloir sur l'ensemble des normes nationales, y compris de niveau constitutionnel ;

– les conséquences du principe de primauté, telles qu'elles ont été exposées par la Cour de justice, notamment dans son arrêt *Simmenthal* du 9 mars 1978.

A. Les justifications du principe de primauté

445. Le principe de primauté a été énoncé pour la première fois par la Cour de justice dans le célèbre arrêt *Costa c/ ENEL* précité. Le juge de Luxembourg s'appuie sur plusieurs arguments pour justifier le principe de primauté :

– la nécessité de **ne pas neutraliser les effets de l'applicabilité directe** du droit communautaire :

« (…) *la prééminence du droit communautaire est confirmée par l'article 189 du traité de la CEE* (art. 249 dans la nouvelle numérotation) *aux termes duquel les règlements ont valeur "obligatoire" et sont "directement applicables dans tout État membre" ; cette disposition, qui n'est assortie d'aucune réserve, serait sans portée si un État pouvait unilatéralement en annihiler les effets par un acte législatif opposable aux textes communautaires* » ;

– le **transfert d'attributions des États membres à la Communauté** :

« (…) *le transfert opéré par les États, de leur ordre juridique interne au profit de l'ordre juridique communautaire, des droits et obligations correspondant aux dispositions du traité, entraîne (…) une limitation définitive de leurs droits souverains, contre laquelle ne saurait prévaloir un acte unilatéral ultérieur incompatible avec la notion de Communauté* » ;

– la nécessité de **garantir une application uniforme du droit communautaire** :

« (…) *la force exécutive du droit communautaire ne saurait (…) varier d'un État à l'autre à la faveur des législations internes ultérieures, sans mettre en péril la réalisation des buts du traité visés à l'articles 5, alinéa 2* (art. 10 al. 2 dans la nouvelle numérotation), *ni provoquer une discrimination interdite par l'article 7* (art. 12 dans la nouvelle numérotation) ».

C'est donc la logique propre du droit communautaire qui commande de consacrer sa primauté sur le droit des États membres. Comme l'a écrit le juge Pescatore, **la primauté est une « *condition existentielle* » du droit communautaire** (P. Pescatore, *L'ordre juridique des Communautés européennes*, Presses universitaires de Liège, 1973, 2e éd., p. 227). Elle est donc inscrite implicitement dans les traités. La Cour précise encore dans l'arrêt *Costa c/ Enel* qu'« *issu d'une source autonome, le droit communautaire né du traité ne pourrait donc, en raison de sa nature spécifique originale, se voir judiciairement opposer un texte interne quel qu'il soit, sans perdre son caractère communautaire et sans que soit mise en cause la base juridique de la Communauté elle-même* ». La Cour a rappelé en 1991 que figure parmi « *les caractéristiques essentielles de l'ordre juridique communautaire (…) sa primauté par rapport au droits des États membres (…)* » (CJCE, 14 décembre 1991, *avis 1/91*, I.6079, et spécialement page 6102).

NB : L.-J. Constantinesco avait insisté en son temps sur l'idée que l'uniformité du droit communautaire exigeait que ce droit ait la même signification (***gleichbedeutend***), la même force obligatoire (***gleichbindend***) et le même contenu invariable (***gleichbleibend***) dans tous les États membres (voir *Die Eigentümlichkeiten der Europäischen Gemeinschaftsrechts*, Juristische Schulung, 1965, fasc. 8 et 9 – voir aussi, du même auteur, *La spécificité du droit communautaire*, *RTD eur.* 1966, p. 1). Or, à l'évidence, la primauté du droit communautaire conditionne son uniformité.

B. La portée absolue du principe de primauté

446. Pour la Cour de justice, **toutes les normes communautaires doivent prévaloir sur l'ensemble des normes nationales.**

La primauté du droit communautaire bénéficie donc aux dispositions du traité (arrêt *Costa c/ ENEL* précité), des règlements (CJCE, 14 décembre 1971, *Politi*, aff. 43/71, 1039), des directives (CJCE, 19 janvier 1982, *Becker,* aff. 8/81, 53), des décisions (CJCE, 8 mars 1979, *Salumificio di Cornuda*, aff. 130/78, 867), et des accords externes (CJCE, 19 novembre 1975, *Nederlandse Spoorwegen*, aff. 38/75, 1439 ; 26 octobre 1982, *Kupferberg*, aff. 104/81, 3641). Les États membres sont aussi soumis au respect des principes généraux du droit communautaire (CJCE, 25 mars 2004, *AIMA*, aff. jtes C-231, 303 et 451/00, C-480 à 482, 484, 489 à 491 et 497 à 499/00, C-495/00, I.2869, 2943, 2993 – 3 arrêts).

La primauté s'exerce à l'encontre de toutes les normes nationales, antérieures ou postérieures (CJCE, 29 novembre 1978, *Pigs Marketing Board c/ Raymond Redmond*, aff. 83/78, 2347), **y compris de niveau constitutionnel** (CJCE, 17 décembre **1970, *Internationale Handelsgesellschaft***, aff. 11/70, 1125). La Cour dissipera toute ambiguïté sur ce point en indiquant qu'un État membre ne saurait exciper *« de dispositions ou pratiques de son ordre interne, même constitutionnel »*, pour justifier un manquement à ses obligations communautaires (CJCE, 13 juillet 1972, *Commission c/ Italie*, aff. 48/71, 529).

La Cour a également dit pour droit que *« l'efficacité du droit communautaire ne saurait varier selon les différents domaines du droit national à l'intérieur desquels il peut faire sentir ses effets »* (CJCE, 21 mars 1972, *ministère public italien c/ SAIL*, aff. 82/71, 119). Cette formule signifie que le principe de primauté vaut pour toutes les branches du droit interne, y compris éventuellement le droit pénal.

C. Les conséquences du principe de primauté

447. Ces conséquences ont été exposées par la Cour de justice dans son arrêt *Simmenthal* (CJCE, 9 mars **1978**, ***Simmenthal***, aff. 106/77, 629). Le juge de Luxembourg y a précisé que les normes communautaires pourvues d'effet direct doivent être appliquées dès leur entrée en vigueur et pendant toute la période où elles restent en vigueur, *« en tant qu'elles font partie intégrante, avec rang de priorité, de l'ordre juridique applicable sur le territoire de chacun des États membres »*. La Cour en déduit que **la norme interne incompatible est « *inapplicable de plein droit* »** et que les autorités nationales ont l'obligation absolue de la laisser inappliquée. Cette obligation s'impose évidemment au législateur national, mais aussi au juge interne, juge de droit commun de l'application du droit communautaire.

La Cour a également indiqué que la primauté du droit communautaire a pour effet *« d'empêcher la formation valable de nouveaux actes législatifs nationaux dans la mesure où ils seraient incompatibles avec des normes communautaires »* (arrêt *Simmenthal* précité, point 22). La primauté commande également aux autorités nationales d'abroger les mesures internes incompatibles avec le droit communautaire (CJCE, 24 mars **1988**, ***Commission c/ Italie***, aff. 104/88, 1799).

Le juge communautaire souligne encore dans l'arrêt *Simmenthal* que *« tout juge national (...) a l'obligation d'appliquer intégralement le droit communautaire et de protéger les droits que celui-ci confère aux particuliers, en laissant inappliquée toute disposition éventuellement contraire de la loi nationale, que celle-ci soit antérieure ou postérieure à la règle communautaire »*. Il précise que le juge compétent doit pouvoir faire *« tout ce qui est nécessaire pour écarter les dispositions législatives nationales formant éventuellement obstacle à la pleine efficacité des normes communautaires »*. En précisant que **« *tout juge national* » a l'obligation de faire respecter le principe de primauté**, la Cour a exclu qu'un juge ordinaire puisse se dispenser de faire prévaloir la norme communautaire sur la norme nationale, en prétextant par exemple que seule une juridiction constitutionnelle aurait ce pouvoir.

§2. La primauté du droit communautaire dans la jurisprudence des juridictions françaises

448. Il convient d'étudier successivement les rapports qu'entretiennent :

- le droit communautaire et la Constitution ;
- le droit communautaire et la loi ;
- le droit communautaire et les actes administratifs.

A. Le droit communautaire et la Constitution

449. On sait que la Cour de justice a consacré la primauté absolue du droit communautaire, en ce sens qu'elle bénéficie à toutes les normes de droit communautaire, et qu'elle s'exerce à l'encontre de toutes les normes nationales, y compris de niveau constitutionnel (arrêt *Internationale Handelsgesellschaft* précité).

Certains États membres ont réglé la question des rapports entre la norme constitutionnelle et le droit communautaire d'une manière assez audacieuse. C'est ainsi par exemple que l'article 91 de **la Constitution des Pays-Bas** prévoit qu'un traité international peut déroger aux dispositions constitutionnelles, tandis que l'article 120 interdit au juge hollandais d'apprécier la constitutionnalité des traités. Quant à **la Constitution irlandaise**, elle prévoit depuis 1972 qu'*« aucune disposition de la présente Constitution n'invalide les règles, actes ou mesures adoptées par l'État et rendus nécessaires par ses obligations de membre de la Communauté, ni n'empêche les règles, actes ou mesures adoptés par les Communautés ou par leurs institutions d'avoir force de loi dans l'État »*.

En France cependant, il ne paraît pas possible de reconnaître une valeur *supra*-constitutionnelle au droit communautaire.

I – LE DROIT COMMUNAUTAIRE NE PEUT PAS SE VOIR RECONNAÎTRE UNE VALEUR SUPRA-CONSTITUTIONNELLE EN FRANCE

450. Certes, l'alinéa 14 du Préambule de la Constitution française de 1946 indique que *« la République française (…) se conforme aux règles du droit international public »*, ce qui pourrait laisser entendre que le droit international est supérieur à toutes les normes de droit interne, y compris de niveau constitutionnel. Mais l'article 55 de la Constitution prévoit que les traités internationaux ont une autorité supérieure à celle des lois, sous réserve de réciprocité et à condition d'avoir été régulièrement approuvés ou ratifiés. Il en résulte que les traités communautaires n'ont une autorité dans l'ordre juridique interne qu'*en vertu de* la Constitution (même si le juge de Luxembourg considère que le droit communautaire est applicable dans chacun des États membres en vertu de sa propre autorité). Dès lors, ils lui sont nécessairement subordonnés. Le droit positif français ne peut donc reconnaître qu'une valeur relative à la primauté, puisque celle-ci doit céder devant des impératifs constitutionnels.

NB : Le juge administratif français a toujours estimé jusqu'ici qu'il n'était pas compétent pour apprécier si **la condition de réciprocité** posée par l'article 55 de la Constitution était remplie (CE, 29 mai 1981, *Rekhou* et *Belil*, 2 déc., *Rec.* p. 220 ; 9 avril 1999, *Chevrol-Benkeddach*, *Dr. Adm.* 1999, comm. N° 137). L'appréciation de cette condition relevait de la compétence du ministre des Affaires étrangères. Toutefois, la Cour européenne des droits de l'homme a jugé récemment que le renvoi de cette question préjudicielle au ministre était contraire au droit à un procès équitable posé par l'article 6 §1 de la CEDH (CEDH, 13 février 2003, *C. c/ France*, n° 49636/99). Cette solution devrait logiquement conduire le Conseil d'État à revoir sa jurisprudence traditionnelle sur ce point.

Le Conseil d'État français a ainsi affirmé dans un arrêt de 1998 la supériorité de la Constitution sur les traités internationaux (**CE, Ass. 30 octobre 1998, *Sarran et Levacher***, *AJDA* 1998, p. 1039), en refusant de censurer un décret (relatif au référendum sur l'avenir de la Nouvelle-Calédonie) qui se bornait à faire une exacte application de dispositions constitutionnelles (ici, l'article 76 introduit dans la Constitution par la loi constitutionnelle du 20 juillet 1998). Pour le Conseil d'État, en effet, la suprématie conférée par l'article 55 de la Constitution aux engagements internationaux (ici, la *CEDH* et et le *Pacte des Nations Unies sur les droits civils et politiques*) *« ne s'applique pas (…) aux dispositions de nature constitutionnelle »*. Le Conseil d'État a confirmé la solution *Sarran* dans un arrêt faisant expressément référence au droit communautaire (CE, 3 décembre **2001, *Syndicat national de l'industrie pharmaceutique* ou *SNIP***).On notera au passage que la supériorité de la Constitution sur les traités internationaux pouvait déjà se déduire de l'arrêt *Koné* du 3 juillet 1996 (*Rec.* p. 255). Plus récemment encore, le Conseil d'État a jugé que le droit communautaire devait être interprété à la lumière du droit constitutionnel français (CE, 3 juin **2005**, ***Olziibat***, n° 281001).

La Cour de cassation a eu récemment l'occasion de souligner qu'elle partageait sur ce point la position du Conseil d'État (**Cass**. ass. pl., 2 juin **2000**, ***Fraisse***, pourvoi n° K 99-60.274, arrêt n° 450 P, Juris-data n° 002324).

Par sa décision n° **2004-496 DC du 10 juin 2004, *Économie numérique***, le Conseil constitutionnel a toutefois indiqué qu'il s'interdisait de censurer une loi qui se bornerait à transposer une directive communautaire en droit interne. Le juge constitutionnel constate que *« la transposition en droit interne d'une directive communautaire résulte d'une exigence constitutionnelle »* et laisse entendre que vérifier la constitutionnalité d'une loi se bornant à *« tirer les conséquences nécessaires de dispositions inconditionnelles et précises »* d'une directive, sans modifications ou ajouts du législateur, reviendrait pour le Conseil à statuer sur la directive elle-même. Le Conseil constitutionnel se réserve néanmoins le droit de censurer une loi de transposition *« en raison d'une disposition expresse contraire de la Constitution »*. Cette décision manifeste la volonté du juge constitutionnel de ne pas assimiler le droit communautaire au droit international classique.

On relèvera avec intérêt que, plus récemment, par sa décision n° **2006-535 DC du 30 mars 2006, *Contrat première embauche***, le juge constitutionnel s'est, certes implicitement, reconnu pour la première fois compétent pour contrôler la conformité d'une loi de transposition d'une directive communautaire au regard des dispositions de cette dernière, ce qui constitue une exception, limitée il est vrai au droit communautaire, aux principes posés par sa décision *IVG* du 15 janvier 1975 (voir aussi, sur ce point, la décision n° **2006-540 DC du 27 juillet 2006, *Loi relative au droit d'auteur et aux droits voisins dans la société de l'information***).

451. On rappellera que **l'article 88-1 de la Constitution**, qui résulte de la loi constitutionnelle du 25 juin 1992, prévoit que *« La République participe aux Communautés européennes et à l'Union européenne, constituées d'États qui ont choisi librement, en vertu des traités qui les ont instaurées, d'exercer en commun certaines de leurs compétences »*.

L'article 88-2, ajouté à la Constitution par la même loi constitutionnelle, tel que modifié par la loi constitutionnelle du 18 janvier 1999 (*JORF* du 26 janvier 1999, p. 1343), précise également que *« sous réserve de réciprocité et selon les modalités prévues par le traité sur l'Union européenne signé le 7 février 1992, la France consent aux transferts de compétences nécessaires à l'établissement de l'union économique et monétaire européenne. Sous la même réserve et selon les modalités prévues par* (le Traité CE), *dans sa rédaction résultant du traité signé le 2 octobre 1997, peuvent être consentis les transferts de compétences nécessaires à la détermination des règles relatives à la libre circulation des personnes et aux domaines qui lui sont liés »*.

NB : On notera que le **Préambule** de la Constitution **de 1946** prévoit, dans son **alinéa 15**, que « *sous réserve de réciprocité, la France consent aux limitations de souveraineté nécessaires à l'organisation et à la défense de la paix* ».

II – LA QUESTION DE LA PRIMAUTÉ DU DROIT COMMUNAUTAIRE SUR LA CONSTITUTION FRANÇAISE EST PLUS THÉORIQUE QUE PRATIQUE

452. **Quelques voix se sont élevées en France pour critiquer la jurisprudence de la Cour de justice, accusée de mettre les Constitutions des États membres « *entre parenthèses* »** (voir *rapport Mazeaud* n° 2630 du 11 mars 1996, de la Délégation pour l'Union européenne de l'Assemblée nationale). **La supériorité de la Constitution sur le droit communautaire est pourtant largement théorique**, dans la mesure où, d'une part la contradiction entre un traité communautaire et la Constitution peut être éliminée avant l'entrée en vigueur de celui-ci, et, d'autre part, les risques de conflits entre un acte communautaire de droit dérivé et une disposition constitutionnelle sont très limités.

a) Constitution et droit communautaire originaire

453. **L'article 54 de la Constitution confie au Conseil constitutionnel le contrôle préalable de la constitutionnalité des traités** internationaux et subordonne la ratification des traités déclarés contraires à la Constitution à la révision préalable de celle-ci. Ce mécanisme n'est toutefois applicable qu'aux traités conclus postérieurement à l'entrée en vigueur de la Constitution, de sorte que les traités de Rome bénéficient d'une totale immunité constitutionnelle (Décis. n° 70-39 DC du 19 juin 1970, *JO* 21 juin, commentaire D. Ruzié, *JCP* 1970.I.2354). Les traités et les décisions qui ont modifié et complété les traités constitutifs bénéficient désormais de la même immunité, compte tenu de l'absence de contrôle de constitutionnalité *a posteriori* (certains d'entre eux, tels le Traité sur l'Union européenne et le Traité d'Amsterdam, ont fait l'objet d'un contrôle positif de constitutionnalité, tandis que d'autres, tel l'Acte unique européen, n'ont pas été soumis au Conseil constitutionnel).

1) La décision n° 92-308 DC du 9 avril 1992, Maastricht I

454. Dans sa décision du 9 avril 1992 (Décis. n° 92-308 DC du 9 avril 1992, *JO* 11 avril 1992, p. 5354), le Conseil constitutionnel a constaté que certaines clauses du Traité de Maastricht étaient contraires à la Constitution. Ces clauses concernaient la reconnaissance du droit de vote et d'éligibilité aux élections municipales aux ressortissants des autres États membres résidant sur le territoire français, l'établissement de l'Union économique et monétaire (monopole du droit de battre monnaie) et la politique des visas exigibles des ressortissants d'État tiers. Le juge constitutionnel a précisé à cette occasion qu'il lui appartient, « *saisi au titre de la procédure instituée par l'article 54 de la Constitution d'un traité qui modifie ou complète un ou plusieurs engagements internationaux déjà introduits dans l'ordre juridique interne, de déterminer la portée du traité soumis à son examen en fonction des engagements internationaux que ce traité a pour objet de modifier ou de compléter ».*

Cette formule n'a pas pour effet d'intégrer les traités communautaires dans les normes de référence par rapport auxquelles s'exerce le contrôle de constitutionnalité, ni d'instituer un véritable contrôle de conventionnalité, mais elle signifie que le Conseil constitutionnel accepte au moins de prendre en considération les traités communautaires déjà en vigueur pour apprécier *« la portée du traité soumis à son examen »*. Le juge constitutionnel a également déclaré dans la même décision que « *le respect de la souveraineté nationale ne fait pas obstacle à ce que (...) la France puisse conclure, sous réserve de réciprocité, des engagements internationaux en vue de participer à la création ou au développement d'une organisation internationale permanente, dotée de la personnalité juridique et investie de pouvoirs de décision par l'effet de transferts de compétences consentis par des États membres* ». Le Conseil constitutionnel procède à son contrôle en se fondant sur « *les conditions essentielles d'exercice de la souveraineté nationale* », de sorte que seules les clauses d'un traité portant atteinte à ces « *conditions essentielles* » exigeraient une révision préalable de la Constitution.

On notera au passage que, **jusqu'en 1992, la position du Conseil constitutionnel consistait à distinguer les limitations de souveraineté, réputées licites** car prévues expressément par l'alinéa 15 du Préambule de la Constitution de 1946, **et les transferts de souveraineté, considérés comme illicites** car non expressément autorisées par la Constitution (Décision n° 76-71 DC du 30 décembre **1976**, *Rec.* p. 15). Le Conseil constitutionnel avait ultérieurement apporté une précision supplémentaire en assimilant implicitement les transferts de souveraineté aux dipositions portant *« atteinte aux conditions essentielles d'exercice de la souveraineté nationale »* et en soulignant que ces conditions recouvraient *« le respect des institutions de la République, la continuité de la vie de la nation et la garantie des droits et libertés »* (Décision n° 85-188 DC du 22 mai **1985**, *Rec.* p. 15 – voir aussi Décision n° 91-294 DC du 25 juillet **1991**, *RDP* 1991, p. 1547).

Par sa décision du 9 avril 1992, le Conseil constitutionnel modifie sa jurisprudence antérieure, en s'appuyant sur l'alinéa 14 du Préambule de la Constitution de 1946, qui dispose que *« la République française (...) se conforme aux règles du droit international public »*, et en rappelant la règle *Pacta sunt servanda*, qui implique qu'un traité international lie les parties contractantes.

2) La décision n° 97-394 DC du 31 décembre 1997, Amsterdam

455. Dans sa décision du 31 décembre 1997 (Décis. n° 97-394 DC du 31 décembre 1997, *JO* 3 janvier 1998, p. 165), le Conseil constitutionnel a constaté que certaines dispositions du Traité d'Amsterdam rendaient nécessaire une révision préalable de la Constitution.

Le Conseil constitutionnel fait d'abord valoir que le Traité d'Amsterdam prévoit des transferts de compétences au profit de la Communauté dans les domaines de l'asile, de l'immigration et du franchissement des frontières intérieures *« qui intéressent l'exercice de la souveraineté nationale et n'entrent pas dans le champ de l'habilitation prévue par l'article 88-2 de la Constitution »*. Pour lui, *« les conditions essentielles d'exercice de la souveraineté nationale ne seront pas affectées pendant la période transitoire de cinq ans à compter de l'entrée en vigueur du traité »*, mais elles pourraient l'être au terme de cette période. En effet, en application de l'article 67 §2 (ex-73 O §2 ajouté au Traité CE par l'article 2 du Traité d'Amsterdam), le Conseil statuera sur proposition de la seule Commission, de sorte que les États membres perdront leur pouvoir d'initiative ; de plus, et surtout, sur simple décision du Conseil prise à l'unanimité, l'ensemble des mesures intervenant dans les domaines précités, ou certaines d'entre elles, pourront être prises à la majorité qualifiée, en codécision avec le Parlement européen.

Par ailleurs, le Conseil constitutionnel considère que *« le passage automatique à la règle de la majorité qualifiée et à la procédure de codécision, au terme d'une période de cinq ans après l'entrée en vigueur du Traité d'Amsterdam, pour la détermination des procédures et conditions de délivrance des visas de court séjour par les États membres et des règles applicables en matière de visa uniforme, (...) constitue (...) une modalité nouvelle de transfert de compétences dans des domaines où est en cause la souveraineté nationale »* ; il précise que cette *« modalité nouvelle »* de transfert de compétences *« pourrait conduire à ce que se trouvent affectées les conditions essentielles d'exercice de la souveraineté nationale »* ; il ajoute enfin que le passage à la majorité qualifiée et à la procédure de codécision, sur simple décision du Conseil, *« s'agissant des mesures (...) qui fixent les normes et modalités auxquelles doivent se conformer les États membres pour effectuer les contrôles des personnes aux frontières extérieures, porte atteinte (...) aux conditions essentielles d'exercice de la souveraineté nationale »*.

Le Conseil constitutionnel a enfin indiqué que *« la seule mise en œuvre* (du principe de subsidiarité) *pourrait ne pas faire obstacle à ce que les transferts de compétence autorisés par le Traité* (d'Amsterdam) *revêtent une ampleur et interviennent selon des modalités telles que puissent être affectées les conditions essentielles d'exercice de la souveraineté nationale »* (22e considérant).

On notera au passage que, compte tenu du libellé de l'article 88-2, chaque nouveau transfert de compétences au bénéfice de l'Union exige une nouvelle révision de la Constitution française, alors qu'il aurait été possible de prévoir (comme en Allemagne par exemple) une disposition constitutionnelle autorisant à l'avenir de nouveaux transferts de compétences sans révision de la Constitution, dès lors que ces transferts n'ont pas pour effet de réduire le niveau de protection des droits fondamentaux.

3) La décision **n° 2004-505 DC du 29 novembre 2004,** *Traité établissant une Constitution pour l'Europe*

456. Dans sa décision du 29 novembre 2004 (Décis. n° 2004-505 DC, *JO* 24 nov. 2004, p. 9 885), le Conseil constitutionnel a constaté que certaines dispositions du traité établissant une Constitution pour l'Europe imposaient une révision préalable de la Constitution.

Après avoir rappelé « *qu'appellent une révision constitutionnelle les clauses du traité qui transfèrent à l'Union européenne des compétences affectant les conditions essentielles d'exercice de la souveraineté nationale dans des domaines ou selon des modalités autres que ceux prévus par les traités mentionnés à l'article 88-2* » (cons. n° 24), le Conseil constitutionnel précise que sont concernées les dispositions du traité qui :

– transfèrent, au niveau communautaire, des compétences régaliennes, telles que le contrôle aux frontières et la coopération judiciaire en matière civile et pénale (cons. n° 27 et 28) ;

– dans une matière déjà transférée, modifient « *les règles de décision applicables, soit en substituant la règle de la majorité qualifiée à celle de l'unanimité au sein du Conseil, privant ainsi la France de tout pouvoir d'opposition, soit en conférant une fonction décisionnelle au Parlement européen, lequel n'est pas l'émanation de la souveraineté nationale, soit en privant la France de tout pouvoir propre d'initiative* » (cons. n° 29 à 32) : compétences dans le domaine de la coopération judiciaire en matière pénale ; actions ou positions de l'Union décidées sur proposition du ministre des affaires étrangères de celle-ci ; dispositions prévoyant que la loi ou la loi-cadre européenne établit les mesures nécessaires à l'usage de l'euro ; dispositions prévoyant que, dans les matières intéressant l'espace de liberté, de sécurité et de justice, l'instauration de toute « coopération renforcée » au sein de l'Union est soumise désormais à l'approbation du Parlement européen ; dispositions substituant au pouvoir propre d'initiative dont dispose chaque État membre en vertu des traités antérieurs l'initiative conjointe d'un quart des États membres en vue de présenter un projet d'acte européen dans des matières relevant de l'espace de liberté, de sécurité et de justice, comme celles concernant Eurojust ou celles relatifs à la coopération policière ;

– prévoient le passage à la majorité qualifiée en vertu d'une décision européenne ultérieure (« clauses passerelle ») (cons. n° 33 à 35) : mesures relatives au droit de la famille ayant une incidence transfrontière prévues par le paragraphe 3 de l'article III-269 ; règles minimales relatives à la procédure pénale prévues par le d) du paragraphe 2 de l'article III-270 ; règles minimales relatives à la définition et à la répression des infractions dans des domaines de criminalité particulièrement grave revêtant une dimension transfrontière prévues par le troisième alinéa du premier paragraphe de l'article III-271 ; dispositions du paragraphe 7 de l'article I-40 et du paragraphe 3 de l'article III-300, qui permettent que des décisions relatives à la politique étrangère et de sécurité commune, dont la portée n'est pas limitée par le traité, soient désormais prises par le Conseil statuant à la majorité qualifiée, s'il en est décidé ainsi par le Conseil européen se prononçant à l'unanimité, mais sans ratification nationale ; « clause passerelle » générale figurant à l'article IV-444, qui institue une procédure de « révision simplifiée » du traité et permet au Conseil européen d'autoriser le Conseil, sauf en matière de défense, à se prononcer à la majorité qualifiée dans un domaine ou dans un cas pour lesquels le traité requiert l'unanimité, et d'autoriser l'adoption de lois ou lois-cadres conformément à la procédure législative ordinaire, chaque fois que la partie III prévoit une procédure législative spéciale ;

– reconnaissent aux parlements nationaux le pouvoir de s'opposer à une révision simplifiée du traité (cons. n° 38 et 41) ou de faire respecter le principe de subsidiarité (cons. n° 39).

On notera avec intérêt que le juge constitutionnel a estimé utile de préciser, d'une part « *qu'il résulte des stipulations du (...) « Traité établissant une Constitution pour l'Europe », et notamment de celles relatives à son entrée en vigueur, à sa révision et à la possibilité de le dénoncer, qu'il conserve le caractère d'un traité international souscrit par les États signataires du traité instituant la Communauté européenne et du traité sur l'Union européenne* » (cons. n° 9), d'autre part « *que n'appelle pas de remarque de constitutionnalité la dénomination de ce nouveau traité ; qu'en effet, il résulte notamment de son article I-5, relatif aux relations entre l'Union et les États membres, que cette dénomination est sans incidence sur l'existence de la Constitution française et sa place au sommet de l'ordre juridique interne* » (cons. n° 10). Rappeler que la « Constitution pour l'Europe » conserve les caractères d'un traité international et ne modifie donc pas la nature de l'Union, permet au juge constitutionnel de justifier son affirmation selon laquelle la *primauté* du droit de l'Union, consacré par l'article I-6 du Traité constitutionnel, ne remet pas en cause la *suprématie* de la Constitution nationale et n'imposait pas une révision préalable de celle-ci.

4) La décision* n° 2007-560 DC du 20 décembre 2007, *Traité de Lisbonne

456 bis. Par sa décision du 20 décembre 2007, le Conseil constitutionnel a conclu à l'incompatibilité partielle du Traité de Lisbonne avec la Constitution et à la nécessité d'une révision constitutionnelle préalable à la ratification.

Les **transferts de compétence au profit de l'Union** nécessitent une révision préalable de la Constitution dans la mesure où ils mettent en cause les conditions essentielles d'exercice de la souveraineté nationale :

– soit parce qu'ils interviennent **dans des domaines qui n'ont pas fait l'objet de transferts antérieurs** de compétence : lutte contre le terrorisme (art. 75, TFUE), contrôles aux frontières (art. 77, TFUE), lutte contre la traite des êtres humains (art. 79 § 2, TFUE), coopération en matière civile et pénale (art. 81 à 83, TFUE), institution du parquet européen (art. 86, TFUE) ;

– soit parce qu'ils prévoient **des modalités différentes** (substitution de la majorité qualifiée à l'unanimité, pouvoir de décision donné au Parlement européen, privation de la France de tout pouvoir d'initiative propre) de celles que couvre l'article 88-2 de la Constitution : art. 31 § 2, 31 § 3 et 48 § 7 TUE ; art. 76, 82, 83, 85, 87 à 89, 133, 218 § 6 à V, 329, TFUE.

Les nouvelles **prérogatives reconnues aux parlements nationaux** impliquent également une révision préalable de la Constitution. Comme le soulignent les sages du Palais Montpensier, « *le droit reconnu au Parlement français de s'opposer à la soumission à la procédure législative ordinaire de certains aspects du droit de la famille rend nécessaire une révision de la Constitution afin de permettre l'exercice de cette prérogative ; qu'il en va de même des moyens nouveaux qui lui sont conférés, le cas échéant selon des procédures propres à chacune de ses deux chambres, pour contrôler le respect du principe de subsidiarité dans le cadre de la procédure législative ordinaire* ».

b) Constitution et droit communautaire dérivé

457. **Le droit dérivé bénéficie d'une immunité constitutionnelle totale**, puisque le Conseil constitutionnel français considère que les actes adoptés par les instances d'une organisation internationale qui ne nécessitent pas une ratification ou une approbation ne peuvent pas lui être soumis au titre de l'article 54 de la Constitution. Ces actes échappent donc à tout reproche constitutionnel, même par la voie de l'exception (Décis. n° 77-89 du 30 décembre 1977, *JO* du 31 décembre, *RTD eur.* 1979, 142, note G. Isaac et J. Molinier).

En fait, les risques de conflits entre un acte communautaire de droit dérivé et une norme constitutionnelle sont très limités, notamment en France, pour au moins trois raisons :

– d'abord parce que les actes communautaires de droit dérivé doivent, en application de la jurisprudence de la Cour de justice (voir *supra*), respecter les principes généraux du droit communautaire, lesquels s'inspirent souvent des principes généraux de niveau constitutionnel reconnus par les États membres ;

– ensuite, parce que le Conseil d'État, les députés, les sénateurs et le SGCI peuvent, à l'occasion de la procédure prévue par l'article 88-4 de la Constitution, soulever un problème de conformité de la proposition d'acte communautaire en cours de négociation avec la Constitution et conduire les autorités françaises à prendre les mesures appropriées (notamment en sensibilisant la Commission et les autres États membres à cette difficulté, en vue d'obtenir une modification de la clause litigieuse) ;

– enfin, parce que, face à une difficulté de combinaison d'un acte international (et donc communautaire) et d'un acte interne, les juridictions nationales doivent s'efforcer, dans toute la mesure du possible, d'interpréter le second de manière à le rendre compatible avec le premier (obligation d'interprétation conforme).

En tout état de cause, les Cours constitutionnelles des États membres n'ont encore jamais eu l'occasion, à ce jour, de relever une contrariété entre une norme constitutionnelle et un acte communautaire de droit dérivé (voir sur ce point le dossier consacré aux rapports qu'entretiennent le droit constitutionnel et le droit communautaire dérivé, dans le n° 4 des *Cahiers du Conseil constitutionnel*).

On notera toutefois que, par un **avis** n° 368282 du 26 septembre **2002**, l'assemblée générale du Conseil d'État a considéré que la décision-cadre du Conseil de l'Union européenne sur le **mandat européen** du 13 juin 2002, portait atteinte à un principe de valeur constitutionnelle. Aussi la Constitution française a-t-elle, pour la première fois, été mise en adéquation avec un acte communautaire de droit dérivé ; en effet, *« la transposition en droit français de la décision-cadre (...) nécessite, au préalable, une modification de la Constitution »*. Le doyen Labayle en conclut la nécessité d'organiser un contrôle de la constitutionnalité du droit de l'Union européenne, dès le stade de la négociation de ces actes, avant que le consentement de l'État ne soit donné (H. Labayle, « Le contrôle de la constitutionnalité du droit de l'Union européenne – L'entraide judiciaire européenne au Palais Royal », *RFDA* 2003, p. 442).

Dans sa **décision n° 2006-543 DC du 30 novembre 2006**, le juge constitutionnel a prononcé une déclaration d'inconstitutionnalité partielle en censurant certaines dispositions de l'article 17 (imposant aux opérateurs historiques une obligation de tarif réglementé non limité à la poursuite des contrats en cours) de la **loi relative au secteur de l'énergie**, pour n'avoir pas correctement transposé les directives communautaires « gaz » et « électricité » du 26 juin 2003.

B. Le droit communautaire et la loi

458. La première juridiction nationale qui a accepté de faire prévaloir le droit communautaire sur la loi postérieure est **la Cour de cassation belge**, à l'occasion d'un arrêt rendu en 1971 (Cass., 27 mai **1971**, ***Soc. Fromagerie Franco-suisse « Le ski »***, *CDE* 1971, 561, note Pescatore). Le juge belge a déclaré dans cet arrêt que *« lorsque le conflit existe entre une norme de droit interne et une norme de droit international qui a des effets directs dans l'ordre juridique interne, la règle établie par le Traité doit prévaloir et la prééminence de celle-ci résulte de la nature même du droit conventionnel »*. La Cour de cassation belge constate qu'*« il en est* a fortiori *ainsi lorsque le conflit existe (...) entre une nome de droit interne et une norme de droit communautaire »*.

I – LE CONSEIL CONSTITUTIONNEL FRANÇAIS RENVOIE AU JUGE ORDINAIRE LA RESPONSABILITÉ D'EXERCER LE CONTRÔLE DE CONVENTIONNALITÉ

459. En France, l'article 55 de la Constitution prévoit que *« les traités ou accords régulièrement ratifiés ou approuvés ont, dès leur publication, une autorité supé-*

rieure à celle des lois, sous réserve, pour chaque accord ou traité, de son application par l'autre partie ». Mais le Conseil constitutionnel se refuse traditionnellement à apprécier la conformité d'une loi à un traité. C'est ce qui résulte clairement d'une décision rendue le 15 janvier 1975 (Décis. n° 74-54 **DC du 15 janvier 1975,** ***IVG***, *Rec*. p. 19) par laquelle le juge constitutionnel a refusé de vérifier la compatibilité du projet de loi sur la libéralisation de l'avortement avec la Convention européenne des droits de l'homme. En refusant d'effectuer un contrôle de conventionnalité des lois, le Conseil constitutionnel laissait entendre que l'exercice de ce contrôle relevait de la compétence du juge ordinaire (voir encore Décis. n° 86-216 DC du 3 septembre 1986, *Conditions d'entrée et de séjour des étrangers en France*, *Rec*. p. 135 ; Décis. n° 93-325 DC des 12-13 août 1993, *Maîtrise de l'immigration*, *RJC* I.539).

NB : **Le Conseil constitutionnel a accepté dans des circonstances particulières d'exercer un contrôle de conventionnalité**, à l'occasion du contrôle de constitutionnalité de la loi organique portant transposition de la directive 94/80/CE du 19 décembre 1994, fixant les modalités de l'exercice du **droit de vote et d'éligibilité aux élections municipales pour les citoyens de l'Union européenne** (*JOCE* n° L. 368 du 31 décembre 1994, p. 38). Dans sa décision du 20 mai 1998 (**Déc. n° 98-400 DC,** *JORF* du 26 mai 1998, p. 8003), il indique en effet *« qu'en disposant que le droit de vote et d'éligibilité des citoyens de l'Union aux élections municipales est accordé « selon les modalités prévues par le Traité sur l'Union européenne », l'article 88-3 de la Constitution a expressément subordonné la constitutionnalité de la loi organique prévue pour son application à sa conformité aux normes communautaires »*. Il en conclut qu'*« il résulte de la volonté même du constituant qu'il revient au Conseil constitutionnel de s'assurer que la loi organique prévue par l'article 88-3 de la Constitution respecte tant le paragraphe premier de l'article 8 B précité du traité instituant la Communauté européenne, relatif au droit de vote et d'éligibilité des citoyens de l'Union aux élections municipales, que la directive susmentionnée du 19 décembre 1994 prise par le Conseil de l'Union européenne pour la mise en œuvre de ce droit »*. Autrement dit, c'est uniquement parce que la Constitution elle-même lui commandait en l'espèce de contrôler la conformité de la loi organique aux *« modalités prévues par le Traité sur l'Union européenne »*, que le Conseil constitutionnel a veillé également à effectuer un contrôle de conventionnalité, en contrôlant la compatibilité de ladite loi avec l'article 8 B § 1er du Traité CE et avec la directive du 19 décembre 1994. Ici en effet, compte tenu du libellé de l'article 88-3 de la Constitution, la constitutionnalité de la loi est clairement subordonnée à la « conventionnalité » de la loi.

II – Le juge judiciaire français a accepté dès 1975 de faire prévaloir le droit communautaire sur la loi postérieure

460. Pendant longtemps, le juge judiciaire a refusé de faire prévaloir un traité international sur une loi postérieure, au motif qu'il n'avait pas le pouvoir de remettre en cause la volonté du législateur. Comme l'avait déclaré le procureur général Matter en 1931, le juge ne peut que faire prévaloir la loi sur le traité, car il ne peut *« connaître d'autre volonté que celle de la loi »* (la loi antérieure contraire au traité n'a jamais posé de difficulté ; elle est réputée abrogée par les stipulations contraires du traité).

La **Cour de cassation** a décidé d'abandonner la *doctrine Matter* et d'apprécier la conformité d'une loi postérieure à un traité en 1975, à l'occasion de l'affaire ***Jacques Vabre*** (Cass. ch. mixte, 24 mai **1975**, *DGDDI c/SARL Weigel et société des cafés Jacques Vabre, D.* 1975, p. 497). Ce revirement de jurisprudence est intervenu quatre mois après la décision *IVG* du Conseil constitutionnel, qui reconnaissait au juge ordinaire le pouvoir d'exercer un contrôle de conventionnalité des lois.

Dans ses conclusions rendues dans l'affaire *Jacques Vabre*, le procureur général Touffait déclarera que le refus d'exercer ce contrôle de conventionnalité constituerait *« un déni de justice »*, et qu'il fallait fonder la primauté du traité (ici, le Traité de Rome instituant la CEE) sur la loi (en l'occurrence une loi douanière de 1966) en s'appuyant non pas sur l'article 55 de la Constitution, mais sur la spécificité de l'ordre juridique communautaire. La Cour de cassation acceptera de faire prévaloir le Traité CEE sur la loi nationale postérieure, mais en fondant son argumentation sur l'article 55 de la Constitution.

Cette jurisprudence sera plusieurs fois confirmée par la suite (voir par exemple Cass. com., 24 juin 1986, *Mme Dumoussaud*, *Bull. civ.* IV, n° 134 ; Cass. crim., 3 juin 1988, *Klaus Barbie*, *Bull. crim.* n° 246 ; Cass. com., 21 février 1995, *United Distillers France, John Walker*, n° 419 P, *Bull. civ.* février 1995, p. 50).

III – Le juge administratif français a accepté très tardivement et avec beaucoup de réticences de faire prévaloir le droit communautaire sur la loi postérieure

a) Après la résistance…

461. Le **Conseil d'État** n'a pas eu de mal à reconnaître la primauté des traités communautaires sur les lois antérieures, celles-ci étant réputées abrogées par les stipulations contraires des traités (CE, Ass., 22 janvier **1982, *Conseil régional de Paris de l'ordre des experts comptables***, *Rec.* Lebon, p. 28). Le problème s'est posé une nouvelle fois à propos des lois postérieures.

En 1968, la Haute Assemblée refusera de faire prévaloir un règlement du Conseil des Communautés européennes sur une ordonnance postérieure ayant acquis valeur législative (CE, sect., 1er mars **1968,** ***Syndicat général des fabricants de semoules de France***, *Rec.* Lebon p. 149 ; concl. Questiaux, *AJDA* 1968, p. 235). Dans ses conclusions, le commissaire du gouvernement Nicole Questiaux justifiera la position du Conseil d'État en faisant valoir que le juge ordinaire était subordonné à la loi (il est juge de la légalité), et qu'en acceptant de contrôler la compatibilité d'une loi nationale avec un traité, le juge administratif se livrerait à un contrôle de constitutionnalité des lois. Le raisonnement est le suivant : contrôler la conformité d'une loi avec un traité international, c'est contrôler sa conformité à l'article 55 de la Constitution, de sorte qu'une loi qui viole un traité méconnaît du même coup le principe posé par l'article 55.

En vérité, cette présentation est contestable (et d'ailleurs contestée), pour plusieurs raisons :

1 – d'abord, les conclusions de Mme Questiaux ont pour conséquence de priver d'effet l'article 55 de la Constitution, et elles assimilent le contrôle de conventionnalité des lois à un contrôle de constitutionnalité, alors même qu'il y a une différence de nature entre ces deux types de contrôle. Le contrôle de constitutionnalité est un contrôle par référence à un droit objectif interne, tandis que le contrôle de conventionnalité est un contrôle par référence à un droit externe.

2 – ensuite, il faut rappeler que le Conseil constitutionnel lui-même a précisé dans sa décision *IVG* de 1975 qu'une loi contraire à un traité n'est pas pour autant contraire à la Constitution.

3 – la seule lecture de l'article 55 de la Constitution aurait dû commander d'admettre qu'en contrôlant la conformité d'une loi à un traité, on ne procède pas à un contrôle de constitutionnalité de cette loi, on ne fait qu'appliquer la Constitution.

4 – en fait, comme l'a noté M. Bruno Genevois, la violation d'un traité par une loi ne constitue « *qu'une inconstitutionnalité indirecte* » (lire sur ce point : *Faut-il maintenir la jurisprudence issue de la décision n° 74-54 DC du 15 janvier 1975 ?, in Cahiers du Conseil constitutionnel*, n° 7). L'article 55 pose en effet une règle de conflits de normes et il donne au juge ordinaire la mission d'appliquer cette règle de conflits dans le cadre des litiges qui lui sont soumis. Le Conseil constitutionnel est le gardien de la règle de conflit, mais il n'est pas chargé de l'appliquer, comme l'avait souligné en son temps G. Vedel. Par conséquent, il ne sanctionne que les violations directes de l'article 55 (si la loi réduisait la portée de l'article 55 ou interdisait au juge ordinaire de sanctionner la méconnaissance de la hiérarchie des normes qui découle de cet article). On peut dire encore les choses autrement, en indiquant que le Conseil constitutionnel est juge de l'inconstitutionnalité directe de la loi, tandis que le juge ordinaire est juge de l'inconstitutionnalité indirecte de la loi (c'est ce qui résulte clairement de la décision n° 86-216 DC du 3 septembre 1986).

On rappellera que les conflits entre les lois et les traités peuvent être évités dans certains cas grâce à une interprétation adéquate de la loi (1989, *Cercle militaire mixte de la caserne Mortier*).

b) ... le temps de l'ouverture

462. Le Conseil d'État n'a accepté de revoir sa position et de faire prévaloir un traité communautaire sur une loi nationale postérieure qu'en 1989 (CE, Ass., 20 octobre **1989, *Nicolo***, *Rec.* Lebon p. 190). Le commissaire du gouvernement Frydman justifiera ce revirement tardif de jurisprudence d'une façon curieuse en faisant valoir qu'il était nécessaire « *en opportunité* » (compte tenu de l'évolution de la jurisprudence des autres juridictions sur ce point et des pressions de la doctrine) et qu'il ne remettait pas en cause les conclusions de Mme Questiaux dans l'affaire des « *fabricants de semoules* », qui restaient valables en droit ! (Voir concl. P. Frydman, *RTD eur.* 1989.771).

La jurisprudence *Nicolo* sera rapidement étendue aux règlements communautaires (CE, 24 septembre **1990, *Boisdet***, *Rec.* Lebon p. 250), puis aux directives (CE, Ass., 28 février **1992, *SA Rothmans International France et sa Philip Morris France***, *AJDA* 1992, p. 210, concl. M. Laroque). Dans un arrêt de 1999, le Conseil d'État a précisé que le gouvernement devait s'abstenir de prendre les mesures d'application d'une disposition contenue dans une loi de transposition, lorsque cette disposition est incompatible avec la directive pertinente (CE, 24 février 1999, *Assoc. patients médecine d'orientation anthroposophique*, req. n° 195354 : *Juris-data* n° 050169). Plus récemment, il a indiqué que les ministres pouvaient valablement donner instruction aux services de ne pas appliquer des dispositions législatives incompatibles avec le droit communautaire (CE, 30 juillet 2003, *Association Avenir de la langue française*, n° 245076). Le même arrêt précise toutefois que les ministres ne peuvent pas, *via* une circulaire, édicter des dispositions de caractère réglementaire se substituant aux dispositions législatives incompatibles avec le droit communautaire.

On notera que s'il accepte désormais de faire prévaloir un engagement international sur une loi postérieure, le Conseil d'État refuse en revanche de reconnaître la supériorité de la coutume internationale (et plus généralement du droit international non écrit) sur la loi interne (CE, 6 juin **1997, *Aquarone***, *RFDA* 1997, p. 1068). En outre, il considère qu'un traité international ne peut être invoqué devant lui que s'il est d'effet direct (CE, 23 avril **1997, *GISTI***, *RFDA* 1997, p. 585).

463. *NB* : Le Conseil d'État n'exige pas que la norme nationale soit ***conforme*** à celles contenues dans un traité ou un acte communautaire, mais seulement qu'elle soit ***compatible*** avec celles-ci. Exiger qu'une norme inférieure soit conforme à une norme supérieure, c'est exiger que la première ne soit pas en contradiction avec la seconde. Exiger qu'une norme inférieure soit compatible avec une norme supérieure, c'est seulement exiger qu'il n'y ait pas de différences ou de contradictions fondamentales entre la première et la seconde (Voir sur ce point : J.-M. Favret, « Le rapport de compatibilité entre le droit national et le droit communautaire », *AJDA* 2001, p. 727).

464. Jusqu'à une date très récente, le Conseil d'État avait toujours habilement évité de se prononcer sur **le point de savoir si les principes généraux du droit communautaire prévalaient sur la loi nationale**, alors même que plusieurs occasions lui avaient été données de prendre position sur cette question (voir par ex. CE, 30 novembre 1994, *SCI Résidence Dauphine*, concl. Bachelier, *RJF* 1/95, p. 9 à 12 ; 17 février 1995, *comptes de campagne*, *AJDA* 1995, p. 223, concl. Toutée). Admettre cette primauté, c'était évidemment reconnaître la supériorité de normes communautaires non écrites sur la norme (écrite) interne constituant l'expression par excellence de la souveraineté nationale. À notre connaissance, le **Tribunal administratif de Caen** sera la première juridiction administrative à admettre la primauté d'un principe général du droit communautaire (le principe de proportionnalité) sur une loi française (TA Caen, 8 avril **1997,** ***SA Périmédical***, *RFDA* 1997, p. 389, note J.-M. Favret ; jugement confirmé par CAA Nantes, 29 décembre 2000, *SA Périmédical*, *AJDA* 2001, p. 270, mais sans que le juge d'appel ait pris position sur la question de la primauté d'un principe général du droit communautaire sur une loi nationale). Le lendemain, le Tribunal administratif de Strasbourg acceptait également de contrôler la conformité d'une loi fiscale au regard des principes communautaires de sécurité juridique et de confiance légitime, même s'il concluait finalement que lesdits principes n'avaient pas été violés en l'espèce (**TA Strasbourg**, 9 avril **1997,** ***Caisse régionale de Crédit agricole mutuel d'Alsace***, *Dr. Fiscal* 1997, n° 50, comm. 1303, concl. J. Miet). Finalement, par un arrêt du 3 décembre 2001, le Conseil d'État reconnaîtra à son tour une valeur *supra* législative aux principes généraux du droit communautaire (CE, 3 décembre **2001,** ***Syndicat natinal de l'industrie pharmaceutique***).

C. Le droit communautaire et les actes administratifs

465. La primauté du droit communautaire sur les actes administratifs, antérieurs ou postérieurs, n'a pas posé de difficultés pour le juge français (voir par exemple : **Cass. crim. 22 octobre 1970,** ***Ramel***, *D.* 1971, 221 ; 7 janvier 1972, *Guerrini*, *D.* 1972, 497 ; **CE, sect., 10 juillet 1970,** ***Synacomex***, *Rec.* Lebon p. 477 ; 30 juin 1989, *Ministre de l'Industrie, des P. et T. et du tourisme c/ L'État de Sarre et a.*, *Rec.* Lebon p. 155 ; 11 mai 1994, *Association Bananière Camerounaise*, *RFDA* 1994, p. 835). La solution allait de soi, compte tenu de la subordination des actes administratifs aux lois et aux traités internationaux dans la hiérarchie des normes.

Le tribunal administratif d'Amiens a également annulé un arrêté préfectoral (refus implicite de fixer une date unique de fermeture de la chasse pour le gibier d'eau et les oiseaux de passage), au motif que cet arrêté était privé de base légale, puisqu'il était fondé sur une loi (article L. 224-2 du Code rural) incompatible avec les exigences de la directive communautaire de 1979 relative à la conservation des oiseaux sauvages (TA Amiens, 17 décembre 1996, *Association pour la protection des animaux sauvages et du patrimoine c/ Préfet de l'Oise*, *AJDA* 1997, p. 407).

En 1997, le Conseil d'État a annulé un arrêté ministériel, au motif qu'il violait des dispositions du Traité CE et d'un règlement communautaire (CE, 6 janvier 1997, *Soc. Euralair International*, req. n° 163524). Il annulera également plusieurs arrêtés ministériels pour incompatibilité avec les dispositions de directives communautaires (CE, 30 décembre 1996, *Fédération nationale des infirmiers e.a.*, *AJDA* 1997, p. 212). En revanche, le Conseil d'État refuse d'examiner la compatibilité, avec des principes généraux du droit communautaire, d'actes administratifs non adoptés aux fins d'exécution du droit communautaire (CE, 28 juillet 2000, *Sté Schering-Plough*, req. n° 205710 ; *Laboratoire Paucourt*, req. n° 208103 ; *Laboratoire Glaxo-Welcome*, req. n° 208104).

Le Conseil d'État a accepté d'examiner la validité d'un décret (maintenant les modalités de répartition du produit de l'octroi de mer) au regard d'une décision du Conseil qu'il estimait applicable, alors que cette décision avait été déclarée invalide par le juge communautaire en 1994 (arrêt *Lancry* du 9 août 1994) sur renvoi préjudiciel (CE, 10 janvier 2001, *Région Guadeloupe*, req. n° 219138). Peut-être est-ce dû au fait que l'invalidité constatée par la Cour de justice n'affectait pas l'intégralité de la décision communautaire sur l'ocroi de mer dans les DOM. Le Conseil d'État aurait été alors bien inspiré de le préciser.

On notera pour finir que la Cour administrative d'appel de Douai a eu l'occasion de dire pour droit qu'un contribuable ne pouvait pas se prévaloir d'une doctrine administrative incompatible avec les objectifs d'une directive, en l'occurrence la 6e directive TVA (CAA Douai, plén., 26 avril 2005, *SA Segafredo Zanetti France*, n° 02-277586).

Pour en savoir plus...

– CERIC, *Droits nationaux, droit communautaire : influences croisées*, La Documentation française, coll. Monde européen et international, 2000 ;

– J.-M. FAVRET, « Le rapport de compatibilité entre le droit national et le droit communautaire », *AJDA* 2001, p. 727 ;

– R. LECOURT, «Quel eût été le droit des Communautés sans les arrêts de 1963 et de 1964 ?» in *L'Europe et le droit, Mélanges J. Boulouis*, Paris, Dalloz, 1991, p. 349 ;

– F LUCHAIRE, *Le droit européen, son application en France*, Paris, Economica, 2006.

Plus spécialement sur les rapport droit communautaire – constitutions nationales

– B. BONNET, «Le Conseil d'État, la Constitution et la norme internationale», *RFDA* 2005, p. 56 ;

– L. FAVOREU, *la Constitution française et le droit communautaire*, in CERIC, *Droits nationaux, droit communautaire : influences croisées*, La Documentation française, coll. Monde européen et international, 2000, p. 77 ;

– H. LABAYLE, « Le contrôle de constitutionnalité du droit dérivé de l'Union européenne », *RFDA* 2003, p. 442 ;

– J.-C. BONICHOT, « Convergences et divergences entre le Conseil d'État et la Cour de justice des Communautés européennes », *RFDA* 1989, p. 579 ;

– B. STIRN, « Le Conseil d'État et le droit communautaire », *AJDA* 1993, p. 244.

Section 4
Les exigences de l'effet direct et de la primauté du droit communautaire à l'égard des États membres

466. L'effet direct et la primauté du droit communautaire exigent un effort d'adaptation de la part des autorités nationales, dans la mise en œuvre de leurs obligations communautaires. Après avoir précisé les solutions applicables en cas de conflit entre une norme communautaire et une norme nationale, la Cour de justice a en effet développé un ***« contentieux de la deuxième génération »*** (formule employée par le professeur Denys Simon, in « Les exigences de la primauté du droit communautaire : continuité ou métamorphoses ? », dans *l'Europe et le droit, Mélanges Boulouis*, Dalloz, 1991, p. 481) qui concerne l'articulation des ordres juridiques communautaires et nationaux et permet au juge de Luxembourg de contraindre les autorités nationales, et en particulier les juges nationaux, à tirer les conséquences ultimes des principes d'effet direct et de primauté du droit communautaire.

Après avoir souligné que les États membres sont tenus par une obligation de « loyauté communautaire », posée par les traités, mais explicitée par la Cour de justice, nous montrerons qu'ils bénéficient d'une autonomie institutionnelle et procédurale encadrée dans la mise en œuvre de leurs obligations communautaires.

§1. Les États membres sont tenus par une obligation de « loyauté communautaire »

A. L'obligation de loyauté communautaire résulte des traités

467. L'article **10 TCE** (ex-art. 5 – voir aussi **192 Euratom**) précise que *« les États membres prennent toutes mesures générales ou particulières propres à assurer l'exécution des obligations découlant du présent traité ou résultant des actes des institutions de la Communauté. Ils facilitent à celle-ci l'accomplissement de sa mission.*

Ils s'abstiennent de toutes mesures susceptibles de mettre en péril la réalisation des buts du présent traité ».

NB : L'article 86 CECA prévoyait dèjà : *« Les États membres s'engagent à prendre toutes mesures générales ou particulières propres à assurer l'exécution des obligations résultant des décisions et recommandations des institutions de la Communauté et à faciliter à celle-ci l'accomplissement de sa mission ».*

L'article J 1 §2 TUE (ex-art. J 1 §4) dispose également que *« les États membres appuient activement et sans réserve la politique extérieure et de sécurité de l'Union dans un esprit de loyauté et de solidarité mutuelle. Ils s'abstiennent de* *toute action contraire aux intérêts de l'Union ou susceptibles de nuire à son efficacité (…) ».*

Ces dispositions posent le principe d'une coopération loyale entre les États membres et les institutions de l'Union. Elles s'inspirent du **principe de *fidélité fédérale*** qui prévaut dans les États fédéraux et suppose que les autorités nationales et les institutions communautaires collaborent de bonne foi, dans le respect des dispositions des traités (CJCE, 15 janvier 1986, *Commission c/ Belgique*, aff. 52/84, 89).

B. La Cour de justice a explicité les conséquences de l'obligation de loyauté communautaire

468. Le juge de Luxembourg considère qu'il résulte de l'article 10 TCE (ex-art. 5) que « *le traité impose aux États membres de ne pas prendre ou maintenir en vigueur des mesures susceptibles d'éliminer l'effet utile* » du droit communautaire (CJCE, 16 novembre 1977, *Inno c/ ATAB*, aff. 13/77, 2115, à propos de l'article 86 [82 dans la nouvelle numérotation] qui interdit l'abus de position dominante ; 17 décembre 1970, *Scheer*, aff. 30/70, 1197, à propos d'un règlement communautaire). L'article 10 TCE (ex-art. 5) impose aux États membres de prendre toutes dispositions propres à assurer l'efficacité du droit communautaire (CJCE, 21 septembre 1988, *Commission c/Grèce*, aff. 68/88, 2965 ; 2 octobre 1991, *Vandevenne*, aff. C-7/90, I.4371).

On sait également que la Cour se fonde sur l'article 10 TCE (ex-art. 5) du traité pour justifier l'invocabilité des directives (CJCE, 5 avril 1979, *Ratti*, aff. 148/78, 1629). Elle a constaté en particulier *« l'obligation des États membres, découlant d'une directive, d'atteindre le résultat prévu par celle-ci, ainsi que leur devoir, en vertu de l'article 5 du traité de prendre toutes mesures générales ou particulières propres à assurer l'exécution de cette obligation, s'imposant à toutes les autorités des États membres y compris, dans le cadre de leurs compétences, les autorités juridictionnelles »* (CJCE, 10 avril 1984, *Von Colson et Kamann*, aff. 14/83, 1891).

La Cour a également souligné qu'un État membre viole l'article 10 alinéa 1er TCE (ex-art. 5 al. 1er) du traité lorsqu'il exécute avec retard une décision de l'autorité communautaire (CJCE, 8 mars 1979, *Salumificio di Cornuda*, aff. 130/78, 867). Elle s'est encore appuyée sur l'article 10 TCE (ex-art. 5) pour limiter l'usage par les États membres de leurs compétences propres (CJCE, 5 mai 1981, *Commission c/ Royaume-Uni*, aff. 804/79, 1045), ou pour leur interdire de prendre des mesures susceptibles d'entraver le fonctionnement interne des institutions communautaires (CJCE, 5 mai 1981, *Lord Bruce of Donington c/ Aspden*, aff. 208/80, 2205).

De la même façon, l'obligation des juridictions nationales de garantir les droits que le justiciable tire des dispositions communautaires d'effet direct découle du principe de coopération loyale posé par l'article 10 TCE (ex-art. 5) du traité

(CJCE, 27 février 1980, *Just c/ Ministère des impôts et accises*, aff. 68/79, 501). Cette coopération s'impose particulièrement lorsque la Communauté n'a pas encore défini une attitude commune (CJCE, 4 octobre 1979, *France c/ Royaume-Uni*, aff. 141/78, 2923). Elle commandc aux États membres de fournir à la Commission toutes les informations susceptibles de lui permettre d'exercer sa fonction de gardienne de la légalité communautaire (CJCE, 25 mai 1982, *Commission c/ Pays-Bas*, aff. 96/81, 1791).

Le principe de coopération loyale contraint également les États membres à répondre dans des délais raisonnables aux demandes d'information formulées par la Commission à la suite d'une plainte concernant une violation du droit communautaire (CJCE, 24 juin 1992, *Commission c/ Grèce*, aff. C-137/91, I.4023).

On notera que le principe de coopération loyale peut également imposer des obligations aux institutions communautaires. Il les contraint par exemple à ne pas inciter les soumissionaires à exécuter un marché en violation du droit national (TPI, 6 juillet 2000, *Alsace International Car Services*, aff. T-139/99, II.2849).

NB : Comme le note le juge Pescatore, l'article 10 TCE (ex-art. 5), qui pose l'obligation de loyauté communautaire, *« est une projection, dans le droit communautaire, d'un ensemble de règles fondamentales du droit international, à leur tour codifiées par la Convention de Vienne sur le droit des traités : la règle* pacta sunt servanda, *la règle de l'exécution des engagements contractuels selon les exigences de la bonne foi, la règle disant qu'un État ne saurait invoquer ses lois internes, y compris sa constitution, pour se soustraire à ses obligations internationales. Il faut ajouter que ces règles font partie du* jus cojens *international »* (P. Pescatore, in SFDI, colloque de Bordeaux, *Droit international et droit communautaire – Perspectives actuelles*, Paris, Pédone, 2000, spécialement p. 195).

§2. Les États membres bénéficient d'une autonomie institutionnelle et procédurale encadrée dans la mise en œuvre de leurs obligations communautaires

469. La Cour de justice reconnaît traditionnellement l'autonomie institutionnelle et procédurale des États membres dans l'application et la mise en œuvre du droit communautaire (§1). Cette autonomie suppose en particulier que la protection due aux justiciables soit assurée dans le cadre des systèmes juridiques nationaux et au moyen d'instruments juridiques internes. La nécessité de garantir une protection efficace des droits tirés par les justiciables des normes communautaires a cependant conduit le juge de Luxembourg à introduire des limites à l'autonomie institutionnelle et procédurale des États membres (§2).

En tout état de cause, la Cour de justice reconnaît au juge national une plénitude de compétence dans l'exercice de sa fonction communautaire.

A. L'autonomie institutionnelle et procédurale des États membres

470. La Cour de justice considère qu'il incombe au juge national « *de **recourir, parmi les divers procédés de l'arsenal juridique interne, à ceux qui sont appropriés pour sauvegarder les droits individuels conférés par le droit communautaire*** » (CJCE, 4 avril **1968, *Lück***, aff. 34/67, 359 ; 11 décembre **1973, *Lorenz***, aff. 120/73, 1471). Chaque État membre doit ainsi désigner les juridictions compétentes, déterminer les règles procédurales applicables et décider « *comment la position individuelle ainsi protégée doit être qualifiée* » (CJCE, 19 décembre **1968, *Salgoil***, aff. 13/68, 661).

La Cour ne veut donc pas s'immiscer dans l'organisation des voies de droit nationales. Elle a affirmé encore que « *si le traité a créé un certain nombre d'actions directes qui peuvent être exercées le cas échéant par des personnes privées devant la Cour de justice, il n'a pas entendu créer devant les juridictions nationales, en vue du maintien du droit communautaire, des voies de droit autres que celles établies par le droit national. Par contre, (…) tout type d'action prévu par le droit national doit pouvoir être utilisé pour assurer le respect des règles communautaires d'effet direct dans les mêmes conditions de recevabilité et de procédure que s'il s'agissait d'assurer le respect du droit national* » (CJCE, 7 juillet **1981, *Rewe***, aff. 158/80, 1805).

La Cour de justice a souligné que « *la possibilité, pour les justiciables, de voir leurs droits protégés par le biais d'un recours devant les juridictions nationales (…) constitue l'essence même du système de protection juridictionnelle* » (CJCE, ord. 1er février 2001, *Area Cova*, aff. C-300/99P et C-388/99 P, I.983, 1005).

L'obligation qui pèse sur les États membres est donc une obligation de résultat et non une obligation de moyens. L'essentiel pour la Cour, c'est que le droit communautaire soit appliqué par les différents États membres avec une efficacité et une rigueur équivalentes à celles déployées dans l'application de leur droit national.

B. La plénitude de compétence au juge national dans l'exercice de sa fonction communautaire

471. La Cour de justice considère que la protection des justiciables nécessite la reconnaissance d'une plénitude de compétence au juge national dans l'exercice de sa fonction communautaire. Le juge interne est en effet le juge de droit commun de l'application du droit communautaire. L'arrêt *Simmenthal* est particulièrement clair à cet égard, puisqu'il indique que « *tout juge national saisi dans le cadre de sa compétence a l'obligation d'appliquer intégralement le droit communautaire et de protéger les droits que celui-ci confère aux particuliers en laissant inappliquée toute disposition éventuellement contraire à la loi nationale...* ». Il précise encore que « *... serait dès lors incompatible avec les exigences inhérentes à la nature même du droit communautaire toute disposition* *d'un ordre juridique national ou toute pratique, législative, administrative ou judiciaire, qui aurait pour effet de diminuer l'efficacité du droit communautaire par le fait de refuser au juge compétent, pour appliquer ce droit, le pouvoir de faire, au moment même de cette application, tout ce qui est nécessaire pour écarter les dispositions nationales formant éventuellement obstacle à la pleine efficacité des normes communautaires...* » (CJCE, 9 mars **1978, *Simmenthal***, aff. 106/77, 629).

Cette plénitude de compétence du juge national se manifeste notamment dans le cadre du renvoi préjudiciel. La Cour de justice estime en particulier qu'*« une règle de droit national, liant les juridictions ne statuant pas en dernière instance à des appréciations portées en droit par la juridiction supérieure, ne saurait enlever à ces juridictions la faculté de saisir la Cour de justice des questions d'interprétation du droit communautaire concerné par de telles appréciations en droit »* (CJCE, 16 janvier 1974, *Rheinmühlen*, aff. 166/73, 33). En d'autres termes, le juge national peut recourir à la procédure des questions préjudicielles et solliciter une interprétation autorisée du juge de Luxembourg pour l'accomplissement de sa fonction communautaire, même dans l'hypothèse où une juridiction interne supérieure a déjà eu l'occasion de se prononcer sur une question de droit qui affecte la question préjudicielle.

La Cour de justice a également dit pour droit que le juge interne doit écarter l'application d'une norme nationale déclarée contraire au droit communautaire par un arrêt en constatation de manquement (CJCE, 13 juillet **1972, *Commission c/ Italie***, aff. 48/71, 529). L'autorité d'un tel arrêt implique en effet, dès son prononcé, *« pour les autorités nationales compétentes*, (et donc pour les juridictions internes) *prohibition de plein droit d'appliquer une prescription nationale reconnue incompatible avec le traité »*. L'arrêt *Waterkeyn* précisera encore que *« les juridictions de l'État concerné ont l'obligation d'assurer le respect de l'arrêt dans l'exercice de leur mission »*, et d'en *« tirer les conséquences »* (CJCE, 14 décembre **1982, *Waterkeyn***, aff. jtes 314 à 316/81 et 83/82, 4337).

Le juge de Luxembourg considère que le juge interne peut choisir les solutions nationales qu'il estime les mieux appropriées pour garantir le respect des droits que les justiciables tirent du droit communautaire (CJCE, 4 avril **1968, *Lück***, aff. 34/67, 359). Il doit toutefois tenter de résoudre la contradiction apparente entre le droit communautaire et le droit national en donnant à la norme interne, *« dans toute la mesure où une marge d'appréciation lui est accordée par son droit national, une interprétation et une application conformes aux exigences du droit communautaire »* (CJCE, 4 février 1988, *Murphy*, aff. 157/86, 673). Le juge interne ne devra écarter la règle nationale que dans l'hypothèse où l'interprétation conforme est impossible.

En France, le Conseil d'État n'hésite pas, le cas échéant, à écarter l'application d'une règle de droit procédural interne (CE, 19 mai 1999, *Région du Limousin*, req. n° 163328), voire même d'une règle interne de compétence (CE, 18 juin

2003, *Sté Tiscali Télécom*, n° 250608 et 250613), dans les situations gouvernées par le droit communautaire.

C. L'encadrement de l'autonomie institutionnelle et procédurale des États membres

472. La Cour de justice a progressivement développé une jurisprudence destinée à combler les lacunes ou les faiblesses des systèmes nationaux de protection juridictionnelle des droits tirés par les particuliers des normes communautaires.

Elle a d'abord précisé que **le renvoi aux règles procédurales nationales** était **subordonné à l'absence d'harmonisation communautaire** (CJCE, 16 décembre 1976, *Rewe*, aff. 33/76, 1989 ; 16 décembre 1976, *Comet*, aff. 45/76, 2043). Ainsi par exemple, c'est parce que le droit communautaire n'a pas harmonisé les règles nationales en matière de compensation que la Cour de justice considère que le droit national peut valablement prévoir une compensation entre une somme due au titre d'une aide communautaire et des arriérés de créances publiques, dès lors que les modalités de la compensation ne remettent pas en cause l'efficacité du droit communautaire (CJCE, 19 mai 1998, *Jensen et Korn*, aff. C-132/95, I.2975 ; voir déjà, dans le même sens, CJCE, 1er mars 1983, *Deka*, aff. 250/78, 421).

En outre et surtout, le juge du Kirchberg impose aux États membres le respect des principes d'effectivité et d'équivalence et consacre l'existence de droits qui résultent des principes d'effet direct et de primauté du droit communautaire.

I – La Cour de justice impose aux États membres le respect des principes d'effectivité et d'équivalence

473. La Cour a considéré que **la protection assurée aux justiciables devait être, dans tous les cas, « *effective* »** (CJCE, 9 juillet 1985, *Bozetti*, aff. 179/84, 2301), ce qui implique que les modalités procédurales des recours juridictionnels destinées à assurer la sauvegarde des droits que les justiciables tirent du droit communautaire ne peuvent pas être aménagées de manière à rendre pratiquement impossible ou excessivement difficile l'exercice des droits conférés par l'ordre juridique communautaire (CJCE, arrêt *Rewe* précité ; 9 novembre 1983, *San Giorgio*, aff. 199/82, 3595 ; 29 juin 1988, *Deville*, aff. 240/87, 3513 ; arrêt *Emmot* précité du 25 juillet 1991). C'est ce que la Cour de justice appelle le ***« principe d'effectivité »*** (CJCE, 10 juillet 1997, *Palmisani*, aff. C-261/95, I.4025).

Par ailleurs, le juge interne ne peut pas appliquer aux actions fondées sur la violation du droit communautaire des règles plus rigoureuses que celles qui s'appliquent aux recours purement nationaux ayant le même objet, en application du principe dit de « parité juridictionnelle » (CJCE, arrêt *Rewe* précité ; 25 juillet 1991, *Emmott*, aff. C-208/90, I.4269), que la Cour appelle plus volontiers le ***« principe d'équivalence »*** (CJCE, 10 juillet 1997, *Palmisani*, aff. C-261/95, I.4025).

Dans un arrêt de 2003, la Cour de justice a précisé qu'*« en outre, la juridiction nationale doit* (veiller à) *éviter des mesures incompatibles avec* ***le respect des droits fondamentaux****, en particulier le principe du droit à un procès équitable devant un tribunal... »* (CJCE, 10 avril **2003, *Steffensen***, aff. C-276/01, I.3735). Le respect de ces droits est donc présenté comme une nouvelle limite à l'autonomie procédurale des États membres.

Deux arrêts rendus en 1995 ont consacré un certain « désencadrement » de l'autonomie procédurale, en précisant que *« chaque cas où se pose la question de savoir si une disposition procédurale nationale rend impossible ou excessivement difficile l'application du droit communautaire, doit être analysé en tenant compte de la place de cette disposition dans l'ensemble de la procédure, de son déroulement et de ses particularités, devant les diverses instances nationales. Dans cette perspective, il y a lieu de prendre en considération, s'il échet, les principes qui sont à la base du système juridictionnel national tels que la protection des droits de la défense, le principe de sécurité juridique et le bon déroulement de la procédure »* (CJCE, 14 décembre **1995, *Peterbroeck***, aff. C-312/92, I.4599 ; ***J. Van Schijndel***, aff. C-40 et 431/93, I.4705).

Ces deux arrêts ont été rendus à la suite de renvois préjudiciels portant sur la question de savoir si le juge national peut/ou doit relever d'office tout moyen tiré de la violation du droit communautaire dans tout litige porté devant lui. Certains auteurs ont critiqué ce « désencadrement » de l'autonomie procédurale, en faisant valoir qu'*« une prise en compte excessivement révérencieuse des exigences de l'autonomie procédurale du droit national risque d'aboutir à une* balkanisation *de la protection juridictionnelle des droits que les particuliers tirent du droit communautaire, du fait du renvoi à des conceptions divergentes de l'office du juge interne liées à l'histoire propre des traditions juridiques nationales »* (*Europe*, févr. 1996, p. 10, comm. AR et DS ; voir aussi G. Canivet et J.-G. Huglo, « L'obligation pour le juge judiciaire national d'appliquer d'office le droit communautaire au regard des arrêts Jeroen Van Schijndel et Peterbroeck », in *Europe*, avril 1996, chron. p. 1). Dans un arrêt plus récent, la Cour de justice a eu l'occasion de préciser que **le juge interne n'était pas tenu de soulever d'office, dans tous les cas, un moyen tiré du droit communautaire** (CJCE, 7 juin **2007**, ***Van der Weerd***, aff. C-222/05, I.4233).

II – La Cour de justice reconnait aux justiciables des droits qu'ils tirent directement du droit communautaire

474. La Cour de justice reconnaît aux justiciables des États membres un certain nombre de droits qu'ils tirent directement du droit communautaire et que les ordres juridiques nationaux doivent impérativement leur garantir : droit au juge, droit à un juge de référés, droit d'introduire une action en répétition des sommes perçues en violation du droit communautaire et droit à réparation du fait des dommages causés par des violations étatiques du droit communautaire.

a) Le droit au juge

475. Les justiciables bénéficient d'un **droit au juge** pour obtenir la protection des droits que leur reconnaît la norme communautaire et faire contrôler la conformité des mesures internes au regard du droit communautaire. La Cour affirmera ainsi dès 1981 que *« tout particulier dont les droits sont lésés par des mesures d'un État membre contraires au droit communautaire doit pouvoir rechercher la protection d'un juge compétent... »* (CJCE, 16 décembre 1981, *Foglia c/ Novello*, aff. 244/80, 3045). Elle confirmera plus tard l'existence de ce droit au juge et précisera qu'il s'agit d'un principe général du droit (CJCE, 15 mai **1986**, ***Johnston***, aff. 222/84, 1651) qui découle des traditions constitutionnelles communes aux États membres et qui a trouvé sa consécration dans les articles 6 et 13 de la *CEDH*. La Cour de justice indiquera également que le recours auquel a droit le justiciable doit être effectif (CJCE, 26 février 1986, *Marshall*, aff. 152/84, 723) et efficace (CJCE, 15 octobre 1987, *Heylens*, aff. 222/86, 4097), de sorte qu'un recours ouvert devant de simples organes de contrôle, dépourvus de pouvoir de décision, ne peut pas constituer une voie de droit suffisante (CJCE, 27 novembre 2001, *Commission c/ Autriche*, aff. C-424/99, I.9285).

Parce que le droit au juge est un droit fondamental, l'introduction d'une action en justice ne peut être considérée comme un abus de position dominante que « *dans des circonstances tout à fait exceptionnelles* », lorsque l'action en justice est manifestement et uniquement destinée à harceler, voire à éliminer une entreprise concurrente, et non à faire valoir les droits de l'entreprise requérante (TPI, 17 juillet 1998, *ITT Promedia*, aff. T-111/96, II.2937).

b) Le droit à un juge de référé

476. Ayant consacré le droit au juge, la Cour de justice reconnaîtra encore au justiciable un **droit à un juge de référé,** en vue d'assurer une protection provisoire des droits qu'il prétend tirer de l'ordre juridique communautaire, même dans l'hypothèse où le droit national n'autorise pas le prononcé de mesures provisoires, et en particulier le sursis à l'exécution de mesures internes prétendues contraires au traité (CJCE, 19 juin **1990, *Factortame***, aff. C-213/89, I.2433).

La Cour précisera à l'occasion de l'affaire *Factortame* que *« serait incompatible avec les exigences inhérentes à la nature même du droit communautaire toute disposition d'un ordre juridique national ou toute pratique (...) qui aurait pour effet de diminuer l'efficacité du droit communautaire par le fait de refuser au juge compétent pour appliquer ce droit le pouvoir de faire, au moment même de cette application, tout ce qui est nécessaire pour écarter les dispositions législatives nationales formant éventuellement obstacle, même temporairement, à la pleine efficacité des normes communautaires (...). Il y a lieu d'ajouter que la pleine efficacité du droit communautaire se trouverait tout aussi diminuée si une règle du droit national pouvait empêcher le juge saisi d'un litige régi par le droit communautaire d'accorder les mesures provisoires en vue de garantir la pleine efficacité de la décision juridictionnelle à intervenir sur l'existence des droits invoqués sur la base du droit communautaire »*. La Cour de justice en conclut que le juge national doit laisser inappliquées les règles nationales qui l'empêchent d'accorder des mesures provisoires, s'il considère que l'octroi de ces mesures est nécessaire à la sauvegarde des droits conférés au justiciable par l'ordre juridique communautaire. Le juge interne peut donc écarter les règles nationales qui délimitent sa propre compétence en se fondant sur la primauté du droit communautaire, en vue d'assurer une garantie efficace des droits individuels issus du droit communautaire.

Les conditions dans lesquelles le juge national peut et doit accorder des mesures provisoires seront précisées dans un arrêt ultérieur, qui a donné l'occasion à la Cour d'affirmer que *« le sursis à l'exécution d'un acte national pris en exécution d'un acte communautaire ne peut être accordé par une juridiction nationale que si cette juridiction a des doutes sérieux sur la validité de l'acte communautaire et que si, pour le cas où la Cour ne serait pas déjà saisie de la question de la validité de l'acte contesté, elle la lui renvoie elle-même ; que s'il y a urgence et que si le requérant est menacé d'un préjudice grave et irréparable, et que si cette juridiction prend dûment en compte l'intérêt de la Communauté »* (CJCE, 21 février **1991, *Zückerfabrik***, aff. jtes C-143/88 et C-92/89, I.415).

Lorsque ces conditions sont remplies, le juge interne a donc le devoir de suspendre l'acte national, bien que celui-ci soit fondé sur un acte communautaire en vigueur et que la suspension de la norme interne ait pour effet de suspendre indirectement la norme communautaire.

La Cour de justice a confirmé sa jurisprudence *Zückerfabrik* dans un arrêt de 1995, qui lui a également donné l'occasion de renforcer l'encadrement de l'autonomie procédurale qui gouverne en principe les conditions d'octroi des mesures provisoires par le juge national (CJCE, 9 novembre **1995, *Atlanta*** *Fruchthandelsgesellschaft*, aff. C-465/93, I.3761). L'arrêt *Atlanta* a permis au juge de Luxembourg de déclarer que le juge national a le pouvoir d'ordonner des mesures provisoires différentes du seul sursis à exécution : le juge interne peut en effet exiger l'aménagement ou la modification au profit des justiciables des rapports juridiques litigieux (pts 27-28 de l'arrêt). En l'espèce, l'octroi de mesures provisoires a pris la forme d'une « injonction positive » (ordre de délivrer des certificats supplémentaires d'importation de bananes pays-tiers à la société *Atlanta*). La Cour précise également que les mesures provisoires ne peuvent être prononcées que s'il existe une réelle possibilité de constatation d'invalidité, et à condition d'être nécessaires et de produire effet avant l'intervention de la décision sur le fond. Enfin, le dommage doit être évalué *in concreto* par le juge interne.

c) L'action en répétition de l'indû

477. La Cour a reconnu au justiciable le **droit d'introduire une action en répétition des sommes perçues en violation du droit communautaire,** en déclarant que « *lorsqu'une taxe nationale frappant un contribuable (…) a été perçue en violation du traité, l'obligation de remboursement qui incombe à l'État membre concerné découle de l'effet direct de la disposition communautaire à laquelle il a été porté atteinte* » (CJCE, 29 juin **1988, *Deville***, aff. 240/87, 3513). Dans cette hypothèse, c'est l'État qui a perçu une somme déterminée en violation du droit communautaire, et celui qui l'a acquittée doit donc pouvoir en obtenir le remboursement. Mais l'action en répétition de l'indu joue aussi en sens contraire : si c'est un particulier qui perçoit un montant déterminé en violation du droit communautaire, l'État pourra, et même devra en application de l'article 10 TCE (ex-art. 5) réclamer à l'intéressé le remboursement de la somme indûment perçue (CJCE, 12 mai 1998, *Steff-Houlberg Export*, aff. C-366/95, I.2661).

Les modalités de restitution des sommes indûment perçues en violation du droit communautaire ne doivent pas être plus strictes que celles qui s'appliquent à la restitution de sommes irrégulièrement perçues en violation du droit interne (CJCE, 16 décembre **1976, *Rewe***, aff. 33/76, 1989 ; 25 février 1988, *Raiffeisen,* aff. 199/76, 1169). De plus, les conditions exigées par le droit national ne doivent pas avoir pour effet « *de rendre pratiquement impossible ou excessivement difficile l'obtention du remboursement de taxes perçues en violation du droit communautaire* » (CJCE, 9 novembre **1983, *San Giorgio***, aff. 199/82, 3595 ; voir également 25 février 1988, *S.A. Les fils de Jules Bianco*, aff. jtes 331/85 et 378/85, 1099 ; 2 février 1988, *Barra*, aff. 309/85, 355). La Cour de justice estime qu'« *un législateur national ne peut adopter, postérieurement à un arrêt de la Cour dont il résulte qu'une législation déterminée est incompatible avec le traité, de règles procédurales réduisant spécifiquement les possibilités d'agir en répétition de l'indu des taxes qui ont été indûment perçues en vertu de cette législation* » (CJCE, 29 juin 1988, *Deville*, aff. 240/87, 3513 ; 17 novembre 1998, *Aprile,* aff. 228/96, 7141).

La qualification juridique dont dépend le régime de remboursement d'une taxe contraire au droit communautaire est renvoyée par la Cour de justice à l'autonomie procédurale des États membres (CJCE, 22 octobre 1998, *IN.CO.GE'90*, aff. C-10/97 à C-22/97, I.6307).

Le juge de Luxembourg estime que lorsque la violation du droit communautaire résulte du caractère prématuré de l'exigibilité d'un impôt (et non du paiement de l'impôt), l'octroi d'intérêts représente le « remboursement » de ce qui a été indûment versé (CJCE, 8 mars **2001, *Metallgeselschaft* et *Hoechst***, aff. C-397/98 et C-410/98, I.1727).

478. On se souvient que dans l'arrêt ***Emmot*** précité de **1991**, la Cour avait dit pour droit que « *jusqu'au moment de la transposition correcte de la directive, l'État membre défaillant ne peut pas exciper de la tardiveté d'une action judiciaire* (forclusion) *introduite à son encontre par un particulier en vue de la protection des droits que lui reconnaissent les dispositions de cette directive et qu'un* *délai de recours de droit national ne peut commencer à courir qu'à partir de ce moment » (point 23).* Dans l'arrêt *Steenhorst-Neerings* (ci-après) du 27 octobre 1993, le juge communautaire indiquera que « *la forclusion résultant de l'écoulement des délais de recours correspond à la nécessité d'éviter que la légalité des décisions administratives soit mise en cause indéfiniment* », et que l'arrêt *Emmot* avait entendu préciser à cet égard « *qu'une telle nécessité ne peut prévaloir contre celle de protéger les droits qu'un particulier tire de l'effet direct des dispositions d'une directive, aussi longtemps que l'État défaillant (...) n'a pas transposé correctement ces dispositions dans son ordre juridique interne* ».

Cette jurisprudence a été remise en cause – ou à tout le moins nuancée – sur la période récente. Ainsi, le juge du Kirchberg a indiqué dans l'arrêt ***Fantask*** du 2 décembre **1997** que « *la solution dégagée dans l'arrêt* Emmot *était justifiée par les circonstances propres à cette affaire, dans lesquelles la forclusion aboutissait à priver totalement la requérante au principal de la possibilité de faire valoir son droit à l'égalité de traitement en vertu d'une directive communautaire* » (CJCE, 2 décembre 1997, *Fantask*, aff. C-188/95, I.6783, spécial. point 51), et en a conclu que « *le droit communautaire n'interdit pas à un État membre, qui n'a pas transposé correctement la directive, d'opposer aux actions en remboursement de droits perçus en violation de cette directive un délai de prescription national qui court à compter de la date d'exigibilité des droits en cause, dès lors qu'un tel délai n'est pas moins favorable pour les recours fondés sur le droit communautaire que pour les recours fondés sur le droit interne et qu'il ne rend pas pratiquement impossible ou excessivement difficile l'exercice des droits conférés par l'ordre juridique communautaire* ».

La Cour de justice admet donc, contrairement à ce qui ressortait de l'arrêt *Emmot*, qu'un délai national de prescription puisse courir avant que la directive pertinente ait été correctement transposée, au moins dans les cas où la forclusion n'aboutit pas « *à priver totalement* (le requérant) *au principal de la possibilité de faire valoir* » les droits qu'il tire du droit communautaire.

NB : En France, la Cour de cassation a d'ores et déjà accepté de tirer les conséquences de la jurisprudence *Fantask* (Cass. com., 7 avril 1998, *Soc. Laubeur*, Juris-Data n° 001669 ; 6 octobre 1998, *SA Transports Lafont*, *Dalloz* 1998, p. 240).

Dans l'arrêt ***Texaco et Olieselskabet Danmark*** du 17 juillet **1997**, la Cour de justice précisera encore que le droit communautaire ne s'oppose pas à ce que le délai de prescription national applicable à une demande de remboursement de taxes perçues en violation du droit communautaire commence à courir à une date antérieure à celle à laquelle ces taxes ont été supprimées (CJCE, 17 juillet 1997, *Texaco et Olieselskabet Danmark,* aff. jtes C-114 et 115/95, I.4263). En effet, la fixation de délais de recours raisonnables à peine de forclusion, qui constitue l'application du principe fondamental de sécurité juridique, ne saurait être considérée comme rendant en pratique impossible ou excessivement difficile l'exercice des droits conférés par le droit communautaire.

Dans l'arrêt rendu le même jour dans le cadre de l'affaire *Haahr Petroleum*, la Cour affirme encore que le droit communautaire ne s'oppose pas à la mise en œuvre, à l'égard d'une action en restitution de taxes perçues en violation du droit communautaire, d'une disposition nationale prévoyant un délai raisonnable de prescription, même si cette règle a pour effet d'empêcher, en totalité ou en partie, le remboursement desdites taxes (CJCE, 17 juillet **1997, *Haahr Petroleum,*** *aff. C-90/94, I.4142).*

Avec son arrêt ***Grundig Italiana*** du 24 septembre **2002**, le juge communautaire entend mettre un terme aux pratiques des États membres tendant à la modification *a posteriori* des délais de forclusion (CJCE, 24 septembre 2002, *Grundig Italiana*, affa. C-255/00, I.8003). Il souligne que la réduction d'un délai de forclusion est subordonnée, d'une part au caractère raisonnable du nouveau délai fixé (ce que l'on savait déjà) et, d'autre part (ce qui est nouveau) à l'existence d'un régime transitoire d'une durée « *suffisante* » pour permettre aux justiciables de disposer d'un délai suffisant pour pouvoir introduire les demandes de remboursement qu'ils étaient en droit de présenter sous l'empire de l'anciene législation.

On mentionnera aussi, dans le même esprit, l'arrêt rendu en 1993 dans le cadre de l'affaire *Steenhorst-Neerings* (CJCE, 27 octobre 1993, *Steenhorst-Neerings*, aff. C-338/91, I.5475). La Cour de justice dira en effet pour droit dans cette décision (après avoir fait observer que la situation à l'origine de l'arrêt *Emmot* se distinguait nettement de celle de l'espèce) que le droit communautaire ne s'oppose pas à l'application d'une règle nationale prévoyant qu'une prestation sociale (en l'espèce, une prestation d'incapacité de travail) prend effet au plus tôt un an avant la date d'introduction de la demande, dans l'hypothèse où le particulier invoque les droits directement conférés par une directive communautaire et que, à la date d'introduction de la demande, l'État membre concerné n'a pas encore transposé correctement cette disposition dans son ordre juridique interne. Pour la Cour, une telle règle nationale limitant l'effet rétroactif des demandes introduites en vue d'obtenir une prestation ne vise pas, en effet, à porter atteinte au droit des justiciables d'invoquer la directive pertinente devant une juridiction nationale à l'encontre de l'État défaillant, et « *poursuit un tout autre but qu'une règle imposant un délai péremptoire de recours* » (voir encore CJCE, 6 décembre 1994, *Johnson*, aff. C-410/92, I.5483).

479. En tout état de cause, **le droit national peut prévoir des restrictions à la répétition de l'indu** (c'est-à-dire à la récupération de sommes indûment perçues) dans les cas suivants :

– en cas de faute de l'administration (CJCE, 21 septembre 1983, *Deutsche Milchkontor*, aff. jtes 205 à 215/82, 2633 ; 12 mai 1998, *Steff-Houlberg Export*, aff. C-366/95, I.2661) ;

– sur le fondement de la bonne foi de l'opérateur (arrêt *Steff-Houlberg Export* précité) ;

– lorsqu'un délai assez long sépare le versement de la somme litigieuse de la demande en remboursement, de sorte que ce délai a pu induire un droit dans le chef du bénéficiaire, sur la base de la confiance légitime (arrêts *Deutsche Milchkontor* et *Steff-Houlberg Export* précités) ;

– lorsque le bénéficiaire peut rapporter la preuve de la disparition de l'enrichissement sans cause (CJCE, 16 juillet 1998, *Oelmühle Hambourg*, aff. C-298/96, I.4767).

La Cour de justice a précisé assez récemment qu'« *un État membre ne peut s'opposer au remboursement d'une taxe indûment perçue au regard du droit communautaire que lorsqu'il est établi par les autorités nationales que la totalité de la charge de la taxe a été supportée par une personne autre que l'assujetti et que le remboursement de la taxe entraînerait, pour ce dernier, un enrichissement sans cause* » (CJCE, 2 octobre 2003, *Weber's Wine World*, aff. C-147/01, I.11365 ; voir déjà CJCE, 27 février 1980, *Just*, aff. 68/79, 501).

d) L'action en réparation

1) Dans la jurisprudence de la Cour de justice

• *L'affirmation du droit à réparation*

480. La Cour de justice de Luxembourg a affirmé que la violation par l'État du droit communautaire pouvait ouvrir **un droit à réparation** dans le chef des particuliers ayant subi un préjudice du fait de cette violation.

C'est ce qui résulte clairement de l'arrêt *Francovich* de 1991, en vertu duquel « *les États membres sont obligés de réparer les dommages causés aux particuliers par les violations du droit communautaire qui leur sont imputables* » (CJCE, 19 novembre **1991, *Francovich*** *et Bonifaci*, aff. jtes C-6/90 et C-9/90, I.5402). La Cour considère en effet que « *la pleine efficacité des normes communautaires serait mise en cause et la protection des droits qu'elles reconnaissent serait affaiblie si les particuliers n'avaient pas la possibilité d'obtenir réparation lorsque leurs droits sont lésés par une violation du droit communautaire imputable à un État membre* » (point 33).

Plusieurs arrêts antérieurs avaient déjà laissé entendre que la violation du droit communautaire par les autorités nationales était susceptible d'engager la responsabilité de l'État. La Cour affirmera dès 1960 que la constatation d'un manquement implique pour l'État membre en cause l'obligation de « *réparer les effets illicites* » que la mesure interne concernée a pu produire (CJCE, 16 décembre **1960, *Humblet***, aff. 6/60, 1125). Elle précisera également qu'un arrêt en manquement « *peut comporter un intérêt matériel en vue d'établir la base d'une responsabilité qu'un État membre peut être dans le cas d'encourir, en conséquence de son manquement, à l'égard d'autres États membres, de la*

Communauté ou des particuliers » (CJCE, 7 février **1973, *Commission c/ Italie***, aff. 39/72, 101). Le juge de Luxembourg affirmera encore « *qu'au cas où un individu a subi un préjudice du fait d'une intervention d'un État membre incompatible avec* (le droit communautaire), *il incomberait à l'État d'en assumer, à l'égard de la personne lésée, les conséquences dans le cadre des dispositions relatives à la responsabilité de l'État* » (CJCE, 12 janvier **1976, *Russo c/ Aima***, aff. 69/75, 45).

L'arrêt *Francovich* présente l'intérêt de constituer un véritable arrêt de principe. Il a permis à la Cour de préciser que **le droit à réparation** « *trouve directement son fondement dans le droit communautaire* » (point 41), qu'il dépend « *de la nature de la violation du droit communautaire qui est à l'origine du dommage causé* » (point 38) et que « *c'est dans le cadre du droit national de la responsabilité qu'il incombe à l'État de réparer les conséquences du préjudice causé* » (point 42).

• *Les conditions de mise en œuvre du droit à réparation*

481. La Cour de justice précise dans l'arrêt *Francovich* que les conditions de mise en œuvre de la responsabilité de l'État pour violation du droit communautaire ne peuvent pas être moins favorables que celles qui sont applicables aux réclamations semblables de nature interne (***principe d'équivalence***, point 43), et qu'elles ne sauraient être aménagées de manière à rendre pratiquement impossible ou excessivement difficile l'obtention de la réparation (***principe d'effectivité***, point 43).

La Cour a fixé **trois conditions d'ouverture du droit à réparation** (points 39 et 40) **dans l'hypothèse** illustrée par l'arrêt *Francovich* (**non-transposition d'une directive** par le législateur national) :

– 1re condition : **la directive doit comporter l'attribution de droits au profit des particuliers**. Cette condition signifie que la disposition pertinente de la directive doit avoir pour objet de conférer des droits aux particuliers, *via* les mesures nationales de transposition (dans le cadre de l'affaire *Francovich*, la directive en cause comportait l'attribution aux travailleurs salariés du droit à une garantie pour le paiement de leurs créances impayées concernant la rémunération) ;

– 2e condition : **le contenu de ces droits peut être identifié sur la base des dispositions de la directive**. Cette condition n'est pas interprétée de la même façon par tous les représentants de la doctrine :

La quasi-totalité des auteurs considère que cette condition, combinée à la précédente, ne signifie pas que la disposition pertinente de la directive doit satisfaire aux critères de l'effet direct. Il est vrai que la Cour elle même a pu parfois user de formules ambigües pouvant laisser penser que cette lecture était la bonne (voir par exemple *infra* arrêt *Brasserie du pêcheur* et *Factortame III*, point 21), alors même qu'on ne voit guère comment un justiciable pourrait se prévaloir de l'*atteinte à un droit subjectif* si la disposition communautaire qu'il invoque à son profit ne répondait pas aux critères de l'effet direct.

Nous pensons, à l'instar du professeur Barav, que **cette condition posée par la Cour signifie que les dispositions pertinentes de la directive doivent satisfaire aux critères de l'effet direct** (voir A. Barav, note sous arrêt *Francovich* du 19 novembre 1991, in *Semaine Juridique* (*JCP*), jurispr., 1992, n° 21783, pp. 12 à 16 ; « Le juge et le justiciable », in *Mélanges Mancini*, vol. II, Giuffrè editore, 1998, spécial. point 3.3.). Nous avons en effet constaté que, dans tous les cas de figure que le juge de Luxembourg a eu à connaître jusqu'ici :

• le contenu des droits attribués au justiciable par les dispositions communautaires en cause était connu ;

• les dispositions relatives au contenu de ces droits étaient incontestablement d'effet direct ;

• si, dans certaines affaires, le justiciable ne pouvait toutefois pas invoquer les dispositions communautaires pertinentes devant le juge national, c'était pour des motifs étrangers au « *caractère intrinsèque de ces dispositions* » (voir notre étude : J.-M. Favret, *Les influences réciproques du droit communautaire et du droit national de la responsabilité publique extracontractuelle*, Paris, Pédone, 2000, spécialement pages 362 à 369) ;

– 3e condition : **il existe un lien de causalité entre l'absence de transposition et le dommage subi par les personnes lésées**.

Un arrêt rendu le 5 mars **1996** illustre d'autres hypothèses : celle du maintien en vigueur par le législateur national d'une loi contraire au traité (***Brasserie du pêcheur***, aff. C-46/93) et celle de l'adoption par le législateur d'une loi violant le traité (***Factortame III***, aff. C-48/93). Dans ces deux affaires, le législateur national avait violé des dispositions communautaires d'effet direct.

482. La Cour indique très clairement que **dans les hypothèses où le législateur national dispose d'un large pouvoir d'appréciation, les conditions d'engagement de la responsabilité de l'État doivent être en principe « *les mêmes que celles dont dépend la responsabilité de la Communauté dans une situation comparable* »** (CJCE, 5 mars 1996, *Brasserie du pêcheur* et *Factortame III*, aff. jtes C-46/93 et C-48/93, I.1029, point 42).

Ainsi, outre l'existence d'un lien de causalité *direct* (point 51) entre la violation du droit communautaire et le préjudice subi (alors que dans l'hypothèse d'une absence totale de transposition, l'arrêt *Francovich* n'exigeait qu'un lien de causalité, sans exiger au surplus que ce lien soit *direct*), deux conditions doivent être réunies :

– la règle violée a pour objet de conférer des droits aux particuliers (point 51) ;

– **la violation est suffisamment caractérisée** (point 51) ; le critère décisif pour considérer qu'une violation du droit communautaire est suffisamment caractérisée est celui de la méconnaissance manifeste et grave par l'autorité en cause des limites qui s'imposent à son pouvoir d'appréciation (point 55).

On fera observer au passage que **ces conditions ne satisfont guère aux exigences de la pleine efficacité des normes communautaires et de la protection effective des droits que lesdites normes reconnaissent aux particuliers**, et qu'elles ne sont pas réellement « *les mêmes que celles dont dépend la responsabilité de la Communauté dans une situation comparable* ». En effet, la responsabilité extracontractuelle de la Communauté ne peut être engagée qu'en cas de violation d'une « *règle supérieure de droit destinée à protéger les particuliers* » (cf. *infra*, Titre 7, Chap. 2, section 2, §5, D.).

La Cour précise encore dans l'arrêt *Brasserie du pêcheur* et *Factortame III* que, parmi les éléments que la juridiction nationale peut être amenée à prendre en considération, « *il y a lieu de relever le degré de clarté et de précision de la règle violée, l'étendue de la marge d'appréciation que la règle enfreinte laisse aux autorités nationales (...), le caractère intentionnel ou involontaire du manquement commis ou du préjudice causé, le caractère excusable ou inexcusable d'une éventuelle erreur de droit, la circonstance que les attitudes prises par une institution communautaire ont pu contribuer à l'omission, l'adoption ou au maintien de mesures ou de pratiques nationales contraires au droit communautaires* » (point 56). Le juge de Luxembourg indique qu'une violation du droit communautaire est « *manifestement caractérisée lorsqu'elle a perduré malgré le prononcé d'un arrêt constatant le manquement reproché, d'un arrêt préjudiciel ou d'une jurisprudence bien établie de la Cour en la matière, desquels résulte le caractère infractionnel du comportement en cause* » (point 57).

Il n'est pas nécessaire que le manquement de l'État à ses obligations communautaires ait été préalablement constaté par la Cour, pour que le juge national soit en mesure d'engager la responsabilité de la puissance publique (points 93 à 96).

483. Cette jurisprudence sera confirmée dans l'hypothèse d'une transposition incorrecte d'une directive par le pouvoir réglementaire (CJCE, 26 mars **1996, *British Telecommunications***, aff. C-392/93, I.1631). Le juge de Luxembourg estimera que, « *dans la présente affaire, la Cour dispose de tous les éléments nécessaires pour apprécier si les faits de l'espèce doivent être qualifiés de violation suffisamment caractérisée du droit communautaire* » (point 41). Il fera observer qu'en l'espèce, la disposition violée était imprécise et pouvait supporter raisonnablement plusieurs interprétations (point 43), de sorte qu'il n'était pas possible de considérer que la violation en cause était « *suffisamment caractérisée* » (point 45).

Un arrêt rendu le 17 octobre **1996** (***Denkavit International***, aff. jtes C-283, 291 et 292/94, I.5063) confirmera que la transposition incorrecte d'une directive, cette fois par le législateur national, est susceptible d'engager la responsabilité de l'État. La responsabilité sera toutefois écartée en l'espèce, faute d'une « *violation suffisamment caractérisée* », l'interprétation par l'Allemagne de la directive pertinente ayant été largement partagée par les autres États membres (voir encore, s'agissant d'une transposition incorrecte, CJCE, 22 avril 1997, *Sutton*, aff. C- 66/95, I.2163).

Cette jurisprudence sera également confirmée dans l'hypothèse d'une violation par l'administration de l'article 34 (art. 29 dans la nouvelle numérotation) du Traité CE (CJCE, 23 mai **1996, *Lomas***, aff. C-5/94, I.2553). Dans ce dernier arrêt, la Cour indiquera qu'une ***« simple infraction »* suffit à engager la responsabilité de l'État lorsque celui-ci dispose d'une marge d'appréciation très réduite**, voire inexistante (point 28). On relèvera au passage que le juge de Luxembourg a préféré la formule « *simple infraction* » à la notion de « faute simple ».

On mentionnera encore l'arrêt ***Dillenkofer*** du 8 octobre **1996** (aff. jtes C-178 et 179/94, C-188 à 190/94, I.4845), rendu dans le cadre des affaires relatives aux voyages, vacances et circuits à forfait, qui a permis au juge communautaire de confirmer que « *la condition d'une* violation suffisamment caractérisée *est bien le critère universel qui unifie les conditions d'engagement de la responsabilité des États membres* » (A.R. et D.S., in *Europe*, décembre 1996, comm. n° 450). En l'espèce, dira le juge, « *l'absence de toute mesure de transposition d'une directive (…) dans le délai imparti à cet effet constitue en elle-même une violation caractérisée du droit communautaire* ». L'arrêt ***Brinkmann tabakfabriken*** du 24 septembre **1998** (CJCE, 24 septembre 1998, aff. C-319/96, I.5255) semble brouiller quelque peu cette solution, puisqu'en l'espèce, la Cour de justice estimera qu'il n'y avait pas de *violation caractérisée*, alors que l'on se se situait dans l'hypothèse d'une absence totale de transposition d'une directive.

On notera au passage que l'affaire *Dillenkofer* correspond à l'hypothèse déjà tranchée dans l'affaire *Francovich* (non-transposition d'une directive dans les délais impartis), à deux nuances près toutefois : dans l'affaire *Francovich,* la transposition n'était toujours pas – circonstance aggravante ! – intervenue au moment du prononcé de l'arrêt ; dans l'affaires *Dillenkofer*, le législateur était certes intervenu tardivement, après le délai prescrit, mais avant que les ordonnances de la juridiction de renvoi ne soient parvenues au juge de Luxembourg ; en outre, dans ces dernières affaires, la transposition dépendait en partie de la bonne volonté de personnes privées.

Dans un arrêt du 1er juin 1999, le juge communautaire a précisé, comme on pouvait s'y attendre, que dans un État fédéral, la réparation des préjudices causés par une violation du droit communautaire imputable à une collectivité *infra*-étatique devait être néanmoins assumé par l'État fédéral lui-même (CJCE, 1er juin **1999**, ***Konle***, aff. C-302/97, I.3099). De la même façon, l'État peut engager sa responsabilité, même si la violation est imputable à un organisme public indépendant (CJCE, 4 juillet **2000**, ***Haim***, aff. C-424/97, I.5123). Les États membres doivent donc assurer la réparation du domage, quelle que soit l'autorité publique auteur de la violation du droit communautaire.

L'État doit réparer les dommages résultant d'une violation du droit communautaire découlant d'une décision d'une juridiction nationale suprême (CJCE, 30 septembre **2003**, ***Köbler***, aff. C-224/01, I.10239).

On relèvera enfin que la Cour de justice considère curieusement que **l'application rétroactive, régulière et complète des mesures internes d'exécution d'une directive permet de remédier aux conséquences dommageables du retard de transposition, et suffit à cette fin** (CJCE, 10 juillet 1997, *Bonifaci e.a. et Berto*, aff. C-94 et 95/95, I.3969 ; *Palmisani*, aff. C-261/95, I.4025 ; *Maso e.a. et Gazzetta*, aff. C-373/95, I.4051).

• *L'étendue de la réparation*

484. S'agissant de l'étendue de la réparation due à la victime d'une violation par un État membre du droit communautaire, l'arrêt ***Marshall II*** du 2 août **1993** (aff. C-271/91, I.4400) précise très classiquement que « ***la réparation pécuniaire (...) doit être adéquate*** *en ce sens qu'elle doit permettre de compenser intégralement les préjudices effectivement subis* ». L'arrêt *Brasserie du pêcheur* et *Factortame III* confirme que « *la réparation des dommages causés (...) doit être adéquate au préjudice subi* » (point 82), et s'il ne mentionne pas expressément l'exigence d'une réparation *intégrale*, il ne faut pas en conclure selon nous que cette exigence est abandonnée, l'arrêt *Marshall II* ayant clairement définit la réparation *adéquate* comme étant précisément une réparation *intégrale.* Ce dernier arrêt indique par ailleurs que la réparation doit intégrer les éventuels intérêts de retard destinés à « *compenser la perte subie (...) du fait de l'écoulement du temps jusqu'au paiement effectif du capital accordé* ».

Dans un arrêt plus récent, la Cour a précisé que **le fait du tiers et la force majeure ne peuvent en aucune façon justifier l'atténuation ou l'exonération de la responsabilité de l'État, dans les cas de non-transposition ou de transposition incorrecte d'une directive** (CJCE, 15 juin **1999**, ***Rechberger***, aff. C-140/97, I.3499). En effet, comme le note le professeur Simon, « *la cause de l'obligation juridique de réparation mise à la charge de l'État se trouve* (alors) *dans la non-transposition ou la transposition incorrecte de la directive, et par conséquent est totalement autonome par rapport au comportement* » du tiers ou à la force majeure (in *Europe*, août-sept. 1999, n° 280).

2) Dans la jurisprudence des juridictions françaises

485. **Le juge administratif français s'est rapproché de la jurisprudence *Francovich*** en acceptant d'engager la responsabilité de l'État pour des dommages causés par une violation du droit communautaire (CE, 28 février **1992, Sté *Arizona Tobacco Products*** *et SA Philip Morris France*, *AJDA* 1992, p. 210 ; voir aussi CAA Paris, 1er juillet 1992, *Sté Jacques Dangeville*, *JCP* éd. E., II. jurispr. 1992, n° 357 ; CAA Paris, 12 novembre 1992, *Sté John Walker*, Dr. Adm. 1993, n° 130 ; CE, 30 janvier 1995, Soc. *Fourrures Maurice*, Dr. adm. mai 1995, n° 302 ; CE, 26 novembre 1999, *SOMACO*, req. n° 154053 et 154054). Dans ses conclusions rendues à l'occasion de l'affaire *Arizona Tobacco Products et Philip Morris France*, Martine Laroque indiquera que les autorités administratives « *doivent, dans l'exercice du pouvoir réglementaire, appliquer une nouvelle hiérarchie des normes* » qui découle de la primauté du droit communautaire, et que, « *si elles ne s'y conforment pas, elles commettent (...) une illégalité de nature à engager la responsabilité de l'État* ».

Dans l'affaire *Dangeville* précitée, la Cour administrative d'appel de Paris avait clairement indiqué que le défaut de transposition de la 6e directive TVA par le législateur national engageait la responsabilité de l'État pour violation du droit communautaire, ce qui revenait à admettre, au moins implicitement, que le législateur français pouvait engager sa responsabilité sur le fondement de la faute. La CAA de Paris avait ainsi précisé qu'en application du Traité CE, et notamment de son article 5 (10 dans la nouvelle numérotation), « *l'État français est tenu de prendre toutes les mesures propres à assurer l'exécution des obligations qui lui incombent en vertu dudit traité* », et que, « *parmi ces obligations, se trouve celle d'effacer les conséquences illicites d'une violation du droit communautaire, soit directement, soit, à défaut, en assurant la réparation effective des préjudices qui en ont résulté* ».

Le Conseil d'État annulera la décision du juge administratif d'appel (CE, 30 octobre **1996, *Dangeville***, *AJDA* 1996, p. 1044) et se placera habilement sur le terrain de la procédure (exception de recours parallèle) pour ne pas avoir à trancher la question de savoir si le législateur national pouvait engager sa responsabilité sur le fondement de la faute (la CAA a commis une erreur de droit en déclarant le recours en indemnité recevable, alors qu'il ne visait en réalité qu'à obtenir le remboursement de la taxe en cause, que le requérant n'avait pas pu obtenir par la voie de l'action en remboursement – voir dans le même sens : CAA Paris, 19 décembre 1996, *SA Gras Savoye*, *DF* 1997, n° 31-36, comm. n° 913, concl. A. Mendras). Comme l'écrit un commentateur, l'arrêt du Conseil d'État « *démontre que les ressources insondables de la procédure peuvent être un auxiliaire efficace du déni de justice* » (in *Europe*, décembre 1996, comm. D.S., n° 453).

On se souvient que dans l'affaire *Arizona Tobacco Products et Philip Morris France* précitée, le Conseil d'État avait certes admis que l'État engageait sa responsabilité du fait de la violation du droit communautaire, mais en procédant habilement à une « délocalisation » de l'imputation de la faute commise, puisqu'il avait imputé cette faute au pouvoir règlementaire, alors que le législateur était, au moins chronologiquement, le principal fautif (voir *supra*, effet direct des directives dans la jurisprudence du Conseil d'État). Cette « pirouette » lui avait ainsi permis d'éviter de se prononcer sur le fondement de la responsabilité du législateur national.

Le Conseil d'État a néanmoins infléchi sa jurisprudence antérieure, qui était plus restrictive sur la responsabilité de l'État pour violation du droit communautaire (voir CE, 23 mars **1984, *Alivar***, *AJDA* 1984, p. 386, par lequel la Haute

Assemblée a écarté la responsabilité pour faute et retenu l'obligation d'indemniser la requérante sur la base de la responsabilité sans faute, plus difficile à engager ; voir encore CE, 13 décembre **1985, *Société International Sales and Import Corporation***, *AJDA* 1986, p. 174, par lequel le Conseil d'État a écarté toute indemnisation en s'appuyant sur la théorie de la « loi-écran » et en rappelant que la réparation est exclue quand la mesure en cause a été prise dans un but d'intérêt économique et social d'ordre général).

En tout état de cause, la jurisprudence développée par la Cour depuis l'arrêt *Francovich* devrait logiquement conduire à reconnaître que le législateur national peut engager sa responsabilité sur le fondement de la faute (une violation du droit communautaire, *a fortiori* lorsqu'elle est *suffisamment caractérisée*, constitue à l'évidence une faute), alors que depuis 1938, le Conseil d'État français refuse d'engager la responsabilité de l'État-législateur sur ce fondement, considérant que la responsabilité de la puissance publique ne peut être engagée du fait du législateur qu'en cas de rupture de l'égalité des citoyens devant les charges publiques, c'est à dire sans faute (CE, Ass. 14 janvier 1938, *Soc. Anonyme des produits laitiers « La Fleurette », Rec.* Lebon p. 25). Mais, comme le note à juste titre le professeur Barav, citant en partie A. Garapon (*Le gardien des promesses*, Paris, 1996, p. 47), « *en raison de la fonction qui lui est assignée par le droit communautaire, le juge national (...) tend à se hisser au-dessus de la loi* », et son attitude ne correspond plus alors à la « *conception classique selon laquelle le juge est soumis à la loi et ne tire son droit de juger que d'elle* » (A. Barav, *Le juge et le justiciable*, *op. cit.*, concl.). Et d'ajouter, citant cette fois le juge Pescatore, que « *nulle souveraineté ne peut plus être considérée comme complète, ni absolue, ni intangible, ni indivisible, ni non-aménageable* » (P. Pescatore, « La Constitution, son contenu, son utilité », in *Rev. Dr. Suisse*, 1992, pp. 41 à 72, spécial. p. 51) et que le processus d'intégration européenne entraîne « *un véritable réaménagement des souverainetés, une redistribution des fonctions dans le cadre d'un ensemble qui dépasse les États membres individuels* » (P. Pescatore, *Le droit de l'intégration*, Leyden, 1972, spécial. p. 31). Le Tribunal administratif de Clermont-Ferrand a clairement admis le principe de la responsabilité pour faute de l'État-législateur, à propos d'aides d'aides incompatibles avec le marché commun (TA Clermont-Ferrand, 23 septembre 2004, *SA Fontanille*, n° 011282).

Voir les modifications du règlement de procédure du 18 octobre 2005 (*JOUE* n° L. 288, 29 octobre 2005, p. 51).

486. La Cour de cassation française accepte également d'engager la responsabilité de l'État dont le manquement à ses obligations communautaires a été à l'origine d'un dommage (**Cass. com.**, 21 février **1995**, *United Distillers France, **John Walker** and sons Ltd, Tanqueray Gordon and Cie Ltd*, arrêt n° 419 P, *Bull. civ.* février 1995, p. 50, à propos d'une circulaire du ministre de la Justice incompatible avec un arrêt en manquement de la Cour de justice).

Conclusion : L'autonomie du droit communautaire par rapport au droit international classique

487. Le débat sur l'autonomie (ou la spécificité) du droit communautaire par rapport au droit international classique est récurrent. Pour certains auteurs, le droit communautaire n'est qu'une branche du droit international, tandis que pour d'autres juristes le droit communautaire est totalement autonome par rapport au droit international ; d'un côté, les partisans de la **thèse de la *banalisation* du droit communautaire**, de l'autre les défenseurs de la **thèse de la *spécificité* de ce droit**.

Ce débat a été parfois très vif, notamment parce que « *l'émancipation du droit communautaire, qui s'affranchirait de son héritage internationaliste, est ressentie dans le sérail internationaliste comme une forme de parricide prémédité, surtout quand il s'accommode d'un jugement de valeur un peu triomphaliste sur l'effectivité caractéristique de ce nouveau droit par opposition au modèle anomique et anarchique du droit des gens* » (D. Simon, *Les fondements de l'autonomie du droit communautaire*, in SFDI, colloque de Bordeaux, *Droit international et droit communautaire – Perspectives actuelles*, Paris, Pédone, 2000, pp. 207 à 249, spécialement p. 210).

Il convient d'abord d'admettre que **les partisans de la thèse de la *banalisation* du droit communautaire ont quelques arguments solides à faire valoir** : la nature conventionnelle des traités constitutifs (on dit souvent que l'ordre juridique communautaire est un « *droit né des traités* »), le caractère intergouvernemental de deux des trois piliers de l'Union, la position centrale que les organes interétatiques occupent dans le système institutionnel et décisionnel de la Communauté et de l'Union européennes, le maintien du vote à l'unanimité dans des matières essentielles, le caractère encore fondamentalement « diplomatique » du processus décisionnel, le principe d'attribution des compétences à la Communauté et à l'Union, etc.

On fera d'ailleurs observer, à la suite de M. Ronny Abraham, que **sur quatre points essentiels le Conseil d'État français traite le droit communautaire comme un élément du droit international classique** (R. Abraham, *Les normes du droit communautaire et du droit international devant le juge administratif français*, in SFDI, colloque de Bordeaux précité, pp. 283 à 293) :

– **il fonde l'autorité en droit interne des normes internationales et communautaires sur la Constitution**, et plus particulièrement sur son article 55 (voir par ex. CE, 19 juin 1964, *Société des pétroles Shell-Berre*, Rec. p. 344 ; 20 octobre 1989, *Nicolo*, *Rec.* p. 190). Il se refuse donc à admettre que le droit communautaire s'applique en droit interne de sa propre autorité ;

– le juge administratif conçoit et applique la théorie de **l'effet direct** de la même façon pour les normes contenues dans des traités internationaux et pour les normes contenues dans les traités communautaires ou les accords conclu par la Communauté ;

– il conçoit et applique également **le principe de primauté** sur les lois et les actes réglementaires de la même façon pour les normes internationales et pour les normes communautaires. Dans les deux cas, il met en œuvre des techniques contentieuses identiques ;

– enfin, il est permis de penser que le juge administratif conçoit de la même façon le principe de la **responsabilité de l'État** pour violation d'une norme de droit international ou de droit communautaire (voir CE, 28 février 1992, *Soc. Arizona Tobacco Products et Philip Morris France*, *Rec*. p. 78), même s' il n'a pas eu l'occasion jusqu'ici de se prononcer sur la responsabilité de l'État pour violation d'une norme de droit international.

488. Nous pensons néanmoins que **les arguments en faveur de la thèse de la *spécificité* du droit communautaire sont plus déterminants** : un système institutionnel et décisionnel profondément original, sans comparaison possible avec celui des organisations internationales classiques, le champ très étendu du vote à la majorité, un système de sources sophistiqué et une hiérarchie des normes particulièrement développée, le principe d'effet direct du droit communautaire, les conséquences que le droit communautaire tire de sa primauté sur le droit des États membres en termes de validité de la norme nationale dans l'ordre interne (alors que l'incompatibilité d'une norme interne avec le droit international implique seulement l'inopposabilité de la règle nationale dans l'ordre international), un contrôle juridictionnel obligatoire plus contraignant et plus accessible aux particuliers que celui qui prévaut en droit international, la procédure du renvoi préjudiciel, etc.

En outre, comme nous l'avons déjà rappelé plus haut, **l'autonomie du droit communautaire a été consacrée sans ambiguïté par le juge communautaire**, notamment dans l'arrêt *Van Gend en Loos* (précité), qui souligne que « *la Communauté constitue un nouvel ordre juridique de droit international* », et dans l'arrêt *Costa c/ ENEL* (précité) qui indique « *qu'à la différence des traités internationaux ordinaires, le Traité de la C.E.E. a institué un ordre juridique propre intégré au système juridique des États membres lors de l'entrée en vigueur du traité et qui s'impose à leurs juridictions* ».

On relèvera également, à l'instar du Professeur D. Simon, que l'autonomie du droit communautaire est également attestée par **la « constitutionnalisation » indiscutable de ce droit** (D. Simon, *op. cit.*, p. 223 et suiv. – voir également *supra*, n° 44).

Enfin, on fera observer que **le Conseil d'État français reconnaît sur deux points la spécificité du droit communautaire** :

– d'abord en ce qui concerne **le régime juridique des directives communautaires**, les raisonnements développés par le juge administratif français aboutissent « *aux mêmes conséquences que la jurisprudence de la Cour de justice, mais sur la base de présupposés théoriques différents* » (R. Abraham, *op. cit.*, p. 290) ;

– ensuite en ce qui concerne **l'interprétation des traités internationaux et des traités communautaires** : R. Abraham fait observer à juste titre qu'avant l'arrêt *GISTI* (CE, 29 juin 1990, *GISTI*, Rec. p. 142), « *le régime juridique applicable au plan procédural à l'interprétation des traités internationaux était déjà différent du régime applicable à l'interprétation des traités communautaires. Mais (...) la différence entre ces régimes s'est encore accrue depuis le revirement de jurisprudence de 1990 puisque désormais, s'agissant d'un traité non communautaire, c'est le juge chargé d'appliquer le traité qui est en même temps compétent pour l'interpréter. Il n'y a pas de dissociation dans l'ordre du droit international classique entre le pouvoir d'application et le pouvoir d'interprétation, alors qu'il y avait une dissociation auparavant avec l'obligation de renvoi préjudiciel au Ministre. Tandis que dans l'ordre communautaire, on conserve cette dissociation entre le pouvoir d'application et le pouvoir d'interprétation, lequel relève naturellement de la Cour de justice des Communautés européennes* » (R. Abraham, *op. cit.*, pp. 289-290).

Pour en savoir plus...

– A. BARAV, *La fonction communautaire du juge national*, thèse Strasbourg, 1983 ;

– F. GREVISSE et J.-C. BONICHOT, « Les incidences du droit communautaire sur l'organisation et l'exercice de la fonction juridictionnelle dans les États membres », *in L'Europe et le droit, Mélanges J. Boulouis*, Paris, Dalloz, 1991, p. 297 ;

– J. RIDEAU (dir.), *Les États membres de l'Union européenne : adaptations, mutations, résistances*, Paris, LGDJ, 1997 ;

– J.-M. FAVRET, *Les influences réciproques du droit communautaire et du droit national de la responsabilité publique extracontractuelle*, Paris, Pédone, 2000.

Titre 7

Le système judiciaire communautaire

489. La Communauté européenne étant une «*Communauté de droit*», le respect du droit communautaire par les États membres, par leurs ressortissants, ainsi que par les institutions de la Communauté fait nécessairement l'objet d'un contrôle juridictionnel. Celui-ci est exercé à la fois par **le juge national, juge de droit commun de l'application du droit communautaire** par les États membres, et par **deux juridictions communautaires** : la Cour de justice des Communautés européennes (CJCE) et le Tribunal de première instance des Communautés européennes (TPI).

Un système complet de voies de recours permet à ces deux juridictions d'assurer la mise en œuvre et le respect du droit communautaire dans le cadre des deux traités constitutifs (depuis la disparition de la CECA). L'article 46 TUE (ex-art.L) prévoit en revanche que la Cour n'a aucune compétence dans le cadre du 2e pilier de l'Union, et que sa compétence dans le cadre de la JAI (ou des «coopérations renforcées») est soumise à certaines conditions.

490. Le système judiciaire communautaire est régi par les dispositions suivantes, précisées et complétées par la jurisprudence des juridictions communautaires:

– Traité instituant la Communauté économique européenne: articles 220 à 245 (ex-art. 164 à 188).

– Traité instituant la Communauté européenne de l'Energie atomique: articles 136 à 160.

– Accord sur l'Espace économique européen: articles 105 à 111 et protocoles 34 et 48.

– **Statut de la Cour** de justice des Communautés européennes est fixé par un protocole séparé. En principe, il est soumis à la même procédure de révision que le traité, mais l'article 245 alinéa 2 TCE (ex-art. 188 al.2) dispose que « *le Conseil, statuant à l'unanimité sur demande de la Cour de justice et après consultation de la Commission et du Parlement européen, peut modifier les dispositions du titre III du statut* », relatif à la procédure (le statut Euratom contient des dispositions similaires). Modifié par le Traité de Nice du 26 février 2001, l'article 245 alinéa 2 TCE prévoit que « *le Conseil, statuant à l'unanimité sur demande de la Cour de justice et après consultation du Parlement européen et de la Commission, ou sur demande de la Commission après consultation du Parlement européen et de la Cour de justice, peut modifier les dispositions du statut, à l'exception de son titre I* », relatif au statut des juges et des avocats généraux. Le nouveau statut de la Cour de justice contenu dans un protocole annexé au Traité de Nice se substitue aux protocoles sur le statut de la Cour annexés au Traité CE et au Traité Euratom, lequels sont abrogés (voire le Rectificatif à la déc. 2004/407 du Conseil, 26 avril 2004, *JOUE* n° L. 194, 2 juin 2004, p. 3).

Les dispositions du statut de la Cour sont applicables au Tribunal de première instance.

– Décision 88/591 CECA, CEE, Euratom du Conseil du 24 octobre 1988 instituant un Tribunal de première instance (*JOCE* L. 319 du 25 novembre 1988 p. 1) modifiée par les décisions 93/350 du 8 juin 1993 (*JOCE* L. 144 du 16 juin 1993 p. 21) et 94/149 du 7 mars 1994 (*JOCE* L. 66 du 10 mars 1994 p. 29).

– **Règlement de procédure de la Cour** de justice du 19 juin 1991 modifié (*JOCE* L. 176 du 4 juillet 1991, p. 7 ; *JOCE* L. 44 du 28 février 1995, p. 61 ; *JOCE* L. 103 du 19 avril 1997, p. 1 ; *JOCE* L. 122 du 24 mai 2000, p. 43 ; *JOCE* n° L. 322, 19 décembre 2000, p. 1 ; *JOUE* n° L. 127, 29 avril 2004, p. 107 ; *JOUE* n° L. 132, 29 avril 2004, p. 2), dont il existe une **version codifiée** (CJCE 2001/C 34/01, JOCE n° C-34, 1er février 2001). Il est établi par la Cour elle-même et soumis à l'approbation unanime du Conseil (article 245 alinéa 3 TCE, ex 188 alinéa 3 CE).

Voir les modifications du règlement de procédure du 18 octobre 2005 (*JOUE* n° L. 288, 29 octobre 2005, p. 51).

– Règlement de procédure **du Tribunal** de première instance du 2 mai 1991 modifié (*JOCE* L. 136 du 30 mai 1991, p. 1 ; *JOCE* L. 249 du 24 septembre 1994, p. 17 ; *JOCE* L. 44 du 28 février 1995 p. 64 ; *JOCE* L. 103 du 19 avril 1997, p. 1 ; *JOCE* n° L. 322, 19 décembre 2000, p. 4 ; *JOUE* n° L. 127, 29 avril 2004, p. 108 ; *JOUE* n° L. 132, 29 avril 2004, p. 3), dont il existe une **version codifiée** (TPI 2001/C 34/02, *JOCE* n° C-34, 1er février 2001). Il est établi par le TPI, en accord avec la Cour de justice, et soumis à l'approbation unanime du Conseil (article 225 § 4 TCE, ex 168 A § 4).

Le Traité de Nice de février 2001 prévoit que les règlements de procédure de la Cour de justice et du TPI ne devront plus faire l'objet d'une approbation unanime du Conseil ; ils seront approuvés par le Conseil à la majorité qualifiée.

Le présent titre a pour objet la présentation :

– des juridictions communautaires (chapitre 1) ;

– du procès communautaire (chapitre 2) ;

– des voies de droit destinées à garantir ou sanctionner le respect du droit communautaire (chapitre 3).

Pour en savoir plus...

– R. BEN ACHOUR, S. LAGHMANI, (dir.), *Justice et juridictions internationales*, Pedone, Paris, 2000 ;

– R. MEHDI (dir.), *L'avenir de la justice communautaire, enjeux et perspectives*, La Documentation française, Paris, 1999 ;

– *RAE* (revue), *Les juridictions communautaires*, 2000/3 ;

– J. RIDEAU et F. PICOD, *Code de procédures communautaires*, Paris, Litec, 1995.

Chapitre 1
Les juridictions communautaires

Plan du chapitre

491. À l'heure actuelle, il y a deux juridictions communautaires :

– la Cour de justice des Communautés européennes (section 1), créée par le Traité CECA du 18 avril 1951 et dont la compétence a été étendue aux deux Communautés instituées par les Traités CEE (aujourd'hui CE) et Euratom du 25 mars 1957 ;

– le Tribunal de première instance (section 2) créé plus tardivement, par une décision du Conseil du 24 octobre 1988. Le Traité de Nice du 26 février 2001 a prévu qu'il serait possible de lui adjoindre des chambres juridictionnelles (section 3), chargées d'exercer des compétences juridictionnelles en première instance dans certains domaines spécifiques.

– le Tribunal de la fonction publique (section 3) créé plus récemment encore, par une décision du Conseil n° 2004/753/CE, Euratom du 2 novembre 2004 (*JOUE* n° L. 333 du 9 novembre 2004, p. 7).

Confrontée aux défis de la quantité et de la qualité, la justice communautaire a sensiblement évolué depuis les années 1950. Son évolution n'est pas achevée et la surcharge de travail qui résulte pour elle du dernier élargissement de l'Union européenne doit nous conduire à nous interroger sur son avenir (section 4).

Section 1
La Cour de justice des Communautés européennes

492. La Cour de justice des Communautés européennes (CJCE) siège à Luxembourg sur le plateau du Kirchberg (aussi parle-t-on parfois du *juge du Kirchberg* ou du *juge de Luxembourg* pour désigner le juge communautaire). Elle est, en vertu de l'article 7 TCE (ex-art. 4), l'une des institutions assurant la « *réalisation des tâches confiées à la Communauté* ». Elle doit, en application du même article, agir « *dans les limites des attributions qui lui sont conférées par le présent traité* ».

Seront étudiées successivement :

– l'organisation de la CJCE ;

– les compétences de la CJCE.

§1. L'organisation de la Cour

A. La nomination des membres de la Cour

493. La Cour est formée actuellement de **vingt sept juges, assistés de huit avocats généraux**, « ***nommés d'un commun accord pour six ans par les gouvernements des États membres*** » (art. 223 TCE, ex-art. 167). Pour l'heure, le Traité CE n'exige pas qu'ils aient la nationalité des États membres, bien qu'en pratique la Cour ait toujours compris au moins un national de chacun des États membres. Le Traité de Nice de 2001 modifie l'article 221 TCE pour indiquer expressément que la Cour est composée d'un national de chaque État membre. Si la Cour de justice le demande, le Conseil peut augmenter le nombre des avocats généraux en statuant à l'unanimité.

Un **renouvellement partiel des juges** a lieu tous les trois ans. Il porte alternativement sur huit et sept juges. Un renouvellement partiel **des avocats généraux** a lieu également **tous les trois ans**. Il porte chaque fois sur quatre avocats généraux. L'article 223 alinéa 4 TCE (ex-167 al. 4) prévoit que « *les juges et les avocats généraux sortants peuvent être nommés de nouveau* » (la pratique montre qu'en moyenne ils restent en fonction à la Cour pendant une durée correspondant à deux mandats).

Les juges et les avocats généraux prennent rang indistinctement d'après leur ancienneté de fonction. À ancienneté de fonction égale, l'âge détermine le rang.

L'article 222 alinéa 2 TCE (ex-166 al. 2) dispose que « ***l'avocat général*** *a pour rôle de présenter publiquement, en toute impartialité et en toute indépendance, des conclusions motivées sur les affaires* » qui requièrent son intervention. Le rôle de l'avocat général est donc comparable à celui du commissaire du gouvernement devant le Conseil d'État français (à l'origine, l'existence des avocats généraux s'explique par la volonté de compenser le fait que les opinions « dissidentes » ne sont pas admises au sein de la Cour de justice).

Une grande partie des compétences dévolues à l'origine à la CJCE ayant été transférée au TPI, il est permis de se demander si le maintien de huit avocats généraux est encore justifié.

Chacun des juges et avocats généraux dispose d'un cabinet composé de trois **référendaires**. Il s'agit de juristes qualifiés, choisis *intuitu personae*. Ils participent étroitement à la rédaction des rapports préalables, des rapports d'audience, des conclusions et des arrêts.

B. La désignation du président et du premier avocat général

494. L'article 223 TCE (ex-art. 167) prévoit que « ***les juges désignent parmi eux, pour trois ans, le président de la Cour de justice*** », dont le mandat est renouvelable. Il dirige les travaux et les services de la Cour et en préside les audiences. Il lui revient également de prendre les mesures provisoires prévues par les articles 242 et 243 CE (ex-185 et 186).

Les juges et les avocats généraux réunis désignent pour un an **un premier avocat général**. Celui-ci décide de l'attribution des affaires aux avocats généraux et prend les dispositions nécessaires en cas d'empêchement ou d'absence d'un avocat général.

C. Le statut des membres de la Cour

495. Les juges et les avocats généraux sont choisis parmi les personnalités offrant toutes garanties d'indépendance et doivent réunir les conditions requises pour l'exercice, dans leurs pays respectifs, des plus hautes fonctions juridictionnelles (il peut s'agir aussi de jurisconsultes possédant des compétences notoires).

Ils doivent prêter serment avant de prendre leurs fonctions et s'engagent à exercer celles-ci en toute impartialité, dans le respect du secret des délibérations. Ils doivent également s'engager à respecter les obligations qui découlent de leur charge, pendant la durée de leurs fonctions et après cessation de celles-ci : incompatibilité avec toute fonction politique ou administrative, devoirs d'honnêteté et de délicatesse, qui interdisent notamment aux juges et aux avocats généraux de participer au règlement d'affaires dont ils auraient eu à connaître antérieurement.

En contrepartie, ils jouissent de l'immunité de juridiction pour tous les actes officiels qu'ils accomplissent (sauf si la Cour siégeant en séance plénière a levé l'immunité) et bénéficient des mêmes privilèges que les fonctionnaires et agents des Communautés ; ils sont ainsi exemptés des formalités d'enregistrement des étrangers, peuvent importer et réexporter en franchise leur mobilier et leurs effets, et sont soumis à un régime fiscal et social particulier.

D. Les formations de jugement

496. Tel qu'il a été modifié par le Traité de Nice, l'article 221 TCE (ex-165) prévoit que la Cour de justice siège en **chambres** ou en **grande chambre**. Lorsque le statut le prévoit, elle peut également siéger en **assemblée plénière**.

Les chambres sont composées de 3 à 5 juges. La grande chambre comprend 13 juges et siège lorsqu'un État membre ou une institution de la Communauté qui est partie à l'instance le demande. La Cour siège en assemblée plénière dans les cas suivants :

– lorqu'elle estime que l'affaire dont elle est saisie revêt une importance exceptionnelle ;

– pour prononcer la démission d'office ou la déchéance des droits à pension ou d'autres avantages des membres de la Commisison qui ne rempliraient plus les conditions nécessaires à l'exercice de leurs fonctions, qui auraient manqué à leurs obligations ou qui auraient commis une faute grave (art. 213 § 2 et 216, TCE) ;

– pour constater que les membres de la Cour des comptes ont cessé de répondre aux conditions requises pour exercer leurs fonctions ou de satisfaire aux obligations découlant de leur charge (art. 247 § 7, TCE).

La Cour ne peut délibérer qu'en nombre impair (il s'agit d'éviter le partage égal des voix), ce qui implique que le président n'a pas voix prépondérante. De plus, un quorum de trois juges est obligatoire en cas de délibération par une chambre, un quorum de neuf juges est obligatoire en cas de délibération par la grande chambre et un quorum de onze juges est obligatoire en séance plénière (article 17 du Statut CE). La séance est ajournée par le président si ce quorum n'est pas atteint.

Les chambres ne sont pas spécialisées. En fait, l'affaire sera attribuée à la chambre à laquelle appartient le juge rapporteur désigné. On peut se demander si la complexité et la technicité de certains contentieux communautaires (propriété intellectuelle, aides d'État, concurrence...) ne devrait pas conduire à une organisation du travail de la Cour de justice en chambres spécialisées (la remarque vaut également pour le TPI).

E. Le greffe et l'administration de la Cour

497. La Cour de justice nomme son **greffier**, par vote à bulletin secret, pour une durée de six ans, renouvelable. Le greffier s'engage solennellement devant la Cour à exercer ses fonctions en pleine impartialité et en toute conscience, et à ne rien divulguer du secret des délibérations.

Le greffier exerce une double fonction :

– **il assiste les membres de la Cour dans l'exercice de leurs fonctions juridictionnelles** ; il assure à ce titre la réception, le traitement, la transmission et la conservation de tous les actes de procédure ; il procède aux significations, notifications et communications des documents ; il assiste aux audiences (mais pas aux délibérés) ; il a la responsabilité des archives de la Cour et de la publication du «*Recueil de jurisprudence*» qui reproduit le texte intégral des arrêts et des ordonnances rendus par la Cour ;

– **il assure l'administration générale de la Cour** sous l'autorité du Président. Les fonctionnaires et autres agents de la Cour sont placés sous son autorité (environ un tiers des effectifs de la Cour est affecté à des tâches linguistiques).

Le secrétariat du greffe assure les tâches administratives liées à l'activité judiciaire.

Plusieurs **services** sont placés sous la responsabilité du greffier : la direction *bibliothèque, recherche et documentation*, la direction de la traduction, la division d'interprétation, la division intérieure, la division financière, la division du personnel, le service d'information et la division de l'informatique.

Les services de la Cour de justice (inclus le TPI et le TFP) comprennent 1 893 emplois (chiffres 2008).

§2. Les compétences de la Cour

A. Les compétences consultatives de la Cour

498. Elles sont prévues par l'**article 300 § 6** TCE (ex-228 §6) qui porte sur la conclusion des accords entre la Communauté et un ou plusieurs États membres ou une organisation internationale. Il prévoit que «*Le Conseil, la Commission ou un État membre peut recueillir l'avis de la Cour de justice sur la compatibilité d'un accord envisagé avec les dispositions du présent traité. L'accord qui a fait l'objet d'un avis négatif de la Cour de justice ne peut entrer en vigueur*» qu'après révision du traité. Le Traité de Nice prévoit que le Parlement européen aura aussi la possibilité de demander à la Cour de justice son avis sur la compatibilité avec le traité d'un accord externe envisagé.

L'intérêt de cette procédure est essentiellement de permettre à la Cour de se prononcer sur la répartition des compétences entre la Communauté et les États membres.

La Cour a rendu à ce jour dix avis en application de cette disposition (dans 7 cas sur les 10, c'est la Commission qui a été à l'origine de la demande d'avis), et n'a déclaré la demande d'avis irrecevable que dans un cas (avis 3/94 relatif à l'accord-cadre sur les bananes), parce que la demande était intervenue après la conclusion de l'accord.

B. Les compétences contentieuses de la Cour

499. L'article 220 TCE (ex-164) prévoit que «*la Cour de justice (...) assure (...) le respect du droit dans l'interprétation et l'application du présent traité*», mais l'article 7 TCE (ex-4) précise qu'elle ne peut agir que «*dans les limites des attributions qui lui sont conférées par le présent traité*». La Cour n'a donc pas une compétence générale; elle ne peut statuer que dans la mesure où le traité lui attribue expressément compétence.

Le Traité CE prévoit que la Cour est compétente pour:

– constater les manquements des États membres à leurs obligations communautaires;

– statuer sur les recours dirigés contre les sanctions susceptibles d'être arrêtées par les institutions de la Communauté à l'encontre des particuliers ou des entreprises;

– annuler les actes illégaux des institutions de la Communauté;

– constater une carence fautive des institutions communautaires;

– statuer à titre préjudiciel sur l'interprétation du traité et sur la validité et l'interprétation des actes pris par les institutions de la Communauté;

– connaître des litiges relatifs à la réparation des dommages causés par les institutions et les agents de la Communauté dans l'exercice de leurs fonctions;

– statuer sur tout litige entre la Communauté et ses agents;

– statuer en vertu d'une clause compromissoire contenue dans un contrat passé par la Communauté ou pour son compte;

– statuer sur tout différend entre États membres en connexité avec l'objet du traité, si ce différend lui est soumis en vertu d'un compromis (article 239, ex-182);

– déclarer inapplicable un règlement communautaire au titre de l'exception d'illégalité;

– ordonner le sursis à l'exécution d'un acte attaqué et prescrire les mesures provisoires qu'elle juge nécessaires;

– connaître d'un pourvoi dirigé contre une décision du TPI;

– donner un avis sur la compatibilité d'un accord externe dont la conclusion est envisagée par la Communauté (article 300 § 6, ex-228 § 6).

500. La Cour est également compétente, en vertu de son statut et de son règlement de procédure, pour statuer:

– sur **l'opposition** dirigée par le défendeur contre un arrêt rendu contre lui par défaut;

– sur **la tierce opposition** formée contre ses arrêts par les institutions communautaires, les États membres et toutes personnes physiques ou morales ;

– sur une demande en interprétation de ses arrêts formulée par une partie ou une institution communautaire pouvant justifier d'un intérêt à cette fin ;

– sur une **demande en révision** de ses arrêts.

La demande en révision doit rester une procédure exceptionnelle. Elle est irrecevable si aucun fait véritablement nouveau ne peut être invoqué à son appui. Ne peut être considéré comme fait nouveau qu'un élément de nature factuelle antérieur au prononcé de l'arrêt et inconnu au moment où l'arrêt contesté a été rendu. De plus, cet élément doit être susceptible de conduire la Cour à remettre en cause la solution qu'elle a apportée au litige (voir CJCE, 10 janvier 1980, *Bellintani*, aff. 116/78, *Rev.* p. 23 ; 16 janvier 1996, *ISAE/VP et Interdata*, aff. C-130/91, *Rev.* II, I.65).

Pour en savoir plus...

– F. Hamon, *La réforme du système juridictionnel communautaire*, Recueil Dalloz 1997/2, chron., p. 7 ;
– *Pouvoirs* (revue), n° 96, *Les cours européennes : Luxembourg et Strasbourg*, Le Seuil, 2001 ;
– *RAE* (revue), *Les juridictions communautaires*, 2000/3.

Section 2
Le Tribunal de première instance

501. Le TPI a été **institué par la décision du Conseil du 24 octobre 1988**, à la demande de la Cour elle-même, qui souhaitait pouvoir se concentrer sur sa fonction essentielle d'interprétation du droit communautaire en déchargeant son prétoire d'un certain nombre de litiges (en réalité, la Cour a « milité » pour la création d'un tribunal de première instance, parce qu'elle souhaitait ne plus avoir à connaître des recours de fonctionnaires, nombreux et peu « valorisants » pour une juridiction). De 1957 à 1987, le nombre des affaires portées devant la Cour a en effet augmenté de plus de 200 %, si bien que les délais de résolution des litiges ont sensiblement augmenté sur la période. Il fallait donc désengorger la Cour en instituant un double degré de juridiction pour les recours nécessitant un examen approfondi de faits complexes (contentieux économique pour l'essentiel).

Dans sa version d'origine, l'article 225 § 1 TCE (ex-168 A § 1) précisait que le TPI était « *adjoint à la Cour de justice* ». Depuis l'entrée en vigueur du Traité de

Nice, le rôle du Tribunal est « constitutionnalisé » *via* une modification de l'article 220 TCE (le TPI n'est plus « *adjoint à la Cour de justice* », mais constitue une juridiction à part entière, distincte de la Cour).

Seront étudiées successivement :

– l'organisation du TPI ;

– les compétences du TPI.

§1. L'organisation du Tribunal

502. Le TPI est formé de vingt-sept juges (« *au moins un juge par État membre* » prévoit l'article 224 alinéa 1er TCE). Les juges du Tribunal sont **nommés d'un commun accord pour six ans par les gouvernements des États membres.** Ils « *sont choisis parmi les personnes offrant toutes les garanties d'indépendance et possédant la capacité requise pour l'exercice de fonctions juridictionnelles* ». Ils **désignent parmi eux pour trois ans leur président**, dont le mandat est renouvelable et dont les fonctions sont analogues à celles du président de la Cour.

Un renouvellement partiel des juges a lieu tous les trois ans. Les membres sortants peuvent être nommés à nouveau. Chaque juge est assisté par deux référendaires.

Les membres du Tribunal peuvent être appelés à exercer les fonctions d'avocat général (à l'exception du président) en application de l'article 49 du statut, mais tel qu'il a été modifié par le Traité de Nice, le Traité CE dispose que le statut peut prévoir que le Tribunal est assisté d'avocats généraux. La création d'avocats généraux à part entière au sein du TPI devient donc possible.

Les règles relatives au statut des membres de la Cour et à son organisation s'appliquent au TPI ; le tribunal dispose d'un **greffe distinct de celui de la Cour**, mais non d'une administration autonome. Les fonctionnaires et les agents de la Cour prêtent leurs services au TPI selon des modalités fixées d'un commun accord par les présidents des deux juridictions.

Au TPI, **le recours aux chambres est la règle et l'intervention de la formation plénière l'exception**. Les règles de quorum sont les mêmes que celles qui s'appliquent à la Cour.

Le Conseil a adopté le 26 avril 1999 une décision qui permet au TPI de statuer en formation de **juge unique** (décis. 1999/291, *JOCE* n° L. 114, 1er mai 1999, p. 52), lorsqu'aucune circonstance particulière (importance du recours, difficulté en droit ou en fait...) n'impose la collégialité. La Cour de justice a toutefois précisé que le TPI ne pouvait pas statuer en formation de juge unique dans trois hypothèses : quand un recours en annulation est introduit contre un acte de portée générale, quand une exception d'illégalité est soulevée contre un acte de portée générale, quand, en cours de procédure, la question de la légalité d'un acte de portée générale se pose de manière incidente (CJCE, 15 janvier **2002,** ***Libéros***, aff. C-171/00 P, I.451).

§2. Les compétences du Tribunal

503. **La décision du Conseil du 24 octobre 1988** avait déjà donné compétence au Tribunal pour :

– les litiges entre la Communauté et ses agents (recours de fonctionnaires) ;

– les recours introduits par les entreprises ou les associations d'entreprises contre les sanctions infligées par la Commission dans le cadre du Traité CECA ;

– les recours formés dans le cadre CEE contre une institution communautaire par des personnes physiques ou morales concernant la mise en œuvre des règles de concurrence applicables aux entreprises ;

– les recours en indemnité tendant à la réparation des dommages causés par une institution communautaire du fait d'un acte ou d'une carence jugés dans le cadre des trois recours précédents.

L'article 3 § 3 de la décision du 24 octobre 1988 prévoyait également que le Conseil réexaminerait la possibilité d'attribuer au Tribunal compétence pour connaître des recours relatifs aux mesures de défense commerciale.

Une **décision du Conseil du 8 juin 1993** avait ensuite étendu les compétences du TPI à l'ensemble des recours formés par des personnes physiques ou morales (y compris ceux qui concernent l'exécution des contrats de droit privé ou de droit public conclus par les Communautés), à l'exception toutefois des litiges relatifs aux mesures de défense commerciale. Ces litiges ne seront introduits dans le champ des compétences du Tribunal que par une nouvelle décision du Conseil du 7 mars 1994.

Avant l'entrée en vigueur du Traité de Nice, le Tribunal était donc compétent pour connaître en première instance de tous les recours formés par des personnes physiques ou morales (recours contre les sanctions, recours en annulation et en carence, recours en responsabilité contractuelle ou extra-contractuelle, recours de fonctionnaires). **Il ne pouvait connaître, ni des recours en constatation de manquement, ni des questions préjudicielles**.

504. Depuis l'entrée en vigueur du **Traité de Nice du 26 février 2001**, le TPI est également compétent :

– pour connaître des questions préjudicielles dans des matières spécifiques déterminées par son statut, avec possibilité de renvoi des questions à la Cour, lorsque l'affaire appellera une décision de principe susceptible d'affecter l'unité ou la cohérence du droit communautaire. L'arrêt préjudiciel du TPI pourra faire l'objet d'un réexamen par la Cour, s'il existe des risques sérieux d'atteinte à l'unité ou à la cohérence du droit communautaire ;

– pour connaître des recours directs introduits par des institutions de la Communauté ou des États membres, à l'exception du recours en manquement, de ceux que le statut réserve à la Cour ou de ceux qui sont attribués à une chambre juridictionnelle. Mais, à cet égard, le statut approuvé à Nice maintient précisément le principe selon lequel « *les recours formés par des institutions de la Communauté, par la BCE et par les États membres sont de la compétence de la Cour de justice* ».

Le TPI renvoie devant la Cour de justice les recours pour lesquels il considère ne pas être compétent, et réciproquement. Il ne peut pas décliner sa compétence lorsque la Cour lui renvoie une affaire.

Pour en savoir plus...

– J. BIANCARELLI, *Droit communautaire : un juge à deux têtes*, *RAE*, 1991, p. 3 ;

– J. MOLINIER, « L'apport du tribunal de première instance au droit du contentieux communautaire », *Rev. Marché commun* 1995, P. 576.

Section 3
Les chambres juridictionnelles – La création du Tribunal de la fonction publique

505. Le Traité de **Nice** du 26 février **2001** a prévu qu'il sera **possible d'adjoindre au TPI des chambres juridictionnelles**, chargées d'exercer des compétences juridictionnelles en première instance **dans certains domaines spécifiques** (art. 220, 225 et 225 *bis* TCE). Le TPI sera alors compétent pour connaître des pourvois, limités aux questions de droit, formés contre leurs décisions. La décision du TPI pourra elle-même faire l'objet d'un réexamen par la Cour dans des cas exceptionnels, s'il existe des risques sérieux d'atteinte à l'unité ou à la cohérence du droit communautaire.

L'article 225 *bis* introduit dans le Traité CE prévoit que les chambres juridictionnelles peuvent être **créées par le Conseil statuant à l'unanimité**, sur proposition de la Commission et après consultation du Parlement européen et de la Cour ou sur demande de la Cour de justice et après consultation du Parlement européen et de la Commission. La décision portant création d'une chambre juridictionnelle doit fixer les règles relatives à la composition de cette chambre et préciser l'étendue des compétences qui lui sont conférées.

Les membres des chambres juridictionnelles devront être choisis parmi des personnes offrant toutes les garanties d'indépendance et possédant la capacité requise pour l'exercice de fonctions juridictionnelles. Ils seront nommés par le Conseil statuant à l'unanimité.

L'article 225 *bis* précise encore que **les chambres juridictionnelles établissent leur règlement de procédure en accord avec la Cour de justice**. Ce règlement est **soumis à l'approbation du Conseil**, lequel statue alors à la majorité qualifiée. Les dispositions du traité relatives à la Cour de justice et les dispositions du statut de la Cour de justice s'appliquent aux chambres juridictionnelles, à moins que la décision portant création de la chambre juridictionnelle n'en dispose autrement.

Une décision du Conseil n° 2004/753/CE, Euratom du 2 novembre 2004 (*JOUE* n° L. 333 du 9 novembre 2004, p. 7) crée une juridiction spécialisée, le **Tribunal de la fonction publique**. Composé de sept juges, nommés à l'unanimité par le Conseil, pour six ans renouvelables, il sera chargé, courant 2005, du contentieux des fonctionnaires de l'Union (son président sera désigné pour trois ans renouvelables, par ses pairs). Ses décisions pourront, dans le délai de deux mois suivant leur notification, faire l'objet d'un pourvoi limité aux questions de droit devant le TPICE. Elles pourront, plus exceptionnellement, faire l'objet d'un réexamen par la Cour de justice, en cas de risque sérieux d'atteinte à l'unité ou à la cohérence du droit communautaire. Le Tribunal de la fonction publique a rendu son premier arrêt le 26 avril 2006.

506. L'article 229 *bis* introduit dans le Traité CE prévoit des dispositions qui, lues en relation avec les articles 220, 225 et 225 *bis* TCE, indiquent que **le contentieux de la propriété industrielle** ne sera plus qu'exceptionnellement de la compétence de la Cour de justice (lorsque le Conseil le jugera nécessaire et « *dans la mesure* » où il l'estimera nécessaire), et qu'il **relèvera en premier ressort de la compétence des chambres juridictionnelles**, avec possibilité de pourvoi devant le TPI.

Section 4
L'avenir de la justice communautaire

507. Il est évident que le système communautaire ne serait pas ce qu'il est aujourd'hui sans la jurisprudence de la Cour de justice. **Le juge de Luxembourg a été *« l'agent principal de la constitutionnalisation de l'ordre juridique communautaire »*** (R. Mehdi, « La justice communautaire : entre espoirs fondés et promesses déçues », in R. Mehdi (dir.), *L'avenir de la justice communautaire, enjeux et perspectives*, La Documentation française, Paris, 1999, p. 4) ; il n'a pas hésité à consacrer des solutions jurisprudentielles parfois audacieuses pour renforcer l'intégration européenne, en exploitant toutes les virtualités des traités constitutifs, et ce malgré les nombreuses réticences des autorités nationales.

On relèvera en particulier que **trois fonctions de la Cour de justice l'apparentent à une juridiction constitutionnelle**:

– elle veille au respect des principes d'attribution et de séparation des pouvoirs, ainsi qu'au respect du principe d'équilibre institutionnel au sein du système communautaire;

– elle est la garante du partage des compétences entre les institutions communautaires et les États membres;

– elle peut être saisie d'une demande d'avis relative à la compatibilité d'une convention internationale avec les traités, en application de l'article 300 § 2 TCE (ex-228 § 6).

Néanmoins, à l'instar de la justice des États membres, **la justice communautaire est confrontée aujourd'hui aux défis de la quantité et de la qualité**. Le défi de la qualité renvoie évidemment à la qualité et à l'efficacité des décisions rendues par la Cour de justice et le Tribunal de Première Instance. Le défi de la quantité est lié à l'accroissement et la diversification très importantes des contentieux. À cet égard, il apparaît que l'un des principaux problèmes auxquels la Cour devra faire face est celui de la surcharge de travail qui résultera pour elle du prochain élargissement de l'Union européenne.

508. **Un certain nombre de mesures avaient été prises bien avant le Conseil européen de Nice de décembre 2000 pour améliorer l'efficacité de la justice communautaire**. En 1997, le Conseil avait renforcé par exemple les pouvoirs de décision des présidents de la Cour et du TPI dans des cas qui nécessitaient auparavant l'intervention de la Cour ou du Tribunal (*JOCE* n° L. 103, 19 avril 1997, p. 1). Une modification des règlements de procédure des deux juridictions avait également permis de leur reconnaître le pouvoir de décider qu'un recours était devenu sans objet, en dehors des cas d'incompétences ou d'irrecevabilité manifeste et des fins de non-recevoir d'ordre public. On pourrait encore mentionner les efforts du juge communautaire pour:

– respecter un échéancier dans le traitement des affaires, spécialement en matière préjudicielle;

– statuer en urgence sur des questions préjudicielles dans des cas exceptionnels, ou répondre à de telles questions par la voie d'ordonnances motivées dans certains cas (cf. *infra*);

– limiter autant que possible chaque étape de la procédure contentieuse à ce qui est nécessaire;

– se dispenser de l'audience orale à chaque fois que c'est possible (rappelons que depuis la modification du règlement de procédure de la Cour du 16 mai 2000, la phase orale n'est plus obligatoire);

– limiter le temps de parole des conseils des particuliers et des agents représentants les États membres au cours de la phase orale de la procédure;

– recourir de plus en plus fréquemment à des formations de jugement restreintes ;

– instaurer un mécanisme de filtrage interne des questions préjudicielles et développer une jurisprudence restrictive quant à la recevabilité des questions préjudicielles.

Mais ces avancées étaient encore insuffisantes et plusieurs améliorations des procédures et des méthodes de travail étaient envisageables. M. Edmond Honorat s'était efforcé de les recenser (E. Honorat, « La juridiction communautaire et les contraintes de la productivité judiciaire : l'indispensable amélioration des procédures et des méthodes de travail », in R. Mehdi (dir.), *L'avenir de la justice communautaire,* précité, p. 29 et suiv.) :

– la possibilité pour la Cour et le TPI de statuer dans certains cas en formation de juge unique ;

– la spécialisation des juges ou des formation de jugement dans certaines matières ou certains types d'affaires ;

– l'augmentation des effectifs dont dispose les deux juridictions communautaires ;

– l'instauration d'un mécanisme de filtrage plus élaboré des questions préjudicielles.

Si la Cour de justice et le TPI n'ont pas été bien servis par les négociateurs des Traités de Maastricht et d'Amsterdam « *qui peut-être, à la manière du prince de Salina, espéraient que tout change pour que rien ne change* » (R. Mehdi, *op. cit,* p. 25), il faut admettre que le Traité de Nice du 26 février 2001 a introduit plusieurs innovations intéressantes (voir *supra*), qui correspondent à certaines des attentes évoquées plus haut.

Chapitre 2
Le procès communautaire

Plan du chapitre

509. On étudiera successivement :

- le procès devant la Cour de justice,
- les particularités du procès devant le TPI,
- l'intervention à l'instance devant la CJCE et le TPI.

Section 1
Le procès devant la Cour de justice

§1. Les règles relatives à la computation des délais de procédure

510. Le point de départ d'un délai diffère selon la nature de l'acte qui ouvre ce délai et selon le type de recours :

Si le point de départ du délai est constitué par une notification aux autorités nationales (par exemple dans le cadre d'un recours en manquement ou d'un renvoi préjudiciel), le délai court à compter du lendemain du jour de la notification (0 heure). Lorsque le document est envoyé par voie postale, la date de notification correspond à la date de dépôt à la poste, sauf pour les questions préjudicielles pour lesquelles la date retenue est celle de la réception (date portée sur l'accusé de réception de la poste).

Si le point de départ du délai est constitué par une publication au *JOCE*, deux possibilités doivent être envisagées :

– s'il s'agit de l'introduction d'un recours contre un acte d'une institution, le délai court à compter du 15e jour suivant la parution au *JOCE* ;

– s'il s'agit d'une intervention dans une instance pendante devant la Cour de justice, le délai court à compter de la date de publication au *JOCE*.

Dans tous les cas, le délai expire le dernier jour (à 24 heures) portant, dans le mois indiqué, le même chiffre que le jour qui a fait courir le délai lorsqu'il est exprimé en mois. Lorsque le délai prend fin un samedi, un dimanche ou un jour férié légal (une décision de la Cour de justice du 19 juin 1991 fixe la liste de ces jours), l'expiration est reportée à la fin du jour ouvrable suivant. Le délai ainsi calculé doit être enfin augmenté d'un délai dit de « distance » qui a été fixé, pour la France, à six jours.

Il convient de noter par ailleurs que les délais ne sont pas suspendus pendant les vacances judiciaires et que seule la date de dépôt ou de réception des observations ou des mémoires au greffe de la Cour (qui correspond à l'enregistrement) est prise en considération.

Si le requérant doit procéder à d'éventuelles régularisations ou produire des pièces manquantes, le greffier peut lui accorder un délai raisonnable à cette fin.

§2. Le déroulement de la procédure

511. La procédure devant la Cour de justice comporte **deux phases : l'une écrite, l'autre orale, qui précèdent le prononcé de l'arrêt**. Depuis la modification du règlement de procédure de la Cour du 16 mai 2000 (*JOCE* L. 122 du 24 mai 2000, p. 43), **la phase orale n'est plus obligatoire**.

Les parties doivent être obligatoirement représentées devant la Cour. Les États membres et les institutions sont représentés par un agent nommé pour chaque affaire, éventuellement assisté d'un conseil ou d'un avocat inscrit à un barreau de l'un des États membres.

Les autorités françaises sont exclusivement représentées devant la Cour de justice par le ministère des affaires étrangères, et plus particulièrement par les agents de la Direction des affaires juridiques (sous-direction du droit international économique et du droit communautaire). Les autres parties sont représentées par un avocat inscrit à un barreau de l'un des États membres ou, si la législation nationale le permet, par un professeur ressortissant d'un État membre.

Une assistance judiciaire gratuite peut être accordée par la Cour sur demande.

512. En principe, **la langue de procédure** est choisie par le requérant, mais :

– si le défendeur est un État membre ou une personne physique ou morale ressortissant d'un État membre, la langue de procédure est la langue officielle de cet État ; dans le cas où il existe plusieurs langues officielles, le requérant a la faculté de choisir celle qui lui convient ;

– à la demande conjointe des parties, la Cour peut autoriser l'emploi, pour tout ou partie de la procédure, d'une autre des langues de procédure ;

– à la demande d'une partie, l'autre partie et l'avocat général entendus, la Cour peut autoriser l'emploi total ou partiel comme langue de procédure d'une autre des langues de procédure ; cette demande ne peut pas être introduite par l'une des institutions communautaires ;

– dans le cadre du renvoi préjudiciel, la langue de procédure est en principe celle de la juridiction nationale qui saisit la Cour, mais la modification du règlement de procédure de la Cour intervenue le 11 mars 1997 permet au président de la Cour d'autoriser l'emploi d'autres langues de procédure pour la phase orale dans certaines conditions ;

– les États membres sont autorisés à utiliser leur propre langue officielle lorsqu'ils interviennent à un litige pendant devant la Cour ou lorsqu'ils participent à la procédure de renvoi préjudiciel ;

– les membres de la Cour peuvent recourir aux autres langues officielles ;

– les témoins et les experts choisissent la langue dans laquelle ils souhaitent s'exprimer.

La langue française étant la langue de travail de la Cour, les délibérés ont traditionnellement lieu en français.

NB : La lenteur de la justice communautaire s'explique pour une part non négligeable par les difficultés liées à l'obligation de traduire l'ensemble des documents contentieux dans plusieurs langues (20 langues officielles actuellement). En 2003, le service de traduction de la Cour a traduit 400 000 pages ! (estimation pour 2006 : 1 million de pages).

La modification du règlement de procédure de la Cour intervenue le 11 mars 1997 a permis de transférer, de la Cour à son Président, la possibilité d'accorder des dérogations aux règles normales applicables au choix de la langue de procédure, sauf dans les hypothèses où il n'y a pas accord de toutes les parties sur ce point.

A. La phase écrite

513. Le statut de la Cour prévoit que la procédure écrite comprend la **communication** aux parties, ainsi qu'aux institutions de la Communauté dont les décisions sont en cause, **des requêtes, mémoires et observations éventuelles, ainsi que de toutes pièces et documents à l'appui** (ou de leurs copies certifiées conformes). La procédure a pour objectif d'exposer à la Cour, de manière exhaustive, les faits, les moyens et arguments et les conclusions des parties.

Le requérant peut toujours **se désister** et faire savoir à la Cour ou au TPI qu'il renonce à l'instance. Le juge doit alors en prendre acte et radier l'affaire de son registre (sauf pour les recours en annulation ou en carence dans le cadre desquels le désistement n'est pas possible).

I – PARTICULARITÉS DE LA PROCÉDURE ÉCRITE DANS LE CADRE DES RECOURS DIRECTS

514. Ces recours donnent lieu à la production de quatre pièces principales :

– La **requête introductive d'instance** rédigée par l'État ou l'institution requérante, enregistrée au greffe (qui va la signifier à la partie adverse). Elle doit contenir l'indication du nom et du domicile du requérant et de la qualité du signataire, l'indication de la partie contre laquelle la requête est formée, l'objet du litige, les conclusions et un exposé sommaire des moyens invoqués. Dès que la requête a été enregistrée au greffe, le président de la Cour désigne le juge rapporteur et le premier avocat général attribue l'affaire à un des avocats généraux.

La date de l'inscription de la requête, les noms et domiciles des parties, l'objet du litige, les conclusions de la requête et l'indication des moyens et principaux arguments invoqués sont mentionnés dans un avis publié au *JOCE*. La publication de cet avis permet aux tiers intéressés d'être informés de l'existence du litige et de décider s'ils estiment utile d'intervenir à l'instance.

Les moyens qu'une partie entend développer doivent être fixés dès son premier mémoire. La production de nouveaux moyens est en effet interdite en cours d'instance, sauf si les moyens nouveaux *« se fondent sur des éléments de droit et de fait qui se sont révélés pendant la procédure écrite »*. Toutefois, le requérant peut toujours développer des arguments nouveaux à l'appui des moyens déjà contenus dans la requête introductive d'instance ;

– le **mémoire en défense**, qui doit être transmis à la Cour de justice dans le mois qui suit la signification de la requête au défendeur, sauf prorogation de ce délai par le président de la Cour, suite à une demande motivée ;

– le **mémoire en réplique** du requérant (facultatif) et le **mémoire en duplique** du défendeur (facultatif). Ces mémoires ne peuvent être utilisés que pour approfondir les arguments contenus dans les mémoires initiaux et répondre aux arguments de l'adversaire ;

– à ces pièces s'ajoutent éventuellement les **observations des parties qui ont souhaité intervenir à l'instance,** ainsi que les observations en réponse des parties principales.

Ces documents sont remis à une date fixée par le président de la Cour de justice. En tenant compte du fait que le délai moyen accordé est d'un mois, la phase écrite d'un recours direct peut s'étendre sur une période de six mois minimum et l'ensemble de la procédure sur plus d'une année.

NB : Depuis les dernières adaptations des règlements de procédure de la Cour et du Tribunal, intervenues respectivement le 28 novembre 2000 (*JOCE* n° L. 322, 19 décembre 2000, p. 1) et le 6 décembre 2000 (*JOCE* n° L. 322, 19 décembre 2000, p. 4), les présidents des deux juridictions peuvent, à la demande de l'une des parties et dans le respect du principe du contradictoire, décider de statuer sur un litige selon une procédure accélérée. La mise en œuvre de cette procédure doit rester exceptionnelle, *« lorsque l'urgence particulière »* le justifie. Dans ce cas, il ne peut y avoir en principe ni réplique et duplique, ni dépôt d'observations d'éventuels intervenants, sauf si le président de la Cour le juge nécessaire ou si TPI le permet.

515. Au terme de la communication des mémoires et observations, le président fixe la date à laquelle un juge rapporteur présente un **rapport préalable** dans lequel sont exposés sommairement les faits de l'affaire, les arguments des parties et les contributions des éventuels intervenants à l'instance. Ce rapport peut conduire la Cour de justice à décider de l'ouverture d'une **instruction** (production de documents, preuve par témoins, expertise et visite des lieux...) ou, au moins, à interroger les États membres ou les institutions. C'est également souvent à ce stade que la Cour décide de la **jonction d'affaires** dont l'objet est proche.

Le rapport préalable doit être rédigé en français, mais il peut être présenté par le juge rapporteur dans une autre langue officielle.

NB : La modification du règlement de procédure de la Cour intervenue le 11 mars 1997 permet par ailleurs à celle-ci de décider, après avoir entendu les parties, que le **recours** est **devenu sans objet**.

S'il n'y a pas de phase orale, l'avocat général peut présenter ses conclusions sur l'affaire.

II – Particularités de la procédure écrite dans le cadre des questions préjudicielles

516. La décision de surseoir à statuer prise par la juridiction nationale est signifiée par le greffe de la Cour de justice aux parties, à tous les États membres et à la Commission, ainsi qu'au Conseil ou, le moment venu, à la Banque centrale européenne, si l'acte dont la validité ou l'interprétation est demandée émane de ceux-ci, et au Parlement européen et au Conseil, si l'acte a été adopté conjointement par ces deux institutions. Elle est en outre notifiée aux États parties à l'Accord EEE autres que les États membres et à l'Autorité de surveillance AELE.

Chacun de ces destinataires dispose alors d'un délai de deux mois (à compter de la réception de la notification de l'ordonnance du juge de renvoi) pour déposer des **observations écrites**.

Pour la France, la signification s'effectue auprès du SGAE, qui transmet la décision de renvoi aux ministères concernés en leur indiquant, non seulement la date limite de dépôt des observations auprès de la Cour, mais aussi la date jusqu'à laquelle il est souhaitable de faire connaître au SGAE une éventuelle intention de participer à la procédure écrite.

Toutes les pièces relatives à l'affaire doivent être versées au dossier au cours de la procédure écrite. Après la clôture de celle-ci, la production de mémoires, documents ou pièces n'est admise qu'à titre tout à fait exceptionnel, après communication préalable aux autres parties et avec l'autorisation expresse de la Cour.

La procédure écrite se caractérise par le fait, d'une part que les parties intervenantes déposent leurs observations dans le même délai, à quelques jours près compte tenu des délais de distance, d'autre part qu'il n'existe pas de possibilité de répondre par écrit aux observations qui ont été déposées par toutes les parties intéressées, ce qui rend parfois l'audience publique d'autant plus importante.

B. La phase orale (facultative)

517. Rappelons d'abord que **depuis la modification du règlement de procédure de la Cour du 16 mai 2000, la phase orale n'est plus obligatoire**. Cette phase se tient désormais dans deux cas : d'une part si la Cour de justice n'en décide pas autrement, d'autre part si une des parties au litige formule une demande motivée en ce sens, auquel cas la Cour doit accéder à la demande. Il s'agit évidemment d'accélerer le délai de traitement des affaires portées devant la Cour de justice, tant pour les recours directs que pour le renvoi préjudiciel ou dans le cadre du pourvoi.

La demande de procédure orale doit être faite dans le délai d'un mois à compter de la signification de la clôture de la phase écrite (le délai peut être prorogé).

La phase orale comprend trois étapes :

a) l'ouverture de la procédure orale par le **rapport d'audience** rédigé par le juge rapporteur dans la langue de procédure. Il est communiqué aux parties en principe deux semaines avant l'audience publique. Une traduction en français est disponible sur demande quelques jours seulement avant celle-ci, en tant que document de travail interne à la Cour. Lorsque les parties n'ont pas demandé d'audience publique, ce rapport prend la dénomination de **rapport du juge rapporteur**.

b) l'audition des parties (**audience publique**), à leur demande, destinée à rappeler de façon synthétique les points essentiels du mémoire, à le compléter éventuellement du fait de l'intervention récente d'événements nouveaux, et à répondre aux arguments des autres parties. Le président de la Cour, les juges et l'avocat général peuvent interroger les parties à l'affaire. La durée totale de l'intervention est limitée à 30 minutes maximum (sauf dérogation accordée sur demande motivée présentée au moins 15 jours avant la date de l'audience).

Les plaidoiries se font dans la langue de procédure, mais une traduction simultanée est assurée dans les autres langues officielles.

c) une **présentation, par l'avocat général, de ses conclusions** lors d'une audience qui peut être fixée à une date ultérieure, avant la clôture de la procédure orale (en général, quelques semaines après la fin des plaidoiries). On notera au passage que le principe du contradictoire n'implique pas la possibilité, pour les parties à l'instance, de répondre aux conclusions de l'avocat général (CJCE, ord. 4 février 2000, *Emesa Sugar et Aruba*, aff. C-17/98, I.675). Si l'affaire ne soulève aucune question de droit nouvelle, la Cour peut décider, l'avocat général entendu, qu'elle sera jugée sans conclusions de l'avocat général.

On peut se demander si la procédure orale est réellement utile, lorsqu'on sait que les audiences orales n'aboutissent que très rarement à une modification des conclusions écrites. Cela justifie la modification du règlement de procédure de la Cour du 16 mai 2000. Avant cette modification, la Cour pouvait décider de statuer sans phase orale, si aucun des intéressés ayant droit de déposer des mémoires ou observations écrites ne demandait à être entendu en ses observations orales.

La Cour peut ordonner la réouverture de la procédure orale si elle l'estime nécessaire. Elle peut aussi, même après la clôture de la procédure orale, prescrire de nouvelles mesures d'instruction.

_518._ Particularités de la procédure orale dans le cadre du renvoi préjudiciel

L'audition des parties n'est pas automatique. La procédure se déroule en deux temps :

– la Cour de justice, qui souhaite limiter au maximum les audiences afin de raccourcir les délais de jugement, interroge toutes les parties admises à participer à la procédure écrite (et ce, qu'elles se soient prévalues ou non de la possibilité de le faire) sur leur intention d'émettre des observations orales, dans le même temps qu'elle transmet les observations écrites déposées.

En France, cette demande est transmise par le SGAE aux ministères concernés qui peuvent ainsi, au vu des arguments développés dans les mémoires, décider qu'une audience serait souhaitable, soit pour y répondre, soit pour faire valoir le point de vue du gouvernement français s'il n'avait pas jusque-là estimé indispensable de déposer des observations ;

– à la demande d'une seule des parties, une audience est organisée. Les autres parties ne sont pas tenues d'y être représentées. C'est la raison pour laquelle la

Cour les interroge une seconde fois, au moment de la fixation de la date de l'audience, pour connaître leurs intentions ; en France, cette demande est également transmise par le SGAE et s'accompagne généralement d'une demande de réponse sous quinzaine.

Même s'il n'a pas déposé d'observations écrites, un État membre peut toujours demander à participer à la procédure orale. Il sera invité lors de l'audience à intervenir avant toutes les parties qui ont participé à la procédure écrite.

C. La délibération et le prononcé de l'arrêt

519. La Cour délibère sur la base d'un **projet d'arrêt** rédigé par le juge rapporteur. Le délibéré se fait en français et se déroule entre les seuls juges qui ont siégé dans le cadre de la procédure orale. L'avocat général n'est pas présent. **La Cour ne peut délibérer qu'en nombre impair.**

L'allongement des délais de réponse de la Cour s'explique, dans certains cas, par la difficulté à obtenir une décision majoritaire lors du délibéré. Cette difficulté pourrait être surmontée si les juges étaient autorisés à formuler des opinions « dissidentes ».

520. **L'arrêt est prononcé, en principe, lors d'une audience publique**. Le délai qui s'écoule entre la présentation des conclusions de l'avocat général et le prononcé de l'arrêt est variable. Lorsque le dossier ne présente pas de difficultés majeures, on peut l'évaluer à environ deux mois. Il arrive cependant que la Cour ne rende pas son arrêt avant plusieurs mois, voire, plus rarement, avant plusieurs années.

L'arrêt rendu, qui a force obligatoire à compter du jour de son prononcé, est motivé. Mais il arrive parfois – et cette pratique nous paraît très contestable – que la Cour de justice décide de faire l'économie de la motivation de ses arrêts et se contente d'opérer un renvoi aux conclusions de l'avocat général (voir par exemple CJCE, 6 avril 1995, *BPB Industries PLC et British Gypsum*, aff. C-310/93 P, I.865 ; 10 mai 1995, *Commission c/Allemagne*, aff. C-422/92, I.1097 ; 29 février 1996, *Belgique c/Commission soutenue par Pays-Bas*, aff. C-56/93, I.723).

La Cour statue sur les dépens (rémunération et remboursement des frais d'avocats, témoins, experts, frais de déplacement et de séjour). Les dépens récupérables doivent être entendus comme les « *frais indispensables exposés par les parties aux fins de la procédure* ».

En principe, toute partie qui succombe est condamnée aux dépens. Si plusieurs parties succombent, la Cour décide du partage des dépens. Elle peut aussi répartir les dépens, ou décider que chaque partie supporte ses propres dépens si les parties succombent respectivement sur un ou plusieurs chefs ou pour des motifs exceptionnels. La Cour peut également condamner une partie, même gagnante, à rembourser à l'autre partie les frais qu'elle lui a fait exposer et que la Cour reconnaît comme frustratoires ou vexatoires.

Les États membres et les institutions qui sont intervenus au litige supportent leurs propres dépens. À défaut de conclusions sur les dépens, chaque partie supporte ses propres dépens.

***521. LE DÉROULEMENT DE LA PROCÉDURE (RECOURS DIRECTS) DEVANT LA* CJCE**

LA PHASE ÉCRITE DE LA PROCÉDURE

– Dépôt au greffe de la requête introductive d'instance (le Président de la Cour attribue l'affaire à une chambre et désigne le juge rapporteur)

– Signification de la requête au défendeur par le greffe

(les éléments essentiels de la requête font l'objet d'un avis publié au JOCE)

– Dépôt du mémoire en défense

(un mois après la signification, sauf prorogation du délai par le Président de la Cour)

– Dépôt du mémoire en réplique du requérant (facultatif)

– Dépôt du mémoire en duplique du défendeur (facultatif)

– Rapport préalable du juge rapporteur

– Mesures éventuelles d'instruction

(comparution des parties, production de documents, expertises, audition des témoins…)

LA PHASE ORALE DE LA PROCÉDURE

(facultative depuis mai 2000)

– Le Président fixe la date d'ouverture de la procédure orale

– Envoi aux parties du rapport d'audience

– Audience (publique en principe) :

plaidoiries, questions/réponses

– Conclusions de l'avocat général en séance publique

– Le Président de la Cour prononce la clôture de la procédure orale

(qui peut être rouverte si nécessaire)

DÉLIBÉRÉ

(sans l'avocat général, ni le greffier, en français, sur la base d'un projet d'arrêt rédigé par le juge rapporteur)

ARRÊT

(rendu dans la langue de procédure en audience publique)

D. La publication des arrêts

522. **Les décisions de la *CJCE* et du TPI sont publiées** dans l'ordre chronologique **au *Recueil de jurisprudence***, dans la Partie I pour les arrêts de la Cour, dans la Partie II pour les jugements du Tribunal, avec environ quatre mois de retard, compte tenu des délais nécessaires pour leur mise en forme et leur traduction. Les décisions les plus récentes sont toutefois disponibles sous forme ronéotée ou *via* Internet (Cour de justice : http://europa.eu.int/cj/en/index.htm).

NB : Pour favoriser la mise en œuvre des technologies modernes dans l'établissement des textes des arrêts dans l'ensemble des langues, la partie introductive des arrêts et des ordonnances de la Cour et du TPI fait l'objet d'une présentation simplifiée depuis le 1er janvier 2001 :

– s'agissant des mentions relatives aux représentants des parties, il sera seulement fait mention de la qualité d'agent, de conseil ou d'avocat ;

– la décision ne reproduit plus le nom et l'adrese de la personne, de l'ambassade ou de l'institution auprès de laquelle les parties font éventuellement élection de domicile à Luxembourg.

Le dernier fascicule annuel du *Recueil* comporte une table chronologique des décisions publiées, une table des affaires classées par ordre numérique, une table alphabétique des parties, une table des articles cités, une table alphabétique des matières et, depuis 1991, une nouvelle table systématique qui contient tous les sommaires, accompagnés des chaînes de mots clés correspondantes, établis pour les décisions rapportées.

La Cour de justice publie par ailleurs un *Répertoire de jurisprudence de droit communautaire* qui présente, de façon systématique, aussi bien sa jurisprudence qu'une sélection de décisions émanant des juridictions des États membres. L'ouvrage comprend deux séries, qui concernent les domaines suivants :

– série A : jurisprudence (à partir de 1977) de la Cour de justice et du Tribunal de première instance, à l'exclusion de celle relative à la fonction publique européenne et de celle relative à la convention du 27 septembre 1968 concernant la compétence judiciaire et l'exécution des décisions en matière civile et commerciale ;

– série D : jurisprudence de la Cour de justice ainsi que des juridictions des États membres relative à la convention du 27 septembre 1968 concernant la compétence judiciaire et l'exécution des décisions en matière civile et commerciale.

On mentionnera également l'existence du *Bulletin hebdomadaire des activités de la Cour de justice et du Tribunal de première instance des Communautés européennes*, qui contient le résumé succinct des arrêts rendus et des conclusions des avocats généraux prononcées au cours de la semaine écoulée.

Pour en savoir plus…

– F. CASTILLO de la TIORRE, « Le relevé d'office par la juridiction communautaire », *CDE* 2005, p. 395.

Section 2
Les particularités du procès devant le TPI

523. La procédure suivie par le TPI s'inspire, pour l'essentiel, de celle qui est1 mise en œuvre devant la Cour, notamment en ce qui concerne la computation des délais (voir *supra*). Ses spécificités ne résultent que de l'organisation propre au Tribunal et des caractéristiques des litiges qui lui sont soumis. Les seules règles méritant un examen particulier concernent le pourvoi et la litispendance.

§1. Le pourvoi contre la décision rendue par le Tribunal

524. Le pourvoi peut être formé par *« toute partie ayant partiellement ou totalement succombé en ses conclusions »* devant le TPI, c'est-à-dire : les États membres, les institutions communautaires, ou toute personne physique ou morale partie au litige, à condition que la décision du Tribunal l'affecte directement. Le pourvoi est formé par le dépôt d'une requête au greffe de la Cour ou du Tribunal dans le délai de deux mois à compter de la notification de la décision attaquée. Le pourvoi doit faire mention des nom et domicile de la partie qui forme le pourvoi, des autres parties à la procédure en première instance, ainsi que des moyens et arguments de droit invoqués et des conclusions du requérant.

La Cour a eu l'occasion de préciser qu'***« un pourvoi doit indiquer de façon précise les éléments critiqués de l'arrêt dont l'annulation est demandée ainsi que les arguments juridiques qui soutiennent de manière spécifique cette demande »*** (CJCE, ord. 26 avril 1993, *Leonella Kupka-Floridi* aff. C-244/92 P, I.2041). Elle a également précisé à l'occasion de la même affaire que *« ne répond pas à cette exigence le pourvoi qui se limite à répéter ou (…) à reproduire textuellement les moyens et arguments qui ont déjà été présentés devant le tribunal »* (voir encore CJCE, ord. 17 octobre 1995, *Mariette Turner*, aff. C-62/94 P, I.3177).

Le pourvoi peut être fondé sur des moyens tirés de l'incompétence du Tribunal, d'irrégularités de la procédure devant le TPI portant atteinte aux intérêts de la partie requérante, ainsi que de la violation du droit communautaire par le Tribunal. La Cour peut notamment déclarer le pourvoi fondé pour insuffisance de motivation de l'arrêt du Tribunal (CJCE, 17 décembre 1992, *Moritz*, aff. C-68/91 P, I.6849) ou lorsque le juge communautaire de première instance n'a pas répondu aux moyens et conclusions soulevés devant lui par les parties (arrêt *Moritz* précité).

NB : En 1998, **la CJCE a accepté**, sur pourvoi, **d'annuler partiellement un arrêt du TPI** (aff. T-145/89), **au motif que le délai dans lequel le Tribunal avait statué était excessif** (5 ans et 6 mois) et avait ainsi porté atteinte à l'article 6 §1 de la CEDH, qui prévoit que *« toute personne a droit à ce que sa cause soit entendue (…) dans un délai raisonnable par un tribunal indépendant et impartial »* (CJCE, 17 décembre 1998, *Baustahlgewebe c/ Commission*, aff. C-185/95 P, I.8417). La Cour précise que le caractère raisonnable de la durée de la procédure doit être apprécié en fonction des circonstances de chaque espèce et, plus particulièrement, des quatre critères dégagés par la Cour européenne des droits de l'homme (voir par exemple CEDH, 23 avril 1987, arrêts *Erkner* et *Hofauer*, série A n° 117, § 66) : enjeu du litige pour l'intéressé, complexité de l'affaire, comportement du requérant et des autorités compétentes.

La Cour de justice a précisé que, dans le cadre d'un pourvoi, un moyen dirigé contre un motif surabondant d'un arrêt du TPI, dont le dispositif est fondé à suffisance de droit sur d'autres motifs, doit être rejeté (voir par ex. : CJCE, 16 septembre 1997, *Blackspur*, aff. C-362/95 P, I.4775).

525. Le pourvoi est signifié par le greffier de la Cour à toutes les parties à la procédure devant le Tribunal, qui peuvent présenter chacune un mémoire en réponse dans un délai de deux mois à compter de la signification du pourvoi. Répliques et dupliques ne peuvent être déposées qu'avec l'autorisation expresse du président de la Cour. Celle-ci peut décider de passer outre la phase orale de la procédure, sauf si une des parties s'y oppose, au motif que la phase écrite ne lui a pas permis de faire valoir pleinement ses arguments.

Le pourvoi n'a pas d'effet suspensif, mais une partie peut saisir la Cour de justice d'une demande tendant à suspendre les effets d'une décision annulée ou à prescrire toute autre mesure provisoire. Il est limité aux seules questions de droit (CJCE, 19 octobre 1995, *Rendo*, aff. C-19/93 P, I.3319 ; ord. 26 octobre 1995, *Pevasa et Impesca*, aff. jtes C-199 et 200/94 P, I.3709), y compris la qualification juridique des faits opérée par le TPI (voir par ex. CJCE, 15 mai 1997, *Siemens*, aff. C-278/95P, 2507). La Cour refuse systématiquement de remettre en cause les appréciations des faits opérées par le Tribunal (CJCE, ord. 20 mars 1991, *Turner c*, aff. C-115/90 P, I.1423).

La Cour de justice est compétente pour examiner le bien fondé, d'une part des qualifications juridiques des faits opérées par le TPI, d'autre part des conséquences de droit qu'il en a tirées. Dans le cadre du contentieux de l'annulation, elle estime que l'appréciation de l'existence d'un lien individuel (au sens de l'article 230 alinéa 4 TCE) relève du contrôle de la qualification juridique des faits et peut, de ce fait, être censuré par elle sur pourvoi (CJCE, 10 décembre 2002, *Camar et Tico*, aff. C-312/00 P, I.11355).

Lorsque le pourvoi est fondé, la Cour annule la décision du TPI et peut, soit statuer elle-même définitivement sur le litige, lorsque celui-ci est en état d'être jugé, soit renvoyer l'affaire pour jugement devant le TPI.

§2. La litispendance

526. La litispendance est la situation dans laquelle deux juridictions, en principe de même degré, également compétentes, sont saisies d'une même affaire. Le conflit est réglé par l'exception (ou déclinatoire) de litispendance, grâce à laquelle la juridiction saisie en second lieu se dessaisira au profit de la première.

Lorsque le Tribunal et la Cour de justice sont saisis d'affaires ayant le même objet, le TPI peut, après avoir entendu les parties, suspendre la procédure jusqu'au prononcé de l'arrêt de la Cour. Lorsque les demandes visent à l'annulation du même acte, le Tribunal peut aussi se dessaisir afin que la Cour puisse statuer sur les demandes. La Cour peut également décider de suspendre la procédure dont elle est saisie et laisser la procédure se poursuivre devant le TPI.

Il s'agit donc d'une procédure particulièrement souple. Il convient toutefois de noter que :

– la suspension de la procédure par l'une des deux juridictions ne modifie pas les dispositions relatives aux interventions à l'instance devant chacune d'elles ;

– les parties principales ou intervenantes ne peuvent pas connaître *a priori* à quel niveau de juridiction s'effectuera la suspension de la procédure.

Section 3
L'intervention à l'instance devant la CJCE et le TPI

527. **Il s'agit d'autoriser l'introduction d'un tiers dans un contentieux déjà ouvert devant la Cour de justice**. Les États membres et les institutions communautaires peuvent toujours intervenir à l'instance, sans avoir à justifier d'un intérêt à la solution du litige ; les particuliers et les entreprises ne peuvent intervenir à l'instance que s'ils sont en mesure de justifier d'un intérêt à la solution du litige, et leur intervention n'est pas possible dans les litiges entre États membres, entre institutions communautaires ou entre États membres et institutions de la Communauté.

§1. L'intervention de l'État dans le cadre des recours directs

528. Le gouvernement d'un État membre peut intervenir à l'instance dans des recours directs concernant d'autres États membres ou des institutions, sans avoir à justifier d'un intérêt à agir.

La requête en intervention ne peut avoir d'autre objet que le soutien des conclusions de l'une des parties. Cette règle a cependant donné lieu à des interprétations de la Cour de justice, qui a ainsi admis que l'intérêt de l'intervenant pouvait être distinct de celui de la partie soutenue, et que l'intervenant pouvait faire valoir des arguments propres pour soutenir la cause commune (ordonnance du 24 octobre 1964, *Confédération nationale des producteurs de fruits et légumes c/ Conseil*, aff. jtes 16 et 17/62, 939). Il peut, par exemple, soulever une exception d'irrecevabilité qui n'aurait pas été invoquée, dans le mesure où elle tendrait aux mêmes conclusions que la partie soutenue (CJCE, 22 mars 1961, *SNUPAT c/ Haute Autorité CECA*, aff. jtes 42 et 46/59, 103).

La demande d'intervention doit être introduite dans le délai de trois mois suivant la publication de l'avis résumant l'affaire au *JOCE* (un mois seulement dans le cas d'une requête en intervention présentée à la Cour à l'occasion d'un pourvoi). Elle est effectuée par simple lettre. Le président de la Cour de justice fixe ensuite la date de remise du mémoire en intervention. Cette procédure peut prendre environ deux mois dans la mesure où le président, avant d'admettre l'intervention, doit signifier la demande aux parties principales et solliciter leurs observations, notamment sur la communication de pièces qu'elles considéreraient confidentielles. Ce n'est qu'après autorisation du président de la Cour que l'ensemble des mémoires et les pièces constituant le dossier sont transmis par le greffe de la Cour à l'État intervenant.

En France, le ministère qui estime qu'une intervention des autorités françaises dans une affaire serait souhaitable ou, pour le moins, qu'une discussion interministérielle serait utile, peut saisir le SGAE en vue de l'organisation d'une réunion. Les autorités françaises considèrent que l'intervention au soutien de la Commission contre un ou plusieurs États membres doit être exceptionnelle et justifiée par la défense d'intérêts essentiels.

La demande d'intervention peut, en revanche, être déposée auprès de la Cour de justice le plus tard possible, afin de permettre, vu l'avancement de la procédure entre les parties principales, de prendre connaissance du maximum de pièces de procédure.

Après remise du mémoire en intervention, le président de la Cour peut fixer un délai en vue de permettre aux parties principales de répondre aux arguments développés par l'État intervenant.

§2. L'intervention de l'État dans le cadre d'un renvoi préjudiciel

529. Les raisons pour un État membre de participer à une telle procédure sont multiples :

– **une participation permet en premier lieu de faire valoir devant la Cour de justice sa propre interprétation de la disposition en cause, en fonction des intérêts nationaux concernés par la réponse qui sera apportée par la Cour.** La Cour de justice ne se prononce en effet qu'au vu des éléments figurant dans les observations qui lui sont soumises par les États, les institutions (le plus souvent la Commission qui intervient systématiquement dans les procédures) et les parties au litige.

Il peut être ainsi possible de limiter l'étendue des conséquences des réponses de la Cour sur le droit positif national ou sur l'application de l'arrêt dans le temps si, par exemple, des répercussions financières importantes sont susceptibles de découler du futur arrêt. L'intérêt d'une telle participation est d'autant plus grand que le nombre d'États susceptibles d'intervenir est plus élevé. Tel est le cas depuis le 1er janvier 1994, date à laquelle l'entrée en vigueur de l'Accord EEE a permis aux États parties à l'Accord de faire valoir leur propre interprétation au sein de cette procédure, lorsque l'un des domaines d'application de l'Accord EEE est concerné ;

– bien que la Cour de justice ne soit pas habilitée à connaître des faits et, plus généralement, des considérations qui ont conduit le juge national à poser une question préjudicielle, elle ne se considère pas non plus comme étant liée par des questions mal formulées ou par des litiges théoriques (voir *infra*).

Les parties intervenant à l'instance ont éventuellement intérêt à proposer la reformulation des questions dans un sens favorable à la résolution du litige et susceptible de permettre aux États de mieux exposer les thèses qu'ils défendent.

NB : En application d'une décision 2002/653/CE du Conseil du 12 juillet 2002 modifiant le protocole sur le statut de la Cour (*JOCE* n° L. 218, 13 août 2002, p. 1), les États tiers sont autorisés à intervenir à l'instance dans le cadre de la procédure préjudicielle, lorsque la Cour sera saisie de l'interprétation d'un accord conclu entre le Conseil et un ou plusieurs États tiers et à condition que l'accord concerné ait prévu cette possibilité d'intervention.

Chapitre 3
Les voies de droit

Plan du chapitre

530. Dans un article intitulé « Le juge et le justiciable », le professeur Barav a rappelé la formule du professeur Carbonnier, selon laquelle « *le droit est infiniment plus grand que le contentieux* », ce dernier n'étant en quelque sorte que « *le droit pathologique* » (A. Barav, « Le juge et le justiciable », *in Mélanges Mancini*, vol. II, Giuffrè editore, 1998), pour en nuancer immédiatement la portée en soulignant que le juge ne se borne pas à trancher des litiges, mais « *détient (…) un pouvoir normatif* », dont la présentation des différentes voies de recours confirme largement l'existence, en même temps qu'elle confirme « *la prépondérance du juge (…) dans le processus évolutif de l'intégration* ».

NB : En 2004, la Cour a clôturé 603 affaires (chiffre net, tenant compte des jonctions). Parmi elles, 375 ont fait l'objet d'un arrêt et 228 affaires ont donné lieu à une ordonnance. Le nombre de nouvelles affaires arrivées à la Cour a été de 531. Le nombre d'affaires pendantes à la fin de l'année 2004 est de 840 (chiffre brut).

Durée moyenne des procédures en 2004 : en ce qui concerne les renvois préjudiciels, la durée des procédures a été d'environ 24 mois ; en ce qui concerne les recours directs, la durée des procédures a été d'environ 20 mois. La durée moyenne de traitement des pourvois a été de 21 mois.

(*Source* : Rapport général sur l'activité de l'UE de 2004).

Le présent chapitre a pour objet la présentation :

– des voies de droit destinées à garantir ou sanctionner le respect du droit communautaire par les États membres (section 1) ;

– des recours destinés à sanctionner le respect du droit communautaire par les institutions de la Communauté (section 2) ;

– du référé (section 3).

Section 1
Les voies de droit destinées à garantir ou sanctionner le respect du droit communautaire par les États membres

531. Si nous utilisons ici les termes de « voies de droit », et non de « voies de recours », c'est parce que parmi les deux voies juridictionnelles permettant de garantir ou de sanctionner le respect du droit communautaire par les États membres, il en est une qui ne constitue en aucun cas un « recours ». Il s'agit de la procédure du **renvoi préjudiciel**, qui permet au juge national de coopérer avec la Cour de justice de Luxembourg pour que le droit communautaire soit uniformément interprété et appliqué dans tous les États membres. Il ne s'agit donc pas d'un recours contentieux, mais d'un mécanisme de coopération entre la Cour de justice et les juridictions nationales.

L'autre voie juridictionnelle est bien une voie de recours. Il s'agit du **recours en manquement d'État**, qui vise à faire constater par la Cour de justice qu'un État membre a commis une infraction au droit communautaire.

§1. Le recours en manquement

532. Les articles pertinents du Traité CE sont les **articles 226, 227 et 228 CE** (ex-art. 169, 170 et 171).

Le recours en manquement vise à faire constater par la Cour de justice qu'un État membre a manqué aux obligations qui lui incombent en vertu du droit communautaire. La constatation juridictionnelle du manquement doit conduire l'État concerné à prendre toutes les mesures nécessaires pour mettre fin au manquement. Environ 75 % des procédures et arrêts en manquement concernent l'exécution des directives communautaires.

On évoquera successivement :

- l'auteur du recours en manquement ;
- la notion de manquement ;
- la procédure en constatation de manquement.

A. L'auteur du recours en manquement

533. La **procédure** en constatation de manquement (on parle encore de procédure d'infraction) peut être **actionnée par la Commission** (article 226 TCE, ex-art. 169) **ou par tout État membre** (article 227 TCE, ex-art. 170).

En pratique, pour des raisons politiques évidentes, les États membres répugnent à s'affronter directement en cas d'infraction au droit communautaire. C'est ce qui explique que la procédure de l'article 227 TCE (ex-art. 170) n'a été actionnée qu'en cinq occasions et qu'elle n'a donné lieu à ce jour qu'à un seul arrêt (CJCE, 4 octobre 1979, *France c/ Royaume-Uni*, aff. 141/78, 2923). Il peut arriver en revanche qu'un État membre demande à la Commission d'engager la procédure d'infraction prévue par l'article 226 TCE (ex-art. 169). Dans ce cas, la Commission joue en quelque sorte le rôle d'un « parquet » en décidant d'instruire la plainte de l'État membre dirigée contre l'un de ses partenaires de la Communauté. On peut donc considérer qu'un certain nombre de recours « 226 » sont en réalité des recours « 227 » déguisés.

L'article 227 TCE (ex-art. 170) prévoit que « *chacun des États membres peut saisir la Cour de justice s'il estime qu'un autre État membre a manqué à une des obligations qui lui incombent en vertu du présent traité* ». Peu importe que l'État auteur du recours soit ou non partie lésée.

Si un État membre décide de recourir à la procédure de l'article 227 TCE (ex-art. 170), il ne pourra saisir la Cour qu'après avoir préalablement saisi la Commission, laquelle invitera les deux parties à présenter leurs observations et émettra un avis sur l'existence ou l'inexistence d'une violation du droit communautaire. L'article 227 alinéa 4 (ex-art. 170 al. 4) prévoit que « *si la Commission n'a pas émis l'avis dans un délai de trois mois à compter de la demande, l'absence d'avis ne fait pas obstacle à la saisine de la Cour de justice* ».

534. La Cour de justice a eu l'occasion de préciser que dans l'exercice des compétences qu'elle tient de l'article 226 du traité, « ***la Commission n'a pas à démontrer un intérêt à agir****, puisque dans l'intérêt général communautaire elle a,* *d'office, pour mission de veiller à l'application du traité par les États membres et de faire constater, en vue de leur cessation, l'existence de manquements* » (CJCE, 4 avril 1974, *Commission c/ France*, aff. 167/73, 659). C'est donc en sa qualité de gardienne de la légalité communautaire que la Commission a le pouvoir d'introduire un recours en constatation de manquement.

Son intérêt à agir disparaît si l'État a mis fin au manquement avant la saisine de la Cour ; en revanche, le juge de Luxembourg a admis que la Commission pouvait conserver un intérêt à voir trancher le litige lorsque l'État membre n'avait régularisé sa situation qu'après la saisine de la Cour (CJCE, 19 décembre 1961, *Commission c/ Italie*, aff. 7/61, 635). Dans ce cas, le juge devra « *examiner si* (l'action en manquement) *comporte encore un intérêt suffisant* » (CJCE, 9 juillet 1970, *Commission c/ France*, aff. 26/69, 565). Cet intérêt peut consister notamment à « *établir la base d'une responsabilité qu'un État membre peut être dans le cas d'encourir, en conséquence de son manquement, à l'égard d'autres États membres, de la Communauté ou de particuliers* » (CJCE, 7 février 1973, *Commission c/ Italie*, aff. 39/72, 101).

En matière d'aides d'État, la Commission peut engager une procédure en manquement simplifiée, prévue par l'article 88 §2 alinéa 2 TCE (ex-art. 93 §2 al. 2).

B. La notion de manquement

I – LA « CONSISTANCE » ET L'IMPUTATION DU MANQUEMENT

a) La « consistance » du manquement

535. Le manquement consiste en **une violation des obligations qui incombent aux États membres en vertu du droit communautaire, quelles que soient son ampleur, sa fréquence et ses effets** (CJCE, 7 février 1984, *Commission c/ Italie*, aff. 166/82, 459 ; 24 janvier 1995, *Commission c/ Pays-Bas*, aff. C-359/93, I.157). Cette violation peut porter sur les dispositions des traités et des actes qui leur sont assimilés, mais aussi sur les dispositions du droit conventionnel et du droit dérivé, ainsi que sur les principes généraux du droit communautaire.

Le manquement peut résulter :

– du maintien d'une mesure nationale incompatible avec le droit communautaire ;

– d'un comportement actif (l'État a adopté un acte contraire au droit communautaire) ;

– d'une inaction (l'État n'a pas adopté une mesure que le droit communautaire lui commandait de prendre).

Le manquement doit être apprécié à la date correspondant au terme du délai fixé dans l'avis motivé (CJCE, 27 novembre 1990, *Commission c/ Grèce*, aff. C-200/88, I.4299).

Un manquement n'est pas éliminé au motif qu'il aurait eu des conséquences négligeables. **La règle *de minimis* n'est pas applicable en matière de manquement** (CJCE, 21 mars 1991, *Commission c/ Italie*, aff. 209/89, 1591). Par ailleurs, le fait que le manquement soit localisé sur une zone limitée de l'État membre en cause est sans effet sur la constatatiuon dudit manquement (CJCE, 9 novembre 1999, *Commission c/ Italie*, aff. C-365/97, I.7773).

Pour qu'une **pratique administrative** soit qualifiée de manquement au sens de l'article 226 du Traité CE, il faut qu'elle présente un certain degré de constance et de généralité (CJCE, 9 mai 1985, *Commission c/ France*, aff. 21/84, p. 1355 ; 26 avril 2005, *Commission c/ Irlande*, aff. C.494/01, I.3331).

L'utilisation de la procédure en manquement est exclue pour la mise en œuvre des règles relatives aux déficits publics (article 104 §10), ainsi que pour l'application des titres I (Dispositions communes, à l'exception de l'article 6 §2, qui concerne le respect des droits fondamentaux), V (2e pilier) et VI (3e pilier) du Traité de Maastricht. Elle est possible dans le cadre des « *coopérations renforcées* », excepté dans le domaine de la PESC.

b) L'imputation du manquement

536. **Le manquement peut être imputé à n'importe quel organe de l'État** (exécutif, administratif, législatif ou judiciaire), **au niveau central comme au niveau local** (CJCE, 14 janvier 1988, *Commission c/ Belgique*, aff. jtes 227/85 à 230/85, 1, à propos d'une région autonome ; 10 mars 1987, *Commission c/Italie*, aff. 199/85, 1039, à propos d'une commune), et même s'il s'agit d'une autorité ayant un « *caractère constitutionnellement indépendant* » (CJCE, 5 mai 1970, *Commission c/ Belgique*, aff. 77/69, 237 ; 18 novembre 1970, *Commission c/Italie*, aff. 8/70, 961). Le manquement peut être constaté, **même s'il a pour auteur direct une société privée, dès lors qu'il existe des liens suffisamment étroits entre cette société et l'État concerné** (CJCE, 24 novembre 1982, *Commission c/ Irlande*, aff. 249/81, 4005).

Lorsqu'elle veut contraindre une entreprise à respecter le droit communautaire, alors que le comportement de cette entreprise est conforme aux exigences d'une loi nationale, la Commission doit préalablement actionner la procédure d'infraction pour faire constater par la Cour que cette loi est incompatible avec une disposition du droit communautaire (TPI, 18 novembre 1992, *Rendo*, aff. T-16/91, II.2417).

La constatation d'un « manquement judiciaire » (une juridiction d'un État membre a rendu une décision incompatible avec le droit communautaire) **pose quelques difficultés**, liées pour l'essentiel à l'indépendance du pouvoir judiciaire et à l'autorité de chose jugée (voir troisième et sixième rapports de la Commission, pour 1985 et 1988, sur l'application du droit communautaire dans les États membres). Jusqu'à une date récente, aucun arrêt de la Cour n'avait encore abouti à une telle constatation, même si le juge de Luxembourg ne semblait pas l'exclure *a priori* (voir CJCE, 31 mars 1992, *Commission c/ Danemark*, aff. C-52/90, I.2187, par lequel la Cour a rejeté le recours dirigé contre une mauvaise interprétation présumée d'une directive communautaire par des juges danois, sans toutefois justifier l'irrecevabilité en se fondant sur la nature de l'organe étatique en cause). Dans une décision de 2003, la Cour a explicitement reconnu la possibilité d'un « manquement judiciaire », même si elle a choisi d'imputer la responsabilité du manquement au législateur italien, coupable de n'avoir pas empêché une interprétation prétorienne non conforme aux exigences du droit communautaire (CJCE, 9 décembre 2003, *Commission c/ Italie*, aff. C-129/00, I.14637).

II – La Cour de justice a développé une conception très restrictive des circonstances exonératoires

537. Ni la faute d'une institution communautaire (CJCE, 14 décembre 1962, *Commission c/ Luxembourg et Belgique*, aff. jtes 2 et 3/62, 813), ni le manquement d'un autre État membre (CJCE, 26 février 1976, *Commission c/ Italie*, aff. 52/75, 277) ne peuvent justifier la violation par un État membre de ses obligations communautaires. **L'« *exception de réciprocité* » est** donc **irrecevable**. Pour la Cour de justice, « *un État membre ne saurait, en tout état de cause, exciper du principe de réciprocité et alléguer une méconnaissance éventuelle du traité par un autre État membre pour justifier son propre manquement* » (CJCE, 14 février 1984, *Commission c/ RFA*, aff. 325/82, 777, point 11 ; voir aussi CJCE, 26 février 1976, *Commission c/ Italie*, aff. 52/75, 277, point 11, à propos de l'exécution d'une directive).

Dans le même esprit, un État membre ne peut pas unilatéralement adopter des **contre-mesures** à l'encontre d'un autre État membre, au motif que ce dernier aurait violé le droit communautaire. Seule la voie du recours en manquement lui est ouverte dans cette hypothèse (CJCE, 29 mai 1997, *Paul Denuit*, aff. C-14/96, I.2785).

538. D'une manière générale, un État ne saurait exciper de « *dispositions ou pratiques de son ordre interne, même constitutionnelles* », pour justifier un manquement à ses obligations communautaires (affaire 52/75, *Commission c/ Italie* précitée ; voir encore CJCE, 20 septembre 1990, *Commission c/ Allemagne*, aff. C-5/89, I.3437).

L'État membre ne peut pas davantage invoquer des difficultés apparues au stade de l'exécution du droit communautaire pour justifier sa violation (CJCE, 7 avril 1992, *Commission c/ Grèce*, aff. C-45/91, I.2509), sauf en cas d'impossibilité absolue d'exécuter ses obligations communautaires (CJCE, 2 février 1988, *Commission c/ Pays-Bas*, aff. 213/85, 281) ou en cas de force majeure (CJCE, 17 septembre 1987, *Commission c/ Grèce*, aff. 70/86, 3545).

La Cour de justice accepte de constater le manquement, même si la violation commise par l'État membre n'a pas causé de préjudices (CJCE, 14 décembre 1971, *Commission c/ France*, aff. 7/71, 1003).

Il ne ressort pas clairement de la jurisprudence de la Cour que l'État poursuivi a la possibilité d'invoquer l'illégalité de l'acte communautaire qu'on lui reproche d'avoir violé pour justifier son manquement. L'avocat général Darmon s'est nettement prononcé en faveur d'une telle possibilité dans le cas des règlements (CJCE, 29 juillet 1991, *Commission c/ Espagne*, aff. C-258/89, I.3977, concl. p. 3986) mais la Cour n'a pas encore pris position sur ce point. L'exception d'illégalité ne semble pas admise dans le cas des décisions (CJCE, 10 décembre 1969, *Commission c/ France*, aff. jtes 6/69 et 11/69, 523 ; 30 juin 1988, *Commission c/ Grèce*, aff. 226/87, 3611) et des directives, sauf dans l'hypothèse où l'acte est inexistant, c'est-à-dire grossièrement illégal (affaire 226/87 précitée ; voir aussi CJCE, 27 octobre 1992, *Commission c/ Allemagne*, aff. C-74/91, I.5437).

C. La procédure en constatation de manquement

539. Elle se déroule en **deux phases successives** : une phase administrative précontentieuse, mise en œuvre par la Commission ou par un État membre, et une phase contentieuse. Le recours en manquement n'a **pas d'effet suspensif**.

Aucun délai n'est prévu pour introduire un recours en manquement. Il appartient à la Commission de déterminer quels sont les délais les plus appropriés, à tous les stades de la procédure. La Cour de justice a cependant estimé que, dans certaines circonstances, un délai trop long entre l'envoi du premier courrier à l'État concerné et la saisine du juge était susceptible de constituer une atteinte aux droits de la défense, en rendant plus difficile pour l'État membre mis en cause la réfutation des arguments avancés à l'appui du recours (CJCE, 16 mai 1991, *Commission c/ Pays-Bas*, aff. 96/89, 2461 – en l'espèce, la phase précontentieuse avait duré… cinq ans !). La Cour n'a malheureusement pas donné de précisions sur les hypothèses dans lesquelles une telle atteinte aux droits de la défense serait constituée.

En 1996, la Commission a pris des mesures pour **accélérer le traitement des affaires** donnant lieu à une procédure d'infraction ; désormais, les services ont pour instruction (voir 14e rapport annuel sur le contrôle de l'application du droit communautaire, *JOCE* n° C-332 du 3 novembre 1997) :

– d'ouvrir la procédure ou de classer le dossier au plus tard un an à compter de l'enregistrement de la plainte ou de la « découverte » du cas décelé d'office ;

– de saisir la Cour ou de classer l'affaire au plus tard 18 mois à compter de la notification de la lettre de mise en demeure à l'État en cause.

I – LA PHASE PRÉCONTENTIEUSE

540. La phase précontentieuse de la procédure d'infraction doit **permettre à l'État membre concerné de justifier sa position ou, le cas échéant, de régulariser volontairement sa situation** en se conformant à ses obligations communautaires (CJCE, 18 mars 1986, *Commission c/ Belgique*, aff. 85/85, 1149). On évoquera successivement :

– les moyens de prendre connaissance du manquement ;
– la demande d'information préalable ou lettre *pré-226* ;
– la lettre de mise en demeure ;
– l'avis motivé.

a) Les moyens de prendre connaissance du manquement

541. **La Commission peut prendre connaissance d'un manquement présumé par le dépôt d'une plainte ou par d'autres moyens** : informations fournies par les médias ou les journaux officiels nationaux, affaires évoquées à l'occasion de questions parlementaires.

Toute personne physique ou morale peut déposer une plainte auprès de la Commission, même si elle n'est pas lésée par la violation présumée. La plainte n'est cependant recevable que si elle est écrite (une simple lettre suffit) et fait état d'un manquement au droit communautaire. Aucun texte ne contraint le plaignant à circonstancier sa plainte, mais il est évident que la Commission n'engagera la procédure d'infraction que si les informations fournies par le plaignant lui paraissent suffisantes pour justifier l'ouverture d'une enquête. Un formulaire-type de plainte existe, mais son utilisation n'est pas obligatoire et ne saurait en conséquence conditionner la recevabilité de la plainte.

La Commission n'est jamais obligée de poursuivre un État à la suite du dépôt d'une plainte. Elle dispose à cet égard d'un pouvoir discrétionnaire (voir encore CJCE, 20 février 1997, *Bundesverband der Bilanzbuchhalter*, aff. C-107/95 P, I.947). La décision ou le refus d'engager la procédure en manquement ne peuvent donc pas faire l'objet de recours (CJCE, 14 février 1989, *Star Fruit*, aff. 247/87, 291 ; ord. 5 mai 1994, *Schultz*, aff. C-97/94 PR, I.1701), et la responsabilité de la Commission ne peut pas être engagée en cas de refus de celle-ci d'engager la procédure d'infraction (CJCE, ord. 23 mai 1990, *Asia Motor France*, aff. C-72/90, I.2181).

Le juge de Luxembourg a cependant précisé que le plaignant peut contester la décision par laquelle la Commission renvoie l'examen de mesures nationales sur lesquelles se fondent des pratiques anticoncurrentielles, dans le cadre d'une procédure « 226 » (TPI, 18 novembre 1992, *Rendo*, aff. T-16/91, II.2417). Cette possibilité s'explique par le fait que le plaignant ne dispose pas des mêmes droits dans le cadre d'une procédure « 226 » et dans le cadre de la procédure prévue par le règlement n° 17/62 (règlement d'application des articles du traité interdisant les ententes et l'abus de position dominante), et que la décision de renvoi de la Commission a un caractère définitif. En outre, le juge a précisé qu'une obligation de procéder à un examen diligent et impartial des plaintes pesait sur la Commission (TPI, 30 janvier 2002, *max.mobil Telekommunikation Service*, aff. T-54/99, II.313).

Qu'elle se soit saisie d'office **(cas « B »)** ou qu'elle ait été saisie d'une plainte **(cas « P »)**, la Commission va procéder à l'examen de l'affaire. Ses services vont examiner l'ensemble des pièces du dossier, en liaison avec le plaignant.

b) La demande d'information préalable ou lettre pré-226

542. Avant d'ouvrir formellement la procédure d'infraction, la Commission va adresser le plus souvent une demande d'information à l'État incriminé ***(lettre pré-226)***, par le canal de sa Représentation permanente. L'État dispose en moyenne d'un délai de deux mois pour répondre à cette demande d'information (le délai peut être plus court si la Commission estime qu'il y a urgence). Si l'État membre s'abstient de répondre ou ne répond pas dans le délai fixé, la Commission lui adresse alors *une invitation formelle à répondre* qui se réfère à l'obligation de coopération prévue par l'article 10 TCE (ex-art. 5). Si l'État membre répond à cette demande formelle et parvient à persuader la Commission qu'il a respecté ses obligations communautaires, l'affaire sera classée. Si, en revanche, l'État s'abstient toujours de répondre, ou s'il n'est pas en mesure de démontrer qu'il n'a pas manqué à ses obligations communautaires, la Commission pourra engager formellement la phase précontentieuse de la procédure en constatation de manquement. Celle-ci comporte deux étapes : la *mise en demeure* et l'envoi de l'*avis motivé.*

Il peut arriver que la Commission décide d'adresser directement la mise en demeure à l'État membre concerné, sans passer par l'envoi d'une lettre *pré-226*, lorsqu'elle estime que la violation du droit communautaire est manifeste.

543. La décision d'ouvrir formellement la procédure d'infraction est prise par le collège des commissaires à l'issue d'une procédure qui se déroule de la façon suivante :

– une **réunion « inter-services »** se tient **tous les trimestres** à la Commission entre les différentes directions compétentes, le service juridique et le Secrétariat général (qui assure alors la fonction de greffe).

La réunion du 1er trimestre (A/1) est consacrée aux infractions présumées qui ont déjà donné lieu à l'envoi d'une mise en demeure ; la réunion A/2 du 3e trimestre a le même objet ; la réunion du 2e trimestre (B/1) porte sur l'examen des plaintes et des infractions présumées constatées d'office ; la réunion B/2 du 4e trimestre a le même objet. Une « réunion balai » peut également se tenir à la fin de chaque semestre ;

– les dossiers sont ensuite examinés par **les « conseillers infractions » des cabinets des commissaires**, qui peuvent faire les propositions suivantes : classement, report, sursis à exécution, mise en demeure ;

– enfin, **les commissaires eux-mêmes** se réunissent pour prendre la décision préparée par les deux niveaux précédents.

c) La lettre de mise en demeure

544. Il s'agit d'une lettre par laquelle **la Commission met l'État membre concerné « *en demeure* » de présenter ses observations sur les faits qui lui sont reprochés dans un délai déterminé** (en principe deux mois, mais la

Commission peut fixer un délai plus court en cas d'urgence). Cette lettre contient l'ensemble des griefs de la Commission qui appelleront une réponse de la part des autorités nationales. La Cour de justice considère que la mise en demeure constitue une formalité substantielle qui conditionne la régularité de la procédure (CJCE, 17 février 1970, *Commission c/ Italie*, aff. 31/69, 25). La mise en demeure doit « *donner l'occasion à l'État membre de justifier sa position et, le cas échéant, (...) permettre à la Commission d'amener l'État membre à se conformer volontairement aux exigences du traité* » (CJCE, 27 mai 1981, *Essevi et Salengo*, aff. jtes 142 et 143/80, 1413, point 15).

Au stade de la mise en demeure, c'est la Direction de la Commission qui instruit le dossier qui joue un rôle prépondérant, et non le Service juridique de la Commission (c'est l'inverse au niveau de l'avis motivé), même si ce dernier est appelé à donner son avis.

La lettre de mise en demeure peut ne contenir qu'un résumé succinct des griefs formulés à l'encontre de l'État membre ; ces griefs seront alors détaillés au cours des étapes ultérieures de la procédure d'infraction (CJCE, 28 mars 1985, *Commission c/ Italie*, aff. 274/83, 1077). Mais tous les griefs doivent être inventoriés et formulés dès la mise en demeure. Les griefs qui n'auraient pas été exposés, au moins sommairement, à ce stade, seraient irrecevables s'ils étaient invoqués ultérieurement, dans l'avis motivé de la Commission ou devant la Cour de justice (aff. 31/69, *Commission c/ Italie* précitée).

Si l'État membre répond dans les délais à la lettre de mise en demeure et parvient à convaincre la Commission du caractère infondé des reproches qui lui sont adressés, l'affaire est classée. Il en va de même dans l'hypothèse où l'État a mis fin au manquement. Dans le cas contraire, la Commission passe à la seconde étape de la phase précontentieuse en émettant un *avis motivé*.

d) L'avis motivé

545. **L'avis motivé est l'acte par lequel la Commission enjoint l'État membre de cesser son manquement**. Il a pour fonction de définir l'objet du litige et de « *permettre à l'État membre de se conformer « volontairement » aux exigences du traité ou, le cas échéant, de justifier sa position* » (CJCE, 29 septembre 1998, *Commission c/ Allemagne*, aff. C-191/95, I.5449) ; il n'entre pas dans la catégorie des actes ayant force obligatoire et ne peut donc pas faire l'objet de recours ; son effet juridique ne s'apprécie que par rapport à la saisine éventuelle de la Cour de justice (CJCE, 27 mai 1981, *Essevi et Salengo*, aff. jtes 142 et 143/80, 1413).

La Commission publie au *JOCE* les affaires qui font l'objet d'un avis motivé.

La Cour de justice a eu l'occasion de préciser que l'avis motivé doit « *contenir un exposé cohérent et détaillé des raisons ayant amené la Commission à la conviction que l'État intéressé a manqué à une des obligations qui lui incombent en vertu du traité* » (CJCE, 19 décembre 1961, *Commission c/ Italie*, aff. 7/61, 635 ; 11 juillet 1991, *Commission c/ Portugal*, aff. C-247/89, I.3659), et qu'il doit accorder à l'État un délai raisonnable pour mettre fin à l'infraction (CJCE, 31 janvier 1984, *Commission c/ Irlande*, aff. 74/82, 317). Enfin, comme cela a été indiqué précédemment, l'avis motivé doit se limiter aux seuls griefs déjà formulés au stade de la mise en demeure. Le fait pour la Commission d'ignorer, dans son avis motivé, les remarques formulées par un État membre en réponse à une mise en demeure peut constituer un vice substantiel pouvant entraîner l'irrecevabilité du recours contentieux en constatation de manquement, lorsque cette irrégularité a porté atteinte à la possibilité pour l'État en cause de mettre fin immédiatement à son infraction ou l'a empêché d'exercer pleinement ses droits de la défense (CJCE, 10 décembre 2002, *Commission c/ Irlande*, aff. C-362/01, I.11433).

***546.* La Commission peut indiquer dans l'avis motivé les mesures qu'elle recommande pour faire cesser le manquement** (CJCE, 12 juillet 1973, *Commission c/ Allemagne*, aff. 70/72, 813), mais ces « recommandations » n'ont pas de caractère obligatoire (CJCE, 11 juillet 1991, *Commission c/ Portugal*, aff. C-247/89, I.3659). De plus, la Cour de justice a précisé que « *la Commission n'a pas le pouvoir de déterminer de manière définitive, par les avis formulés en vertu de l'article 169 [226 dans la nouvelle numérotation] ou par d'autres prises de décisions dans le cadre de cette procédure, les droits et obligations d'un État membre, ou de lui donner des garanties concernant la compatibilité avec le traité d'un comportement déterminé* ». En effet, « *la détermination des droits et obligations des États membres et le jugement de leur comportement ne peuvent résulter que d'un arrêt de la Cour* » (CJCE, 27 mai 1981, *Essevi et Salengo*, *op. cit.*, point 16).

NB : Dans son 13e rapport annuel (pour 1995) sur le contrôle de l'application du droit communautaire (*JOCE* C-303 du 14 octobre 1996, spécial. p. 11), la Commission indique que « *la procédure d'infraction est toute entière orientée (...) vers l'objectif d'une régularisation avant la saisine de la Cour* », et que c'est la raison pour laquelle « *cette* ***procédure*** *est* ***traditionnellement confidentielle et placée sous le signe de la discrétion*** *qui permet plus facilement à l'État membre de se mettre en règle* ». En fait, la Commission a pris l'habitude de publier un **communiqué de presse** destiné à expliciter chaque avis motivé, voire, dans certains cas, à l'annoncer plusieurs semaines à l'avance. Il lui arrive même, lorsque le dossier lui paraît particulièrement important, de publier un communiqué de presse au stade de la mise en demeure.

Si l'État membre se conforme à l'avis motivé dans le délai prescrit, la Commission doit classer l'affaire ; un recours de la Commission devant la Cour serait en effet déclaré irrecevable dans cette hypothèse (CJCE, 27 novembre 1990, *Commission c/ Grèce*, aff. C-200/88, I.4299). En revanche, la Commission peut décider de poursuivre la procédure (bien qu'elle n'y soit pas obligée) et de saisir le juge de Luxembourg si l'État membre n'a mis fin au manquement qu'après l'expiration du délai prescrit, car elle conserve alors un intérêt à agir (CJCE, 21 juin 1988, *Commission c/ Belgique*, aff. 283/86, 3271) qui peut résider dans l'établissement d'une éventuelle responsabilité de l'État membre en cause (CJCE, 7 février 1973, *Commission c/ Italie*, aff. 39/72, 101). La Cour de justice n'admet cependant la recevabilité d'un tel recours que si l'action « *comporte encore un intérêt suffisant* » (CJCE, 9 juillet 1970, *Commission c/ France*, aff. 26/69, 565). La saisine de la Cour est toujours justifiée dans l'hypothèse où l'État membre ne s'est pas conformé à l'avis motivé.

Un changement de la réglementation communautaire intervenu avant l'expiration du délai fixé dans l'avis motivé ne rend pas le recours en manquement irrecevable, dès lors que les obligations communautaires opposées à l'État concerné n'ont pas été affectées par les nouvelles dispositions applicables (CJCE, 8 décembre 2005, *Commission c/ Luxembourg,* aff. C-33/04, I.10629).

NB : En 2004, la Commission a ouvert 1945 procédures d'infraction. En pratique, 80 % des affaires ne dépassent pas le stade pré-contentieux.

II – LA PHASE CONTENTIEUSE

a) La saisine de la Cour de justice et le déroulement de la procédure

547. **La Commission est seul juge de l'opportunité de saisir la Cour** (CJCE, 21 mars 1991, *Commission c/Italie*, aff. C-209/89, I.1575) et du moment pour le faire (CJCE, 10 décembre 1968, *Commission c/ Italie*, aff. 7/68, 617), mais la Cour de justice considère qu'« *une durée excessive de la procédure précontentieuse (…) est susceptible d'augmenter, pour l'État mis en cause, la difficulté de réfuter les arguments de la Commission et de violer ainsi les droits de la défense* » (CJCE, 16 mai 1991, *Commission c/ Pays-Bas*, aff. C-96/89, I.2461).

La Commission doit clairement indiquer dans sa saisine les griefs sur lesquels la Cour devra se prononcer et les éléments de fait et de droit du litige soumis au juge (CJCE, 13 décembre 1990, *Commission c/ Grèce*, aff. C-347/88, I.4747). La requête adressée à la Cour ne peut cependant contenir que les griefs formulés dans le cadre de la phase précontentieuse et doit être fondée sur les mêmes moyens (CJCE, 15 décembre 1982, *Commission c/ Danemark*, aff. 211/81, 4547). En revanche, l'État défendeur peut valablement invoquer devant la Cour des arguments de défense qu'il n'aurait pas exposés dans le cadre de la phase précontentieuse, en application du principe général du droit de la défense (CJCE, 16 septembre 1999, *Commission c/ Espagne*, aff. C-414/97, I.5585).

Le juge de Luxembourg estime que **l'exigence d'identité des griefs entre la lettre de mise en demeure, l'avis motivé et la requête est satisfaite, dès lors que la Commission n'a pas modifié l'objet du recours** (CJCE, 10 septembre 1996,

Commission c/ Belgique, aff. C-11/95, I.4115), **ou que la définition du manquement allégué reste identique** (CJCE, 20 mars 1997, *Commission c/ Allemagne*, aff. C-96/95, I.1653). Il n'est donc pas nécessaire qu'il y ait coïncidence parfaite entre les griefs formulés aux différents stades de la procédure en manquement.

548. Dès lors qu'elle est saisie, la Cour de justice statue sur la compatibilité du droit interne avec le droit communautaire, et non sur l'exécution de l'avis motivé ou sur les objectifs poursuivis par la Commission en engageant la procédure d'infraction (CJCE, 21 juin 1988, *Commission c/ Irlande*, aff. 415/85, 3097 ; 21 juin 1988, *Commission c/ Royaume-Uni*, aff. 416/85, 3127). Cette distinction a son importance, dans la mesure où l'ouverture de la phase contentieuse de la procédure d'infraction met fin aux possibilités de négociation avec la Commission sur les modalités d'application des dispositions communautaires en cause.

L'existence du manquement est appréciée par le juge en fonction de la situation de l'État membre à l'expiration du délai fixé par l'avis motivé (CJCE, 17 novembre 1992, *Commission c/ Grèce*, aff. C-105/91, I.5871).

Il convient cependant de noter que **la Commission pourra, le cas échéant, se désister à tout moment de la procédure contentieuse** en retirant sa plainte contre l'État membre qui aura régularisé son manquement.

La Commission doit prouver l'existence du manquement allégué, et ne peut en aucun cas se baser sur de simples présomptions (CJCE, 25 mai 1982, *Commission c/ Pays-Bas*, aff. 96/81, 1791). Elle peut demander à la Cour de prendre les mesures provisoires qui s'imposent (CJCE, ord. 13 juillet 1977, *Commission c/ Irlande*, aff. 61/77 R. II.1411). Pour le détail du déroulement de la procédure, voir le chapitre précédent.

b) L'arrêt en constatation de manquement et ses effets

549. Si elle estime que l'État membre en cause a manqué à ses obligations communautaires, la Cour rendra un arrêt en constatation de manquement (deux ans sont nécessaires en moyenne à la Cour pour rendre un tel arrêt). Cet **arrêt** n'a qu'un caractère **déclaratoire**, en ce sens que la Cour de justice se contente de déclarer que l'État a violé le droit communautaire et qu'elle n'a, ni le pouvoir de contraindre l'État condamné à prendre des mesures déterminées, ni le pouvoir d'annuler les actes nationaux déclarés incompatibles avec le droit communautaire (CJCE, 16 décembre 1960, *Humblet*, aff. 6/60, 1125).

L'État membre condamné doit toutefois prendre toutes les mesures nécessaires pour mettre fin au manquement (CJCE, ord. 28 mars 1980, *Commission c/ France*, aff. jtes 24 et 97/80 R, 1319) et « *la mise en œuvre de l'exécution d'un arrêt doit être entamée immédiatement et (…) doit aboutir dans les délais les plus brefs possibles* » (CJCE, 6 novembre 1985, *Commission c/ Italie*, aff. 131/84, 3531). Le juge de Luxembourg considère notamment que la constatation du manquement entraîne « *prohibition de plein droit d'appliquer la prescription natio-*

nale reconnue incompatible avec le traité » pour toutes les « *autorités nationales compétentes* » (CJCE, 13 juillet 1972, *Commission c/ Italie*, aff. 48/71, 529).

La Cour de justice a eu également l'occasion de préciser que « *la primauté et l'effet direct des dispositions du droit communautaire ne dispensent pas les États membres d'éliminer de leur ordre juridique interne les dispositions incompatibles avec le droit communautaire* » (CJCE, 24 mars 1988, *Commission c/ Italie*, aff. 104/86, 1799). L'**obligation d'abroger la mesure nationale contraire** existe, *a fortiori*, lorsque le manquement a été constaté par la Cour. Le juge de Luxembourg a encore dit pour droit que « *dans le cas ou l'arrêt* (en manquement) *constate l'incompatibilité avec le traité de certaines dispositions législatives d'un État membre, il entraîne, pour les autorités participant à l'exercice du pouvoir législatif, l'obligation de modifier les dispositions en cause, de manière à les rendre conformes aux exigences du droit communautaire* » (CJCE, 14 décembre 1982, *Waterkeyn*, aff. jtes 314 à 316/81 et 83/82, 4337).

En 2000, la Cour de justice a admis pour la première fois que les **effets** de ses arrêts en manquement pouvaient être **limités dans le temps** (CJCE, 12 septembre 2000, *Commission c/ Royaume-Uni*, aff. C-359/97, I.6355), alors qu'elle l'admet depuis longtemps pour les arrêts préjudiciels.

c) La sanction du « manquement sur manquement »

***550.* Le refus d'exécuter un arrêt en manquement (ou la mauvaise exécution de cet arrêt) constitue un nouveau manquement susceptible de faire l'objet d'une nouvelle procédure d'infraction**, qui aboutira, le cas échéant, à la constatation juridictionnelle d'un « manquement sur manquement ». Ce manquement résulte des dispositions de l'article 228 TCE (ex-art. 171) qui prévoit que « *si la Cour de justice reconnaît qu'un État membre a manqué à une des obligations qui lui incombent en vertu du présent traité, cet État est tenu de prendre les mesures que comporte l'exécution de l'arrêt de la Cour de justice* ».

Le Traité de Maastricht avait complété l'article 171 TCE (228 dans la nouvelle numérotation) en y ajoutant un second paragraphe qui dispose que : « *Si la Commission estime que l'État membre concerné n'a pas pris ces mesures, elle émet, après avoir donné à cet État la possibilité de présenter ses observations, un avis motivé précisant les points sur lesquels l'État membre concerné ne s'est pas conformé à l'arrêt de la Cour de justice.*

Si l'État membre concerné n'a pas pris les mesures que comporte l'exécution de l'arrêt de la Cour dans le délai fixé par la Commission, celle-ci peut saisir la Cour de justice. Elle indique le montant de la somme forfaitaire ou de l'astreinte à payer par l'État membre concerné qu'elle estime adapté aux circonstances.

Si la Cour de justice reconnaît que l'État membre concerné ne s'est pas conformé à son arrêt, elle peut lui ***infliger le paiement d'une somme forfaitaire ou d'une astreinte*** ».

Ce nouveau dispositif est évidemment destiné à contraindre les États membres à respecter les arrêts en constatation de manquement rendus à leur encontre, en les menaçant de sanctions. En pratique, il n'est **pas facile à mettre en œuvre**, pour au moins deux raisons : d'abord parce que la Commission est obligée, compte tenu du libellé de l'article 228 TCE (ex-art. 171), d'indiquer à la Cour le montant de la somme forfaitaire ou de l'astreinte qu'« *elle estime adapté aux circonstances* », alors même que la sanction pécuniaire est difficile à déterminer sans une part d'arbitraire ; ensuite parce que, le plus souvent, seules des raisons politiques majeures pourront conduire un État membre à ne pas exécuter un arrêt en manquement. Dans un tel cas de figure, le problème sera plus aisément réglé par le biais d'un *arrangement* politique que par une saisine de la Cour sur la base de l'article 228 TCE (ex-art. 171).

551. La Commission a précisé dans une **communication du 5 juin 1996** (communication 96/C-242/07, *JOCE* n° C-242, 21 août 1996) les critères qu'elle est décidée à appliquer pour demander à la Cour l'imposition des sanctions pécuniaires. Elle considère qu'elle dispose d'un large pouvoir discrétionnaire pour décider de la saisine de la Cour et qu'elle ne doit pas obligatoirement demander qu'une sanction soit imposée dans tous les cas. Le caractère mineur de l'infraction ou l'absence de risque de récidive pourrait la conduire à s'abstenir de demander l'imposition d'une sanction pécuniaire. Si la sanction est justifiée, la Commission considère que l'astreinte sera le plus souvent l'instrument le plus approprié pour obtenir dans les meilleurs délais l'exécution de l'arrêt en manquement. Dans tous les cas, le montant de la sanction doit être calculé en fonction de trois critères fondamentaux : la gravité de l'infraction, la durée de celle-ci et la nécessité d'assurer l'effet dissuasif de la sanction elle-même pour éviter les récidives.

Le 8 janvier 1997, la Commission a adopté **une méthode de calcul de l'astreinte** (Commission, IP/97/5, 8 janvier 1997) : un « *forfait de base uniforme* », fixé à 500 écus par jour de retard, est affecté de deux coefficients multiplicateurs qui tiennent compte de la gravité et de la durée de l'infraction. De plus, un « *facteur invariable* » a été institué pour chaque État membre, de telle manière qu'il tient compte de la capacité financière de chacun d'eux. Ce dispositif de calcul a été conçu pour garantir le caractère dissuasif de l'astreinte.

Dans son arrêt du 12 juillet **2005**, ***Commission c/ France*** (aff. C.304/02, I.6263, points 81 à 83), la Cour de justice précise que **l'astreinte et la somme forfaitaire sont deux sanctions différentes mais complémentaires, qui peuvent se cumuler** (le fait que ces deux sanctions ne soient pas de même nature permet de les cumuler sans violer la règle *non bis in idem*).

NB : Le droit communautaire ne permet pas le recouvrement forcé des astreintes ou des amendes forfaitaires à l'encontre d'un État récalcitrant.

Le 4 juillet 2000, la Cour de justice a condamné pour la première fois un État membre – la Grèce – au paiement d'une astreinte de 20 000 euros pour inexécution d'un arrêt en manquement de 1992 constatant le non-respect de deux directives communautaires en matière d'environnement (CJCE, 4 juillet 2000, *Commission soutenue par Royaume-Uni c/ Grèce*, aff. C-387/97, I.5047). Le 25 novembre 2003, c'est l'Espagne qui a fait l'objet d'une condamnation au paiement d'une astreinte annuelle dégressive de 624 150 euros, pour inexécution d'un arrêt en manquement de 1998 constatant le non respect d'une directive sur la qualité des eaux de baignade (CJCE, 25 novembre 2003, *Commission c/ Espagne*, aff. C-278/01, I.14141).

Jusqu'ici, la France a fait l'objet de l'ouverture de qutre procédures de sanctions financières, l'une pour non transposition d'une directive de 1985 sur la responsabilité du fait des produits défectueux (classé), l'autre pour mauvaise transposition d'une directive de 1979 sur la protection des oiseaux sauvages (classé), la troisième sur la question du travail de nuit des femmes (en instance devant la Cour) et la dernière pour violation des ses obligations en matière de pêche (en instance devant la Cour). Elle devra payer une astreinte de 57 millions d'euros pour non-respect de l'arrêt de la Cour sur la politique de la pêche.

En réalité, la menace d'astreinte est très dissuasive, puisqu'elle conduit le plus souvent à l'élimination du manquement et au classement de l'affaire.

Pour en savoir plus…

– A. MATTERA, « La procédure en manquement et la protection des droits des citoyens et des opérateurs lésés », *Rev. Marché unique eur.*, 3-1995, p. 123 ;

– R. MUNOZ, « Le contrôle de l'application du droit communautaire : plus qu'une amélioration, une réforme nécessaire », chronique in *Europe* juin 2003 ;

– R. MUNOZ, « La “nouvelle approche” de la Commission concernant l'application du droit communautaire ? Grandeur et décadence des mécanismes de contrôle », *Europe*, novembre 2007, Étude 21 ;

– R. MUNOZ, « Comment pallier les manquements du recours en manquement ? », chronique in *Europe* février 1999.

§2. Le renvoi préjudiciel

***552.* L'article 41 CECA** avait déjà prévu un renvoi obligatoire à la Cour de justice pour toute juridiction nationale saisie de problèmes relatifs à la validité des délibérations de la Commission et du Conseil. Le mécanisme de coopération judiciaire qu'il avait institué n'avait donc pas une portée aussi étendue que celle de l'article 234 (ex-177) CE. Cela n'avait cependant guère d'incidence, dans la mesure où la Cour de justice s'était déclarée compétente pour interpréter le droit de la CECA (CJCE, 22 février 1990, *Busseni*, aff. C-221/88, I.495).

L'article 234 TCE (ex-art. 177) – et l'article 150 Euratom avec quelques nuances – prévoit que :

« *La Cour de justice est compétente pour statuer, à titre préjudiciel*

a) sur l'interprétation du présent traité,

b) sur la validité et l'interprétation des actes pris par les institutions de la Communauté et par la BCE,

c) sur l'interprétation des statuts des organismes créés par un acte du Conseil, lorsque ces statuts le prévoient.

Lorsqu'une telle question est soulevée devant une juridiction d'un des États membres, cette juridiction peut, si elle estime qu'une décision sur ce point est nécessaire pour rendre son jugement, demander à la Cour de justice de statuer sur cette question.

Lorsqu'une telle question est soulevée dans une affaire pendante devant une juridiction nationale dont les décisions ne sont pas susceptibles d'un recours juridictionnel de droit interne, cette juridiction est tenue de saisir la Cour de justice ».

La procédure du renvoi préjudiciel permet à la Cour de justice de satisfaire à sa mission définie par l'article 220 TCE (ex-art. 164) en assurant « *le respect du droit dans l'interprétation et l'application du présent traité* ». Elle constitue la plus importante source d'affaires pour la Cour de justice, et l'on peut affirmer que **si tous les arrêts préjudiciels ne sont pas des grands arrêts, tous les grands arrêts (ou presque) de la Cour sont des arrêts préjudiciels.**

553. Le renvoi préjudiciel n'est pas une procédure contentieuse, mais **un mécanisme de coopération entre la Cour de justice et les juridictions nationales, destiné à « *assurer en toutes circonstances* (au droit communautaire) *le même effet dans tous les États membres de la Communauté* »** (CJCE, 16 janvier 1974, *Rheinmühlen*, aff. 166/73, 33). Ce mécanisme de coopération est enclenché à chaque fois que le juge interne décide de surseoir à statuer dans le cadre du litige porté devant lui et d'interroger la Cour de justice sur l'interprétation ou la validité d'une norme communautaire dont il a à connaître dans le cadre de ce litige. Le juge de Luxembourg est ainsi invité à contribuer à la solution du litige interne en fournissant au juge national une interprétation « autorisée » ou une appréciation de validité du droit communautaire. Avec ces éléments, le juge national pourra poursuivre la procédure contentieuse interne et trancher le litige qui lui est soumis (l'intervention de la Cour n'ayant constitué qu'un incident du litige principal).

Le renvoi préjudiciel ne vise qu'à permettre au juge de Luxembourg d'interpréter une norme communautaire ou d'en apprécier la validité. Il en résulte que la question préjudicielle posée par le juge de renvoi ne doit pas conduire la Cour à se prononcer sur la compatibilité du droit national avec le droit communautaire (voir par exemple CJCE, ord. 7 avril 1995, *Juan Carlos Grau Gomis*, aff. C-167/94, I.1023). L'appréciation de cette compatibilité ne peut en effet s'effectuer que dans le cadre du recours en manquement. La Cour de justice peut cependant, en pareille hypothèse, reformuler la question pour statuer dans le cadre de sa compétence préjudicielle (CJCE, 23 novembre 1977, *Enka*, aff. 38/77, 2203).

D'une manière générale, la procédure du renvoi préjudiciel ne permet pas la mise en cause par la Cour de la norme nationale (CJCE, 6 juillet 1995, *BP Soupergaz*, aff. C-62/93, I.1883 ; 1er février 1996, *Perfili*, aff. C-177/94, I.161), ou la qualification par la Cour d'une disposition interne au regard d'une norme communautaire (CJCE, 17 avril 1997, *EARL de Kerlast*, aff. C-15/95, I.1961).

La Cour de justice peut être également compétente pour interpréter des conventions conclues entre États membres de la Communauté en application de protocoles particuliers (voir par exemple protocole d'interprétation de la Convention de Bruxelles sur la compétence et l'exécution des jugements en matière civile et commerciale du 27 septembre 1968).

Rappelons enfin que le Traité de **Nice** du 26 février **2001** prévoit que le TPI pourra connaître des questions préjudicielles dans des matières spécifiques déterminées par son statut.

554. NB **: Le renvoi préjudiciel dans le cadre de la JAI et du nouveau titre IV du Traité CE introduit par le Traité d'Amsterdam.**

– dès 1992, l'article K3 § 2 c) du Traité de Maastricht prévoyait déjà que les conventions adoptées par les États membres dans les domaines de la coopération judiciaire (en matière pénale uniquement), douanière et policière pouvaient « *prévoir que la Cour de justice est compétente pour interpréter leurs dispositions et pour statuer sur tout différend concernant leur application* ».

– le Traité d'Amsterdam de 1997 introduit un article 35 dans le Traité sur l'UE qui définit les compétences préjudicielles particulières de la Cour dans le cadre de la JAI. Il prévoit ainsi que la Cour est compétente, dans certaines conditions, pour statuer à titre préjudiciel sur la validité et l'interprétation des décisions-cadres et des décisions, sur l'interprétation des conventions établies en vertu du titre VI, ainsi que sur la validité et l'interprétation de leurs mesures d'application. La Cour n'est pas compétente pour vérifier la validité ou la proportionnalité d'opérations menées par la police ou d'autres services répressifs dans un État membre, ni pour statuer sur l'exercice des responsabilités qui incombent aux États membres pour le maintien de l'ordre public et la sauvegarde de la sécurité intérieure.

Enfin, la Cour est compétente pour statuer sur tout différend entre États membres concernant l'interprétation ou l'exécution des actes adoptés par le Conseil, « *dès lors que ce différend n'a pu être réglé au sein du Conseil dans les six mois qui ont suivi la saisine de celui-ci par l'un de ses membres* ». Elle peut aussi statuer sur tout différend entre États membres et la Commission concernant l'interprétation ou l'application des conventions conclues dans les matières couvertes par la JAI.

Un État membre peut à tout moment accepter par une déclaration cette compétence préjudicielle de la Cour (la France l'a fait le 14 mars 2000). Il peut alors, soit limiter la faculté de saisir la Cour aux seules juridictions nationales dont les décisions ne sont pas susceptibles d'un recours juridictionnel, soit indiquer que toute juridiction nationale a cette faculté.

– L'article 68 du Traité CE définit les compétences préjudicielles particulières de la Cour dans le cadre du nouveau titre IV (visas, asile, immigration et autres politiques liées à la libre circulation des personnes) du Traité CE, introduit par le Traité d'Amsterdam. Ainsi, les dispositions de l'article 234 CE (procédure préjudicielle – ex-art. 177) sont applicables au nouveau titre (IV), dans des conditions qui diffèrent cependant quelque peu des conditions de droit commun : d'abord, une juridiction nationale statuant en dernier ressort ne sera pas « *tenue de saisir la Cour de justice* » ; elle ne demandera à celle-ci de statuer à titre préjudiciel que si « *elle estime qu'une décision* (de la Cour de justice) *sur ce point est nécessaire pour rendre son jugement* ». En tout état de cause, le juge communautaire n'aura pas compétence pour statuer sur les mesures ou décisions portant sur le maintien de l'ordre public et la sauvegarde de la sécurité intérieure.

En outre, le Conseil, la Commission ou un État membre pourront « *demander à la Cour de justice de statuer sur une question d'interprétation du présent titre ou d'actes adoptés sur la base de celui-ci par les institutions de la Communauté* ». Dans cette hypothèse, le jugement rendu par la Cour ne sera « *pas applicable aux décisions des juridictions des États membres qui ont force de chose jugée* ».

Seront examinés successivement :

– les juridictions nationales susceptibles de recourir à la procédure du renvoi préjudiciel (A) ;

– les normes communautaires susceptibles de faire l'objet de questions préjudicielles (B) ;

– les obligations et prérogatives respectives de la Cour, du juge national et des parties au litige principal dans le cadre du renvoi préjudiciel (C) ;

– l'arrêt préjudiciel et ses effets (D).

A. Les juridictions nationales susceptibles de recourir à la procédure du renvoi préjudiciel

I – LA NOTION DE JURIDICTION NATIONALE AU SENS DE L'ARTICLE 234 (EX-ART. 177)

a) Les critères permettant de reconnaître la qualité de juridiction nationale à l'auteur d'une question préjudicielle

555. Les juridictions nationales susceptibles de recourir à la procédure du renvoi préjudiciel ne sont pas nécessairement celles qui sont qualifiées comme telles par le droit national. C'est la Cour de justice qui a précisé les contours de la notion de juridiction nationale. Seul l'organe qui satisfait aux critères communautaires de la juridiction nationale sera habilité à poser une question préjudicielle au juge de Luxembourg.

La Cour de justice a eu l'occasion de préciser dès 1966 **les critères permettant de reconnaître la qualité de juridiction nationale à l'auteur d'une question préjudicielle**. Ces critères **tiennent à l'origine légale** (intervention législative ou réglementaire des pouvoirs publics) **et à la permanence de l'organe en cause, à sa juridiction obligatoire et au caractère contradictoire de la procédure pour les litiges qu'il a à connaître, ainsi qu'à sa mission d'appliquer des règles de droit** (CJCE, 30 juin 1966, *Vaassens-Göbbels*, aff. 61/65, 377, qui a reconnu la qualité de juridiction nationale au tribunal arbitral de la caisse des employés des mines aux Pays-Bas).

Cette jurisprudence sera confirmée par des arrêts ultérieurs. On citera notamment l'arrêt *Broekmeulen* rendu le 6 octobre 1981, qui a permis à la Cour de justice de reconnaître la qualité de « *juridiction d'un État membre* » à une commission néerlandaise de recours en matière médicale, alors que cet organisme avait pourtant un statut de droit privé. Le juge de Luxembourg précisera à l'occasion de cette affaire qu'« *en l'absence pratique d'une voie de recours effective devant les juridictions ordinaires, dans une matière qui touche à l'application du droit communautaire, la commission de recours, qui exerce ses fonctions avec leur concours et dont les décisions, acquises à la suite d'une procédure contentieuse, sont en fait reconnues comme définitives, doit être considérée comme juridiction d'un État membre au sens de l'article 177 du traité* » (CJCE, 6 octobre 1981, *Broekmeulen*, aff. 246/80, 2311). La Cour a également insisté sur l'intervention des pouvoirs publics néerlandais pour justifier sa position dans cette affaire.

On peut également citer un arrêt rendu le 17 octobre 1989, qui reconnaît à un tribunal arbitral danois *ah hoc* intervenant dans le domaine du droit du travail la possibilité de saisir la Cour de justice à titre préjudiciel (CJCE, 17 octobre 1989, *HKF i Danmark*, aff. 109/88, 3199), ainsi qu'un arrêt du 17 septembre 1997, qui reconnaît la qualité de juridiction à une Commission fédérale allemande de surveillance de passation des marchés (CJCE, 17 septembre 1997, *Dorsch Consult Ingenieurgesellschaft*, aff. C-54/96, I.4961).

La Cour a précisé que l'absence de procédure contradictoire devant le juge national auteur d'une question préjudicielle ne fait pas, à elle seule, obstacle à la recevabilité du renvoi préjudiciel (CJCE, 4 juin 1992, *Debus*, aff. C-13/91 et C-113/91, I.3617 ; 17 mai 1994, *Corsica Ferries Italia*, aff. C-18/93, I.1783).

Les juridictions des pays et territoires d'outre-mer pouvaient recourir à la procédure du renvoi préjudiciel (CJCE, 12 décembre 1990, *Kaefer et Procacci*, aff. jtes C-100 et C-101/89, I.4647, à propos du tribunal administratif de Papeete).

b) Il doit s'agir d'organes saisissant la Cour dans le cadre de l'exercice de leur fonction juridictionnelle

556. Le juge de Luxembourg précisera par ailleurs que **la qualité de juridiction nationale au sens de l'article 234 (ex-art. 177) ne peut être reconnue qu'à des organes qui saisissent la Cour dans le cadre de l'exercice de leur fonction juridictionnelle (il s'agit de résoudre un litige par une décision à caractère juridictionnel).** C'est ce qui résulte notamment de l'arrêt *Borker* rendu le 18 juin 1980, par lequel la Cour de justice s'est déclarée incompétente pour répondre à une question posée par le Conseil de l'ordre des avocats à la Cour de Paris, au motif qu'elle ne pouvait être saisie à titre préjudiciel « *que par une juridiction appelée à statuer dans le cadre d'une procédure destinée à aboutir à une décision de caractère juridictionnel* », et non par un organe saisi uniquement « *d'une demande visant à obtenir une déclaration relative à un différend qui oppose un membre du barreau aux juridictions d'un autre État membre* » (CJCE, 18 juin 1980, *Jules Borker*, aff. 138/80, 1975). C'est parce que seul un juge statuant dans le cadre d'une procédure devant aboutir à une décision de caractère juridictionnel peut saisir la Cour, que le Ministère public n'est pas habilité à le faire (CJCE, 12 décembre 1996, *Procédures pénales poursuivies contre X*, aff. jtes C-74 et 129/95, I.6609).

Cette exigence sera confirmée par un arrêt ultérieur, qui a donné l'occasion à la Cour de se déclarer incompétente pour statuer à titre préjudiciel sur une demande d'une commission consultative italienne pour les infractions en matière monétaire (CJCE, 5 mars 1986, *Procédure pénale c/ Régina Greis Unterweger*, aff. 318/85, 955). La Cour déclarera l'année suivante qu'une juridiction interne qui agit dans le cadre général de sa mission de juger en droit et en toute indépendance peut la saisir au titre de l'article 234 (ex-art. 177), même si cette juridiction peut être appelée à exercer des fonctions non strictement juridictionnelles dans le cadre de la procédure qui a donné lieu à la saisine de la Cour (CJCE, 11 juin 1987, *Pretore de Salo*, aff. 14/86, 2545 ; voir également CJCE, 21 avril 1988, *Fratelli Pardini*, aff. C-338/85, 2041).

La Cour de justice a également déclaré que **la juridiction habilitée à la saisir au titre de l'article 234 (ex-art. 177) doit être celle qui est appelée à trancher le litige principal**. Le juge interne ne peut donc pas poser une question préjudicielle pour le compte d'un autre juge ; la réponse de la Cour de justice doit être utile au juge qui a posé la question. C'est ce qui résulte de l'arrêt *Fratelli Pardini* précité qui a donné au juge de Luxembourg l'occasion de préciser que le droit de faire usage de la procédure du renvoi préjudiciel était « *réservé aux juridictions qui considèrent qu'une affaire pendante devant elles soulève des questions de droit communautaire nécessitant une décision de leur part* ». La Cour de justice précisera encore dans cet arrêt que « *les juridictions nationales ne sont habilitées à saisir la Cour à titre préjudiciel que si un litige est pendant devant elles, dans le cadre duquel elles sont appelées à prendre une décision susceptible de prendre en considération l'arrêt préjudiciel* ».

La Cour de justice a reconnu la qualité de juridictions nationales au sens de l'article 234 (ex-art. 177) à tous les organes des États membres qui ont pu satisfaire aux critères et exigences communautaires dégagés par sa jurisprudence (voir encore CJCE, 24 avril 1980, *René Chatain*, aff. 65/79, 1345 et 4 décembre 1980, *Samuel Wilner*, aff. 54/80, 3673, à propos de questions préjudicielles posées par des juges d'instruction ; 28 juin 1978, *Simmenthal*, aff. 70/77, 1453, à propos de questions préjudicielles posées par un juge des référés ; 27 avril 1994, *Commune d'Almelo*, aff. C-393/92, I.1477, à propos de questions préjudicielles posées par une juridiction nationale statuant en amiable compositeur en vertu d'une convention d'arbitrage) ; elle a refusé cette qualité aux organes nationaux qui ne répondaient pas aux critères évoqués plus haut (voir CJCE, 23 mars 1982, *Nordsee,* aff. 102/81, 1095, à propos de questions préjudicielles posées par des arbitres privés ; 30 mars 1993, *Pierre Corbiau*, aff. C-24/92, I.1277, à propos de questions préjudicielles posées par le directeur des contributions directes et des accises du Luxembourg).

Il est parfois arrivé à la Cour de justice d'accueillir une demande formulée par un organe interne au titre de l'article 177 (234 après renumérotation), sans s'interroger sur la qualité de juridiction nationale de cet organe (CJCE, 27 novembre 1973, *Nederlandse Spoorwegen*, aff. 36/73, 1299 ; 16 juillet 1992, *AEB et a.,* aff. C-67/91, I.4785). Dans ce cas, il faut considérer que la Cour estime que la qualité de juridiction nationale de l'organe qui l'a saisie va de soi et que les conclusions en ce sens de l'avocat général ne sont pas contestables.

II – Les deux catégories de juridiction nationale visées par l'article 234 (ex-art. 177)

557. Les 2e et 3e alinéas de l'article 234 (ex-art. 177) distinguent deux catégories de juridictions nationales susceptibles de recourir à la procédure du renvoi préjudiciel : les juridictions des États membres qui ne statuent pas en dernière instance (alinéa 2) d'une part, et celles qui statuent en dernier ressort (alinéa 3) d'autre part. Les premières *peuvent* (mais ne sont pas obligées en principe de) saisir la Cour de justice à titre préjudiciel, si elles considèrent que le concours du juge de Luxembourg est nécessaire pour trancher le litige principal ; les secondes sont *tenues* de solliciter l'aide de la Cour de justice, parce qu'elles doivent éviter de rendre des arrêts définitifs incompatibles avec le droit communautaire (CJCE, 24 mai 1977, *Hofmann – La Roche*, aff. 107/76, 957).

En pratique, comme l'a relevé le professeur A. Barav, « *la Cour de justice a interprété l'article 177 du Traité CEE de manière à atténuer l'obligation de renvoi pesant sur les juridictions de dernière instance et à réduire la liberté des autres juridictions* » (A. Barav, « Renvoi préjudiciel », in A. Barav et C. Philip (éd.), *Dictionnaire juridique des Communautés européennes*, Paris, PUF, 1993, p. 935).

a) Les juridictions qui ne statuent pas en dernière instance

558. En principe, **les juridictions nationales dont les décisions peuvent faire l'objet d'un recours juridictionnel interne ont la faculté, mais non l'obligation, de saisir la Cour de justice** d'une demande d'interprétation ou d'appréciation de validité d'une norme communautaire. C'est ce qui résulte de l'article 234 alinéa 2 (ex-art. 177 al. 2) du Traité. Mais la Cour considère que ces juridictions ont, dans certaines circonstances, l'obligation de surseoir à statuer dans le cadre du litige principal et de solliciter le concours du juge de Luxembourg au titre du renvoi préjudiciel.

Il en va ainsi lorsque la validité d'un acte communautaire est mise en cause devant le juge interne. La Cour de justice estime en effet que les juridictions nationales n'ont pas le pouvoir de constater l'invalidité d'une norme communautaire (CJCE, 22 octobre **1987, *Foto-Frost***, aff. 314/85, 4199). Le juge national peut constater la validité d'un acte communautaire (cette possibilité se déduit des termes de l'article 234),mais non son invalidité, parce qu'il faut garantir l'unité de l'ordre juridique communautaire et le respect du principe de sécurité juridique. Par conséquent, le juge interne doit saisir la Cour dès qu'il a un doute sérieux sur la validité d'un acte communautaire.

Le juge de Luxembourg a précisé en 1991 que le juge national peut accorder le sursis à l'exécution d'un acte administratif national adopté sur la base d'un règlement communautaire dont la validité est discutable, à condition toutefois de saisir la Cour de justice d'une demande d'appréciation de validité du règlement en cause (CJCE, 21 février 1991, *Zückerfabrik*, aff. jtes C-143/88 et C-92/89, I.415).

b) Les juridictions qui statuent en dernier ressort

1) Une obligation de renvoi atténuée par la théorie de l'acte clair

559. **En principe, les juridictions nationales dont les décisions ne peuvent pas faire l'objet d'un recours juridictionnel interne ont une obligation de renvoi**. Cette obligation est posée par l'article 234 alinéa 3 (ex-art. 177 al. 3). Elle vaut à l'évidence pour les juridictions suprêmes, mais elle vaut également pour les juridictions qui, sans se situer au sommet de la hiérarchie judiciaire, rendent des décisions définitives (CJCE, 27 mars 1963, *Da Costa*, aff. jtes 28/62 à 30/62, 59). La jurisprudence de la Cour a cependant atténué l'obligation de renvoi et prévu que le juge interne de dernière instance n'était pas tenu de solliciter le concours du juge de Luxembourg dans certaines circonstances.

Il en va notamment ainsi lorsque la Cour s'est déjà prononcée dans une affaire antérieure sur l'interprétation ou la validité de la norme communautaire en cause (arrêt *Da Costa* précité ; voir aussi CJCE, 6 octobre **1982, *Srl CILFIT***, aff. 283/81, 3415 ; 4 novembre 1997, *Parfums Christian Dior*, aff. C-337/95, I.6013). L'arrêt *CILFIT* a donné l'occasion à la Cour d'affirmer que **le juge national peut s'abstenir de la saisir en se fondant sur la théorie dite de « l'acte clair ».** La Cour de justice considère en effet que « *l'application correcte du droit communautaire peut s'imposer avec une évidence telle qu'elle ne laisse place à aucun doute raisonnable sur la manière de résoudre la question posée* ». Dans ce cas, la juridiction nationale n'est pas obligée de saisir la Cour au titre de l'article 234 (ex-art. 177). Encore faut-il qu'il n'existe réellement aucun doute sur le sens exact ou la validité d'une disposition communautaire, car le juge interne ne doit pas faire un usage abusif de la théorie de l'acte clair.

Avant de recourir à cette théorie pour s'abstenir de saisir la Cour de justice, le juge national doit s'assurer qu'il n'y a réellement « *aucun doute raisonnable sur la manière de résoudre la question posée* ». Pour ce faire, il doit tenir compte du fait que les textes communautaires font l'objet de multiples versions linguistiques et que le droit communautaire a sa propre terminologie. L'arrêt *CILFIT* précise encore que « *chaque disposition de droit communautaire doit être replacée dans son contexte et interprétée à la lumière de l'ensemble des dispositions de ce droit, de ses finalités, et de l'état de son évolution à la date à laquelle l'application de la disposition en cause doit être faite* ».

NB : En cas de divergence des versions linguistiques d'une même disposition communautaire, il faut donner l*a priori*té à l'interprétation qui sauvegarde son effet utile (CJCE, 22 septembre 1988, *Land de Sarre*, aff. C-187/87, 5013), en tenant compte de l'économie générale et de la finalité de la réglementation (CJCE, 27 mars 1990, *Cricket St Thomas*, aff. C-372/88, I.1345).

On ne peut pas manquer d'observer que les obligations qui s'imposent au juge interne en application de la jurisprudence *CILFIT* sont si fortes qu'elles ont un caractère quasi « surréaliste » ; en pratique, aucune juridiction nationale n'est en mesure de les respecter (comment le juge interne pourrait-il en particulier maîtriser toutes les versions linguistiques des textes communautaires ?). Dans ces conditions, il est permis de s'interroger sur la portée réelle et l'utilité de l'arrêt *CILFIT,* pourtant confirmé par une arrêt du 17 décembre 1998 (CJCE, *Codan*, aff. C-236/97, I.8679).

La Cour de justice a également dit pour droit que l'obligation de renvoi ne s'impose pas au juge des référés qui prend une décision définitive, dans la mesure où cette décision ne lie pas le juge du fond, et à condition qu'il soit possible pour le juge du fond de saisir la Cour au titre de l'article 234 (ex-art. 177) pour lui demander de se prononcer sur la question qui a été provisoirement jugée en référé (CJCE, 24 mai 1977, *Hoffmann – La Roche*, aff. 107/76, 957 ; 27 octobre 1982, *Elestina Esselina Christina Morson*, aff. jtes 35 et 36/82, 3723).

2) En France, le Conseil d'État a fait parfois un usage abusif de la théorie de l'acte clair

• *Après une période de résistance...*

560. On mentionnera en premier lieu à cet égard un arrêt d'Assemblée du Conseil d'État, rendu le 19 juin 1964 dans l'affaire *Société des pétroles Shell Berre et autres* (CE, 19 juin **1964, *Soc. des pétroles Shell Berre*** e. a., Rec. p. 344), par lequel le juge du Palais Royal a déclaré que l'article 234 (ex-art. 177) du Traité ne remettait pas en cause la théorie de l'acte clair. Pour la Haute Assemblée, une juridiction nationale, dont les décisions ne sont pas susceptibles d'un recours juridictionnel de droit interne, n'est tenue de surseoir à statuer sur une affaire pendante devant elle et de saisir le juge de Luxembourg que si une question relative à l'interprétation du traité ou du droit communautaire dérivé est soulevée dans cette affaire, et uniquement dans l'hypothèse où il existe réellement un doute sur le sens ou la portée du droit communautaire, et si de la solution de cette difficulté dépend l'issue du litige.

Comme l'ont souligné de nombreux commentateurs, la rédaction de l'arrêt du 19 juin 1964 s'inspire de la formule par laquelle Laferrière définissait, dans son *Traité de la Juridiction administrative*, ce qu'il fallait entendre par une disposition qui n'était pas claire. C'était, disait-il, celle dont le sens pose « *une difficulté réelle, soulevée par les parties ou spontanément reconnue par le juge, et de nature à faire naître un doute dans un esprit éclairé* » – Laferrière poursuivait en faisant valoir qu'il était quelquefois difficile de distinguer entre la difficulté réelle et sérieuse devant laquelle le juge du fond doit surseoir et la difficulté purement apparente (Voir *Traité de la Juridiction administrative*, éd. 1887, t. 1, p. 449).

L'arrêt qui témoigne cependant le plus « *de la volonté* (du Conseil d'État) *de s'insurger contre la jurisprudence de la Cour de justice* », et qui a été considéré comme un « *coup porté à la coopération entre juge national et juge communautaire* » (L. Dubouis, note sous arrêt *Cohn-Bendit*, *RTD eur.* 1979, p. 169), est celui qui a été rendu par le Conseil d'État le 22 décembre **1978** dans l'affaire ***Cohn-Bendit***, puisque la Haute Assemblée a refusé en l'espèce de demander l'interprétation de la Cour de justice, alors que les circonstances de l'affaire le lui commandait de toute évidence et que le commissaire du gouvernement B. Genevois l'avait exhorté à saisir le juge de Luxembourg, après avoir développé des arguments en ce sens particulièrement convaincants (CE, 22 décembre 1978, *Ministre de l'Intérieur c/Sieur Cohn-Bendit*, *RTD eur.* 1979, p. 168).

On pourrait également mentionner l'arrêt *ONIC* rendu par le Conseil d'État le 9 mai 1980 (CE, 9 mai **1980, *ONIC***, Rec. p. 220), par lequel le juge du Palais-

Royal avait refusé de tenir compte dans tous ses aspects d'une décision rendue à titre préjudiciel par la Cour de justice. En l'espèce, en effet, la Haute Assemblée avait considéré que la constatation, par le juge de Luxembourg, de l'illégalité de règlements communautaires supprimant des restitutions à la production, avait pour conséquence l'obligation pour l'Office en cause d'effectuer les versements correspondants. Or, le juge du Kirchberg avait refusé d'aller jusqu'à la déclaration d'invalidité, et s'était borné à renvoyer aux autorités communautaires le soin de remédier à l'illégalité qu'il avait constaté.

Nous pourrions encore mentionner d'autres décisions témoignant des réticences du juge administratif à procéder aux renvois prévus par l'article 234 (ex-art. 177) du Traité (voir par exemple, CE, 5 novembre 1971, *Soc. Le comptoir agricole du pays bas-normand*, Rec. tables, p. 941 ; CE, 12 octobre 1979, *Syndicat des importateurs de vêtements et de produits artisanaux*, *RTD eur.* 1979, p. 730, concl. Massot ; CE, 13 décembre 1985, *Société International Sales and Import Corporation*, *AJDA* 1986, p. 178, concl. Laroque ; 19 novembre 1986, *Société SMANOR*, *JCP* 1987.II.20822, concl. Lasserre ; CE, 28 juillet 2000, *Sté Schering-Plough*, req. n° 205710 ; *Laboratoire Paucourt*, req. n° 208103 ; *Laboratoire Glaxo-Welcome*, req. n° 208104).

Nous pourrions également rappeler que **le Conseil d'État s'est opposé à la jurisprudence par laquelle la Cour de justice tend à limiter dans le temps les effets de ses arrêts préjudiciels**. En principe, les arrêts préjudiciels en interprétation ont un effet *ex-tunc*, c'est-à-dire qu'ils s'appliquent tant aux situations à venir qu'aux situations passées, mais la Cour de justice admet que ses arrêts préjudiciels peuvent avoir exceptionnellement un effet *ex-nunc*, c'est-à-dire que leurs effets dans le temps seront limités (voir *infra*).

Le Conseil d'État, confirmant d'ailleurs plusieurs jugements de tribunaux administratifs, n'accepte pas que le juge de Luxembourg s'arroge le droit d'aller au-delà de l'interprétation ou de l'appréciation de validité, en déterminant également la portée dans le temps de ses arrêts. Ainsi, par exemple, s'appuyant sur le fait que la question de la portée de la déclaration d'invalidité n'avait pas été posée à la Cour par le juge du fond, la Haute Assemblée en conclura dans l'arrêt *ONIC* du 26 juillet 1985 (CE, 26 juillet **1985, *ONIC***, *Rec.* p. 233) que « *cette appréciation (...) ne pouvait s'imposer à celui-ci avec l'autorité de la chose jugée* ». Si cette remarque du juge du Palais-Royal était incontestablement contraire aux principes consacrés par le juge communautaire en ce qui concerne l'autorité de ses arrêts préjudiciels, on pouvait à la limite la comprendre, dès lors qu'en l'espèce la Cour avait effectivement pris position sur cette question de sa propre initiative, sans que le juge du fond le lui ait demandé.

Dans l'affaire *ONIC* jugée le 13 juin 1986 en revanche (CE, 13 juin 1986, *ONIC*, *RTD eur.* 1986, p. 533), le Conseil d'État ne bénéficiera de ce point de vue d'aucune « circonstance atténuante », puisqu'il se trouvait en présence de l'arrêt de la Cour de justice du 27 février 1985 (CJCE, 27 février 1985, *Soc. des produits de maïs*, aff. 112/83, *Rec*. p. 719), rendu sur renvoi du tribunal d'instance de Paris, lequel avait clairement demandé au juge de Luxembourg de se prononcer sur les effets dans le temps de sa déclaration d'invalidité.

On peut enfin rappeler que jusqu'au revirement de jurisprudence opéré par l'arrêt *Nicolo* du 20 octobre 1989, le Conseil d'État pouvait porter atteinte à l'autorité des arrêts préjudiciels du fait de sa jurisprudence sur les lois postérieures, puisqu'en vertu de cette jurisprudence, le juge administratif se refusait à tirer les conséquences d'arrêt préjudiciel constatant la violation par le législateur national du droit communautaire. On citera ainsi, à titre d'illustration, l'affaire *Association des Centres distributeurs Edouard Leclerc*, jugée par le Conseil d'État le 8 février 1985 (CE, 8 février **1985,** *Rec*. p. 37), dans le cadre de laquelle le juge du Palais-Royal avait été prié d'apprécier la légalité d'un décret du 29 décembre 1982 prévoyant des sanctions pour certaines infractions à la loi du 10 août 1981 relative au prix du livre.

Par un arrêt rendu un mois plus tôt sur renvoi préjudiciel de la Cour d'appel de Poitiers, la Cour de justice avait estimé que la loi précitée constituait une mesure d'effet équivalent à une restriction quantitative aux importions, dans la mesures où elle imposait un prix de vente des livres importés ou réimportés (CJCE, 10 janvier 1985, *Association des Centres distributeurs Edouard Leclerc*, aff. 229/83, *Rec*. p. 17). Le décret litigieux avait donc, au moins partiellement, pour objet de permettre de sanctionner des infractions à une loi contenant des dispositions incompatibles avec le droit communautaire. Pourtant, le Conseil d'État rejettera ce moyen, au motif qu'il conduisait le juge administratif à apprécier la conformité d'une loi (postérieure) au Traité de Rome.

• *... le temps de la coopération*

561. Ces considérations énoncées, il convient de reconnaître que **le Conseil d'État a adopté progressivement une attitude plus coopérative à l'égard de la Cour de justice de Luxembourg**, d'un part en acceptant de procéder à des renvois préjudiciels lorsqu'une interprétation ou une appréciation de validité de juge communautaire lui étaient de toute évidence utiles pour trancher les litiges dont il avait à connaître, d'autre part en acceptant d'appliquer les solutions dégagées dans ce cadre par la Cour.

C'est le 10 juillet 1970 que la Haute Assemblée a décidé pour la première fois de renvoyer au juge du Kirchberg une question d'interprétation d'une disposition communautaire, à l'occasion de la célèbre affaire *Synacomex* (CE, 10 juillet **1970, *Synacomex***, *Rec*. p. 477, qui fût interprétée à l'époque comme un signe de « *conversion du Conseil d'État à la foi européenne* », ou la marque d'un possible renoncement de celui-ci à son « *nationalisme juridique* » (voir note Grimaux, in *D*. 1973, p. 481).

On pourrait encore citer d'autres affaires ayant donné lieu, de la part du Conseil d'État, à des renvois en interprétation (voir par ex. CE, 22 décembre **1978,**

Syndicat viticole des Hautes-Graves de Bordeaux, Rec. p. 525 ; 16 mars 1979, *Dame Damas*, *Rec.* p. 122 ; 15 octobre 1982, *Société Roquette frères*, *Rec.* p. 350) ou en appréciation de validité (voir par ex. CE, 18 janvier **1974, *Union des minotiers de la Champagne***, *Rec.* p. 40 ; 22 avril 1988, *Assoc. générale des producteurs de blé et autres céréales*, *Rec.* p. 151).

En outre, la Haute Assemblée n'a pas hésité à plusieurs reprises à se référer expressément aux arrêts préjudiciels rendus par la Cour, le plus souvent en matière d'interprétation (CE, 10 février **1967, *SA des Établissements Petitjean***, *Rec.* p. 63 ; 12 novembre 1975, *Charmasson*, *Rec.* p. 561 ; 2 décembre 1983, *Sucrimex*, *Rec.* Tables, p. 639 ; 8 avril 1987, *Heisch*, *Rec.* p. 138 ; 11 décembre 1987, *Danielou*, *Rec.* p. 408), mais également en matière d'appréciation de validité (CE, 19 mai 1974, *Union des Minotiers de la Champagne*, précité, *Rec.* p. 297 ; 1er mars 1985, *Docks Vinicoles nantais*, *Rec.* Tables, p. 514). Dans certains cas, il arrive aussi au Conseil d'État de faire application des arrêts préjudiciels de la Cour sans y faire expressément référence dans le corps de ses décisions, la prise en considération des solutions dégagées par le juge de Luxembourg se déduisant alors de la lecture des conclusions des commissaires du gouvernement (voir par ex. CE, 20 octobre 1976, *Synd. national des industries de l'alimentation animale*, *Rec.* p. 426 ; 22 janvier 1982, *Conseil régional de Paris de l'ordre des experts comptables*, *Rec.* p. 28).

562. *NB* : On signalera que **le juge judiciaire** a pu aussi manifester quelques réticences devant le renvoi préjudiciel. La Cour de cassation a ainsi utilisé de manière malencontreuse la théorie de l'acte clair, soit à la suite d'erreurs d'appréciations, soit par souci de ne pas provoquer un allongement exagéré des procès (voir par ex. : Cass. civ., 3 mars 1988, *Zacharias*, *Bull. civ.* II.1988, n° 55, p. 29 ; ou encore Cass. crim., 18 octobre 1988, *Bull. crim.* 1988, n° 352, p. 945).

Par ailleurs, si l'on peut recenser quelques décisions du juge de première instance (voir par ex. TI Lille, 15 juillet 1981, *Roquette*, *D.* 1982-9, note Boulouis) ou du juge d'appel (voir par ex. CA Douai, 19 janvier 1983, *Roquette*, *Gaz. Pal.*, 1-2 juin 1983) contestant la possibilité pour la Cour de justice de limiter les effets dans le temps de ses arrêts préjudiciels, la Cour de cassation a clairement admis que le juge de Luxembourg était compétent pour limiter les effets dans le temps des déclarations d'invalidité qu'il prononce (Cass. com., 10 décembre 1985, *Roquette*, *AJDA* 1986, p. 269, note J. B.).

B. Les normes communautaires susceptibles de faire l'objet de questions préjudicielles

563. En application de l'article 234 alinéa 1er TCE (ex-art. 177 al. 1er), la Cour de justice est compétente pour statuer, à titre préjudiciel :

– « *sur l'interprétation du présent traité,*

– sur la validité et l'interprétation des actes pris par les institutions de la Communauté et par la BCE,

– sur l'interprétation des statuts des organismes créés par un acte du Conseil, lorsque ces statuts le prévoient ».

I – Le traité

564. En visant le « *présent traité* », l'article 234 (ex-art. 177), vise non seulement le traité constitutif lui-même, mais aussi ses annexes et protocoles et l'ensemble des traités qui l'ont modifié ou complété

II – Les actes pris par les institutions communautaires

565. Le juge de Luxembourg a eu l'occasion de préciser que sa compétence préjudicielle s'étend aux actes adoptés par les institutions de la Communauté, « *sans exception aucune* » (CJCE, 13 décembre 1989, *Grimaldi*, aff. C-322/88, 4407). La Cour de justice peut donc se prononcer à titre préjudiciel sur tous les actes communautaires, qu'ils soient ou non d'effet direct (CJCE, 20 mai 1976, *Mazzalaï*, aff. 111/75, 657), et même s'il s'agit d'actes « atypiques » hors-nomenclature (CJCE, 24 octobre 1973, *Schlüter*, aff. 9/73, 1135, à propos d'une résolution du Conseil). Peu importe par conséquent que l'acte en cause soit ou non contraignant (CJCE, 18 juin 1976, *Frecassetti*, aff. 113/75, 983, à propos d'une recommandation ; 3 février 1976, *Manghera*, aff. 59/75, 91, à propos d'une résolution). Plus récemment, la Cour a même jugé recevable une demande préjudicielle en appréciation de validité d'une directive dont le délai de transposition n'avait pas encore expiré à la date du renvoi (CJCE, 10 décembre 2002, *British American Tobacco Investments et Imperial Tobacco*, aff. C-491/01, I.11453).

L'acte en cause peut émaner du Conseil et de la Commission (voir CJCE, 27 septembre 1983, *Universität Hamburg*, aff. 216/82, 2771, qui concernait une demande d'appréciation de validité), mais également du Parlement européen (voir en ce sens CJCE, 15 septembre 1981, *Lord Bruce of Donington c/ Aspden*, aff. 203/80, 2205 ; 10 juillet 1986, *Wybot c/ Faure*, aff. 149/85, 2391) et de la Cour des comptes, institution communautaire à part entière depuis l'entrée en vigueur du Traité de Maastricht. L'acte peut aussi émaner de la Cour de justice elle-même, puisque le juge de Luxembourg considère que ses arrêts peuvent faire l'objet d'interprétations préjudicielles (CJCE, 16 mars 1978, *Bosch*, aff. 135/77, 855 ; 14 décembre 1982, *Waterkeyn*, aff. jtes 314 à 316/81, 83/82, 4337). Il va de soi en revanche que les arrêts de la Cour ne peuvent pas faire l'objet d'une appréciation de validité, dans la mesure où celle-ci porterait atteinte à l'autorité de chose jugée (CJCE, ord. 5 mars 1986, *Wünsche*, aff. 69/85, 947).

Rien n'interdit par ailleurs à la Cour de se prononcer sur un acte du Conseil européen intervenant dans le domaine communautaire. La Cour de justice peut également se prononcer sur les actes adoptés par la Banque centrale européenne (article 234 alinéa 1er, b – ex-art. 177 al. 1er b). *A priori*, la compétence de la Cour ne s'étend pas aux actes du Comité économique et social et du Comité des régions, dans la mesure où ces organes sont purement consultatifs. Elle ne devrait pas davantage s'étendre aux actes de la Banque européenne d'investissement, puisque celle-ci n'est pas une institution communautaire.

***566.* La Cour de justice a une interprétation particulièrement extensive de la notion d'« *actes pris par les institutions de la Communauté* »,** puisqu'elle considère que ces actes ne sont pas seulement les actes de droit dérivé (règlements, directives, décisions), mais aussi les accords externes (CJCE, 30 avril 1974, *Haegeman II*, aff. 181/73, 449 ; 26 octobre 1982, *Kupferberg*, aff. 104/81, 3641 ; 14 décembre 1991, avis 1/91, *EEE*, I.6079), y compris lorsqu'ils sont « mixtes » (CJCE, 5 février 1976, *Bresciani*, aff. 87/75, 129 ; 30 septembre 1987, *Demirel*, aff. 12/86, 3719). Dans ce dernier cas, l'interprétation de la Cour ne peut cependant porter que sur les dispositions de l'accord qui relèvent de la compétence de la Communauté. La Cour s'est ainsi reconnue compétente pour interpréter les dispositions de l'un des accords instituant l'OMC, à savoir l'accord TRIPs, « *dès lors que la Communauté est partie à l'accord TRIPs et que cet accord concerne la marque communautaire* » (CJCE, 16 juin 1998, *Hermès International*, aff. C-53/96, I.3603).

Peu importe que l'accord externe ait été conclu originairement par les seuls États membres (CJCE, 12 décembre 1972, *International Fruit Company*, aff. jtes 21 à 24/72, 1219, à propos de l'accord GATT). La Cour de justice considère qu'elle est également compétente pour interpréter les décisions adoptées par des organes institués par des accords externes (CJCE, 20 septembre 1990, *Sevince*, aff. C-192/89, I.3461 ; 16 décembre 1992, *Kazim Kus*, aff. C-237/91, I.6781), ainsi que les actes non contraignants pris par ces organes (CJCE, 21 janvier 1993, *Deutsche Shell Aktiengesellschaft*, aff. C-188/91, I.363). La Cour estime en revanche qu'elle n'est pas compétente pour interpréter les accords conclus entre États membres en dehors du cadre communautaire (CJCE, 27 novembre 1973, *Vandeweghe*, aff. 130/73, 1329 ; 15 janvier 1986, *Derrick Hurd c/ Kenneth Jones*, aff. 44/84, 29).

C. Les obligations et prérogatives respectives de la Cour, du juge national et des parties au litige principal dans le cadre du renvoi préjudiciel

I – Le juge national

a) Les prérogatives du juge de renvoi

***567.* Il appartient au juge national, et à lui seul, de décider s'il y a lieu de solliciter le concours de la Cour de justice, *via* un renvoi préjudiciel** (CJCE, 15 juin 1972, *Fratelli Grassi*, aff. 5/72, 443). La Cour estime qu'« *il appartient à la juridiction nationale, en vertu de la séparation de compétences sur laquelle est basée l'article 177* [234 dans la nouvelle numérotation] *du traité, d'apprécier dans quelle mesure l'interprétation du droit communautaire lui est nécessaire* *pour rendre son jugement* » (CJCE, 13 mars 1979, *SA des grandes distilleries Peureux*, aff. 86/78, 897 ; voir aussi 29 novembre 1978, *Pigs Marketing Boards c/ Raymond Redmond*, aff. 83/78, 2347).

L'une des parties au litige principal peut suggérer au juge interne de poser une question préjudicielle à la Cour, mais le juge national n'est pas obligé de répondre favorablement à cette suggestion.

En tout état de cause, le juge national peut s'adresser d'office à la Cour de justice (CJCE, 16 juin 1981, *Salonia*, aff. 126/80, 1563), sans qu'aucune demande en ce sens n'ait été formulée par les parties, et la Cour est peu formaliste sur les modalités du renvoi (CJCE, 19 mars 1964, *Unger*, aff. 75/73, 347).

Le juge national pourra s'abstenir de saisir le juge de Luxembourg s'il s'aperçoit que la Cour a déjà eu l'occasion de répondre aux questions qu'il s'apprêtait à poser. Dans ce cas, il utilisera la réponse déjà donnée par la Cour (CJCE, 27 mars 1963, *Da Costa*, aff. jtes 28 à 30/62, 59). Mais rien ne lui interdit, même dans cette hypothèse, de saisir néanmoins la Cour de justice, s'il juge opportun de le faire (CJCE, 7 juillet 1988, *Alexander Moskel*, aff. 55/87, 3845), y compris si celle-ci lui a fait savoir qu'un arrêt préjudiciel déjà rendu était de nature à résoudre le problème (CJCE, 17 décembre 1987, *Graziano Mattiazo*, aff. 422/85, 5413). Un revirement de jurisprudence de la Cour de justice est en effet toujours possible.

***568.* Le juge interne peut, en principe, décider de poser les questions préjudicielles à tous les stades de la procédure contentieuse nationale** (CJCE, 14 décembre 1971, *Politi*, aff. 43/71, 1039 ; 21 février 1974, *Birra Dreher*, aff. 162/73, 201). La Cour estime que « *le choix par le juge national du moment où il introduit un recours en vertu de l'article 177* (234 après renumérotation) *obéit à des considérations d'économie et d'utilité procédurale dont l'application appartient au juge* » (CJCE, 10 mars 1981, *Irish Creamery Milk Suppliers Association*, aff. jtes 36 et 71/80, 735). La Cour précise encore dans cet arrêt qu'« *il peut être avantageux, selon les circonstances, que les faits de l'affaire soient établis et que les problèmes de pur droit national soient tranchés au moment du renvoi à la Cour, de manière à permettre à celle-ci de connaître tous les éléments de fait et de droit qui peuvent être importants pour l'interprétation qu'elle est appelée à donner du droit communautaire* ».

Il est évident qu'un renvoi préjudiciel prématuré peut, dans certaines circonstances, affecter les droits de la défense (voir sur ce point les conclusions de l'avocat général Lenz rendues à l'occasion de l'arrêt du 22 septembre 1988, *Pretura unificata de Turin et X*, aff. 228/87, 5099).

La Cour a ainsi admis que les questions préjudicielles pouvaient être posées au cours d'une procédure d'instruction (CJCE, 24 avril 1980, *Châtain*, aff. 65/79, 1345) ou d'un référé (CJCE, 12 décembre 1969, *Stauder*, aff. 29/69, 419). Elle a toutefois indiqué que, « *si l'article 177* (234 après renumérotation) *ne subordonne pas la saisine de la Cour au caractère contradictoire de la procédure au cours de laquelle le juge national formule une question préjudicielle, il peut, le cas échéant, s'avérer de l'intérêt d'une bonne administration de la justice que la question préjudicielle ne soit posée qu'à la suite d'un débat contradictoire* » (CJCE, 28 juin 1978, *Simmenthal*, aff. 70/77, 1453) ; mais il appartient alors au juge national, et à lui seul, « *d'apprécier cette nécessité* ».

La Cour de justice considère qu'elle n'est pas compétente pour statuer à titre préjudiciel lorsque la décision de renvoi intervient après la clôture de la procédure devant le juge de renvoi (CJCE, 21 avril 1988, *Fratelli Pardini*, aff. 338/85, 2041).

Parce que le juge national est seul compétent pour apprécier les faits qui sous-tendent une question préjudicielle, la Cour de justice considère que des éléments nouveaux, présenté en cours de procédure et susceptibles d'infirmer les faits sur lesquels s'est fondé le renvoi préjudiciel, ne sauraient la conduire à modifier la substance de la question qui lui est posée par le juge interne (CJCE, 16 juillet 1998, *Dumon*, aff. C-235/95, I.4531).

b) Les obligations du juge de renvoi

569. **Le juge national doit notifier la décision de renvoi à la Cour, en lui indiquant le cadre factuel et juridique de l'affaire ainsi que les motifs de la décision** (CJCE, 12 juillet 1979, *Union laitière normande c/ French Dairy Farmers*, aff. 244/78, 2663 ; 26 janvier 1993, *Circostel et a.*, aff. jtes C-320 à 322/90, I.393). Dans cette dernière affaire, la Cour a refusé de statuer au motif qu'elle n'était pas suffisamment informée du contexte factuel du litige interne. La Cour est en effet soucieuse « *de donner une interprétation utile du droit communautaire* » (CJCE, 19 mars 1993, *Banchero*, aff. C-157/2, I.1086). Le juge national doit éclairer la Cour de justice sur les raisons qui justifient le renvoi, « *lorsque ces raisons ne découlent pas sans équivoque du dossier* » (CJCE, 16 décembre 1981, *Foglia c/ Novello*, aff. 244/80, 3045). Cet éclairage permettra également aux auteurs potentiels d'observations (États membres, institutions communautaire, parties au litige) de développer leurs arguments en toute connaissance de cause (CJCE, 1er avril 1982, *Holdijk*, aff. jtes 141 à 143/81, 1299).

La Cour considère que **l'erreur de qualification de la situation litigieuse imputable au juge de renvoi ne fait pas obstacle à la recevabilité des questions posées, dès lors qu'elle n'est pas manifeste**. En effet, « *l'article 177* (234 après renumérotation) *du traité, basé sur une nette séparation des fonctions entre les juridictions nationales et la Cour, ne permet pas à celle-ci de censurer les motifs de l'ordonnance de renvoi. En conséquence, le rejet d'une demande formée par une juridiction nationale n'est possible que s'il apparaît de manière manifeste, que l'interprétation du droit communautaire ou l'examen de la validité d'une règle communautaire, demandés par cette juridiction, n'ont aucun rapport* *avec la réalité ou l'objet du litige principal* » (CJCE, 18 janvier 1996, *SEIM*, aff. C-446/93, I.73 ; voir, dans le même sens : CJCE, 16 juin 1981, *Salonia*, aff. 126/81, 1563).

L'ordonnance de renvoi peut faire l'objet de recours internes, soit pour contester la pertinence de la question préjudicielle au regard du problème soulevé devant le juge de renvoi, soit pour mettre en cause la manière dont le juge de renvoi a appliqué les conditions prévues par l'article 234 (ex-art. 177) du Traité. La Cour de justice se considère toutefois « *comme saisie d'une demande préjudicielle aussi longtemps que cette demande n'a pas été retirée par la juridiction dont elle émane, ou mise à néant, sur recours, par une juridiction supérieure* » (CJCE, 9 mars 1978, *Simmenthal*, aff. 106/77, 629). Tant que la juridiction supérieure n'a pas rendu sa décision en ce qui concerne l'ordonnance de renvoi, la Cour de justice reste saisie de la demande préjudicielle. Elle doit cependant surseoir à statuer lorsque le recours interne dirigé contre la décision de renvoi a un effet suspensif (CJCE, 16 juin 1969, *Chanel*, aff. 31/68, 403). Si ce recours aboutit, la Cour devra radier l'affaire du rôle (CJCE, ord. 21 janvier 1980, *Dymo Industries*, aff. 813/79, non publié). Mais, dans tous les cas, il n'est pas possible de contester le droit du juge interne d'utiliser la procédure du renvoi (CJCE, 16 janvier 1974, *Rheinmühlen*, aff. 166/73, 33).

La Cour a curieusement précisé à l'occasion d'une affaire jugée en 1995 que, lorsque l'acquiescement du défendeur aux prétentions des requérants est de nature à éteindre le litige au principal et à rendre inutile la réponse aux questions posées, elle ne demeure valablement saisie que pour autant que le juge de renvoi ne lui apporte pas la preuve de son non-dessaisissement (CJCE, 15 juin 1995, *Teresa Zabala Erasun*, aff. C-422 à 424/93, I.1567).

Le juge de Luxembourg considère qu'« *il n'appartient pas à la Cour, vu la répartition des fonctions entre elle et les juridictions nationales, de vérifier si la décision par laquelle elle a été saisie a été prise conformément aux règles d'organisation et de procédure judiciaire nationale* » (CJCE, 7 décembre 1995, *Luigi Spano et Fiat Geotech SpA*, aff. C-472/93, I.4321).

II – La Cour de justice

a) Contenu des obligations pesant sur la Cour de justice

570. Après avoir été enregistrée au greffe de la Cour (inscription au rôle) et traduite dans les langues officielles de la Communauté, la demande préjudicielle est notifiée par le greffier aux parties au litige principal, aux États membres, à la Commission et, le cas échéant, au Conseil (s'il est l'auteur de l'acte communautaire visé par l'ordonnance de renvoi). Le Parlement européen n'intervient dans la procédure de l'article 234 (ex-art. 177), que s'il y est invité par la Cour. Les bénéficiaires de la notification pourront déposer des observations dans un délai de deux mois.

Seul le juge national est en mesure d'apprécier l'opportunité ou la nécessité du renvoi préjudiciel, et non la Cour de justice (CJCE, 14 décembre 1971, *Politi*, aff. 43/71, 1039). Il en résulte que **la Cour de justice a l'obligation de répondre aux questions qui lui sont posées** dans le cadre de la procédure prévue par l'article 234 (ex-art. 177) du traité (CJCE, 19 décembre 1968, *Giovanni de Cicco*, aff. 19/68, 689). Le juge de Luxembourg a eu l'occasion de préciser que « *les considérations qui ont pu guider une juridiction nationale dans le choix de ses questions, ainsi que la pertinence qu'elle entend leur attribuer dans le cadre du litige soumis à son jugement, restent soustraites à l'appréciation de la Cour* » (CJCE, 5 février 1963, *Van Gend en Loos*, aff. 26/62, 3 ; voir encore 9 juillet 1969, *Portelange c/SCMI*, aff. 10/69, 309 ; 30 avril 1974 ; *Sacchi,* aff. 155/73, 409). En principe, la Cour répond à toutes les questions posées et uniquement aux questions posées, **sans pouvoir statuer *ultra petita***. Mais elle a assez récemment livré au juge de renvoi, dans le souci de « répondre utile », une interprétation de l'acte concerné que la juridiction nationale n'avait pas demandée (CJCE, 25 février 1999, *Carbonari*, aff. C-131/97, I.1103).

La Cour de justice doit tenir les faits de l'espèce pour acquis (voir CJCE, 4 février 1965, *SARL Albatros c/ SOPECO*, aff. 20/64, 41 ; 5 octobre 1977, *Carlo Tedeschi*, aff. 5/77, 1555). La vérification de leur exactitude échappe donc à l'appréciation de la Cour et relève du juge national (CJCE, 16 mars 1978, *Oehlschläger*, aff. 104/77, 791 ; 7 mai 1997, *Moksel*, aff. C-223/95, I.2379). En revanche, la Cour peut prendre en compte des normes communautaires qui n'ont pas été évoquées par le juge de renvoi, si elle considère que c'est nécessaire pour apporter une réponse utile aux questions préjudicielles qui lui ont été posées (CJCE, 20 mars 1986, *Tissier*, aff. 35/85, 1207 ; 1er février 1996, *Aranitis*, aff. C-164/94, I.135).

b) Contenu des prérogatives de la Cour de justice

571. **Dans certaines circonstances, la Cour n'hésite pas à prendre quelques libertés avec les questions posées par le juge de renvoi :**

– elle peut ainsi reformuler les questions posées pour statuer dans le cadre de sa compétence préjudicielle, si ces questions l'avaient conduite – sans la reformulation – à se prononcer sur la compatibilité du droit national avec le droit communautaire (CJCE, 23 novembre 1977, *Enka*, aff. 38/77, 2203) ;

– la Cour peut également compléter les questions posées (CJCE, 12 mai 1964, *Wagner*, aff. 101/63, 381), en modifier les termes (CJCE, 24 mars 1992, *Vasko*, aff. C-381/89, I.2111) ou l'ordre (CJCE, 4 avril 1968, *Tivoli*, aff. 20/67, 293) ;

– la Cour peut aussi ne répondre que partiellement (arrêt *Tivoli* précité) ou globalement (CJCE, 4 février 1975, *Albatros c/ SOPECO*, aff. 20/64, 45) aux questions posées par le juge de renvoi ;

– elle peut encore transformer une question d'interprétation en question de validité (CJCE, 1er décembre 1965, *Schwarze*, aff. 16/65, 1082 ; 25 janvier 1994, *Angelopharm*, aff. C-212/91, I.171), ou interpréter des normes communautaires que le juge de renvoi n'avait pas expressément visées, s'il s'avère que cette interprétation est nécessaire pour trancher le litige principal (CJCE, 18 mars 1993, *Viessmann*, aff. C-280/91, I.971) ;

– la Cour peut aussi examiner des moyens d'invalidité que le juge de renvoi n'avait pas invoqués (CJCE, 7 juillet 1981, *Rewe*, aff. 158/80, 1805).

572. Depuis la modification du règlement de procédure de la Cour de justice du 16 mai 2000, deux innovations sont à mentionner relativement aux prérogatives de la Cour :

1– **la Cour peut**, après en avoir informé le juge de renvoi et après avoir entendu les intéressés et l'avocat général, **répondre par la voie d'une ordonnance motivée à une question préjudicielle dans trois hypothèses** (art. 104 §3 modifié du RP) :

– lorsque cette question est identique à une question sur laquelle la Cour a déjà statué ;

– lorsque la réponse peut être clairement déduite de la jurisprudence ;

– ou lorsque la réponse ne laisse place à aucun doute raisonnable.

2– **une procédure d'urgence a été mise en place**, qui permet à la Cour, dans des circonstances exceptionnelles, de statuer plus rapidement sur une question préjudicielle, après proposition du juge rapporteur et l'avocat général entendu. Le président de la Cour fixe alors sans délai la date de l'audience et le délai pour le dépôt d'observations par les intéressés, étant entendu que ce délai ne peut pas être inférieur à 15 jours. Le président a la possibilité de limiter les observations à certains points de droit jugés essentiels.

c) Les cas d'« irrecevabilité préjudicielle »

573. **La Cour de justice se réserve le droit de ne pas répondre aux questions préjudicielles dans certaines circonstances :**

– lorsque les questions posées ne portent pas sur l'interprétation ou sur l'appréciation de validité d'une norme communautaire (CJCE, 27 novembre 1973, *Vandeweghe*, aff. 130/73, 1329) ;

– lorsque les questions préjudicielles sont soulevées dans le cadre d'un litige artificiel (« *construit* ») ou fictif (CJCE, 11 mars 1980, *Foglia c/ Novello*, aff. 104/79, 745), et à condition que le caractère artificiel de ce litige soit manifeste (CJCE, 21 septembre 1988, *Van Eycke*, aff. 267/86, 4769) ;

– lorsque les questions posées au juge de Luxembourg sont de nature hypothétique (CJCE, 16 juillet 1992, *Wienand Meilicke*, aff. C-83/91, I.4871) ou déclarées sans objet (CJCE, 26 avril 1988, *Bond Van Adverteeders et a. c/ État néerlandais*, aff. 352/85, 2085) ;

– lorsque la norme communautaire déférée par le juge de renvoi n'a manifestement aucun rapport avec la réalité ou l'objet du litige principal (CJCE, 16 juin 1981, *Salonia*, aff. 126/80, 1563) ;

– lorsque les questions posées ne correspondent pas à un « *besoin objectif* » pour la solution du litige principal (CJCE, ord. 16 mai 1994, *Monin Automobiles*, aff. C-428/93, I.1707) ;

– lorsque les questions posées sont trop générales et qu'il n'est pas possible d'identifier précisément les doutes du juge de renvoi (CJCE, 28 mars 1979, *Benvenuti*, aff. 222/78, 1163) ;

– lorsque le juge de renvoi n'a pas clairement défini le cadre factuel et réglementaire du litige principal (CJCE, 26 janvier 1993, *Circostel*, aff. jtes C-320 à 322/90, I.393) ;

– lorsque les questions n'ont été soulevées qu'au cours des procédures écrites et orales (CJCE, 25 juin 1986, *Groothandel*, aff. 130/85, 2035).

Comme a pu le relever Anne Rigaux (in *Europe*, oct. 1994, n° 354), « *on est loin de l'époque où les commentateurs les plus avisés de la jurisprudence de la Cour pouvaient présenter la procédure préjudicielle comme une procédure de juge à juge (...) dans une « coopération directe sans hiérarchie », et où l'hypothèse même d'une* ***irrecevabilité préjudicielle*** *ne pouvait apparaître, sauf exception majeure, que comme une réelle incongruité* ». L'auteur de ces remarques ajoute que « *la sécheresse de ton et de motivation avec laquelle (la Cour) « corrige » les exercices préjudiciels (...), combinée avec le délai qui lui est nécessaire pour retourner* (aux juges nationaux) *leur copie avec la mention « à refaire », (n'est) pas de nature à encourager les juridictions internes à faire usage de la procédure de l'article 177* (234 après renumérotation) ».

NB : Depuis 1993, un administrateur de la division *Recherche et documentation* de la Cour procède systématiquement à un préexamen des affaires préjudicielles, en vue de déceler les éventuels problèmes de recevabilité posés par les ordonnances de renvoi. Lorsqu'un tel problème a été identifié, le juge rapporteur propose le prononcé d'une ordonnance d'irrecevabilité (la même procédure s'applique d'ailleurs pour les recours directs et les pourvois).

De plus, la Cour a publié une note informative à l'intention des juridictions nationales sur l'introduction des procédures préjudicielles (voir Bulletin hebdomadaire des activités de la CJCE et du TPI, n° 31/96), qui constitue un véritable « mode d'emploi » de la procédure préjudicielle.

574. **Plusieurs arrêts de la Cour rendus sur la période récente témoignent néanmoins d'une volonté de cantonner l'«** ***irrecevabilité préjudicielle*** **» à des**

hypothèses exceptionnelles, lorsqu'il apparaît de manière « *manifeste* » que l'interprétation du droit communautaire sollicitée par le juge national n'a aucun rapport avec la réalité ou l'objet du litige au principal, lorsque le problème soulevé est hypothétique ou dans les cas où le juge communautaire ne dispose pas des éléments de fait ou de droit nécessaires pour répondre utilement aux questions du juge de renvoi (voir notamment : CJCE, 11 mai 2000, *Gascogne Limousin Viandes*, aff. C-56/99, I.3079 ; 6 juin 2000, *Angonese*, aff. C-281/98, I.4139 ; 13 juillet 2000, *Centrosteel*, aff. C-456/98, I.6007 ; 12 septembre 2000, *Pavlov*, aff. C-180 à 184/98, I.6451 ; 26 septembre 2000, *Kachelmann*, aff. C-322/98, I.7505).

Il convient également de rappeler que **depuis la modification de son règlement de procédure de mai 2000, la Cour de justice peut demander au juge de renvoi de lui fournir des éclaircissements**, si bien que les cas d'« *irrecevabilité préjudicielle* » devraient être réduits.

III – LES PARTIES AU LITIGE PRINCIPAL

575. Seul le juge national peut décider de saisir la Cour de justice d'une question préjudicielle. Les parties au litige principal ne peuvent en aucune façon saisir le juge de Luxembourg au titre de la procédure de l'article 234 (ex-art. 177), ou contraindre le juge national à solliciter le concours de la Cour de justice (CJCE, 22 novembre 1978, *Mattheus c/ Doego*, aff. 93/78, 2203). Celle-ci refuse de répondre à des questions dont l'initiative revient aux parties (CJCE, 14 décembre 1962, *Wöhrman*, aff. jtes 31/62 et 33/62, 965 ; 9 décembre 1965, *Maison Singer et Fils*, aff. 44/65, 1191 ; 17 septembre 1998, *Kainuun Liikenne Oy*, aff. C-412/96, I.5141). Les parties ne peuvent pas davantage changer la teneur des questions posées par le juge de renvoi (CJCE, 15 juin 1972, *Fratelli Grassi*, aff. 5/72, 443).

Les parties au litige principal ont en revanche le droit de déposer des observations écrites devant la Cour (CJCE, 1er mars 1973, *Paul G. Bollmann*, aff. 62/72, 269) ou d'être entendues dans le cadre de la procédure orale (CJCE, ord. 14 juillet 1971, *Rheinmühlen Düsseldorf*, aff. 6/71, 719).

On signalera une affaire dans le cadre de laquelle la Cour a pris l'initiative de répondre à une question qui n'avait pas été posée par le juge de renvoi, mais par la partie au principal dans ses observations (CJCE, 22 avril 1997, *Sutton*, aff. C-66/95, I.2163), alors qu'il était traditionnellement admis que les parties étaient seulement « *invitées à se faire entendre dans le cadre juridique tracé par la juridiction nationale* » (CJCE, 1er mars 1973, *Bollmann*, aff. C-62/72, 269).

D. L'arrêt préjudiciel et ses effets

576. L'arrêt rendu par la Cour au titre de l'article 234 TCE (ex-art. 177) est transmis par le greffier à la juridiction de renvoi, qui pourra alors trancher le litige principal. Une copie de l'arrêt préjudiciel est adressé aux institutions communautaires, aux États membres et aux parties, c'est-à-dire à tous les auteurs potentiels d'observations.

Vingt-et-un mois sont en moyenne nécessaires à la Cour pour rendre un arrêt préjudiciel.

I – La force obligatoire de l'arrêt préjudiciel

577. La Cour de justice *dit pour droit* dans un arrêt préjudiciel en interprétation et statue sur la validité d'une norme communautaire dans un arrêt préjudiciel en appréciation de validité. Il en résulte que **l'arrêt préjudiciel a une autorité de chose jugée qui dépasse le cadre du litige qui a été à l'origine de la saisine de la Cour**.

a) À l'égard de la juridiction de renvoi

578. **L'arrêt préjudiciel lie le juge de renvoi** (CJCE, 3 février 1977, *Luigi Benedetti c/ Munari*, aff. 52/76, 163), qui doit donc en tirer les conséquences, c'est-à-dire, soit appliquer la norme communautaire au litige interne en tenant compte de l'interprétation qui en a été donnée par la Cour, soit, le cas échéant, écarter l'application de cette norme parce que le juge de Luxembourg *a dit pour droit* que ladite norme n'est pas applicable au cas d'espèce (CJCE, 28 mars 1979, *Benvenuti*, aff. 222/78, 1163).

La Cour de justice a eu l'occasion de préciser que l'interprétation qu'elle donne d'une norme communautaire « *éclaire et précise, lorsque besoin en est, la signification et la portée de cette règle telle qu'elle doit ou aurait dû être comprise et appliquée depuis le moment de sa mise en vigueur* » (CJCE, 27 mars 1980, *Salumi*, aff. jtes 6, 127 et 128/79, 1237).

La Cour considère que **le juge de renvoi peut la saisir d'une nouvelle question avant de trancher le litige au principal lorsqu'il se heurte à des difficultés de compréhension ou d'application de l'arrêt principal, ou lorsqu'il dispose d'éléments nouveaux susceptibles d'affecter le contenu de la réponse déjà donnée** (CJCE, 5 mars 1986, *Wünsche*, aff. 69/85, 947). Cette nouvelle saisine ne peut cependant remettre en cause la validité de l'arrêt préjudiciel déjà rendu, lequel ne peut faire l'objet de recours.

Le refus du juge de renvoi de tenir compte de l'arrêt préjudiciel constitue un *manquement* au sens de l'article 226 du Traité, et peut donc donner lieu à l'ouverture d'une procédure d'infraction. De plus, ce refus peut être sanctionné par des recours internes.

b) À l'égard des autres juridictions nationales

579. **L'arrêt préjudiciel en interprétation lie toutes les juridictions nationales** (CJCE, 27 mars 1963, *Da Costa*, aff. jtes 28 à 30/62, 59), dans la mesure où il tranche des questions de droit. Il en va de même pour l'arrêt préjudiciel en appréciation de validité qui, bien qu'adressé directement au juge de renvoi, « *constitue une raison suffisante pour tout autre juge* », de ne pas appliquer l'acte déclaré invalide par la Cour de justice (CJCE, 13 mai 1981, *ICC*, aff. 66/80, 1191).

Les juridictions des États membres pourront ressaisir le juge de Luxembourg, s'il subsiste des incertitudes en ce qui concerne les motifs, la portée et les conséquences de l'invalidité précédemment constatée (arrêt *ICC* précité). Elles peuvent également remettre en cause la validité d'une norme communautaire, alors même qu'un arrêt préjudiciel a déjà constaté l'absence d'invalidité, dès lors qu'elles s'appuient sur des moyens d'invalidité différents de ceux qui ont déjà été soulevés devant la Cour (CJCE, 13 juillet 1978, *Milac*, aff. 8/78, 1721).

c) À l'égard du législateur communautaire et des autres autorités nationales

580. La reconnaissance par la Cour de justice de l'invalidité d'une norme communautaire lie le législateur communautaire (CJCE, 29 juin 1988, *Luc Van Landschoot c/ N.V. Mera*, aff. 300/86, 3443) et les autorités nationales (CJCE, 30 octobre 1975, *Rey Soda*, aff. 23/75, 1279), qui devront tirer les conséquences de l'invalidité établie par la Cour.

La Cour peut, dans le cadre de l'article 234 TCE (ex-art. 177), indiquer ceux des effets d'une norme communautaire déclarée invalide qui restent définitifs (arrêt 300/86 précité).

Lorsqu'une décision administrative devenue définitive repose sur une interprétation du droit communautaire qui a été infirmée par un arrêt préjudiciel prononcé ultérieurement, l'autorité de cet arrêt impose la prise en compte de la demande de retrait de l'acte administratif définitif en cause (CJCE, 13 janvier 2004, *Kühne & Heitz NV*, aff. C-453/00, I.837).

Le législateur communautaire engage sa responsabilité extra-contractuelle s'il cause un dommage par son refus de tirer les conséquences d'un arrêt préjudiciel déclarant un règlement invalide (CJCE, 4 octobre 1979, *Ireks Arkady*, aff. 238/78, 2955).

II – LES EFFETS DANS LE TEMPS DE L'ARRÊT PRÉJUDICIEL

581. **En principe, les arrêts préjudiciels en interprétation ont un effet *ex-tunc*, c'est-à-dire qu'ils s'appliquent tant aux situations à venir qu'aux situations passées (effet rétroactif).** C'est ce qui résulte clairement de l'arrêt *Denkavit* du 27 mars 1980, qui a permis à la Cour d'indiquer que « *la règle ainsi interprétée peut et doit être appliquée par le juge, même à des rapports juridiques nés et constitués avant l'arrêt statuant sur la demande d'interprétation, si, par ailleurs, les conditions permettant de porter devant les juridictions compétentes un litige relatif à l'application de la dite règle se trouvent réunies* » (CJCE, 27 mars **1980, *Denkavit***, aff. 61/79, 1205). Ce principe vaut également pour les arrêts préjudiciels en appréciation de validité. L'effet *ex-tunc* des arrêts préjudiciels a été confirmé par des arrêts plus récents (voir par exemple CJCE, 6 octobre 1993, *Ten Oever*, aff. C-109/91, I.4879 ; 19 octobre 1995, *Cyril Richardson*, aff. C-137/94, I.3407).

La Cour de justice admet cependant que ses arrêts préjudiciels peuvent avoir exceptionnellement un effet *ex-nunc*, c'est-à-dire que leurs effets dans le temps seront limités. Elle a ainsi précisé qu'elle « *pourrait par application d'un principe général de sécurité juridique inhérent à l'ordre juridique communautaire, en tenant compte des troubles graves que son arrêt pourrait entraîner pour le passé dans les relations juridiques établies de bonne foi, être amenée à limiter la possibilité pour tout intéressé d'invoquer la disposition ainsi interprétée en vue de remettre en cause ces relations juridiques* » (arrêt *Denkavit* précité). La Cour ajoute que « *pareille limitation ne saurait toutefois être admise que dans l'arrêt même qui statue sur l'interprétation sollicitée. L'exigence fondamentale d'une application uniforme et générale du droit communautaire implique qu'il appartient à la seule Cour de justice de décider des limitations intratemporelles à apporter à l'interprétation qu'elle donne* » (voir également CJCE, 8 avril 1976, *Defrenne c/ Sabena*, aff. 43/75, 455).

Des arrêts plus récents ont confirmé la possibilité pour la Cour de limiter les effets rétroactifs de ses arrêts préjudiciels en interprétation (CJCE, 17 mai 1990, *Barber*, aff. C-262/88, I.1889 ; 16 juillet 1992, *Legros*, aff. C-163/90, I.4625 ; 11 août 1995, *Roders*, aff. jtes C-367 à 377/93, I.2229). Le principe vaut également pour les arrêts préjudiciels en appréciation de validité (CJCE, 15 octobre 1980, *Roquette Frères*, aff. 145/79, 2917 ; *Providence agricole de la Champagne*, aff. 4/79, 2823 ; *Maïseries de Beauce*, aff. 109/79, 2883). Le juge communautaire refuse ainsi de limiter dans le temps les effets d'un arrêt en appréciation de validité en l'absence de raisons impérieuses de sécurité juridique justifiant une telle limitation (CJCE, 8 novembre 2001, *Martini*, aff. C-228/99, I.8401).

582. La Cour de justice a précisé que lorsqu'elle décide de limiter l'effet rétroactif d'un arrêt constatant l'invalidité d'un acte communautaire, « *il lui appartient de déterminer si une exception à cette limitation peut être prévue en faveur, soit de la partie qui a introduit le recours devant la juridiction nationale, soit de toute personne qui aurait agi de manière analogue avant la constatation d'invalidité, ou si, à l'inverse, même pour des personnes qui auraient pris en temps utile des initiatives en vue de sauvegarder leurs droits, une déclaration d'invalidité ayant effet seulement pour l'avenir constitue un remède adéquat* » (CJCE, 15 janvier 1986, *Pietro Pinna*, aff. 41/84, 1 ; voir également CJCE, 27 février 1985, *Société des produits de maïs*, aff. 112/83, 719 ; 26 avril 1994, *Roquette Frères*, aff. C-228/92, I.1445).

Le fait que l'arrêt préjudiciel aurait des conséquences graves sur les finances publiques nationales ne saurait justifier à lui seul une limitation *ratione temporis* de ses effets. Le juge de Luxembourg a clairement indiqué que « *les conséquences financières qui pourraient découler pour un Gouvernement de l'illégalité d'une taxe ou d'un impôt n'ont jamais justifié, par elles-mêmes, la limitation des effets d'un arrêt de la Cour* » (CJCE, 13 février 1996, *Société Bautiaa et Société française maritime*, aff. jtes C-197/94 et C-252/94, I.505).

En tout état de cause, la limitation dans le temps d'un arrêt interprétatif n'est possible **que dans des cas exceptionnels**, après évaluation des conséquences découlant de l'application prolongée de dispositions nationales contraires à l'interprétation déclarée postérieurement par l'arrêt préjudiciel. Elle n'est donc possible que s'il y a un conflit entre le droit communautaire et le droit national (lire sur ce point concl. Cosmas, sous 3 arrêts de la CJCE, 10 février 2000, *Schröder*, aff. C-50/96 ; *Vick et Conze*, aff. jtes C-234 et 235/96 ; *Sievers et Schrage*, aff. jtes C-270 et 271/97, I.743, 799, 929).

Pour en savoir plus...

– A. BARAV, « Déviation préjudicielle », in *Mélanges J-C. Gautron*, Paris, Pédone, 2004, p. 227.

Section 2
Les recours destinés à sanctionner le respect du droit communautaire par les institutions de la Communauté

583. Seront examinés successivement :

– le recours contre les sanctions (§1) ;
– le recours en annulation (§2) ;
– l'exception d'illégalité (§3) ;
– le recours en carence (§4) ;
– le recours en responsabilité extra-contractuelle (§5) ;
– le recours en responsabilité contractuelle (§6) ;
– le recours des fonctionnaires (§7).

§1. Le recours contre les sanctions

584. L'article 229 TCE (ex-art. 172) prévoit que « *les règlements arrêtés conjointement par le Parlement européen et le Conseil, et par le Conseil en vertu des dispositions du présent traité peuvent attribuer à la Cour de justice une compétence de pleine juridiction en ce qui concerne les sanctions prévues dans ces règlements* ». Le Traité Euratom contient également des dispositions permettant d'introduire des recours de pleine juridiction contre des sanctions (art. 144-b Euratom). Il en allait de même pour le Traité CECA avant la disparition de celle-ci (ex-article 36 CECA).

Le recours prévu par l'article 229 TCE (ex-art. 172) permet de contrôler juridictionnellement le pouvoir sanctionnateur des institutions communautaires.

A. Les sanctions visées par l'article 229 TCE (ex-art. 172)

585. Alors que le Traité Euratom (article 83) prévoit lui-même la possibilité d'infliger des sanctions à l'encontre des particuliers, le Traité CE s'en remet au législateur communautaire pour intervenir en la matière. Mais, seul l'article 83-2 a) prévoit expressément que le Conseil pourra édicter des sanctions en cas de violation des articles 81 (interdiction des ententes) et 82 (interdiction de l'abus de position dominante) par les entreprises. C'est sur cette base que le Conseil a adopté le règlement le plus important en la matière, à savoir le règlement (CEE) n° 17/62 du 6 février 1962 (*JOCE* n° 131 du 21 février 1962, p. 204). D'autres règlements ont été pris par le Conseil **dans le domaine de la concurrence**, spécialement pour le secteur **des transports**. On peut également mentionner le règlement n° 4064/89 du 21 décembre 1989 relatif au contrôle des opérations de concentration entre entreprises (*JOCE* n° L. 395 du 30 décembre 1989, version rectifiée *JOCE* n° L. 257 du 21 septembre 1990), modifié par le règlement n° 1310/97 du 30 juin 1997. Tous ces règlements attribuent une compétence de pleine juridiction à la Cour de justice à l'égard des sanctions qu'ils instituent.

Le Conseil s'est également fondé sur l'article 79 §3 (art. 75 §3 après renumérotation – transports) pour autoriser des sanctions dans le règlement n° 11/60 du 27 juin 1960 relatif à la suppression des discriminations en matière de prix et conditions de transport (*JOCE* n° 52 du 16 août 1960, p. 1121).

L'article 229 TCE (ex-art. 172) prévoit que seul le Conseil (ou le Conseil et le Parlement européen en codécision) peut instituer des sanctions susceptibles de relever de la compétence de pleine juridiction de la Cour. Mais il a été admis que la Commission pouvait également infliger de telles sanctions sur la base de l'article 40 (art. 34 après renumérotation – agriculture), alors même que cette possibilité n'est pas prévue expressément par cet article (CJCE, 27 octobre 1992, *Allemagne c/ Commission*, aff. C-240/90, I.5383). On sait aussi que la BCE peut « *infliger aux entreprises des amendes et des astreintes en cas de non-respect de ses règlements et de ses décisions* » (article 110 § 3).

Enfin, des règlements fondés sur l'article 308 TCE (ex-art. 235) pourraient aussi prévoir des sanctions susceptibles de relever de la compétence de pleine juridiction de la Cour de justice.

B. Les conditions d'exercice du recours contre les sanctions

586. Ce recours relève de la compétence du TPI depuis la création de celui-ci. Bien que l'article 229 TCE (ex-art. 172 CE) soit muet sur la question du délai de recours, il faut considérer que le recours contre les sanctions doit être introduit dans les mêmes délais que le recours en annulation, ne serait-ce que parce qu'il englobe nécessairement une demande d'annulation.

L'action prévue par l'article 229 TCE ne peut viser qu'une amende ou une astreinte, et elle peut se fonder sur l'illégalité de la décision qui constate l'infraction justifiant la sanction pécuniaire ou l'astreinte (cette décision elle-même ne pourra cependant être contestée que dans le cadre du recours en annulation).

Le recours contre les sanctions n'a pas d'effet suspensif, mais la Cour peut toujours ordonner le sursis à exécution prévu par l'article 242 (ex-185) du traité si elle estime que les circonstances l'exigent.

C. La Cour statue avec compétence de pleine juridiction

587. La Cour de justice n'est pas directement investie d'une compétence de pleine juridiction par le traité, puisque l'article 229 TCE (ex-art. 172 CE) prévoit que cette compétence ne peut lui être reconnue que par le législateur communautaire.

La Cour possède le pouvoir d'exercer un arbitrage complet de fait et de droit sur le litige qui lui est soumis lorsqu'elle dispose d'une compétence de pleine juridiction. Cela signifie qu'elle **peut, non seulement se borner à annuler les décisions qui lui sont déférées** (il n'est pas nécessaire qu'elle dispose pour cela d'une compétence de pleine juridiction), **mais aussi les réformer, notamment en augmentant ou en diminuant le niveau de l'amende ; elle peut aussi, au besoin, prononcer des condamnations pécuniaires et adresser des injonctions aux institutions communautaires.** La Cour possède donc des pouvoirs supérieurs à ceux qu'elle détient dans le cadre du contentieux de l'annulation.

L'**article 17 du règlement 17/62** précité prévoit explicitement que la Cour de justice a la faculté de « *supprimer, réduire ou majorer l'amende ou l'astreinte infligée* ». La jurisprudence de la Cour confirme ce droit d'annuler une amende (CJCE, 16 décembre 1963, *San Michele*, aff. jtes 2 à 10/63, 663) ou d'en diminuer le montant (CJCE, 16 mars 1974, *Commercial Solvents Corporation*, aff. jtes 6 et 7/73, 223 ; 14 février 1978, *United Brands*, aff. 27/76, 207). Certains représentants de la doctrine ont contesté la possibilité pour la Cour d'aggraver une sanction. C'est le cas en particulier du professeur Waelbroeck, qui avait fait notamment observer qu'« *il paraît (...) douteux, en vertu des principes généraux, que la Cour puisse augmenter le montant de la sanction alors qu'elle ne peut en pratique être saisie que par l'entreprise condamnée...* » (voir M. Waelbroek, in *Le Droit de la CEE*, vol. 1, tome 1, p. 83, n° 62 et s.). En tout état de cause, la possibilité d'aggraver l'amende est restée théorique jusqu'ici.

La Cour a également le pouvoir de requalifier les faits retenus par l'institution pour justifier l'amende (CJCE, 12 juillet 1979, *BMW Belgium*, aff. jtes 32, 36 à 82/78, 2494) et d'exercer un contrôle illimité de l'appréciation de l'institution concernée. Comme l'a observé L. Plouvier, « *le juge a non seulement le droit de pousser ses investigations au-delà de la simple légalité d'une norme (...), mais il peut également se pencher sur l'opportunité de cette même mesure, c'est-à-dire sur les éléments d'appréciation subjective qui ont déterminé le choix concret de l'administration* » (L. Plouvier, « Le contentieux de pleine juridiction devant la CJCE », *Rev. Marché commun* 1973, p. 365).

La Cour pourra également prendre en considération le comportement de l'entreprise (CJCE, 1er février 1978, *Miller*, aff. 19/77, 131 ; 11 juillet 1989, *Belasco*, aff. 246/86, 2117) ou la faute de l'institution en cause (CJCE, 14 juillet 1972, *Acna*, aff. 57/69, 963). Elle s'est enfin reconnu le pouvoir d'adresser des injonctions à l'institution concernée (CJCE, 19 mars 1964, *Schmitz-Wollast*, aff. 18/63, 169 ; 7 juillet 1964, *Colloti*, aff. 70/63, 861).

§2. Le recours en annulation

588. Les articles pertinents du Traité CE sont les **articles 230, 231 et 233 TCE** (ex-173, 174 et 176).

Le recours en annulation permet d'assurer le contrôle de légalité de l'action des institutions communautaires et de garantir ainsi le respect de l'équilibre institutionnel communautaire et la protection juridictionnelle des droits des requérants. Il s'inspire du recours pour excès de pouvoir prévu par le droit administratif français, mais il présente quelques spécificités liées à l'originalité du système communautaire.

L'article 146 Euratom contient des dispositions comparables, à quelques nuances près, à celles de l'article 230 TCE (ex-art. 173). Il en allait de même du Traité CECA avant la disparition de celle Communauté (ex-article 33 CECA).

Il convient d'examiner successivement :

- les actes susceptibles de faire l'objet d'un recours en annulation ;
- les délais et la qualité pour agir ;
- les moyens de recours ;
- l'arrêt d'annulation et ses effets.

A. Les actes susceptibles de faire l'objet d'un recours en annulation

I – DES ACTES ÉMANANT DES INSTITUTIONS COMMUNAUTAIRES, ENTENDUES AU SENS LARGE

589. L'article 230 alinéa 1er TCE (ex-art. 173 al. 1er) prévoit que « ***la Cour de justice contrôle la légalité des actes adoptés conjointement par le Parlement européen et le Conseil, des actes du Conseil, de la Commission et de la BCE, autres que les recommandations et les avis, et des actes du Parlement européen destinés à produire des effets juridiques vis-à-vis des tiers*** » (disposition telle que modifiée par l'article 6, point 53) du Traité de Maastricht).

À l'origine, l'article 173 limitait le contrôle de la légalité aux seuls actes du Conseil et de la Commission, mais la Cour de justice a eu l'occasion de préciser que le recours en annulation pouvait être aussi dirigé contre les actes du Parlement européen destinés à produire des effets juridiques à l'égard des tiers. La Cour considère en effet qu'« *une interprétation de l'article 173 du traité qui* *exclurait les actes du Parlement européen de ceux qui peuvent être attaqués aboutirait à un résultat contraire, tant à l'esprit du traité (...) qu'à son système. Les actes que le Parlement européen adopte dans le sphère du Traité CEE pourraient en effet (...) empiéter sur les compétences des États membres ou des autres institutions ou outrepasser les limites qui sont tracées aux compétences de leur auteur. Il convient dès lors de considérer que le recours en annulation peut être dirigé contre les actes du Parlement destinés à produire des effets juridiques vis-à-vis des tiers* » (CJCE, 23 avril **1986, *Les Verts c/ Parlement***, aff. 294/83, 1339).

La Cour de justice s'était également prononcée en faveur de la recevabilité d'un recours en annulation dirigé contre un **acte de la Cour des Comptes** (CJCE, 11 mai 1989, *Maurissen*, aff. jtes 193 et 194/87, 1045).

L'article 237, sous b) et c) du Traité CE prévoit la possibilité d'introduire à certaines conditions des recours en annulation à l'encontre des **délibérations du conseil des gouverneurs et du conseil d'administration de la Banque européenne d'investissement.**

En 1997, le TPI a reconnu la qualité d'acte attaquable à un acte de **l'Office des marques** (TPI, ord. 19 juin 1997, *Chaves Fonseca Ferrao*, aff. T-159/97 R, II.1049).

En revanche, la Cour a déclaré irrecevable un recours dirigé contre une déclaration du **Conseil européen** dépourvue d'effets juridiques (CJCE, ord. 13 janvier 1995, *Roujansky* et *Bonnamy*, aff. C-253/94 P et C-264/94 P, I.7, 15), mais rien ne permet de penser que le recours en annulation est *a priori* exclu contre l'ensemble des actes du Conseil européen.

Les actes juridiques attaquables dans le cadre de l'article 230 TCE (ex-art. 173) doivent donc émaner des institutions et organes de la Communauté. Il en résulte que le recours en annulation est irrecevable si l'acte en cause a été adopté par les États membres hors du Conseil, en qualité de représentants de leurs gouvernements, et non en qualité de membres du Conseil (CJCE, 30 juin 1993, *Parlement c/ Conseil*, aff. jtes 181/91 et 248/91, I.3685). De la même façon, si les adaptations d'une règlementation communautaire à l'adhésion de nouveaux États membres, arrêtées en application d'actes des institutions, sont soumises en tant que telles au contrôle de légalité, celles qui résultent directement des actes d'adhésion ne le sont pas, car elles ne constituent pas des actes des institutions (CJCE, 2 octobre 1997, *Parlement européen c/ Conseil*, aff. C-259/95, I.5303).

En tout état de cause, la Cour n'est pas compétente pour connaître des recours visant à obtenir l'annulation de mesures nationales (CJCE, ord. 11 mars 1981, *Benvenuto*, aff. 46/81, 809).

II – Des actes ayant des effets juridiques obligatoires, indépendamment de leur appellation

590. **Le recours en annulation** n'est pas limité aux actes communautaires prévus par le traité (règlements, directives, décisions), et **peut être dirigé contre tout acte ayant des effets juridiques obligatoires, indépendamment de son appellation** (CJCE, 16 mai 1993, *France c/ Commission*, aff. C-325/91, I.3283) dès lors qu'il affecte les intérêts du requérant en modifiant de manière caractérisée sa situation juridique (CJCE, 11 novembre 1981, *IBM c/ Commission*, aff. 60/81, 2639). La Cour de justice a clairement étendu le recours en annulation à « *toutes dispositions prises par les institutions –* ***quelles qu'en soient la nature et la forme*** *– qui visent à produire des effets de droits* » (CJCE, 31 mars 1971, *AETR*, aff. 22/70, 263). On sait aussi que le TPI reconnaît la qualité d'actes attaquables aux accords interinstitutionnels (TPI, ord. 17 janvier 2002, *Stauner*, aff. T-236/00, II.135).

La Cour de justice a ainsi admis la recevabilité d'un recours en annulation dirigé contre une instruction interne de service (CJCE, 9 octobre 1990, *France c/ Commission*, aff. C-366/88, I.3571) et contre une communication de la Commission (arrêt C-325/91 précité). Elle a également considéré qu'un code de conduite était attaquable dans le cadre de l'article 173 (CJCE, 13 novembre 1991, *France c/ Commission*, aff. C-303/90, I.5315), de même qu'une lettre de la Commission (rejetant une offre) adressée à la société requérante et constituant un acte détachable d'une procédure contractuelle de passation d'un marché (CJCE, 22 avril 1997, *Geotronics*, aff. C-395/95 P, I.2271). La Cour a même admis le recours en annulation contre une décision verbale (CJCE, 9 février 1984, *Kohler*, aff. jtes 316/82 et 40/83, 641). Elle a aussi accepté de contrôler la légalité de décisions relatives à la conclusion d'accords internationaux (CJCE, 27 septembre 1988, *Commission c/ Conseil*, aff. 165/87, 5545 ; 9 août 1994, *France c/ Commission*, aff. C-327/91, I.3641).

NB : **Dans le cadre de la JAI**, l'article 35 TUE (introduit par le Traité d'Amsterdam) prévoit que la Cour de justice est « *compétente pour contrôler la légalité des décision-cadres et des décisions lorsqu'un recours est formé par un État membre ou par la Commission pour incompétence, violation des formes substantielles, violation du présent traité ou de toute règle de droit relative à son application, ou détournement de pouvoir* ». Les recours visés par cette disposition doivent être formés dans un délai de deux mois à compter de la publication de l'acte.

591. L'article 230 alinéa 3 TCE (ex-art. 173 al. 3) exclut la possibilité de contrôler la légalité des recommandations et des avis, dans la mesure où ceux-ci sont, en principe, dépourvus de valeur juridique. Mais la Cour pourrait accepter de contrôler la légalité de tels actes s'il s'avérait qu'ils produisent en réalité des effets de droit.

La Cour refuse de contrôler la légalité des actes préparatoires à une décision, dépourvus d'effets de droit (CJCE, 11 novembre 1981, *IBM c/ Commission*, aff. 60/81, 2639) **ou des mesures d'ordre interne** (CJCE, 25 février 1988, *Parti écologiste Les Verts c/ Parlement*, aff. 190/84, 1017). Ainsi, les actes qui touchent l'organisation interne du Parlement européen ne produisent d'effets juridiques qu'à l'intérieur de cette institution et ne peuvent donc pas faire l'objet d'un recours en annulation (CJCE, ord. 22 mai 1980, *Blot*, aff. C-68/90, I.2101).

La Cour déclare également irrecevables les recours dirigés contre **des actes se bornant à confirmer des actes antérieurs** (CJCE, 25 octobre 1977, *Metro*, aff. 26/76, 1875) ou contre les actes inexistants (TPI, 27 février 1992, *PVC*, aff. jtes T-79/89 e.a., II.315). Rappelons que l'acte inexistant est celui qui est « entaché d'une irrégularité dont la gravité est si évidente qu'elle ne peut être tolérée par l'ordre juridique communautaire » (CJCE, 15 juin 1994, *BASF*, aff. C-137/92 P, I.2555).

En 1997, le TPI a dénié le caractère d'actes attaquables à des lettres de la Commission indiquant son intention de refuser la protection du secret des affaires à des informations communiquées par la requérante (TPI, ord. 2 mai 1997, *Automobiles Peugeot SA*, aff. T-90, II.663), ainsi qu'à des procés-verbaux s'analysant comme des actes préparatoires (TPI, ord. 9 juin 1997, *Elf Atochem SA*, aff. T-9/97, II.909). En revanche, la décision d'ouverture de la procédure d'examen de l'article 88 §2 TCE (ex art. 93 §2 – en matière d'aides d'États) constitue un acte attaquable (TPI, 23 octobre 2002, *THG*, aff. T-269, 271 et 272/99, II.4217).

Dans tous les cas, l'acte attaqué doit constituer la manifestation définitive de la volonté de l'institution qui l'a adopté (CJCE, 5 décembre 1963, *Usines Emile Henricot*, aff. jtes 23 et 24/63, 52/63, 439).

B. Délais et qualité pour agir

592. Le 5e alinéa de l'article 230 TCE (ex-art. 173) prévoit que **le recours en annulation doit être formé dans un délai de deux mois à compter, soit de la publication de l'acte, soit de sa notification au requérant, soit, à défaut, du jour où le requérant en a eu effectivement connaissance** (le délai de recours était d'un mois dans le cadre du Traité CECA). Dans les hypothèses de défaut de publication ou de notification, il appartient au justiciable qui a eu connaissance d'une mesure le concernant d'en demander le texte intégral dans un délai raisonnable. Toutefois, le *dies a quo* pour la computation du délai de recours en annulation ne peut alors être fixé qu'au jour « *où le tiers concerné a une connaissance exacte du contenu et des motifs de l'acte en cause de manière à pouvoir faire fruit de son droit de recours* » (TPI, 7 mars 1995, *Socurte*, aff. T-432 à 434/93, II.503).

La Cour a précisé que **les délais de recours sont d'ordre public** et qu'il n'appartient pas aux parties de les fixer à leur convenance (CJCE, 11 mai 1989, *Maurissen*, aff. jtes 193 et 194/87, 1045). D'une manière générale, **les délais de procédure doivent être interprétés strictement** (CJCE, ord. 7 mai 1998, *Irlande c/ Commission*, aff. C-239/97, I.2655). Seule la force majeure peut justifier le dépassement de ces délais (art. 42 al. 2 du statut de la Cour). Le TPICE a toutefois indiqué plus récemment qu'une erreur excusable pouvait justifier une dérogation aux règles régissant les délais de recours contentieux (TPI, ord. 10 octobre 2006, *EDPSTPT*, aff. T-106/05, II.82).

Il existe deux catégories de requérants : les requérants dits « *privilégiés* » (la Commission, le Conseil, le Parlement européen et les États membres), et ceux qui ne le sont pas (la Cour des comptes, la BCE et les particuliers). Dans cette seconde catégorie, il faut encore réserver un sort particulier à la Cour des comptes et à la BCE qui, sans avoir les privilèges des requérants de la première catégorie, n'en sont pas pour autant des requérants tout à fait ordinaires et constituent une catégorie intermédiaire, plus favorisée que les personnes physiques ou morales.

593. *NB* : Il convient de ne pas confondre **la qualité pour agir** (voir points *2.1.* et *2.2.* ci-dessous) avec **l'intérêt à agir**. Ce dernier, apprécié au moment du dépôt de la requête, doit être né et actuel, et s'il est futur, l'atteinte à la situation du requérant doit être certaine, et pas seulement hypothétique (TPI, 17 septembre 1992, *NV et NVB c/ Commission*, aff. T-138/89, II.2181). Dans le cadre du recours en annulation, faire la preuve de son intérêt à agir consiste pour le requérant à établir que l'acte attaqué a modifié sa situation juridique (TPI, 30 janvier 1997, *Corman*, aff. T-117/95, II.95), tandis que, pour un particulier, démontrer sa qualité pour agir consiste à établir qu'il est directement et individuellement concerné. Il suffit que l'intérêt à agir fasse défaut pour que le recours en annulation soit déclaré irrecevable (TPI, 18 décembre 1997, *ATM*, aff. T-178/94, II.2529). L'intérêt à agir demeure, même lorsque la décision contestée a été déjà exécutée (voir encore : TPI, 1er février 1999, *BEUC*, aff.w256/97, II.169).

I – LES ÉTATS MEMBRES ET LES INSTITUTIONS COMMUNAUTAIRES : DES REQUÉRANTS FAVORISÉS

594. Depuis l'entrée en vigueur du Traité de Nice, l'article 230 TCE (ex-art. 173) dispose que « ***la Cour est compétente pour se prononcer sur les recours*** *pour incompétence, violation des formes substantielles, violation du présent traité ou de toute règle de droit relative à son application, ou détournement de pouvoir,* ***formés par un État membre, le Parlement européen, le Conseil ou la Commission. La Cour de justice est compétente, dans les mêmes conditions, pour se prononcer sur les recours formés par la Cour des comptes et par la BCE qui tendent à la sauvegarde des prérogatives de celles-ci*** ».

Avant l'entrée en vigueur du Traité de Nice, l'article 230 prévoyait que la Cour de justice était compétente pour se prononcer sur les recours formés par un État membre, le Conseil ou la Commission, et qu'elle n'était compétente pour se prononcer sur les recours formés par le Parlement européen et par la BCE, que dans la mesure où ces recours tendaient à la sauvegarde des prérogatives de ces deux institutions.

À l'origine, le Traité de Rome n'avait pas prévu la possibilité pour l'Assemblée de Strasbourg d'introduire des recours en annulation à l'encontre des actes des institutions. La Cour de justice avait d'ailleurs refusé à l'occasion de l'affaire *Comitologie* de reconnaître cette possibilité au Parlement, au motif que cela aboutirait à modifier l'équilibre institutionnel prévu par le traité (CJCE, 27 septembre 1988, *Parlement c/ Conseil*, aff. 302/87, 5615).

La Cour avait nuancé cette jurisprudence moins de deux ans plus tard en reconnaissant au Parlement un droit d'agir (on parlait encore de sa « ***légitimation active*** ») « *à la condition que* (le recours en annulation) *ne tende qu'à la sauvegarde de ses prérogatives et qu'il ne se fonde que sur des moyens tirés de la violation de celles-ci* » (CJCE, 22 mai 1990, *Parlement c/ Conseil*, aff. C-70/88, I.2041 ; voir aussi CJCE, 18 juin 1996, *Parlement c/ Conseil*, aff. C-303/94, I.2943).

La Cour avait justifié cette solution par l'intérêt fondamental qui s'attachait au maintien et au respect de l'équilibre institutionnel communautaire, et par la nécessité de garantir une protection juridictionnelle adéquate et efficace des prérogatives du Parlement. Cette évolution de la jurisprudence était logique, dans la mesure où la Cour avait déjà consacré la ***« légitimation passive »*** du Parlement dans l'arrêt *Les Verts* du 23 avril 1986. Le Traité de Maastricht n'avait fait qu'entériner la jurisprudence, en prévoyant que le droit du Parlement d'agir en annulation était limité aux recours « *qui tendent à la sauvegarde des prérogatives* » de celui-ci.

Le Traité de Nice a donc **fait du Parlement européen un requérant privilégié** dans le cadre du recours en annulation, **au même titre que la Commission, le Conseil ou un État membre**. On parle de requérants *privilégiés* parce qu'**ils peuvent attaquer les actes communautaires susceptibles de recours, sans avoir à démontrer un quelconque intérêt à agir.** Ce privilège leur est reconnu parce qu'ils sont les *opérateurs constitutionnels* de la Communauté, selon une expression consacrée.

On notera au passage que la notion d'État membre ne visant que les autorités gouvernementales centrales, le juge de Luxembourg refuse logiquement le statut de requérant privilégié aux gouvernements de régions ou de communautés autonomes (CJCE, 1er octobre 1997, *Regione Toscana*, aff. C-180/97, I.5245 ; TPI, ord. 16 juin 1998, *Comunidad Autonoma Cantabria*, aff. T-238/97, II.2271).

II – LES PERSONNES PHYSIQUES OU MORALES : DES REQUÉRANTS ORDINAIRES

595. Le 4ᵉ alinéa de l'article 230 TCE (ex-art. 173) dispose que « ***toute personne physique ou morale peut former (...) un recours contre les décisions dont elle est le destinataire et contre les décisions qui, bien que prises sous l'apparence d'un règlement ou d'une décision adressée à une autre personne, la concernent directement et individuellement*** ».

La notion de « *décision* » doit être entendue dans le sens technique qui résulte de l'article 249 CE. Elle renvoie donc à un acte dépourvu de portée générale, à un acte individuel obligatoire pour son destinataire (CJCE, 14 décembre 1962, *Confédération des producteurs de fruits et légumes*, aff. jtes 16 et 17/62, 901).

La notion de « *décision adressée à une autre personne* » recouvre notamment les décisions adressées aux États membres (CJCE, 15 juillet **1963, *Plaumann***, aff. 25/62, 199).

Si « *toute personne physique ou morale* » peut former un recours en annulation, y compris, le cas échéant, une autorité publique *infra* étatique (CJCE, 29 juin 1993, *Gouvernement de Gibraltar c/ Conseil*, aff. C-298/89, I.3605), les conditions de recevabilité des recours introduits par les personnes privées sont plus restrictives que celles dont bénéficient les États membres et les institutions de la Communauté. Les personnes privées ne peuvent en effet introduire un recours en annulation que si elles peuvent justifier d'un intérêt personnel à agir ; le libellé de l'article 230 TCE (ex-art. 173) alinéa 4 du Traité traduit par ailleurs la volonté de limiter les possibilités de recours des particuliers à certains types d'actes, à l'exclusion de tous les autres, et notamment des actes normatifs.

NB : Le Traité constitutionnel de 2004 avait prévu que toute personne physique ou morale pourrait former recours contre les actes réglementaires qui la concernent directement et qui ne comportent pas de mesures d'exécution.

a) Dans tous les cas, les requérants ordinaires doivent avoir un intérêt à agir

***596.* L'intérêt à agir doit être né et actuel**. Un intérêt futur peut être pris en considération s'il est **certain** (TPI, 17 septembre 1992, *NBV et NVB c/ Commission*, aff. T-138/89, II.2181).

La Cour de justice se montre assez libérale dans l'appréciation de cette condition, puisqu'elle reconnaît l'intérêt à agir dans le cas où l'acte attaqué n'est plus d'application (CJCE, 26 avril 1988, *APESCO c/ Commission*, aff. 207/86, 2151), ou lorsque l'auteur de l'acte attaqué serait dans l'impossibilité de prendre les mesures que comporterait l'exécution d'un éventuel arrêt d'annulation (CJCE, 5 mars 1980, *Könecke*, aff. 76/79, 665).

Le recours en annulation n'est en principe recevable que si l'acte attaqué fait grief et remet en cause les intérêts individuels de ses destinataires (CJCE, 15 mars 1967, *Cimenteries C.B.R. et a. c/ Commission*, aff. jtes 8 à 11/66, 93). Il en résulte notamment que le recours en annulation est irrecevable contre un acte purement confirmatif (CJCE, 11 janvier 1996, *Zunis Holding* SA et a., aff. C-480/93 P, I.1). En outre, lorsqu'un acte est favorable à son destinataire, celui-ci n'est donc pas fondé à l'attaquer (aff. T-138/89 précitée).

Les lettres de classement de la Commission en matière de concurrence sont de simples lettres administratives et ne peuvent par conséquent faire l'objet de recours (CJCE, 10 juillet 1980, *Giry et Guerlain et a.*, aff. jtes 235/78 et 1/79 à 3/79, 2327). La Cour admet en revanche la recevabilité d'un recours dirigé contre le rejet d'une plainte par la Commission (CJCE, 11 octobre 1983, *Demo Studio Schmidt*, aff. 210/81, 3045).

L'intérêt à agir fait également défaut lorsque l'entreprise requérante a cessé son activité du fait d'une faillite, et qu'elle ne peut donc plus prétendre être en situation de concurrence avec la ou les sociétés ayant bénéficié des aides dont la légalité est contestée (TPI, 27 avril 1995, *ASPEC c/ Commission* et *AAC c/ Commission*, aff. T- 435/93 et T-442/93, II.1281, 1329).

Il va de soi que l'intérêt à agir n'existe pas et que le recours en annulation est irrecevable lorsque son auteur l'a dirigé contre un acte qui ne s'applique pas à sa situation (CJCE, 31 mars 1977, *Société pour l'exportation des sucres*, aff. 88/76, 709). Le juge oppose également une exception d'irrecevabilité fondée sur l'absence d'intérêt à agir, lorsque le requérant conteste la légalité d'un acte qui a déjà été exécuté et dont l'annulation ne servirait donc plus à rien (TPI, 9 novembre 1994, *The Scottish Football Association*, aff. T-46/92, II.1039).

b) Les requérants ordinaires ne sont pas fondés à attaquer des actes normatifs

597. Le libellé de l'article 230 TCE (ex-art. 173) alinéa 4 ne laisse aucun doute sur la **volonté des auteurs du traité d'exclure toute possibilité pour les particuliers ou les entreprises de former des recours contre des actes normatifs**. Il est prévu en effet que les personnes physiques ou morales ne peuvent attaquer que les décisions individuelles dont elle sont les destinataires, ou les actes qui, bien qu'adoptés sous une autre forme, les concernent « *directement et individuellement* » (la véritable nature d'un acte ne dépend pas de sa forme). On peut en effet découvrir un « *faisceau de décisions individuelles* » sous le couvert d'un règlement (CJCE, 13 mai 1971, *International Fruit Company*, aff. jtes 41 à 44/70, 411 ; TPI, 11 décembre 1996, *Comafrica*, aff. T-70/94, II.1741), et il faut « *éviter que par le simple choix de la forme réglementaire, les institutions communautaires puissent exclure le recours d'un particulier contre une décision qui les concerne directement et individuellement* » (CJCE, 24 février 1987, *Deutz et Geldermann*, aff. 26/86, 941).

L'acte normatif est celui qui est « *applicable non à des destinataires limités, désignés ou identifiables, mais à des catégories envisagées abstraitement et dans leur ensemble* » (CJCE, 14 décembre **1962, *Confédération des producteurs de fruits et légumes***, aff. jtes 16 et 17/62, 901 ; 5 novembre 1986, *UFADE c/ Conseil*, aff. 117/86, 3255 ; 15 juin 1993, *Albertal*, aff. C-213/91, I.3177).

Les requérants ordinaires ne pouvant agir que pour sauvegarder leurs intérêts particuliers, il leur est pratiquement impossible de former des recours en annulation contre des règlements ayant clairement une nature normative (CJCE, 14 décembre 1962, *Confédération des producteurs de fruits et légumes*, aff. jtes 16/62 et 17/62, 901) ou contre des directives (CJCE, 29 juin 1993, *Gouvernement de Gibraltar c/ Conseil*, aff. C-298/89, I.3605) ou des décisions (TPI, 14 septembre 1995, *Antillean Rice Mills*, aff. jtes T-480 et 483/93, II.2305, point 65) de portée générale. Le recours en annulation des particuliers à l'encontre d'un acte règlementaire n'est en principe recevable que si l'acte en cause constitue en réalité une décision ayant une portée individuelle.

De plus, la nature réglementaire d'un acte ne peut pas être contestée au seul motif qu'il est possible de déterminer le nombre et d'identifier les opérateurs concernés (CJCE, 11 juillet 1968, *Zuckerfabrik*, aff. 6/68, 595). La Cour a rappelé dans un arrêt de 1994 que la portée générale, et donc la nature normative d'une disposition « *n'est pas mise en cause par la possibilité de déterminer avec plus ou moins de précision le nombre ou même l'identité des sujets de droits auxquels elle s'applique à un moment donné, tant qu'il est constant que cette application s'effectue en vertu d'une situation objective de droit ou fait en relation avec la finalité de ce dernier* » (CJCE, 18 mai **1994, *Codorniu***, aff. C-309/89, I.1853).

***598.* Une même disposition ne peut, *a priori*, « *revêtir à la fois le caractère d'un acte de portée générale et celui d'un acte individuel* »** (CJCE, 25 mars 1982, *Moksel*, aff. 45/81, 1129), mais la Cour l'a pourtant admis à l'occasion d'une affaire jugée en 1994, puisqu'elle a considéré que si « *la disposition litigieuse a, par sa nature et sa portée, un caractère normatif (…), il n'est pas exclu pour autant qu'elle puisse concerner individuellement certains (des opérateurs économiques intéressés)* » (affaire *Codorniu* précitée). Le juge de Luxembourg considère que le particulier est individuellement concerné par un acte règlementaire lorsque cet acte affecte le requérant dans ses « *droits spécifiques* » (CJCE, ord. 23 novembre 1995, *Asocarne*, aff. C-10/95 P, I.4149, point 43).

NB : Certains **actes** ont une nature **hybride**, en ce sens qu'ils contiennent des dispositions ayant un caractère réglementaire et d'autres qui s'adressent à des personnes déterminées (CJCE, 13 mars 1968, *Industria Molitoria Imolese c/ Conseil*, aff. 30/67, 171). Le TPI a confirmé qu'un acte communautaire peut « *à la fois revêtir un caractère normatif et, à l'égard de certains opérateurs économiques (…), un caractère décisionnel* » (TPI, 13 décembre 1995, *Vereiniging Van Exportateurs in Levende Varkens*, aff. jtes T-481/93 et T-483/93, II.2941, point 50 ; voir aussi TPI, 9 avril 1997, *Terres Rouges Consultant*, aff. T-47/95, II.481, point 43 – sur la « théorie de l'hybridité », lire les conclusions de M. Van Themaat sous CJCE, 21 février 1984, *Allied Corporation*, aff. 239 et 275/82, 1003).

La Cour a eu l'occasion de préciser que seules les dispositions d'un règlement antidumping imposant aux entreprises requérantes un droit antidumping particulier devaient être considérées comme les concernant *directement et individuellement*, à l'exclusion des dispositions du même règlement imposant des droits antidumping à d'autres entreprises (CJCE, 7 mai 1987, *NTN Tokyo Bearing Company*, aff. 240/84, 1809).

Il arrive parfois que la Cour de justice se borne à constater que l'acte attaqué ne concerne pas *directement et individuellement* l'auteur du recours qu'elle déclare alors irrecevable, sans s'être ouvertement prononcée sur la nature normative de l'acte en cause (CJCE, 1er avril 1965, *Sgarlata*, aff. 40/64, 280).

c) Les requérants ordinaires ne peuvent attaquer des actes qui ne leur sont pas personnellement adressés que s'ils sont « directement et individuellement » concernés

599. Il n'est pas possible de passer outre cette exigence, même en cas d'atteinte importante aux droits fondamentaux (CJCE, ord. 10 mai 2001, *FNAB*, aff. C-345/00 P, I.3811).

L'article 230 alinéa 4 TCE subordonne le droit de recours des personnes physiques ou morales à la double exigence d'être « *directement et individuellement* » concernés, lorsque les décisions en cause ont été prises « *sous l'apparence d'un règlement ou d'une décision adressée à une autre personne* ».

1) Le requérant doit être directement concerné

600. Le requérant est considéré comme étant *directement* concerné lorsque l'acte attaqué le place dans une situation analogue à celle dans laquelle il se trouverait s'il en était le destinataire (CJCE, 3 mai **1978, *Topfer***, aff. 112/77, 1019).

Le requérant n'est pas directement concerné lorsque l'acte attaqué n'a d'effets à son égard que par le biais d'une intervention discrétionnaire subséquente d'une autorité nationale ou communautaire (CJCE, 16 juin **1970, *Alcan Aluminium***, aff. 69/69, 385 ; 18 janvier **1979, *Usines de Beauport***, aff. jtes 103 à 109/78, 17). L'interposition d'une mesure nationale ne rend toutefois pas le recours irrecevable lorsque cette mesure constitue un acte d'exécution purement technique et automatique (CJCE, 6 mars 1979, *Simmenthal*, aff. 92/78, 777 ; 29 mars 1979, *NTN Tokyo Bearing Company*, aff. 113/77, 1185).

La Cour considère de manière générale que le requérant n'est pas *directement* concerné lorsqu'une décision laisse une compétence discrétionnaire aux États membres (CJCE, 11 juillet **1984, *Commune de Differdange***, aff. 222/83, 2889). Si, en revanche, les autorités nationales n'ont aucune marge d'appréciation, le requérant sera directement concerné (CJCE, 26 avril **1988, *APESCO***, aff. 207/86, 2151).

Le TPI a indiqué que des entreprises ne pouvaient pas prétendre être « *directement concernées* » par une directive, dans la mesure où ce type d'acte doit faire l'objet d'une transposition en droit interne et où il ne peut pas créer des obligations à la charge des particuliers (TPI, 27 juin **2000, *Salamander***, aff. T-172, 175 et 177/98, II.2487).

Le TPI considère que des entreprises qui n'étaient pas visées par un règlement antidumping pouvaient néanmoins intenter un recours en annulation contre ce règlement, à la place de leurs unités de production, certes directement visées par l'établissement de ces droits, mais dans l'impossibilité d'intenter elles-même un recours, faute de disposer de la personnalité juridique (TPI, 19 novembre 1998, *Champion Stationary*, aff. T-147/97, II.4137).

Une société mère est directement concernée lorsque l'acte attaqué est adressée à sa filiale, à condition que la mère exerce un pouvoir de contrôle effectif sur la filiale (TPI, 22 avril 1999, *Monsanto Company*, aff. T-112/97, II.1277).

Les deux exigences posées par l'article 230 alinéa 4 CE étant cumulatives, et non alternatives, la Cour peut rejeter un recours en annulation sans examiner si le requérant est *individuellement* concerné, dès lors qu'il a été préalablement établi qu'il n'est pas directement concerné (CJCE, 17 janvier **1985, *Piraiki.Patraiki***, aff. 11/82, 207). En sens inverse, la Cour pourra déclarer le recours irrecevable au seul motif que le requérant n'est pas *individuellement* concerné, sans avoir alors à se demander s'il est *directement* concerné (CJCE, 15 juillet 1963, *Plaumann*, aff. 25/62, 199). Il arrive cependant à la Cour de vérifier que les deux exigences sont remplies (CJCE, 28 octobre 1982, *Groupement des agences de voyage*, aff. 135/81, 3799).

2) Le requérant doit être individuellement concerné

601. L'arrêt ***Plaumann*** précité de **1963** a précisé que « *les sujets autres que les destinataires d'une décision ne sauraient prétendre être concernés individuellement que si ils sont atteints en raison de certaines qualités qui leur sont particulières ou d'une situation de fait qui les caractérise par rapport à toute autre personne et de ce fait les individualise de manière analogue à celle du destinataire* ». Il doit donc exister un lien particulier entre la mesure attaquée et la situation du requérant pour que le recours soit recevable, et la Cour considère que ce lien existe lorsque la situation de l'auteur du recours est protégée par certains éléments particuliers de la base juridique sur laquelle se fonde la mesure attaquée (CJCE, 26 juin 1990, *Sofrimport*, aff. C-152/88, I.2477).

Pour que l'exigence d'individualisation soit remplie, il ne suffit pas d'être en mesure de déterminer le nombre et l'identité des personnes auxquelles l'acte attaqué s'applique ; il faut encore que les personnes ainsi identifiées soient les seules affectées par l'acte en cause, à l'exclusion de toutes les autres (CJCE, 7 décembre 1993, *Federmineraria*, aff. 6/92, I.6357).

• Les hypothèses dans lesquelles la condition d'individualisation est remplie

602. **L'auteur du recours est *individuellement* concerné dans les cas suivants :**

– lorsqu'il a participé à la procédure (par le dépôt d'une plainte, la présentation d'observations ou encore la participation aux enquêtes préparatoires) dans les conditions prévues par le droit communautaire et que son recours vise à sauvegarder ses intérêts légitimes (CJCE, 25 octobre **1977, *Metro***, aff. 26/76, 1875 ; 28 janvier 1986, *Cofaz*, aff. 169/84, 391).

– lorsqu'une disposition textuelle reconnaît au requérant un droit de participer à l'élaboration et à l'adoption de l'acte normatif attaqué (TPI, 17 juin **1998, *UEAPME***, aff. T-135/96, II.2335).

– lorsque l'acte communautaire attaqué a affecté de façon substantielle la position concurrentielle de l'entreprise requérante (TPI, 24 mars **1994, *Air France***, aff. T-3/93, II.121).

– lorsque les critères énoncés par la mesure attaquée ont été appliqués aux entreprises requérantes (CJCE, 29 octobre **1980, *Roquette frères***, aff. 138/79, 3333).

– lorsque l'acte attaqué a été rédigé en termes généraux mais qu'il concerne en réalité un groupe d'entreprises particulier et identifiable dont les requérantes font partie (CJCE, 29 mars **1979, *NTN Tokyo Bearing Company***, aff. 113/77, 1185).

– lorsqu'un élément de l'acte attaqué a été établi sur la base de données propres aux requérants (CJCE, 11 juillet **1990, *Enital***, aff. jtes C-304/86 et C-185/87, I.2939).

– lorsque le requérant conteste la légalité d'une décision de la Commission déclarant une aide d'État compatible avec le marché commun et qu'il est en position de concurrence avec les entreprises qui bénéficient de cette aide (CJCE, ord. 30 septembre **1992, *Landbouwschap***, aff. C-295/92, I.5003) ; le recours sera *a fortiori* recevable si le requérant est le bénéficiaire de l'aide supprimée ou modifiée par la Commission (CJCE, 17 septembre **1980, *Philip Morris Holland BV***, aff. 739/79, 2671), ou dont la récupération est exigée par celle-ci (CJCE, 4 février **1992, *British Aerospace et Rover Group Holdings***, aff. C-294/90, I.493).

– lorsque le requérant introduit un recours contre une décision d'exemption adressée, dans le cadre des articles 81 et 82 TCE (ex-art. 85 et 86), aux entreprises qui ont fait l'objet d'une plainte de sa part (CJCE, 25 octobre 1977, *Metro*, aff. 26/76, 1875).

– lorsque le requérant constitue une société mère et qu'il conteste la légalité d'une décision de la Commission adressée à sa filiale, à condition toutefois que la mère exerce un pouvoir de contrôle effectif sur la filiale (TPI, 22 avril **1999, *Monsanto Company***, aff. T-112/97, II.1277).

• Les hypothèses dans lesquelles la condition d'individualisation n'est pas remplie

603. En principe, **les associations** ne sont pas fondées à introduire des recours en annulation pour sauvegarder les intérêts de leurs membres, puisque les requérants doivent être *individuellement* concernés (CJCE, 14 décembre 1962, *Confédération nationale des producteurs de fruits et légumes*, aff. jtes 16 et 17/62, 961). Les associations défendent en effet des intérêts collectifs, et non des intérêts individuels (voir encore CJCE, 2 avril 1998, *Greenpeace International*, aff. C-321/95 P, I.1651).

De plus, il est évident qu'une association n'est qu'indirectement concernée par un acte affectant la situation de ses membres. Pourtant, la Cour considère qu'une association peut, en matière de dumping ou de subventions, introduire un recours en annulation dans le cadre de la procédure administrative pour assurer la défense des intérêts légitimes de ses membres (CJCE, 4 octobre 1983, *Fediol*, aff. 191/82, 2913). Le recours est également déclaré recevable en matière d'aides d'État lorsque l'association a été étroitement impliquée dans la définition du régime applicable au secteur visé (CJCE, 24 mars 1993, *CIRFS*, aff. C-313/90, I.1125 ; voir aussi CJCE, 2 février 1988, *Van der Kooy*, aff. jtes 67/85, 68/85 et 70/85, 219 – en l'espèce, l'organisme professionnel avait négocié l'aide bénéficiant aux entreprises qu'il représentait).

Il va de soi que les associations ont la possibilité de défendre leurs intérêts propres (arrêt *Van der Kooy* précité).

604. La Cour de justice considère par ailleurs que **le fait qu'un acte soit susceptible d'exercer une influence sur les rapports de concurrence entre son destinataire et le requérant** ne suffit pas pour conclure que l'auteur du recours est concerné *individuellement* (CJCE, 10 décembre 1969, *Eridiana*, aff. jtes 10/68 et 18/68, 459).

La circonstance que **l'acte attaqué a eu des effets préjudiciables pour le requérant** ne suffit pas non plus pour conclure que ce dernier est individuellement concerné (CJCE, 11 juillet 1968, *Zuckerfabrik*, aff. 6/68, 595).

La Cour considère également que l'introduction de demandes prématurées ne suffit pas pour individualiser l'auteur du recours par rapport aux autres opérateurs concernés par un règlement (CJCE, 31 mai 1988, *Soc. Agro-Pecuaria Vicente Nobre*, aff. 253/86, 2725).

La circonstance que **l'acte en cause ne concerne qu'un petit nombre déterminé ou déterminable d'opérateurs économiques** ne suffit pas davantage pour conclure que ceux-ci sont *individuellement* concernés, dès lors qu'ils sont atteints « *en raison d'une activité commerciale qui, à n'importe quel moment, peut être exercée par n'importe quel sujet* » (affaire *Plaumann* précitée).

La Cour déclare aussi irrecevable un recours dirigé contre une **décision constatant l'incompatibilité d'une aide d'État accordée à un groupe d'entreprises dont la requérante fait partie** (affaire *Van der Kooy* précitée).

La circonstance que **le recours met en cause la protection de l'environnement**, lequel constitue le bien commun de tous les citoyens de l'Union, ne suffit pas pour conclure que le requérant est individuellement concerné (CJCE, 2 avril 1998, *Greenpeace International*, aff. C-321/95 P, I.1651).

NB : **Dans un arrêt rendu le 3 mai 2002, le TPI avait assoupli l'interprétation de la condition d'individualisation**, élargissant ainsi les conditions d'accès des particuliers au juge communautaire. Il avait en effet jugé que le particulier devait être considéré comme individuellement concerné par une disposition communautaire de portée générale qui le concernait directement, lorsque ladite disposition affectait, d'une manière certaine et actuelle, sa situation juridique en restreignant ses droits ou en lui imposant des obligations. Le TPI estimait que le nombre et la situation d'autres personnes également affectées par la disposition en cause ou susceptibles de l'être n'étaient pas des considérations pertinentes à cet égard (TPI, 3 mai 2002, *Jégo-Quéré et Cie SA c/ Commission*, aff. T-177/01, II.2365). Cet élargissement de l'interprétation de la notion de personne individuellement concernée était destinée à garantir le droit à une protection juridictionnelle effective. Quelques jours plus tôt, **l'avocat général Jacobs** avait proposé une nouvelle interprétation de la notion de personne « *individuellement concernée* » **dans ses conclusions rendues dans l'affaire C-50/00 P, *UPA c/ Conseil***. M. Jacobs avait proposé de retenir désormais une conception objective de cette notion, en vertu de laquelle « *un particulier est individuellement concerné par une mesure communautaire lorsque la mesure nuit, ou est susceptible de nuire à ses intérêts, de manière substantielle* ». Le 25 juillet 2002, la Cour de justice a refusé de suivre l'avocat général Jacobs et de modifier sa jurisprudence pour qu'une personne puisse être considérée comme individuellement concernée par un acte de portée générale, dès lors qu'elle invoquait l'absence de recours effectif devant le juge interne (CJCE, 25 juillet **2002, *UPA c/ Conseil***, aff. C-50/00 P, I.6677). **La circonstance que le requérant n'ait pas accès au juge interne n'est** donc **pas de nature à justifier une ouverture du recours en annulation**. Pour la Cour, le droit à une protection juridictionnelle effective n'est pas violé pour autant dans cette circonstance, car le requérant disposerait d'autres moyens de protection : l'invocation de l'exception d'illégalité et le recours au juge national dans des conditions le conduisant à saisir la Cour d'une question préjudicielle en appréciation de validité de l'acte communautaire en cause. Le 6 mai 2003, le TPI a rendu une ordonnance témoignant du fait qu'il prend acte de la « mise au point » effectuée par la Cour dans son arrêt *UPA* (TPI, ord. 6 mai 2003, *Vannieuwenhuyze-Morin*, aff. T-321/02, II.1997) ; il renonce ainsi, au moins provisoirement, à sa solution Jégo-Quéré.

C. Les moyens de recours

605. Les requérants ne peuvent invoquer que les moyens de légalité énumérés par l'article 230 alinéa 2 TCE (ex-art. 173 al. 2), lequel dispose que « *la Cour est compétente pour se prononcer sur les recours pour incompétence, violation des formes substantielles, violation du présent traité ou de toute règle de droit relative à son application, ou détournement de pouvoir…* ».

La Cour n'hésite pas à dégager elle-même les moyens d'annulation, lorsque les requérants ne les ont pas expressément indiqués (CJCE, 14 mai 1974, *Nold*, aff. 4/73, 491).

I – L'INCOMPÉTENCE

606. L'incompétence de l'institution qui a pris l'acte litigieux constitue un moyen d'annulation. Il peut s'agir d'une incompétence *ratione materiae* (l'acte n'entre pas dans la sphère d'attribution de l'organe qui l'a adopté), *ratione loci* (l'acte adopté a des effets hors du territoire sur lequel s'exerce la compétence de l'organe en cause) ou *ratione temporis* (l'acte a été pris en dehors des limites de temps fixées pour l'exercice d'une compétence déterminée).

L'incompétence est un moyen d'ordre public. Elle peut donc être examinée d'office par le juge de Luxembourg (CJCE, 10 mai **1960, *Allemagne c/Haute Autorité CECA***, aff. 19/58, 471). En pratique, ce moyen est rarement soulevé par les requérants ; certains arrêts ont reconnu que ce moyen était fondé (voir CJCE, 22 septembre 1988, *France c/ Parlement européen*, aff. jtes 358/85 et 51/86, 4821 ; CJCE, 12 mai 1998, *Royaume-Uni c/ Commission*, aff. C-106/96, I.2729).

II – LA VIOLATION DES FORMES SUBSTANTIELLES

607. La violation des formes substantielles constitue un moyen d'ordre public ; elle est donc contrôlée d'office par le juge de Luxembourg (CJCE, 21 décembre **1954, *France c/ Haute Autorité CECA***, aff. 19/58, 469 ; 7 mai 1991, *Oliveira*, aff. C-304/89, I.2283). La Cour de justice considère que la forme substantielle est une exigence formelle ou procédurale destinée à éclairer l'auteur de l'acte ; elle tend, en entourant l'adoption de l'acte de toutes les ganranties de circonspection et de prudence, à influer sur son contenu, de façon à garantir sa légalité interne.

La violation des formes substantielles est établie dans le cas suivants :

– lorsque **les obligations de consultation n'ont pas été respectées** (CJCE, 21 mars 1955, *Pays-Bas c/ Haute Autorité CECA*, aff. 6/54, I.201 ; 7 mai 1991, *Interhôtel*, aff. C-304/89, I.2283) ;

– lorsque **les modalités de vote prévues par les traités n'ont pas été respectées** (CJCE, 23 février 1988, *Royaume-Uni c/ Conseil*, aff. 68/86, 855) ;

– lorsque **l'obligation de motivation des actes a été violée** (CJCE, 8 février 1969, *Mandelli*, aff. 3/67, 35 ; 2 avril 1998, *Sytraval*, aff. C-367/95 P, I.1719). En pratique, les cas de violation de l'obligation de motivation sont peu fréquents, et la Cour ne censure que l'absence totale de motivation, la reprise pure et simple du libellé des dispositions pertinentes du traité dans les considérants ou la contradiction dans les motifs ;

– lorsque **les formes garantissant les droits des intéressés n'ont pas été respectées** (CJCE, 15 juillet 1970, *ACF – Chemiefarma*, aff. 41/69, 661) ;

– lorsque **la Commission n'a pas permis à un État membre de présenter ses observations avant l'adoption d'une décision**, alors qu'on se situe dans le cadre d'une procédure qui suppose une association étroite des autorités nationales (CJCE, 25 mai 1993, *Sart-Tilman*, aff. C-199/91, I.2667 ; *Innovation et Reconversion industrielle*, aff. C-334/91, I.2851) ;

– lorsque **l'acte n'a pas été authentifié avant sa publication ou sa notification** (CJCE, 6 avril 2000, *Commission c/ ICI*, aff. C-286/95 P, I.2341 ; 6 avril 2000, *Commission c/ Solvay*, aff. C-287/95 P, I.2341) ;

– dans un arrêt de 1999, la Cour de justice a considéré curieusement que **l'absence de notification d'un acte à son destinataire** était constitutive d'une violation des formes substantielles (CJCE, 8 juillet 1999, *Hoechst*, aff. C-227/92 P, I.4443), de nature à entraîner l'annulation de l'acte en cause, alors que jusque là, l'absence de notification avait pour seul effet de rendre l'acte inopposable.

III – LA VIOLATION DU TRAITÉ OU DE TOUTE RÈGLE DE DROIT RELATIVE À SON APPLICATION

608. Cette violation est le plus important des quatre cas d'ouverture ; elle est établie dans plusieurs hypothèses : le fondement de l'acte litigieux est erroné, l'appréciation des faits à l'origine de l'acte est inexacte, les principes généraux du droit n'ont pas été respectés, la hiérarchie des normes a été violée… Le juge de Luxembourg peut examiner d'office la question de l'inexistence de l'acte attaqué si les requérants fournissent des indices suffisants dans ce sens (TPI, 10 mars 1992, *Hüls*, aff. T-9/89, II.499, 626 ; *Hoechst*, aff. T-10/89, II.629, 753 et s. ; *Chemie Linz*, aff. T-15/89, II.1275, 1400).

IV – LE DÉTOURNEMENT DE POUVOIR

609. Le détournement de pouvoir réside dans le fait, pour une institution, d'avoir adopté un acte en vue d'atteindre un résultat pour lequel il n'était pas prévu. Le juge de Luxembourg recherche « *s'il apparaît sur la base d'indices objectifs, pertinents et concordants,* (que l'acte en cause) *a été pris dans le but d'atteindre des fins autres que celles visées par la base juridique de l'acte* » (CJCE, 10 juillet 1990, *Sermes*, aff. C-323/88, I.3027).

En pratique, ce moyen est peu utilisé en raison de la difficulté à réunir les preuves exigées par la Cour. Celle-ci a exigé en effet que le requérant soit en mesure de démontrer que l'institution a « *poursuivi (…) par manque de prévoyance ou de circonspection grave équivalant à une méconnaissance du but légal, des fins autres que celles en vue desquelles les pouvoirs prévus par le traité lui ont été attribués* » (CJCE, 8 juillet 1965, *Chambre syndicale de la sidérurgie française*, aff. jtes 3 et 4/64, 567). La Cour a parfois estimé que cette démonstration était faite (CJCE, 5 mai 1966, *Gutmann*, aff. jtes 18/65 et 35/65, 150 ; 22 septembre 1988, *Frydenhal*, aff. 148/87, 4993).

Il convient d'observer que la Cour prend soin de limiter son contrôle du pouvoir discrétionnaire des institutions à l'erreur manifeste et au détournement de pouvoir pour éviter d'effectuer un contrôle d'opportunité (CJCE, 13 juillet 1966, *Consten SARL et Grunding*, aff. jtes 56 et 58/64, 428). Il en va de même lorsque l'autorité communautaire doit procéder à des appréciations économiques complexes (CJCE, 11 juillet 1985, *Remia*, aff. 42/84, 2545 ; TPI, 23 février 1994, *Groupement des cartes bancaires*, aff. jtes T-39 et 40/92, II.49).

D. L'arrêt d'annulation et ses effets

610. Le juge devra annuler l'acte attaqué si le (ou les) moyen(s) d'annulation est (ou sont) fondé(s). Il ne pourra, ni réformer l'acte vicié, ni lui en substituer un nouveau, le juge de la légalité n'ayant pas les pouvoirs du juge de plein contentieux (voir encore CJCE, ord. 11 mai 2000, *Deutsche Post*, aff. C-428/98 P, I.3061). Il ne pourra pas davantage adresser des injonctions à l'institution en cause (CJCE, 24 juin **1986, *Akzo***, aff. 53/85, 1965) ou la condamner au paiement de certaines sommes (CJCE, 25 mai 1993, *Sart-Tilman*, aff. C-199/91, I.2667). Celle-ci est toutefois tenue, en application de l'article 233 alinéa 1er, de prendre les mesures que comporte l'exécution de l'arrêt d'annulation (arrêt *Akzo* précité), et son refus de prendre ces mesures pourra faire l'objet d'un recours en carence (CJCE, 26 avril 1988, *Asteris*, aff. jtes 97/86 et a., 2181).

La Cour peut donner à l'institution dont émane l'acte annulé des indications sur les mesures que devra comporter l'exécution de l'arrêt d'annulation (arrêt *Asteris* précité).

Dans tous les cas, l'institution doit assurer l'exécution de l'arrêt d'annulation dans un « *délai raisonnable* » (CJCE, 12 janvier 1984, *Turner*, aff. 266/82, 1).

I – L'ANNULATION DE L'ACTE PEUT ÊTRE TOTALE OU PARTIELLE

611. **La Cour peut ne prononcer qu'une annulation partielle de l'acte, à condition toutefois que les éléments dont l'annulation est demandée soient séparables de l'ensemble de l'acte en cause** (CJCE, 28 juin 1972, *Michel Jamet*, aff. 37/71, 483 ; 23 octobre 1974, *Transocéan Marine Paint*, aff. 17/74, 1063). La possibilité pour le juge de Luxembourg de ne prononcer qu'une annulation partielle de la mesure litigieuse n'implique cependant pas la possibilité pour lui de réformer cette mesure (TPI, 10 mars 1992, *Siv et a. c/ Commission*, aff. jtes T-68/89, T-77/89 et T-78/89, II.1403).

II – L'EFFET RÉTROACTIF DE L'ARRÊT D'ANNULATION

612. L'article 231 alinéa 1er TCE (ex-art. 174 al. 1er) prévoit que, ***« si le recours est fondé, la Cour de justice déclare nul et non avenu l'acte contesté »***. Cet acte est donc censé n'avoir jamais existé, et l'institution qui l'a adopté doit rétablir le *statu quo ante*, c'est-à-dire qu'elle a l'obligation de replacer les intéressés dans la situation dans laquelle ils se seraient trouvés si l'acte annulé par le juge n'avait jamais existé.

L'article 231 alinéa 2 TCE (ex-art. 174 al. 2) dispose toutefois qu'*« **en ce qui concerne les règlements, la Cour de justice indique, si elle l'estime nécessaire, ceux des effets du règlement annulé qui doivent être considérés comme définitifs** »*. Cette disposition a été prévue pour tenir compte du fait que des situations juridiques ont pu être créées sur la base d'un acte normatif qui a été ultérieurement annulé. Dans ce cas, l'exigence de sécurité juridique peut justifier le maintien de certains effets du règlement annulé (voir CJCE, 5 juin 1973, *Commission c/ Conseil*, aff. 81/72, 575 ; 16 juillet 1992, *Parlement c/ Conseil*, aff. C-65/90, I.4616). La Cour s'est même fondée, d'une manière juridiquement contestable, sur l'article 231 alinéa 2 pour maintenir certains effets d'actes ne constituant pas des règlements (voir CJCE, 3 juillet 1986, *Conseil c/ Parlement*, aff. 34/86, 2155, à propos du budget 1986 ; 7 juillet 1992, *Parlement c/ Conseil*, aff. C-295/90, I.4193, à propos d'une directive).

L'institution dont émane l'acte annulé doit aussi arbitrer dans chaque cas d'espèce entre les exigences de la sécurité juridique et celles de la légalité lorsqu'elle tire les conséquences de l'arrêt d'annulation (CJCE, 22 mars 1961, *SNUPAT c/ Haute Autorité CECA*, aff. jtes 42/59 et 49/59, 103). L'exigence de sécurité juridique commande en particulier la suspension des effets d'une annulation jusqu'à l'adoption d'un acte légal de substitution (CJCE, 21 janvier 2003, *Commission c/ Parlement*, aff. C-378/00, I.937)

III – L'EFFET *ERGA OMNES* DE L'ARRÊT D'ANNULATION

613. **L'acte annulé disparaît rétroactivement à l'égard de tous les justiciables**. Cette caractéristique distingue le recours en annulation de l'exception d'illégalité prévue par l'article 241 (ex-art. 184), puisque la constatation d'illégalité intervenue dans le cadre de cet article n'aboutit qu'à l'inapplicabilité de l'acte vicié au cas d'espèce. L'arrêt d'annulation a donc une autorité absolue de chose jugée. Il en résulte que la Cour opposera un non-lieu pour défaut d'objet lorsqu'un recours vise un acte déjà annulé (CJCE, 11 février 1955, *ASSIDER c/ Haute Autorité CECA*, aff. 3/54, 122). En revanche, il sera possible de contester la légalité d'une mesure qui a déjà fait l'objet d'un recours en annulation rejeté par le juge, lorsque cette contestation se fonde sur des moyens nouveaux.

Pour en savoir plus...

– P. CASSIA, *L'accès des personnes physiques et morales au juge de la légalité des actes communautaires*, Dalloz, Nouvelle Bibliothèque des Thèses, 2002 ;

– M. MANKOU, « La computation des délais de recours dans le contentieux communautaire de l'annulation », *Europe*, avril 2007, p. 18

§3. L'exception d'illégalité

614. L'article 241 TCE (ex-art. 184) prévoit que « *nonobstant l'expiration du délai prévu à l'article 230, cinquième alinéa, toute partie peut, à l'occasion d'un litige mettant en cause un règlement arrêté conjointement par le Parlement européen et le Conseil ou un règlement du Conseil, de la Commission ou de la BCE, se prévaloir des moyens prévus à l'article 230, deuxième alinéa, pour invoquer devant la Cour de justice l'inapplicabilité de ce règlement* ».

En réalité, l'exception d'illégalité peut être dirigée contre tout acte de portée générale susceptible de produire des effets analogues à ceux d'un règlement (CJCE, 6 mars 1979, *Simmenthal*, aff. 92/78, 777, point 40).

L'article 156 Euratom est identique à l'article l'article 241 (ex-art. 184), et l'ex-article 36 alinéa 3 CECA contenait des dispositions similaires.

L'exception d'illégalité est une procédure qui permet de pallier les conditions restrictives du recours en annulation imposées aux justiciables privés (il s'agit donc d'une *procédure palliative*). En outre, elle vient se greffer sur une autre voie de droit ouverte devant la Cour de justice (il s'agit d'une *procédure incidente*).

A. Une procédure palliative

615. L'exception d'illégalité permet de soulever l'illégalité d'un règlement communautaire pour en obtenir l'inapplicabilité à l'occasion d'une procédure ouverte devant la Cour de justice. Sa fonction principale est de **pallier les conditions restrictives du recours en annulation imposées aux justiciables privés**. La Cour considère que cette procédure répond à la nécessité d'assurer la sauvegarde de la légalité (CJCE, 6 mars 1979, *Simmenthal*, aff. 92/78, 777) et que son but est « *de protéger le justiciable contre l'application d'un règlement illégal* » (CJCE, 14 décembre **1962, *Wöhrmann***, aff. jtes 31 et 33/62, 965).

Parce qu'il s'agit de pallier les conditions restrictives du recours en annulation (et notamment le fait que ce dernier est enfermé dans un délai de deux mois), il sera possible de soulever l'exception d'illégalité à tout moment, y compris après l'expiration du délai de recours en annulation (CJCE, 16 décembre 1963, *Barge*, aff. 18/62, 529 ; 10 juin 1986, *Usinor*, aff. jtes 81 et 119/85, 1777), dès lors qu'on est en mesure d'invoquer l'un des moyens d'annulation prévus à l'article 230 alinéa 2 (ex-173 alinéa 2 : voir CJCE, 13 juin 1958, *Méroni*, aff. 9/56, 11). L'intérêt de l'exception d'illégalité consiste précisément à **permettre aux justiciables de paralyser les effets d'un règlement illégal non annulé, même après l'expiration du délai de recours en annulation**. Les requérants devront cependant prouver leur intérêt à agir, en établissant que leur situation est affectée par l'acte communautaire dont ils demandent l'inapplicabilité (CJCE, 18 mars 1980, *Valsabbia*, aff. jtes 154/78 et a., 907).

L'article 241 (ex-art. 184) prévoit que **« *toute partie* » peut soulever l'exception d'illégalité**. Cette formule a été reprise par la Cour de justice (CJCE, 13 juillet 1966, *Italie c/ Conseil*, aff. 32/65, 564), et il faut en conclure que les États membres ont la possibilité d'actionner la procédure de l'article 241 (voir en ce sens les conclusions de l'avocat général K. Roemer sous l'arrêt *Italie c/ Conseil* précité ; voir aussi conclusions de l'avocat général G. Slynn sous CJCE, 12 février 1987, *France c/ Commission*, aff. 181/85, 710 et conclusions de l'avocat général Mancini sous CJCE, 27 septembre 1988, *Grèce c/ Conseil*, aff. 204/86, 5337), même si cette possibilité est contestée par certains auteurs et, avec quelques nuances, par la Commission européenne.

Si l'exception d'illégalité tend pour l'essentiel à pallier l'impossibilité pour les particuliers d'attaquer directement les actes normatifs, elle doit aussi permettre à « *toute partie* » d'empêcher l'application d'actes généraux illégaux dont les effets n'ont pu être mesurés qu'après l'expiration du délai de recours en annulation. L'exception d'illégalité peut donc aussi être soulevée par une institution communautaire.

Dans tous les cas, l'exception d'illégalité devra être soulevée explicitement devant le juge de Luxembourg, car elle n'a pas un caractère d'ordre public (CJCE, 17 décembre 1959, *Fonderies de Pont-à-Mousson*, aff. 14/59, 447).

B. Une procédure incidente

616. **L'exception d'illégalité est une procédure incidente qui se greffe sur une autre voie de droit ouverte devant la Cour de justice**. Le juge de Luxembourg a en effet précisé que l'exception d'illégalité ne peut être invoquée « *que dans une procédure poursuivie devant la Cour elle-même sur la base d'une autre disposition du Traité* » (arrêt *Wöhrmann* précité) ; elle ne peut donc pas être soulevée à l'appui d'un recours devant le juge national. Cette impossibilité ne doit pas surprendre, dans la mesure où la question préjudicielle en appréciation de validité est alors la voie de droit appropriée.

L'exception d'illégalité « *ne constitue pas un droit d'action autonome et ne peut être exercée que de manière incidente* » (CJCE, 16 juillet 1981, *Albini*, aff. 33/80, 2141). Il en résulte que la recevabilité de l'exception d'illégalité dépend de celle du recours principal (CJCE, 16 décembre 1963, *Macchiorlati Dalmas e Figli*, aff. 1/63, 615 ; 12 juillet 1984, *Busseni*, aff. 81/83, 2951).

De plus, **un « *rapport nécessaire* » doit exister entre la mesure qui fait l'objet du recours direct et celle qui est visée par l'exception d'illégalité** (CJCE, 13 juillet 1966, *Italie c/ Commission*, aff. 32/65, 564). La Cour évoque encore la nécessité d'un « *lien juridique direct* » entre les deux actes (arrêt *Macchiorlati Dalmas e Figli* précité). Le plus souvent, ce lien réside dans le fait que la mesure générale constitue la « *base juridique* » de la mesure individuelle (CJCE, 28 octobre 1981, *Krupp*, aff. jtes 275/80 et 24/81, 2489). Mais, dans certains cas, il suffit que le règlement dont l'illégalité est soulevée soit « *applicable directement ou indirectement à l'espèce qui fait l'objet du recours* » (arrêt *Italie c/ Commission* précité).

L'article 241 (ex art. 184) **ne vise expressément que l'inapplicabilité des règlements, mais** la Cour de justice considère que **l'exception d'illégalité peut être également soulevée contre les « *actes des institutions qui, s'ils n'ont pas la forme d'un règlement, produisent cependant des effets analogues* »** (arrêt *Simmenthal* précité).

I – LA JURISPRUDENCE *TWD TEXTILWERKE DEGGENDORF* ET SES DÉVELOPPEMENTS

617. La Cour a cependant considéré que **les impératifs de sécurité juridique excluent la possibilité pour le bénéficiaire d'une aide qui aurait pu attaquer la décision de la Commission déclarant l'aide incompatible et qui a laissé s'écouler le délai du recours en annulation (forclusion), de remettre en cause la légalité de celle-ci par voie d'exception à l'occasion d'un recours devant le juge national dirigé contre les mesures internes d'exécution** (**CJCE**, 9 mars **1994, *TWD Textilwerke Deggendorf***, aff. C-188/92, I.846). Un commentateur de cet arrêt a fait observer que « *cette solution (...) semble en contradiction avec la logique de la protection juridictionnelle découlant du droit de soulever une exception d'illégalité (...) par le mécanisme du renvoi préjudiciel en appréciation de validité* », même si la Cour a clairement manifesté sa volonté de limiter la portée de son arrêt en prenant soin de mettre en évidence la spécificité de la situation d'espèce (*Europe*, mai 1994, comm. 180, p. 9 – Voir aussi CJCE, 30 janvier **1997, *Wiljo***, aff. C-178/95, I.585, toujours à propos d'une décision ; 11 novembre **1997, *Eurotunnel***, aff. C-408/95, I.6315, à propos cette fois d'une directive).

Après avoir d'abord refusé d'appliquer la jurisprudence *TWD Textilwerke Deggendorf* dans l'hypothèse où l'acte en cause est un règlement (CJCE, 12 décembre 1996, *Accrington Beef*, aff. C-241/95, I.6699), la Cour de justice est revenue sur cette position (CJCE, 15 février **2001, *Nachi Europe***, aff. C-239/99, I.1197).

Le TPI a transposé la solution dégagée par la Cour au sujet de l'illégalité invoquée devant le juge national à l'hypothèse d'une contestation **devant le juge communautaire** (**TPI**, 13 septembre **1995, *TWD Textilwerke Deggendorf***, aff. jtes T-244 et 486/93, II.2265 – Voir aussi la confirmation par la Cour du bien-fondé de cette solution : CJCE, 15 mai 1997, *TWD Textilwerke Deggendorf*, aff. C-355/95 P, I.2549). Cette jurisprudence est contestable, dans la mesure où elle aboutit « *à fermer par forclusion une voie de droit spécialement conçue pour sauvegarder, malgré le temps, les droits des particuliers face à une acte invalide* » (*Europe*, novembre 1995, comm. 377, p. 6).

II – LES RECOURS À L'OCCASION DESQUELS L'EXCEPTION D'ILLÉGALITÉ PEUT ÊTRE SOULEVÉE

618. Dans les cadres CE et Euratom, l'exception d'illégalité peut être soulevée « *à l'occasion d'un litige mettant en cause un règlement* (communautaire) ». Cette formulation laisse entendre que **l'exception d'illégalité n'est pas *a priori* limitée au contentieux de l'annulation** (même si celui-ci constitue logiquement son terrain d'élection), et qu'elle peut être soulevée à l'occasion d'autres voies de recours. Elle peut notamment être utilisée dans le cadre du recours **contre les sanctions** (par analogie avec l'ex-article 36 alinéa 3 CECA) et du **recours des fonctionnaires** prévu par l'article 236 TCE (CJCE, 10 décembre 1987, *Del Plato*, aff. jtes 181 à 184/86, 4991).

NB : L'autonomie de l'exception d'illégalité par rapport au recours en annulation a été partiellement remise en cause par la jurisprudence *Deggendorf* précitée, puisque celle-ci conduit à reconnaître que le délai de recours en annulation est applicable au requérant qui invoque l'exception d'illégalité de l'article 241 (ex-art. 184).

Rien n'interdit *a priori* de soulever l'exception d'illégalité **dans le cadre du recours en indemnité**, en faisant valoir que l'acte sur lequel se fonde la mesure à l'origine du dommage est illégal, mais l'objectif poursuivi est alors d'obtenir la réparation du préjudice subi, et non l'inapplicabilité de l'acte de base. En réalité, il faut considérer qu'en invoquant l'illégalité de la mesure sur laquelle se fonde l'acte dommageable, le requérant ne soulève pas une exception d'illégalité, il cherche uniquement à démontrer que l'une des trois conditions ouvrant droit à réparation est remplie, à savoir l'illégalité de l'acte qui lui a causé un préjudice (il est évident qu'une mesure fondée sur un acte illégal est, de ce fait, elle-même illégale).

On s'est interrogé sur la possibilité de soulever l'exception d'illégalité **à l'occasion d'un recours en carence** dans le cadre des traités CE et Euratom, alors que cette possibilité était admise dans le cadre du Traité CECA (arrêt *Meroni* de 1958 précité, rendu à la suite d'un recours contre une décision implicite de rejet). Compte tenu du libellé de l'article 241 (ex-art. 184), qui postule qu'on ne peut invoquer que l'inapplicabilité d'un règlement « *arrêté* » par les institutions, il faut considérer que rien n'interdit *a priori* à un requérant d'invoquer l'illégalité d'un règlement qui serait à l'origine d'une carence fautive.

La principale difficulté s'est posée **à propos du recours en manquement**, dans le cadre duquel il peut être intéressant pour l'État concerné d'invoquer l'inapplicabilité (pour cause d'illégalité) d'un acte communautaire qu'on lui reproche d'avoir violé pour justifier son manquement. Elle n'a été admise que par certains avocats généraux dans le cas des règlements (voir CJCE, 29 juillet 1991, *Commission c/ Espagne*, aff. C-258/89, I.3977, concl. Darmon p. 3986). Elle semble exclue par la Cour de justice dans le cas des décisions (CJCE, 10 décembre 1969, *Commission c/ France*, aff. jtes 6/69 et 11/69, 523 ; 30 juin 1988, *Commission c/ Grèce*, aff. 226/87, 3611 ; 10 juin 1993, *Commission c/ Grèce*, aff. C-183/91, I.3131) et des directives, sauf dans l'hypothèse où l'acte est inexistant, c'est-à-dire grossièrement illégal (arrêt 226/87 précité ; voir aussi CJCE, 27 octobre 1992, *Commission c/ Allemagne*, aff. C-74/91, I.5437). L'exception d'illégalité est également exclue par la Cour de justice dans le cadre du recours en manquement fondé sur la procédure simplifiée de l'article 88 §2 (ex-art. 93 §2) du Traité CE (voir CJCE, 27 juin 2000, *Commission c/ Portugal*, aff. C-404/97, I.4897).

C. Les effets d'une admission de l'exception d'illégalité

619. Ils dépendent évidemment du type de recours sur lequel se greffe l'exception d'illégalité, mais, dans tous les cas, **l'acte qui fait l'objet de l'exception ne sera pas annulé, mais seulement déclaré inapplicable au cas d'espèce**. Dans le cadre du recours en annulation, l'admission de l'exception d'illégalité conduira le juge à annuler l'acte attaqué et l'institution à modifier ou à retirer l'acte reconnu illégal (CJCE, 17 juillet 1959, *SNUPAT*, aff. jtes 32 et 33/58, 275). Il peut arriver cependant que les impératifs de sécurité juridique commandent de maintenir en vigueur l'acte déclaré inapplicable (CJCE, 14 juillet 1961, *Vloeberghs*, aff. jtes 9/60 et 12/60, 393).

Une déclaration d'inapplicabilité n'a autorité de chose jugée qu'à l'égard des parties à l'instance (CJCE, 21 février 1974, *Kortner*, aff. jtes 15 à 33/73 et a., 177) et ne peut donc être invoquée par un tiers.

§4. Le recours en carence

620. Les articles pertinents du traité sont les **articles 232 et 233 TCE** (ex-art. 175 et 176).

Le recours en carence **permet d'assurer le contrôle de légalité de l'inaction des institutions communautaires**. La Cour de justice a déclaré que l'intérêt du recours en constatation de carence consiste en ce que « *l'inaction illégale du Conseil ou de la Commission permet aux autres institutions et aux États membres ainsi que, dans certains cas, aux particuliers, de saisir la Cour, afin que celle-ci déclare que l'abstention d'agir est contraire au traité, dans la mesure où l'institution n'a pas remédié à cette abstention* » (CJCE, 12 juillet 1988, *Parlement c/ Conseil*, aff. 377/87, 4017 et *Commission c/Conseil*, aff. 383/87, 4051).

Le recours en constatation de carence présente une **autonomie par rapport au recours en annulation**, puisque son utilisation est limitée au cas d'absence de décision, à l'exclusion des hypothèses de refus d'adopter une décision, lesquelles relèvent du contentieux de l'annulation (CJCE, 13 juillet 1971, *Deutscher Komponistenverband*, aff. 8/71, 705 ; 8 mars 1972, *Nordgetreide*, aff. 42/71, 105 ; 15 décembre 1988, *Irish Cement Ltd*, aff. jtes 166/86 et 220/86, 6473). Si les deux recours sont autonomes, ils présentent néanmoins une *parenté* (voir conclusions de l'avocat général Mischo sous les arrêts précités du 12 juillet 1988).

NB : Le recours que prévoyait l'ex-article 35 **CECA** n'était pas un véritable recours en carence ; la Cour de justice l'avait assimilé à un recours en annulation, dans la mesure où il tendait à l'annulation de décisions implicites de refus de la Commission, nées du silence de celle-ci (CJCE, 23 avril 1956, *Groupement des industries sidérurgiques luxembourgeoises*, aff. jtes 7 et 9/54, 53).

A. Les situations de carence

I – La notion de carence

621. L'article 232 alinéa 1er TCE (ex-art. 175) prévoit qu'il y a carence « *dans le cas où, en violation du présent traité, le Parlement européen, le Conseil ou la Commission s'abstiennent de statuer (...)* ». La carence est une **abstention fautive de statuer**, et la faute réside nécessairement dans la violation du traité. Le juge de Luxembourg la constate lorsqu'une institution de la Communauté s'est abstenue à tort d'adopter un acte, obligatoire ou non, créant des effets juridiques définitifs ou constituant un préalable nécessaire à un acte susceptible de produire de tels effets (CJCE, 27 septembre 1988, *Parlement c/ Conseil*, aff. 302/87, 5615, à propos de l'absence de présentation d'un projet de budget). **Il ne peut y avoir carence que si l'institution est tenue d'agir** (CJCE, 14 février 1989, *Star Fruit Company*, aff. 247/87, 291) et si les actes qu'elle a l'obligation d'adopter ont une portée suffisamment définie pour faire l'objet d'une exécution (CJCE, 22 mai 1985, *Parlement c/ Conseil*, aff. 13/83, 1513).

La carence consiste à ne pas avoir adopté un acte déterminé ; on ne peut, en revanche, reprocher à une institution l'absence d'une politique commune, c'est-à-dire d'un ensemble de mesures concrètes et de principes (arrêt 13/83 précité).

La Cour a considéré que le fait de ne pas exécuter un arrêt d'annulation est constitutif d'une carence (CJCE, 26 avril 1988, *Asteris*, aff. jtes 97/86, 99/86, 193/86 et 215/86, 2181). En revanche, il n'est pas possible d'introduire un recours en carence contre l'abstention de réformer un acte réputé illégal (CJCE, 4 avril 1960, *Elz c/ Haute Autorité CECA*, aff. 34/59, 217).

II – Les institutions dont la carence peut être sanctionnée

622. Le 1er alinéa de l'article 232 TCE (ex-art. 175) vise les abstentions fautives de statuer du Parlement européen, du Conseil et de la Commission, et le 4e alinéa du même article vise les carences de la BCE.

La possibilité d'introduire un recours en carence à l'encontre du Parlement européen est une innovation du Traité de Maastricht. Avant l'entrée en vigueur de ce traité, le recours en carence ne pouvait être dirigé que contre l'abstention de statuer du Conseil ou de la Commission.

B. Les auteurs du recours en carence

I – Les États membres et les institutions de la Communauté

623. Les institutions susceptibles d'introduire un recours en carence sont : la Commission, le Conseil, le Parlement européen (CJCE, 22 mai 1985, *Parlement c/ Conseil*, aff. 13/83, 1513) et, depuis l'entrée en vigueur du Traité de Maastricht, la Cour des comptes de Luxembourg. La BCE peut former des recours en carence « *dans les domaines relevant de ses compétences* ».

Les institutions de la Communauté et les États membres n'ont pas à démontrer leur intérêt à agir et constituent donc, comme dans le cadre du recours en annulation, des requérants privilégiés.

II – Les personnes physiques ou morales

624. L'article 232 alinéa 3 TCE (ex-art. 175) prévoit que « *Toute personne physique ou morale peut saisir la Cour de justice (…) pour faire grief à l'une des institutions de la Communauté d'avoir manqué de lui adresser un acte autre qu'une recommandation ou un avis* ». La Cour déduit de cette formule que **les particuliers n'ont pas, à la différence des requérants privilégiés, la possibilité de mettre en cause la carence d'une institution à adopter un acte non obligatoire** (CJCE, 15 juillet 1970, *Borromeo*, aff. 6/70, 815).

En principe, il devrait s'agir d'une décision individuelle ayant le requérant pour destinataire, puisque le 3e alinéa de l'article 232 TCE (ex-art. 175) vise une situation dans laquelle le particulier peut faire grief à l'une des institutions communautaires d'avoir manqué de « *lui adresser* » un acte déterminé. Pourtant, la Cour a accepté en une occasion d'aligner les conditions de recevabilité du recours en carence formé par les particuliers sur celles du recours en annulation, en admettant un recours en carence formé par une personne directement et individuellement concernée par une décision qui aurait dû être adressée à une autre personne (CJCE, 16 février 1993, *ENU c/ Commission*, aff. C-107/91, I.599, à propos d'une décision que la Commission aurait dû adresser à l'Agence Euratom ; voir aussi CJCE, 26 novembre 1996, *T. Port*, aff. C-68/95, I.6065).

C. La procédure en carence

625. L'action en carence se déroule en deux phases : une phase administrative préalable, qui permet de mettre l'institution en cause en demeure d'agir en lui donnant la possibilité de prendre position dans un délai déterminé ; une phase contentieuse qui s'ouvre avec la saisine de la Cour de justice.

I – La phase administrative préalable

626. La saisine du juge de Luxembourg doit nécessairement être précédée d'une demande préalable invitant l'institution à agir en adoptant une mesure appropriée.

Il s'agit de contraindre l'institution concernée à adresser un acte à l'auteur de la demande (CJCE, 11 juillet 1979, *Fédération nationale des producteurs des vins de table et vins de pays*, aff. 59/79, 2425).

L'« **invitation à agir** » doit avoir un caractère « ***péremptoire ou comminatoire*** » (arrêt *Elz c/Haute Autorité* précité). L'institution en cause ne doit avoir aucun doute sur le fait qu'il s'agit de l'invitation à agir prévue dans le cadre du recours en carence. Tel est le cas lorsque l'auteur de la demande s'est référé explicitement à l'article 232 (ex-art. 175) en invitant sans ambiguïté l'institution à agir (TPI, 18 septembre 1992, *Asia Motor France*, aff. T-28/90, II.2285). La demande préalable doit être motivée ; elle doit également indiquer les mesures que l'institution est mise en demeure d'adopter (CJCE, 6 mai 1986, *Nuovo Campsider*, aff. 25/85, 1531).

Le traité est muet sur le délai dans lequel l'institution doit être invitée à agir. Le juge sera donc conduit à apprécier ce délai au cas par cas, étant entendu que **la mise en demeure doit intervenir dans un « délai raisonnable »** à partir du moment où l'auteur de la demande a acquis la conviction que l'institution en cause a décidé de s'abstenir de statuer (CJCE, 6 juillet 1971, *Pays-Bas c/ Commission*, aff. 59/70, 639).

À compter d'un délai de deux mois à compter de l'invitation à agir, le recours devant la Cour peut être formé dans un nouveau délai de deux mois si l'institution n'a pas pris position. La Cour de justice ne peut pas être valablement saisie si la prise de position est intervenue dans les deux mois suivant la mise en demeure.

Ne sont pas constitutives d'une prise de position : une réponse d'attente (arrêt *ENU c/ Commission* précité), une réponse évasive (CJCE, 17 juillet 1959, *SAFE*, aff. 42/58, vol. V, 383 ; arrêt *Borromeo* précité) ou une réponse dilatoire (CJCE, 22 mai 1985, *Parlement c/ Conseil*, précité).

Sont au contraire constitutives d'une prise de position : l'adoption de la mesure demandée, l'adoption d'une mesure différente de celle qui a été sollicitée (CJCE, 13 juillet 1971, *Komponistenverband*, aff. 8/71, 705 ; 1er avril 1993, *Pesqueras Eschebastar*, aff. C-25/91, I.1719), le refus explicite d'agir (CJCE, 22 mars 1961, *SNUPAT*, aff. jtes 42 et 49/59, 101). En ce qui concerne le refus explicite d'agir, la Cour semble avoir incidemment infléchi sa jurisprudence, en affirmant qu'« *un refus d'agir, si explicite soit-il, peut être déféré à la Cour sur la base de l'article 175, dès lors qu'il ne met pas fin à la carence* » (CJCE, 27 septembre 1988, *Parlement c/ Conseil*, aff. 302/87, 5615).

II – La phase contentieuse et l'arrêt en constatation de carence

627. Seule la personne ayant invité l'institution communautaire à agir dans le cadre de la phase administrative préalable peut saisir le juge de Luxembourg (CJCE, 23 mai 1990, *Asia Motor France*, aff. C-72/90, I.2181) ; sa requête doit se limiter aux points dont l'institution a été saisie à l'occasion de la mise en demeure et à la mesure que l'institution a été invitée à prendre (CJCE, 15 juillet 1960, *Chambre syndicale de la sidérurgie de l'Est de la France*, aff. jtes 24/58 et 34/58, 575), faute de quoi le recours serait irrecevable.

La Cour de justice rend une ordonnance de non-lieu à statuer si l'acte dont l'omission fait l'objet du litige a été adopté après l'introduction du recours en carence, mais avant le prononcé de l'arrêt, l'objet du recours ayant alors disparu (CJCE, 12 juillet 1988, *Parlement c / Conseil*, aff. 377/87, 4017 ; 10 juin 1993, *The Liberal Democrats c/ Parlement européen*, aff. C-41/92, I.3153). La Cour ne juge même pas utile d'examiner la question de savoir si l'institution en cause était en état de carence fautive au moment de l'introduction du recours.

Cette attitude est compréhensible, si l'on admet que le recours en constatation de carence vise à « *amener l'institution à agir, la constatation de l'illégalité de l'abstention ne constituant, pour ainsi dire, qu'un moyen de pression à cet effet* » (conclusions de l'avocat général Mischo sous arrêt 337/87 précité).

L'arrêt en carence est un arrêt déclaratoire, en ce sens que le juge se contente de constater l'abstention fautive de statuer, sans pouvoir adresser des injonctions à l'institution concernée. Celle-ci est toutefois tenue de prendre les mesures que comporte l'exécution de l'arrêt en constatation de carence. La Cour (ou le TPI) peut donner des indications à l'institution en cause sur les conséquences à tirer de l'arrêt prononcé. Si la déclaration de carence n'était pas suivie d'effet, le justiciable concerné n'aurait pas d'autre solution que d'engager une nouvelle procédure en carence (« carence sur carence »).

Pour en savoir plus...
– M. DONY, T. RONSE, « Réflexions sur la spécificité du recours en carence », *CDE* 2000, p. 595.

§5. Le recours en responsabilité extra-contractuelle

1) Remarques liminaires générales

628. Avant sa disparition, le Traité CECA disposait que « *la Cour est compétente pour accorder, sur demande de la partie lésée, une réparation pécuniaire à la charge de la Communauté, en cas de préjudice causé dans l'exécution du présent traité...* » (ex-art. 40). Les Traités de Rome prévoient qu'« *en matière de responsabilité non contractuelle, la Communauté doit réparer (...) les dommages causés par ses institutions ou par ses agents dans l'exercice de leurs fonctions* » (art. 235 et 288 al. 2 TCE, ex-art. 178 et 215 al. 2 ; art. 188 al. 2 CEEA).

La reconnaissance d'une responsabilité extracontractuelle des Communautés était indispensable, compte tenu des larges compétences détenues par les institutions communautaires. En effet, les trois Communautés originelles (deux aujourd'hui) sont des organisations d'intégration et non des organisations de simple coopération. Elles se caractérisent notamment par des transferts de compétences effectués par les États membres au profit d'institutions communes ayant le pouvoir d'adopter des normes générales directement applicables aux ressortissants communautaires. Le transfert des compétences devait donc très logiquement s'accompagner d'un transfert de la responsabilité.

Les litiges susceptibles de mettre en jeu la responsabilité extracontractuelle des Communautés relèvent de la **compétence exclusive du juge communautaire** en application des articles 235 TCE (ex-art. 178) et 151 CEEA (ex-art. 40 CECA, avant sa disparition). Cette solution, qui implique nécessairement que la responsabilité extracontractuelle de la Communauté relève exclusivement du droit communautaire (CJCE, 10 juillet 1969, *Sayag*, aff. 9/69, 1329 ; 27 mars 1990, *Grifoni*, aff. C-308/87, I.1212) se justifie essentiellement par le fait que la mise en jeu de cette responsabilité suppose très souvent que soit portée une appréciation sur la politique des Communautés. Dès lors, il paraît normal d'exclure la compétence des juridictions nationales.

La Communauté n'exerçant que peu d'activités matérielles par elle-même, sa responsabilité extra-contractuelle est, dans la plupart des cas, mise en cause pour l'adoption d'actes illégaux. Dans de telles hypothèses, la responsabilité ne peut toutefois être engagée que dans des conditions définies très strictement par le juge de Luxembourg, de sorte que les justiciables ne sont pas encouragés à introduire des recours.

2) Le renvoi aux « principes généraux communs aux droits des États membres »

629. L'article 288 alinéa 2 TCE (ex-art. 215) prévoit que, en matière de responsabilité non contractuelle, la Communauté doit réparer les dommages causés par ses institutions ou par ses agents « ***conformément aux principes généraux communs aux droits des États membres*** ». En fait, la référence explicite à ces « *principes généraux* » laisse à la Cour de justice une réelle marge d'appréciation dans la détermination des règles applicables.

Ainsi, comme le souligne l'avocat général Joseph Gand dans l'affaire *Kampffmeyer*, le renvoi aux principes généraux communs aux droits des États membres n'oblige pas le juge de Luxembourg à rechercher un dénominateur commun ou des solutions consacrées par les systèmes juridiques de tous les États concernés, mais l'invite à accomplir « ***une œuvre de comparaison et de création*** » (CJCE, 14 juillet 1967, *Kampffmeyer*, aff. jtes 5, 7 et 13 à 24/66, 347).

Dans d'autres affaires, l'avocat général Karl Roemer a été plus loin en suggérant à la Cour de s'inspirer de « *la réglementation nationale la plus judicieusement élaborée* » (CJCE, 2 décembre 1971, *Zuckerfabrik*, aff. 5/71, 975 ; 13 novembre 1973, *Werhahn*, aff. jtes 63 à 69/72, 1229). Une telle suggestion nous semble critiquable, dans la mesure où, comme le fait observer F. Schockweiler, « *recon-*

naître une telle mission à la Cour de justice serait l'investir d'un rôle de véritable législateur opérant des choix politiques » (F. Schockweiler, « Le régime de la responsabilité extra-contractuelle du fait d'actes juridiques dans la Communauté européenne », *RTD eur.* 1990, p. 27).

On peut aussi se demander en quoi consiste précisément « *La réglementation nationale la plus judicieusement élaborée* ». S'agit-il de celle qui assure la protection la plus efficace des droits de la victime, ou plutôt, comme nous le pensons, de celle qui préserve un équilibre satisfaisant entre ces droits et la nécessité de ne pas entraver le fonctionnement de l'appareil institutionnel et décisionnel ?

En tout état de cause, c'est par référence aux principes généraux communs aux droits des États membres que la responsabilité extracontractuelle de la Communauté ne sera engagée que si le requérant peut démontrer « *l'illégalité du comportement reproché aux institutions, la réalité du dommage et l'existence d'un lien de causalité entre le comportement et le préjudice invoqué* » (CJCE, 2 juillet 1974, *Holtz et Willemsen*, aff. 153/73, 675 ; 11 octobre 1990, *FUNOC*, aff. 200/29, I.3669). Seule la réunion de ces trois conditions commande l'engagement de la responsabilité de la Communauté (voir encore CJCE, 15 septembre 1994, *KYDEP,* aff. C-146/91, I.4199). On sait que ces conditions sont également nécessaires pour engager la responsabilité de la puissance publique en droit administratif français, même si celle-ci peut, en certaines circonstances, être engagée en l'absence de toute illégalité.

NB : En réalité, l'article 288 alinéa 2 ne désigne pas les principes généraux du droit au sens classique du terme, mais plutôt des règles systémiques communes aux droits nationaux de la responsabilité. Mais le juge communautaire et une large fraction de la doctrine ont saisi la référence textuelle de l'article 215 alinéa 2 pour établir la théorie des principes généraux du droit communautaire. Il y a là une ambiguïté, un malentendu.

A. La recevabilité de l'action en indemnité

I – QUALITÉ ET DÉLAI POUR AGIR

630. **Toute personne physique ou morale**, y compris les États, **ayant subi un dommage**, a le droit d'introduire un recours en indemnité, indépendamment de toute considération de nationalité (en revanche, les institutions communautaires ne sauraient introduire des recours en indemnité à l'encontre de la Communauté, puisqu'elles représentent celle-ci). Seule compte l'existence d'un dommage, qui fonde ainsi l'intérêt légitime à agir, et il est acquis qu'une personne peut céder son droit d'agir à un tiers (CJCE, 4 octobre 1979, *Ireks-Arkady*, aff. 238/78, 2955). Dans ce cas, elle n'a plus droit à réparation et son recours doit être rejeté (CJCE, 13 novembre 1984, *Birra Wührer*, aff. jtes 256/8 et a., 3693).

631. En application du protocole sur le statut de la Cour, **l'action en indemnité se prescrit par cinq ans à compter de la survenance du fait dommageable**. La Cour a précisé que le délai de prescription ne commence pas à courir « *avant que ne soient réunies toutes les conditions auxquelles se trouve subordonnée l'obligation de réparation et notamment avant que le dommage à réparer ne se soit concrétisé* » (CJCE, 27 janvier 1982, *Birra Wührer*, aff. 256/81, 85).

La prescription est interrompue, soit par la requête formée devant la Cour, soit par la demande préalable (et facultative) adressée par la victime à l'institution compétente de la Communauté. Dans ce dernier cas toutefois, la requête doit être formée dans les délais du recours en annulation ou du recours en carence. Cette exigence tend, selon le juge de Luxembourg, à « *protéger l'intéressé en évitant de faire entrer certaines périodes en ligne de compte pour le calcul dudit délai* » (arrêt *Kampffmeyer* précité).

II – La qualité du défendeur

632. Le recours doit, en principe, être intenté contre la Communauté responsable, puisque l'obligation de réparer pèse sur « *la Communauté* » en tant que telle en application des traités. En pratique cependant, **la Cour admet la recevabilité de recours introduits directement contre les institutions responsables** (CJCE, 9 novembre 1989, *Briantex et Di Domenico*, aff. 353/88, 3623).

La Cour a même admis qu'un recours soit dirigé contre la Banque européenne d'investissement, alors que celle-ci ne constitue pas une institution communautaire au sens strict du terme (CJCE, 25 mai 1993, *SGEEM c/ BEI*, aff. C-370/89, I.2583). En pratique toutefois, sauf contentieux de la fonction publique, les recours sont le plus souvent dirigés contre le Conseil et la Commission. La Cour a même admis que le recours peut être dirigé indifféremment contre la Commission ou contre le Conseil lorsque le dommage résulte d'un règlement adopté par le Conseil sur proposition de la Commission (arrêt *Werhahn Hansamühle* précité).

III – L'autonomie du recours en indemnité

633. À l'origine, la Cour a considéré qu'il ne pouvait pas y avoir de responsabilité de la Communauté dès lors que l'acte prétendument à l'origine du dommage n'avait pas été annulé (CJCE, 15 juillet **1963**, ***Plaumann***, aff. 25/62, 199). Cette solution pouvait s'expliquer notamment par la crainte de voir les justiciables utiliser l'action en indemnité pour soulever l'illégalité des actes communautaires alors qu'ils avaient perdu la faculté d'obtenir l'annulation de ces actes, l'article 230 TCE ayant posé des conditions strictes de recevabilité du recours en annulation des actes des institutions.

Il faut toutefois reconnaître que cette crainte, formulée essentiellement par la Commission, n'était pas justifiée. En effet, le but du recours en responsabilité est la réparation du préjudice subi, c'est-à-dire l'allocation d'une indemnité destinée uniquement à produire des effets à l'égard du requérant. Or, comme le remarque un auteur, « *puisque ce droit à réparation dépend de l'existence d'un acte illicite, il faut bien que celui-ci soit constaté. Cette constatation ne pouvant se faire dans le cadre du recours en annulation, pour des raisons qui tiennent aux conditions strictes de ce recours, elle doit forcément prendre place dans le cadre de l'action en indemnité* » (P. Cahier, « Les éléments constitutifs de la responsabilité extracontractuelle de la CEE », *in Mélanges Reuter*, 1981, p. 127).

Aussi, la jurisprudence ultérieure a consacré très clairement le principe de **l'autonomie du recours en responsabilité par rapport au recours en annulation** (arrêt *Zuckerfabrik* précité ; voir aussi TPI, 15 décembre 1994, *Unifruit Hellas*, aff. T-489/93, II.1201). Ainsi, l'annulation préalable de l'acte incriminé n'est plus une condition de la recevabilité de l'action en indemnité. L'autonomie du recours en responsabilité a été également affirmée par rapport au recours en carence (CJCE, 28 avril 1971, *Lütticke*, aff. 4/69, 325). Plus généralement, l'autonomie du recours en responsabilité signifie que les conditions de sa recevabilité ne dépendent pas de celles d'autres actions.

Par ailleurs, la Cour a eu l'occasion de préciser que **le recours en indemnité est recevable s'il poursuit des fins autonomes et ne se réduit pas à obtenir, par une voie indirecte, l'annulation de l'acte incriminé qui n'a pas été contesté** (CJCE, 26 novembre 1975, *Grands Moulins des Antilles*, aff. 99/74, 1531 ; voir aussi CJCE, ord. 26 octobre 1995, *Pevasa et Impesca*, aff. jtes C-199 et 200/94 P, I.3709). En tout état de cause, la Cour a indiqué qu'il était indispensable que le requérant n'ait pas eu la possibilité de demander l'annulation en vertu de l'article 230 CEE pour que le recours en réparation soit recevable (arrêt *Zuckerfabrik* précité). De même, ce recours ne peut être dirigé contre une carence fautive de la Communauté que si le requérant n'a pas eu la possibilité de faire constater ladite carence en vertu de l'article 232 TCE (ex-art. 175 – arrêt *Lütticke* précité).

IV – LA « DEMANDE PRÉALABLE »

634. Contrairement aux exigences du droit administratif français, **le recours en responsabilité extracontractuelle des Communautés ne doit pas nécessairement être précédé d'une « demande préalable ».** La victime d'un dommage peut adresser cette demande préalable à la Communauté ou à l'institution responsable si tel est son souhait, mais il ne s'agit pas d'une obligation. De plus, si la demande a été formulée et que l'institution concernée a pris une décision expresse de rejet, le requérant n'a pas à former un recours en annulation à l'encontre de celle-ci (CJCE, 13 juin 1972, *Cie d'approvisionnement*, aff. jtes 9 et 11/71, 391).

V – LA RÈGLE DE L'ÉPUISEMENT DES VOIES DE RECOURS INTERNES

635. **La Cour de justice exige du requérant qu'il apporte la preuve qu'il a épuisé les voies de recours internes en cas de pluralité de fautes et de mise en**

jeu de la responsabilité d'un État membre (arrêt *Kampffmeyer* précité). Dans cette hypothèse, en effet, il est essentiel d'éviter les doubles indemnisations. Il faut donc que le juge national ait préalablement statué. Encore faut-il que les voies de recours internes « *assurent d'une manière efficace la protection des particuliers intéressés en étant susceptibles d'aboutir à la réparation du dommage allégué* » (CJCE, 26 février 1986, *Krohn*, aff. 175/84, 753 ; 29 septembre 1987, *De Boer Buizen*, aff. 81/86, 3677).

Le TPI a rappelé que l'obligation d'avoir épuisé les voies de recours internes constitue une règle de compétence et une assurance de protection juridictionnelle, et non une condition restrictive ou impérative (TPI, 18 septembre 1995, *Detlef Nölle*, aff. T-167/94, II.2589). La jurisprudence ne renvoie aux juridictions communautaires que dans l'hypothèse où la Communauté est seule en cause ou que le droit national n'assure pas une protection efficace des droits tirés de la législation communautaire.

Par un arrêt du 23 novembre 2004, le TPI a, dans un souci d'équité, ordonné la réparation des dommages résultant, pour des coopératives productrices de vin établies en Sardaigne, des lacunes d'un règlement communautaire (qui n'avait pas prévu de dispositif garantissant le versement des aides aux producteurs, en cas de faillite de l'intermédiaire), dans une situation où le recours en responsabilité extracontractuelle était la seule action susceptible de garantir une protection juridictionnelle effective des requérantes, dès lors que les actions en récupération des aides non perçues, en annulation et en carence qu'elles avaient également introduites étaient irrecevables (TPI, 23 novembre 2004, *Cantina sociale di Dolianova*, aff. T-166/98, II.3991).

B. Le dommage réparable

I – LES CONDITIONS GÉNÉRALES

636. **Le préjudice est réparable s'il est « *né et actuel* »** (CJCE, 28 mai 1970, *Richez-Parise*, aff. jtes 19/69 et a., 325). Le recours est donc irrecevable si le dommage n'est pas réalisé mais risque de se réaliser (CJCE, 2 juin 1965, *FERAM*, aff. jtes 9 et 25/64, 399). Toutefois, le recours est recevable si le dommage est **prévisible avec suffisamment de certitude et imminent** (CJCE, 2 juin 1976, *Kampffmeyer*, aff. jtes 56 à 60/74, 711 ; 14 janvier 1987, *Zuckerfabrik*, aff. 281/84, 49).

La Cour de justice affirme clairement la **nécessité de prouver que le préjudice invoqué constitue la « *conséquence directe* » du comportement litigieux** (CJCE, 15 janvier 1987, *GAEC de la Segaude*, aff. 253/84, 123). Le juge de Luxembourg considère que la cause directe est la cause « *déterminante* », nécessaire à la réalisation du préjudice.

Le **dommage moral** peut donner lieu à réparation (CJCE, 12 juillet 1957, *Algera*, aff. jtes 7/56 et a., 81), au même titre que le **dommage matériel.**

La Cour de justice n'exige pas une **évaluation** exacte **du préjudice**. Elle admet ainsi la recevabilité du recours en responsabilité extracontractuelle dès que la cause du dommage est certaine et avant que le montant dudit dommage soit établi avec certitude, dès lors que cela s'avère nécessaire pour prévenir des dommages plus importants (CJCE, 28 mars 1979, *Granaria*, aff. 90/78, 1081). La Cour se contente également d'« *approximations sérieuses* » si l'étendue du préjudice ne peut pas être évaluée avec précision (CJCE, 9 décembre 1965, *Usines de la Providence*, aff. jtes 29/63 e.a., 1123). En tout état de cause, la détermination du montant exact de la réparation peut se faire, soit par accord entre les requérants et l'institution qui a engagé la responsabilité de la Communauté, soit au moyen d'une nouvelle procédure devant la Cour (CJCE, 15 mai 1975, *Comptoir National Technique Agricole (CNTA),* aff. 74/74, 533).

La fixation du montant du dommage peut s'avérer parfois difficile en raison de la nécessité de reconstituer un manque à gagner *(lucrum cessans)*, puisque ce dernier est pris en considération. Dans ce cas, la Cour constate la responsabilité de la Communauté, fixe les méthodes de calcul du préjudice et renvoie les parties à se mettre d'accord entre elles, avant de fixer dans une deuxième décision le montant exact des indemnités (CJCE, 19 mai 1992, *Mulder*, aff. C-104/89 et C-104/90, 3061). La victime a également droit, le cas échéant, à des intérêts de retard (CJCE, 4 octobre 1979, *Ireks-Arkady*, aff. 238/78, 2955).

II – L'exigence d'un préjudice grave et spécial dans certaines circonstances

637. Le préjudice réparable doit être grave et spécial **lorsque la responsabilité résulte d'un acte illicite adopté dans une matière impliquant des choix de politique économique** (voir *infra*). Dans ce cas, en effet, « *le dommage allégué (doit dépasser) les limites des risques économiques normaux inhérents aux activités dans le secteur concerné* » (CJCE, 6 décembre 1986, *Biovilac*, aff. 59/93, 4057 ; 4 octobre 1979, *Ireks-Arkady* précité). La Cour considère par ailleurs que le dommage n'est réparable que s'il ne touche qu'un groupe restreint et nettement délimité d'opérateurs (CJCE, 25 mai 1978, *Bayerische HNL*, aff. 83/76, 1209).

Cette exigence se justifie par le fait qu'on se situe dans une hypothèse où la Communauté dispose d'un large pouvoir d'appréciation.

C. L'imputabilité du dommage

I – L'identification de la personne responsable

638. Il convient de distinguer ici les comportements imputables à l'administration en tant qu'institution de ceux qui sont imputables à un agent identifié de l'administration. Cette distinction rejoint celle de la faute de service et de la faute personnelle.

a) Le comportement imputable à une institution

1) Les institutions visées par le traité

639. Le juge de Luxembourg considère que **la Communauté engage sa responsabilité lorsque le comportement illégal à l'origine du dommage est imputable « *aux institutions de la Communauté* ».** La Cour de justice a précisé que « *le terme institution employé à l'article 215, alinéa 2* [288 dans la nouvelle numérotation] *du Traité CEE ne doit pas être compris comme visant les seules institutions de la Communauté énumérées par l'article 4 § 1 du traité, mais comme recouvrant également, eu égard au système de responsabilité non contractuelle établi par le traité, les organismes communautaires tels que la Banque* » (arrêt *SGEEM c/ BEI* précité de 1993). En l'espèce, le juge communautaire a rappelé que la Banque européenne d'investissement (BEI) était un organisme communautaire institué par le Traité et destiné à contribuer à la réalisation des objectifs de celui-ci. Il en déduit que les actes et omissions de la BEI « *sont imputables à la Communauté, conformément aux principes généraux communs aux États membres visés par l'article 215, deuxième alinéa du traité* ».

Ainsi, la Communauté ne saurait échapper à sa responsabilité lorsque le dommage a été causé par des organismes prévus par le traité et autorisés à agir au nom et pour le compte de la Communauté (ex : le médiateur européen : CJCE, 23 mars 2004, *Lambert*, aff. C-234/02 P, I.2803, 2943). En revanche, la Communauté n'engage pas sa responsabilité lorsque l'organisme incriminé n'agit pas pour le compte de la Communauté (CJCE, 22 mars 1990, *J.-M. Le Pen et Le Front National c/ Puhl*, aff. C-201/89, I.1183).

NB : C'est parce que l'article 288 alinéa 2 (ex-art. 215 al. 2) prévoit qu'elle ne doit réparer que les dommages « *causés par ses institutions ou par ses agents* » que la Communauté ne peut pas engager sa responsabilité du fait d'un acte de droit primaire (voir par exemple : TPI, 29 janvier 1998, *Dubois*, aff. T-113/96, II.125, à propos de l'Acte unique européen).

En tout état de cause, **le fait dommageable peut consister aussi bien en une action qu'en une abstention.**

2) La « faute de service »

640. L'hypothèse du comportement imputable à une institution peut être rapprochée de la faute de service reconnue par le droit administratif français, même si le traité CE ne fait pas de référence explicite à la notion de faute de service.

Il faut rappeler que le Traité CECA était particulièrement explicite quant à l'existence d'une faute de service, puisque l'ex-article 40 du Traité de Paris disposait que la réparation était due notamment « *en cas de préjudice… causé par une faute de service de la Communauté* ». Les Traités de Rome n'ont pas cette précision : ils se bornent à poser que la Communauté doit réparer « *conformément aux principes généraux communs aux droits des États membres* ». Ils donnent ainsi une plus grande marge d'autonomie à la Cour de justice.

L'hypothèse du comportement imputable à une institution peut être raisonnablement rapprochée de la faute de service reconnue par le droit administratif français, même si le Traité CE ne fait pas de référence explicite à la notion de faute de service[1]. La jurisprudence de la Cour de justice permet de distinguer diverses catégories de **fautes de service** : la résiliation fautive du contrat d'un agent (arrêt *Algera* précité de 1957), l'inexécution fautive d'une obligation (CJCE, 14 juillet 1961, *Vloberghs*, aff. jtes 9 et 12/60, 391), l'organisation insuffisante des services et la surveillance insuffisante de l'activité d'organismes subordonnés (CJCE, 2 juin 1965, *FERAM*, aff. jtes 9 et 25/64, 399), l'utilisation abusive par l'institution de ses pouvoirs (arrêt *Kampffmeyer* de 1967 précité), la communication d'informations erronées aux administrés (arrêt *Richez-Parise* précité de 1970), la violation des règles de fonctionnement interne de l'institution (CJCE, 12 juillet 1976, *Di Pillo*, aff. jtes 10 et 47/72, 763).

b) Le comportement imputable à un agent identifié

1) Lorsque le dommage est commis par l'agent en dehors de l'exercice de ses fonctions

641. **Dans cette hypothèse, la faute de l'agent est dépourvue de tout lien avec le service et ne saurait engager la responsabilité de la Communauté**. Cette solution s'écarte quelque peu de celle que consacre le droit administratif français, puisque celui-ci admet que la responsabilité de l'administration est engagée si l'acte dommageable commis par l'agent n'est pas dépourvu de tout lien avec le service, bien que commis en dehors de l'exercice des fonctions. Nous savons également que la faute personnelle de l'agent est considérée comme « *non dépourvue de tout lien avec le service* » lorsqu'elle a été commise « *à l'occasion* » du service ou par « *les moyens* » du service.

En tout état de cause, les dommages causés par des agents des Communautés hors de l'exercice de leurs fonctions relèvent exclusivement du droit national et de la compétence des juridictions nationales.

2) Lorsque le dommage est commis par l'agent dans l'exercice de ses fonctions

642. **La Communauté a l'obligation de réparer les dommages causés par ses agents dans l'exercice de leurs fonctions**, conformément aux principes généraux communs aux droits des États membres. Ainsi, l'ex-article 40 CECA disposait expressément que la réparation était due « *en cas de préjudice causé par une faute*

1. Le Traité CECA était en revanche explicite quant à l'existence d'une faute de service, puisque l'article 40 du Traité de Paris disposait que la réparation était due notamment « en cas de préjudice... causé par une faute de service de la Communauté ».

personnelle d'un agent (de la Communauté) *dans l'exercice de ses fonctions* ». La Cour de justice a cependant précisé que « *la Communauté n'est responsable que de ceux des actes de ses agents qui, en vertu d'un rapport interne et direct, constituent le prolongement nécessaire des missions confiées aux institutions* » (arrêt *Sayag* précité de 1969). En tout état de cause, seule la responsabilité de la Communauté peut être engagée devant le juge de Luxembourg lorsque le préjudice est imputable au comportement d'un agent « *dans l'exercice de ses fonctions* ».

On sait que **le droit administratif français consacre une solution quelque peu différente**, puisque le Conseil d'État considère qu'une faute commise par un agent dans l'exercice de ses fonctions peut néanmoins constituer une faute personnelle, lorsqu'elle répond à deux critères alternatifs. Le premier critère est celui de la gravité (v. par ex. CE, 28 juillet 1951, *Coccoz*, GP 1951.2.314 ; CE, 15 mai 1954, *Latrompette*, *Rec.* p. 234 ; TC 21 décembre 1987, *Kessler, Rec.* p. 456). Le comportement de l'agent constitue une faute personnelle lorsqu'il est d'une « *gravité particulière dépassant la moyenne des fautes auxquelles ont peut s'attendre* ». Le second critère est celui de l'intention (v. par ex. TC, 9 juillet 1953, *Delaitre*, *JCP* 1953-2-7797 ; CE, 28 juillet 1951, *Delville et Laruelle*, *JCP* 1952.2.6734 ; CE, 9 octobre 1974, *Commune de Lusignan, AJ 1975-88*) : l'agent commet une faute personnelle lorsque son comportement révèle une intention de nuire, lorsqu'il poursuit un but malicieux, dolosif ou purement personnel.

Peut-on considérer, de la même façon, que **les fautes graves ou intentionnelles** de l'agent au sens de la jurisprudence du Conseil d'État sont de nature à exonérer les Communautés de leur responsabilité ?

Dans ses conclusions sur l'affaire *Sayag* précitée, l'avocat général Gand a estimé que la définition de la notion d'acte commis dans l'exercice des fonctions doit être donnée en fonction des caractéristiques propres à l'ordre juridique communautaire. On sait que la Cour a suivi son avocat général puisqu'elle a indiqué que la responsabilité de la Communauté ne peut être engagée que « *par les actes des agents qui (...). constituent le prolongement nécessaire des missions confiées aux institutions* » (cf. *supra*). Mais la jurisprudence ne permet pas, à ce jour, de considérer que la faute commise dans l'exercice des fonctions n'est pas de nature à engager la Communauté lorsqu'elle répond aux critères de gravité ou d'intentionnalité au sens de la jurisprudence du Conseil d'État français. La doctrine n'a pas apporté davantage de réponse à cette question. **Il nous semble cependant qu'il faut considérer que la faute grave ou intentionnelle est insusceptible de constituer « *le prolongement nécessaire des missions confiées aux institutions* ».**

II – LE PARTAGE DE LA RESPONSABILITÉ

a) Les modalités et les conséquences du cumul de fautes

643. Le cumul de fautes peut se présenter sous deux modalités : dans le premier cas, une faute imputable à un État membre se cumule avec une faute imputable à la Communauté ; dans le second cas, une faute imputable à la Communauté se cumule avec une faute imputable à un agent identifié de celle-ci.

1) Cumul entre la faute d'un État membre et celle de la Communauté

644. Les autorités nationales interviennent souvent aux côtés des instances communautaires pour assurer l'exécution des politiques communes. Dans cette hypothèse, la question se pose alors de savoir si la victime d'un dommage doit rechercher la responsabilité de l'État en cause ou celle de la Communauté.

La Cour a admis dès 1975 que « *le recours des articles 178 et 215, deuxième alinéa, ne peut être engagé qu'à raison d'un préjudice résultant d'un acte ou d'une omission de la Communauté* » (CJCE, 26 novembre 1975, *Grands Moulins des Antilles*, aff. 99/74, 1531). Par conséquent, **la responsabilité de la Communauté ne peut pas être engagée lorsque le dommage relève directement du comportement d'un État membre, à moins que ce comportement lui ait été dicté par la Communauté**. Dans ce cas, en effet, l'autorité nationale s'est bornée à exécuter les instructions de la Communauté : sa compétence était liée. Il est donc essentiel pour les organismes nationaux chargés d'appliquer les règles communautaires, de demander instruction à la Communauté chaque fois qu'un acte est susceptible d'avoir des conséquences litigieuses pouvant entraîner la mise en cause de leur responsabilité. À l'inverse, les décisions d'application des politiques communautaires prises par les autorités nationales ne peuvent pas engager la responsabilité de la Communauté lorsqu'elles sont à l'origine d'un dommage et qu'elles ne traduisent pas l'exercice d'une compétence liée (v. par ex. CJCE, 1986, *Krohn*, aff. 175/84, 753).

La Cour de justice estime toutefois que la responsabilité de la Communauté peut être engagée, même lorsque le dommage relève directement du comportement d'un État membre, dès lors que l'acte dommageable a été rendu possible par des comportements illégaux imputables à une institution communautaire (CJCE, 24 juin 1986, *Développement SA et Clemessy*, aff. 267/82, 1907 ; 8 avril 1992, *J. Cato*, aff. C-55/90, I.2564).

Dans l'hypothèse du cumul de fautes, l'une imputable à un État membre, l'autre à la Communauté, celle-ci ne devra supporter que les conséquences dommageables liées à sa seule faute, en application de la jurisprudence *Kampffmeyer* précitée de 1967. Cela suppose qu'il soit possible de distinguer clairement, parmi les conséquences dommageables, celles qui relèvent directement du comportement de la Communauté et celles qui sont exclusivement imputables à l'autorité nationale. Or, cette distinction peut être difficile à opérer dans certains cas. Nous nous heurtons alors à une difficulté de mise en œuvre de la règle du partage des responsabilités.

2) Cumul entre la faute de la Communauté et celle d'un agent identifié de celle-ci

645. **Cette hypothèse** du cumul de faute (l'une imputable à la Communauté, l'autre à l'un de ses agents) ne s'est pas encore concrétisée à ce jour, mais elle **ne**

peut pas avoir pour effet de contraindre la Communauté à supporter les conséquences dommageables liées à la faute personnelle de l'agent, dès lors que celle-ci a été commise en dehors de l'exercice des fonctions. Dans ce cas, en effet, la responsabilité de l'agent ne pourra être engagée que devant le juge national, sur la base du droit national, tandis que la responsabilité de la Communauté ne pourra être engagée que devant le juge de Luxembourg. La victime doit donc former deux recours distincts devant deux juges différents.

Si la faute personnelle de l'agent a été commise dans l'exercice des fonctions (et sous réserve des précisions apportées par la jurisprudence *Sayag* précitée), seule la Communauté devra réparer la totalité du préjudice subi ; la responsabilité de l'agent est en effet « absorbée » par celle de la Communauté.

b) L'action récursoire

646. L'action récursoire concerne le problème de la répartition définitive de la charge indemnitaire entre l'administration et l'agent. Ce problème est résolu par l'article 288 (ex-art. 215), troisième alinéa, du Traité CE, qui renvoie lui-même au statut, et notamment à son article 22-1 qui prévoit que « ***le fonctionnaire peut être tenu de réparer en totalité ou en partie le préjudice subi par la Communauté en raison de fautes personnelles graves qu'il aurait commises dans l'exercice ou à l'occasion de l'exercice de ses fonctions*** ». On se souvient en effet que seule la responsabilité de la Communauté peut être engagée pour les fautes personnelles commises par les agents dans l'exercice de leurs fonctions (v. *supra*).

La seule action récursoire reconnue dans le système communautaire est donc celle que la Communauté est susceptible de mettre en œuvre à l'encontre de l'agent. L'hypothèse inverse (action récursoire de l'agent contre la Communauté) ne peut pas se rencontrer, puisqu'elle ne pourrait correspondre qu'à la situation dans laquelle la faute de service se cumulerait avec une faute personnelle commise hors de l'exercice des fonctions. Or, dans ce cas, on sait que la victime n'a pas d'autres possibilités que d'introduire deux recours distincts, l'un à l'encontre de la Communauté, l'autre à l'encontre de l'agent (v. *supra*). Il n'est donc pas possible de faire supporter à l'agent la totalité de la charge indemnitaire.

c) Les cas de rupture du lien de causalité

1) La force majeure

647. S'agissant de la responsabilité extracontractuelle de la Communauté, on se souvient que l'article 288 alinéa 2 TCE prescrit la prise de considération des « *principes communs aux droits des États membres* ». Mais on sait aussi que la Cour se pose la question de savoir si les expressions et notions juridiques susceptibles d'être empruntées aux droits nationaux « *doivent être considérées comme autonomes et donc communes à l'ensemble des États membre ou comme renvoyant aux règles matérielles du droit applicable dans chaque espèce* ».

La Cour applique ce raisonnement notamment à la notion de force majeure qui n'a pas « *un contenu identique dans les diverses branches du droit et dans les divers domaines d'application* », *de sorte que* « *sa signification (doit) être déterminée en fonction du cadre légal dans lequel elle est destinée à produire ses effets* » (CJCE, 11 juillet 1968, *Schwartzwaldmilch*, aff. 4/68, 549 ; 30 janvier 1974, *Kampffmeyer*, aff. 15/73, 101). Dans un arrêt *Valsabbia* du 18 mars 1980 (aff. 154/78, Rec. p. 907), le juge de Luxembourg a néanmoins reconnu que la notion de force majeure renvoie à des causes extérieures ayant des conséquences irrésistibles et inévitables. On peut donc considérer que la force majeure constitue, dans le système communautaire de la responsabilité, et à l'instar de ce qu'elle représente dans l'ordre interne, un cas de rupture du lien de causalité de nature à exonérer la Communauté de toute responsabilité.

La Cour a eu l'occasion de préciser la notion de « force majeure » dans le domaine des règlements agricoles, en déclarant que « *la notion de force majeure n'est pas limitée à celle d'impossibilité absolue, mais doit être entendue dans le sens de circonstances étrangères à l'opérateur concerné, anormales et imprévisibles, dont les conséquences n'auraient pu être évitées qu'au prix de sacrifices excessifs, malgré toutes les diligences employées* » (CJCE, 13 octobre 1993, *Inter-Agra*, aff. C-124/92, I.5061). La Cour précise encore qu'« *il appartient (...) à un opérateur prudent, (...) de prendre les précautions appropriées, soit en incorporant une clause adéquate dans le contrat en question, soit en contractant une assurance spécifique* ». Il est évident, dans ces conditions, que la force majeure ne peut correspondre qu'à des situations particulièrement exceptionnelles, qui rendent l'invocation d'un tel moyen pratiquement inopérante.

Il ressort d'un arrêt récent du Tribunal de première instance que si la force majeure n'est pas un principe général du droit communautaire, elle peut néanmoins être invoquée même sans texte (TPI, 6 mars 2003, *APOL* et *AIPO*, aff. T-61/00 et T-62/00, II.635).

2) Le fait du tiers

648. Dans le système communautaire, le fait du tiers, personne privée, n'a pas encore été consacré en tant que cause exonératoire. Mais il paraît raisonnable de penser que, s'appuyant sur « *les principes communs aux droits des États membres* », la Cour n'hésiterait pas à admettre que la faute du tiers constitue un cas de rupture du lien de causalité si l'occasion se présentait. En tout état de cause, on se souvient que le lien de causalité peut être rompu lorsque le dommage est le fait d'un État membre (cf. *supra*), assimilable ici à un tiers.

3) La faute de la victime

649. Le système communautaire admet que le comportement de la victime peut remettre en question la responsabilité de la Communauté. Le juge de Luxembourg exige des opérateurs une prudence et une vigilance en l'absence desquelles aucune réparation ne leur sera accordée (CJCE, 4 février 1975, *Compagnie* *continentale*, aff. 169/73, 136). Il importe, selon la Cour, de rechercher si la victime n'aurait pas pu réaliser l'erreur et éviter le préjudice (CJCE, 21 janvier 1976, *Produits Bertrand*, aff. 40/75, 1). La Cour se réfèrera parfois à la notion de « *justiciable averti* » (CJCE, 8 juin 1977, *Merkur*, aff. 97/76, 1063).

Lorsque seule la victime a provoqué le dommage, la responsabilité de la Communauté ne peut pas être engagée. C'est le cas lorsque le requérant s'est exposé lui-même à des risques (CJCE, 30 mai 1984, *Eximo Molkereierzeugnisse*, aff. 62/83, 2295). En revanche, la Cour de justice peut procéder à un partage de responsabilité lorsque le dommage peut être imputé à la fois à la Communauté et à la victime elle-même (CJCE, 7 novembre 1985, *Adams*, aff. 145/83, 3539).

Dans une série d'affaires jugées le 4 octobre 1979, la Cour a également indiqué que la réparation peut être réduite, voire supprimée, si les entreprises qui ont subi le dommage ont eu la possibilité de répercuter leurs pertes en augmentant leurs prix (CJCE, 4 octobre 1979, *Dumortier frères*, aff. jtes 64/76 et a., 3091). Le juge de Luxembourg a précisé dans le cadre de ces mêmes affaires qu'il est nécessaire d'examiner si le dommage découle « *de façon suffisamment directe du comportement illégal des institutions pour obliger la Communauté à (le) réparer* », lorsqu'il n'est que partiellement imputable à la victime.

D. Le fait générateur de la responsabilité

I – Les actes susceptibles d'engager la responsabilité de la Communauté

650. La responsabilité extracontractuelle des Communautés européennes résulte, pour l'essentiel, d'actes juridiques illégaux, car les Communautés n'exercent que peu d'activités matérielles.

L'examen de la jurisprudence de la Cour de justice révèle que celle-ci n'opère pas de distinction selon la forme des actes communautaires en cause (règlements, directives, décisions…). La seule distinction opérée par le juge de Luxembourg est celle qui le conduit à exiger des conditions plus strictes d'engagement de la responsabilité de la Communauté pour les actes impliquant des choix de politique économique (voir *infra*).

Pendant longtemps, il était possible d'opérer une distinction entre, d'une part la responsabilité du fait d'actes communautaires individuels ou strictement administratifs (textes adoptés en matière de fonction publique, d'organisation et de gestion des services) et, d'autre part, la responsabilité du fait d'actes communautaires de portée générale (qualifiés d'actes normatifs). Il ressortait en effet des arrêts de la Cour de justice que **la responsabilité de la Communauté ne pouvait être engagée du fait d'actes individuels ou proprement administratifs que lorsque le comportement des institutions communautaires présentait un**

aspect fautif, sans qu'il soit nécessaire de démontrer une faute lourde (voir arrêts *Kampffmeyer* de 1967 et *Lütticke* de 1971 précités ; voir également CJCE, 21 mai 1976, *Roquette*, aff. 26/74, 677). En revanche, **la responsabilité de la Communauté du fait d'actes normatifs (actes de portée générale) pris sur la base d'un large pouvoir discrétionnaire n'a toujours été engagée qu'en cas d'agissements gravement fautifs** (CJCE, 17 mars 1976, *Lesieur,* aff. jtes 67 à 85/75, 391 ; 5 décembre 1979, *Amylum*, aff. jtes 116 et 124/77, 3497 ; 4 octobre 1979, *Ireks-Arkady et Dumortier* précités), puisque la Cour exige clairement l'existence d'une « *violation suffisamment caractérisée* » de la part des institutions (voir encore TPI, 6 juillet 1995, *Odigitria*, aff. T-572/93, II.2025).

Dans son arrêt ***Bergaderm*** du 4 juillet **2000**, la Cour de justice a pourtant choisi d'étendre aux actes administratifs l'exigence d'une « *violation suffisamment caractérisée* » qui, jusqu'ici, n'était requise que lorsque l'acte dommageable était un acte normatif (CJCE, 4 juillet 2000, *Bergaderm*, aff. C-352/98 P, I.5310 ; confirmé par CJCE, 10 décembre 2002, *Camar*, aff. C-312/00 P, I.11355). Cette évolution de la jurisprudence est justifiée par la **volonté** de la Cour **d'aligner le régime de la responsabilité de la Communauté du fait de ses actes juridique sur celui de la responsabilité des États membres du fait de la violation du droit communautaire**. Il semble clair désormais que **l'exigence d'une « *violation suffisamment caractérisée* » ne dépend plus de la nature, individuelle ou non, de l'acte dommageable, mais de la marge d'appréciation dont disposait l'institution au moment de son adoption**. Lorsque l'institution en cause ne disposent que d'une marge d'appréciation très réduite, voire inexistante, la simple infraction au droit communautaire peut suffire à établir l'existence d'une violation suffisamment caractérisée. La nature générale ou individuelle d'un acte d'une institution n'est plus, à cet égard, un critère déterminant pour identifier les limites du pouvoir d'appréciation dont dispose l'institution en cause. Comme l'écrit l'avocat général Fennely dans ses conclusions sous l'arrêt *Camar* du 10 décembre 2002, « *la distinction entre actes d'application générale et actes individuels ne doit par conséquent plus jouer aucun rôle. Ce qui compte donc de manière décisive (...) c'est uniquement d'identifier la marge d'appréciation dont dispose l'institution en cause et la manière dont elle a exercé son pouvoir d'appréciation. Tel est donc le critère auquel il convient de recourir pour apprécier l'illégalité de l'action des institutions* ».

Il faut signaler que les Communautés ne peuvent pas engager leur responsabilité du fait des traités institutifs ou des actes assimilés (arrêt *Cie Continentale* précité ; 28 avril 1988, *LAISA c/ Conseil*, aff. jtes 31 et 35/86, 2285).

II – Le rôle de la faute comme fondement de la responsabilité

a) La responsabilité pour faute

651. Jusqu'à l'arrêt *Lütticke* du 28 avril 1971, la Cour de justice n'a pas hésité à employer le terme de « faute » pour qualifier les comportements des

Communautés de nature à engager leur responsabilité (CJCE, 15 juillet 1963, *Plaumann*, précité ; 30 novembre 1967, *Becher*, aff. 30/66, 369).

À partir de l'arrêt *Lütticke*, la Cour n'a plus recouru à la notion de « faute » pour fonder l'engagement de la responsabilité des Communautés, lui préférant la notion plus objective d'« *illégalité du comportement* », alors même que ce comportement pouvait être qualifié de fautif, puisqu'il consistait en une violation d'une « *règle supérieure de droit* » (CJCE, 14 mai 1975, *CNTA*, aff. 74/74, 533).

En fait, **la Cour évitera soigneusement d'utiliser *expressis verbis* le terme de « faute », tout en développant des raisonnements indiquant que le comportement sanctionné avait toutes les caractéristiques d'un comportement fautif, et même gravement fautif** (arrêts *Lesieur*, *Bayerische HNL*, *Amylum*, *Ireks-Arkady et Dumortier* précités).

À l'occasion de trois affaires jugées en septembre 1995, le Tribunal de première instance n'a pas hésité à construire entièrement son raisonnement sur la présence d'une faute dans le chef de la Commission, en présentant très explicitement la faute comme l'un des trois éléments constitutifs de la responsabilité (TPI, 14 septembre 1995, *Lefebvre* et a., aff. T-571/93, II.2379 ; 18 septembre 1995, *Detlef Nölle*, aff. T-167/94, II.2589 ; 18 septembre 1995, *Blackspur*, aff. T-168/94, II.2627).

En tout état de cause, la responsabilité extracontractuelle des Communautés ne peut être engagée que par des actes irréguliers. Un acte juridique régulier ne peut pas, en principe, être à l'origine d'un engagement de responsabilité. Pour autant, l'illégalité n'est pas susceptible d'engager la responsabilité des Communautés si le préjudice devait naître de toute manière, même en l'absence de l'illégalité (CJCE, 7 avril 1992, *Compania Italiana Alcool*, aff. C-358/90, I.2492).

Les arrêts de la Cour font référence à des notions diverses qui paraissent interchangeables : illégalité, illicéité (CJCE, 1er mars 1983, *Deka*, aff. 250/78, 421), irrégularité (CJCE, 21 mai 1976, *Roquette Frères*, aff. 26/74, 677), erreur (CJCE, 29 mars 1979, *Nippon Seiko*, aff. 119/77, 1303).

On constate que, si la faute consiste dans tous les cas en une violation d'une obligation communautaire et constitue alors davantage un élément objectif qu'un élément subjectif, le juge l'apprécie *in concreto*, faisant ainsi varier son contenu en fonction des circonstances et des activités communautaires en cause. Cette démarche, essentiellement pragmatique, permet au juge de tenir compte notamment des circonstances du dommage (CJCE, 5 décembre 1978, *Denkavit*, aff. 14/78, 2497, qui prend en compte les circonstances de temps ; arrêt *Amylum* précité, qui prend en considération une situation d'urgence) et des moyens dont dispose l'institution responsable (CJCE, 28 octobre 1982, *Faust*, aff. 52/81, 3745 ; 13 décembre 1984, *GAARM*, aff. 289/83, 4295).

b) La responsabilité sans faute

652. Le droit administratif français admet que la responsabilité de la puissance publique puisse être engagée en l'absence de faute. Le fondement de la responsabilité administrative réside alors, soit dans la théorie du risque, soit dans la rupture de l'égalité devant les charges publiques (en Allemagne, le fondement de la responsabilité sans faute peut résider en une intervention équivalente à une expropriation). Dans les deux hypothèses – risque ou rupture de l'égalité devant les charges publiques – l'indemnisation n'est accordée par le juge que lorsque le préjudice subi est *anormal* et *spécial.*

Les Communautés européennes peuvent-elles, à l'instar de la puissance publique en droit administratif français, engager leur responsabilité sans faute, c'est-à-dire en dehors de toute illégalité ?

Il convient d'abord d'observer que **le problème ne semblait pas devoir se poser dans le cadre CECA, puisque l'ex-article 40 du Traité de Paris exigeait une « *faute de service* » pour engager la responsabilité de la Communauté.**

Dans les cadres CE et Euratom, le principe d'une responsabilité sans faute n'est pas exclu *a priori* et l'on peut estimer que la prudence des formules utilisées par la Cour jusqu'à présent traduit la volonté du juge communautaire de laisser la question ouverte. Jusqu'à ce jour, la Cour a considéré que les conditions d'engagement d'une responsabilité sans faute n'étaient pas réunies. Ainsi, dans l'affaire *Société Développement et Clemessy*, elle a considéré que le requérant n'avait pas supporté, « *au profit de l'intérêt général, une charge qui normalement ne lui incombe pas* » (CJCE, 24 juin 1986, *Société Développement et Clemessy*, aff. 267/82, 1907).

Dans un arrêt antérieur, le juge de Luxembourg a précisé que le recours en responsabilité extraconctractuelle introduit en raison d'un acte légal n'est recevable que si le préjudice subi dépasse les risques inhérents aux activités en cause (CJCE, 6 décembre 1984, *Biovilac*, aff. 59/73, 4057).

Dans l'affaire *De Boer Buizen*, la Cour a indiqué que les institutions communautaires pouvaient avoir « *une certaine responsabilité à l'égard de la situation particulière d'entreprises spécialisées dans la distribution de (...) produits* (sidérurgiques) *s'il s'avérait que ces entreprises, en tant que catégorie, avaient à supporter une partie disproportionnée des charges résultant de la restriction des marché d'exportations* » (CJCE, 29 septembre 1987, *De Boer Buizen*, aff. 81/86, 3677).

Dans un arrêt de 1998, le TPI n'a pas hésité à évoquer la possibilité d'une « *responsabilité du fait d'un acte licite* », ajoutant que la mise en œuvre d'une telle responsabilité de la Communauté supposait notamment l'existence d'un « *préjudice anormal et spécial* » (TPI, 28 avril 1998, *Dorsch Consult Ingenieurgesellschaft*, aff. T-184/95, II.667).

III – LA RESPONSABILITÉ DU FAIT D'ACTES NORMATIFS IMPLIQUANT DES CHOIX DE POLITIQUE ÉCONOMIQUE

653. S'agissant d'**actes normatifs impliquant des choix de politique économique**, la Communauté ne peut être condamnée au versement de dommages-intérêts que s'il y a « *violation suffisamment caractérisée d'une règle de droit destinée à protéger les particuliers* » (arrêt *Zuckerfabrik* de 1971 précité ; voir également arrêts *Bayerische HNL, Dumortier, Amylum* précités).

La notion d'« *acte normatif impliquant des choix de politique économique* » vise des catégories très diverses de mesures : des règlements de base ou d'exécution du Conseil ou de la Commission (il visait aussi – ce qui était plus contestable – des décisions individuelles adoptées dans le cadre CECA : TPI, 27 juin 1991, *Stahlwerke Peine-Salzgitter*, aff. T-120/89, II.279). Le critère déterminant réside dans l'existence d'un large pouvoir discrétionnaire dans le cadre duquel l'institution communautaire a été en mesure de choisir librement entre plusieurs options de politique dans le secteur de l'économie.

a) La norme violée doit constituer une règle supérieure de droit

654. Une norme constitue une « ***règle supérieure de droit*** » lorsque, par son contenu et sa fonction, elle occupe une place importante dans l'ordre juridique communautaire. Il doit s'agir de règles ou de principes fondamentaux du droit communautaire placés au sommet de la hiérarchie des normes. La jurisprudence de la Cour en donne plusieurs illustrations. Entrent ainsi dans la catégorie des « *règles supérieures de droit* » : celles qui assurent la liberté du commerce entre États membres (*Kampffmeyer*, précité), les principes de non discrimination (*Merkur, Bayrische HNL, Dumortier et Ireks-Arkady* précités), de proportionnalité (par ex. *Werhahn* précité), de non-rétroactivité *(CNTA* précité) et de confiance légitime (*CNTA* et *Mulder* précités).

L'examen de la jurisprudence nous incline donc à penser qu'il ne suffit pas que l'acte incriminé soit contraire à une norme qui lui est hiérarchiquement supérieure pour que la Communauté engage sa responsabilité. La « *règle supérieure de droit* » n'est pas celle qui se situe immédiatement au dessus de l'acte à l'origine du dommage, mais celle qui occupe une place fondamentale dans l'ordre juridique communautaire.

b) La règle violée doit être destinée à protéger les particuliers

655. Cette exigence constitue la transposition, au régime de la responsabilité extracontractuelle des Communautés, de règles connues dans certains États membres, et notamment de la ***Schutznormtheorie* allemande**. Le droit allemand prévoit en effet que la responsabilité de l'État ne peut être engagée que lorsque la règle violée prétendument à l'origine du dommage a été établie dans l'intérêt et pour la protection des administrés. Tel est le cas lorsque l'autorité publique a violé un droit subjectif reconnu à l'administré ou lorsque le droit violé, bien que n'étant pas un droit subjectif, était destiné à protéger l'administré *(Schutznorm)*.

La Cour de justice interprète d'une manière extensive la catégorie des intérêts protégés, de sorte que l'exigence du caractère protecteur de la règle violée n'a pas eu pour effet de limiter à l'excès les cas d'engagement de la responsabilité de la Communauté. C'est ainsi par exemple que la Cour a eu l'occasion d'indiquer que la circonstance que les intérêts protégés par la règle violée sont de nature générale n'exclut pas qu'ils peuvent également englober des intérêts d'entreprises individuelles (arrêt *Kampffmeyer* de 1967 précité).

Dans une affaire jugée le 13 mars 1992, la Cour s'est livrée à une application particulièrement rigoureuse de la *Schutznormtheorie*, en refusant d'engager la responsabilité de la Communauté au motif que la règle communautaire violée avait pour but de garantir le respect de l'équilibre institutionnel communautaire et non de protéger les particuliers (CJCE, 13 mars 1992, *Vreugdenhil BV*, aff. C-282/90, I.1937).

c) La violation doit être caractérisée

656. La notion de « *violation caractérisée* » a été précisée par la Cour dans l'arrêt ***HNL*** précité de **1978**, qui indique que « ***la responsabilité de la Communauté ne peut être engagée que de manière exceptionnelle dans le cas où l'institution concernée a méconnu, de manière manifeste et grave, les limites qui s'imposent à l'exercice de ses pouvoirs*** ». La Cour estimera que tel n'était pas le cas en l'espèce, puisque la mesure en cause « *touchait des catégories très larges d'opérateurs économiques* » et que « *dans les domaines relevant de la politique de la Communauté en matière économique,* ***il peut être exigé du particulier qu'il supporte, dans des limites raisonnables (...) certains effets préjudiciables à ses intérêts économiques, engendrés par un acte normatif, même si celui-ci est reconnu non valide*** ».

Toutefois, le juge de Luxembourg, s'inspirant à cet égard des principes qui régissent la responsabilité du fait des lois dans les États membres, a estimé dans l'affaire *Mulder* qu'« *en omettant complètement, sans faire état d'un* ***intérêt public supérieur****, de prendre en considération la situation particulière d'une catégorie nettement distincte d'opérateurs économiques (...) le législateur communautaire a méconnu de manière manifeste et grave les limites de son pouvoir d'appréciation, violant ainsi de façon suffisamment caractérisée une règle supérieure de droit* » (CJCE, 19 mai **1992, *Mulder***, aff. C-104/89 et C-104/90, 3061).

Dans l'arrêt ***Amylum*** précité rendu le 5 décembre **1979**, la Cour se montrera encore plus exigeante, puisqu'elle refusera de reconnaître la responsabilité de la Communauté au motif que les erreurs invoquées à l'appui du recours n'étaient pas « *d'une telle gravité qu'on saurait dire que le comportement des institutions défenderesses (...) confinerait, en tant que tel, à l'arbitraire* ». Encore faut-il observer que la Cour a pu indiquer que la notion d'arbitraire telle que relevée dans l'arrêt *Amylum* précité « *ne permet pas de considérer que la constatation d'un* *comportement confinant à l'arbitraire constitue une condition et une formulation nécessaires pour que la responsabilité de la Communauté puisse, dans le cadre du Traité CEE, être engagée selon la jurisprudence précitée de la Cour* » (CJCE, 18 mai **1993, *Stahlwerke Peine-Salzgitter***, aff. C-220/91, I.2393).

La rigueur des conditions posées par le juge de Luxembourg s'explique par sa volonté d'éviter que la responsabilité de la Communauté soit mise en cause trop facilement. Elle se justifie également par le fait que les institutions communautaires disposent d'un pouvoir discrétionnaire d'appréciation en matière économique. La Cour l'a très clairement indiqué dans son arrêt *Mulder* du 19 mai 1992 précité : l'exigence d'une violation suffisamment caractérisée ne concerne que les hypothèses où l'institution s'est vu reconnaître par le traité un large pouvoir d'appréciation.

657. NB : On peut noter que, **dans le cadre CECA, la même exigence d'une violation « *suffisamment caractérisée* » prévalait** (CJCE, 30 janvier 1992, *Finsider*, aff. jtes C-363/88 et C-364/88, I.359). On sait en effet que la Cour retenait, dans la mise en œuvre de l'article 40 CECA, la présence d'« *erreurs inexcusables* » (CJCE, 13 juillet 1961, *Meroni*, aff. jtes 14/60 et autres, 319), d'une « *négligence grave dans le devoir de surveillance* » (CJCE, 15 décembre 1961, *Fives Lille Cail*, aff. jtes 19/60 et a., 559) ou d'un « *manque de diligence manifeste* » (CJCE, 9 décembre 1965, *Usines de la Providence*, aff. jtes 29/63 et autres, 1123). En tout état de cause, la responsabilité de la Communauté n'était engagée que si la faute de celle-ci revêtait un caractère de gravité dépendant le cas échéant des domaines et conditions dans lesquels intervenaient les institutions communautaires.

E. L'arrêt en indemnité

658. L'arrêt en indemnité **a l'autorité relative de la chose jugée** (voir conclusions de l'avocat général Lagrange sur CJCE, 14 décembre 1962, *Hauts fourneaux de chasse*, aff. 33/59, 719).

La Cour a refusé d'étendre au recours en responsabilité extracontractuelle la possibilité de limiter dans le temps les effets de ses arrêts, possibilité que le juge de Luxembourg a pourtant consacré dans le cadre du recours en annulation et du renvoi préjudiciel (voir P. Le Mire, « La limitation dans le temps des effets des arrêts de la Cour de justice des Communautés européennes », in *Mélanges Chapus* 1992, Montchrestien, p. 367).

Pour en savoir plus...

– J.-M. FAVRET, *Les influences réciproques du droit communautaire et du droit national de la responsabilité publique extracontractuelle*, Paris, Pédone, 2000 ;

– F. FINES, *Étude de la responsabilité extracontractuelle de la CEE*, Paris, LGDJ, 1990.

§6. Le recours en responsabilité contractuelle

659. Les articles pertinents du Traité CE sont les articles **238 et 288 alinéa 1er** (ex-art. 181 et 215 al. 1er).

L'article 238 TCE (153 Euratom et ex-art. 42 CECA) dispose que « ***la Cour de justice est compétente pour statuer en vertu d'une clause compromissoire contenue dans un contrat de droit public ou de droit privé passé par la Communauté ou pour son compte*** ». En l'absence d'une telle clause, les litiges relatifs à l'application du contrat en cause relèveront de la compétence des juridictions nationales. Pour les contrats les plus importants, une clause compromissoire attribue en général compétence à la Cour, tandis que les litiges concernant les contrats moins importants sont laissés à la compétence des juridictions nationales ou des tribunaux arbitraux.

L'article 288 alinéa 1er TCE prévoit que « ***la responsabilité contractuelle de la Communauté est régie par la loi applicable au contrat en cause*** ». Le plus souvent, il s'agira d'une loi nationale (CJCE, 7 décembre 1976, *Pellegrini*, aff. 23/76, 1807 ; 1er juillet 1982, *Porta*, aff. 109/81, 2469 ; 18 décembre 1986, *Zoubek*, aff. 426/85, 4057) même s'il est possible alors de prévoir des dérogations à l'application de la loi nationale (CJCE, 26 novembre 1985, *CODEMI*, aff. 318/81, 3693).

Certains contrats renvoient, non pas à la loi nationale, mais aux principes généraux aux droits communs des États membres. Il est même arrivé que la loi applicable au contrat soit le droit communautaire lui-même (voir CJCE, 19 juillet 1955, *Kergall*, aff. 1/55, vol. I. p. 11, à propos des contrats liant la Communauté avec ses agents pendant la période préstatutaire ; 22 septembre 1983, *Commission c/ Royale belge*, aff. 23/81, 2685, où le statut des fonctionnaires a été pris en compte pour interpréter les obligations contractuelles souscrites par une compagnie d'assurance).

La Cour a précisé qu'il n'est pas possible de lui opposer des mesures nationales qui feraient obstacle à sa compétence lorsque celle-ci résulte d'une clause compromissoire (CJCE, 8 avril 1992, *Feilhauer,* aff. C-209/90, I.2613).

La requête ne sera pas examinée si elle n'est pas accompagnée des actes pertinents, et en particulier du contrat en cause (arrêt *Pellegrini* précité).

La Cour ne peut pas examiner un moyen n'ayant pas un fondement contractuel lorsqu'elle statue en vertu d'une clause compromissoire contenue dans un contrat de droit public ou de droit privé (CJCE, 5 mars 1991, *Grifoni*, aff. C-330/88, I.1045).

§7. Le recours des fonctionnaires

660. L'article 236 TCE (ex-art. 179 – article 152 Euratom) prévoit que « ***La Cour de justice est compétente pour statuer sur tout litige entre la Communauté et ses***

agents dans les limites et conditions déterminées au statut ou résultant du régime applicable à ces derniers ». Le Traité de Paris ne contenait pas de dispositions similaires. Le recours des fonctionnaires n'était donc fondé que sur le statut des fonctionnaires dans le cadre CECA.

Il existe un statut unique des fonctionnaires des Communautés depuis 1968.

Le contentieux de la fonction publique a été l'une des causes principales de l'encombrement du prétoire de la Cour de justice, et c'est essentiellement parce que celle-ci a souhaité être déchargée des recours de fonctionnaires que le Tribunal de première instance a été institué le 24 octobre 1988 par une décision du Conseil. Depuis l'entrée en vigueur de cette décision, la Cour de justice ne peut être saisie de recours de fonctionnaires qu'à l'occasion des pourvois formés contre les arrêts du TPI.

Les recours de fonctionnaires doivent porter sur le lien statutaire qui unit le requérant à l'Autorité investie du pouvoir de nomination (AIPN) agissant au nom de l'institution, et ils tendent, soit à l'annulation d'un acte ou à la constatation d'une carence de l'institution d'affectation, soit à l'octroi d'une indemnité en compensation du préjudice subi. Le requérant peut aussi cumuler ces deux prétentions et, dans ce cas, l'irrecevabilité de la demande en annulation n'entraîne pas *ipso jure* l'irrecevabilité de la demande en réparation (TPI, 24 janvier 1991, *Latham*, aff. T-27/90, II.35), à moins que les conclusions en indemnité présentent un lien étroit avec celles qui ont été développées à l'appui de la demande en annulation (TPI, 8 juin 1993, *Fiorani*, aff. T-50/92, I.555). Ils sont irrecevables s'ils poursuivent d'autres finalités que celles qui s'attachent au contentieux de la fonction publique (CJCE, 4 juillet 1985, *Allo*, aff. 76/83, 2155).

A. Le requérant

661. Les recours peuvent être introduits par **les fonctionnaires et les agents** soumis au régime applicable aux autres agents des CE (R.A.A.). Ils sont ouverts aux personnels en activité comme aux anciens fonctionnaires, aux fonctionnaires stagiaires et même aux candidats à la fonction publique communautaire (CJCE, 29 octobre 1975, *Marenco*, aff. jtes 81 à 88/74, 1247). Les recours de fonctionnaires ne sont pas ouverts aux agents locaux qui relèvent de la compétence des juridictions nationales.

La Cour a dénié aux syndicats de fonctionnaires le droit d'introduire des recours dans le cadre du contentieux de la fonction publique (CJCE, 8 octobre 1974, *Union syndicale*, aff. 175/73, 917 ; *Syndicat général du personnel des organismes européens c/ Commission*, aff. 18/74, 933). Cette position de la Cour nous paraît contestable, pour au moins deux raisons : d'abord parce que le statut a consacré le droit d'association ; ensuite, parce que les syndicats se sont vus reconnaître le droit d'introduire des recours en annulation et en indemnité.

662. **Le requérant doit avoir un intérêt personnel** (CJCE, 30 mai 1984, *Picciolo,* aff. 111/83, 2323) à agir, et cet intérêt doit être **certain et actuel** (CJCE, 21 janvier 1987, *Stroghili*, aff. 204/85, 389). Si l'administration était obligée d'agir au fond comme elle l'a fait, l'intéressé ne pourra pas valablement invoquer un vice de forme pour obtenir l'annulation de la demande litigieuse. Le juge considère en effet que le requérant n'a pas d'intérêt légitime à agir en pareille hypothèse (CJCE, 20 mai 1987, *Souna*, aff. 432/85, 2229). Il va de soi que l'intérêt à agir fait également défaut si l'intéressé a obtenu satisfaction à la suite d'une réclamation préalable (CJCE, ord. 7 octobre 1987, *d.M. c/ Conseil et CES*, aff. 108/86, 3933).

B. Les actes de l'AIPN susceptibles de recours

663. **Le recours doit être dirigé contre un *acte faisant grief* au requérant et émanant de l'AIPN au service de laquelle se trouve l'agent concerné**. La Cour de justice considère que les actes qui font grief sont « *les actes susceptibles d'affecter directement une situation juridique déterminée* » (CJCE, 11 juillet 1974, *Reinarz*, aff. jtes 177/73 et 5/74, 819 ; 11 juillet 1985, *Hattet*, aff. jtes 66/83 et a., 2459). Les actes préparatoires et les déclarations d'intention ne sauraient faire grief.

Les recours doivent être dirigés contre l'institution d'affectation qui a désigné l'AIPN dont émane l'acte en cause (CJCE, 10 juin 1987, *Gavanas,* aff. 307/85, 2435).

Le juge de Luxembourg est compétent pour statuer sur les litiges qui opposent la BEI et ses agents (CJCE, 15 mai 1976, *John Mills,* aff. 110/75, 955), ainsi que sur ceux qui opposent la BCE et ses personnels.

Les recours peuvent être dirigés contre des organismes qui n'ont pas la qualité d'institutions au sens strict, mais à l'égard desquels le juge de Luxembourg est compétent pour intervenir.

Les recours de fonctionnaires ne peuvent être dirigés que contre des actes individuels (CJCE, ord. 4 octobre 1979, aff. 48/79, 3121) ou contre des actes généraux sur lesquels sont fondés les actes individuels faisant grief (CJCE, 10 décembre 1987, *Del Plato*, aff. jtes 181 à 184/86, 4991).

Le requérant ne pourra pas se prévaloir valablement de l'illégalité prétendue d'un acte lui faisant grief dans le cadre d'un recours en indemnité, s'il n'a pas utilisé les possibilités de recours offertes au titre de l'article 236 CE (ex-art. 179) pour demander réparation d'un préjudice qui met en cause le lien d'emploi qui le lie à l'AIPN (CJCE, 7 octobre 1987, *Schina*, aff. 401/85, 3911).

C. La procédure

664. La procédure se déroule en deux phases successives : une phase administrative préalable, qui permet à l'intéressé de saisir l'AIPN pour formuler une réclamation ou solliciter une décision ; une phase contentieuse qui s'ouvre avec la saisine du TPI et qui peut être actionnée lorsque le recours administratif préalable a été infructueux.

I – Le recours administratif préalable

665. L'objet du recours administratif préalable est de permettre à l'intéressé, soit de demander à l'AIPN de prendre une décision à son égard, soit de formuler une réclamation à l'encontre d'un acte lui faisant grief ou d'une abstention fautive de l'autorité concernée. Si l'AIPN n'a pas répondu à la demande dans les quatre mois, son silence s'assimile à une décision implicite de rejet. En général, le recours sera déclaré irrecevable tant que la réclamation ne sera pas réputée rejetée (CJCE, 23 septembre 1986, *Du Besset*, aff. 130/86, 2619 ; TPI, 7 février 1991, *Tagaras*, aff. jtes T-18 et 24/89, II.53).

Les réclamations contre les actes faisant grief ou les décisions implicites de rejet doivent être formulées dans un délai de trois mois. Elles ne sont pas soumises à des conditions de forme particulières. Le juge se borne à exiger que la demande soit assez précise pour permettre une réponse appropriée de l'autorité visée (TPI, 22 juin 1990, *Marcopoulos*, aff. jtes T-32/89 et T-39/89, II.281).

La nécessité d'introduire un recours administratif préalable à la saisine du juge communautaire ne vise évidemment pas les hypothèses dans lesquelles l'institution concernée n'a pas le pouvoir de satisfaire la demande de l'intéressé (CJCE, 15 janvier 1985, *Pasquali-Gherardi*, aff. 168/83, 83, à propos d'une décision de jury de concours ; 3 juillet 1980, *Grassi*, aff. jtes 6/79 et 97/79, 2141, à propos de rapports de notation). Elle ne vaut pas non plus pour un nouveau recours « *dont l'objet fait corps avec la demande principale* » (CJCE, 20 novembre 1980, *Gerin*, aff. 806/79, 3515).

II – La phase contentieuse

666. La saisine du juge pourra intervenir dans un délai de trois mois à compter de la notification de la décision contestée ou à compter du moment où l'intéressé est en face d'une décision implicite de rejet (l'administration a gardé le silence durant quatre mois). Le requérant peut toutefois saisir le juge immédiatement après avoir formulé sa réclamation lorsqu'il demande le sursis à l'exécution de l'acte en cause ou d'autres mesures provisoires. Les délais peuvent être rouverts si des faits nouveaux substantiels sont intervenus dans l'intervalle (CJCE, 15 mai 1985, *Esley*, aff. 127/84, 1437 ; TPI, 7 février 1991, *Williams*, aff. 58/89, II.77).

La requête ne doit modifier, ni la cause, ni l'objet de la réclamation administrative préalable (CJCE, 23 janvier 1986, *Rasmussen*, aff. 173/84, 197). Le juge accepte d'examiner des moyens qui n'auraient pas été invoqués dans le cadre de la phase administrative, à condition toutefois que ces moyens s'y rattachent étroitement (CJCE, 7 mai 1986, *Rihoux*, aff. 52/85, 1555).

Le TPI (ou la Cour en cas de pourvoi) exerce une compétence de pleine juridiction, mais l'administration se voit généralement reconnaître un large pouvoir d'appréciation dans l'intérêt du service, de sorte que le contrôle juridictionnel s'en trouve limité (voir CJCE, 23 octobre 1986, *Vaysse*, aff. 26/85, 3131 ; 7 février 1990, *Mullers*, aff. C-81/88, I.249). En principe, le juge ne peut pas adresser d'injonctions aux institutions dans le cadre du contentieux de la fonction publique (CJCE, ord. 1er février 1993, *Moat*, aff. C-318/92, I.481). Il peut en revanche donner des indications sur l'exécution de ses arrêts (voir par exemple TPI, 8 octobre 1992, *Meskens*, aff. T-84/91, II.2335).

Pour en savoir plus...

– D. ROGALLA, *Fonction publique européenne*, Paris, Bruxelles, Nathan-Labor, 1982 ;

– J. RIDEAU, *Le système communautaire et le modèle européen d'administration publique*, Ann. eur. adm. publ. 1987, p. 279.

Section 3
Le référé

667. Les articles pertinents du Traité CE sont les **articles 242 et 243** (ex-art. 185 et 186).

Les recours formés devant la Cour de justice et le TPI n'ont pas d'effet suspensif, mais le juge de Luxembourg peut, si les circonstances l'exigent, prescrire des mesures provisoires, et en particulier ordonner le sursis à l'exécution de l'acte attaqué. Le référé est une procédure d'urgence destinée à garantir l'effectivité de l'arrêt qui mettra fin à l'action au principal, et à éviter notamment que l'exécution immédiate d'un acte litigieux ne cause un dommage irréparable au requérant.

L'article 242 TCE (ex-art. 185) prévoit que « *Les recours formés devant la Cour de justice n'ont pas d'effet suspensif. Toutefois, la Cour de justice peut, si elle estime que les circonstances l'exigent, ordonner le sursis à l'exécution de l'acte attaqué* ». L'article 243 TCE (ex-art. 186) dispose que « *Dans les affaires dont elle est saisie, la Cour de justice peut prescrire les mesures provisoires nécessaires* ».

Les articles 157 et 158 Euratom contiennent des dispositions similaires (il en allait de même de l'ex-art. 39 CECA avant la disparition de celle-ci).

§1. La consistance des mesures provisoires

668. On peut considérer à la lecture des articles 242 et 243 TCE qu'il existe deux types de mesures provisoires : d'une part, **le sursis à l'exécution de l'acte**, qui constitue une mesure de caractère négatif et, d'autre part, **les autres mesures provisoires qui peuvent présenter un caractère plus positif** : désignation d'un expert (CJCE, ord. 3 novembre 1980, *Suss*, aff. 186/80 R, 3501) ordre de rétablir le *statu quo ante* (CJCE, ord. 16 février 1987, *Commission c/ Irlande*, aff. 45/87 R, 783), injonction visant à permettre l'accès d'un produit à un marché (CJCE, ord. 4 mars 1982, *Commission c/ France*, aff. 42/82 R, 841) injonction adressée au défendeur de transmettre un document sans délai à des personnes déterminées (TPI, ord. 1er décembre 1994, *Postbank*, aff. T-353/94 R, II.1141).

En fait, **le juge de référé bénéficie d'une grande latitude pour déterminer les mesures à prescrire** en fonction des circonstances. Il doit seulement s'abstenir d'adopter des mesures qui feraient perdre toute raison à l'action au principal (CJCE, 26 septembre 1986, *Breda-Geromineraria*, aff. 231/86 R, 2639) ou qui empièteraient sur les compétences du Conseil (CJCE, ord. 17 décembre 1986, *Technointorg*, aff. 294/86 R, 3979) ou de la Commission (CJCE, ord. 22 octobre 1975, *National Carbonising*, aff. 109/75 R, 1193).

§2. Les conditions de prescription des mesures provisoires

669. Les règlements de procédure de la Cour et du TPI prévoient que la demande en référé doit spécifier l'objet du litige, les circonstances établissant l'urgence, ainsi que les moyens de fait et de droit qui justifient à première vue l'octroi de la mesure sollicitée (voir aussi CJCE, ord. 17 janvier 1980, *Pardini*, aff. 809/79 R, 139).

Il ressort clairement de la jurisprudence que les mesures provisoires (et spécialement le sursis à l'exécution de l'acte) ne sont prescrites que si trois conditions cumulatives sont réunies :

A. L'acte attaqué doit affecter le patrimoine juridique du requérant

670. L'acte litigieux doit produire des effets de droit et affecter le patrimoine juridique de l'auteur de la demande en référé. Tel n'est pas le cas lorsque l'acte attaqué constitue une mesure préparatoire (CJCE, 26 juin 1980, *National Panasonic*, aff. 136/79, 2033) ou n'exprime pas la position définitive de l'institution en cause (TPI, ord. 22 décembre 1995, *Danielsson*, aff. T-219/95 R, II.3051).

Si le requérant demande le sursis à l'exécution d'un règlement, le juge devra apprécier les risques de perturbation grave susceptibles de résulter de la suspension de l'acte litigieux avant d'accorder le sursis (CJCE, ord. 28 mai 1975,

Könecke, aff. 44/75 R, 637 ; ord. 13 décembre 1984, *Allemagne c/ Commission*, aff. 278/84 R, 4341). Le juge met donc en balance l'intérêt du requérant à l'octroi de la mesure provisoire demandée et les inconvénients qui pourraient résulter de cette mesure pour le défendeur et/ou les tiers (voir ord. *Technointorg* précitée).

B. La demande au principal doit apparaître, prima facie, fondée

671. Le règlement de procédure de la Cour prévoit que les demandes en référé doivent spécifier « *les moyens de fait et de droit justifiant à première vue l'octroi de la mesure provisoire à laquelle elles concluent* » (voir, CJCE, ord. 8 avril 1987, *Pfizer International*, aff. 65/87 R, 1691 ; ord. 10 juin 1988, *Sofrimport*, aff. 152/88 R, 2931). Le juge des référés doit donc vérifier qu'il existe une forte présomption en faveur du bien-fondé de la demande au principal ***(fumus boni juris)*** et rejeter la demande de mesures provisoires si tel n'est pas le cas. *Le fumus boni juris* est réputé établi s'il apparaît à première vue que le requérant a une chance raisonnable de gagner l'affaire, ou si les moyens invoqués ne sont pas dépourvus de tout fondement ou de fondement sérieux (CJCE, ord. 13 juin 1989, *Publishers Association*, aff. 56/89 R, 1693 ; ord. 24 septembre 1996, *Royaume-Uni c/ Commission*, aff. C-239 et 240/96 R, I.4475).

Il convient de signaler par ailleurs que l'irréversibilité des mesures provisoires entraîne un examen plus poussé du *fumus boni juris* (TPI, ord. 21 mars 1997, *Antonissen*, aff. T-179/97 R, II.425).

C. Il y a imminence d'un dommage grave et irréparable

672. Le règlement de procédure de la Cour prévoit que les demandes en référé doivent spécifier « *les circonstances établissant l'urgence* », et la Cour de justice a indiqué que « *le caractère urgent d'une demande (...) doit s'apprécier par rapport à la nécessité qu'il y a de statuer provisoirement afin d'éviter qu'un préjudice grave et irréparable ne soit occasionné à la partie qui sollicite la mesure provisoire* » (CJCE, ord. 9 juillet 1986, *Espagne c/ Conseil et Commission*, aff. 119/86 R, 2241 ; ord. 16 juillet 1993, *Irlande c/ Commission*, aff. C-307/93 R, I.4191). La preuve de l'urgence est à la charge du requérant (CJCE, ord. 15 juin 1987, *Belgique c/ Commission*, aff. 142/87 R, 2589).

Pour apprécier le caractère « *grave* » et « *irréparable* » du préjudice, le juge devra se demander si le dommage pourra être effacé, si le *statu quo ante* pourra être rétabli lorsque le litige au principal aura été tranché (voir P. Pescatore, « Les mesures conservatoires et les référés », in *La juridiction internationale permanente*, Paris, 1987, p. 319). Si le juge est conduit à répondre à cette interrogation par la négative, les mesures provisoires seront prescrites. La Cour de justice a eu l'occasion de préciser que le dommage ne peut pas être considéré comme irréparable si l'aboutissement du recours principal permet le rétablissement des droits du requérant (CJCE, ord. 24 septembre 1986, *Grèce c/ Commission*, aff. 214/86

R, 2631). Dans tous les cas, le caractère grave et irréparable du dommage devra être apprécié *in concreto* (CJCE, ord. 21 août 1981, *Agricola Commercile Olio*, aff. 232/81 R, 2193).

Pour être pris en considération, le dommage doit être personnel (CJCE, ord. 4 mai 1964, *Ley*, aff. 12/64 R, 175) et certain (CJCE, ord. 29 juin 1993, *Allemagne c/ Commission*, aff. C-280/93 R, I.3667 ; ord. 16 juillet 1993, *France c/ Commission*, aff. 296/93 R, I.4181 ; ord. 26 octobre 1994, *France c/ Commission*, aff. C-174/94 R, I.5229, à propos de la décision de la Commission relative à l'ouverture des lignes aériennes Orly-Marseille et Orly-Toulouse à la concurrence).

NB : La condition d'urgence est appréciée de manière particulièrement stricte lorsque l'acte en cause a un caractère temporaire, car la Cour de justice vérifie alors si la suspension provisoire de l'acte ne risque pas de préjuger de la décision au fond et de priver irrémédiablement l'acte de son plein effet, dans l'hypothèse où le recours au principal serait rejeté (CJCE, ord. 21 mars 1997, *Pays-Bas c/ Conseil*, aff. C-110/97 R, I.1795).

Le juge communautaire pourra mettre en balance l'ensemble des intérêts en cause, y compris ceux des tiers, pour apprécier la nécessité des mesures provisoires (CJCE, ord. 13 janvier 1978, *Salerno*, aff. 4/78 R, 1 ; ord. 17 décembre 1984, *Nippon Seiko*, aff. 278/84 R, 4357 ; ord. 13 mars 1987, *Commission c/ Irlande*, aff. 45/87 R, 1369). Il pourra aussi tenir compte de l'existence de voies de recours nationales susceptibles d'empêcher la réalisation du dommage (CJCE, ord. 15 juin 1987, *Belgique c/ Commission*, aff. 142/87 R, 2589). Une ordonnance récente de la Cour de justice pose le principe selon lequel le principe de précaution fait pencher la balance des intérêts en faveur de la mesure de suspension, dès lors que la santé publique est en cause et qu'un risque, même minime, existe (CJCE, ord. 11 avril 2001, *Trenker*, aff. C-459/00 P, I.2823).

§3. Les procédures à l'occasion desquelles la demande en référé peut être introduite

673. Les mesures provisoires peuvent être prescrites **dans toute procédure ouverte devant le juge de Luxembourg, à l'exclusion toutefois du renvoi préjudiciel**, puisque seules les juridictions nationales ont alors la possibilité de les prescrire.

Le sursis à l'exécution de l'acte sera le plus souvent sollicité dans le cadre du recours en annulation, mais il pourra l'être également dans le cadre du recours en indemnité, du recours des fonctionnaires ou du recours contre les sanctions. La Cour a aussi consacré la possibilité d'un recours au référé dans le cadre de la procédure en manquement d'État (CJCE, ord. 13 juillet 1977, *Commission c/ Irlande*, aff. 61/77 R, II.1411 ; ord. 31 janvier 1992, *Commission c/ Italie*, aff. C-272/91 R,

I.457) et dans le cadre de la procédure en carence (CJCE, 26 novembre 1996, *T. Port*, aff. C-68/95, I.6065, point 60).

§4. Les actes susceptibles d'être à l'origine du référé

674. **Les actes qui ont déjà épuisé leurs effets ne peuvent pas faire l'objet de mesures de suspension** (CJCE ord. 13 décembre 1984, *Scharf*, aff. 292/84 R, 4349).

De plus, **une demande de sursis à exécution ne peut pas porter sur une décision administrative négative de la Commission, telle que le refus d'autoriser des aides étatiques**, dans la mesure où cette suspension n'aurait aucune conséquence (CJCE, ord. 30 avril 1997, *Moccia Irme Spa*, aff. C-89/97 P (R), I.2327).

Dans une ordonnance de 1999, le Président du TPI a accordé un sursis à exécution d'une décision d'interprétation par le Parlement européen de son règlement intérieur, alors que l'on aurait pu penser que les actes politiques de l'Assemblée bénéficiait d'une immunité juridictionelle (TPI ord., 25 novembre 1999, *JC. Martinez et C. de Gaulle*, aff. T-222/99 R, II.3397).

Seuls les arrêts de la Cour ou du tribunal attaqués par la voie de la tierce opposition peuvent faire l'objet d'une demande de sursis. Les arrêts du TPI frappés d'un pourvoi peuvent également faire l'objet d'une demande de sursis (voir CJCE, ord. 31 janvier 1991, *Hanning*, aff. C-345/90, P et R, I.231 ; ord. 3 avril 1992, *Frederiksen*, aff. C-35/92, P et R, I.2399).

§5. L'autonomie de la demande de référé par rapport à la requête au fond

675. **La demande de référé doit être déposée par un acte séparé, distinct de la requête au fond.** Lorsque son irrecevabilité manifeste est soulevée, le juge considère qu'il est nécessaire d'identifier certains indices permettant de conclure à la recevabilité du recours au principal (CJCE, ord. 16 octobre 1986, *Groupe des Droites européennes et Front national c/ Parlement européen*, aff. 221/86 R, 2969 ; ord. 27 juin 1991, *Bosman*, aff. C-117/91 R, I.3353). Dans les autres hypothèses, le juge ne peut pas procéder à l'examen de la recevabilité du recours principal dans le cadre de la procédure en référé, car cet examen préjugerait de la décision au fond (CJCE, 8 avril 1987, *Pfizer*, aff. 65/87 R, 1691 ; ord. 25 octobre 1990, *Italsolar*, aff. C-257/90 R, I.3841). D'une manière générale, les mesures provisoires ne peuvent pas être prescrites si elles préjugent du fond (CJCE, ord. 26 mars 1987, *Hoechst*, aff. 46/87 R, 1549 ; ord. 4 décembre 1991, *Matra*, aff. C-25/91 R, I.5823).

Il doit cependant **exister un lien de rattachement entre la demande principale et la demande de référé**. Ce lien existe lorsque les objets respectifs des deux requêtes sont « *unis par un lien de cause à effet tel que le second de ces objets apparaît comme la conséquence inévitable du premier* » (CJCE, ord. 8 avril 1965, *Gutmann*, aff. 18/65 R, 195).

En tout état de cause, il est possible de prononcer l'irrecevabilité de la demande en référé au motif que le recours principal est manifestement irrecevable (CJCE, ord. 8 mars 1991, *Emerald Meats*, aff. C-66/91 et C-66/91 R, I.1143 ; ord. 28 juin 1993, *Donatab*, aff. C-64/93 R, I.3595).

La demande de référé est irrecevable lorsque le recours au principal a déjà été déclaré irrecevable (CJCE, ord. 6 juillet 1993, *Chiquita Banana Company*, aff. C-276/93 R, non publiée ; ord. 6 juillet 1993, *COMACO*, aff. C-288/93 R, non publiée), mais également lorsqu'il apparaît clairement que ce recours est prématuré et irrecevable, faute d'un acte attaquable.

§6. La procédure du référé

676. Seul le demandeur qui a attaqué l'acte litigieux devant le TPI ou la Cour peut présenter une demande de sursis à l'exécution de cet acte ; il doit avoir un intérêt direct et personnel à la suspension. Si un particulier introduit une demande de référé à l'occasion d'un recours dirigé contre un acte de portée générale, sa demande ne sera recevable que si l'acte attaqué peut, *prima facie*, le concerner individuellement (CJCE, ord. 27 janvier 1988, *Distrivet*, aff. 376/87 R, 209).

Si le requérant demande d'autres mesures provisoires que le sursis à l'exécution de l'acte, sa demande ne sera recevable que s'il est partie à l'affaire dont le juge de Luxembourg est saisi et à laquelle il fait référence.

En application des règlements de procédure de la Cour et du TPI, les mesures provisoires autres que le sursis à exécution peuvent être demandées par toute partie à l'affaire dont le juge de Luxembourg est saisi.

En principe, le requérant peut présenter sa demande de référé au moment qu'il estime le plus opportun, mais il est arrivé que la Cour rejette cette demande au motif que les délibérations sur l'arrêt au fond étaient déjà entamées (CJCE, ord. 11 avril 1960, *Erzbergbau*, aff. jtes 3 à 18/58, 25 et 26/58, vol. VI, 459).

La demande de référé doit être signifiée à l'autre partie qui peut, en principe, présenter ses observations écrites ou orales dans un bref délai. Le président de la juridiction saisie peut toutefois prendre des mesures conservatoires avant que le défendeur ait présenté ses observations. Le cas échéant, le président pourra ordonner l'ouverture d'une instruction.

§7. L'ordonnance en référé et ses effets

677. **Seul le président du TPI (ou de la Cour) est en principe compétent pour se prononcer sur les demandes en référé, compte tenu de la nécessité de juger rapidement**. Le président peut toutefois être remplacé par un autre juge et, dans certains cas, par la juridiction elle-même (lorsque l'affaire présente une grande difficulté ou met en jeu des intérêts importants). En pratique, il est assisté par le juge rapporteur et l'avocat général désignés dans l'affaire au principal.

Les mesures provisoires sont prises **par voie d'ordonnance écrite, motivée et insusceptible de recours**. En principe, le président statue par ordonnance unique, mais il peut rendre une ordonnance interlocutoire (jugement ordonnant des mesures destinées à préparer la solution d'un litige) pour réglementer provisoirement la situation entre les parties (CJCE, ord. 16 février 1987, *Commission c/ Irlande*, aff. 45/87 R, 783).

NB : Le juge de Luxembourg a eu l'occasion de dire pour droit que lorsqu'il statue par voie d'ordonnance, les parties ne peuvent pas avoir communication du rapport du juge rapporteur et des conclusions de l'avocat général. Elles doivent donc se contenter des motifs de l'ordonnance pour comprendre la solution retenue (CJCE, 5 mars 1998, *Inpesca*, aff. C-199 et 200/94 P Rev., I.831).

678. L'ordonnance en référé **lie les parties**. Ses effets consistent le plus souvent en la suspension de l'exécution de l'acte attaqué jusqu'au prononcé de l'arrêt qui met fin à l'instance au principal. Le juge de référé peut prononcer le sursis à l'exécution d'un acte autre que celui qui fait l'objet d'une constatation dans le cadre du recours principal (arrêt *Gutmann* précité de 1965), à condition toutefois que les deux actes concernés aient été adoptés par la même institution partie à l'instance (CJCE, ord. 25 juin 1987, *Nashua Corporation*, aff. 133/87 R, 2883).

Le juge de référé peut prononcer un sursis à exécution partiel d'un acte attaqué (TPI, ord. 25 août 1994, *Siderurgica Aristrain Madrid SL*, aff. T-156/94 R, II.715, à propos d'une décision de la Commission infligeant une amende à une entreprise).

L'ordonnance peut être modifiée ou rapportée à tout moment à la demande d'une partie, si un changement de circonstances le justifie.

Dans tous les cas, le juge de référé ne peut pas prescrire des mesures provisoires qui présenteraient un risque pour la santé publique (CJCE, ord. 4 mars 1982, *Commission c/ France*, aff. 42/82 R, 841) ou qui causeraient un dommage appréciable à la Communauté (CJCE, ord. 14 octobre 1977, *NTN Tokyo Bearing*, aff. jtes 113/77 R et 113/77 R, INT, 1721).

L'octroi du sursis à l'exécution d'un acte peut être subordonné à la constitution d'une caution lorsque l'acte en cause impose de payer une somme déterminée à l'auteur de la demande en référé (TPI, ord. 26 octobre 1994, *Transacciones Maritimas*, aff. jtes T-231, 232 et 234/94 R, II.885).

Pour en savoir plus…

– C. PHILIP (dir.), *Référé et droit communautaire*, Les Cahiers du CDRE, n° 1, Lyon, Université J. Moulin, 1999 ;

– D.-M. TOMASEVIC, « L'usage du référé devant la Cour de justice à l'encontre des États membres de la Communauté », *Rev. Marché unique eur.* 1999/4, p. 24.

Bibliographie générale sélective

M. Bélanger, J.-C. Gautron, L. Grard (dir.), *Droit de la Communauté et de l'Union européennes*, Corrigés d'examens, LGDJ, Paris, 2001.

A. Berramdane, J. Rossetto, *Droit institutionnel de l'Union européenne*, Montchrestien, coll. « Pages d'Amphi », Paris, 2005.

C. Bluman, L. Dubouis, *Droit institutionnel de l'Union européenne*, LexisNexis Litec, coll. manuels, Paris, 2005.

J. Boulouis, *Droit institutionnel des Communautés européennes*, Paris, Montchrestien, 6e éd., 1997.

J. Boulouis et R.-M. Chevallier, *Grands arrêts de la Cour de justice des Communautés européennes*, Paris, Dalloz, t. 1, 1994, 6e éd, t. 2, 1991, 3e éd..

V. Constantinesco et a. (dir.), *Traité instituant la Communauté européenne. Commentaire article par article*, Paris, Economica, 1992.

V. Constantinesco et a. (dir.), *Traité sur l'Union européenne. Commentaire article par article*, Paris, Economica, 1995.

C. Degryse, *Dictionnaire de l'Union européenne*, Bruxelles, De Boeck et Larcier, 3e éd., 2007.

L. Dubouis (dir.), *L'Union européenne*, La Documentation française, Les notices, 2004.

L. Dubouis et C. Gueydan, *Grands textes de droit communautaire et de l'Union européenne*, Paris, Dalloz, 5e éd., 1999.

J. Dutheil de la Rochère, *Introduction au droit de l'Union européenne*, Paris, Hachette 5e éd., 2006.

J-Cl. Gautron, *Droit européen*, Paris, Dalloz, mémento, 12e éd., 2006.

G. Isaac, M. Blanquet, *Droit général de l'Union européenne*, Paris, Sirey, 9e éd., 2006.

J.-P. JACQUÉ, *Droit institutionnel de l'Union européenne*, Paris, Dalloz, coll. Cours Dalloz, Série droit public, 3e éd., 2004.

R. KOVAR et C. GAVALDA (éd.), *Rép. Communautaire, Encyclopédie Dalloz*, Paris, 2 vol., à partir de 1992.

M.-F. LABOUZ, *Droit communautaire européen général*, Bruylant, Bruxelles, 2003.

F. DE LA FUENTE, *Dictionnaire juridique de l'Union européenne*, Bruylant, Bruxelles, 1999.

P. LÉGER (dir.), *Commentaire, article par article, des traités UE et CE*, Bâle-Paris-Bruxelles, Helbing & Lichtenhahn, Dalloz, Bruylant, 2000.

J.-V. LOUIS, T. RONSE, *L'ordre juridique de l'Union européenne*, Genève-Bâle-Munich-Paris-Bruxelles, Helbing & Lichtenhahn, Bruylant, LGDJ, 2005.

O. LOY (éd.), *Jurisclasseur Europe*, éd. Techniques.

P. MANIN, *Droit constitutionnel de l'Union européenne*, Paris, Pedone, 6e éd., 2004.

J. MÉGRET et a. (éd.), *Le droit de la Communauté économique européenne*, Bruxelles, ULB, 15 vol., depuis 1970.

J.-L. QUERMONNE (dir.), *Les mots de l'Europe – Lexique de l'intégration européenne*, Paris Presses de Sciences Po, 2001.

S. VAN RAEPENBUSCH, *Droit institutionnel de l'Union et des Communautés européennes*, De Boeck, Bruxelles, 2e éd., 1998.

J. RIDEAU, *Droit institutionnel de l'Union et des Communautés européennes*, Paris, LGDJ, 2007.

J. RIDEAU (dir.), *Union européenne, Commentaire des traités modifiés par le traité de Nice du 26 février 2001*, Paris, LGDJ, 2001.

J. RIDEAU et F. PICOD, *Code des procédures juridictionnelles de l'Union européenne*, Paris, Litec, 2002.

D. SIMON, *Le système juridique communautaire*, Paris, PUF, 3e éd., 2002.

P.-H. TEITGEN, *Droit institutionnel communautaire*, Les cours de droit, Paris, 1977-1978.

G. VANDERSANDEN, *Droit des Communautés européennes*, Bruxelles, ULB, 1996.

J. VERHOEVEN, *Droit de la Communauté européenne*, Bruxelles, Larcier, 2e éd., 2001.

Table de jurisprudence

Les chiffres en caractères gras renvoient aux numéros des paragraphes
où sont mentionnées les décisions citées

I – Arrêts et ordonnances de la Cour de justice des CE

CJCE, 21 décembre 1954, *France c/ Haute Autorité CECA*, aff. 19/58, 469 – **607**.

CJCE, 11 février 1955, *ASSIDER*, aff. 3/54, 122 – **613**
CJCE, 21 mars 1955, *Pays-Bas c/Haute Autorité CECA*, aff. 6/54, I.201 – **607**
CJCE, 19 juillet 1955, *Kergall*, aff. 1/55, vol. I. p. 11 – **659**

CJCE, 23 avril 1956, *Groupement des industries sidérurg. luxembourgeoises*, aff. jtes 7 et 9/54, 53 – **620**
CJCE, 16 juillet 1956, *Féd. Charb. de Belgique*, aff. 8/55, 8155 – **344**
CJCE, 12 juillet 1957, *Algera*, aff. jtes 7/56 et 3 à 7/57, 81 – **12, 636, 640**

CJCE, 13 juin 1958, *Méroni*, aff. 9/56, 11 – **86, 386, 615, 618**
CJCE, 21 juin 1958, *Wirtschaftsvereinigung Eisen-und Stahlindustrie*, aff. 13/57, 261 – **355**
CJCE, 26 juin 1958, *Chambre syndicale de la sidérurgie française*, aff. 9/57, 365 – **22**

CJCE, 17 juillet 1959, *Phoenix – Rheinrohr*, aff. 20/58, 163 – **344**
CJCE, 17 juillet 1959, *SNUPAT*, aff. jtes 32 et 33/58, 275 – **619**
CJCE, 17 juillet 1959, *SAFE*, aff. 42/58, vol. V, 383 – **626**
CJCE, 17 décembre 1959, *Fonderies de Pont-à-Mousson*, aff. 14/59, 447 – **615**

CJCE, 4 avril 1960, *Elz*, aff. 34/59, 217 – **621**
CJCE, ord. 11 avril 1960, *Erzbergbau*, aff. jtes 3 à 18/58, 25 et 26/58, vol. VI, 459 – **676**
CJCE, 10 mai 1960, *Allemagne c/Haute Autorité CECA*, aff. 19/58, 471 – **606**
CJCE, 15 juillet 1960, *Chambre synd. de la sidérurgie de l'Est de la France*, aff. jtes 24/58 et 34/58, 575 – **627**
CJCE, 15 juillet 1960, *Italie c/Haute Autorité*, aff. 20/59, 663 – **345**
CJCE, 15 juillet 1960, *Lachmüller*, aff. jtes 43-48/59 – **12**
CJCE, 16 décembre 1960, *Fiddelaar*, aff. 44/59, 1077 – **12**
CJCE, 16 décembre 1960, *Humblet*, aff. 6/60, 1125 – **480, 549**

CJCE, 23 février 1961, *Gezamenlijke Steenkolenmijnen*, aff. 30/59, 46 – **230**
CJCE, 22 mars 1961, *SNUPAT*, aff. 42/59, 101 – **387, 393, 528, 612, 626**
CJCE, 13 juillet 1961, *Meroni*, aff. jtes 14/60 et autres, 319 – **657**
CJCE, 14 juillet 1961, *Vloeberghs*, aff. jtes 9/60 et 12/60, 391 – **619, 640**

CJCE, ord. 1er février 2001, *Area Cova*, aff. C-300/99P et C-388/99 P, I.983, 1005 – **470**
CJCE, 15 février 2001, *Nachi Europe*, aff. C-239/99, I.1197 – **617**
CJCE, 8 mars 2001, *Metallgeselschaft* et *Hoechst*, aff. C-397/98 et C-410/98, I.1727 – **477**
CJCE, ord. 11 avril 2001, *Trenker*, aff. C-459/00 P, I.2823 – **672**
CJCE, ord. 2 mai 2001, *OGT Fruchthandelsgesellschaft*, aff. C-307/99, I.3169 – **441**
CJCE, ord. 10 mai 2001, *FNAB*, aff. C-345/00 P, I.3811 – **598**
CJCE, 31 mai 2001, *D. et Royaume de Suède*, aff. C-122/99 P et C-125/99 P, I.4319 – **393**
CJCE, 8 novembre 2001, *Martini*, aff. C-228/99, I.8401 – **581**
CJCE, 27 novembre 2001, *Commission c/ Autriche*, aff. C-424/99, I.9285 – **475**

CJCE, 15 janvier 2002, *Libéros*, aff. C-171/00 P, I.451 – **502**
CJCE, 17 janvier 2002, *Commission c/ Belgique*, aff. C-423/00, I.593 – **365**
CJCE, 18 juin 2002, *Commission c/ France*, aff. C-60/01, I.5679 – **359**
CJCE, 11 juillet 2002, *Marks & Spencer*, aff. C-62/00, I.6320 – **420**
CJCE, 11 juillet 2002, *D'Hoop*, aff. C-224/98, I.6191 – **215**
CJCE, 11 juillet 2002, *Carpenter*, aff. C-60/00, I.6279 – **393**
CJCE, 25 juillet 2002, *UPA c/ Conseil*, aff. C-50/00 P, I.6677 – **604**
CJCE, 17 septembre 2002, *Antonio Munoz y Cia*, aff. 253/00, I.7289 – **416**
CJCE, 17 septembre 2002, *Famille Baumbast*, aff. C-413/99, I.7091 – **215**
CJCE, 24 septembre 2002, *Grundig Italiana*, affa. C-255/00, I.8003 – **478**
CJCE, 5 novembre 2002, aff. C-467 à 469/98, C-471, 472, 475 et 476/98, *accords « ciel ouvert »*, I.9519, 9575 et 9627 – **231, 381**
CJCE, 26 novembre 2002, *Ministre de l'Intérieur et A*, aff. C-100/01, I.10981 – **215**
CJCE, 10 décembre 2002, *British American Tobacco Investments et Imperial Tobacco*, aff. C-491/01, I.11453 – **565**
CJCE, 10 décembre 2002, *Camar et Tico*, aff. C-312/00 P, I.11355 – **525, 650**
CJCE, 10 décembre 2002, *Commission c/ Irlande*, aff. C-362/01, I.11433 – **545**

CJCE, 21 janvier 2003, *Commission c/ Parlement*, aff. C-378/00, I.937 – **163, 612**
CJCE, 10 avril 2003, *Steffensen*, aff. C-276/01, I.3735 – **473**
CJCE, 11 septembre 2003, *AvestaPolarit Chrome Oy*, aff. C-114/01, I.8725 – **428**
CJCE, 30 septembre 2003, *Köbler*, aff. C-224/01, I.10239 – **483**
CJCE, 30 septembre 2003, *Biret*, aff. C-94/02 P et C-93/02 P, I.10497, 10565 – **441**
CJCE, 2 octobre 2003, *Weber's Wine World*, aff. C-147/01, I.11365 – **479**
CJCE, 25 novembre 2003, *Commission c/ Espagne*, aff. C-278/01, I.14141 – **551**
CJCE, 9 décembre 2003, *Commission c/ Italie*, aff. C-129/00, I.14637 – **536**

CJCE, 7 janvier 2004, *D. Welles*, aff. C-201/02, I.723 – **424**
CJCE, 13 janvier 2004, *Kühne & Heitz NV*, aff. C-453/00, I.837 – **580**
CJCE, 23 mars 2004, *France c/ Commission*, aff. C-233/02, I.2759 – **373bis**
CJCE, 23 mars 2004, *Lambert*, aff. C-234/02 P, I.2803, 2943 – **639**
CJCE, 25 mars 2004, *AIMA*, aff. jtes C-231, 303 et 451/00, C-480 à 482, 484, 489 à 491 et 497 à 499/00, C-495/00, I.2869, 2943, 2993 – **446**
CJCE, 29 avril 2004, *Commission soutenue par Parlement européen c/ Conseil soutenu par Irlande, Luxembourg, Portugal et Royaume-Uni*, aff. C-338/01, I.4829 – **346**
CJCE, 19 octobre 2004, *Zhu et Cheng*, aff. C-200/02, nep – **215**

CJCE, 1er mars 2005, *van Parys*, affa. C-377/02, nep – **441**
CJCE, 10 mars 2005, *Espagne c/ Conseil*, aff. C-342/03, nep – **386**

II – Jugements et ordonnances du tribunal de première instance des CE

III – Décisions des juridictions françaises

A/ Conseil constitutionnel

B/ Cour de cassation

C/ Conseil d'État

D/ Cours administratives d'appel

E/ Tribunaux administratifs

Adresses utiles

Commission européenne
rue de la Loi 200
B-1049 Bruxelles

Bureau de la Commission en France
288, bd Saint-Germain
75007 Paris

Bureau d'information de la Commission en France
2, rue Henri Barbusse
13241 Marseille Cedex 01

Parlement européen
Secrétariat Général
Centre européen – Plateau du Kirchberg
L-2929 Luxembourg

Représentation du Parlement européen en France
288, bd Saint-Germain
75007 Paris

Conseil de l'Union européenne
Secrétariat Général
rue de la Loi 175
B-1048 Bruxelles

Cour de justice des Communautés européennes
Bd Konrad Adenauer
L-2925 Luxembourg

Tribunal de première instance des Communautés européennes
rue du Fort-Niedergrünwald
L-2925 Luxembourg

Sources d'Europe (Centre d'informations sur l'Europe)
Socle de la Grande-Arche
92054 Paris La Défense

Office des publications officielles des Communautés européennes
2, rue Mercier
L-2985 Luxembourg

Adresses **Internet** :
– ***Europa (général) :*** http://europa.eu.int/ (ce site officiel de l'Union européenne permet notamment d'accéder aux sites « particuliers » de la Commission, du Conseil, du Parlement européen et de la Cour de justice des Communautés européennes)
– ***EUR-Lex*** *(droit de l'Union européenne) :* http://europa.eu.int/eur-lex
– ***Informations (presse...) :*** http://euro.ombudsman.eu.int/
– ***Médiateur européen :*** http://europa.eu.int/

Index alphabétique des matières

Les chiffres renvoient aux numéros des paragraphes

B

C

F

G

H

I

J

R

S

Table des matières

Mise en pages par Facompo
14100 Lisieux

Achevé d'imprimer par
Normandie Roto Impression s.a.s.
en novembre 2008
N° d'impression : 083960

Gualino, Lextenso éditions
N° éditeur : 2939
Dépôt légal : décembre 2008

Imprimé en France